1
2
3
4
5
6

世界思维名题

达夫——主编

江西美术出版社
全国百佳出版单位

图书在版编目（CIP）数据

世界思维名题 / 达夫主编 . -- 南昌 : 江西美术出版社, 2018.5
ISBN 978-7-5480-5982-0

Ⅰ . ①世… Ⅱ . ①达… Ⅲ . ①思维训练 Ⅳ . ① B80

中国版本图书馆 CIP 数据核字 (2018) 第 026181 号

出 品 人：周建森
责任编辑：陈军 廖静
责任印制：谭勋

世界思维名题

达夫 主编

出 版：江西美术出版社
社 址：南昌市子安路 66 号 邮编：330025
电 话：0791-86566274
发 行：010-88893001
印 刷：三河市双峰印装有限公司
版 次：2018 年 5 月第 1 版
印 次：2018 年 5 月第 1 次印刷
开 本：850mm × 1180mm 1/32
印 张：22
ISBN：978-7-5480-5982-0
定 价：39.80 元

前言

爱因斯坦说过："人们解决世界的问题，靠的是大脑的思维和智慧。"思维创造一切，思考是进步的灵魂。如果思维是石，那么它将敲出人生信心之火；如果思维是火，那么它将点燃人生熄灭的灯；如果思维是灯，那么它将照亮人生夜航的路；如果思维是路，那么它将引领人生走向黎明！

思维控制了一个人的思想和行动，也决定了一个人的视野、事业和成就。不同的思维会产生不同的观念和态度，不同的观念和态度产生不同的行动，不同的行动产生不同的结果，而不同的结果则昭示着不同的人生。

只有具有良好的思维，才能升华生命的意义，收获理想的硕果。成功者无一不具有创造性思维，而失败者总是困于僵化的思维之中。人的命运常常为思维方式所左右，创造性思维就是打开命运之门的金钥匙。

当今世界的发展日新月异，我们面临着一次又一次的重要变革，挑战无处不在。越来越多的人意识到，思维训练不只是专家和高层管理人员的事情，它对于一个普通人的学习、生活和工作也起着至关重要的作用。一个人只有接受更多、更好的思维训练，才能有更高的思维效率和更强的思维能力，才能从现代社会中脱颖而出。

人的一生可以通过学习来获取知识，但思维训练从来都不是一件简单容易的事情，也不可能一蹴而就，许多心理学家和社会学家都认为思维命题训练是一种最好的方式。美国著名心理学家哈伊·奇克森特米哈伊把思维命题训练称为"使思维流动的活动"，它不但能够帮助发掘个人潜能，而且能使人感到愉快，是一种通过轻松有趣的游戏训练思维、提高智力的方式。

《世界思维名题》精选了577个最具挑战性、趣味性与科学性的思维名题，每一个类型都经过了精心的选择和设计，每个命题都极具代表性和独创性，荟萃了古今中外众多思维大师的思维方法，同时将许多思维名题融于名人的轶事趣闻中，让读者能够更深切地体会到这些人类思维长河中大浪淘沙后的智慧沉淀。书中列举了求异思维、急智思维、迂回思维、发散思维、经典逻辑、逆向思维、博弈思维等类型，阐释了60种突破常规的思维方法。

书中577道思维名题难易有度，有看似复杂但却非常简单的推理问题，有让人迷惑不解的图形难题，有运用算术技巧及常识解决的谜题，以及由词语、数字组成的字谜等。书中的思维名题丰富多彩，无论大人、孩子，或是学生、上班族、管理者，甚至高智商的天才们，都能在此找到适合自己的题目。在解决思维名题的过程中，你需要大胆地设想、判断与推测，需要尽量发挥想象力，突破固有的思维模式，充分运用创造性思维，多角度、多层次地审视问题，将所有线索纳入你的思考。你会发现，每一个命题都能让你的思维能力在潜移默化中改变，从而在轻松解答时体味到自信，在一筹莫展中体味到坚持，在曲折离奇中体味到惊奇……

本书适合利用点滴时间进行阅读和练习，既可作为思维提升的训练教程，也可作为开发大脑潜能的工具。无论你是9岁，还是99岁，对于任何一个想变聪明的人来说，它都是不二的选择。阅读本书，能让你思维更缜密，观察更敏锐，想象更丰富，心思更细腻，做事更理性，心情更愉快。

目录

第一章　思维命题与解题技法

第一节　关于思维命题

第二节　思维命题解题技法

第二章　发散思维名题

第三章　求异思维名题

第四章　转换思维名题

第五章 逆向思维名题

第六章　形象思维名题

第七章　迂回思维名题

第八章　急智思维名题

第九章　博弈思维名题

第十章　逻辑思维名题

第一章

思维命题与解题技法

第一节　关于思维命题

1. 什么是思维命题

北京烤鸭之所以有名，一个重要原因是采用填肥的鸭子为原料。饲养鸭子的师傅硬生生地掰开鸭嘴，把圆条状的饲料填到鸭子的胃里，用这种方式把鸭子催肥。后来，苏联的一位教育家发明了填鸭式教育，即硬生生地把知识灌输给学生。

我们从小学到中学，再到大学，十几年的学习时间里，经历过成百上千次大大小小的考试，做过数不清的练习题。有些人一提到考试就害怕，担心自己不会做试卷中的题目。试卷发下来之后，面对一道道自己不会的题目确实是一件令人沮丧的事。很多人毕业之后都会欢呼："再也不用考试了！永远不做练习题了！"

填鸭式教育模式只告诉我们"是什么"，不告诉我们"为什么"，学生为了应付考试死记硬背，考试之后就忘光了。这正是大多数学生厌恶考试的原因。填鸭式教育模式把积累知识当作学习的主要任务，老师们最关心学生知识累积的速度。考试时大部分题目是知识命题，思维训练成了知识积累过程中的副产品。这必然会使学生的思维单向发展，并定型下来，进而扼杀了学生的创造力和想象力，把学生训练成了没有自己的思想，只会考试的机器。

“思维决定一切”，“有思路才能有出路”。我们常常会听到类似的话，并且知道在竞争日趋激烈的当今社会中，我们要想拥有更好的生存与发展，就必须让自己的脑筋更为灵活。恩格斯把“思维着的精神”比喻成“地球上最美丽的花朵”。为了使思维之花开得更美丽，我们需要用不同的渠道和方法去培育它。思维命题就是思维学家通过语句设计来考察和训练人的思维能力的方法，包括分析、综合、比较、抽象、概括等操作手段。

树上有三只鸟，猎人开枪打死了一只，请问还有几只？

这是一道经典的“脑筋急转弯”题，受过填鸭式教育训练的人很快会算出结果：三只减去一只，还剩两只。但是，受过思维训练的人会告诉你，一只也没剩下，因为另外两只被吓得飞走了。其实，答案也可以是两只，因为猎人的枪装有消音器。

有人曾做过这样的试验：在黑板上画一个圆圈，问大学生画的是什么，大学生的回答很一致：“这是一个圆。”同样的问题问幼儿园的小朋友，得到的答案却五花八门：有人说是“太阳”、有人说是“皮球”、有人说是“镜子”……大学生的答案当然很正确，从抽象的角度看确实只是一个圆。但是，比起幼儿园孩子来，他们的答案是不是显得有些单调呆板呢？幼儿园小朋友的那些丰富多彩的答案，是不是更值得我们喝彩呢？

心理学家认为人类在4岁之前的思维是最活跃的，也是最具有开发潜能的。随着年龄的增长，随着知识的增加，人的思维逐渐被知识束缚住了。人们思考问题的时候局限在常见的、已知的圈子里，不能想到更多的解决问题的方法。一旦现有的条件不能满足常规的解决问题的途径，人们就束手无策了。因此我们需要思维命题对思维能力进行训练。

思维命题的目的是进行思维训练，而知识命题的目的是检验对专业知识的掌握程度。二者的差别很明显，比如，“秦始皇在哪一年统一了中国？”这显然是纯知识性的命题。大部分人在学历史的时候都学过，都背过，但是考试之后都忘了。如果问题改为“秦始皇为什么能够统一中国”，这就是一道思维命题。还可以进一步启发思考：“如果你是秦始皇，你会采取哪些措施来达到统一中国的目的？”

据说西方国家的考试相对于中国的考试来说很简单，中国成绩不好的学生到了西方国家可能是中等生。但是比较一下中国和西方国家的作文题目，你就知道中国更侧重于知识命题，而西方国家更侧重于思维命题，中国学生应付知识性考试还行，但是在思维命题方面未必表现出色。

中国作文题目：

①诚实和善良

②品味时尚

③书

④我想握着你的手

⑤谈“常识”有关的经历和看法

⑥站在……门口

美国作文题目：

①谁是你们这代的代言人？他或她传达了什么信息？你同意吗？为什么？

②罗马教皇八世Boniface要求艺术家Giotto放手去画一个完美的圆来证实自己的艺术技巧。哪一种看似简单的行为能表现你的才能和技巧？怎么去表现？

③想象你是某两个著名人物的后代，谁是你的父母？他们将什么样的素质传给了你？

④假如每天的时间增加了4小时35分钟，你将会做什么不同的事？

⑤开车进芝加哥市区，从肯尼迪高速公路上能看到一个表现著名的芝加哥特征的建筑壁饰。如果你可以在这座建筑物的墙上画任何东西，你将画什么，为什么？

⑥你曾经不得不做出的最困难的决定是什么？你是怎么做的？

法国作文题目：

①艺术品是否与其他物品一样属于现实？

②欲望是否可以在现实中得到满足？

③脑力劳动与体力劳动的比较有什么意义？

④就休谟在《道德原则研究》中有关“正义”的论述谈一谈你对“正义”的看法。

⑤“我是谁？”——这个问题能否以一个确切的答案来回答？

⑥能否说“所有的权力都伴随以暴力”？

当然了，我们强调思维命题的重要性，并不是说知识命题不重要。通过知识命题的训练，我们可以学到前人已经总结出的知识。但是知识命题只有唯一的答案，抑制了思维的创造性。在过去的教育中，我们过于重视知识命题，忽视了思维命题，导致很多人的思维能力有所欠缺。思维命题可以训练人的思考问题和解决问题的能力，培养正确的思维方式，使思维活跃起来，超越固定的思维模式。

其实，知识和思维的关系并非界限分明、截然对立，而是相辅相成的。没有创造性的思维就不会产生知识，而人们的思维活动又是在过去积累的知识层面上进行的。任何思维活动都不可能脱离知识，思维难度越高，对知识积累的要求越高。如果不重视知识，思维只能在较低层次上进行。如果你不懂系统论，就没有办法进行系统思维。如果不重视思维，那就永远不能超越已有的知识，无法开拓更广阔的空间。思维和知识就像性格不同的两个好朋友，它们互相依赖，谁也离不开谁，但是又各行其道。

思维命题的主要任务是训练大脑更好地获取知识、运用知识和创造知识，充分开发大脑的智能，提高思维的效率。如果把知识比作杠杆，那么思维则是使杠杆发挥作用的支点。学习知识的目的是延长杠杆的长度，思维训练的意义则在于更有效地发挥知识的作用。如果只有杠杆，而没有支点，那么不管杠杆多长都起不到作用。古希腊著名数学家、物理学家阿基米德曾经说过：“给我一个支点，我能翘起地球！”由此可见支点的重要性。相反，如果只有支点没有杠杆，我们同样没有办法翘起地球。

2. 传统游戏思维命题

在众多形式的思维命题中，传统游戏命题是离我们最近的，也是经常接触的。因为这类型的命题所涉及的都是我们在日常生活中所遇到、所思考和所要解决的问题，不仅有非常感性的生活常识性问题，也有关于人生存的价值、意义、情感、心理、信仰以及交往关系等一系列较为实际的问题。

传统游戏命题常常以谜题、迷宫、棋术、操术、算术等形式出现。其中最常见的是谜题，它由谜面和谜底构成。

麻屋子，红帐子，里面住着个白胖子。——打一食物

这是一个很简单的谜语，相信大部分人都知道，答案是花生。谜语是最常见的思维命题，由谜面和谜底组成，用一种隐晦的语言表达事物的形象、性质、功能等特征，供人们猜测。

《周易·归妹·上六》篇的商代歌谣“女承筐”，可算是我国谜语的最早记录之一：“女承筐，无实，士刲羊，无血。”女人用筐接着，却没有装到果实，男人用刀割羊，却没有流血。这种矛盾的说法必然引起人们的思考：这是怎么回事儿呢？这个谜语巧妙地表现了牧场上一对青年牧羊人夫妇剪羊毛的情景，使人不易猜着。人们知道答案后，又会恍然大悟。这是谜语的雏形，当时还没有类似的专门名称。

在西方社会，同样很早就出现了谜语。在古希腊神话中，有一个狮身人面兽，叫斯芬克斯。它守在路口让过路人猜谜语，猜不中者就是被它吃掉。这个谜语是：“什么动物早晨用四条腿走路，中午用两条腿走路，晚上用三条腿走路？”很多人都猜不出答案，大家只好绕道而行。后来俄狄浦斯猜到了答案，谜底是“人”。斯芬克斯羞愧万分，跳崖而死。斯芬克斯以命抵偿谜底被揭穿的事实，可见古人把思维能力看得比生命更重要。

与猜谜语相反，编谜语也是训练思维的一种较好的形式，但是

这种训练方法难度要大一些。比如，你可以把日常用品、食物、植物、动物等用独特的方式形容出来，但是又不点透，这样就编成了一个谜语。请你把下列事物编成谜语：水杯、枕头、饺子、西瓜、含羞草、波斯猫。

除了谜语，我国的象棋、围棋等棋术也是很好的训练思维的游戏。那些能把象棋、围棋下得好的人都是擅长思维的聪明人。民间还有一些棋术与历史故事有关，比如“华容道”就是取材于曹操在赤壁打了败仗之后，从华容道上逃跑的故事。此外，七巧板、九连环等游戏都是经典的益智游戏，已经有几百年的历史了。它们需要运用知觉组织能力和空间想象能力，通过图形的分解和组合，把握整体与部分的关系。

这类智力命题具有可操作性的特点，用现代心理测量学的术语，就叫作“操作性命题”。像这样的思维命题，它的外表或多或少涂染上了一些神秘色彩，其实却内含着一些哲理，促使人们去思考、咀嚼一些令人回味的道理。

3. 逻辑思维命题

随着人类社会的发展，人们在实践的基础上认识了客观事物发展过程中的逻辑规律，于是出现了很多逻辑思维命题。

在公元前5世纪的古希腊曾经出现过一个智者哲学流派，他们靠教授别人辩论术吃饭。这是一个诡辩学派，以精彩巧妙和似是而非的辩论而闻名。他们对自然哲学持怀疑态度，认为世界上没有绝对不变的真理。其代表人物是高尔吉亚，他有三个著名的命题：

①无物存在；

②即使有物存在也不可知；

③即使可知也无法把它告诉别人。

这就是逻辑思维命题。

逻辑思维命题是逻辑学家通过对人类思维活动的大量研究而设计的。逻辑思维命题有两个较为显著的特征：第一个就是抽象概括性，就是抛开事物发展的自然线索和偶然事件，从事物的成熟的、典型的发展阶段上对事物进行命题；第二个就是典型性，具体来说就是离开事物发展的完整过程和无关细节，以抽象的、理论上前后一贯的形式对决定事物发展方向的主要矛盾进行概括命题。

形式逻辑是一门以思维形式及其规律为主要研究对象，同时也涉及一些简单的逻辑方法的科学。概念、判断、推理是形式逻辑的三大基本要素。概念的两个方面是外延和内涵，外延是指概念包含事物的范围大小，内涵是指概念的含义、性质；判断从质上分为肯定判断和否定判断，从量上分为全称判断、特称判断和单称判断；推理是思维的最高形式，概念构成判断，判断构成推理。由形式逻辑派生出的逻辑推理命题，是逻辑学家用思维学的理论对人类的思维活动过程进行大量的研究而设计的。这类命题主要有以下的特点：

①在具体命题研究展开之前对研究对象进行分析。分析事物中的哪些属性相对于研究目的来说是主要的和稳定的，这种分析是对经验材料的杂多和繁复进行分离。

②引入还原方法，把复杂的命题材料还原为简单的命题规律格式，通过能够清晰表述的命题规律格式再现思维结构。其目的是更好地解析思维的逻辑特点及其规律。

古希腊哲学家苏格拉底、柏拉图、亚里士多德等人就是这方面的代表，他们构建了至今已有两千多年历史的形式逻辑思维框架。

苏格拉底认为自己是没有智慧的，声称自己一无所知，然而德尔菲神庙的神谕却说苏格拉底是雅典最有智慧的人。

苏格拉底在雅典大街上向人们提出一些问题，例如，什么是虔诚？什么是民主？什么是美德？什么是勇气？什么是真理？等等。他称自己是精神上的助产士，问这些问题的目的就是帮助人们产生自己的思想。他在与学生进行交流时从来不给学生一个答案，他永远是一个发问者。后来，他这种提出问题，启发思考的方式被称为“助产术”。

苏格拉底问弟子："人人都说要做诚实的人，那么什么是诚实？"学生说："诚实就是不说假话，说一是一，说二是二。"苏格拉底继续问："雅典正在与其他城邦交仗，假如你被俘虏了，国王问：'雅典的城门是怎么防守的，哪个城门防守严密？哪个城门防守空虚，我们可从哪面打进去？'你说南面防守严密，北面防守疏松，可以从北面打进去。对你而言，你是诚实的，但你却是一个叛徒。"学生说："那不行，诚实是有条件的，诚实不能对敌人，只能对朋友、对亲人，那才叫诚实。"苏格拉底又问："假如我们中有一个人的父亲已病入膏肓，我们去看他。这位父亲问我们：'这个病还好得了吗？'我们说：'你的脸色这么好，吃得好，睡得好，过两天就会好起来。'你这样说是在撒谎。如果你坦白地告诉他：'你这病活不了几天，我们今天就是来告别的。'你这是诚实吗？你这是残忍。"学生感叹道："我们对敌人不能诚实，对朋友也不能诚实。"接着，苏格拉底继续问下去，直到学生无法回答，于是就下课，让学生明天再问。

这种提问方式引发的思维方法可以帮助我们更清楚地认识事物的本质，对人类思维方式的训练具有重要意义。我们学习了很多知识，自以为知道很多，每个人说起自己的观点都侃侃而谈。实际上，深究起来，很多观点都经不起推敲，我们需要更深入地思考。

4. 科学思维命题

科学思维命题，就是把诸多我们所见的现象还原到一个固有的概念体系中，从而在理论中构思或重建命题系列。其目的在于，在解决问题的严格推理过程中，接受思维命题的受训者要分析情境，发现其中所包含的材料和关键因素，并对这些材料加以重新组织，从而得到清晰而有效的解决问题的方法。

最早的现代科学思维命题是由德国心理学家卡尔·邓克尔（Karl Danker）设计的。邓克尔是德国心理学家，格式塔心理学的创始人韦特海默的学生。他提出，创造性地解决问题的过程是由一系列相互联系的心理组织构成的，每一个心理过程总是把问题总结成更明朗、更精确的陈述。他设计的命题不是用于检验假设，而是通过推理过程解决实际问题。

1945年，邓克尔做了关于解决问题的经典研究，通过很多实验，最后得出了有关寻找解决问题方法的过程的一般性结论。邓克尔的分析表明，解决问题的途径可归为三个主要的水平：一般的解决、功能性解决和特殊性解决。在试图寻找解决问题的方法时，某些类型的总体性陈述就是邓克尔所说的“一般解法”，而在此总体性陈述的支配下重组知识，想出辅助陈述，使设想进一步完整具体化的过程中，就产生了“功能性解法”和“特殊性解法”。

一般的解决——思维策略水平的解决：这是解决问题的第一步，是把原来的问题作非常一般的重述，目的是寻求解决问题的方向。

功能性解决——思维模式水平的解决：这是解决问题的第二步，它改造缩小一般性范围。其典型形式是：如果这样那样能够达到，问题就可以解决了。

特殊性解决——运算技能水平的解决三个层次：这是解决问题的最后一步，它可以描述为功能性解决的进一步特殊化；而且，如果成功了，它是最后正确的解决。

他用柏林大学的学生做被试者，在他的一个实验中，他给被试者提出下列的命题：

假定，一个人的胃里面长了一个不能实施外科手术的肿瘤。如果我们应用某种放射线，只要有足够的强度，肿瘤是可破坏的。但是，问题在于：这样强烈的放射线同样会破坏健康的组织，而肿瘤周围都是健康组织。怎么能够把射线应用到肿瘤上，同时又不会破坏围绕这个肿瘤四周的健康组织呢？

邓克尔让他们解决问题时边想边说出声。由下述可以看出，他解决问题的过程是由几个一般解法、功能性解法和特殊性解法所构成的。

这个学生采用的第一个一般解法是："我必须找出一种办法，使射线不与健康的组织接触。"这样的一般范围能够而且确实导致对这个问题的几种更为明朗、更为精确的陈述。由这条思路可以找到下面几种解决方法：

> 找出一条达到胃部的信道，比如把射线通过食道送入胃部；

> 把健康的组织移出射线的通道以外，比如服用化学药剂使健康组织免受破坏；

> 在射线和健康的组织之间插进一道保护墙，用一种无机的，射线无法透过的东西保护健康的胃壁；

> 把肿瘤移到表面上来，让射线直接照射肿瘤部位。

这些解决办法的每一种都会被暗示一种特殊的解决，然而这几种解决办法缺乏可行性和实际操作性，都被被试者认为不适当而放弃了。由于每一种特殊的解决办法都被放弃了，被试只得扩展思维，另找其他的一般解法。最后，他想道："在通过健康组织时，把射线的强度降低。"射线的强度应该是可以控制的，但是怎样做呢?

最后，这条思路终于引导到可行的解决办法。当他达到最后一段行程，思考如何降低射线强度时想道："多多少少转一下方向，把射线扩散，然后通过透镜将微弱的射线聚集起来，使肿瘤恰好在焦点上，聚集起来的射线足以毁灭癌细胞，但是对周围其他健康组织没有伤害。"

邓克尔发现有时错误的解决问题的方法可以启发人们思考，找到正确的途径。在上一经典命题中，被试者提出了某些看似不合理的方法。比如，让射线从食道进入胃部是行不通的，但是让射线从组织空隙中通过却是可行的。

每一解决路线都是对命题的重新解读，一个新的路线是在所有因素的灵活转变中建立的。对任何一条路线，我们都可以通过其功能特征来判断其是否可行。很多解决路线具有相同的功能特征，比如"把健康组织移出射线的通道以外"和"把肿瘤移到表面，让射线直接照射”具有相同的功能特征，即通过移动身体组织避免射线的照射。一旦提出完善的解决路线（功能性解法），就需要结合实际情况考虑切实可行的解决办法（特殊性解法）。在找到功能性解法的前提下，把解决问题的方法应用到不同情境中就可以得到特殊性解法。

科学思维命题可以把复杂的问题还原在一个概念体系中，以便在理论中构思、重建命题系列。我们在解决问题过程中，通过分析情境发现其中所包含的关键因素，然后通过对这些因素重新组织，使解决问题的方法越来越清晰。

5. 现代创造性思维命题

一群小孩在院子里玩耍，突然一个孩子掉进了大水缸，其他的小孩吓得不知如何是好。这时，一个聪明的孩子从地上拾起一块石头砸向水缸，水缸被砸破，水流出来了，溺水的小孩得救了。

这个著名的“司马光砸缸”的故事所体现的就是创造性思维命题。简单来说，创造思维命题就是具有开放我们创造能力的思维命题。创造性思维命题来源于生活事件，生活中的具体问题为思维提供了特殊的情境，从而刺激创造性的思考。事件中的应激源能够最大限度地激发大脑的潜能，使之瞬间绽放美丽的思维花朵。虽然任何形式的思维过程都是在解决问题的过程中产生的，但是突发事件的应激源使思维更加活跃，冲击力更强。比如，曹植七步成诗的典故正反映了这一现象。

曹植从小就才华出众，很受曹操的疼爱。曹操死后，曹丕当上了魏国的皇帝。曹植并未犯下什么大罪，只是有人告发他经常喝酒骂人，他把曹丕派出的使者扣押起来，并没有招兵买马，阴谋反叛的迹象。这算不上犯罪，杀之怕不服众，曹丕便想出个“七步成诗”的办法，让曹植在七步之内完成一首诗，否则就定他的罪。所幸曹植能够出口成诗，在很短的时间内创作了著名的《七步诗》，原诗为六句：“煮豆持作羹，漉菽以为汁。萁在釜下燃，豆在釜中泣。本是同根生，相煎何太急。” 曹丕明白了曹植这首诗的道理，如果自己杀了曹植便会被人民耻笑，于是放了曹植。

最早把思维命题和创造品质结合起来的是美国心理学家吉尔福特。现今被人们熟知的一些创造思维命题，就是他创造出来的。吉尔福特创造性思维的核心是发散搜索功能，后来被称为发散思维。他认为发散性思维品质具有4个主要特征：

流畅性：在短时间内能连续地表达出的观念和设想的数量，是发散思维的基础；

灵活性：能从不同角度、不同方向灵活地思考问题，是发散思维的关键；

独创性：具有与众不同的想法和独出心裁的解决问题的思路，是发散思维的目的；

精致性：能想象与描述事物或事件的具体细节。

按吉尔福特的理论，创造性思维就是发散思维。尽管把创造性思维等同于发散思维是一种简单化的理解，但是对于创造性思维的研究与应用来说，毕竟是起了不小的推动作用。吉尔福特研究出一整套测量这些特征的具体方法。然后，他们又把这种理论应用于教育实践，围绕上述指标来培养发散思维，使发散思维的培养变成了可操作的教学程序。

吉尔福特采用语言文字、数字计算、图像再造和识别、操作性作业等形式设计创造性思维命题。后来，他的学生托伦斯、吉特泽尔斯、杰克森进一步对创新命题进行研究和设计，赋予命题一些新的内容和形式。主要有下面几种：

词的联想：给出一些词，让被试者说出词的近义词和反义词。这种方法可以训练被试者的发散思维和联想思维。比如，请说出尽量多的“开心”一词的同义词和反义词。

物体用途：运用发散思维指出事物的多种用途，答案越多越好。比如，除了供人坐之外，凳子还有什么用途？除了供人喝水之外，水杯还有什么用途？

从隐蔽的图案中找出完整的东西：让被试者看一些图片，要求找出图片中隐蔽起来的图形。比如让被试者从一张图片中找出几个人的头像。

解释寓言：给出几个没有结尾的寓言故事，要求被试者对每一个寓言故事补充三种不同的结尾。比如，请给龟兔赛跑的故事重新设计结局。

自编问题：让被试者自己编几个问题，看谁编得更有创意。比如，设计一种在空中飞的机器代替汽车、自行车等日常代步工具。

创造性思维在实际解决问题过程中具有非常重要的意义。吉尔福特认为，经由发散性思维表现于外的行为即代表个人的创造力。你的思维越灵活说明你的创造力越强。相反，一个思维惰性、刻板、僵化或者呆滞的人，不会有什么创造力。

经过创造性思维训练可以使我们的思维变得更灵活、更开阔，遇到问题时，不会束手无策，而是发挥创造力，找到有创意的、有趣的解决方法。

第二节　思维命题解题技法

1. 发散思维法

所谓发散思维，是指根据已有信息，从不同角度，不同方向进行思考，寻求多样性答案的一种思考方式。创新思维学者托尼·巴赞指出发散思维有两方面的含义，一方面是来自或连接到一个中心点的联想过程，另一方面是指思维的爆发。这种思维方法不受传统规则和方法限制，要求我们遇到问题的时候，尽可能地拓展思路。著名美国心理学家吉尔福特在研究创新思维的过程中，指出与创造力最相关的思维方法就是发散思维。吉尔福特认为，经由发散性思维表现于外的行为即代表个人的创造力，思维越灵活说明创造力越强。科学家的新发明、商人的新点子、艺术家的新创造大部分是通过发散思维取得的。

有人请教爱因斯坦："你和普通人的区别在哪里？"爱因斯坦把普通人的思考比作一只在篮球表面爬行的甲虫，他们看到的世界是扁平的，而他自己的思考则像一只飞在空中的蜜蜂，他看到的世界是全方位的、是立体的。

相反，一个思维惰性、刻板、僵化或者呆滞的人，不会有什么创造力，也不可能在某个领域做出太大的成就，因为缺乏发散性思维的人总是想到一个思路之后就不再思考了，得到一个说得通的解释就不再去探索其他的解释了，这样就养成了懒惰的思维习惯。

要想养成发散思维的习惯，可以从发散思维的三个特性入手进行训练。

首先，发散思维具有流畅性，可以让我们在很短的时间内产生大量的思路。

如果一个人的思维的流畅性很好，他的思路就如行云流水，创意迭出。心理学家克劳福德建议用属性列举法来训练思维的流畅性。简单的训练方法如下：

①用你能想到的所有定语形容某一个名词。

②想出一个故事的多个结局。

③给一个故事拟定多个标题。

④用给定的字组成尽可能多的词或用给定词语组成尽可能多的句子。

其次，发散思维具有变通性，非常灵活，可以让我们的思想自由驰骋。

变通性要求我们重新解释信息，强调跨域转化，用一种事物替换另一种事物，从一种类别跳转到另一个类别。转化的数目越多、速度越快，转化能力越强。比如，针对“砖头有什么用途”，我们回答“可以盖房子、可以盖一堵墙”，其实是把砖头限制在建筑材料这一个门类里了。如果回答说砖头可以用来做磨刀石，这就跳转到别的类别里了。

训练变通性可以提高触类旁通的能力。简便的训练方法如下：

①说出给定定语能够描述的所有东西。

②对给出的系列单词按照一定的类别进行组合。比如蜜蜂、鹰、鱼、麻雀、船、飞机等单词，按照飞行的、游水的、凶猛的、活的等类别进行组合。

最后，发散思维具有独特性，可以让我们别出心裁地产生不同寻常的想法和见解。

独特性的意思是指这种思维方式是唯一的，非凡的，别人想不到的。独一无二的思维方式可以得到意想不到的结果。独特性建立在流畅性和变通性的基础之上，可以说流畅性和变通性是途径，独特性是结果。只有产生大量的、不同类别的思路，才能从中找到能够出奇制胜的创造性想法。

此外，发散思考还要求我们敢于提出新观点和新理论。现成的、固定的答案是发散思考的最大障碍，如果我们敢于对现有答案提出质疑，往往能够另辟蹊径找到更加便捷、更加有效的方法。数学家华罗庚上中学的时候就曾经大胆对权威理论提出质疑，结果他证明了一位数学教授的公式推导有错误。

2. 水平思考法

甲从乙处借了一笔债，如果无法偿还，就得去坐牢。乙是高利贷者，他想娶甲的女儿做老婆，姑娘至死不从。乙对姑娘说了一个解决的办法：“现在我从地上拣起一块白石子，一块黑石子，然后，装进袋子由你来摸。如果你摸出白石子，你父亲的那笔债就一笔勾销；如果你摸出的是黑石子，那你就得和我成亲。”说完，他从地上捡起两块黑石子放进了口袋。然而，这个动作被姑娘看到了。

姑娘会怎么办呢？

水平思考法的创始人爱德华·德·波诺教授在用这个故事解释何谓水平思考时，也同样提出了这个问题，并且他得到了下面几种答案：

①姑娘拒绝摸石头；

②姑娘揭穿乙拣起两块黑石子的诡计；

③姑娘只好随便抓起一块黑石子，违心地同乙结婚。

很显然，上面的方法都不尽如人意。而如果运用水平思考法——将考虑的焦点移向水平方向：由口袋中的石子移到地上的石子，则能两全其美地解决问题：

姑娘的眼光从口袋移到地面上，想到乙的两块石子是从地上捡起来的，于是，她伸手到口袋里抓起一块石子，在她拿出口袋的一刹那，故意将其失落在地上。这时，她对乙说：“呀！我真不小心，把石头掉在地上了。我抓出来的那一块是黑是白已经无法知道了。但这也无关紧要，看看你口袋里剩下的那一块吧，我抓的肯定和口袋里的那一块不一样……”

姑娘利用水平思考法，将束手无策的局面扭转过来，取得了令人满意的效果。

爱德华·德·波诺教授是这样解释“水平思考法”的：“以非正统的方式或者显然的非逻辑的方式寻求解决问题的办法。”他还说，简单地说水平思考法其实就是："你不能通过把同一个洞越挖越深，来实现在不同的地方挖出不同的洞。"很显然，水平思考法强调的是寻求看待事物的不同方法和路径。这种显然的非逻辑的思维方式，要求我们摆脱常规的思维路径。爱德华·德·波诺教授主张，当你为实现一个设想而进行考虑的时候，很有必要摆脱一直被认为是正确的固有的观念的束缚。因为当我们按照常规的固有的观念进行思考时，很多可能性被忽略掉了。举例来说，按照人们的固有观念，水总是往低处流的，如果仅从这一观念出发，世界上就不会有能将水引向高处的吸虹管了。

水平思考法是针对垂直思考法而言的。在运用"垂直思考法"时，首先要选取一个位置，然后作为一次感知的基础；接着，就要看看自己此时此刻处于什么地方；再接着，就要从所在的位置和时刻进行逻辑分析。而运用"水平思维"时，我们移动到侧面路径上尝试不同的感知、不同的概念、不同的进入点。我们可以使用各种各样的方法，包括一系列激发技巧，来使我们摆脱常规的思维路径。比如，创造性停顿、简单的焦点、挑战、其他的选择、感念扇、激发与移动、随意输入、地层、细丝技巧等等。在以后的章节中，我们将一一介绍。

在水平思维中，我们致力于提出不同的看法。所有的看法都是正确的和相容的；每个不同的看法不是相互推导出来的，而是各自独立产生的。运用水平思考我们可以从不同角度，不同侧面来看待一个问题，从与思考对象相关的、可能相关的、甚至不相关的任何事物中寻找解决问题的方法。常规逻辑关注的是"真相"和"是什么"，而水平思考就像感知一样，关注的是"可能性"和"可能是什么"。

水平思考和发散思维一样，试图寻找多种可能性，但是水平思考具有逻辑性和收敛集中的一面，它的意义在于通过系统地运用具体的技巧和工具来改变概念和感知，从而提出新的创意和概念。

3. 头脑风暴法

头脑风暴的英文表述是“Brain storming”，原指精神病患者头脑中短时间出现的思维紊乱现象，病人会产生大量的胡思乱想。被誉为创造学之父的美国人亚历克·奥斯本借用这个概念来比喻思维高度活跃，打破常规的思维方式而产生大量创造性设想的状况。奥斯本提出的头脑风暴法是一种激发集体智慧，提出创新设想，为一个特定问题找到解决方法的会议技巧。

俗话说：“三个臭皮匠，顶一个诸葛亮。”当我们面对复杂的问题时，靠一个人冥思苦想很难解决问题，在会议上大家提出的想法可以互相激励，互相补充，从而产生新创意和新方法，但是，并非所有会议模式都能让人们敞开思路、畅所欲言。奥斯本找到了一种能够实现信息刺激和信息增值的会议模式，在企业进行发明创造和合理化建议方面效果显著。他提出头脑风暴法之后，很快就在美国得到了推广，随后日本人也相继效仿。

美国北方常下暴雪，有一年雪下得格外大，冰雪积压在电线上导致很多电线被压断，严重影响了通讯。电讯公司想尽办法也没能解决这一问题。后来电讯公司经理召集不同专业的技术人员举行了一次头脑风暴座谈会。

在会议上大家提出了不少奇思妙想，有人提出设计一种电线清雪机；有人提出提高电线温度使冰雪融化；有人提出使电线保持震动把积雪抖落。这些想法虽然不错，但是研究周期长，不能马上解决问题。还有人提出乘坐直升机用扫帚扫雪，这个想法虽然滑稽可笑，但是有一个工程师沿着这个思路继续思考，想到用直升机的螺旋桨将积雪扇落，他马上把这个想法提出来。这个设想又引起其他与会者的联想，人们又想出七八条用飞机除雪的方案。

会后专家对各种设想进行分类论证，一致认为用直升机除雪既简单又有效。现场试验之后，发现用直升机除雪真能奏效。就这样，一个困扰电讯公司很久的难题在头脑风暴会议中得到了解决。

头脑风暴的意义在于集思广益。为了保证头脑风暴发挥作用，奥斯本要求与会人员务必严格遵守四个原则：

自由设想。与会者要解放思想，开拓思路，无拘无束地寻求解决问题的方案。鼓励与会者提出独特新颖的设想，因此与会者要畅所欲言，不要担心自己的想法是错误的、荒谬的、不可行的或者离经叛道的。

在平常的会议中，我们力求让自己提出的建议和想法符合逻辑，因为我们总希望自己的建议得到别人的认可，不会提出一个连自己都不能自圆其说的想法，这就放过了很多潜在的解决问题的方法。头脑风暴会议就是要求我们天马行空地思考，无所顾忌地表达，让那些潜藏的方案显露出来。

延迟评判。不许在会上对别人提出的设想进行评论，以免妨碍与会者畅所欲言。对设想的评判要在会后由专人负责考虑。

在平常的会议中，大家总喜欢用批判的态度对待别人提出的一些想法，挑毛病是很容易的事，然而这种批判的态度使很多优秀的设想被扼杀在萌芽之中。比如，在美国电讯公司的会议中，当有人提出"乘坐直升机用扫帚扫雪之后"，如果有人说"这个想法太离谱了"，那么就不会有后面的"用螺旋桨扇雪"的设想。

追求数量。与会者要运用发散思维尽可能多地提出设想，数量越多就越有可能产生高水平的设想。

日本松下公司鼓励职工运用头脑风暴法提出改进技术、改进管理的新设想，1979年一年内产生了17万条新设想。公司从如此多的设想中选出优秀的、建设性的设想应用在设计和管理领域，使生产经营水平不断提高。

引申综合。在别人提出设想之后，受到启发产生新的设想，或者把已有的两个或多个设想综合起来产生一个更完善的设想。

头脑风暴是一种思维技能，也是一种艺术，头脑风暴的技能需要不断提高。人们常常把合作的好处比作1+1＞2，头脑风暴并不仅仅是把各自的想法罗列出来，还有一个激荡的过程，一个想法催生另一个想法从而得到更多更好的想法。有交流、有发展才有创新。

头脑风暴的效果显而易见，因此在世界各国受到了普遍欢迎，各国在不断应用中对头脑风暴法进行了创新和发展，以适应不同团体的需要。我们这里介绍美国、德国和日本的三种典型的头脑风暴法。

美国逆向头脑风暴法：这是美国热点公司对头脑风暴法的发展，其特点是不但不禁止批判，反而重视批判，旨在通过批判使设想更完善。这种方法与美国人那种自由、开放的性格相适应。需要注意的是要防止因为批判而导致大家不愿意提出荒谬的设想。

德国默写式头脑风暴法：这是德国学者鲁尔巴赫根据德国人惯于沉思和书面表达的特点而创造的会议方法。其特点是每次会议由6个人参加，每个人在5分钟之内提出三个设想，所以这种方法又叫“635法”。主持人宣布议题之后，发给每个人一张卡片，卡片上有3个编码，两个编码之间有一定的空隙，为的是让别人填写新的设想。在第一个5分钟内每个人在卡片上填上3个设想，然后传给下一个人。在下一个5分钟内，大家从上一个人的设想中受到启发填上3个新的设想。这样传递半个小时之后，可以产生108个设想。

日本NBS头脑风暴法：这是日本广播公司对头脑风暴法的发展，是一种事务性较强的方法。具体做法是主持人在会议召开之前公布议题，并发给与会人员一些卡片，要求每个人提五条以上设想，每一条设想写在一张卡片上。会议开始后，与会人员逐一出示自己的卡片并发言。当别人发言的时候听众如果产生了新的设想，就把设想写在备用的卡片上。发言完毕之后，主持人收集卡片并按内容分类，然后在会议中讨论、评价，选出解决问题的方法。

头脑风暴作为一种激励集体进行创新思维的方法在企业和设计性团体中得到了广泛的应用，此外在日常生活中也很实用，比如在学校中老师可以组织头脑风暴会议，让学生们讨论如何提高学习成绩，如何丰富课外生活等问题。家庭成员也可以召开小型的头脑风暴会议讨论如何度过周末，如何使晚餐更丰盛等问题。在日常生活中的训练可以逐渐提高发散思考的能力。

4. 删繁就简法

面对困难找不到出路，很多时候是因为我们陷入了自己设置的圈套之中，把原本简单的问题弄复杂了，结果越来越乱，理不清头绪，本来几分钟就能搞定的问题要用一天的时间来解决，本来轻轻松松就能做完的工作，把自己弄得精疲力竭。这种情况下我们就需要用删繁就简法思考问题了。

删繁就简思考法就是让我们把繁杂的、与主题无关的或关系不大的内容删掉，减少不必要的环节，然后把握事物的重要方面和本质规律，使复杂的问题变得简单容易。

亚里士多德说："自然界选择最简单的道路。"你抛一块石头到空中，它一定是沿着最短的那条路径落下来。本来很简单的事情，我们何必把它弄复杂呢？那样既浪费时间，又浪费精力，还未必能解决问题。我们应该顺其自然，不要人为地把简单的事情复杂化。要知道，把简单的事情复杂化很简单，把复杂的事情简单化却很难。德国科学家克林凯就曾说过："最容易和最简单的东西往往是最难找到的。"

删繁就简的思维方法有三种具体的做法：剪枝去蔓、同类合并和寻觅捷径。

剪枝去蔓

剪枝去蔓就是我们排除问题的旁枝错节，去除掉可以不予考虑的次要因素，抓住问题的主干。

15世纪，罗马教皇把异端分子奥卡姆·威廉关进监狱，以禁止他传播异端思想。但是，没想到奥卡姆竟然逃跑了，并且投靠了教皇的对头罗马皇帝路易四世。他对路易四世说："你用剑保卫我，我用笔捍卫你。"

在皇权的保护之下，奥卡姆著书立说，他的一句格言对后世影响很大——"如无必要，勿增实体。"这就是著名的"奥卡姆剃刀"的中心意思，它的含义是一个具体存在的理论一经确定，其他干扰这一理论的普遍性感念都是无用的，应该像多余的毛发一样剔除掉。它还告诉人们在处理问题的时候，要把握事情的实质和主流，解决最根本的问题。

人们本能地追求全面和安全，喜欢把事情弄复杂，事实上这样往往造成画蛇添足、多此一举，事物的一些结构和功能变得不合时宜而成为累赘。用“奥卡姆剃刀”把多余的东西去掉，事情会变得更简单、更方便。

最初的火车车轮上装有齿圈，为的是与铁轨上的齿条相契合，以保证火车稳定前进。一些专家认为如果车轮没有齿圈，火车就会打滑，甚至脱轨。火车的司炉工人司蒂文森有一天看着车轨展开了想象，如果把齿圈和齿条去掉会怎么样呢？他进行了大胆的试验，结果发现火车不但没有脱轨，反而大大提高了行驶速度。

即使是一件小物品也可以删繁就简，使制作工序和操作过程更简单。比如钢笔，最初的笔舌处有多道凹槽，为的是蓄积墨水，后来有人把凹槽去除掉之后，发现照样可以流畅地书写。以前的钢笔帽里面加工有螺纹，为的是能够固定在笔筒上，有人尝试着把螺纹去掉之后，发现没有螺纹也能很好地固定笔帽。

如果你现在正为一些复杂的问题感到烦恼，请试着拿起奥卡姆剃刀把那些复杂的想法剔除掉，露出事情的本来面目，也许你能立刻找到简单的解决问题的方法。

同类合并

同类合并是指把同类问题合并起来进行分析和处理，这样可以提高解决问题的效率。

伊莱·惠特曼被称为美国“标准化之父”，因为他首创了流水作业批量生产的工厂运作模式。

美国爆发南北战争的时候，伊莱·惠特曼与政府签订了两年内提供1万支来复枪的合同。那时的生产模式是由每个工匠负责制作一支枪的全部零件，然后再组装成枪，生产效率非常低，1年才生产了500多支枪。这样下去，无论如何也完不成任务，惠特曼开始思考如何才能提高工作效率。他运用同类合并的思考想道，如果让每个人负责制作一个零件，然后由专门的人负责把零件组装成一支枪，这样会不会快一些呢？

他把制枪的过程分为几道工序，每个员工只负责其中一道工序，他还对枪支零件的尺寸制定了一些标准，这样生产的每一个零件都一样，最后生产出来的都是标准化的枪。这样实行之后，工作效率和质量得到了大幅度提高，如期完成了任务。

把同一道工序合并在一起，就能使每个人的工作流程更加简单，每个人只负责生产一个零件，就可以大大提高熟练程度，从而提高生产效率。

寻觅捷径

寻觅捷径就是让我们的思维简洁化、理想化，单纯地反映事物的本质与规律，找到解决问题的最便捷的方法。

一位叫贝特格的保险推销员就是这样挽救自己事业的危机，并走向成功的。贝特格刚进入保险行业的时候踌躇满志，但是一年之后他就灰心丧气了，他不明白为什么自己那么努力地工作，业绩却一直不好。某个周末的早晨，他决定理出个头绪来。他问了自己下面这3个问题：

问题到底是什么？

问题的根源在哪里？

解决方案是什么？

最让他苦恼的问题是当他与客户洽谈业务的时候，有些客户突然打断他，说下次有时间再面谈，结果他把大量的时间和精力花在“下次”面谈上，收获甚微却给他带来强烈的挫折感。他把自己一年的工作记录做了一番统计，发现一次谈成功的客户占70%，两次谈成功的占23%，只有7%的生意需要三次以上的洽谈。他却被那7%的生意折磨得筋疲力尽。他决定不再为那些需要3次以上洽谈的生意奔波，把省下的时间用来开发新的客户。结果他的业绩在很短的时间内就翻了一倍。

洞悉问题的根本所在，简单地去想，简单地去做，问题就会迎刃而解。当我们在工作、学习和生活中遇到难于解决的问题时，不妨也用删繁就简的思维方法把看似复杂的问题简单化。抓住影响问题的关键点，找到导致问题的根本原因，然后用“釜底抽薪”的方法，就能把问题轻松化解。

5. 转换思维法

转换思维实际是一种多视角思维，从多个角度观察同一现象，用联系的发展的眼光看问题，会得到更加全面的认识，从多个层次、多个方面、多个角度思考同一问题，会得到更加完满的解决方案。

如果我们对某一问题的思考方式对自己不利，就应该转换一个思路，从另一个角度考虑问题，说不定可以让问题迎刃而解。

春秋战国时期，有一个鲁国人擅长编草鞋，他的老婆擅长做帽子。连年战乱使他们苦不堪言，这个鲁国人决定搬到越国去谋生。他的朋友听说赶忙劝阻他：“你到越国去肯定穷得没有饭吃。因为越国人喜欢光脚，不用穿鞋，而且他们披头散发不用戴帽子的。你们的东西在那里一定卖不出去。”于是，这个鲁国人听从了朋友的劝告，没有搬到越国去。

越国人和鲁国人的生活习惯虽然有差别，但是作为人的基本需求是一致的。越国是正在发展中的蛮荒之地，穿鞋戴帽是必然趋势。这个鲁国人本来可以宣传穿鞋子的好处，说服那里的人们穿鞋子，那将是一个多么广阔的市场啊！可惜他没有这么做。

几千年之后，有两个商人一起去非洲卖鞋子。那时的非洲人刚刚改变以前穿兽皮、披树叶的习惯，穿上了衣服，但是他们还都是光着脚走路。一个商人看到这种情况之后认为这里的人都不穿鞋子，根本就没有市场，于是他去别的地方卖鞋子了。另一个商人却想：这里的人都没有鞋子穿，鞋子的需求量太大了，真是赚钱的好机会！于是他留下来，结果成功地把鞋子卖给所有光脚的人，成了富甲一方的大鞋商。

转换思维还要求我们从不同方面对同一对象进行考察，从而得出客观公正的评价。比如，法官判案时，原告和被告“公说公有理，婆说婆有理”。如果偏执一端，很可能会冤枉好人。只有转换思维，全面了解事情的原委，才能做出公正的裁决。

转换思维可以帮我们精确地理解某一事物的内涵和外延，并对事物的概念做出规定。语义学家格雷马斯说：“我们必须对一些基本概念，不厌其烦地进行定义，尽量确保做到精确、严格，以确保新概念的单义性。”所谓“不厌其烦地进行定义”，就是不断转换思维，从不同层次进行分析和推敲。对事物外延的把握更需要从不同角度进行划分。比如对历史时期的划分，从生产关系的角度可以分为原始社会、奴隶社会、封建社会、资本主义社会和共产主义社会；从物质材料的角度可以分为旧石器时代、新石器时代、青铜时代、铁器时代和高分子时代；从能量的角度可以把近代史分为蒸汽时代、电子时代、原子能时代等等。

此外，转换思维可以避免思维定式，对于发明创造来说有重要意义，每转换一个新的视角都可能引发一个新发现或新发明。

美国玩具制造商斯帕克特发现那些玩具设计师设计的玩具单调、陈旧，没什么新鲜感，很难引起儿童的兴趣。因为那些设计师都是成年人，他们已经形成了思维定式，很难从孩子的角度来设计玩具。要想设计出受欢迎的玩具，必须知道孩子们的想法。于是，斯帕克特请来一位6岁的小女孩玛丽亚·罗塔斯作为玩具设计的顾问，让她指出各种玩具的缺点，以及她希望生产出什么样的玩具。在小女孩的点拨之下，斯帕克特公司生产的玩具销路很好。

这个例子说的是成人与孩子之间的思维转换，此外，思维转换还有男人与女人之间的转换，历史、现实与未来的转换，整体与局部的转换，肯定与否定的转换，科学与艺术的转换等等。思维转换的方法不一而足，这里我们介绍几种简单易行的训练方法。

反向转换法

《道德经》里有这样一句话：“有无相生，难易相成，长短相形，高下相盈，音声相和，前后相随，恒也。”这朴素的辩证法向我们讲述了深刻的道理。向反向去求索，站在事物的对立面来思考往往能够突破常规，出奇制胜。你可以向对立面转换事物的结构、功能、价值，以及对待事物的态度。对结构和功能的转换可以让你有发明创造，对价值的转换可以让你变废为宝，对态度的转换可以让你心胸开阔，荣辱不惊。

相似转换法

这种转换法有助于我们对同一对象，同一问题进行全面、整体、系统的把握。比如下面两组词语，每组词语之间都具有一定的相似性和关联性。

①生命、血肉、植物、爱情、真理、繁荣

②原始、开端、最初、胚胎、萌芽、发展

每一组中的一个或几个词都可以成为理解本组中某一个词的新视角。这种转换方法可以启发新的隐喻以及事物之间的联系，对于在科学研究中建立理论模型有重要意义。

重新定义法

如前面所说，转换思维可以使概念的定义更加精确，反过来，通过对某一概念重新定义可以训练我们转换思维的能力。对文字的翻译也可以达到这种效果，台湾诗人余光中说：“翻译一篇作品等于进入另一个灵魂去体验另一个生命。”这种“经验”可以让你视野更加开阔。

征询意见法

一个人的思路毕竟有限，要想实现多视角思维，就应该借助集体的力量。征询别人的看法和意见可以让你对某一问题的认识更加完善。电视剧《三国演义》中曹操的扮演者鲍国安当年为了演好曹操这个角色，对不同年龄、不同学历、不同职业的几百个人进行调查，询问他们对曹操的看法。别人的意见让他对曹操的各个侧面都有所了解，他的演出自然赢得了大家的好评。

实践转换法

实践转换可以让你在对问题的实际操作中，获得对事物的新的理解和认识，发现某种新的意义。比如，大学生写论文，纯粹研究理论只能是闭门造车，如果去参加相关的实习，就会对理论知识产生新的认识。此外，经历一下你没有体验过的生活可以让你改变对一些问题的看法。

6.因果逆向法

所谓因果逆向法，和前面“颠倒思维法”中的“因果颠倒”有些类似，即有意识地将事物之间的因果关系颠倒一下，看由结果能否导出原因。这种思维方法在科学领域有着广泛的应用，许多科学发明都是建立在这种思维方法的基础上。除了在“因果颠倒”中提到的法拉第发明由“电生磁”而产生“磁生电”的联想，并最终发现电磁感应原理和世界上第一台发电装置外，科学上的类似事件还有不少。

19世纪初，意大利物理学家伏特发明了伏特电池，首次实现将化学能转换成电能。英国化学家戴维得知这个消息后，便想：既然化学能可以转换成电能，“反过来”电能是否也可以转化为化学能呢？于是戴维做了电解化学的试验，终于获得成功。

当年，爱迪生发明留声机也同样用的是这种思维。

1877年，他在试验改进电话时，意外地发现传话器里的膜板随着说话声音会引起相应的震动，他就想：若反过来，这种震动能否使原先发出的说话声音不失真地重现呢？根据这一逆向的设想，爱迪生经多次试验终于发明并创造了世界上第一架会说话的机器——留声机。

除了上面故事中所体现出来的创造方法，因果逆向法还有另一种体现。我们知道，人们在发明一个东西的时候，往往是根据已有的条件进行创造，不过，运用因果逆向法，则可以反其道而行之，先提出发明的结果（发明物），然后分析这项发明有什么特点，再考虑如何去实现这些特点，最后再确定该发明的真正外观和结构。

有个善于动脑筋的中学生为了解决人们忘记关水龙头后浪费水

的问题，想要发明一种新型水龙头。他从“当停水后，若忘记关闭水龙头，水再来时，能自动关闭，防止水浪费”这一结果出发进行思考，设计了一个当停水后水再来时能自动切断水流的装置。他运用内燃机气缸结构的活塞运动和气缸外冷却水套的工作原理，当停水后水再来时，水从阀体进入空心活塞内，利用水流动量变化产生冲力推动活塞，实现自动放水。当水槽注满水后，浮球上浮，通过杠杆将力传递到活塞，使它反向运动，堵住阀门口，切断水流。

可以看出，因果逆向法的关键便是要突破惯性思维，颠倒已有的因果逻辑，从而取得新的发现。当然，不是每一次都会有新的发现。

7. 观点逆向法

观点逆向法，即采用一种与常规、大众不同的思路来思考问题，以获得新颖的见解和结论。这种思维方法往往能够极大地使我们摆脱从众心理，增强我们思考的独立性和创造性。这种思路在文学和学术上经常用到。

牛郎、织女在每年七夕相会的故事，是历代中国人都耳熟能详的故事了，历代文人歌咏这个事件的文学作品数不胜数。比如大诗人李商隐、杜牧均曾有有关的诗词作品，不过，多数文人对此的态度都是为两人的长期“分居”而遗憾，但是，宋代词人秦观却一反这种态度，写下了一首《鹊桥仙·七夕》的词作，其除了在前面赞美牛郎织女的爱情外，在结尾处笔锋一转，提出了“两情若是久长时，又岂在朝朝暮暮”的新颖观点，顿时使得此首词作在众多同主题词作中脱颖而出。

再看有关长城的作品。历代文人对于这个雄伟壮丽的万里长城，一向视之为中原王朝防御草原民族南下的有力屏障，吟咏长城的作品也大多充满赞叹。但是，康熙年间的书生张廷玉却一反这种态度，留下了“万里长城万里空，百世英雄百世梦”的诗句，一下子显得与众不同，不落窠臼。相传张廷玉也正是因为这首诗而受到了康熙的器重。

还有，《史记》中的“孟尝君列传”一篇文章中，说孟尝君借助于鸡鸣狗盗之徒得以从秦国逃脱，因此被历代视为善于纳士的典范。但是，到宋代时，王安石则在《读孟尝君传》一文中，一反众人观点，提出了“如果孟尝君真的善于纳士，则一个真正有才能的士便足以使得齐国雄霸天下了，哪还用得着这些鸡鸣狗盗之徒出力，因此孟尝君并不善于纳士”的观点，读来令人耳目一新。

类似的例子还有许多，总之，观点逆向法便是这样一种故意与众人“对着干”的思维方式，其总体上可算作一种求异思维。学会这种思维方式，能够使我们具有一种与众不同的思维与见解，说话或写文章时都能出语不凡，让人刮目相看。另外，不仅是人文学科，在自然科学领域，此思维方法有时也能够帮助人们摆脱惯性思维，获得新的发现。

需要指出的是，观点逆向思维并不是盲目地追求与众不同，提出的新观点要合乎逻辑，能自圆其说，让人信服。

其实，在现实中我们不妨经常有意识地进行一番练习，比如在《水浒传》中的潘金莲历来被人视作淫妇，但是如果站在她的角度来说，她本人不也是值得同情的吗？武松历来被视作英雄好汉，在“血溅鸳鸯楼”一章中，张都监和蒋门神被武松杀死是罪有应得，但是包括张都监夫人和府中丫鬟、仆人在内的几十口人，武松凭什么杀死他们呢？从这个角度来讲，武松可以说只是个杀人魔鬼罢了。

再比如，有句话叫“开卷有益”，这话在古代书籍少的年代可能不错，但是在如今书籍泛滥、泥沙俱下的信息时代，这话难道不值得重新思考吗？

…………

8. 倒转思维法

倒转思考法又叫逆向思维法，是指从思考对象的反面或侧面寻找解决问题方案的思考方法。

有四个相同的瓶子，怎样摆放才能使其中任意两个瓶口的距离都相等呢?

如果让四个瓶子全部正立着摆放，你将永远找不到方法。把一个瓶子倒过来试试。想到了吗？把三个瓶子放在正三角形的顶点，将倒过来的瓶子放在三角形的中心位置，这时你制造了很多个等边三角形，任意两个瓶口之间的距离都是正三角形的边长。

没有人规定一定要把瓶子正立摆放，但是很少有人想到把瓶子倒过来。因为人们习惯于沿着事物发展的正方向思考问题，并寻求解决问题的方法。但是，有时候按照传统观念和思维习惯思考问题你会找不到出路，百思不得其解。这时你可以试着突破惯性思维的条条框框，从相反的方向寻找解决问题的办法。

倒转思考法最初由哈佛大学教授艾伯特·罗森和美国佛蒙特州投资顾问汉弗莱·尼尔共同提出，他们把这种思维方法表述为："站在对立面进行思考。"倒转思考法就是让我们打破常规思维模式的束缚，表现为对传统观念的背叛。采用倒转思考法的前提是对思维对象进行全面分析，细致地了解思维对象的具体情况。此外，进行倒转思考的人还要有敢于冒险，勇于创新的精神。

运用倒转思考法，我们可以注意并思考问题的另一方面，从而深入挖掘事物的本质属性，有助于开拓新的解决问题的思路。日本丰田汽车公司的创始人丰田喜一郎曾经说："如果我取得一点成功的话，那是因为我对什么问题都倒过来思考。"倒转思考法的作用可见一斑。

宋灭南唐之前，南唐每年要向大宋进贡。有一年，南唐后主李煜派博学善辩的徐铉作为使者到大宋进贡。按照规定，大宋要派一名官员陪同徐铉入朝，但是朝中大臣都认为自己的学问和辞令比不上徐铉，大家都怕丢脸，没人敢应战。

宋太祖很生气，但是又无可奈何。他也不想随便派个人去给朝廷丢脸。后来，他想了这样一个办法：让人找到十个魁梧英俊，但又不识字的侍卫，把他们的名字呈交上来。然后，宋太祖找到一个比较文雅的名字，说："此人堪当此重任。"大臣们很吃惊，但是没人敢提出异议，只好让大字不识的侍卫前去接待徐铉。

徐铉见了侍卫先寒暄了一阵，然后滔滔不绝地讲起来。但是不管他说什么，侍卫只是频频点头，并不说话。徐铉想“大国的官员果然深不可测”，只好硬着头皮讲。可是一连几天，侍卫还是不说话。等到宋太祖召见徐铉时，他已经无话可说了。

宋太祖就是利用逆向思维来应对南唐的进贡官员。按照正常的逻辑思维，对付能言善辩的人应该找一个更加善辩的人，但是宋太祖却找了一个不认识的字的人，效果居然不错。因为徐铉也是按照常规的思维方法来想问题的，他认为宋朝一定会派一个数一数二的学者来接待自己。面对不说话的侍卫，他猜不透，但又不敢放肆，结果变得很被动。

1935年之前，英国出版商出版的书大部分是精装书。他们有充分的理由这样做：印在铜版纸上的字的确看起来比较舒服，大篇幅的图片也更加吸引人，大块的空白使读者省去了许多时间。更加重要的是，英国的读者都是贵族——他们有的是钱，而精装书更能够帮助他们展现自己与众不同。出版商靠精装书赚到了不少钱，他们的思路是把书做得更加精美，从而把价钱定得更高。

1935年艾伦·雷恩开创了企鹅出版社，他是一个喜欢特立独行的人，当别的出版商力求把书做得更加精美的时候，他准备出版以前从来没有出现过的平装书，每本只卖6便士——相当于一包香烟的钱。

这套丛书每本只卖6便士——大概相当于一包烟的钱。书商觉得这太荒谬了，纷纷向他质疑：“既然连定价七先令六便士都只能赚一点钱，六便士怎么能赚钱？”很多作者也担心自己赚不到版税。只有伍尔沃斯公司配合艾伦·雷恩，但这是因为他们店里只卖价格在6便士以下的商品。

出乎人们的意料，那套售价6便士的企鹅丛书一经出版后，立即受到了读者的一致好评，人们争相阅读。事实上，也正是出版平装书籍让企鹅公司在日后成为一个大品牌，艾伦·雷恩成了英国出版史上的一位鼎鼎大名的人物。

传统观念认为图书装帧越精致才能卖高价，只有卖高价才会越赚钱，艾伦·雷恩反其道而行之，出版朴素的平装书，把价格降到最低，这正是对倒转思考的运用。结果证明他的选择没有错。

这种思维方法应用在发明创造上很有效果。比如，有人觉得传统的绣花针拔出后需要掉头再穿回去，很费时间。于是发明了双向针尖的绣花针，把针鼻放在中间。没有人规定针鼻一定要在针的尾部啊！

逆向思维的应用在现实生活中具有重要的意义。运用逆向思维可以让你突破对事物的常规认识，创造出惊人的奇迹。如果向前走找不到出路的时候，当你需要寻找新颖独特的解决问题的方法的时候，当你不满于步别人的后尘，希望突破常规思路时候，就可以回过头来向相反的方向试试。

倒转思考法是一种科学的思维方法，我们可以把条件、作用、方式、过程、观点、属性和因果倒转过来思考，还可以把人物、情景、结果颠倒过来思考。在以后的章节，我们将具体地介绍这些倒转思考的方法。

9. 补白填充法

由于时间和空间条件限制，人们只能认识客观事物的一部分，在对事物的运作过程进行全盘思考的时候，有些环节可能会出现缺失。所谓补白填充就是运用想象对缺失的内容进行填补，以增强事物的完整性。这种思考方法在实际中非常实用，一方面可以帮助我们对未知领域做出预测，这在科学研究领域里有重大意义，另一方面还可以帮我们发现市场中的空白点，抓住商机。

19世纪的物理学家已经能够确定在原子中存在两种粒子，一种带正电，一种带负电，但是不能确定这两种粒子是以什么状态存在的。这既不能仅仅用逻辑思维来进行推论，也无法通过观测来证明。于是有些科学家对原子内部结构进行大胆想象，推测两种粒子保持着什么样的关系。

得到广泛支持和认可的设想有两种，一种是英国物理学家汤姆森提出的“葡萄干面包模型”，一种是英国物理学家卢瑟福提出的“太阳系模型”。葡萄干面包模型认为带负电的粒子镶嵌在由带正电的粒子构成的球状实体中，就像葡萄干镶嵌在面包里一样。太阳系模型认为带负电的粒子围绕占原子质量绝大部分的带正电的粒子的原子核旋转，就像行星围绕太阳旋转一样。这两种模型的区别在于是否认为正电粒子与负电粒子之间存在空隙。后来的试验证明卢瑟福的太阳系模型是正确的。

汤姆森和卢瑟福就是运用补白填充的思考方式另辟蹊径，通过想象来补充人们对原子内部结构认识的不足。当然，这种想象并不是胡思乱想，而是以现有的科学知识作为想象的基础，根据已知推测未知的过程。

与组合想象相比，补白填充更加需要思考者理智的逻辑思维，也就是说补白填充必须建立在已知信息的基础之上，通过已知信息的充分分析之后找出其中的规律，然后发挥想象填补空白内容。如果不顾已有的信息，对问题进行随意的想象，最后得到的方案可能会与事物的运作过程不协调，因而不能解决问题。

由于时空限制，在现实中我们无法看到事物过去和未来的景象，这时就可以运用补白填充，发挥想象把过去的事物和未来的事物构想出来，展现出来。比如，考古学家可以根据残缺不全的古生物化石，想象出古生物的原貌和它当初生存的状态。利用先进的电脑技术或各种模型材料还可以把想象中的图像和模型展现出来。比如，建筑工程师或城市规划师首先要在头脑中想象出设计方案，然后在图纸上绘制出设计蓝图，用3D做出效果图，或用各种模具做出模型。

补白填充的应用还体现在通过大胆想象寻找商机。在商界，抓住市场空白点是成功的重要策略，空白点没有竞争，因而很容易获利。寻找空白点的思路有两条，一条是找那些已经存在但是没有引起人们重视的市场，另一条是开发全新的产品，创造新的市场。显然，前一种方法要容易一些。

身价亿万的香港富豪霍英东当年就是靠补白填充思维发家致富的。香港作为世界上举足轻重的经济贸易港口和东南亚重要的交通枢纽，建筑行业发展很快。很多人看到搞建材有利可图，纷纷投身于建材市场。但是与建材市场紧密相关的河沙市场却无人问津，因为海底捞沙工作量大，而且利润有限，那些想赚大钱的人对此不屑一顾。这使建材市场留下了一个空白空间，霍英东看准了这个空白决定大干一番。

他分析了市场需求和发展前景之后，觉得应该能够赚钱。于是他从欧洲购进先进的淘沙机船，这种新型的挖沙船20分钟就可以挖出2000吨沙子，大大提高了劳动生产率。先进机器的使用还降低了用工量，改进了工作方法。很快，被人们冷落的河沙市场给霍英东带来了滚滚财源，他成了香港最大的河沙商。当别人看到他的成功想效仿的时候，他已经取得了香港海沙供应的专利权了。

霍英东正是运用了补白填充的思考法，抢占商机，找到了一条成功之路。

如果想创造商机，就要关注人们的需要，解决尚未解决的问题，进行新的发明创造，推出前所未有的产品。比如某家蛋糕店推出了一种可以食用的照片，贴在生日蛋糕上，很受欢迎。北京某家具公司一改传统家具的死板风格，开发出一种可以拼装、变形的家具。用户可以根据需要改变家具的结构以适应居室的格局。某厂家推出了一款屏幕可以被扭曲拉伸的手机，机身由传导型织物做成，不但可以折叠，而且没有突起的键盘按键，因此占用空间非常小，方便携带。

可见，补白填充想象的意义还在于满足人们的需要，开发出能够解决某种问题的新产品。

最初的洗衣机没有过滤网，衣服洗完之后经常沾上一些小棉团之类的东西。这个问题让家庭主妇非常烦恼，她们建议厂家解决这个问题。技术人员经过研究之后，虽然提出了一些解决方案，但是都比较复杂，而且会大大增加洗衣机的体积和成本。厂家觉得没有必要为了这个小问题大费周折，于是不再试图改进。

一位叫笥绍喜美贺的日本的家庭妇女想自己解决这个问题，有一次她看到孩子们用网兜捕捉蜻蜓的情景，心想如果做一个小网兜是不是也可以把洗衣机中的杂物网住呢？她用了三年时间不断尝试、改进，终于发明了简单实用的过滤网。她把这项发明申请专利，仅在日本她就获得①5亿日元的专利费。

10. 滚动思考法

对于滚动思考法，我们借助一个智力题目来理解。

约翰是个十足的瘾君子，这家伙每天都要抽两包烟。这天晚上，约翰失眠了，于是他便坐起来抽烟。但是，他的烟盒里只剩下了7支烟，不一会儿他便将7支烟给抽完了。接下来，他还是睡不着，他还想抽烟，但是深更半夜的，又不能到外面买烟。于是，约翰想到一个办法——将前面抽剩的烟头重新卷成烟来抽。下面问题来了：如果说每3个烟头能卷一支烟的话，你觉得约翰用这7个烟头还能卷几支烟来抽？

对于这个问题，可能许多人都会毫不犹豫地说出自己的答案：这很容易知道，他当然是能卷2支烟了！如果真这么简单，这个题目也算不上智力题了。实际上，约翰能够卷3支烟。因为他在卷了两支烟并抽完之后，又会得到两个烟头，再加上剩下的一个烟头，他还可以再卷一支烟。要得到这个正确的答案，便需要一种滚动思考法。由此我们也可以知道，滚动思考法便是这样一种动态而非静态地看问题，能够将不断出现的新条件不断地纳入自己的思考中的一种思维方式。

许多时候，面对一个问题时，我们会想当然地凭借大致印象给出结论，就像在前面的题目中得出两个烟头的结论那样，而这往往不符合实际。世间万物无不是处于一种动态变幻之中，静是相对的，动才是绝对的，因此，滚动思考法乃是一种很有必要掌握的思考方法。

总体而言，滚动思考法的关键在于两点，第一是要摆脱惰性思维，不想当然地根据静态条件得出结论，这属于意识的层面；第二点便是要具备相应的逻辑思维能力，这属于方法的层面。

11. 灵感思维法

灵感思维法，可能有人对于这种说法感到不理解。因为在人们的印象中，所谓灵感，似乎是一种不可捉摸乃至有些神秘的东西，人很难有意识地控制这种东西，使其成为一种行之有效的思维方法。实际上并非如此。首先，让我们来通过一些事例来感性地认识一下灵感。

笛卡尔是17世纪法国的大数学家，一次，他长时间都在思考这样一个问题：几何图形是形象的，代数方程是抽象的，能不能将这两门数学统一起来，用几何图形来表示代数方程，用代数方程来解决几何问题呢？为了找到办法，笛卡尔日思夜想，但一直都找不到好的方法。一天早上，笛卡尔在床上睁开眼后，看到一只苍蝇正在天花板上爬动，他饶有兴趣地看了起来。看着看着，他的头脑中忽然产生这样一个念头：这只不断移动的苍蝇不正是一个移动的“点”吗？而墙和天花板不就是“面”吗？墙和天花板相连的角不就是“线”吗？苍蝇这个“点”与“线”和“面”之间的距离显然是可以计算的。想到这里，笛卡尔一下子从床上跳了下来，他找来纸和笔，迅速划出三条相互垂直的线，用它表示两堵墙和天花板相连接的角，又画了一个点表示来回移动的苍蝇。然后，他用X和Y分别代表苍蝇到两堵墙的距离，用Z来代表苍蝇到天花板的距离。后来，笛卡尔对自己画出的这张图进行反复思考和研究后，得出结论：对于在图上的任何一个点，都可以用一组数据来表示它与另外那三条数轴的数量关系。同时，只要有了任何一组像以上这样的数据，也必然可以在空间上找到一个对应的点。如此一来，数和形之间便建立了稳定的联系。结果，数学领域中的一个重要分支——解析几何学，就此创立了。他的这套数学理论体系，引起了数学的一场深刻革命，有效地解决了生产和科学上的许多难题，并为微积分的创立奠定了坚实的基础。

笛卡尔受苍蝇启发而解决了重大的数学难题，这显然是一种数学上的灵感思维。再看下面的一个故事：

在一个小学课堂上，一个老师为了考一下学生们的应变能力，提出了这样一个问题："一群小鸟在天空中自由地飞着，用什么办法能一下子将这些鸟全部抓住呢？"

下面的小学生七嘴八舌地说开了：几个人同时用气枪打；用麻袋；用大网……一会儿便说出了十几个办法，但老师均摇了摇头。其实老师自己也没有答案。

"用照相机抓拍！"一个学生回答道。

"对呀，好主意！"老师一听，眼睛顿时一亮，这的确是个充满创意的好主意！

在这个故事中，这个想出用照相机抓拍的学生的主意显然是充满了灵感。这种灵感虽然不像科学家们的灵感那样产生了实用的价值，但是他同样是体现出了一种创造性的思维。

上面的两个故事便形象地向我们展示了什么是灵感。而除了上面的两则故事，关于灵感的故事，相信每个人都可以举出几个来。实际上，可以说，所有的具有创造性的活动，都离不了灵感的参与。无论是艺术家们进行艺术创作，还是科学家们进行科学研究，乃至现实生活中我们想到了一个好主意，其实都借助了灵感。因此，灵感有些难以把握，但是它却是人类进行创造性活动所不可或缺的，可以说，灵感思维乃是人们一种重要的思维方式。

目前来说，虽然历代的思想家都无法准确地给灵感下一个定义，不过人们已经普遍认识到，灵感并非是完全不可捉摸的，而同样是一种可以用来为我所用的思维方法，人们将其称作灵感思维法。灵感思维法是一种比较特殊的思维方法，是指在思考或研究形物的过程中由于某种因素的触发，高度发挥创造力，使思路豁然开明，从而获得对该研究对象的一种突破性认识的思维方法。这种思维方法的特征是，不借助于人类的逻辑思维系统以及语言、文字、知识等，而是与人的先天直觉密切联系。我们知道，直觉是人的一种先天能力，它不经过渐进的、精细的逻辑推理，是一种思维的断层和跃进，人们习惯将其称为“第六感”。总体而言，直觉是人类在逻辑认知系统之外的另一个认知系统，而灵感，便是这个认知系统的产物。虽然直觉思维系统所产生的东西绝大多数都没有什么价值，但是其中对的那一小部分往往具有非凡的价值。

那么，我们究竟该如何有意识地去掌控灵感思维法呢？人们一般认为，灵感这种东西，乃是不可捉摸的，只能静静等待它的到来，而不可刻意追求。这种说法其实只说出了事情的一个方面，不错，灵感是不可刻意追求，但是，灵感也绝非是一个仅靠运气获得的东西。事实上，我们可以发现，那些刻苦钻研、勤于思考的人往往能够获得更多的灵感。关于这个现象，许多人其实早就做过总结，俄国画家列宾曾说过：“灵感是对艰苦劳动的奖赏。”德国哲学家黑格尔则说：“即使是最聪明的天才，如果朝朝暮暮懒散地躺在草地上，眼望星空，让微风吹拂……灵感也不会拜访他。”由此也可见，灵感思维法的基础便是之前的艰辛探索，长期的思考酝酿，只有在对研究对象进行了一番深思熟虑的思考，有关研究对象的各种信息已经烂熟于心之后，这些信息才会在潜意识里暗暗地发酵，进而在某一瞬间令人突然顿悟，这就是灵感。

在有了长期的探索和思考的基础之后，灵感便随时可能会降临。具体情况又可大致分为几类，一种是思考者在经历了艰辛的探索和思考之后，自己突然恍然大悟。数学家高斯便曾经说过，他曾经一连求证一个数学难题许多年，一直得不到答案。但是，有一天他突然一下子得到了答案，他自己也说不清这其中的原因。这就是顿悟型的灵感。另一种则是思考者受到了外界某种东西的启发，顿时想到了解决问题的办法。这种产生启发的东西，则不一而足，可以是别人的一句话、一个动作，或者是书中的一句话、一个图像，也可以是一只苍蝇。另外，还有一种则是，有的人干脆是在梦中得到问题的答案。历史上，有不少科学家都是在梦中解决了冥思苦想不得其解的难题，比如俄国化学家门捷列夫即是在梦中发现了化学元素周期表。也有不少艺术家在梦中产生创作灵感，有不少诗人干脆在梦中完整地写出了优秀的诗词作品。

以上我们得知了灵感产生的基本过程大致可分为两个阶段，第一个阶段是对于疑难问题的长期艰辛探求阶段；第二个阶段，是信息发酵后，探索者方式不一的顿悟阶段。对于我们来说，第一个阶段显然毋庸多言，只能是老老实实去做。而对于第二个阶段，我们却是可以有所作为，以催生灵感的到来。经过大量的总结之后，人们发现，灵感产生的一个重要条件就是人要处于一种放松状态中，处于紧张状态中的人往往不能产生灵感。因此，在你对于一个问题苦苦思索不得其解的时候，不妨将问题暂时搁置起来，运动一下，或者干脆去旅行，过段时间再去考虑它。如此一来，自己的精神放松下来后，没准答案就突然在脑海中出现了。此外，我们也可以随意地翻看一些不相干的书籍，或者是找人聊天，也许从中能获得启发，产生灵感。总之，关键是使自己的精神处于放松状态。

另外需要特别注意的是，灵感思维的一个重要特征就是它是一瞬间在脑海中一闪而过的，如果你不能及时抓住，过后可能它再也不出现了。因此，掌控灵感思维的一个重要条件就是要相信自己的直觉，重视突然出现的念头，而不要将其当作无用之物。因此，最好养成随时记录自己突然出现的想法的好习惯。固然这里面有许多无价值的东西，但是其中也必然有一些充满了创造性乃至于你可能花几年时间都追求不到的新发现。事实上，几乎所有的伟大科学家和艺术家都有随时记录自己想法的习惯。所以说，还是那句话，机遇更青睐有准备的头脑。

12. 替代达标法

替代达标法总体上属于一种急智思维，其是在缺乏某种东西的情况下，临时借用另一种东西代替所缺乏的物体，从而暂时满足当时特殊的要求。为形象化地对其进行理解，让我们看下面这道思维名题：

有一只容器，其上面只刻了两个刻度：5升和10升，其中装了8升的溶液。现在一个人想要从中倒出5升的溶液。他发现手头除了一些小石子外，没有别的东西可用。那么，你能帮他想一个办法准确地倒出5升溶液吗？

这个问题乍一看，似乎是没办法做到的。因为照现在的条件来看，能够从这个容器中准确地倒出的溶液体积只有两个：3升和8升，而所要倒出的5升这个数值则无法通过容器的刻度准确地体现，只能是大致估摸着倒了。其实，是有办法的——我们知道，根据这个容器的刻度，如果能够再找来2升溶液，使得溶液“体积”升至10升的刻度处，那么便可以根据刻度倒出5升溶液了。那么，现在，我们可以选择一些小石子填入容器中，使其中的溶液升高至10升的刻度处。这样一来，我们便可将容器中处于5升和10升的刻度之间的溶液倒出来，就正好是5升了。

在上面的名题中，我们利用石子临时替代溶液，使得溶液体积临时“达到”10升，从而最终达到了目的。这便是一种典型的替代达标法。并且，从中，我们也可以看到替代达标法的关键有两点。其一，对于所缺乏的物品，我们对其的利用所要达到的功用，替代物正好也能达到。以上面的名题为例，即石子和2升升溶液都正好能够使得溶液体积升高至10升的刻度处。所以说，这种替代仅仅是针对特定的目的的一种临时替代。也正因为此，要看到替代品和被替代品之间的这种联系是难的；其二，替代品在代替被替代者满足要求的同时，不能产生负面的作用，比如说，在上面的名题中，如果用水来替代溶液便不行，因为它会改变溶液的性质。正是因为这两点要求，所以替代达标法可以说是一种很精致的思维方法，只有细心而聪明的人才会善于使用。

另外，替代达标法的一个关键便在于我们在遇到难题的时候，不能根据笼统的印象，轻易地得出这个问题无法解决的结论，而是要知难而进，积极地想办法。其实，我们在现实生活中常见的在急中生智的情况下想出来的临时替代方法都可算是替代达标法。

13. 角度变异法

角度变异法属于转换思维的一种，其内涵是在面对一个找不到解决办法的难题的时候，抛弃原先的思路，从另一个角度寻找新思路的思维方法。为形象化地理解这种思维方法，我们来看下面一个故事：

有个小男孩在一次生日时收到一样礼物——一面小鼓。这个小男孩对于这个礼物很是喜欢，每天不停地敲打着这个小鼓，吵得左邻右舍不得安宁。一段时间后，忍无可忍的大人们都非常气愤地对他说："不要再敲了，我们被吵得受不了了！"然而小男孩不仅不听，反而越来越有干劲儿，每天敲鼓的声音更大了。一天，邻居中的一个叔叔找到小男孩，轻声对他说："你这么喜欢这个鼓，难道不想看看鼓里面到底有什么吗？何不打开来看看？"从此，邻居们再也听不到吵闹的鼓声了。

在这个故事里，小孩对于周围的呵斥已经听不进去了，如果你还是一味地呵斥他，只能更激起他的逆反心理。而邻居中的这个叔叔则换了一个角度，从小孩子的好奇心的角度"引诱"小孩，结果一下子便将问题解决了。这里，这个邻居叔叔所使用的便是一种角度变异法。实际上，许多难题在看似已经走入死胡同，无法解决的时候，如果能够适时地转换一下角度，可能很轻松地便将问题解决了。这正是角度变异法的妙用。

另外，角度变异法不仅是一种很好的解决问题的方法，其对于我们的心态也能产生很重要的影响。我们来看下面的故事：

当年爱迪生发明电灯时，为了寻找能够长时间耐热的材料来作为灯丝，他花了两年的时间，试验了1200多种材料，最后都没有找到合适的材料。这时，有人前来讽刺他："爱迪生，你已经失败了

1200次了，我要是你我才不做这种无用的傻事呢！”爱迪生笑了一下回答道：“没关系，我至少已经知道有1200种材料不适合用来做灯丝了！”

当然，爱迪生试验最后的结果我们都知道了。其实，爱迪生在故事中的回答也可以说是一种角度变异法。如果以通常的眼光来看，爱迪生失败了1200次，这的确是令人沮丧的事情，如果缺乏一种换一个角度看问题的思维方式，爱迪生也许就真的放弃了。通过这个故事，我们可以知道，一件事情，从不同的角度看过去，往往能够得出不同的结论。而这，显然也是一种角度变异法。

总之，角度变异法可以分作两类，一类是帮助我们从不同的角度看待一件事情；另一类则是告诉我们，在遇到一个难题的时候，如果沿着一个思路苦苦追索得不到答案，那么不妨转换一下思路，从其他角度试探一下。而这其中的关键，便是要尽可能地拉开思维，将事物的种种可能性都考虑进去。

14. 换位思维法

有这样一个笑话：

一位妻子正在厨房炒菜。这时，丈夫站在她旁边一直不停地唠叨：“慢些、小心！火太大了。赶快把鱼翻过来、油放太多了！”妻子忍无可忍，脱口而出：“我懂得怎样炒菜！”没想到丈夫这时平静地答道：“我只是要让你知道，我在开车时，你在旁边喋喋不休，我的感觉如何……”

在这个笑话里，丈夫故意装作一副唠叨的样子，以让妻子切身体会到她唠叨时自己的感受。这个笑话没有说后面的事情，这个妻子会不会在以后丈夫开车时不再那么唠叨，不得而知。不过可以肯定的是，妻子已经真切地体会到了自己对开车的丈夫指手画脚时丈夫的不耐烦。之所以能达到这个效果，便在于这个聪明而幽默的丈夫采用了一种换位思维。换位思维便是这样一种思维方式，思考问题时站在别人的角度思考问题，进而更准确地预测出别人的感受以及反应。相反，现实生活中之所以会产生许多误会和不理解，则正是因为人们缺乏一种换位思维，看下面的笑话：

一头猪、一只绵羊和一头奶牛，被牧人关在同一个畜栏里。一天，牧人将猪从畜栏里捉了出去，只听猪大声号叫，强烈地反抗。绵羊和奶牛不耐烦听它的号叫，于是抱怨道："我们还不是经常被牧人捉去，都没像你这样大呼小叫的。"猪听了回应道："捉你们和捉我完全是两回事，他捉你们，只是要你们的毛和乳汁，但是捉住我，却是要我的命啊！"

在这个笑话里，猪说的话显然是对的，而绵羊和奶牛的话显然有些"站着说话不腰疼"了。之所以会如此，就是因为绵羊和奶牛只是站在自己的角度说话，而没有切身站在猪的立场说话。虽然这只是个动物笑话，不过，放在人类社会中，道理是一样的。一味地站在自己的立场说话，而不考虑别人的感受，往往会招致别人的反感。

通过上面的两则笑话我们便可以知道，换位思维在我们的生活中也是一个很重要的思维方式。如果能够很好地掌握并运用，那么我们便能够更好地与人相处，在涉及与人打交道的事情的时候，必定会做得更为顺利一些。比如说当我们与上司或下属发生观点上的冲突时，如果每个人只站在自己的立场上说话，那么最终都会觉得对方不可理喻。而如果这时我们利用换位思维法，站在对方的角度考虑一下他为何要这么想，如此，彼此更容易达成共识。而在商品生产过程中，如果我们能够更多地站在消费者的立场去考虑，把握他们的心理，明白他们的需求，那么我们开发出的产品必定能够受到更多的欢迎，取得更大的商业成功。尤其是在双方博弈性质的事情中，换位思维则更显得重要了，比如在军事战争中，一个指挥者如果缺乏换位思维，那是不可想象的。

总之，换位思维法的道理一点也不深奥，任何人都可以很轻易地掌握。不过，因为每个人在做事时都习惯性地从自己的立场出发，事到临头往往顾不得别人的感受了，因此换位思维法的关键便在于遇事时能够打破惯性思维，站在别人的角度想一想。

15. 形象换元法

形象换元法是一种借助于事物的形体、色彩等形象之间的逻辑关系，推导出未知形象相关结论的思维方式，按照大类来划分的话，此种思维方式属于迂回思维。我们通过下面这个故事来理解这种思维方法。

在古埃及，高高耸立的金字塔直入云端，蔚为壮观。但是它究竟有多高呢？人们都想知道，可是很长时间都没有人准确地测量出来。这天，古希腊的哲学家泰勒斯来到金字塔下，他深为金字塔的非凡气势所折服。当他听说自公元前3000年埃及人建造金字塔后竟无人能测量出金字塔的高度，大为惊讶，便答应用最简单的方法解决这个千古难题。

一天上午，阳光明媚，人们都纷纷聚集在金字塔下，他们是听说了泰勒斯要测量金字塔的高度而特地前来观看的。只见泰勒斯和他的助手没带别的东西，只是带了一把尺子来到金字塔下，人们都很奇怪他究竟要如何测量金字塔的高度。只见泰勒斯只是站在金字塔的阴影附近，太阳斜照着他，将他的影子拉得老长。后来，随着太阳的升高，泰勒斯的影子越来越短，而助手则过一会儿测量一次泰勒斯的影子长度。等到泰勒斯的影子和身高等长时，泰勒斯立即在金字塔的影子顶端做了个记号，并用尺子量出了影长。然后，泰勒斯当众宣布，这个影长就是金字塔的高度。当即，人们都十分兴奋，并十分佩服这位哲学家的智慧。

其实，泰勒斯当时所运用的这种方法便是一种形象换元法。当泰勒斯的影子和他的身高相等时，大体上，泰勒斯周围的其他物体的影长也与物体的高度等长。因此可以通过测量金字塔此刻的影长来得到其高度。可以看出，泰勒斯测量的关键便是找到了他和金字塔之间共同的一个属性，即在某一刻他们的高度和自己的影长都会相等。由此也可以进一步知道，形象换元法的关键便在于找到未知对象与已知对象之间能够相互比照的属性。如果我们能灵活运用这种方法的话，就能借此解决许多犯难的问题。

16. 颠倒思维法

所谓颠倒思维法，即打破思考对象原本的上下、前后、内外等空间顺序，或者将思考对象的整体、部分或有关性能等颠倒过来，以寻求新的思路的思维方式。我们来看下面这个故事：

古时候，日本人为建造大阪城，需要许多巨石，当时他们主要是从濑户内海的岛上采集这些巨石。但在开始运输这些巨石时，他们遇到了一个难题——因为这些巨石太重，而当时的船只排水量有限，浮力不够，因此巨石一装上船，便会将船只压沉。人们试了许多次都无法成功。就在大家无计可施之际，一个聪明的工匠站出来说道："既然石头装在船上不行，那么何不试试将石头装在船下？"大家乍一听，觉得他只是在开玩笑，不过仔细一想，觉得这或许真是个办法。于是，大家真的将石头用绳子捆在船底。结果，因为石头在水里受到的浮力抵消了它的一部分重力，排水量很小的船只果然能够浮在水面上拖着石头走，就这样，人们果然顺利将石头运到了目的地。

这可算作颠倒思维法中的上下颠倒。再看下面这则故事：

1820年，丹麦物理学家奥斯特先是无意识地在实验课上发现了"电生磁"现象，之后又经过研究证明了电流的磁效应现象。后来，人们称其为"电磁学第一定律"。这一发现在当年传到欧洲后，引起了极大反响，许多科学家纷纷投入到对这一现象的研究中，英国物理学家法拉第就是其中之一。不过，与其他人不同的是，法拉第在经过一番思索之后，提出了一个崭新的思路，他认为：既然电能生磁，那么磁又能不能生电呢？正是在这一想法的推动下，法拉第花费了10年的时间进行研究，最终在1831年8月29日发现了"磁生电"，并进一步提出了对后世影响巨大的电磁感应原理。

这里，可算作是颠倒思维法中的因果颠倒。

通过上面的两则故事，我们也对颠倒思维法有了更形象的认识。可以看出，恰当地运用颠倒思维法，往往能够使我们在常规思路下无法解决的难题柳暗花明又一村，此外，它还可以激发我们的创新思维，从而产生新的点子和新的发明。

笼统地看，颠倒思维法和逆向思维有些相似，但颠倒思维法总体上要比逆向思维更宽泛一些，只要是涉及正反对立的范畴，颠倒思维都有发挥的空间。一般来说，常见的颠倒思维有：上下颠倒、左右颠例、前后颠倒、大小颠倒、快慢颠倒、动静颠倒、有无颠倒、正负颠倒、因果颠倒、内外颠倒、长短颠倒、好坏颠倒、主次颠倒、顺逆颠倒等。

最后，对于颠倒思维法，我们要明白两点。其一，颠倒思维法的关键乃是能够打破惯性思维，因此要想具备这种思维，需要长期锻炼以养成习惯；其二，要明白，颠倒思维法不是每一次都会取得成功，这种思维法是一种试探性的思维，在通过常规思维无法解决问题的时候，不妨运用这种思维试一试。或者是面对惯常的事物，不妨偶尔运用颠倒思维考虑一下，以期有新的发现。

17. 逆反思维法

逆反思维法，和前面所说的颠倒思维法有些类似，不过其具有更强的针对性，强调在遇到难题的时候，如果从正面找不出解决问题的答案，则反其道而行之，看能不能使问题得到解决。许多时候，这种方法往往能够使陷入难题的人豁然开朗。我们来看下面这个故事：

有个建筑师负责一个城市小区的设计工作，在小区整体上完工后，建筑师需要完成最后的工作——在小区里的大道之外增设一些小径，以方便人们行走。建筑师对此很犯难，因为他拿捏不准小径究竟该如何设计才能最大可能地方便大家。最后，一个园丁给他提出了一个好建议，让他在小区里种植大片的草坪，任大家自由在上面行走，再按照人们踩出来的小径进行设计。建筑师接受了园丁的建议。结果，一个月后，人们在草坪上清晰地踩出了一些纵横交错的小径。建筑师就在这些小径上设计。

在这个故事里，这个园丁所使用的便是一种典型的逆反思维法——既然无法预测小径如何设计会令人们满意，那么何不干脆让人们先踩出小径来，然后按照人们踩出来的小径来设计道路。再看下面这个故事：

在英国伦敦的某街道上，有3个裁缝店。3家裁缝店因为要招揽的顾客对象相同，都是这条街附近的居民，所以3家裁缝店竞争十分激烈。为了压倒竞争对手，三家裁缝店的老板经常采用手段提醒顾客自己比另外的两个裁缝高明。这天，其中的一个裁缝为了吸引顾客，在店门口挂了一个招牌，上写：伦敦最好的裁缝。另一个裁缝一看不高兴了，在第二天也写了一个招牌挂在店门口，上写：全英国最好的裁缝。这下，第三个裁缝犯难了，照这个思路想下去，他似乎应该挂出一个写着“全欧洲最好的裁缝”的招牌。可是，如果说“伦敦最好的裁缝”和“全英国最好的裁缝”的说法有些吹牛的话，毕竟也说得过去，而“全欧洲最好的裁缝”的说法就未免显得轻佻了，根本就没有人会相信。况且，即便他真写一个这样的招牌，另两个裁缝可能会再挂出“全世界最好的裁缝”，乃至“全宇宙最好的裁缝”。这样一来，3个人最终都只会沦为笑柄。思来想去，第三个裁缝灵机一动，想到了一个主意，在自己的店门口挂出了一个“本条街最好的裁缝”。结果，大家看到第三个裁缝的招牌后，不禁会心一笑，觉得这个裁缝聪明而又朴实，因此纷纷都愿意找他做活。结果，3个裁缝中，第三个裁缝的生意最好。

在这个故事中，前两个裁缝为了显示自己的手艺高超，纷纷尽量往“大”处想，殊不知这样反倒使人们觉得他们在吹牛皮，对他们产生不好的印象。而第三个裁缝则反其道而行之，从“小”处着眼，不仅轻巧地告诉了人们他的手艺在另外两个裁缝之上，而且还显出一份十分客观低调的样子，这样便更容易取得人们的好感和信任。这里，第三个裁缝所用的便是一种逆反思维法。

通过上面的两则故事，我们也形象地了解了逆反思维法便是这样一种在人们习以为常的惯性思路上，突然掉转思路，反过来想问题的思维方式。许多时候，我们利用这种思维法往往能够得到一种创造性的结果。例如在现代产品开发设计中，通常开发新产品都是先进行市场调查，研究人们的需要状况，然后攻关设计，再实物实验，然后批量生产，推向市场。但是，按照这种传统的生产方式生产出来的产品往往或多或少有些赌博性质，赌对了，产品大受欢迎，企业赚得盆满钵满；赌错了，则产品滞销，企业回报平平，甚至要赔本。鉴于此，意大利的某服装企业则反其道而行之，他们不是生产出产品后再接受人们的检验，而是先在市场上搜集各种受到人们欢迎的服装，然后再快速按照这些服装的款式进行批量加工生产。这样一来，其产品在未上市前便已经受到了人们欢迎，这家企业的每件产品也都肯定包赚不赔了。这便是逆反思维在商业方面的应用。

此外，不仅我们在解决问题时，可以试着反过来去寻找问题的答案，甚至有时候我们还可以将问题本身反过来看，以寻找解决之道。我们来看下面这个故事：

圆珠笔是我们常用的一种很方便的书写工具，而在发明之初，这种笔一直有一个难题困扰着人们。这个问题就是，每支笔管写到2万字左右，笔的圆珠就坏了，因此便会产生漏油问题，弄得到处都是油。制造商们为了解决这个问题，想了许多办法，想延长圆珠笔的使用寿命，但效果总是不理想。最后，一个日本人想到：既然一支笔写到2万字左右圆珠会坏掉，那么，何不少装油，不等写到2万字油就用完了不就行了吗？结果，这个问题便被如此简单地解决掉了。直到今天，我们所使用的圆珠笔都在沿用这个办法。

在这个故事中，这个日本人便是使用逆反思维，使得如何解决漏油的问题变成了如何使得漏油问题根本不出现的问题。

总之，一般而言，人们在解决问题时首先是要从常规角度去思考。但是，如果苦苦思索而找不到解决问题的好办法，这时候便不要囿于常规思维，而要学会反过来思考一下，没准一下子创造性地解决了问题。一般而言，能够灵活运用逆反思维法的人都是创造能力比较强的人。

18.模仿思维法

所罗门说："太阳底下没有一样东西是新的。"无论中外古今，无论科学、艺术，模仿是创造发明的很重要的一个环节，因此，人们常常说"模仿生创造"、"模仿是创造的第一步"、"创造力强的人都精于模仿"。

模仿首先从自然中来，是一切动植物的本能。动植物都是通过复制DNA、传递遗传基因等方法来实现传宗接代，这些遗传因素发生作用，都是通过复制DNA的结果。生物学的这些发现或许可以从另外的角度说明模仿是我们一种与生俱来的本领。如果我们对小孩子进行观察的话，可以发现他们学习东西就是依靠模仿。他们看着别人的样子说话、吃饭、穿衣……模仿也是小孩子的天性。

如果说小孩的模仿学习方法是一种本能的、无意识的模仿的话，那么在创造的过程中，我们的模仿是积极的、有意识的。那些擅长模仿的人们都懂得，模仿的意义在于，我们要继承和发展，就必须以模仿为坚实的基础。任何门类都是在模仿中求得发展的。而所谓的创新，就是在原来的基础上有所变化——大的或者小的变化。因此，创造学中的模仿思维主要包括两层意思：一是模仿；二是在模仿的基础上有所创新。

我们可以设想，如果发明创造撇开前人的智慧将会出现多么糟糕的局面。轮子是人类最早的聪明智慧之一，也是最重要的发明之一。如果一个从来不知道有轮子这个东西存在的人想要发明一样可以代替人力的交通工具，那该是多么困难的一件事情。无论如何，他必须首先发明一个轮子出来，然后才能发明马车——不过，在此之前他必须要把野马驯养成家马，需要找出钢铁的锻造方法。西方有一句谚语说："你不需要再发明轮子。"因为已经有人发明过了，我们只需要在这个基础上发挥我们的聪明才智，进行发明和创造。我们可以模仿——我们真是幸运。所以，歌德说："模仿是人的天性，虽然人们往往不承认自己是模仿的。"

日本是当今世界最擅长模仿的国家，这个传统可以追溯到日本建国伊始。在中国唐朝时期，日本"百事皆仿唐制"，仿照汉字创立了日文，承袭了许多优秀的汉文化，甚至模仿长安城建立了日本的奈良城。西方工业革命后，日本开始了全盘西化的"明治维新"，全面模仿西方发达国家。二战后，日本模仿世界最强大的国家——美国，尽管他们曾经是敌人。

日本的模仿能力给他们带来了诸多好处。唐朝时期的学习使它们加速了向文明社会的发展；"明治维新"使它从一个落后的封建国家一跃而成为世界资本主义发达国家；而二战后的模仿则使它在战争时期遭到的巨大破坏极快地得到恢复，并且在20世纪80年代成为世界第二大经济大国。

在模仿的过程中，有以下三点需要注意：

一是去其糟粕，取其精华。鲁迅先生曾经有一篇文章《拿来主义》精辟地论述了如何学习和借鉴间接经验，他的一个重要的立论就是"取其精华，去其糟粕"。也就是说，我们在学习和模仿的时候需要分析这些经验哪些是需要借鉴的精华，哪些是不适合我们的糟粕，而不是胡子眉毛一把抓。

二是学神，而不是学形。"邯郸学步"的故事指出了机械性学习而不知变通的可笑。故事是这样的：一位少年听说邯郸城的人走路的姿势很美，于是他到邯郸城去学习。他到了邯郸城之后，看到小孩走路，他觉得活泼，学；看见老人走路，他觉得稳重，学；看到妇女走路，摇摆多姿，学。就这样，还不到半月，他的盘缠也用完了，而新的走路姿势也没有学会，最后连自己原来走路的姿势都忘记了，于是只好爬着回家。这个故事意在讽刺那些生搬硬套，机械地模仿别人，最后不但学不到别人的长处，反而把自己的优点和本领也丢掉的人。我们在模仿别人的时候，要注意学习的东西为我所用。

三是要不断创新。我们在模仿的同时应该突破原有经验和思想的限制，找到合适的创新点进行新的创造，因为这才是创新中的模仿思维的核心所在。那些围囿于别人思想、经验的人，也无法取得创新的成功。

19. 属性对立法

所谓属性对立法，是从事物的某种特定属性入手，进行反向思考，找到与其对应的属性，进而进行创造。

人们对事物的属性有常规的认识，比如，蚂蚁很小，大象很大，叶子通常是绿色的，花儿通常是姹紫嫣红的等等。进行属性对立思考就是要打破这些常规的认识，一个巨型的蚂蚁是不是可以给人一种震撼力？一个小巧的大象是不是更加可爱？叶子可不可以是五颜六色的？花儿可不可以是黑色的？我们都知道水和火是不相容的，但是在悉尼奥运会的开幕式上却出现了水火交融的景观，熊熊大火从碧绿的水中升起，令世人惊叹不已。

使用电脑的人都有体会，在删除软件时，有时不小心便会将有用的文件给删除掉了，这往往会造成很大的麻烦。尤其是工作上的商业策划案、书稿等重要资料，一旦不小心删除了，对于电脑使用者来说，简直是一场噩梦。但是，从来没有人想过删除的文件还可以恢复。美国软件设计师德·诺顿却将自己的思维往前推进了一步，他想，既然有“删除”功能，那么，是不是可以设计一种“恢复删除”的软件呢？在这一想法的驱使下，他最终设计出了一种“恢复删除”软件。这种软件受到了广大电脑使用者的热烈欢迎。

在这个故事中，德·诺顿所采用的便是一种典型的属性对立法。其实这种方法在许多地方都有着体现，比如电脑中存在病毒，便存在众多的查杀病毒的软件；在刑侦学上存在追踪练习，便存在反追踪练习；在军事上存在雷达，便存在反雷达技术。总体而言，属性对立法仍旧属于一种逆向思维，只不过其更具有针对性，更具体化。

属性对立思考法在文学和艺术创作领域有广泛的应用。其实，我们的祖先就已经运用这种方法进行思考了。在一个史前时期的岩洞中有一个壁画，画面内容是很多人围坐在一起分吃一条鱼。按照正常的思维，鱼的体积应该很小，再大也不能超过人体。但是在那幅画中，人和鱼的比例严重失调，鱼被刻画得非常夸张，占据了画面的大部分空间，人则处于次要的地位。这种夸张的表现手法体现了古代人们对食物的渴望。在《爱丽丝梦境奇遇记》中属性对立的应用更是随处可见，会说话的兔子，能变大变小的扑克牌，穿过镜子可以进入另一个世界，皇后可以变成羊等等。在美丽的童话世界中，你可以无拘无束地自由畅想。

具体到我们身上，这种思维法的关键便是提醒我们在面对一些看似“不可逆”的事物时，不要被惯性思维所束缚，学会在众人思维停步的地方往前想一步，寻找相对应的相反属性，其往往能够带来新的创造。

20. 正面思考法

如果在你面前摆上半杯水，你认为这杯水是半空，还是半满？习惯负面思考的人会说：“真糟糕，只有半杯水了。”习惯正面思考的人会说：“太好了，还有半杯水呢。”

类似的事情我们经常会遇到：

上次考试成绩只是班上的中等水平，这使得那些对你寄予厚望的人们很失望。你决定努力学习，打算考个第一名给大家看看。在老师、家长的督促下，经过你的努力，你考试比以前提高了几十个名次。对你来说，这是以前从来没有过的好成绩。但是，你的目标是第一名。因此，你虽然有一点高兴，但是总的来说，你很失望。

下雨了。你讨厌下雨。虽然这场雨在这个季节十分平常，虽然从农村出来的你知道，那些庄稼等着雨水的浇灌，但是你仍然十分恼火——它把你的衣服打湿了，鞋子弄脏了，使水泥路积了一些水。

你创业失败了。你投入的几万块顷刻之间化为乌有，那可是你辛辛苦苦打工赚来的钱。你埋怨世道不好，上天不公。你灰心丧气，连自杀的心思都有了。

……

不错，这几个“你”正在用一种负面思考来看这个世界。

所谓的负面思考是这样一种思考方式，即总喜欢把事情朝坏的方面去想。在看待一件事情的时候，它使我们总是想到：问题多于机会、缺点多于优点、坏处多于好处……总之，它使我们产生消极的思考，从而使自己变得忧郁、沉闷、消极和暴躁。

而在我们解决问题的时候，偏重负面思考会带来比事情本身更多的麻烦，使我们被阴影遮蔽眼睛，看不到事情的多种可能的解决方案，从而阻碍事情的解决。

本杰明·富兰克林曾经说：“少一根铁钉，失掉一个马蹄；少一个马蹄，失掉一匹战马；少一匹战马，失掉一位骑士；少一个骑士，失掉一场战争。”虽然这句话的本意是要求严于律己，但这可能算是“负面思考”的极端的例子了。这种连贯性的负面思考能够使人想到最坏的一面，从而由一件小事产生彻底的消极。

不幸的是，心理学家证实了这样一个结论：负面思考是人类的本能反应。也就是说，人类总是喜欢设想最糟糕的一面。尤其在后“9·11”时代，恐怖主义的威胁和耸人听闻的新闻消息往往使我们陷入消极和焦虑之中。负面思考更加成为家常便饭。人们慢慢地失去了对生活的坚定信念和热情。

不过，尽管负面思考是人的本能反应，这并不代表我们必须任由它来支配我们的信念、思想和状态。我们必须经过自己有意识的训练，把这种影响我们心情、精神和行为的思考方式改变。

我们必须学会正面思考。正面思考是这样一种思考方式：在看待一件事情的时候，它让我们能够考虑到这件事情的“好处”的一面；它帮助我们阻挡住那些困扰我们的因素，发现给我们信心、激励和勇气的因素，从而使我们更加积极地去解决一个问题。

正面思考和负面思考是两种截然不同的方法，产生的效果也不同。不过，它们只是看问题的两种不同的角度而已，并没有改变事情的本身。同一件事情，用正面思考的方法能够使你自信、乐观和拥有解决问题的高效率，而负面思考则正好相反。

正面思考要求我们以独特的思维来看待这个世界，可以帮助我们把注意力从坏事转向好事，改变自己的心态和解决问题的各种方式。

20世纪末，伦敦入室抢劫案频频发生，但是警察的态度非常消极，他们认为无论如何也抓不到犯罪分子，因为小偷一听到风声就会逃之夭夭。这时警察陷入了情绪化的状态，他们在抱怨而不是在寻找解决问题的方法。

后来，警察把消极的想法转变为积极的行动，把所有信息都看作有价值的信息。既然“小偷一听到风声就逃之夭夭”，那么最好让他们自投罗网。于是，他们设立了一些“典当行”引诱犯罪分子把赃物卖到那里。很快，一些犯罪分子就送上门来了。

从这个案例中，我们能看出正面思维的好处，它可以把那些消极的、令人恐惧、令人厌恶的想法利用起来，帮助我们实现目标，而不是让那些不利因素阻碍我们成功。

21. 变害为利法

法国空想社会主义思想家傅立叶曾说：“垃圾是摆错了位置的财富。”任何东西都有存在的价值。变害为利法就是让我们对事物的价值进行全方位的审定，积极地发现潜藏在事物内部的价值，或者开发出对我们有用的新价值。

变害为利法，顾名思义，即将缺点或者害处转变为对人们有益的一面的一种思维方法。

按照惯常的思维模式我们认为一件东西只能在某一领域有价值，在其他领域没有价值。比如椅子是用来坐的，笔是用来写字的，杯子是用来喝水的……如果我们被常规的、显而易见的价值束缚住，就很难发现潜藏在事物内部的其他的价值。椅子除了用来坐，是不是还可以用来玩抢板凳的游戏呢？或者登高的时候用来垫脚？笔除了用来写字之外是不是还可以用来当锥子或者当鼓槌？杯子除了用来喝水之外是不是还可以用来种花或者养鱼？变害为利法可以让我们尽可能在不同领域发掘事物的潜在价值。当认为某件东西没用的时候，就更应该想想是不是在其他的领域还有用。一双不能再穿的废弃的鞋子也许是一件艺术品。

事实上，这种思维方法有着十分实用的用途，例如，金属锈蚀本来是件具有破坏性的坏事，有人却利用金属锈蚀原理发明了刻蚀和电化学加工工艺；钢材在低温时容易断裂，这经常给人们的生产生活带来损失，但有人却利用钢材低温断裂这个缺点，发明了低温粉碎法；现代工业垃圾是一大公害，但人们却充分利用垃圾垫基、筑路……变废为宝；苍蝇这种东西可谓是有百害而无一利了，但有人却根据其蛹含有丰富的蛋白质，且繁殖快的特点，促其繁殖，为饲养业提供了大量高质量的廉价饲料……

可以说，这样的化弊为利的例子不胜枚举。而由这些例子我们也可以看出，变害为利法的关键便是要首先具有一种辩证的思维。我们知道，世间万物都是具有两面性的，在这个地方体现出缺点的东西，到了另一个地方可能便是优点；在这种条件下对人们有害的东西，到了另一种条件下便可能对人们有益。因此，没有什么东西是绝对好的，也没有什么东西是绝对坏的，许多坏的东西一旦转换一下条件或者换一个场合便能变成对人们有益的东西。

此外，变害为利法的另一个关键便是要善于使用发散思维，将事物的害处与相关的事情联系起来，从而找到此害处能够发挥正面效应的地方。

变害为利法就是要求我们具备一双发现“灵魂”的慧眼，从司空见惯的事物中找到潜在的价值。

22. 博弈思维法

博弈思维法最早是从人们的赌博和下棋中总结出来的，所以被称作博弈思维法。以下棋为例，我们知道，在下棋过程中，一个人绝不能仅仅考虑自己的棋路，而是时时都要考虑对手如何走，并在此基础上决定自己下一步的走法。而博弈思维法的实质就在这里，即在对手所采取的策略的基础上决定自己的策略的思维方式。中国古代的一个故事最典型地体现出了这种思维，即“田忌赛马”的故事。

战国时期的孙膑在魏国遭受到其师兄庞涓的迫害，成了不能走路的残疾人。后来，孙膑被齐国人救到齐国，被齐国大将军田忌奉为上宾。在当时的齐国，十分流行赛马，上至国王，下到大臣，常常以赛马取乐，并以重金赌输赢。田忌多次与齐威王及其他大臣赌输赢，却屡赌屡输。一天他赛马又输了，回家后闷闷不乐。孙膑便说道：“下次如果方便的话，请将军带我到马场看看，也许我能帮您。”

这天，又一次赛马要举行了，孙膑随田忌来到赛马场。这次赛马，田忌又输给了齐威王。通过这次亲临赛场，孙膑了解到，所有参赛人的马都按速度被分为上中下三等，等次不同装饰不同，各家的马依等次比赛，比赛为三赛二胜制。而孙膑通过仔细观察比赛的过程也发现，田忌的每个等次的马都和齐威王的马相差不远，都只输他一点。于是，孙膑告诉田忌一个赢得比赛的办法，他让田忌用上等马的马鞍将下等马装饰起来，然后让其与齐威王的上等马比赛。这次，齐威王的上等马将田忌的“上等”马远远地甩在了后面，齐威王很得意。但是，接下来，依照孙膑的主意，田忌又将自己的上等马打扮成中等马的样子和齐威王比赛，这次，田忌的马取得了胜利。而在最后一场，田忌则以中等马对齐威王的三等马，又取得了胜利。如此，三局中田忌胜了两局，赢得了最终的比赛。

在故事中，孙膑所用的思维便是一种典型的博弈思维。分析一下故事会发现，齐威王在比赛中本来是占有绝对的优势的——在三等马中，他的两种或三种马都比田忌的相应等级的马要跑得快。因此，如果田忌按照通常的思路进行比赛，他是不可能赢得比赛的。但是，正是因为孙膑对于博弈思维的利用，使得田忌在实力上处于劣势的情况下赢得了最后的胜利，这便是博弈思维的神奇作用。由此，我们便可以知道，在对抗中，本来强大的一方如果不善于利用这种思维，便可能招致失败；而本来弱小的一方如果善于使用博弈思维，便可能以弱胜强。所以可以说，在对抗的过程中，博弈思维是人人离不开的一种思维方式。

落实在具体的操作层面，进行博弈思维法的过程实际上就是一个分析、选择的过程。即分析对手可能采取的种种策略，然后根据这些策略制定自己的应对策略。其大致过程可分为三个步骤：

首先，便是要确定自己的行为目标，只有目标明确了，行为才有效。

其次，便是要分析实现目标的种种方式，在这个过程中，要尽可能多地提出方案，力求穷尽各种可能性。

最后，拟定出尽可能周全的方案不是问题的结束，而是为了从中选出最为合适的方案。因此，这时便要对自己所提出的种种方案进行对比、分析，找到其各自的优劣之处。至于具体的角度，则一般而言是从价值分析、效益分析、可行性分析、风险度、可靠性和可信度等几个角度进行。进行一番分析后，最终确定最佳方案。博弈思维过程就算完成了。

总体而言，所谓博弈思维法，其实就是一种预测与选择相结合的智慧，它借助于我们的理性尽可能地让我们获得利益，避免损失，乃至击败对手。

需要强调的是，博弈思维的关键之处便是要尽可能地穷尽事物的种种可能性，不留漏洞，同时要保持清晰的思路。另外，需要提醒的是，所谓博弈思维中所说的“对手”不一定是具体的人或者经济实体，而可能仅仅是我们做事时所遇到的困难、所要承担的风险等抽象的东西。

23. 想象思维法

想象思维法，即通过直观的想象来把握未知事物的方法，其是对于形象思维的一种运用。形象思维又叫右脑思维，其不同于借助左脑的运用逻辑演绎来进行思考的抽象思维，而是赋予抽象的东西以直观形象，使其形象化、具体化，以便于我们更直观地把握。我们来看下面这个故事：

当年，爱因斯坦在发表相对论后，在学界引起了轩然大波，每一个见到他的人都询问他相对论到底是何物。一次，一个青年借助一个很仓促的机会询问爱因斯坦什么是相对论。爱因斯坦知道，要在几分钟的时间里对这个门外汉讲清楚既高深又抽象的物理学理论，是不可能的。于是，他想了一下后，说道："打个比方来说，如果在一个大热天，你一个人待在火炉旁，那么五分钟的时间你会觉得过了一个小时；而如果你坐火车到一个地方去旅行，旅途中你和邻座的一个迷人的姑娘一直在聊天，那么一个小时的时间你却会觉得只有五分钟，这就是相对论。"青年听后，满意地点点头，表示理解了。

爱因斯坦之所以能够仅仅几句话就能让一个门外汉明白了高深而抽象的物理学理论，便是因为他借助了一种形象思维。除了这种打比方的方法，形象思维还常常借用图像、模型、标本、实验等手段来使抽象的事物直观化。而想象，则是形象思维的一种高级状态，具有很强的创造性。其具有自由、开放、跳跃、形象、夸张等特征，往往能够摆脱现实条件的拘泥，给人以巨大的启发。大戏剧家萧伯纳认为，想象是一切创造的开始。爱因斯坦则声称，想象比知识更重要，因为知识是有限的，而想象则可以抵达无限。事实上，对于大部分具有创造性的活动来说，想象力都是不可或缺的，并且其往往起着至关重要的作用。

美国的莱特兄弟小时候，一次在大树下玩耍。兄弟俩看到一轮明月挂在树梢旁，便想要去触摸一下。于是，两个小家伙爬到树上，结果却发现无法够到月亮。于是，两个孩子想："如果能有一只大鸟，骑在它身上就能飞到月亮旁触摸月亮了！”

正是这个“不现实”的想法，在两兄弟心里种下了科学的种子，经过后来的一番潜心研究，两人根据风筝和飞鸟的飞行原理，发明了飞机。

想象，往往是不现实的，但正是因为此，它才能够最大限度地使人摆脱惯性思维的束缚，突破思维的瓶颈。不仅如此，在人们的已知知识走到尽头，面对未知时，想象也往往能够成为人类进一步思维的凭借。

19世纪时，物理学家们通过实验证实，在一个原子里，既存在带正电的粒子，又存在带负电的粒子。但是，对于这两种粒子在原子内究竟以一种什么样的状态存在着，科学家们无从得知。这既不能依靠逻辑思维推理出来，在当时的条件下，也不能通过实验来证实。到了19世纪末20世纪初，许多物理学家开始借助想象来预测原子的结构模型。最终，大家公认英国物理学家汤姆生提出的“葡萄干面包模型”和英国物理学家卢瑟福提出的“太阳系模型”较为合理。汤姆生是这样想象的：带负电的粒子，像葡萄干一样，散乱地镶嵌在由带正电的粒子组成的像面包一样的球状实体里。而卢瑟福则这样想象的：带负电的粒子像太阳系的行星那样，围绕着占原子质量绝大部分的带正电的原子核旋转。

后来证实，卢瑟福的想象是正确的，就是说，他准确地想象出了原子内部的结构状态。

由此我们也可以得知，想象力有一个神奇作用，即能够与逻辑思维互为补充，共同探索真理。类似的科学上的实例不胜枚举，如居里夫人发明放射性元素镭，沃森、克里克发现人类DNA的双螺旋结构等，无不借助了想象。此外，在文学艺术方面，想象力的作用就更自不待言了。

需要指出的是，想象思维法不仅仅是属于那些大文学家、科学家的专利。其实，在我们的日常生活中，想象思维法都有着广阔的应用空间，甚至于不知不觉间我们都在使用着想象思维。比如一个建筑师在设计图纸时，必然会在头脑中想象出一座大楼的模型；一个古生物学家看到一块动物化石，必然会在头脑中想象出古生物的形态；一个警探在进行案情推测时，必然会想象案子发生时的具体情景……不仅如此，心理学家们还证实，想象还有一个令人不可思议的功效。请看下面刊登在《美国研究季刊》上的一项实验：

心理学家为研究想象对于现实的影响，将参与实验的成员分成了三个小组。第一个小组的成员，让他们每天花半个小时的时间实际练习对着靶子投飞镖；第二个小组成员不做任何练习；第三个小组成员则每天花半个小时在想象中对着靶子投镖。

心理学家对比三个小组的成员在第一天和最后一天的成绩，发现第一个小组的成员的准确率增加了24%；第二个小组成员没有任何进步；第三个小组的成员的准确率则提高了40%。

由此，心理学家得出结论，在心理上进行想象的练习与实际进行的练习一样，能够提高人们的成绩。

其实，类似的实验还有许多，这些实验均证明了一点，即想象对于现实有着实际的影响。实际上，这个道理也很容易明白。假如你今天要去一家公司面试，如果你能够在出发前想象一下你接下来将会遇到的情况，比如路上可能遇到的堵车以及你的解决办法，面试时的具体情景，那么，你今天的面试肯定会更加成功。因此，我们可以知道，善于运用想象思维法，对于我们的生活实际有着十分实用的价值。

应该说，想象思维法我们每个人都不同程度地会运用，只是程度有所差别罢了，而且，这种能力是可以通过练习来提高的。想象思维法的基础便是我们的形象思维能力，因此要培养并提高这种思维法，其关键便在于提高我们的形象思维能力。下面说一些提高我们形象思维能力的方法：

①画知识结构图。在学习的过程中，经常将我们学习到的知识按照一定的层次梳理总结一下，画出相互关联的图标，标清楚整体与部分的关系。

②培养自己的空间感。每到一个陌生地方时，有意识地分清风向，明确自己的方位，观察当地街道和建筑的布局。

③经常接触一些绘画和音乐，因为这两项运动都是由右脑来控制的。注意进行这两项活动时要集中精力。

④经常进行一些冥想训练。如回忆美好的往事，或者畅想未来，或者设想自己到一个陌生的地方去旅行的情景。注意想得越详细越真切越好。

⑤有意识地多用身体的左半部，如在公车上用左手握把手，打电话时用左耳聆听，有意识地用左腿作为支撑腿，将钱包放在左边口袋里，等等。因为我们身体的左半部是由右脑控制的，这些都能很好地锻炼右脑，促进形象思维的发达。

24. 纵向思维法

不少人碰到思维命题后，首先关注的往往是怎样解决问题，采取什么样的方法能够解决问题，而不是考虑问题出现的根本原因到底是什么。他们的这种做法，看似是正确的，但实际上很多时候，却掩盖了问题，因为，不少人缺乏能够一眼看到本质的能力。

纵向思维就是看穿事物本质的思维方法。它的思维过程是这样的：从事物的表层现象着手，纵深发展，在经过理性的剖析之后，发现存在于现象之后的深一层的事物的本质。锻炼纵向思维，有助于养成“深入分析问题”、“透过现象看本质”的良好的思维习惯，对于提高创造力有重要的帮助。

柏拉图曾经创立了一种“理念”的学说。他认为世界上的一切事物，都是“理念世界”中这些“理念事物”的影子，而这种“理念”是存在于人的思维和意识中的。比如说，桌子的样式各不相同，但是说起桌子这个词，我们能想到的事物就是桌子，可能我们每个人所想到的桌子是千差万别的形状，但是这个事物绝对不会是椅子。这个我们头脑中的“桌子”，就是一个“理念的桌子”，说起它来，我们就清楚所指称的外延是什么。

柏拉图的学说很深奥，是一种主观唯心的认识。但是，这一说法对我们也有启发，实际上，柏拉图所说的“理念”，我们可以把它看成事物的“本质”。一个问题的表现形式可能是多样的，但是，其归根到底的本质，却只有一个。

纵向思维对于预见事物的发展也有重要帮助，可以说，人的预见力就是建立在通过纵向思维而得到的对于事物本质的把握上的。

早在1894年，俄国的科学家齐奥柯夫斯基就对未来航空事业和人类空间生存的发展作出了大胆的预测，其预测的发展轨迹是这样的：

制造带有翅膀和一般操纵机构的火箭式飞机

逐步改进飞机，使其翅膀缩小，牵引力和速度增加

可以驾驶新型飞机进入大气层

飞至大气层以外及滑行降落

建立大气层外的人类活动站

宇宙飞行员用太阳能来解决日常生活问题，包括呼吸、饮食等

登月

制造太空衣，使人可以直接在太空中活动

在地球周围建立居民点

太阳能不仅用于饮食和使生活舒适，而且应用于使整个太阳系产生位移

在小行星带上和太阳系里其他不大的天体上建立移民区

在宇宙中发展工业

达到个人和社会的理想

太阳系居民比目前地球上的居民多1000万倍，已经达到饱和，开始向整个银河系移民

太阳将“熄灭”，太阳系的残存居民转移至另外的“太阳”

在齐奥柯夫斯基提出这些设想的时候，人类的航空事业还基本处于空白的阶段，连莱特兄弟的飞机还没有问世，人类的外太空生存更似乎是天方夜谭。但是，今天我们再看，这十五个设想，有八个已经完全变为了现实，而且与齐奥柯夫斯基的设想竟是如此惊人

的相似！

这并不是齐奥柯夫斯基具有什么未卜先知的特异功能，而恰恰是因为他优秀的纵向思维能力，帮助他作出了如此具有远见卓识的预见。

纵向思维的基本点，就是要求人们目光远大，不要鼠目寸光；要用发展的眼光，关注未来的前景；抓住未来的发展趋向，制定相应的决策，从而牢牢掌握住人生和事业发展的主动权。

运用纵向思维，我们可以从以下四个方面着手：敏锐的观察力、凡事问个“为什么”、透过现象看本质、看到价值之后的价值。

25. 立体思维法

看下面两道题目：

①现在要求你在一块山地上种四棵树，要求每棵树之间的距离均相等，你能做到吗？

②如果给你5根火柴，要你摆出两个等边三角形，你肯定马上就能摆出。那么，现在，再多给你一根火柴，要你用6根火柴摆出3个大小与前面的三角形同样大小的等边三角形，你能做到吗？

对于第一题，可能你会在图纸上画出许多种几何图形来做实验：正方形、菱形、平行四边形、梯形……但是，结果你会发现这些图形都不能符合要求。其实，如果你总想在一个平面上找到答案，则永远都找不到，事实上，这道题目的答案是：你可以在山顶上种一棵树，然后只要剩下的三棵树能够与其构成正四面体，便能符合题意。

对于第二题，与第一题类似，如果你总试图用6根火柴在一个平面上摆，无论怎么摆都无法完成要求。而如果你能打破平面思维，用立体思维思考，则很快就能找到答案。只要你用6根火柴摆出一个正三菱椎，上面便有3个等边三角形，事实上上面共有4个等边三角形。

上面两道题目，为我们展示的便是一种立体思维。许多时候，我们将一个问题抽象化在纸张上之后，因为纸张本身是二维的，我们的思维也往往会被束缚在二维的平面上。因此，在我们思考具体的问题的时候，要学会将这种二维的思维还原为三维的立体思维，问题往往迎刃而解。当然，必要时，我们也可以将三维思维转换为二维思维。

26. 移植思维法

移植思维法，是人们受到植物学上的启发而总结出的一种思维方法。在植物学上，人们经常出于一定的目的，将植物从一处移植到另一处。这种方法后来被人们应用到更广阔的领域，人们将已发明的某一事物、技术、原理等有意识地转用到新的领域，以解决新的问题或创造新的发明的方法，称作移植思维法。这种思维方法的基础来源于人们的联想思维，其对于人们具有很实用的价值。英国学者贝弗里奇对这种方法十分推崇，他言道："移植是科学发展的一种主要方法，许多重大的科学成果都来自于移植。"

盲文的发明便来自于一种移植思维。

19世纪初的一天，法国海军的一个舰长带着通讯兵来到一个盲童学校，给孩子们表演夜间通讯技术。因为在夜间时，无法用眼睛读文字，所以军事命令被通讯兵译成电码。具体的做法便是由传令士兵在一张硬纸上"戳点子"，记录下电码内容。而接受电码的士兵则通过"摸点子"的办法再将电码译成军事命令。当时在场的盲童布莱叶受此启发，创造了供盲人阅读用的盲文。

压缩空气制动器的发明也属于一种移植思维。

19世纪，火车发明初期，人们一直未能找到一种好的制动器，因此经常因为在紧急状况下无法及时刹住车而造成惨剧。一天，一个名叫乔治的美国青年在看报纸时，偶然看到一则筑路工人用压缩空气的巨大压力开凿隧道的新闻报道。乔治灵机一动，心想：既然压缩空气有这么大的力气，能不能用它来对火车进行制动呢？于是，经过一番研究和反复实验后，乔治发明了压缩空气制动器。

移植思维不仅可以应用于自然科学领域，在社会科学领域其同样有着广泛的应用。

在日本的北海道附近，许多人都以打渔为生。这些渔民世代打渔，技术很高，尤其擅长打沙丁鱼。而沙丁鱼因味道鲜美，很受欢迎，市场价格很高。但是，渔民们长期以来一直被一个问题所困扰，那就是出海打回来的鱼总是大部分死去了。我们知道，同样一条鱼，死鱼和活鱼的价格是截然不同的，死鱼因为不再新鲜，其价格要远低于活鱼。

后来，有个渔民终于想到了一个办法，每次出海回来总是带着新鲜的活沙丁鱼。在大家的一再询问之下，他终于说出了自己的绝招。原来，他因为一次偶然的机会，捕到了几条鲶鱼，并将这些鲶鱼和沙丁鱼混放在一起。他发现，这次出海回来后，大部分的沙丁鱼都没有死去，而是活蹦乱跳的。仔细琢磨之后，他终于知道了其中的缘故，因为鲶鱼是沙丁鱼的天敌，其和沙丁鱼放在一起后，总是不停地追逐沙丁鱼，沙丁鱼为了逃命，始终处于紧急状态，从而保持了活力。从此之后，每次出海前，他都要事先在船舱里放上几条鲶鱼，最后也便总能带着活的沙丁鱼回来。自然，从此，北海道的渔民便都能带回活的沙丁鱼了。

后来，有个日本的经济学家在听说了这个故事后，将其称之为“鲶鱼效应”。经济学家将这个效应应用于市场领域，认为一个企业也应该始终使自己处于一种不断的竞争之中，甚至必要时主动帮助一下自己的竞争对手，以使其能有效地同自己展开竞争，从而保持自己的活力。同样，这也可以用于企业内部，企业内部也应该保持一种竞争态势，以使得员工保持一种积极进取的活力。

通过以上几则故事，我们也就大致明白了移植思维法大致是怎么回事了。可以看出，移植思维并非是一种机械的搬用，它的前提是移植的“供体”和“受体”之间存在着一种共性，能够很好地解决问题，并给人们带来益处。许多时候，这都需要一种灵感的参与，因此可以说是一种颇具创造性的思维方法。

总体上，移植思维常见的有以下几种：

一种是直接移植。即两者的相似性非常大，直接搬用即可。如拉链最初发明时仅仅用于鞋子，后来人们直接将其应用到衣服、口袋、皮包等。

一种是间接移植。这种移植的基础是两者具有一定的相似性，但不完全一样，于是便将一个事物的原理、方法等，加以改造后，再应用到其他领域。如海绵橡胶的发明，便是有人将面包的发酵技术应用到橡胶工业中的结果。

一种是原理移植。即将一种宏观而基础性的原理应用到新的领域中。如二进制计数原理在电子学中获得广泛应用后，有人便试着将其应用到机械学中，创造二进制的机械产品。事实上，如今这方面已经取得了进展，二进制液压油缸、二进制工位识别器都属于这类产品。

此外，还有方法移植、结构移植等。总之，移植思维的关键有两点，一是在态度层面，要处处留心，善于观察，勤于琢磨；二是在操作层面，要对移植双方的相同和不同之处进行认真的分析。需要注意的是，移植是为了创造，毫无创造价值的机械移植是我们应该规避的。

第二章

发散思维名题

1. 铅笔的改进

现在市面上有各种各样的铅笔，使用起来非常方便。但是在最初的时候，人们使用光秃秃的石墨写字，石墨容易断，而且写字的人总是弄得满手黑。后来在德国纽伦堡的一位木匠把石墨和木条组合起来，发明了现代铅笔的雏形。1662年，弗雷德里克·施泰德勒根据这个原理开办了第一家铅笔工厂，他将细石墨放入带槽的木条，然后用另一根上了胶的木条把石墨笔芯夹在中间，再将笔杆加工成圆形或者八角形。

1858年，美国费城有一位名叫海曼·利普曼的穷画家对铅笔进行了又一次改进，他还申请了一项专利，后来以55万美元的价格卖给了一家铅笔公司。

你知道改进后的铅笔是什么样子的吗？

2. 福尔摩斯的推论

有一次，福尔摩斯和华生去野营，他们在星空下搭起了帐篷，然后很快就睡着了。半夜里，福尔摩斯把华生叫醒，对他说："抬头看看那些星星吧，然后把推论告诉我。"华生想了想说："宇宙中有千百万颗星星，即使只有少数恒星有星星环绕，也很可能有一些和地球相似的行星，在那些和地球相似的行星上很可能存在生命。"

这是福尔摩斯想要的答案吗?

3. 女孩的选择

一个南方女孩和一个北方男孩相爱了，有一天晚上男孩向女孩求婚。女孩有点不知所措，她说：“让我想想。”她回家后拿出一张纸，左边写上“不嫁”，右边写上“嫁”。在不嫁的那一栏，她写下：

他工作不稳定，收入不高。

南、北方生活习惯不一样，将来会有麻烦。

他学历不高。

他家在农村。

他有体弱多病的母亲和上学的妹妹，家庭重担靠他一个人承担。

……

在右边那一栏，她写下了一个字——爱。

女孩会做怎样的选择呢?

4. 你说得对

有两个人为一件事发生争执，他们来到寺院让一个德高望重的老和尚评理。甲来到老和尚面前说了自己的一番道理，老和尚听后说：“你说得对。”接着，乙来到老和尚面前说了和甲的意见相反的另一番道理，老和尚听后说：“你说得对。”站在一旁的小和尚说：“师父，怎么两个人说的都对呢？要么甲对乙错，要么乙对甲错。”

这回老和尚会怎样回答呢?

⑤5=？+?

在一节思维培训课上，一个小学一年级的数学教师向思维培训师请教如何教孩子们发散思维。思维训练老师在黑板上写了一道算术题：

2+3=?

然后，他说：“这是小学一年级常见的计算题，只有唯一的答案，对就是对，错就是错。这会让孩子们养成寻找一个答案的思维习惯，导致思维的扁平化，遇到问题时缺乏寻找多种答案的意识和能力。虽然大部分数学题是一题一解的，但是我们可以运用关系发散来改变出题的方式。”接着，他在黑板上写下了这道题：

5=? +?

你能说出这里面蕴含的思维道理吗？

6. 牛仔大王

当年，李维斯和很多年轻人一样投入到了西部淘金热潮之中。在前往西部的路途中，有一条大河挡住了去路，人们纷纷向上游或下游绕道而行，也有人遇到阻碍就打道回府。李维斯对自己说：“凡事的发生必有助于我。这是一次机会！”他想到了一个绝妙的创业主意——摆渡。很快他就积累了一笔财富。

后来摆渡的生意冷淡了，他决定继续前往西部淘金。到了西部，他发现那里气候干燥，水源奇缺，人们纷纷抱怨：“谁给我一壶水喝，我情愿给他一块金币。”李维斯又告诉自己：“凡事的发生必有助于我。这是一个机会！”他又看到了商机，做起了卖水的生意，渐渐地卖水的越来越多，没有利润可图了。

这时，他发现淘金者的衣服都是破破烂烂的，而西部到处都有废弃的帐篷。李维斯再次告诉自己：“凡事的发生必有助于我。这是一次机会！”由此他又想到一个好主意。

他想到了什么好主意？

7. “慷慨”的洛克菲勒

第二次世界大战结束之后，战胜国决定成立一个处理世界事务的联合国。各国政府遇到的第一个问题就是购买可以建立联合国总部的土地，这需要很大一笔资金，而对刚成立的联合国来说很难筹集大笔资金。美国石油大王洛克菲勒听说了这件事情后，决定出资

870万美元买下纽约的一块地皮，并无偿地捐赠给联合国。有人赞叹洛克菲勒的义举，有人对此表示无法理解，事实上洛克菲勒另有打算。洛克菲勒有什么打算呢？

8. 洞中取球

北宋的宰相文彦博小时候是个聪明可爱的孩子，不仅书读得好，而且活泼好动，经常和小伙伴们一起踢球。

有一天，文彦博又和村里的小伙伴们在打谷场上踢球。大家你来我往，踢得兴高采烈，文彦博更是厉害，一个人就踢进了两个球。大家正玩得高兴，不知是谁一不小心把球踢出了场外。只见那球刚开始力道很大，后来没有劲了，滚着滚着，正好滚到一颗大白果树的树洞里去了。大家笑着说："这是谁啊，脚法这么好，一脚就把球踢到那么小的树洞里去了，太厉害了吧。"说着，大家纷纷跑过来捡球。

树洞里黑黝黝的，大家睁大了眼睛，也看不到球在哪里。有个胳膊长的小朋友自告奋勇来够球。只见他趴在地上，手臂使劲往树洞里伸，半个身子都快伸进去了。但是树洞太深了，他怎么也够不到底。看来用手是够不到了，只有想别的办法了。

又有一个小朋友说："我有办法了，我去拿个竹竿来够。"于是他找来了一根长长的竹竿。可是树洞竟然是弯弯曲曲的，竹竿是直的，不会拐弯，所以也够不到底。

大家都着急起来，骂这讨厌的树洞："破树洞，坏树洞，怎么偏偏长在这里，把我们好好的球给吃进去了。"如果树洞会说话的话，肯定会很委屈："怎么怪倒我啦？是你们自己踢进来的呀，要怪也只能怪你们自己。"

想到以后没有球踢了，大家都很沮丧。忽然，文彦博一拍脑袋叫道："有了，我有办法了。"

文彦博想出的是什么办法呢？

9. 于仲文断牛案

于仲文是隋朝的大将军，他足智多谋、英勇善战，曾经率领8000人打败了对方10万人的大军，小时候他就是一个聪明伶俐的孩子。

于仲文9岁的时候曾经面见皇帝，皇帝见他聪明可爱，就有意考考他："听说你爱读书，那么书里写的都是哪些内容呀？"

于仲文从容地回答："奉养父母，服务君王，千言万语，只'忠孝'二字而已。"

皇帝听了连连称赞："说得好，说得好！真是一个聪明的孩子！"

从此于仲文的名声就传扬开来了。

有一回，村里的任家和杜家都丢失了一头牛，两家都倾巢出动，分头寻找，但是后来只找到一头牛，两家都抢着说牛是自己家的，争执不下，就把官司打到了州里，州官接到这个案子也难以判断，愁眉不展。

这时候，手下的一个官员向州官出主意："于仲文聪颖过人，连皇上都夸奖他，何不让他来试试断这个案子呢？"

州官摇摇头说："嘴上无毛，办事不牢，于仲文只是一个乳臭未干的毛孩子，凭借一句巧话，赢得皇上开心，徒有虚名而已，未必有什么真才实学。"

官员说："大人这样说就不对了，自古英雄出少年，我觉得于仲文还是有过人之处的，反正有益无弊，就让他试试吧。"

州官觉得有理，就派人请来了于仲文。

于仲文来到州府，问明了情况，就笑着说："这个案子不难断。"说着，他就让任家和杜家都把自家的牛群赶到大操场上，分别圈在操场的两边，然后叫人牵来那头有争议的牛。州官和围观的群众都不知道他葫芦里卖的是什么药。

10. 山鸡舞镜

山鸡是南方珍贵的飞禽，它爱站在河边，看着河里自己的影子翩翩起舞。有一回，南方派人给曹操送来了一只山鸡。

曹操非常想看山鸡跳舞，但是宫殿里没有河流，山鸡不肯跳舞。曹操就让身边的大臣们，想个办法让山鸡跳舞。大臣们挖空了心思，也没有想到好办法。曹操见了，长叹一声说：“我是没有缘分看到山鸡跳舞了。”

曹操六岁的小儿子曹冲看到父亲不高兴，他想了想，就跑到曹操面前说：“父亲，你不要苦恼，孩儿有办法让山鸡起舞。”

曹操知道曹冲是个机灵鬼，但是满朝文武都没有什么好办法，他不太相信曹冲能想到好办法，就将信将疑地问：“哦，你有什么办法？”

曹冲调皮地说：“其实办法很简单，父亲只管观看山鸡起舞就是了。”

曹冲想出了什么办法？

11. 假狮斗真象

汉朝日南郡有一个林邑县。东汉末年，天下大乱，林邑县的功曹趁机杀了县令，自立为王，改林邑县为林邑国。魏晋时期，依然内战不断，朝廷就一直没有派兵去征讨。这样又过了200年，林邑国已经发展起来，国力比较强盛了。

南北朝时期，宋文帝封宗悫为“振武将军”，命令他带领5000人马，去征讨林邑国。宗悫率领大军辞别了宋文帝，就浩浩荡荡地来到了林邑国。

宗悫刚指挥军队排成阵势，准备战斗。林邑国的国王就亲自擂鼓，他手下的将士们拼命地摇旗呐喊，气势非常惊人。宋军以为他们要冲过来了，都全神戒备。忽然，从林邑军后面的树林里跑出1000多头大象，发疯似的向宋军冲过来。大象的皮厚力大，宋军的刀枪根本伤不了它，它们在宋军阵营里左冲右突，如入无人之境。

宋兵死伤无数，宗悫赶紧收拾残兵退回大营，一边挂出免战牌，拒不出战，一边召集谋士商量对策。

一个谋士说："一物降一物，只有狮子能对付得了大象，如果我们能弄到几百只狮子，就能破了对方的大象阵。"

另一个谋士说："这倒是，不过我们到哪里去找这么多狮子呀，就算找到了，还得花时间训练，否则它连自己人都吃了。"

宗悫听了谋士的议论，忽然眼睛一亮，大声说："我有办法了！"

宗悫的办法是什么？

12. 鲁班造锯

鲁班是春秋时期本领最高超的木匠，有一个成语"班门弄斧"，意思就是说，谁要敢在鲁班面前卖弄木工手艺，那就是自不量力！鲁班不仅是一个技艺高超的木匠，还是个发明家，相传锯子就是他发明的。

有一回，鲁国的国君命令鲁班建造一座宫殿，必须按时完成，否则就要严厉处罚鲁班。接到任务后，鲁班立即着手准备原材料，其中需要最多的，当然是木材了。鲁班就叫徒弟们上山砍树。

就好像和鲁班作对似的，山上的树特别难砍，徒弟们一天忙到晚，累得腰酸背痛，还是砍不了几棵树。鲁班见了非常着急，他想：照着这样的速度进行下去，肯定会延误工期的，不行，我得想个办法提高速度。

一天，鲁班又忧心忡忡地到山上去察看。为了节省时间，他抄近路从一个很陡的土坡上往山上爬。树木茂盛，杂草丛生，鲁班就抓着树根和杂草，一步一步奋力向山上爬去。忽然鲁班感到长满茧子的手上一阵轻微的疼痛，低头一看，原来手掌已经被草划伤了，冒出血来。"什么草这么厉害？"鲁班一面小声嘀咕着，一面好奇地拔起那棵划伤他的小草，他发现小草的叶子是锯齿状的，刚才划伤他厚厚的茧皮的就是这些锯齿。鲁班若有所悟，他又把草在手上拉了拉，手上就又添了几道细小的划痕。

“没想到这些细小的锯齿，竟然有这么大的力量，如果我照着草叶子的样子，做成一把铁的工具，那么伐树不就又快又省力了吗？”鲁班自言自语着，于是他决定立即回去试制一下。

鲁班发明了什么工具？

13. 小小智胜国王

一年夏天，热爱冒险的三兄弟，来到了X王国，看到城墙上贴着一张布告，上面写着：凡是能完成国王三道难题的，国王将奖赏他500两黄金，但如果做不到，他将面临终身监禁的惩罚。

大哥大大看到奖赏500两黄金，就美滋滋地跑进宫去了。结果，X国王的三道难题，大大连一道也没做出来，被关进了监牢。

二哥中中决心救回大大，就坚定地走进皇宫，可是他也失败了，和大大关在了一起。

最小的弟弟小小，在家等了三天三夜，也没等到二哥回来，他知道二哥也被抓起来了，就怀着悲愤的心情，走进皇宫，对X国王说：“尊敬的陛下，如果我能做出您的三道难题，我不要您的500两黄金赏赐，我只要求您能放了我的两个哥哥。”

国王听了，就说道：“好，如果你能做出三个难题，我就放了两个哥哥，还会给你500两黄金，但是做不出来，我就不客气了。”说完，就让小小开始做题。

只见侍卫拿过来一个装满水的玻璃杯，一个空盆子和一个铁丝编成的筛子。第一道题是用筛子盛水，只要把玻璃杯里的水倒进筛子，而不漏出来，就算完成了；第二道题目是把鸡蛋放在纸上煮熟；最后一道题目是：从一个盛满水的大盘子里，取绿色的玉片，前提是不能沾湿了手。

……

测试结果是小小出色地完成了三道题目，连国王都暗暗佩服，他立即放了大大和中中，还送给他们500两黄金。兄弟三人高兴地拿走黄金，又到别的地方冒险去了。

小小如何做对这三个题的你知道吗？

14. 忒修斯进迷宫

海神波塞冬为了惩罚雅典国王的不忠诚，就在雅典城降下了一个牛头人身的怪兽。怪兽名叫弥诺陶洛斯，它凶残成性，每顿都吃童男童女的肉。

国王不能奈何它，只好叫一个技艺高超的工匠建了一个迷宫，把怪兽关在迷宫里。据说迷宫造得非常精巧，当初那位工匠建好迷宫后，自己都找不到出来的路了，只好又做了一个翅膀才飞出来。但是，因为惧怕海神，国王还是命令雅典臣民每九年给怪兽弥诺陶洛斯进贡七对童男童女，一时间，人心惶惶，有儿女的人家纷纷背井离乡。

转眼又过了九年，又该给怪兽弥诺陶洛斯进贡了。这时候出现了一个英雄——忒修斯，他决心救雅典人民于水火。于是，他就装扮成一个童男，身上藏着锋利的宝剑，打算混进迷宫去，趁弥诺陶洛斯不备，一举杀了它。

美丽的公主阿里阿德涅看出了忒修斯的意图，非常欣赏忒修斯的勇气，她已经暗暗地喜欢上了眼前这个英俊的年轻人了。就关切地问："弥诺陶洛斯凶猛无比，一般人根本伤不了它，你打算怎么对付它？"

忒修斯胸有成竹地说："怪兽来吞吃童子的时候，是最没有防备的，我会趁机用锋利无比的宝剑，刺穿它的心脏，这对于我来说，不是什么难事，我所担心的是迷宫，只怕进去后就出不来了。"

聪明的阿里阿德涅低头想了想，就有了一个好主意……

15. 除雪

20世纪70年代，加拿大北部地区因为地处高纬度，又是山地地形，气候寒冷多雪，电话线经常会被厚重的积雪压断，给人们的生活带来很大的不便，而电信公司不得不频繁地修复断掉的电话线。后来，为了防止这种情况，电信公司经常要在大雪过后乃至是下雪期间派人清扫电线上的积雪，而这样的事做起来烦琐而缓慢，需要投入巨大的人力，十分麻烦。一次，一场罕见的大雪过后，两个电信公司的员工又赶往现场清扫电话线上的积雪，当看到电话线上十分厚重的积雪后，其中一个人无奈地感慨道："哎，这么厚重的积雪，恐怕只有上帝才能尽快将其清扫完毕了！"说完便开始干自己的活了。

但是，说者无心，听者有意，另一个一向爱动脑筋的同事在听了同伴的这句话后开始动起了脑子：是啊，如果上帝肯帮忙清扫的话，那就快多了！如果上帝清扫的话，他会怎么清扫呢？对他来说，他肯定不用拿着扫把一点一点地清扫，而是在空中……顿时，他想到了一个主意，于是将这个主意上报给了其上司。最后，经过层层认真研究之后，电信公司果然采用了他的这个办法，使得清扫积雪的工作变得简单而高效。

你能猜出这个电信公司的员工想出的办法是什么吗？

16. 泰勒的特殊兴趣

马克斯韦尔·泰勒上尉1937年底被美国派往中国的驻华武官。当时，由日本挑起的"七七"卢沟桥事变刚刚爆发，于是美国也加紧了对于日本的情报收集。因此就在泰勒上尉前往中国前夕，他受到了美国中央情报局的召见，并被赋予了一项特殊使命，就是秘密调查侵华日军的编制及其番号。

泰勒之所以被授予这项任务，是因为他其实是个日本通，早年他曾在日本帝国大学留学多年，对日本的文化和各种习俗都十分熟悉。正因为此，他在读书期间以及之后都结识了许多日本朋友，但是由于中日战争爆发之后，美国一直是站在中国一方的，因此他和他的朋友不得不选择站在自己的阵营里。来到中国后，泰勒一边以驻华武官身份作掩护，一边秘密搜集情报，但经过一番苦思冥想，很难有机会接触到日军的他也未能找到一个完成任务的锦囊妙计。

这天，泰勒又一个人在房间里苦苦思考该如何完成自己的任务，他一边想，一边开始回忆自己在日本的生涯，试图从中得到一些启发。在经过一番思索之后，他的目光被挂在墙上的一幅贴在镜框里的相片所吸引。照片上是全副戎装的三个青年，风华正茂，左右两个是日本人，中间的那个则是泰勒自己。泰勒回忆起，这是自己留学东京时与大学里最要好的两位朋友田木与竹浦利用休假日一起到名古屋游览时，在名古屋最大的一座寺庙里照的。

于是，泰勒不禁又回想起了当时的情景。泰勒记得，当时，两个朋友还带着自己到寺庙中签名留念，自己刚开始并没有当作一回事，只是草草签上了自己的名字。但是，竹浦和田木还专门提醒泰勒，不仅写名字，而且要注明自己的身份，并十分严肃地对他说："泰勒君，在我们日本，签名留念是一桩十分虔诚严肃的事。"而后来在世界各地的许多名胜古迹，泰勒都发现有日本人的签名留念，的确如两位朋友所说，日本人有这个癖好，并且他们也往往会注明自己的身份，以显示自己的诚意。

想到这里，一个奇妙的主意在泰勒头脑里产生了，他觉得自己找到了完成自己任务的一个绝佳的方法……

你能猜出他的方法是什么吗？

17. "钓鱼"的启发

1943年，在苏联的德温伯河畔，苏联最高统帅部发动了对德国的战略反攻性的德温伯河会战。本来，苏联方面寄希望于靠此次会战扭转大战形势，但是，没想到的是德军进行了疯狂的反扑，看上去是摆开了和苏军决一死战的架势。针对疯狂的德军，苏军统帅部下令避实就虚，实行战略转移。负责此次转移任务的是苏联红军沃罗温什方面军司令瓦杜丁大将。

这是一支庞大的机械化部队，要从敌人鼻子底下神不知鬼不觉地转移，这怎么才能办到呢？瓦杜丁大将一直在思考着这个问题，却始终找不到好的办法。这天，瓦杜丁大将在屋子里又琢磨了半天，还是不得其计，于是便带着警卫员到外面去透透风。“将军，有人在钓鱼！”警卫员突然对将军说道。瓦杜丁大将顺着警卫员的手指的方向看去，果然看到一个人正在钓鱼。是谁这么有闲情逸致，此时还在钓鱼，瓦杜丁大将走了上去。此人倒是会就地取材，只见他正在用被大炮炸死了的小鸟的脑袋做诱饵，那些大鱼则争相逐食着这奇怪的诱饵。

看到这里，瓦杜丁大将突然想到了一个主意，他立即命令警卫员去弄一具刚断气的无名尸体来。

你能猜出瓦杜丁的主意是什么吗?

18. 井中捞手表

有个名叫柯岩的七八岁的小孩，一天，他在课本上学了《司马光砸缸》的故事。之后，他便也决心做个像司马光那样的爱动脑筋的小孩，遇事积极去想办法。

一天，柯岩到乡下的姑妈家去玩耍。姑妈给他拿出了一些好吃的之后，便让他在屋里看电视，然后自己到井边洗衣服。柯岩正在看电视，突然听到姑妈“哎呀”一声，他于是赶忙出去问是怎么回事，原来姑妈因为洗衣服时不方便，要将自己的一块手表摘下来，没想到不小心失手就掉进了井里。柯岩一想，手表掉进水里，不就坏了吗？但是姑妈告诉他那是块防水表，捞上来还可以用的。因为井并不是很深，姑妈找了一根竹竿，并在竹竿上安了一个铁钩，想将手表勾上来。但是，虽然竹竿的长度够得着，但是因为井下面黑咕隆咚的，看不到手表的位置。因此姑妈勾了一通之后，并没能捞出手表，因为那是自己在外地读大学的儿子送给自己的表，姑妈十分珍惜。费了一番劲勾不出来后，姑妈因为担心防水表在水里久了也会损坏，开始有些着急了。

在一旁看着的柯岩一看姑妈急成这样，心想，这不正是需要自己发挥聪明才智的时机吗？于是脑袋便开始转动起来。他想，现在的问题是光的问题，该怎么解决呢？他一边想，一边抬头看到了天上光芒刺眼的太阳。于是，他眼睛一亮，便赶紧跑进屋里，从屋里拿出一面镜子出来。他一边走一边说："姑妈，您别着急了，我有办法了！"他于是拿着镜子试图将太阳光反射到井里去，但是，因为太阳在上面，不论他怎样调整角度，都无法将太阳光反射到井内。

最后，姑妈慈爱地抚摸着柯岩的手说："行了，太阳在上面，镜子怎么摆，光线也只会反照在上面啊，姑妈再捞捞看吧！"

柯岩于是挠挠头败下阵来，但是，突然，他眼睛又一亮，想到了进一步的办法。最后，果然，他成功地将光线反射到了井里，帮姑妈捞出了手表，并且手表还好好的。于是，姑妈十分高兴，直夸柯岩是个爱动脑筋的好孩子。

想一下，柯岩是如何使得光线成功地反射到井里的？

19. 绚丽的彩纸

1901 年，荷兰轮船"塔姆波拉"号因为雾大，在东印度群岛触礁沉没。附近小岛上的土著居民纷纷划船出海打捞东西，其中有一个人因为来得晚，看好东西都被别人捞完了，只好捞了别人不要的一大捆花花绿绿的纸。他觉得这些纸挺绚丽的，可以用来当壁纸装饰他的小屋子。

几个月后，有个外国商人带了许多商品来到岛上做生意。这个打捞了彩纸的人告诉外国商人，他想从他那里得到一些针线，但是他没有钱，想用一些鱼骨交换。商人于是跟着他来到了他的小屋里，一看到小屋墙上的彩纸，商人立刻表示自己不要他的鱼骨了，他只要墙上的这些彩纸就行了。

猜一下，商人为何对这些没用的彩纸感兴趣？

20. 甲乙堂

古时候，四川地区有个皮匠，通过自己的勤劳节约，盖起了一座气派的新房子。新房将要落成之际，皮匠因为高兴，便想附庸风雅一下，请同村的一个读书人为自己的房子起个名字。读书人于是想了一下，提笔给他写了“甲乙堂”三个字。皮匠也不识字，并不知道这三个字的意思，只是高高兴兴地带着三个字去做了一块匾，将它高高地挂在厅堂的正中。

新屋落成后，亲戚朋友们都前来为皮匠暖房，大家济济一堂，好不热闹。其中也有些识字的，看了这个匾后，感到莫名其妙。一问之下，才知道是那个读书人题的，宾客中也有和读书人相熟的，前去请教他“甲乙堂”的含义。读书人于是解释了一番，宾客一听，恍然大悟，觉得这匾题得朴素而恰切。

你能猜出这“甲乙堂”三个字的意思吗?

21.加一字

南宋末年，蒙古铁骑在扫除了南宋外围的一系列障碍之后，开始南下灭宋。公元1271年，蒙古建国，国号为元。1276年，元朝军队攻占南宋都城临安（今杭州），俘虏5岁的宋恭宗，灭南宋。后来，南宋光复势力陆秀夫、文天祥、张世杰等人连续拥立了两个幼小的皇帝（宋端宗、幼主），在广东南崖山建立南宋流亡朝廷。元军对这个流亡朝廷穷追不舍。1279年，在崖山海战中，陆秀夫保护着9岁的小皇帝赵昺拼死与元朝军队战斗，终因寡不敌众而失败。陆秀夫宁死不屈，抱着小皇帝投入大海，在历史上留下了可歌可泣的一页。

可恨的是，当时追杀陆秀夫和小皇帝的正是南宋降将张弘范。这个投敌叛国的败类逼死小皇帝，不仅没有感到惭愧，反而恬不知耻地在当地树起了一块石碑，上刻“张弘范灭宋于此”，意思是以元朝开国功臣留名后世。

崖山的百姓看到这块碑后怒火中烧，要将石碑推倒。但是一位当地的书生却说，不用推倒石碑，只要加上一个字就可以了。

于是，乡民们便按照读书人的意见加刻上了一个字，一下子，这个记功碑便成了张弘范的耻辱柱。

你能猜出这个字是如何加的吗？

22. 火灾的原因

美国墨西哥州首府图马尔市郊区的一套别墅突然起火，因为没人在家，周围也没有邻居，火势很快蔓延开，消防员将火灭掉时别墅已经烧毁了大半。消防员寻找了很久，最终才发现了起火的原因。原来，这套别墅的主人是一个大学的物理学教授。在他的一个房间外面的窗台上，这位教授不知什么时候随手放了一面特殊的镜子。这些天，教授带着家人到英国旅行去了。而这个特殊的镜子便导致了这场火灾。

猜想一下，镜子为何会引起火灾呢？

23. 儿说解死结

春秋时期，有个鲁国人前去拜见宋王。他献给宋王两个精致的木匣子，宋王打开后，发现里面只是两个结成死结的麻绳疙瘩。宋王于是很奇怪地问："先生您这是什么意思呢？"

"回大王，这两个绳疙瘩是我做成的，只有天下最有智慧、最灵敏的人才能把他解开。"鲁国人回答道。

宋王于是将两个绳疙瘩端详了很久，然后又分别摆弄了一会儿，果然无法解开，又让身边的大臣试着去解，也不能解开。于是，宋王便发出告示，在全国寻找能够解开这两个死结的聪明人。最后，许多自以为聪明的人都来试过了，没能解开一个。宋王便觉得很没面子，自己一个国家，竟然找不到这种聪明人。正在一筹莫展之际，有人提醒宋王道："或许儿说先生能够解开！"大家一听，都表示赞同，儿说是宋国著名学者，才智过人。他曾以"白马非马论"，把那些来自天下的学者辩士都驳得哑口无言，因而受到许多人的敬佩。

于是，宋王派人去请儿说，儿说了解情况后便说："那好，我就试试吧！"

儿说来到王宫后，花了一会儿工夫便解开了一个死结。可是对于另一个，他左左右右地瞧了很久，最后把绳结交还给宋王的侍从，并说：“还给大王吧，这是一个根本解不开的死结。”

宋王一听感到不是十分明白，于是询问鲁国人是怎么回事。

鲁国人却说：“儿说先生果然聪明，已经将两个绳结都解开了！”

你能猜出鲁国人为何这么说吗？

24. 贾诩劝张绣

三国时期，曹操率军南征，讨伐宛城割据军阀张绣，张绣与刘表结盟抗击。曹操攻打张绣的过程中，因后方有事，突然主动撤兵。张绣一见，便要亲自带兵追击曹操。其谋士贾诩劝阻张绣道：“不要去追，如果去追必定要吃败仗。”张绣却认为这是击败曹军的好机会，不肯听从贾诩的建议。结果果然吃了败仗回来了。

张绣吃了败仗回来后，十分懊恼当初没有听从贾诩的建议，当面向其赔礼。但没想到此时贾诩却说道：“现在正是追击曹操的好时机！”张绣一听，以为贾诩是在讽刺自己，说道：“先前没有采纳您的意见，以至于吃了败仗。如今已经失败了，先生您怎么又让我追击呢？”

贾诩说道：“现在来不及细说，此一时彼一时，战斗形势已经发生变化，现在追击，定能取胜！”于是，张绣便听从了贾诩的意见，聚拢败兵再次前去追击。这次果然击败曹军，得胜而归。

张绣回来后，对于贾诩的建议很是迷惑，问道：“我第一次用精兵追击曹军，您说肯定会失败；第二次我用败兵去追击刚打了胜仗的曹军，您却断言肯定会胜利。而两次结果都应验了您的话，这究竟是怎么回事呢？”

贾诩回道：“这其实很容易理解。您虽然很善于用兵，但还不是曹操的对手。曹军刚撤退时，他肯定已预料到您会在后面追击，因此曹操必然会亲自在后面压阵，并做了充足的准备。因此我知道，我军虽然精锐，也必然失败。曹操先前进攻到了一半，没有任何缘由地突然撤军了，因此我料想必定是他的后方出了什么紧急的事情。曹操既然已经击退了你的追击，便必然会放下心来，自己轻装快速往回赶，只留下一些部将在后面断后。而这些部将必然不是您的对手，因此我断定您虽用败兵，也能取胜。”张绣听了，十分拜服。

后来，袁绍和曹操在官渡展开激战。袁绍为了孤立曹操，便派人去诱降张绣，希望他能归附自己，同时还给贾诩写信示好。

张绣看袁绍势力强大，便想归附他。但是贾诩却直接对袁绍的使者说：“请您回去转告袁绍，不是我们不愿意归附。试想，他们兄弟之间都反目成仇，不能彼此容忍，还如何容纳得了天下豪杰？”张绣一听，也暗自点头，当即对袁绍的使者表示了不愿意归附的意思。使者只好怏怏地回去了。

袁绍的使者走后，张绣问贾诩：“我到底应该归附谁呢？”贾诩说道：“不如归顺曹操。”张绣于是充满顾虑地问：“袁绍的势力比曹操要大得多，同时我又和曹操结了仇，为何要归顺他呢？”

假如你是贾诩，你会说出一些什么理由？

25. 纪晓岚戏改古诗

中国古代曾留下一首四喜诗，说的是人生四件特别令人高兴的喜事，这首诗本来是首五言诗，内容是：

久旱逢甘雨，

他乡遇故知。

洞房花烛夜，

金榜题名时。

关于该诗的作者，向来有多种说法，一说是见于南宋诗人洪迈《容斋四笔·得意失意诗》，一说出自《神童诗》，还有野史称是杜甫所做。而到了清朝时，怪才纪晓岚闲来无事，先是觉得该诗太“瘦”，在该诗每句的句首添加了两个字，在体裁上使之成为一首七绝，在内容上则使这四件事的令人高兴的程度更为加深。而后来，他又在每句诗的结尾做一停顿，然后在后面添加两字作为注解使该诗顿时成了四悲诗。

你能否猜出纪晓岚的两种改法各是如何进行的？

26. 令人匪夷所思的广告点子

20世纪80年代，美国的一家黏液生产厂家想要将自己的一种叫作“超级3 号胶”的强效黏液打入法国市场。但是，在当时的法国市场，几家本国的强效黏液生产厂家已经牢牢地占据了市场。如何才能打开局面呢？这家美国公司不惜重金请巴黎知名的奥布尔雅和马瑟广告公司为自己设计广告。而这两家广告公司的策划师们绞尽脑汁，最终想到了一个别出心裁的广告点子：在一个人的脚底上滴上了4滴超级3号胶，然后将这个人倒粘在天花板上，总共保持了10秒钟。为证明其真实性，广告公司还专门请来了公证部门进行现场监督，丝毫不假。这个广告在电视上一经播出，便立刻在法国引起了轰动，人们纷纷打来电报、电话求购这种神奇的胶水。仅半年时间，美国厂家就销出去50万支这种胶水，并在法国市场拥有了一席之地。

而在美国厂家的广告大获成功后，其他的厂商也受到了启发，纷纷效法这种广告手段，并且，还大有“青出于蓝胜于蓝”的势头。其广告创意更吸引人，更令人感到匪夷所思。

你能否猜测一下其他厂商的广告创意？

27. 一字之变

1946 年，抗日战争硝烟刚刚散去，一个上海商人瞅准人们对于抗日战争的回顾总结心理，组织人手写了一部《抗日战争演义》的章回体小说。为了提高此书的身价，这个商人便通过朋友介绍，找到当时正驻防在无锡的京沪卫戍司令汤恩伯，请他为本书的封面题了签。

汤恩伯之所以爽快答应这件事，和他在这本书中的光辉形象有关，此书中有一章的题目就叫“汤恩伯血战南口，刘汝明误失张恒”。但是，汤恩伯虽然很高兴，同为国民党高级将领的刘汝明就不乐意了，因为此标题明显显示出刘汝明指挥失误。于是，刘汝明知道这件事情后，极为不悦，紧急派了一位高级参谋专程到无锡，要求汤恩伯禁止这本书的发行。汤恩伯已经为这本书题了签，现在又禁止发行，他觉得很没面子，但是对于刘汝明也不能不做个交代。无奈之下，汤恩伯便干脆出面牵线，让这位高级参谋和书商直接坐在一起商量出个办法。

最后，经过反复商讨，有人出了个主意，全书内容不变，只是改了一个字，结果，书商、刘汝明和汤恩伯都十分满意，皆大欢喜。

你能否通过改一个字让这三方都满意？

28. 惊讶的飞行员

二战时期，一个英国飞行员身上曾发生过一次不可思议的事情：一次，他与伙伴一起在离地面很低的地方对德军阵地实施完空袭之后，开始回到高空中，准备撤离。在他的飞机回到2000米高空的时候，他看到窗外离自己右脸很近的地方有个小东西在蠕动，好像是一只小昆虫。于是，他伸手一抓，就将它抓在了手里。但是，当他伸开手仔细一看，吓了一大跳，你猜他抓到了什么？

29. 两个骗子

一天，在法国南部的一个小城里来了两个外乡人，两人投宿在一家旅店。旅馆老板在进行房客登记时询问他们的姓名、职业和居住时间。两个年轻人说：“我们两个是来自巴黎的著名生物学家，要在这里住大约五个星期。不过，请你不要告诉任何人，因为我们要在这里做一个非常重要的实验，不想有人打扰。”

旅馆老板于是好奇地问：“我能知道那是一项什么实验吗？”

两个外乡人说：“不妨告诉你，我们要在你们这个小城市创造一个医学上的奇迹——我们要使死人复活。到时，你们这个小城将名闻天下。”他们一边说，一边拿出了他们之前获得的科学荣誉奖章给旅馆老板看。

很快，店主就将这个惊人的消息给传开了，整个小镇都知道了这件事情。不过，起初人们并不将其当作一回事，而只是当作一个笑话。但是，一个星期后，两个外乡人的古怪举动引起了人们的注意。原来，他们经常在墓地徘徊，尤其经常在一个富商刚刚死去的太太的墓前停留。并且，在墓地里，两个人还经常严肃地交流着什么。

于是，人们对于这两个人的试验开始有点相信了，而小城里也出现了一场前所未有的恐慌。一个月之后，两个外乡人收到了那位富商的一封信，接着，又收到了其他人的信，这其中还有一封来自市长的信。

显然，死人是不可能复活的，这两个外乡人是两个骗子。而在这两个骗子最后离开之际，已经骗到了许多钱，你能猜出这是怎么回事吗？

30. 客人的提醒

赵简子是春秋时期晋国六卿之一，颇有权势。因为他爱好生灵，经常放生，邯郸的百姓每到元旦都要将一些鸟、鱼之类的生灵送到赵简子府上。赵简子则付钱买下这些生灵，然后将其放生。

一年元旦，有个客人在赵简子府上拜访，看到赵简子的这种举动后感到很奇怪，就问：“你为何要如此呢？”

赵简子回答说：“天地间的万物都是很珍贵的呀，释放这些生灵你不觉得是很好的事情吗？”

客人一听大笑，说了段话，赵简子一听，恍然大悟，取消了元旦放生的事情。

你猜这位客人是怎么说的？

31. 白色血液

1966年的一天，美国科学家克拉克到实验室里准备做实验时，发现有一只老鼠淹死在了装着含碳氟化合物液体的容器里。他于是将这只倒霉的老鼠给夹了出来，出于科学家的好奇心，他试着将老鼠呼吸道内的液体给排除掉。结果令他惊讶的是，这只老鼠竟然渐渐又苏醒了过来。于是，克拉克来了兴致，他又将一只老鼠放进了这种液体中，并淹死了它。几个小时候，他又将淹“死”的老鼠取出，结果出乎意料，他将老鼠呼吸道内的液体排除后，老鼠又奇迹般地复活了。于是，克拉克对于这种液体产生了兴趣，他经过研究发现，老鼠之所以能够复活，是因为这种液体内具有很强的溶解生命体呼吸所需要的氧气和呼吸代谢后排出二氧化碳的能力，其溶解氧气和二氧化碳的能力分别是水的20倍和3倍。科学家的直觉告诉克拉克，这个发现应该具有一定的价值。那么这个价值究竟是什么呢？经过一番思索，他终于将这个发现应用在了医学上。

你能猜出这个发现是如何应用在医学上的吗？

32. 苏格拉底的追问

苏格拉底是古希腊著名的哲学家，这位哲学家不喜欢待在书斋里研究问题，而是喜欢到热闹的雅典街头发表演说或与人辩论，在这个过程中使自己的思维得到发展，使自己的学问得到提高。而苏格拉底与人辩论的方式也很奇特，往往是他在不停地追问对方，直到对方和他达成一致。

有一天，苏格拉底像往常一样，来到雅典闹市的中心，伺机寻找人辩论。他看到一个过路的年轻人正要从自己身边经过时，他上前一把拉住这个年轻人说道：“对不起，先生，我有一个问题搞不明白，想向您请教一下。大家都说我们应该做个有道德的人，可是道德究竟是什么呢？”

年轻人回答说：“忠诚老实，不欺骗别人，就是有道德了。”

苏格拉底装作低头想了一会儿，然后又问道：“那为什么在战斗中，我们雅典的将领设计欺骗敌人，我们非但不骂他没有道德，反而却称颂他呢？”

年轻人一听，便说：“欺骗敌人是符合道德的，只有欺骗自己人才是不道德的。”

苏格拉底又继续问道：“那么，当雅典的军队身陷重围之中，将领为了鼓舞士气，欺骗士兵说援军就要到了。于是，大家在这个好消息的鼓舞下，奋力突围了出去。这种欺骗也不道德吗？”

年轻人于是说道：“那是在战争中，将领出于无奈才那样做，如果在日常生活中这样做就不符合道德了。”

苏格拉底于是又问道：“如果一个老人患了不治之症，医生和家人为了不给其造成心理阴影，使其能够快乐地度过最后的一段日子，从而瞒着他这件事，难道这也是不道德的吗？”

年轻人只好承认：“这种欺骗也是符合道德的。”

苏格拉底于是总结道：“这么说来，不骗人是道德的，而骗人有时也是道德的。就是说：‘道德不能用骗不骗人来说明。’那么，究竟用什么来说明它呢？您能告诉我吧！”

你能试着回答苏格拉底这个问题吗？

33.“看破红尘”的学生

有一个初中二年级的学生，自以为看破了红尘，认为人世间没有真实可言，人与人之间也只是一种相互利用的利益关系。因此，在他的日常生活中乃至作文，他都经常流露出要离开学校这个虚伪的地方到社会上独自闯荡的思想。班主任对于这个学生的想法也有所注意，并找他谈过话，但似乎并没能打动他。于是，班主任没辙，干脆不管这件事了，心想他也只是出于一种青春期的叛逆心理，不会有什么过激的举动。

没想到的是，一天下午，这个学生真的出走了。临走前他给班主任留了一封信，在信上他再次阐述了一番自己之前的观点，并在最后祝班主任身体健康，并希望班主任能多送几个学生升学。班主任通过调查得知这个学生的去向后，立即骑上摩托车，追了一天，最终在省城找到了这个学生。但是，这个学生仍旧不愿回学校。鉴于这种情况，班主任一针见血地指出了他的观点的谬误。最终，这个学生承认自己的观点是错误的，乖乖地跟班主任回学校了。

如果你是班主任，你会如何说服这个学生呢？

34. 小孩与大山

有一个小孩子第一次到山里的外婆家去玩，吃过饭后一个人跑到外面去玩。当他看到对面的大山时瞪着很好奇的大眼睛，不知道这个奇怪而巨大的东西是什么，于是他试着和对方打招呼，轻轻地喊了一声："喂！"

结果小孩发现对方也回了一声："喂！"

小孩于是很高兴，便又喊道："你是谁呀？"

对方也同样问了一句："你是谁呀？"

小孩于是回答道："我叫小明，你呢？"没想到对方这次还是回应了同样的话。小孩于是便不高兴了："你怎么老是学我说话！"又是同样的回应。小明这下干脆恼火了："你真讨厌！"对方也同样不客气地回应了同样的话。接着小明便将对方使劲骂了一顿，自然，对方也一点不漏地奉还给了他。

小孩最后感到又气愤又难过，正在这时，一个山里的老人从旁边经过。他正好看到了小孩的举动，于是便对他说了一句话，要小明按照自己的做法去和对方沟通。结果，小明果然和对面大山成了很好的玩伴。想一下，假如你是那个老人，你该对小孩怎么说？这个故事反映了什么样的哲理？

35. 两个高明的画家

古时候，在苏州城里住着两位高明的画家，一个姓黄，一个姓李。两个人的画都十分高妙，受到人们的追捧。但总体来说，似乎人们对李画家的评价要略微高于黄画家。于是，黄画家便觉得很不舒服，终于有一天，他向李画家提出比试画作。李画家无奈，只好接受了比试。

这天，苏州城里的名流和李画家一起来到了黄画家的家中，欣赏他专为此次比试所作的画。黄画家早已等在家中，等所有人都到齐了，他便走到墙边，扯开画布。没想到画面刚一露出来，一条蹲在地上的猫便扑了上去。大家仔细一看，原来是因为黄画家所作的是一幅山水画，在水中有一条鱼正在游动，看上去栩栩如生，猫以为是真鱼，便扑了上去。名流们一看，纷纷对黄画家赞不绝口，对其精湛的技艺表示叹服。黄画家再一看李画家，只见他只是微笑而已。

第二天，又是这一干名流和黄画家一起来到了李画家家中。只见其画同样是挂在墙上，并被一块幕布所挡。李画家客气地请黄画家将幕布揭开，黄画家一听，便走上前去，伸手要揭开幕布。但是，就在那一瞬间，黄画家感到十分惊讶，并惭愧地对李画家说："先生画术高明，小弟甘拜下风！"名流们也一个个赞叹不已。

你猜这是怎么回事？

36. 吹喇叭

有这样一个笑话。

有个人在星期天到朋友家去玩耍，到了下午，他估摸着该回去了，于是问朋友道："现在几点啦？"朋友于是走到窗口，伸出头看了看外面的太阳，便说道："现在是三点十五分。"

这个人奇怪地问："怎么，你没有手表？"

朋友笑着说："太阳就是我的手表。"

这个人惊讶地问："这样判断时间能准确吗？"

"再没有比太阳更准的表了！"

这个人心想，可能看习惯了太阳，也的确没什么问题，但是他又一想，便继续问道："那要是你夜里醒来，想知道时间的话，该怎么办呢？"

没想到朋友回答说："没事的，晚上我有喇叭。"

"喇叭？喇叭如何告诉你时间？"这个人好奇地问。

朋友于是解释了一下，这个笑话便结束了。你能将这个笑话说完整吗？

37. 马克·吐温“一见钟情”

一天，有个年轻人向美国著名幽默作家马克·吐温请教：“您知道这世界上有什么能治疗一见钟情吗？”

“当然有了！”马克·吐温当即回答，“这很简单！”

“那是什么呢？”年轻人问道。

你猜马克·吐温如何回答？

38. 倒霉的乘客

在一辆公共汽车上，一个来自城里的乘客发现与自己邻座的农民的背篓里装着一只甲鱼。出于好奇，他凑到背篓上去观看。没想到该他倒霉，甲鱼突然跃起透过背篓的孔隙咬住了他的鼻子。甲鱼这种东西，一旦咬住了东西，往往是死不松口，并且，它边咬着这位乘客的鼻子，还边将脑袋往鳖壳里缩。这下，这个乘客疼得满头大汗，鼻子也流出了血。但是，车上的人，包括那个背甲鱼的农民，都没有办法使甲鱼松口。无奈之下，公共汽车便只好开进医院。但是医院的医生也没有遇到过这种情况，不知道该怎么办。外科医生提出，可以小心翼翼地将甲鱼给弄死了。但是，在这个过程中，甲鱼必定要挣扎，会越咬越紧，担心将乘客的鼻子给完全咬下来。

最后，还是一位住院的农民想出了一个办法，将这个问题给解决了。

你能猜出农民的办法是什么吗？

39. 老人与小孩

有这样一个故事。

有个老人在湖边钓鱼，老人的技术很高明，半天下来，他钓的鱼装满了他带来的背篓。而在老人钓鱼的时候，有个小孩一直站在旁边看他钓鱼，半天时间没有离开，也没有乱说话打扰老人。老人一看这小孩又有耐心又懂事，便很喜欢他，说要将自己钓的一篓鱼送给他。

但是，小孩却摇了摇头。

老人奇怪地问："你为什么不要呢？"

小孩回答："因为一篓鱼很快就会吃完了，之后我就又没有鱼吃了！"

老人便问："那你想要什么呢？"

"我要你的鱼竿，那样等没有鱼了，我就能自己钓鱼了。"小孩答道。

老人一听，觉得小孩真是聪明，于是便高兴地将鱼竿送给了小孩。

这个故事就这么讲完了，其主题显然是夸赞这个小孩的聪明。同时，其隐含的结局便是这个小孩从此一直有鱼吃了。不过，如果仔细想一下的话，会发现这个故事是有漏洞的。可以想象，从此以后，这个小孩未必就真的一直有鱼吃了。

你能指出这个故事的漏洞吗？

40. 阿基米德退敌

阿基米德是古希腊伟大的数学家及科学家，他在物理学、数学、静力学和流体静力学等诸多科学领域都作出了突出贡献。阿基米德之所以受到异常的尊崇，是因为他不仅长于理论，而且还善于将科学理论应用于实践中，被科学界公认为是“理论天才与实验天才合于一人的理想化身”。公元前240年，阿基米德回到自己的出生地——位于地中海的西西里岛上的叙拉古，当了赫农王的顾问，利用自己的科学知识和智慧帮助赫农王解决难题，解决生产实践、军事技术和日常生活中的各种科学技术问题。

在阿基米德担任赫农王的顾问期间，他帮助赫农王解决了许多难题，其中最耳熟能详的便是阿基米德利用浮力原理帮助国王测试王冠是否是纯金的故事。除此之外，阿基米德还发明了许多非常实用的东西。例如，他利用杠杆定律设计制造了举重滑轮、灌地机、扬水机等，给人们的生产生活实践带来了方便和效率。公元前213年，古罗马帝国率军攻打叙拉古，已经74岁高龄的阿基米德为保卫祖国，设计出了投石机把敌人打得哭爹喊娘，他还制造了铁爪式起重机，能将敌船提起并倒转。此外，关于阿基米德在这场战争中的作用，还有一个有争议的传说——

据说，在古罗马前来侵略时，叙拉古王国先是派出了海军在海上阻截古罗马军队。但几次海战下来，叙拉古海军败下阵来，于是只好退回城中固守。不过，经过海战的失败后，城中的兵力已经不多了，很难长久固守。于是，赫农王便将希望寄托在阿基米德这位智者身上，询问道：“听说您最近叫人做了许多奇怪的大镜子，这里面有什么名堂呢？”

阿基米德指着远处的敌舰说道：“古罗马军队的后备物资全都在战船上，只要我们将他们的战船消灭，他们就彻底失败了！而今天中午，就是他们灭亡的时刻，因为有太阳神会帮助我们。”他指着头顶热辣辣的太阳兴奋地说，显然，现在是上午，到了中午，太阳肯定还会更耀眼。

“您不是从来不相信神灵的吗，怎么现在突然信奉起太阳神来了？”赫农王奇怪地问。于是，阿基米德便将自己的主意跟赫农王说了。赫农王一听，有些将信将疑，但是他亲眼目睹了阿基米德之前的发明的威力，便按照阿基米德的部署试一下。

果然，到了中午，太阳正毒辣的时候，阿基米德利用自己的新发明给古罗马军队的船队造成了巨大损失，使得他们以为是太阳神在帮助叙拉古，吓得慌忙撤退了。

你能猜出阿基米德是如何击退古罗马船队的吗?

41.瓦里特少校计调德军

第二次世界大战期间，德军动用重兵对苏联发动了突然袭击，在很短时间内占领了苏联大片领土。

1944年中，随着英美盟军转入战略反攻阶段，苏联红军也开始部署战略反攻。其经过周密的部署，准备发动利沃夫—桑多梅日战役。苏联红军准备在利沃夫方向实施重兵突击，打开一个缺口。但是在当时，德军无论在人员还是装备上，都占有巨大的优势，如果硬打，苏联红军很难取得胜利。因此，苏联高级指挥部经过商讨，认为要想取得该场战役的胜利，便是在别处制造佯攻，将德军的兵力吸引一部分过去。但是，如何吸引德军离开呢？指挥官们想了许多方案，最终都被否决了，眼看进攻的日子马上就要到了，苏军高层很是焦急。

正在无计可施之际，一位名叫瓦里特的少校找到高级指挥官们，主动请缨。“我只需要30名士兵和30辆汽车，就可以调动敌人的部队！”指挥官们一听，觉得他在吹牛，但是，当认真听了瓦里特的计划之后，便觉得这个办法可以试一下。

于是，在接下来的某天晚上，德军夜间侦察机在斯塔尼斯拉夫地区突然发现，似乎有一支苏联军队在夜间悄悄移动，并立即报告了德军指挥部。德军指挥部十分重视这个情报，要求侦察部门加强侦查，密切关注这支移动的苏联军队，并搞清楚他们的目的。于是，接下来的几天，德军侦察机每天晚上都密集出动，观察这支苏联军队的动向。德军侦察机连续在多处发现了苏军部队的踪迹，尽管这支苏联部队似乎行军很隐蔽，在巧妙地躲避着自己的侦查，但是德军还是找到了他们的蛛丝马迹。最终，德军侦查部门经过一段时间的侦查和分析一致认定：苏联红军正在悄悄地向斯塔尼斯拉夫地区大规模集结兵力，并将这个结论上报了德军高级指挥部。而德军高级指挥部则对该情报进行分析之后，得出结论：苏联红军将会以斯塔尼斯拉夫为进攻的突破口。于是，德军也立即采取应对措施，将德军的一个坦克师和一个步兵师火速调往斯塔尼斯拉夫地区。

而实际上，这一切不过是瓦里特少校利用他的30个士兵和30辆汽车布置出来的一个假象罢了。通过瓦里特的计策，苏军成功地将德军的许多兵力调离了利沃夫，为此后苏军打赢利沃夫—桑多梅日战役奠定了基础。

那么你猜，瓦里特少校是怎样利用区区30个士兵和30辆汽车制造出这一假象的？

42. 炼金术

从前，在南美洲地区有一个年轻人，一心想要发财。在他的脑海中，最快的发财手段莫过于学会点金术了。于是他便投入了几年的时间和自己仅有的金钱到炼金实验中。这样折腾了几年，也没有什么成果，而他变得一贫如洗，连饭都吃不起了，靠邻居们的施舍度日。一次，他听一个过路的人说在某山的一个智者会炼金术，于是他又燃起了希望，生磨硬泡地跟人借了一些盘缠便出发了，去向那个智者学习炼金术。

几个月后，他来到了智者面前，诚恳地向其请教炼金术。智者听他讲述完自己的经历之后，便认真地说："的确如人们所传言的那样，我已经学会了炼金术，但是，我一直并未能炼出金子。"

年轻人迷惑地问道："那是为何？"

"因为炼金的材料还不齐。"智者答道。

“那么还差什么呢？”

“现在唯一缺的就是三公斤香蕉叶下的白色绒毛。而这些绒毛必须得是你自己种的香蕉上的。如果你能够收集到这个东西，到时我们便一块来炼金。”

其实，我们知道，世界上哪有什么炼金术！但是，在遵照智者的嘱托去做之后，这个年轻人真的得到了许多金子，并因此成了富翁。你猜这是怎么回事？

43. 富翁和乞丐

有个故事大家耳熟能详了：一个富翁在海边的沙滩上惬意地边散步边晒太阳，走着走着看见沙滩上躺着一个乞丐，穿得破破烂烂，也躺在那里在晒太阳。富人一看便来气，走上前去质问乞丐：“你为什么不去干活挣钱，而在这里懒懒地晒太阳？”乞丐懒洋洋地看了一眼富翁，然后问道：“你拼命地挣钱，成了富人是为了什么呢？”富人说：“废话，有了钱就可以自由自在地做许多事情吧，比如就像我现在这样，到海边悠闲地度度假，晒晒太阳啊！”乞丐于是笑道：“那你看我现在在干什么呢？”富翁无言以对。

这个故事的立意显然说的是富翁虽然富有，却使得自己整天处于一种忙碌之中，失去了许多生命的悠闲和情趣。看到这个故事，人们也都是惯性地这么理解的。但是，如果进一步思考的话，事情显然没这么简单。不然，也不会人人都追求做富翁，而不愿做乞丐了。显然，富翁是有富翁的好处的。现在，你能从另一个角度来分析一下这个故事吗？

44. 大度的狄仁杰

唐代名臣狄仁杰，在武则天当政时期曾任宰相，长期受到武则天宠信，被其尊称为“国老”。之所以能够获得如此尊崇，正是因为其恪守为政的大道，廉洁奉公，以百姓之心为心；在做人上，则恪守守柔、豁达、无争的本性。有一个例子可以很好地说明他恪守大道的本性。

一次，狄仁杰离京到外面出差时，有官员便到武则天面前说狄仁杰的坏话。于是，狄仁杰回京后，一向宠信他的武则天便告诉狄仁杰有人说他坏话，问他想不想知道详细情况。没想到狄仁杰一听，哈哈一笑说了句话，武则天一听一连数天都非常高兴，十分欣赏这位大臣的开阔胸襟和不凡气度。而从这件事我们也可以看出狄仁杰之所以能够长期受到武则天的宠信，靠的并不是投机钻营，逢迎拍马的手段，而是靠的坦荡的为人为臣之道。

那么，你猜狄仁杰当时是如何说的？

45. 梦的两种解法

有一个穷秀才进京赶考，连续两次都没考中，他心有不甘，第三次进京赶考。这次他住在京城的一家小旅店里。

第一天夜里，他做了个很奇怪的梦，梦见自己在墙上种白菜。第二天夜里他又做了个梦，梦见自己在下雨天戴着斗笠，还打着伞。秀才感到很奇怪，但是因为忙于复习功课就没有多想。谁知第三天晚上，秀才又做了个更离奇的梦，梦见他和自己心爱的表妹脱光了衣服躺在床上，但是却背靠着背。

秀才忧心忡忡，觉得这三个梦似乎预示着什么，于是找了一个算命先生给自己解梦。算命先生一听这三个梦，就摇头叹息说："你还是别考了，赶紧回家吧！你是不可能考中的！你想想，在墙上种菜不是白费力吗？下雨天你戴着斗笠还打伞，这不是多此一举吗？你和你表妹脱光了衣服却背靠着背，这不是没戏吗？你这次考试是不可能有什么结果的，我看你还是趁早回家吧！"

秀才一听，心灰意冷，想到自己前两次落榜的经历，越想越觉得算命先生说得有道理。于是，他沮丧地回到旅店，收拾包袱准备回家。店老板一看，感到非常奇怪，问道："你不是明天才考试吗？怎么今天就要回家了？"秀才便把自己的三个梦和算命先生的解析向店老板说了一遍，店老板听后大笑道："哦，我也会解梦呢，可我的解法和算命先生的解法可是完全不一样啊！”秀才连忙请教，于是店老板又给秀才做了一番完全不同的解释。

秀才听了店老板的话，觉得也很有道理，就决定留下来继续考试。等到揭榜那天一看，秀才竟然中了个探花。

你猜店老板是怎么给秀才解梦的？

46.“赔本”经营

一条街上有两家电影院，由于市场不太景气，两家电影院的老板都使出浑身解数招揽顾客。路北的电影院刚推出门票八折优惠，路南的电影院就跟着来个五折大酬宾。对于顾客来说，同样情况下当然都愿意去价格便宜的影院，于是，路南的电影院生意兴隆，路北电影院顾客逐渐减少。路北电影院的老板当然也不甘心坐以待毙，于是一赌气，干脆将门票打两折。按照当地的消费水平和行业常规，影院门票五折以下其实已经没有利润了。路北影院打两折的目的是为了把对手彻底挤垮，然后再进行价格垄断。谁知他们刚刚才把顾客拉过来，路南的影院接着就推出了门票一折的优惠活动，并且每人还另送一包瓜子。路北影院的老板经过一番考虑，觉得自己做不了这种赔本生意，便关门了。

自从推出送一包瓜子的活动后，路南的影院顾客纷至沓来，场场爆满，大家都以为路北影院会恢复竞争之前的价格，没想到的是，这个送瓜子的“赔本生意”却一直坚持下来。并且，半年多的时间过去了，路南影院的老板不仅没有赔钱，反而赚了很多钱，不仅买了奥迪轿车，房子也换成了高档别墅。

猜想一下，这是为什么？

47.知县的妙答

清朝末年，湖北督抚张之洞与巡抚谭继询两人关系不太好。

有一天，两人在黄鹤楼参加宴会。期间，客人中有个人谈到江面的宽窄问题。谭继询说是五里三分，而张之洞故意说是七里三分，两人各执一词，争论不休，几乎要大打出手。

当时知县陈树屏也在场，他早就听说两位大人不和，知道他们在故意怄气。但是，作为他来说，两边谁也得罪不起，于是他灵机一动，巧妙地说了几句话就解决了两人的纷争，而且谁也没有得罪。

猜猜看，陈树屏说了些什么？

48. 化解孔子的尴尬

有一次，一个年轻的书法家在公园里举行笔会。围观的人越来越多，求字的人也有很多。

突然，一位美国人请书法家给他写一幅字，内容为："孔子曰：'可口可乐好极了！'"书法家很为难，觉得借孔子为可口可乐做广告实在是对圣人的亵渎，可是不写吧，又会让这位美国朋友扫兴，于是犹豫不决。这时，站在旁边的老师鼓励他大胆地写。书法家就写了，写完后，老师又让他在旁边加了一行字，众人看后都不禁称妙。

你知道书法家的老师让他加了什么吗？

49. 变障碍物为宝

希尔顿买下阿斯托里大酒店后，就开始了酒店的装修工作。一天，他到酒店里视察工作，无意中用手指敲了一下放在走廊上的大圆柱。希尔顿发现这几根圆柱都是空心的，根本没有任何支撑作用，只是起到一个装饰作用而已。

看到这几根有点碍眼的圆柱，希尔顿寻思着怎样才能发挥它别的用途。后来，希尔顿果然利用这几根圆柱赚取了不少钱。你能想到希尔顿是怎么利用这些圆柱赚钱的吗？

50. 刘墉拍马屁

刘墉是乾隆皇帝的爱臣，他位居中堂，才思敏捷，能言善辩。

乾隆总是不失时机地试探他的才华，并以此为乐。

一次，乾隆去承德避暑山庄，让刘墉陪驾。这天，办完公事，乾隆让刘墉陪同去大佛寺。到了大佛寺，乾隆看见大肚子弥勒佛冲他笑，便有意为难刘墉，说："刘爱卿，你说说弥勒佛为什么冲朕笑？"刘墉回答道："启禀皇上，圣上是文殊菩萨转世，当今的活佛，今天你来这里，所以弥勒佛就笑了。"乾隆听了十分高兴。当刘墉走到弥勒佛面前时，乾隆又转身问道："那佛为什么见了你也笑呢？"

猜猜刘墉是怎么回答的？

51. 神童钟会

三国时，魏国的太傅钟繇有两个儿子，大儿子叫钟毓，小儿子叫钟会，兄弟俩从小就聪明绝顶，闻名一时。但两人的性格却完全不同，钟毓比较憨厚，钟会则比较调皮。

魏文帝偶然听人说起两个小神童，就命钟繇带两个儿子来觐见。

钟毓和钟会都是第一次见皇帝，难免有些紧张。看到大殿上庄严肃穆的气势，钟毓紧张得满面流汗，而钟会则若无其事，一点也不紧张。

魏文帝问钟毓："你为什么出这么多汗呢？"

钟毓回答道："战战惶惶，汗出如浆。"这是实话，也是钟毓当时的感受。

魏文帝又问钟会："你为什么不出汗？"

猜猜钟会是怎么回答的？

52. 聪明的商人

从前有一个商人从外地采购了大量的面粉和蔗糖，由于货物较重，商人决定从水路回去。路上商人想，回去一定可以大赚一笔。可是天有不测风云，人有旦夕祸福，半路上忽然下起了暴雨，而且一连下了七天。当暴风雨过后，商人发现面粉和蔗糖都被淋湿了，蔗糖已经开始融化了，面粉也都成了糊状。看着一船的货物将成为废品，商人心里很难过，但他马上又振作起来，准备给这些“报废”的面粉和蔗糖找一个用途。

后来，商人不仅没有赔钱，还利用这些面粉和蔗糖大赚了一笔。你知道他是怎么做的吗？

53. 洒脱的爱因斯坦

爱因斯坦是20世纪最杰出的科学家，他曾被美国《时代周刊》评选为“世纪伟人”。

在爱因斯坦还未成名的时候，有一次，他在大街上碰到一位朋友。朋友看到爱因斯坦的衣服破旧不堪，就对他说：“你需要买几件新衣服了，你看你身上的这件衣服实在太旧了。”爱因斯坦坦然一笑，说道：“这有什么关系，反正这里也没有人认识我。”

几年后，爱因斯坦成了科学界的大人物，誉满天下。有一天，他又在街上碰到了那个朋友。朋友看见爱因斯坦还穿着那件破旧的大衣，惊讶地问道：“你怎么还穿得那么寒酸啊？”

你知道爱因斯坦是怎样回答的吗？

54. 王僧虔妙答皇帝

南齐的王僧虔是晋代大书法家王羲之的四世孙，他的楷书继承祖法而又有所创新，造诣极深，备受时人推崇。

齐太祖萧道成也爱好书法，听到众人夸赞王僧虔，心里很不舒服，想要与他一决高下。这天，皇帝心血来潮，便传圣旨召王僧虔进宫。太祖对王僧虔说：“朕听说你的书法是天下第一，特地约你来比试一下。你抬头看一下这个亭子上的匾额，上面有‘梅亭’两字。想当年你的先祖王羲之在兰亭写下一序，闻名天下，希望你今天在梅亭能梅开二度！”

王僧虔知道皇帝是故意以梅对兰，侮辱先人，心里很愤怒，但又敢怒不敢言，只得强忍着写了一幅字，太祖也很快写完。写完后，太祖问王僧虔道：“你说你我二人的字，谁第一，谁第二？”

王僧虔不愿意贬低自己，辱没先祖的美名，可也不愿意得罪皇帝，落下满门抄斩的结局。你知道他是怎么回答太祖的吗？

55.聪明的田文

薛公田婴是齐威王的小儿子，曾在齐国为相。他有个儿子叫田文，生在五月五日，田婴认为这个日子不吉利，就要妻子丢掉田文。但田文的母亲不忍心，就偷偷地把田文养大。

一天，田婴看见了田文，就大声呵斥妻子：“谁让你把他养大的？”

田文的母亲吓得一句话都不敢说。

田文却据理力争，向父亲叩头后问：“父亲大人，您为什么不让养五月五日出生的孩子？”

田婴说：“这天出生的孩子，会长到大门那么高，将来对父母不利。”

田文又问：“人的命运是由天支配的呢，还是由大门支配的？”

“这……这……”田婴被问住了。

接着，田文又说了一句话，这句话让田婴心服口服。

你知道田文说了什么吗？

56.剩余的杏子

一位数学老师正在给一年级的小朋友们讲减法。

为了吸引小朋友们的注意，让他们对问题更感兴趣，老师便以杏子为例子提问学生。老师看麦克斯这节课听得特别认真，就把他叫起来问道：“麦克斯，你想一想，如果桌子上放着四个杏子，你的姐姐拿走了一个，这时桌子上还剩下几个杏子？”

“几个姐姐，老师？”麦克斯认真地问道。

“不是，你认真听！我把这道题再重复一遍，桌子上放着四个杏子……”老师把题目又重新说了一遍。

“老师，这是不可能的，现在是冬天，没有杏子。”麦克斯依旧很认真地说道。

“麦克斯，我是假设桌子上放着四个杏子，你的姐姐来了拿走了一个………”

“哪个？”

“什么哪个？当然是你姐姐！”

“啊，可是我有两个姐姐，莫尼卡和英格。”麦克斯解释道。

“这是一样的！听好，是一个姐姐拿了一个杏子……”老师很无奈。

“莫尼卡和英格是不会只拿走一个杏子的，她俩总是什么东西都拿完。”

“但是，麦克斯，你爸爸只允许她拿走一个！”老师有点生气了。

“可这是不可能的，老师。”

“为什么？”

“我爸爸出差了，他一个星期后才回来。”

老师发火了：“注意，麦克斯！我现在把这道题再重复一遍！如果你再打断，就在座位上站着。桌子上放着三个杏子，不，是四个杏子，你姐姐从中拿走了一个杏子，还剩下几个？”

“没有了！”麦克斯毫不犹豫地回答道。

老师大惑不解，不过，很快她又从麦克斯那里得到了“合理”的解释。

最后，老师无奈地笑了。

你猜这次麦克斯是怎么给老师解释的？

57. 聪明的算命先生

元朝有一名道士，以“神机妙算”著称。有三个书生准备进京赶考，听说了道士的大名，便想去占卜一下吉凶，看这次进京能否考中。他们向道士说明情况后，道士掐指一算，什么也没说，只伸出一根手指。书生们很好奇，问道："这是什么意思啊？"道士说："天机不可泄露，其中玄机日后自有分晓。"

三人不解，忧心忡忡地回去了。三人走后，站在道士旁边的小道童忍不住问师傅是什么意思。道士解释后，小道童豁然开朗，说道："师傅不愧是神机妙算，原来不管他们中还是不中，也不管他们中几个，这个手指都能解释得通。"

你知道这个手指有什么意思吗？

58. 鹦鹉的价格

有个年轻人很喜欢鹦鹉，他决定到市场上去买一只。

有一天，他路过一家奇特的鹦鹉店，就进去看了一下。他发现店里有两只非常漂亮的鹦鹉，一只鹦鹉前面的牌子上写着：此鹦鹉会两种语言，售价二百元。另一只鹦鹉前面的牌子上写着：此鹦鹉会四种语言，售价四百元。买哪只好呢？这两只鹦鹉的羽毛都很鲜亮，都非常可爱。年轻人犹豫起来，转了好几圈都拿不定主意。

这时他发现一只很老很丑的鹦鹉，这只鹦鹉的羽毛散乱而且颜色黯淡，再一看标价，竟然是八百元，比那两只漂亮的鹦鹉还贵。年轻人感到非常奇怪，就把店主叫来询问原因："难道这只鹦鹉会说八种语言？"店主摇了摇头。

为什么这只又老又丑的鹦鹉会那么贵呢？年轻人百思不得其解，直到听了店主的解释才恍然大悟。猜猜看，店主是如何解释的？

59. 靠废物发家

查尔斯·蒂梵尼出身于一个磨坊主家庭，经过多年艰苦的奋斗，他成了一家珠宝店的老板。一天他在报纸上看到一则消息，美国铺设在大西洋底的一根越洋电缆，因为年代久远而破损，需要更换。这本是一条很不引人注意的消息，但它却仿佛是一道亮光划过查尔斯的心。查尔斯立即与有关部门联系，买下这根报废的电缆。当时，大家都笑他傻，认为他简直是疯了，花那么多钱买一件废品。

但是后来出人意料的是，查尔斯因为这根电缆发迹了。你能想到这是怎么回事吗？

60. 李世民救父

唐太宗李世民是中国历史上一位杰出的君王，在他的统治之下，唐王朝达到了极盛。其实，李世民早年便显示出了很高的智慧，在十几岁的时候，他就曾用他的聪明才智把父亲从牢狱之中救了出来。

隋炀帝有一个宠爱的大臣与李渊有矛盾，这个人想方设法要置李渊于死地。当时，隋炀帝正要兴建宫殿，于是他就顺水推船，提出让李渊在一百天内修建一座规模浩大的宫殿。李渊费尽心机，终于不负圣命，在百日之内修好了宫殿。谁知，这个奸臣又说李渊不可能在这么短的时间内就建成一座宫殿，这个宫殿一定是早就建好的，李渊肯定有谋反之心。

隋炀帝听信了谗言，要将李渊斩首。李世民于是便前去救父亲，他用一个不可辩驳的事实证明了宫殿是新建的，隋炀帝便放了他的父亲。

你知道李世民是如何证明宫殿是新建的吗？

61. 聪明的盲人

在一个炎热的下午，一个盲人去街上买东西。正走着，盲人听到有人在前面叫喊着卖陶罐。盲人家里的陶罐刚好坏掉了，就决定买一个。卖陶罐的告诉盲人黑陶罐15元一个，白陶罐质量更好，20元一个。盲人想了想，决定买白陶罐，于是就掏出20元钱给卖陶罐的。卖陶罐的想，反正他是个瞎子，也看不见颜色，就故意把一个价钱便宜的黑陶罐给了盲人。

盲人接过陶罐，正准备离开，又返身回来摸了摸其他几个陶罐，然后大声叫道："你这个骗子！竟然欺负我这个瞎子，我要的是白陶罐，你却给我黑色的。”卖陶罐的狡辩道：“我给你的明明就是白陶罐啊，你怎么说能说是黑陶罐呢？”盲人语气坚定地说：“别以为我是瞎子看不到，我眼瞎心不瞎。大家都过来看看，评评理，看这到底是黑色的还是白色的？”

人们纷纷都来围观，七嘴八舌地指责卖陶罐的不该这么黑心，卖陶罐的赶紧给盲人换了个白色的。猜猜看，盲人是怎么知道卖陶罐的给他的是黑陶罐呢？

62. 不会说话的主人

有一个人在家设宴招待几个同窗好友，一共请了四位客人。快到中午了，还有一个人没有到，几个人等得都很着急。主人自言自语地说：“该来的怎么还不来？”听到这话，有一位客人很不高兴，心想：“该来的还不来，那么我是不该来的了？”越想越生气，于是便起身告辞。看到客人走了，主人心里很难过，说道：“不该走的却走了。”另一位客人心想：“不该走的走了，看来我才是该走的。”于是也起身离去。主人见因自己言语不慎，把客人都气走了，心里十分懊悔，就赶紧辩解。谁知，一解释更糟糕，最后一位客人也被气走了。

猜一下，这次主人说了一句什么话把最后一位客人气走了？

63. 吹牛和尚

从前，一个老和尚把当地寺庙里所有的高僧都请了过来，准备一起探讨佛法。其中，有一个相貌极其丑陋的胖和尚，说自己是“千里眼”、“顺风耳”，能看见天上的仙人，听到天上的声音。众人半信半疑，觉得这是神仙才能做到的事情。不过，虽然多数人都持怀疑的态度，但大家却没有办法证明胖和尚的话是假话。

后来，一个聪明的小和尚想了一个办法揭穿了胖和尚的谎言。你知道小和尚是怎么做的吗?

64. 毋择自救

魏文侯得到了一只天鹅，就派毋择送去给齐侯。一路上，毋择小心翼翼地照看着天鹅，谁知一不留神，天鹅飞走了。毋择非常害怕，不知怎么办才好。经过一番衡量，他毅然来到齐侯的宫殿，双膝跪地，恭恭敬敬地呈上一只空鸟笼。

“天鹅在哪里呢？”齐侯见是只空鸟笼，非常生气。大臣们都想着毋择一定难逃一劫，不过，出人意料的是毋择不但没有受到惩罚，反而得到了齐侯的赏赐。

毋择到底对齐侯说了些什么呢?

65. 聪明的富商

南宋绍兴十年，临安城发生了火灾，这次火灾蔓延到城中大部分地方，很多房屋店铺都被烧毁。

城中有位姓裴的员外，他苦心经营了大半生的几间当铺和珠宝店，也在瞬间化为乌有。眼看着当铺和珠宝店被烧掉，家里人都哭天抢地的，裴员外却镇定自若，他没有让伙计和奴仆去抢救财物，而是让他们迅速撤离。

大火过后，人们都以为裴员外家从此就落魄了，谁也没有想到，裴员外却因为这场大火赚了很多钱，而且这些钱的数目远远大于他之前所有的家产之和。

你能想到裴员外是怎么做的吗？

66. 幽默的萧伯纳

萧伯纳是爱尔兰作家，曾获得诺贝尔文学奖。他一生著作甚丰，共写了五十多部剧本、五部小说，还有其他一些作品。他不仅是一位天才作家，还是一位出色的幽默大师。

有一天，萧伯纳在街上散步，被一个骑自行车的小伙子撞倒了。那小伙子一边扶起他，一边向他道歉。小伙子见没有把人撞伤，就开玩笑地说：“先生，你真幸运！今天正好是周日，如果不是休息，我开着消防车撞到您，您就没命了！”萧伯纳边拍身上的灰尘，边对小伙子说：“你的运气可不太好，小伙子！”

小伙子有些不明白萧伯纳的话，你知道萧伯纳是怎么解释的吗？

第三章

求异思维名题

67. 亚历山大解死结

传说，上帝在造就了世间万物之后，还在苍茫的大地上留下了一个巨大的绳结，并许诺：谁能解开这个绳结，谁就会成为亚洲之王。这个绳结是由无数条绳子纠缠在一起形成的，人们称它为“高尔丁死结”。

无上权力的诱惑，像磁石一样把四面八方的英雄豪杰吸引到“高尔丁死结”面前来。他们围着死结左拆右解，个个都使出了全身“解数”，可是令人沮丧的是，这个死结就像一个活物一样，刚扯松一点，马上又抱成死死的一团。不要说解开死结了，人们甚至连它的一个小小的结头都没有找到。

转眼千万年过去了，无数英雄无功而返，死结依然如故！渐渐地所有人都认为：“高尔丁死结”不过是上帝给人类开的一个玩笑，仅凭人力是无法解开死结的。虽然去尝试解开死结的人仍然络绎不绝，但是没有人会天真地以为自己会解开它。

又过了无数年，一个名叫亚历山大的气宇轩昂的年轻人来到了“高尔丁死结”前，刚开始，他像前辈一样想尽了各种办法去解开它，结果还是意料之中的失望。屡次失败的这个年轻人忽然明白了什么，他拔出了自己无坚不摧的宝剑，大声说：“我不能跟着别人亦步亦趋，就算错了也不知悔改，我要创立自己的解法！”

他是如何解开高尔丁死结的呢?

68. 核桃难题

核桃好吃而富于营养，又不容易坏，因此人们在喜欢吃的同时，也喜欢拿它作为拜访亲友的礼品。而我们知道，核桃虽然好吃，但吃起来有些麻烦，需要先将外壳砸烂，然后慢慢掏出里面的仁来吃。鉴于此，一个食品企业便想找到一种事先将外壳去掉，使人们直接得到核仁的办法。当然，如果是碎掉的核仁，估计人们不会欢迎，因此必须是完整的核仁。并且，这去掉外壳的方法还要方便高效。这显然是个难题!

但是，一旦这个难题解决，该企业必将能一举占领广阔的市场。为此，该企业专门召开了一次集思广益的员工大会。在会上，员工们听到这个奇妙的想法后，也都热情地各抒己见。例如，有个员工提议做一个夹子，比有壳核桃小一点，比核仁大一点，将核桃壳给夹碎；有个员工提议将核桃放在笼里蒸10分钟，再取出来放入凉水中冷却，然后再砸开，就能得到完整的核仁；甚至还有人提议用高声波密封的机器震碎外壳，等等。厂长听了这些办法后，都摇摇头，觉得要么可操作性太差，要么效率太低。

就在将要散会之际，一个新来的年轻的员工提出了一个想法，即培育出一种新品种的核桃，让其在成熟之后，外壳自动裂开。厂长一听，觉得这个主意比较有创意，一旦成功，将完全符合自己的要求。不过，这显然具有相当的难度，因为要做成这件事需要请来顶尖级的生物学家。最终这个主意因为太没有把握，还是被否决了。但是，这个主意虽然被否决，它却提出了一个崭新的思路，即打开核桃不一定要从核桃壳外面着手，也可以从内部着手。正是沿着这个思路，有人最终想到了一个核仁被完好无损取出的简单有效的好方法。

你能猜出这个办法是什么吗?

69. 充满荒诞想法的爱迪生

我们知道，一旦说某人的想法比较荒诞，一般而言，便是说他的想法违背常理，乃至令人感到好笑，甚至会对持有这种想法的人进行嘲笑。但事实上，历史的进步很多时候都是由一些荒诞的想法推动的。比如牛顿刚提出“苹果为什么会落地”的问题时，在当时的人们看来，这便是一个傻问题；富尔顿在发明蒸汽机船的过程中，曾提出用钢材替换木材的想法，这也遭到了当时人们的嘲笑……但是，我们知道，最终事实证明，这些荒诞想法却是天才的想法。下面我们来讲一讲另一个著名的充满荒诞想法的人的故事，这便是爱迪生。

爱迪生从小脑袋里充满各种奇怪想法。5岁那年，他问大人小鸡是如何产生的，在得知是母鸡用鸡蛋孵出来的之后，他竟然拿了许多鸡蛋，放在干草上，然后自己一动不动地蜷伏在上面，试图也孵出小鸡。只是最终没能成功。

后来，爱迪生10岁时，因为看到小鸟在天空中自由地飞翔，他就想：人能不能也像小鸟那样飞起来呢？经过一番想象和“研究”，他用柠檬酸加苏打制成了“沸腾散”，认为人喝了这个之后，便能够像鸟那样飞起来了。于是，他找了个小伙伴做试验，这个小伙伴以“为科学献身”的精神喝了大量的“沸腾散”，看能不能飞起来。当然，这也没有成功。

而到了爱迪生15岁那年，他则开始认真研究起“炼金术”来，他试图把一块铜熔化，然后再加点其他什么金属，使它变成金子。可惜又失败了。

但是，爱迪生的荒诞想法并非全都失败了，比如他试图把声音留下来的想法，把电码传到千里之外，把开水烧到120℃，等等，他都成功了，并由此为人类提供了许多伟大的发明。

事实上，直到老了以后，他还一直琢磨着许多稀奇古怪的荒诞想法。比如有一次，他拿出一张宽1英寸、长1英寸（1英寸=②54厘米）的小纸，问他的小孙子：“有什么巧妙的方法能够把这张纸剪出个洞，使你能够从中钻进钻出呢？”

这看上去似乎又是一个不合常理，不可实现的荒诞想法，但是，联想到爱迪生之前曾经使那么多的荒诞想法变成了现实，或许这也是可以实现的。现在你来想一下，爱迪生的想法有没有办法实现呢？

70. 毛毛虫过河

在一个小学课堂上，一个年轻的女老师为了开发同学们的思维，给大家出了一个智力题目。题目是这样的：在一条河边的草丛中，住着一条毛毛虫。一天，毛毛虫爬到一棵比较高大的草上后，发现河对岸的草十分丰茂，各种鲜花争相斗艳，并且还有一片漂亮的小树林，风景十分诱人。于是，毛毛虫便想要到河对岸去定居。可是，大河却挡住了它的去路。问题是，你能帮毛毛虫想一个过河的好办法吗？

下面的小学生们于是开始议论纷纷，给出了各种各样的答案，有的说可以乘船过去，有的说可以爬在过河的大动物身上过去，有的说可以将一片树叶当作船划过去，还有的说干脆等河干了再过去。老师对于同学们的回答不住地点头。最后，等没有人再提出新的办法时，女老师提醒同学们道，其实毛毛虫还有一个好办法，这个办法不仅又快又安全，而且还不必借助外物，你们能想出来这是什么办法吗？同学们想了很长时间，最后都摇摇头，但是，其中一个聪明的小朋友突然想到了，并说了出来。女老师高兴地点了点头，并趁机教育同学们不要被惯性思维所束缚，要学会一种求异思维。那么，现在你来想一下，女老师所提示的这种办法是什么呢？

71. 蛋卷冰激凌

哈姆威原本是西班牙的一个制作糕点的小商贩。在二十世纪初，随着美国经济的繁荣，世界各国的人掀起了一股移民美国的高潮。哈姆威也怀着发财的心理移民到了美国，他原本的心理是，自己的这种手艺在西班牙并不稀罕，而在美国则可以凭借物以稀为贵而受到欢迎。但是，到美国之后，他才发现，美国也并非如他所想象的那样轻易便能发财，他的糕点在美国并不比在西班牙时多卖多少。

不过，哈姆威倒并没有因此而灰心，只是心态平和地依旧做着自己的糕点生意。1904年夏天，在得知美国即将举办世界展览会时，他认为这可能是个向大家推广他的糕点的机会。于是，他将他的所有家什都搬到了举办会展的路易斯安那州。并且，经过一番努力后，他也被政府允许在会场外出售他的博蛋卷。

但是，他的博蛋卷生意又一次令他感到失望，并没有多少人对这种陌生的食品感兴趣。倒是和他相邻的一个卖冰激凌的商贩的生意非常好，甚至连他带来的用于装冰激凌的小碟子也都很快用完了。哈姆威在羡慕之余，灵机一动，突然想到另一个主意。正是凭借这个主意，他的博蛋卷也很快卖完，更重要的是，他的博蛋卷也从此找到了一个更好的销售途径。

猜想一下，哈姆威想到了什么主意呢?

72. 图案设计

英国伦敦的一家广告公司面向全国招聘一名美术设计师。该公司开出了丰厚的薪酬。当然，他们的要求也比较高。在对应聘者的要求中，该公司不仅要求应聘者具有扎实的美术功底，而且要求其具有开阔的思路和别出心裁的创意。为检验应聘者的这几点，公司要求应聘者先寄来三幅自己满意的近作：一幅素描、一幅写生和一幅图案设计。

公司招聘广告登出后，很快收到了来自全国各地的许多应聘邮件，但招聘主管最终没有发现令他满意的。一天，公司又收到了一封应聘邮件。来人在信封中放了一幅素描和一幅写生，从这两幅作品来看，这个人的美术功底是比较扎实的。但是，令招聘主管感到奇怪的是，信封里却没有寄来图案设计作品。

最后，招聘主管在信封里又找到了一张小纸条，看了那张纸条上写的一行字之后，招聘主管立刻决定录用这个人。

你猜纸条上写的是什么?

73. 百万年薪

两个年轻人一起开山，一个人把石头砸成石子运到路边，当作建筑材料卖给别人；另一个则直接把石块运到码头，卖给花鸟商人，因为他发现这里的石头形状比较奇怪，很适合卖造型。三年后，第二个青年成为村里第一个盖上瓦房的人。

后来，政策改变，政府严禁开山，鼓励种树，村子周围全都变成了果园。每年秋天，漫山遍野的各种苹果吸引来了远近的客商，他们成筐成筐地将这些原生态的水果运往全国的各个大中城市，有的甚至直接运往了国外。村民们都为有了这么一个发财的机会欢呼雀跃，他们一个劲地栽种果树。但是此时那位第一个建瓦房的年轻人却卖掉了果树，在另外的荒地上栽柳树。因为他发现，村里不再缺少苹果，而是缺少盛苹果的筐子。六年以后，他成为村里第一个在城里买房子的人。

再后来，村里通了铁路，村民可以更加方便地往来于各大城市之间。由于对外开放政策的实施，乡镇企业开始流行，有了资金并长了见识的村民们纷纷积极准备建厂，发展水果加工产业。这个时候，那个做事与众不同的年轻人则在铁路旁建造了一条3米高，百米长的墙，这面墙面向铁路，背依翠柳，两边则是一望无际的万亩果园，来往的旅客在欣赏美景的同时，会看到忽然闪现的四个大字——“可口可乐”。据说这是铁路沿线百里之内唯一的广告，那个年轻人凭借这道墙每年可以获得4万元的收入。

20世纪90年代末，日本丰田公司亚洲区的代表山田信一来华考察，当无意中听到这个故事后，他立即决定要去找到这位罕见的商业奇才。

当山田信一找到这个人的时候，发现这个人正在自己的店门口与对面的店主争执，因为他的店里一件衣服标价600元的时候，对面的店里就将同样的衣服标价为550元，而等他标上550元的时候，对面就标价为500元，这样一个月下来，他仅仅卖出去5件服装，而对面的那家店却卖出了500套。看到这个情况后，山田信一感到非常失望，他以为自己被那些故事骗了。但是很快他就了解到了事情的真相，之后当即决定以每年百万的年薪聘请那个人。

你能猜出日本商人弄清的真相到底是什么吗？

74. 聪明的小路易斯

父亲要带着小路易斯去郊外野餐。出发前，他们准备了各种要用的东西，父亲发现自家的油和醋都没了，就让小路易斯去打些油和醋来。

小路易斯一听说要出去野餐，非常高兴。他拎着两个瓶子就往商店的方向飞奔。脚下一个不留神，他摔了一跤，把用来装醋的瓶子打碎了。这可怎么办呢？回家去取吧，又太远了。聪明的小路易斯想了想就带着一个瓶子去了商店。

到了商店，他对店主说："给我打半斤油和半斤醋。"说着就把一个瓶子给了店主。店主很奇怪，问道："你到底是要油啊还是要醋啊？"小路易斯说："都要半斤，打到一个瓶子里就行。"店主倒也没多想，照着小路易斯的做法做了。

小路易斯高高兴兴地回家去了。他把瓶子悄悄地放在了自己的包里。

父亲带着小路易斯去了郊外。郊外的景色很迷人，小路易斯在郊外玩得很开心。

到了中午饭的时间了，父亲问："小路易斯，你把油和醋放在哪里了？"小路易斯答道："在我的包里呢。"父亲拿到瓶子时，说："这是怎么回事，怎么都放在一个瓶子里了。"小路易斯说："您要什么，我给您倒出来就是了。"父亲心想肯定是小路易斯将钱打游戏玩掉了一半，并且将瓶子也忘在了游戏机房一个，所以才想出这个鬼主意来，心里有些生气，并想趁机教训一下他。于是，父亲不动声色地说道："好吧，我现在要油！"

小路易斯于是拿出瓶子来，因为油浮在上面，所以小路易斯很容易便将油倒了出来。

父亲于是又不动声色地接着说道："好吧，现在我要用醋，你也给倒出来吧！"父亲心想，看你这下怎么做！

没想到，小路易斯只是做了一个简单的举动，便将醋倒了出来。父亲一看，也觉得自己的儿子真是聪明，不仅不再生气，而且感到很高兴。

你猜小路易斯是如何倒出醋的？

75. 聪明的马丁

美国科普作家马丁·加德纳在少年的时候就很聪明。一次，在数学课上，为了活跃气氛，老师带领同学们做起了游戏。游戏内容是这样的：桌子上摆好10只塑料杯，左边5只盛的是红色的水，右边5只是空的。要求只允许动4只杯子，形成10只杯子中盛红色的水和空着的杯子交错排列的局面。

聪明好学的同学们在底下一边想，一边用文具摆来摆去。不一会儿，就有很多同学举手了。正确的答案就是：将第2只杯子和第7只杯子，第4只杯子和第9只杯子换个位置，就能得到不同的杯子交错排列的局面。

老师还想考考同学们，于是，又出了第二个题目。老师先把杯子放回最初的位置。然后问同学们："如果我只允许你们动两只杯子，那么你们该怎么动呢？"

这个题目比上个难点，过了很久，教室里一直都是静悄悄的。大家都在冥思苦想。这个时候，马丁·加德纳站了起来，向大家演示了一遍他的做法。果然，只动两只杯子就达到了要求的局面。

你猜他是如何做到的？

76. 银行的规定

在某个国家的某城市的一家银行，有着这样一个规定：如果客户所取的钱在5000元以下，就必须到自动取款机上去取，柜台不予办理。

有一个人急着用钱，就准备去银行取出3000元，但是他不知道银行的这个规定。银行的人很多，已经排了长长的一队，他只好排在了队尾。然而等了很久，好不容易排到他时，营业员却告诉他：“5000元以下的必须到自动取款机去取。”那个人向营业员解释自己很着急用钱，希望这次能通融下，可是营业员说这是规定，不能为了一个人就改变规定。看到营业员那么坚决，他想只好去取款机取钱了。然而看到取款机前同样长长的队伍，他决定仍然在这里取，因为他突然想到了一个好主意。在营业员并没有通融他的情况下，他在那个窗口取到了他要用的钱数。

你知道他是怎么做的吗？

77. 购买“无用”的房子

火车驰骋在荒无人烟的山野中。由于长期的旅行，大部分旅客都很疲惫，有的已经睡着了，有的在打哈欠，还有的在无精打采地看窗外的风景。

在火车即将要驶向一处拐角时，速度慢了下来。这时候，一座简陋的平房吸引了乘客们的注意。因为这里是荒山老林，没有人烟，所以看到一座平房，大家都觉得很吃惊。这座平房成了大家眼中一道特别的风景。一些人就开始谈论起这房子来。大家都在猜测这房子的主人在哪？这房子是什么时候建的？

从房子简陋的外表，可以看出这是一座废弃的房子，应该很长时间都无人住了。事实上，这房子的主人本来在此居住，但是由于过往的火车噪音太大，严重干扰了主人的生活，所以，主人就搬走了。然而房子却一直没人买，至今闲置在那里。

后来，火车上的一位乘客居然花高价买下了这座房子，并因此发了大财。你知道这是怎么回事吗?

78. 有创意的判罚

20世纪60年代，美国许多少年不喜欢读书，而早早到社会上去“闯荡”。这些少年为了能够获得工作，往往去找制造假证件的人制造一些假的学历证书。一次，一个墨西哥州的少年因为伪造高中学历，被雇主发现，以欺骗罪将其告上了法庭。按照通常情况，这个少年会被判处三个月的监禁或者缴纳几百美元的罚款。审判此案的法官了解情况后，却并没有依照法律条文判处，而是做出了一个令所有人都感到意外同时又会会心地一笑的判罚。同时，这个少年也对该法官终身感激。

你猜，法官是如何判的?

79. 妙批

俗话说“再高贵的人也有几个穷亲戚”。这话一点也不错，就连清朝的中堂大人李鸿章，居然也有一个胸无点墨的“穷”亲戚。这个亲戚，不学无术，胸无点墨，却总想捞个官做做。他曾经多次去找李鸿章，想要个小官做，可是每次都遭到中堂的拒绝。看到李鸿章不肯卖自己人情，他就想通过科举考试这一条路来实现自己的目的。

于是，那年开考时，他就去参加科举考试了。考场上，他一个问题也答不出来。对于这样一个不学无术的人，那些题目确实犹如天书。但是他又不甘心交白卷，这时，他突然想起自己是李鸿章的亲戚，就想利用这层关系，让主考官给自己徇个私情。于是，他就在卷子上，用颤抖的手写下了歪歪斜斜的几个字：“我是中堂大人李鸿章的亲妻（戚）。”他以为写下了这几个字后，阅卷老师不会不给中堂大人的面子，定能给他个官做做。但是，就这么几个字，这个笨蛋还把“戚”字写成了“妻”字，以至于后来闹出了笑话。

主考官在阅卷时，看到了这句话，哭笑不得。聪明的主考官灵机一动，将错就错，给了他一个幽默至极的批复。

你知道主考官是如何批复的吗？

80. 鬼谷子考弟子

战国时期的纵横家鬼谷子在教学中非常善于培养学生的创新发散思维，其方法也与众不同，别出心裁。他的两个学生孙膑和庞涓在他的引导与点拨下迅速成长，十分聪明。

一天，鬼谷子又要训练自己的弟子了。他给孙膑和庞涓每人一把斧头，让他俩一起上附近的山上砍柴。不过，作为考题，这次砍柴的任务十分具有挑战性，他要求孙膑和庞涓每人所砍的“木柴无烟”并且“百担有余”，而且两人都必须要在10天内完成这个任务。

庞涓是个十分勇敢、踏实的学生，他接到任务后，未加思索，一大早就扛起扁担，拿着斧头到山上去完成老师所交代的任务去了。他每天一大早出门，直到天黑时才回来，努力砍柴。而孙膑的做法却和庞涓不一样，他并没有急于完成老师交给的任务，而是过得十分悠闲自在。他每天先是从容自若地吃过早饭，再认真地从书房中挑出一些自己以前想看而没有时间看的书，之后到后山上找了一处适合读书的地方，一读就是一整天。孙膑每天的生活都是这样，这样一直持续到第9天。

庞涓看到孙膑竟然不急于打柴，虽然搞不清楚孙膑葫芦里到底卖的是什么药，但还是感到幸灾乐祸。庞涓心想，自己身强力壮，孙膑在体力上根本比不过自己，马上老师规定的时间都要到了，孙膑竟然还在偷懒，这次，孙膑肯定不是自己的对手！

想到这里，庞涓又加紧了手中的活儿，一点儿也不放松，以前他总是输给孙膑，他下定决心这次一定要比过孙膑。

师徒约定的第10天快到了，庞涓劳作不止，直到天黑才砍了99担柴火。而孙膑呢？天快黑了，他才收起书本，砍了一根粗壮的柏树枝做扁担，又砍了两捆榆树枝，之后，他就从容地下山了。

天完全黑了，师父鬼谷子来了，他看到庞涓砍来的那99担木柴，就皱起了眉头。庞涓看到师傅的表情，心里暗叫不妙，果不其然，等师傅“检查作业”之后，并没有夸奖自己，而是夸奖了只砍了一担柴的孙膑，你知道这是什么道理吗？

81. 复印机定价过高

20世纪中叶，在美国有个著名的企业家名叫威尔逊，他是靠研制出新的干式打印机而发财致富的。

其实，刚开始，威尔逊只是一个小工厂的厂长，每天都在自己的工作岗位上兢兢业业地工作着。但是，随着自己工作阅历的增加，他发现原来收集各类信息是一件非常重要的事情，而且对自己的工作也很有帮助。有了这个发现之后，威尔逊就努力地寻找更加简单快捷的收集信息的方式。但是，由于受当时技术水平较低的限制，市面上广为使用的湿式复印机使用起来相当不方便，因为这种老式复印机必须要使用特殊的复印纸才行。所以，这就阻碍了信息的传播。威尔逊左思右想，再加上长期的研究和实践，终于研制出了一种新型的干式复印机。

新发明的复印机不仅没有老式复印机的缺点，而且复印的速度也特别的快，只需要三四秒钟的时间，就能复印一份。为了保护自己的劳动成果，威尔逊专门申请了专利，这样他便可以正大光明地生产大量的干式复印机了。

但是，由于当时威尔逊对干式复印机的定价过高，以至于美国法律不允许他以这样高的价格出售复印机。结果，生产出的大量新型复印机一台都没有卖出去。但是，即使是在这样的情况下，威尔逊公司所获得的利润却并不比出售复印机所得的利润少，反而多出了好几倍。这样的情况一直持续到20世纪60年代，最终，干式复印机可以以高价在美国出售了。

你知道为什么即使没有出售复印机，威尔逊还可以赚到那么多的钱吗？

82. 绝妙的判决

20世纪50年代，法国南部省份有一对夫妇要离婚。但是，这对夫妇却比较钻牛角尖，他们一共有两个孩子，按照常理，一人得一个孩子就是了，但是他们却都坚持要得到两个孩子的抚养权，并且要求得到原来的住宅。两人态度都十分强硬，寸步不让。最后，两个人对簿公堂。在法院，两个人都坚持自己的要求，不肯相让。最后，法官和陪审团经过协商后，当众严肃地宣读了判决书。而这份判决书一公布令当事人和公众都大吃一惊，但是，仔细一想，这又是十分绝妙的判决，令当事人双方都无话可说。

你猜法官是如何判的?

83. 用一张牛皮圈地

古代的腓尼基有个美丽的公主狄多，她从小聪明伶俐，深受国王喜爱。但是，长大后，她的国家发生了叛乱，父王也被人杀掉，狄多公主带领着一些随从和金银细软逃离了自己的国家。他们背井离乡，辗转奔波，一路坐船来到了富饶的北非。狄多因为喜欢那里的自然风光，便决定在此定居下来，并创立自己的新事业。于是，狄多公主将自己的经历告诉了当时非洲的雅布王，恳请雅布王给她一些土地。雅布王也很同情这位美丽的公主，但是一旦涉及土地，便有些舍不得，于是他眼珠子一转想到了一个妙计，既答应了公主又要留住自己的颜面，又不会损失太多的土地。他给了狄多公主一块牛皮，说："你们用这块牛皮圈土地，我会把圈到的土地给你们的。"公主的随从们一听，一张小小的牛皮能圈多大的土地?都觉得这是在故意刁难他们，其实是不想给土地，大家都很生气。但是，狄多公主却没有生气，而是想了一下，便带领随从们拿着牛皮圈地去了。雅布王心下暗喜，心想这下不会损失太多的土地了。但是，不一会儿，仆人来报告："狄多公主在海边圈起了一大片土地，看上去已经有整个国家的三分之一大了。"雅布王一听大吃一惊，急忙赶去看是怎么回事，一看，果然如随从所说。雅布王一言既出，驷马难追，并且他也十分佩服狄多公主的智慧，便心甘情愿地给了狄多公主圈起来的土地。最后，狄多公主在那块土地上建立了牛皮城。

你能猜测出狄多公主是如何用一块牛皮圈起一大块土地的吗?

84. 智取麦粒

有个农民在用脱粒机对麦子进行脱粒时，不巧有一粒麦粒崩进了他的耳朵眼里。本来，麦粒也不是很深，但是农民因为着急把它弄出来，用手去抠，结果，麦粒反而越进越深，进入耳朵眼深处了。农民被弄得十分难受，无奈之下，尽管十分害怕进医院花钱，他还是不得不去了医院。

接待农民的是一位年轻医生，没有经验的他先是用特制的镜子对着农民的耳朵研究了半天，什么也没有看到。后来则是用各种器具对着农民的耳朵捣鼓起来，总体上跟农民原来的办法差不多。最后，也没有将麦粒弄出来，农民倒是疼得龇牙咧嘴，哇哇直叫。

隔壁一个医生听到声音后走进来，了解情况后赶紧制止了年轻医生的举动，并告诉他，这样不仅弄不出来，弄不好还会导致耳膜被弄破，变成聋子。

年轻医生一听，再也不敢轻举妄动。农民一听，更是着急："哎呀，我可不想变成聋子，被人在背后骂都不知道！"

老医生于是笑着说："别急，我有个办法，既不会这么疼，也不用费劲，就让麦粒着急出来。"接着他便说出了他的办法。

年轻医生一听，说道："理论是倒是这样，但这真行吗？"

老医生笑着说："放心，就这样，保准管用。"

几天后，农民耳朵里的麦粒果然自己出来了。

你能猜出老医生的办法吗?

85. 问题呢子

在20世纪初期，一家呢子工厂在生产过程中，因为工人操作不当，生产出来的纯色呢子面料上出现了许多白色小斑点。

因为这批问题呢子面料数量相当大，因此对于这次生产事故，厂领导很重视，开了专门的会议对这件事进行研究。

在会议上，厂长表现得十分生气，可以说是大发雷霆，下面的人也都噤若寒蝉。不过，大家心里明白，在厂长震怒过后，如何处理这批问题呢子才是无可回避的问题。最后，一位一向富有想象力的年轻副厂长做了总结报告。他说道："各位，请恕我直言，追究责任并不是问题的关键，责任人反正也跑不掉，现在的问题是如何处理这批数量不小的问题呢子。关于此，我总结了一下，大致有三种办法：第一种，产品报废，然后追究当事人的责任。这种办法最简单，但损失巨大；第二种，则是对这批呢子设法补救，看能不能尽量减少损失。当然，具体的办法还要再研究讨论，不过我估计不太容易，并且最终呢子终究要降价销售；还有第三种，则是打破常规思路，想办法败中求胜。"

"败中求胜？"厂长意味深长地看着这位他一向很欣赏的年轻副厂长，"好了，我知道你已经有主意了，别卖关子了！"

于是副厂长便说出了自己的办法，大家一听都表示认同，而这种办法果真实现了败中求胜，不仅没有造成损失，反而提高了厂里的收益。

猜一下，副厂长的主意是什么呢?

86. 聪明的小儿子

从前，在印度住着一位老庄园主，他一共有三个儿子。一天，老财主觉得自己要不久于人世了，便将自己多年积攒的钱财一分三份，留给三个儿子。但是对于自己凭借其致富的庄园，老人有一定的感情，他希望能够将他留给最聪明的儿子，以使庄园能够长久地经营下去。于是他将三个儿子叫到了自己房间里，然后给他们说明了情况。然后，老人对三个儿子说："现在，我给你们出一个题目，你们谁能够最先回答出来，我就将这个庄园留给谁。"三个儿子点点头。

于是老人问道：“题目是这样的，现在你们看，我的这间房间，除了一些床和家具之外，还有很大的空间。你们想一下，用什么办法能够最快将这些空间填满？”

三个儿子一听都陷入思考。其中大儿子心想自己是老大，不能让两个弟弟抢先了，于是回答道：“我知道了，爸爸，棉花比较松软，用棉花最快！”结果老人摇摇头。

于是，二儿子又回答道：“用鹅毛，它比棉花更松软！”老人还是摇摇头。

最后，小儿子没有回答，而是采取了一个举动，立刻便将屋子填满了。老人满意地点了点头，最后将庄园留给了小儿子。

猜一下，小儿子是用什么使房间充满了呢？

87. 倾斜思维法

有这样一道思维名题：

王老师在一个乡村小学的实验室里做实验时，需要量出10毫升的一种溶液，但是他却一时找不到量杯。他最后只找到了一个容积为20毫升的没有刻度的玻璃杯，他想了一下后，用这个玻璃杯大致准确地量出了10毫升的溶液，你猜他是如何做到的？

88. 检验盔甲

一次，印度国王准备御驾亲征，因此命令一个工匠为自己打造一副盔甲。自然，事关国王安全，工匠自然不敢怠慢，非常精心地为国王打造出了一副盔甲。但是，在工匠奉上盔甲的时候，国王为检验盔甲的质量，令人将盔甲穿在一件木偶身上，然后他亲自举起宝剑向木偶砍去。结果，盔甲立刻出现了裂痕。国王一看，便十分不满，他命令工匠再去打造一副，如果还是不堪一击，便要杀掉工匠。

工匠于是满心心事地回来了，他心想，国王手里拿的是稀世罕见的宝剑，又是这样尽力一砍，恐怕再厉害的盔甲都要出现裂痕。感到危难之际，工匠前去求见印度智者比尔巴，请他给自己出个主意。了解了有关情况后，比尔巴立刻给工匠说了一个主意。

于是，工匠打造好新的盔甲后，又去奉给国王。国王这次要身边的卫士拿上自己的宝剑去像上次那样检验盔甲。但是，这次工匠却按照比尔巴所出的主意，请求国王让自己代替木偶穿上盔甲进行检验，而果然，这次工匠通过了检验。

猜测一下，比尔巴给工匠出了个什么主意?

89. 巧装蛋糕

苏联作家高尔基小时候家庭贫困，曾在一个蛋糕店里工作。因为这个新来的小孩看上去呆头呆脑，没有顾客时只爱看书，也不和其他店员交流，于是大家都经常取笑他。但是高尔基似乎并不在意大家对他的看法，只是我行我素。

一次，有个刁钻古怪的顾客来到店里，声称要订做九块蛋糕，但是他有个奇怪的要求，就是要求将这九块蛋糕装在四个盒子里，并且每个盒子里至少要装三块蛋糕。说完，他不顾伙计满脸的为难表情，说了句："好了，就这样，我下午来取。"说完诡异地一笑，便走了。看来这是个喜欢捉弄人的顾客，但是，顾客就是上帝，伙计们也不能置客人的要求于不顾。无奈之下，大家将这件事回报给了老板。老板一听，也没辙，只是说："那就试着装吧！"

但是，这样摆弄来摆弄去，弄坏了好几块蛋糕之后，也没能按照顾客的要求装好蛋糕。最后，从外面送货回来的高尔基回来了。他看到大家都在忙活，便打听是怎么回事，一听，便说道："我来试试吧！"大家本来不看好高尔基，但是也没有其他的办法，看他那胸有成竹的样子，便让他试一下。没想到，只一会儿便解决了这个难题。

你猜高尔基是如何装的?

90. 张作霖粗中有细

我们知道，北洋军阀头子张作霖是个目不识丁的大老粗。但是事实上，张作霖是粗中有细的。下面的这个故事便是明证。

张作霖刚当上北洋军政府陆海军大元帅时，大帅府的所有开销都是先由账房先生将票据填好，交给大帅秘书送张作霖审批。张作霖批示的时候，既不签字，也不盖章，而是用一支朱砂笔在签名处随便一戳。然后秘书拿着这张张作霖戳过的票据就可以到银号取钱了，无论几十万、几百万，都没问题。时间长了，秘书看取钱如此简单，便打起了鬼心眼，想要找机会捞一把。

一次，秘书串通账房先生，一起填好了一张假票据，然后秘书找了支朱砂笔学着张作霖的样子在票据上戳了一下，就悄悄拿着票据到银号取钱去了。到银号后，秘书假称奉大帅命前来取钱，银号掌柜接过票据看了一下后，让秘书稍等，称这就去取钱。掌柜的一走，秘书心想："原来张作霖的钱是如此好骗，看来张作霖虽身为大帅，毕竟是一介武夫啊！"秘书正在洋洋得意之际，没想到从门外冲进来几个全副武装的军人，不由分说将秘书按倒在地，绑了起来。秘书生气地大叫："瞎了你们的狗眼，知道我是谁吗？我是张大帅的秘书！"几个军人却回骂道："抓的就是你，你好大的胆子，竟敢伪造大帅府票据！"秘书一听这话，顿时泄了气，当即瘫软在地。

秘书到死的也没有明白事情为何会败露。你能猜出这是怎么回事吗？

91. 韩信画兵

我们知道，后来对楚汉之争起了决定性作用的韩信一开始并不被刘邦重视，于是在一天夜里悄悄逃离了汉营。深知韩信才能的谋士萧何知道后连夜追赶，将韩信追了回来，并极力向刘邦推荐，建议刘邦让其挂帅统兵。刘邦心里却不以为然，只是碍于萧何面子，才说道："好，你先叫他来，我倒先要看看他到底有多大的智谋！"

萧何将韩信找来后，刘邦拿出一块几寸大的布递给韩信说："萧何说你十分有智谋，所以我准备让你统兵打仗，现在我给你这块布，你用一天的时间，在这块布上能画多少士兵，我就让你统领多少士兵！"站在一旁的萧何一看有些着急，心想这一块布能画几个兵？因此担心韩信一气之下又要逃走了，正要出面劝说刘邦，却看到韩信毫不迟疑地接过布就告退了，似乎胸有成竹。

如果你是韩信，你该如何画？

92. 汉斯的妙招

1933年，世界博览会在美国芝加哥举办，其规模巨大，广受关注。全球各大生产商争相购买展位，将自己的产品送去展览。当时美国赫赫有名的罐头食品公司经理汉斯先生，自然也不愿放过这次在世人面前扩大影响力的机会。他奔波了几个星期，花费了很大一笔钱，最终在博览会会场中得到了一个位置。不过，这个位置却是在一个相当的偏僻的阁楼上，这使他颇为失望。

博览会开始后，世界各地的人们纷纷前来参观，现场十分拥挤。但是，尽管如此，到汉斯先生阁楼的人，也是寥寥无几。汉斯先生对此感到十分沮丧，但是，这位在商场上奋斗了多年的商业奇才并没有因此宣布放弃，将展位扯下，打道回府，而是开始积极想办法。因为他知道，商业的成功最终靠的是点子。

你能帮汉斯先生想出一个好点子吗？

93. 莎士比亚取硬币

英国著名戏剧家莎士比亚出身低微，在他成名后还有一些贵族瞧不起他。在一次社交宴会上，有个贵族想让莎士比亚当众出丑。他对莎士比亚说："人人都说你很了不起，不过在我看来，你智力平平，不信，你敢和我做个游戏吗？"

莎士比亚知道对方不怀好意，但当着众人的面，他也不甘示弱地回答："请吧！"

于是那个贵族让仆人提来半桶葡萄酒，并将一块硬币放在了里面，硬币浮在酒面上一动不动。然后，贵族对莎士比亚说：“不准向桶内扔石头之类的重物，不准用东西拨弄硬币，也不准左右摇晃酒桶，你能在桶边口处将硬币取到手里吗？”

围观的人一听都摇摇头，觉得这根本不可能。但是莎士比亚想了一下，很快便将硬币取到了手里。你猜，莎士比亚是如何做到的？

94.赃钱的下落

清嘉庆年间，安徽某地遭遇罕见的涝灾，洪水泛滥，成千上万百姓流离失所。朝廷于是下拨赈灾银子60万两，修复河堤，赈济灾民。但是，没想到知府贪得无厌，贼胆包天，竟然连赈灾银子都敢中饱私囊，私自扣下了一半。该知府辖境内的几个知县早就看不惯此人的贪婪暴虐，借机联合向朝廷检举了这个知府，并连带将其平时的贪污行为一一举报。朝廷于是派钦差前来查办此案，将该知府羁押在了牢中。但是，这个知府自知罪孽深重，认定一旦老实交代必定难逃死罪，而拒不交代还可能有一线生机，于是摆出一副死猪不怕开水烫的架势。他避重就轻，声称自己虽然平时有贪污的行为，但绝对不敢打赈灾款的主意，并一口咬定赈灾款已经用于修补河道，赈济灾民，并且还拿出了假账目给钦差看。钦差几经审讯，都撬不开知府的口，又找不到罪证，就此判知府死刑对上不好交代，对下也不能令知府心服，因此感到十分犯难。

一天，知府的妻子前来牢中探视，该知府最后递给妻子一张纸片，声称这是他最后的遗言。看守人员照例检查了内容，见是一首悔过诗：

黄水滔滔意难静，彩虹高高人难行？
笔下纵有千般言，内心凄凉恨吞声。
帐面未清出破绽，单身孤入陷囹圄。
速去黄泉无牵挂，毁却一生悔终身。

看守人员见没有什么特别内容，就要交给知府妻子。就在这时，躲在一旁的钦差走了出来，要过了这首悔过诗。原来，钦差因为无法定案，知道知府妻子今天前来探视的消息后，便偷偷躲在一旁观察偷听，试图从他们夫妻见面的过程中找到破绽。钦差拿起这首悔过诗，皱着眉头反复看了几遍，最后，眼睛一亮，高兴地喊了出来“这下有了！”说完转眼严厉地看了一眼知府，知府也瞬间瘫软在了地上。

你猜钦差从知府的悔过诗里看到了什么？

95. 安电梯的难题

20世纪初期，在美国西部的一个城市里，有一家酒店生意特别好，每天都有络绎不绝的顾客光顾。但是，由于顾客太多，乘坐电梯成了一个难题，很多顾客要等很久才能乘上电梯。

于是，顾客就向饭店的老板反映了情况。为了解决电梯拥挤的问题，酒店的老板打算增加电梯。几天后，这家饭店就请来了两名建筑师，讨论该如何增加电梯。

讨论的结果是，大家一致认为应该在每层楼打个洞，然后才能装电梯。虽然耗费的成本高，并且会占用酒店内部的空间，但是酒店老板“两害相权取其轻”，同意这样做。不经意间，楼层的清洁工人听到了两位建筑师的谈话，知道了要在每层打洞安电梯的事。出于本职工作考虑，清洁工说道：“如果在每层都打个洞，那会有很多尘土落下来的，环境也会弄得很脏。”建筑师对清洁工说，只能这么办，至于对他的清扫工作带来的不便，他表示万分抱歉。但是，清洁工却仍旧不满意，他皱了一会儿眉头后，说了一句话，建筑师一听，茅塞顿开，想到了一个绝好的主意。酒店老板也开心地手舞足蹈，并奖励了清洁工。

你知道清洁工说了什么吗？

96. 聪明的小儿子

在内蒙古的乌拉尔山里，住着一位老猎人乌塞里尔斯和他的三个儿子。三个儿子都跟着老猎人学习打猎的技术，都身怀绝技。不过，老猎人却经常教导儿子们，要想成为一个好猎人，技术固然重要，但更要善于动脑筋。

一次，老猎人在盘子上放了一盘苹果，放好后，他问自己的三个儿子："你们谁能够用最少的箭将苹果全部射掉呢？"

三个儿子都跃跃欲试。

大儿子苏塞纳想了一下，回答道："禀告父亲，我数了下，盘子里共有六个苹果，我可以做到箭无虚发，因此只需要六支箭便能将盘子里的苹果一一射落。"

二儿子苏斯拉尼奇听了大哥的话后，有些得意地说道："禀告父亲，我能够一箭串两个，因此我只要用三支箭就可以了。"

小儿子乌苏利亚一向最聪明，他想了一下后，回答父亲说："我觉得自己只要用一支箭就足够了。"

老猎人听了很高兴，夸奖小儿子聪明，让大儿子和二儿子向小儿子学习，不仅要有技术，还要善于开动脑筋。大儿子与二儿子听了不服气，认为小儿子在说大话。

于是小儿子一箭射出，果然六个苹果都落在了地上。

想一下，猎人的小儿子是怎样射的？

97. 巧运鸡蛋

一个夏天的下午，初二学生贾风波约了几个同学到操场去打篮球。运动一会儿之后，大家都汗流浃背，想要回去了。可贾风波还想再玩一会儿，于是他一个人又在操场玩了一会儿，直到天快黑了，才抱着篮球往回走。

在回家的路上，贾风波遇到了在菜市场的邻居张阿姨。张阿姨看到贾风波十分高兴，赶忙走上前来说道："哎呀，风波啊，我正着急找人帮忙呢！我厂里临时出了点事，需要赶回厂里去，可是我刚刚买了一些鸡蛋，想带回家去，现在正想找个人帮我带回去呢！好孩子，你帮阿姨将鸡蛋带回去吧！"说着就将一方便袋鸡蛋放在了地上，然后就急匆匆地走了。

正当贾风波要提起鸡蛋走的时候，他遇到了问题，原来装鸡蛋的方便袋的提手因为承受不住鸡蛋的重量，已经快断了。再冒险提着的话，万一中途断掉，二十几个鸡蛋可就全报废了。想到这里，贾风波犯难了，他看下四周，没有什么人可以帮忙，而自己手里除了一个篮球，只从口袋里摸出一个给篮球打气的气针。这可怎么办呢？

不过，贾风波一向是个聪明的孩子，他经过一番沉思后，突然眼睛一亮，想到了一个好主意，最后，他顺利而轻松地将这些鸡蛋帮张阿姨带回来了。你猜，他是用什么办法将鸡蛋带回来的？

98. 简单的办法

在江浙沿海一带，有很多家工厂从事商品生产加工贸易，行业之间的竞争十分激烈，一些产品的加工技术也需要做好保密工作。其中，一家名为“威盛泰隆”的工厂便遇到了保密工作上的挑战。

现在，有一买家要来考察他们的商品——一台已经制造好了的大型机器。可是，从工厂大门到这台机器的路线上有许多其他绝密产品，如果这些绝密产品被泄露出去，可能会给公司造成巨大的损失。

于是，厂长使劲来发动全厂上下的人出谋献策，看谁能想出一个比较好的办法来解决这一难题。不过，这个问题很不好解决，因为威盛泰隆工厂的产品成本很高，无法搬动，买主前来考察的线路也无法改变。威盛泰隆工厂总结了一下全厂上下人的建议，其中最好的一个就是：做个帐篷，把从工厂大门到这台机器的路线上的绝密产品一个个全盖起来，可是这样做很是费事，而且成本将会非常昂贵。

正在全厂对这个问题无计可施的时候，买主听到了这个消息，他们出于对买方的尊重与合作精神，就提出了一个既不花钱又不费事的好办法，威盛泰隆工厂听到这个解决方案之后对买主十分感激。你知道买主提出的这个好办法是什么吗？

99. 聪明的摄影师

在一个阳光明媚的夏天，明明一家祖孙三代一起去照全家福。他们一家人欢欢喜喜来到一家照相馆，由于明明家的人非常多，这家照相馆立即被他们一家挤满了。

照相馆老板一看一下子来了那么多顾客，赶紧出来招呼他们。老板先把他们让到会客室里，让他们稍稍休息一下，然后再进行拍照。

过了片刻之后，老板就把他们领到了摄影室，让他们按照长幼辈分依次坐好，然后就调整距离准备拍照。可是，当老板数了一、二、三，要为他们拍摄的时候，突然发现他们的表情一个个都僵硬了，原来脸上挂着的非常自然的笑容，一下子不见了。于是老板停止了拍摄，对明明一家人说："你们一个大家庭今天能够聚集在一块，热热闹闹地来拍全家福，是一件多么值得高兴的事情呀，怎么一个个脸上没有一丝笑容？这样拍出来的照片多不好看呀，你们各位都要面带笑容，这样才够喜气！"

听了老板的话，明明一家人感到很对，于是就说："恩，对对，我们一家三代聚到一起不容易，是件值得高兴的事儿，大家都笑笑才对！"

但是说归说，当让他们去做的时候，效果却不那么理想。他们有的笑得非常不自然，有的根本笑不出来。老板看到这种情况，也有一丝为难。他扫了一眼这一大家子人，忽然间眼睛一亮，想到了一个主意。只听他说了一句话，就逗笑了明明一家人。

你知道老板说了什么吗？

100. 应变考题

一次，一家大型的上市公司要招聘重要职位，由于所给的待遇优厚，吸引了众多的求职者。公司一共收到了200多份简历。这么多的简历真是让公司人事部门很头疼，看着那么多优秀人士，舍掉哪个都不忍心，但是职位只有一个，所以，必须从这些简历中选出一个人来。

为了考察应聘者的随机应变能力，该公司为面试者准备了一道题目。这是一道选择题：在一个大雨滂沱的晚上，假如你开车路过一个车站，这时候，正好有三个人站在车站旁，他们都是由于当晚的大雨被阻隔在车站的。其中，一个人是曾经救过你命的医生，一个是奄奄一息的病人，一个是你最心爱的人。问题是，你的车只能载一个人，你会选择谁来坐你的车呢？

这的确是非常难以选择，众多的求职者都被难住了。大家的答案都不一样，有的说先把病人送到医院，然后再来接那剩下的两个人；有的说先把医生送到医院，再让他开救护车前来接病人，自己则再回来载走心爱的人；有的说当然选择自己爱的人了……所有的答案都被考官一一否定了。这个时候，一个年轻人出现了，他的回答让考官和其他应聘者都感到意外，但又觉得他的答案十分精彩。自然，最终这个年轻人就成功获得了这个重要的职位。

想一下，如果是你，你该如何选择？

101. 挑选总经理

只要是商人，总是希望自己赚的钱越多越好，开了一家店，老想着再开一家连锁店。下面就是一个这样的例子。

一位老总拥有一家生意不错的酒店，这家酒店为他带来了巨大的财富，现在他又想要再开一家分店了。由于精力有限，这位老总不可能事必躬亲，也不可能一个人同时管理好两家酒店。于是，他想从自己的员工中选出一位出类拔萃的总经理。

自己的员工那么多，精明能干的也不在少数，该选谁做这个职务合适呢？他左思右想，用了整整一个晚上的时间，选了三个员工作候选人。这三位员工头脑都很精明，能力也很强。老总把三位叫到了自己的办公室，向三位问了同样的一个问题：“你们三位能告诉我是先有鸡还是先有蛋吗？”其中的一个很快就回答道：“我认为先有鸡。”另一个也不甘示弱，很自信地回答道：“还是先有蛋。”对于这二位的回答，老总都很失望。

第三个人又做出了自己的回答。他的回答得到了老总的赞赏，并成为新酒店的负责人。

那么，你猜第三个人是如何回答老总的问题的呢？

102. 聪明的农家小伙

从前，一个国王有一位漂亮的女儿。国王特别疼爱自己的女儿，一直视她如掌上明珠。随着时间的流逝，国王也渐渐老去了，女儿也渐渐地长大了，于是，国王就想趁着自己在世的时候，给女儿物色一位好驸马。

次日，国王就命人下了一道诏书：本国国王要为公主挑选一位驸马，所有本国的未婚男士都有机会娶公主为妻。但是有一个条件，城堡前面将会设置障碍，只有连续三次通过障碍的人才能进入城堡，并最后与公主完婚。需要特别说明的是，一旦选择穿越障碍，就必须要坚持到底，如果不坚持，就失去了这次选驸马的机会。

看到了国王的诏书后，很多未婚男子都去报名参选驸马。其实国王设置的障碍不是别的，只是在城堡前用砖墙砌起了乱如蜘蛛网的迷宫，其出口十分难找。因为这个迷宫十分复杂，前来参选的男子找来找去，找不到出口后，都一个个放弃了。最后，来了一个农家小伙，这个小伙采用了一个看上去既笨又聪明的做法，走出了迷宫，进入了城堡，成为了合格的驸马人选。

你猜，这个农家小伙是如何走出迷宫的？

103. 智力竞赛

在一个地方有这样一个风俗，那就是在每年的固定时间都要举办一次智力竞赛。

这一年，又到了智力竞赛的时间，报名来参加的人也很多。经过层层的选拔，最终有八名选手进入了决赛。到了最后的关键时刻，题目也就比前几轮难多了。今年的决赛题目是这样的：所有进入决赛的选手都将被分别关进八间屋子里，门外派有专人看管。问题就是要选手们向守卫说一句话，如果守卫能自愿放选手出去，并且不跟随选手，那么选手就赢了这次智力竞赛。选手们要注意，不能采用强制性的手段威胁恫吓守卫，要通过语言，让守卫心甘情愿放选手离开房间。

时间一点点地过去了，还是没有选手走出房间。终于，在最后的时刻，一个选手成功地摆脱了守卫的看管，走出了门，赢得了智力竞赛的胜利。

你知道这个人对守卫说了什么吗？

104. 智斗刁钻的财主

在一个小镇上，有一个刁钻狡猾的财主，他仗着自己有钱，喜欢愚弄镇上人，很多人都被他愚弄过，大家对他也恨之入骨。

一天，财主又想要愚弄镇上的老漆匠。财主让漆匠把一个新的方桌的颜色漆得和旧的方桌一模一样，不能有半点差错。如果漆匠能把新的漆得和旧的一样，那么财主就会给漆匠双倍的工钱，如果漆匠做不到这点，那么财主就不会给漆匠一分钱的工钱。憨厚老实的漆匠没日没夜地干了整整两天，才把方桌漆完，漆完后的方桌非常漂亮。和旧的相比，几乎没有任何差别，唯一的差别就是一个是新的，一个是旧的。但财主就抓住了这点不同，非说新的和旧的不一样，说什么也不给工钱。老实木讷的老漆匠也拿财主没有办法，也没有收取这次的工钱，无奈地走开了。

刁钻的财主并没有满足，他还想要愚弄漆匠。过了没多久，刁钻的财主又来找漆匠了，又想要漆匠为他去工作。漆匠想起上次的事，自然不愿再去。但是，漆匠有个徒弟，他想起师傅上次被财主愚弄的事，心里就一肚子气，早想为师傅出出这口气了。于是，徒弟就表示自己愿意替师傅去财主家，不过要求双倍的工钱。财主奸诈地在内心盘算道：反正你又拿不到，不妨许给你！就答应了漆匠徒弟的要求。结果，财主又拿出上次的办法来对付漆匠徒弟，但漆匠徒弟却完全满足了财主的要求，拿回了双份的工钱。

你猜漆匠徒弟是怎么做的?

105. 惩罚

上课的铃声已经响了，在外面玩的学生都回到了自己的座位上。老师正在黑板前讲课，同学们也都在认真听讲，只有两个男生一直在窃窃私语个不停。老师发现后，并没有马上就把他俩叫起来，而是希望他俩能自觉点。然而，他们的声音越来越大了，老师这才把这两个小男孩叫了起来。原来是落在窗户上的小鸟吸引了他们的注意，他们正在议论这只小鸟。

为了让这两个小男孩吸取教训，下次不要再走神，同时也为了警示班里其他的同学，老师决定要惩罚这两个孩子。

“你们两个上课不认真听课，要受到惩罚。你们愿意接受惩罚吗?”老师说。

两个孩子答道：“我们不该在上课的时候走神。我们愿意接受老师的惩罚。”

老师想了想，就说：“我要你们把豌豆放进鞋子里，穿上装有豌豆的鞋子走一个星期。我想这样就能提醒你们下次不要再犯同样的错误了。”

两个小男孩很听话，他们就按照老师说的去做了。没过几天，这两个男孩相遇了。其中一个男孩走路一瘸一拐的，看起来很痛苦，但是另一个男孩走路却像往常一样方便，似乎鞋里没有豌豆。那个男孩就以为这个走路轻松的男孩，没有按照老师的要求在鞋里放豌豆。于是，他说道：“你是在接受惩罚吗?我觉得你根本就没有把豌豆放进鞋里，你不按照老师的话去做!”

另一个男孩的回答很简单：“我确实已经放了豌豆，我并没有违背老师的意思。只不过……”你知道这个男孩是怎么说的吗?

106. 有智慧的商人

有一个地方经常发洪水，每次发水，地势低的地方都不能幸免。有一个做纸品批发的商人，为了搬运的方便，他一直把自己的纸存放在一楼。

有一次，这个城市下了一场大暴雨，河水像猛兽一样肆虐。整个城市都处于一片汪洋之中，商人的店铺也不例外。商人看着雨水慢慢地渗入了门槛，由于没有事先准备，一点补救的办法也没有。店里的员工都很着急，大家都在抓紧时间抢救纸张。但是，哪还来得及，纸很快被水一层层地渗湿。

店员们都在抢救纸张，唯独商人站在那里不动。过了一会儿，商人却不顾外面的瓢泼大雨跑了出去。对于商人的这一举动，店员们很吃惊。现在这个时候，还有什么比抢救纸张更重要的事情吗？或许他是由于太伤心了，要出去发泄一下吧。这只是店员们的猜测。

等到商人回来的时候，店里的纸已经全部报废了。但是商人并没有难过的表情，他收拾完残局，就把店面搬到了另一个地方去了，这次商人也是选择把纸放在一楼。和以前不同的是，这次商人进了比以前多两三倍的货，做的依旧是纸张生意。

过了一段日子，这个地区又遭受了水灾，而且比上次严重得多。人们都跑到屋顶去躲避洪水了。奇怪的是，几乎城里所有的地方都遭受了水灾，但是商人的店铺却安然无恙。他的纸当然也没有被毁坏。但是由于城里其他的纸商的货都被水淹了，一时间，纸的价格就上涨了。很多出版社也急着出书，需要纸张，大家都拿着现款来找他，出高价买纸。

大家都感到很奇怪，纷纷问商人：“你怎么知道这个地方就不会被水淹呢？”

商人说了一番很有哲理的话，使人们十分佩服他，你猜他说了什么？

107. 巧取银环

王冕是元代著名的大画家，他的作品非常受人们的欢迎，当时连明太祖朱元璋都慕名前去找他作画。王冕小时候家里穷，没有钱去读书，只能靠着给别人做工来糊口过日子。

有一次，他给一个非常贪婪的有钱人家做事，双方谈好的条件是：每个月一个银环的工钱。王冕第一个月很勤劳地给有钱人家做完苦工之后，这家有钱人并没有马上给他这个月的工资，而是拿出一条7个银环连在一起的链子给王冕说："这个银环只准断开一个，你每个月底从这里取走一个作为你的工钱。假如你违反了这个规定，那么你不但得不到应得的工资，还要把以前我付给你的工资都还给我。"

王冕听后，知道有钱人是在故意考验他，想了一下之后就爽快地答应了。

时间不知不觉地过了7个月，他在这个有钱人家也一连做了7个月的劳工，并巧妙地按照有钱人的要求，取走了自己应该得到的7个银环的工钱。

开动脑筋想想，王冕是如何做到的呢?

108.四面镜子的屋子

法国著名诗人拜伦，写过很多著名的诗词。

关于想象，他有过这么一句名言："想象是人类大脑中孕育智慧潜能的超级矿藏。想象力，能使人的思维充满无尽创造活力。"在拜伦眼里，人类所有的才能中，与神最接近的力量就是想象力。

拜伦这么说过："诗好比人类的一面明镜，那是人们心灵的真实写照"，但是他同时也承认，在面对镜子的时候，映出来的不见得都是人的真实容貌。

为此，他特意做了一个假设：一个人站在两块对应摆放的光镜中间，那么镜子中会出现一连串的影像。按照这个理论，假设有一间小屋，屋里屋内，上下左右，前前后后，都会铺满无缝隙的镜片，有一个芭蕾舞演员在这个屋子里，那么他看到自己的影子一定是无数个了。

拜伦却警告说："思想上的延续和逻辑上的延续，并不一定在所有的问题上都有存在的必要。"

那么，按照拜伦的这个思想，这位芭蕾舞演员看到的到底会是怎样的影像呢？

109. 奥卡姆剃刀思维

600年前，有一个叫做威廉·奥卡姆的人。他是一个神学领域的极端分子，经常传播一些极端的思想。教皇约翰二十二世为了制止他的极端思想的传播，把他关进了监狱。

但是没想到的是，奥卡姆竟然逃跑了，并且投靠了教皇的死敌——德意志的路易皇帝，他对路易皇帝说："你要用剑保护我，我会用笔保护你。"

奥卡姆喜欢写作，他一生写了大量的文字，其中最有名的一句是"如无必要，勿增实体。"意思就是：假如没有必要就不应该去增加与其相对应的实体。他强调的意思是只要我们承认了一个东西的存在，那么就要竭尽全力排除一切阻碍它的因素。这样的思维有点独断也有点偏激，后来我们称之为"奥卡姆剃刀思维。"

当时德意志皇帝最大的爱好之一就是收集名画，因此皇宫到处都挂满了历代名家的名作。有一次德皇专门出了有奖竞猜，其中的一个智力题目是：假如德意志最大的博物馆意外发生了火灾，当时情况非常紧急，博物馆里面有无数名画，在这个时候你会选择抢救哪幅画呢？这次竞猜的奖金数额不少，很多人绞尽脑汁想给德皇一个最满意的答案。

最终，德皇收到了成千上万不同的答案。在这些答案中，有的说要抢救价值最高的，有的说要抢救最著名的，还有的说要抢救德皇最喜欢的，最后选出来的最佳答案却是奥卡姆的，他因此也获得了那笔巨额奖金。

那么，请问你知道他要抢救的是哪幅画吗？

110. 炮车过桥

硝烟弥漫的战场上，士兵们正在经历着枪林弹雨。

战争中，武器的及时到位自然是非常重要的。法国此时正在增援大炮的数量，一辆辆炮车载着大炮正急匆匆地开往前线。

炮车在行进的过程中，遇到了一座桥梁。只见桥梁的标志牌上很明显地写着：最大载重量25吨。然而当时法国的每辆炮车重量是10吨，大炮重量是20吨，这样加起来之后，总重量明显超过了这座桥的载重量。如何才能让炮车平安过桥呢？

负责这次运输的总指挥员纳西将军苦思了好久都没有结果，最后只好把这个情况报告给了拿破仑。拿破仑沉思片刻之后，告诉了纳西将军一个简单而有效的办法，使得载重量超过桥的炮车平安过了大桥。

那么请问，拿破仑想出的办法是什么呢？

111. 巧过沙漠

中国工程院院士翟光明是著名的石油勘探专家，他带领队员为我国的石油勘测事业做出了巨大的贡献。有一次，他率队要到新疆塔里木盆地进行石油勘测，路上要经过一片荒无人烟的沙漠，穿越这片沙漠最少需要10天的时间。当时每个队员随身却只能携带8斤水和8斤粮食，而按照当时的情况看，每个人每天最低要消耗掉1斤水和1斤粮食。

他们当时有的一个优势条件是：当地民工有很多，但是他们一样每个人也只能携带8斤粮食和8斤水过沙漠，而且他们每个人每天也要消耗掉1斤粮食和1斤水。

如何才能平安地度过这片沙漠，这个问题难住了很多人，但是在翟光明那里，却轻而易举地被解决了，你知道他是用什么办法帮助队员穿过沙漠的吗？

112. 奇怪的成功条件

美国大名鼎鼎的钢铁大王卡内基在小的时候，家里很穷，但他一直很勤奋好学。在读小学的时候，有一件事情对他以后的人生产生了很大的影响。

有一天，在放学回家的路上，卡内基经过一个很大的建筑工地，小小的他不是很能看明白工人们都在做什么。这时，他看到有一个身着西装，很像老板的人在那指挥着工人们干活，于是他很好奇地走上前去问道：

“叔叔，请问你们在盖什么啊？”他问那个很像老板的人。

“小朋友，我们在建一座摩天大楼，给我的百货公司和其他公司的员工用。”那人回答他。

这样的回答让小小的卡内基很是羡慕，因为在他心里，能建造一座房子就是一件很了不起的事情，更别说一座摩天大楼了。

“那我长大后，怎么才能像你们一样建造一座大楼呢？”卡内基羡慕地继续问。

“要想建造一座大楼，第一需要勤奋工作。”老板模样的人很认真地回答他。

“这个我们老师说过，我知道的，那么第二需要的是什么呢？”

“买一件红色的衣服穿！”

这样的回答让卡内基感到非常奇怪，因为他怎么也想不通红色衣服和成功之间有什么必然的联系，“买件红色衣服与成功有关系吗？”他问。

看到卡内基满脸的疑惑，老板模样的人示意卡内基看他对面的那些工人，他们几乎都是穿着统一的蓝颜色的衣服，只有一个人穿的是红颜色的衣服。这个时候他指着那个穿红颜色衣服的工人说了一段话。卡内基听后顿时明白了买件红色衣服与成功之间的关系。

那么，你能想出来其中的奥秘吗？

113. 如此求职

一个大学生，在毕业之后急着去找一份自己喜欢的工作。他大学所学的专业是新闻，很希望能找到一份与所学专业相关的工作。

这天，他来到了一家杂志社，想看看他们是不是有招聘计划。

他直接来到了主编的办公室，很有礼貌地问主编："请问，你们这里需要编辑吗？"

"不好意思，我们暂时不需要！"主编回答说。

"那记者呢？"大学生继续问。

"也不需要！"主编回答。

这个学生依旧不死心，他继续问道："那么排版、校对的工作呢？"

"实在不好意思，我们现在什么职位都不缺人，需要的时候我们再和你联系吧。"主编继续平静地回答了他的问题。听到这样的回答，这个毕业生并没有立即离开，而是微笑着对主编说："那么，你们一定需要这个！"他边说边从公文包里面拿出一个自己特别制作的小牌子，上面简单地写着几个字。

总编一看，不禁莞尔一笑，既折服于这个求职者的创意，又赞扬他的机智与耐心，于是当场决定录取他。你能猜出这个求职者牌子上所写的内容吗？

第四章

转换思维名题

114. 棒极了

一个探险家和他的挑夫打算穿越一个山洞。他们在休息的过程中，探险家掏出一把刀来切椰子，结果因为灯光昏暗，切伤了自己的一根手指。

挑夫在旁边说：“棒极了。上帝真照顾你，先生。”

探险家十分恼怒，于是把这位幸灾乐祸的挑夫捆起来，打算饿死他。当他一个人穿过山洞的时候，却被一群土著抓住了，他们打算杀死他来祭奠神灵。幸运的是，那些土著看到了探险家伤了手指，于是把他放了，因为他们害怕用这样的祭品会触怒神灵。

探险家感到自己错怪了挑夫，于是回去把那位挑夫的绑松开了，并对他致以歉意。

这时候，挑夫又会说什么呢？

115. 保护花园

玛·迪美普莱是法国著名的女高音歌唱家，她有一个非常美丽的私家花园，花园里是她精心挑选的各色各样的鲜花、蘑菇、小草……这个花园非常漂亮。可是，每到周末，总会有一些人去她的园里采摘鲜花，捡拾蘑菇，有的还会搭起帐篷，在草地上野餐。原来漂亮整洁的花园被那些人践踏之后会变得又脏又乱。花园的管家曾经无数次地让人在园里四周围上篱笆，并且竖起“私人园林禁止入内”的牌子，但是这些做法都无济于事。花园依旧是经常被那些采花的人践踏，破坏。管家实在没有办法，只好向主人迪美普莱请示。

迪美普莱听完管家的汇报之后，没有说太多，只是让管家再去重新做一个木牌树立在各个路口，牌子上面写上了一句话。管家按照主人的话去做了，之后，再也没有人闯进花园了。

那么请你设想一下，木牌子究竟写的一句什么话，才能起到那么一个好的效果呢？

116. 废纸的价值

德国某家造纸厂的一位技师因为一时疏忽，在造纸工序中加胶，结果生产出了大批不能书写的废纸，墨水一蘸到纸上就会扩散开。这批废纸会给造纸厂造成很大的损失，这位技师非常焦急，做好了被解雇的准备。

当他看着那些废纸发愁的时候，忽然灵机一动。

他想出什么好办法了吗？

117. 裴明礼的游戏

唐代有一位著名的商人叫裴明礼。有一次，他对一个处在交通要道的臭水坑发生了兴趣。那个水坑处在来往商贩的必经之路，大家只能绕道而行。裴明礼用很便宜的价格把它买了下来，在水坑中央竖起一个很高的木杆，木杆顶上挂了一个竹筐。然后在水坑旁边贴了一张告示：“凡是能把石块、砖瓦投入竹筐的，赏铜钱百文。”

路过的人看到有便宜可赚，纷纷向竹筐投掷砖瓦，但是由于竹筐太高太远，几乎没人能投中。但是，人们还是踊跃参与，尤其是没事做的孩子们，把这当游戏玩。

你能说出裴明礼的真正用意吗？

118.“鞋脸”奇才

一位法国的艺术青年叫明尼克·波达尼夫，有一天他看到了一双被扔掉的破旧高跟鞋，他发觉那鞋子的样子有点像一张人脸。他兴致勃勃地把那鞋子加工了一番，使它看起来更像人脸的模样。朋友们对他制作的鞋子脸谱赞不绝口，这让他产生了新的想法……

119.报废的自由女神铜像

这是个真实的故事。

1974年，纽约的自由女神铜像因为时间长了，铜块出现了生锈老化现象，政府派人对其进行了维修更新。于是，旧的铜块被换下来，变成了一堆垃圾。为了处理这堆垃圾，纽约市政府进行了公开招标。但是，因为当时的环保分子的监督十分严厉，一不小心便会被他们起诉，所以几个月过去了，一直没人敢参加招标。

这件事也成了一则新闻被刊登在许多报纸上。有个人在巴黎旅行时，从报纸上得知了这一消息，他灵机一动，便看到了这其中的商机。于是，他即刻乘飞机前往纽约，买下了这些破铜烂铁。不久，他凭借这堆破铜烂铁，赚了几百万美元。

你猜，他是如何利用这堆破铜烂铁赚这么多钱的?

120.把谁丢出去

20世纪末，一家英国的报纸为了提升自己报纸的知名度，曾经举行了一个高额的有奖征答活动：说在未来的某一天，人类遭遇了大的灾难，眼看就要灭绝。而在一个热气球上，载着三个事关人类命运的科学家，前去拯救人类。但是，热气球由于充气不足，无法承受这个重量，于是眼看就要坠毁。而能扔的东西已经都扔掉了，下面再要减轻重量的话，只能是将科学家中的一个扔下去了。在这三个科学家中，一个是核武器专家，他有能力阻止全球性核战争的爆发；一位环境专家，他可以消除现在已经严重的环境污染，给人类建造一个新的家园；还有一个则是粮食专家，他能够解决目前正陷入饥饿中的数十亿人口的吃饭问题。问题就是，在这个危急关头，究竟该把谁丢下去呢？这个题目的奖金高达10万英镑。

于是，全英国各地乃至其他国家的许多读者纷纷给该报社写信寄去自己的答案。其答案可以说是众说不一，有的人甚至写了长长的论文证明自己的答案的合理性。但是，最终赢得奖金的却是一个英国的10岁小男孩。

你猜他的答案是什么呢？

121.“钢筋混凝土”的发明

有一次，法国园艺家莫尼哀进行园艺设计的时候，需要一个坚固结实的花坛。对于建筑这行他一窍不通，但是作为一个园艺家他很熟悉植物的生长规律。他想到植物的根系密密麻麻地牢牢地抓住土壤才能使参天大树屹立不倒。如果把这个原理应用在建筑中，不就能保证花坛坚固结实了吗？

他会采取怎样的行动呢？

122.计识间谍

第二次世界大战时，法国的一位反间谍军官怀疑一个自称是比利时流浪汉的人是德国间谍，但是又没有足够的证据。这位军官灵机一动想到了一个办法。他让这个流浪汉数数，从1数到10。流浪汉很快用法语数完了。军官只好对流浪汉说：“好了，你自由了，可以走了。”流浪汉长长松了一口气，脸上露出了笑容。这时，军官终于确定这个流浪汉是德国间谍，命令手下把他抓起来了。

你知道军官是怎么做出判断的吗？

123.老侦察员的答案

原理转换就是要我们遇到问题的时候，不从常规的逻辑寻求解决问题的办法，而是通过引入与本问题看似不相关的原理进行思考，从而找到解决问题的新方法。

小明拿一道化学题考他不懂化学知识的爷爷。这道化学题有五个备选答案：A、氯化亚铁 B、硝酸镍 C、硫酸铜 D、氯化亚铜 E、氯化亚汞。爷爷虽然不懂化学知识，但是却当过侦察员，他戴上老花镜看了看备选答案，稍一沉吟，然后告诉小明："正确的答案应该是氯化亚铜。"

小明好奇地问爷爷："您是怎么知道正确答案的？"

124. 微波炉的发明

帕西·斯潘塞是一名电工技师，他发现了一个奇怪的现象：在安装雷达天线的时候，放在上衣口袋里的巧克力会自动熔化。周围没有任何热源，是什么导致巧克力熔化的呢？为了查个究竟，有一次，工作之前他故意在上衣口袋里放了一块巧克力。当他爬上雷达的塔台的时候，巧克力就开始熔化了。他想到，也许是雷达发出的强大的电磁波导致巧克力熔化。

帕西·斯潘塞的想法正确吗？

125. 约瑟夫的发明

约瑟夫因为家里贫穷，很小的时候就辍学回家，给别人放羊。但是约瑟夫并没有因此而自甘堕落放弃理想，他坚持一边放羊，一边读书。当他读书读得入迷的时候，就忘了看管羊群。牧场的栅栏是用一些木桩和几条横拉的铁丝围成的，如果约瑟夫只顾读书，不管羊群，它们就会钻出栅栏，去啃栅栏外面的庄稼。老板发现后就会对约瑟夫痛加责骂。

约瑟夫想找个办法使羊群无法通过栅栏，他看到羊群从来不在长着蔷薇的地方钻出栅栏，因为蔷薇上有刺，能够阻碍羊群向外钻。于是，他想到如果用蔷薇做栅栏，羊群就不会再向外跑了。他砍下了一些蔷薇的枝条插在栅栏上，但是很快他就发现这个办法并不可行，栅栏太长了，哪有这么多的蔷薇可以插啊？

约瑟夫还会有其他什么好办法吗？

126. 范西屏戏乾隆

清代著名的围棋手范西屏和施定庵是千古弈林中前所未有的大师级人物。二人同为浙江海宁人，年龄仅一岁之差，因而被人们称为“同乡棋圣”。二人棋艺的高低历来被作为弈林的热门话题之一。

乾隆四年，二人在浙江平湖相遇。棋圣相遇，难免一时手痒难耐，于是摆开战局，一决胜负。十局之后，二人依旧难分高下，在场的棋迷都说既然二人同为棋圣，难分高下也属正常，假如一定要刻意分出高下，反而不美。

此时，正好乾隆皇帝下江南，得知此事，非常感兴趣，于是决定去会一下二人。化装为平民之后，乾隆皇帝骑着一匹大马就来到了二人下棋的地方观看战况。

二人正在平湖大战，平湖周边景色宜人，风光秀丽，吸引了不少文人墨客前来观景。乾隆看着这里汇聚了不少人，于是也停下来仔细观看二人对弈情况。不知不觉已到了日落之时，二人依旧平分秋色。

范西屏抬头忽然发现了乾隆皇帝，于是起身迎接道：“马有千里之气，人有万盛之态，不知贵人驾到，请恕罪。”

乾隆皇帝见身份被识破，只好摆手告诉范西屏不要张扬，他对范西屏说：“听说范先生嬉游歌呼，随手应对。施先生敛眉射棋，出子甚紧。我今日过来就是想考考你们的。”

范西屏疑惑地问：“您想考点什么呢？”

“这个……”乾隆皇帝思索着，转身指着波光粼粼地湖水说：“我看你俩棋场上奋力厮杀，难分高下，关键之处杀得惊心动魄。都说二位落一子而力千斤，但是不知道二位是否有本事在落子间使我连人带马跳进湖里？”

施定庵本是出身书香世家，十分文雅，听到乾隆皇帝出言如此不慎，便有些不高兴，冷冷地回答说：“湖水无盖，毫无阻滞。假若有心下水，何须拘泥于我等？刻意深求，反而过犹不及。”说完便转身专心下棋，不再接话茬。

而范西屏听后则是看了一眼清澈见底的湖水，然后一边挠挠头，一边对乾隆皇帝说：“我虽不能落子推您下湖，但是却能借助举子之力牵您和马从湖里跃上来。”

乾隆听后，很是好奇，没多想就跃马跳入浅湖里，对着范西屏大声喊道：“我倒要试试看，你如何让我和马从水里跳出来！”

结果范西屏不仅做到了“落子推入湖”，也做到了“举子牵马归”。乾隆不禁大窘，但是也心服口服。

那么你知道范西屏用的是什么办法吗？

127. 自动洗碗机的畅销

解放战争时期，有人想把一批银圆从武汉运往上海。那时，长江一线匪盗猖獗，他害怕有什么闪失，苦思冥想也想不到万全之策。后来，一位姓吴的先生愿意帮他把钱运过去。吴先生把那批银圆全部买了洋油，洋油装船运输，就比直接装银圆运输安全多了。洋油运到上海之后，立即转手卖了，把洋油换成钱，这样就把问题轻而易举地解决了。当这批洋油运抵上海时，碰巧遇上洋油大涨价。这样吴先生不但把全部银圆安全“运”到了上海，而且还大赚了一笔。

有时候，用直来直去的方法很难解决问题，如果遇到“此路不通”的情况，我们就需要运用目标转换的思维方法另辟蹊径，借助一个间接的目标来实现最终的目标。推销也一样，有时直接推销很难达到目的，如果进行目标转换之后，通过另外的渠道间接推销反而能如愿以偿。

美国通用公司发明了一种全自动洗碗机，本以为这种先进的电器会很受欢迎，但是摆上货架之后却无人问津。公司的策划人员以为是宣传不够，于是通过各种媒体大力宣传这种洗碗机的好处，但是人们还是对洗碗机不感兴趣。

眼看这种新型洗碗机就要夭折了，策划专家会如何运用转换思维呢？

128. 霍夫曼的染料

有时候，当我们向着一个目标前进的过程中，会出现一些与我们的目标不相关，但是可能对其他领域有重大意义的现象。我们应该借助水平思考法中的创造性停顿来想一想目前的状况是不是对其他领域有意义。

奎宁是医治疟疾的良药，但是天然奎宁的数量有限，一旦疟疾流行起来，就会出现奎宁短缺的现象。19世纪40年代担任英国皇家化学院院长的霍夫曼试图用化学方法合成奎宁。他的学生帕琴按照老师的想法进行了多次实验，但是每次都失败了。但是他并没有放弃努力，继续做实验，结果还是没有成功。

霍夫曼会就此放弃吗？

129. 狐狸的下场

狼和狐狸是好朋友，经常在一起捕食。一天，两位好朋友又一起外出打猎，很不巧地，它们遇上了凶猛饥饿的老虎。

怎么办？狡猾的狐狸眼珠一转，想出了一个馊主意。它回头对狼说：“狼大哥，我原来跟它打过几次交道，还算有点交情，让我去求一下情吧，也许它能放过我们。”

狐狸满脸堆笑地走到老虎面前，压低声音道：“老虎先生，如果我们两个联合起来对付你，很可能你不但吃不了我们，还会落个两败俱伤。所以，我看不如这样，咱们两个联合起来，我负责把狼引入一个陷阱里头，然后你吃掉狼，放掉我，怎么样？”

老虎想了想，点点头道：“好，那你去引狼吧，如果你敢耍花招，我会立刻把你给吃掉。”

就这样，在狐狸的引诱下，狼被困到了一个陷阱里面。但是这时候，藏在旁边的老虎却突然窜出来把狐狸给抓住了。

狐狸大惊：“大王，我们不是说好了吗？再说，我对您可是忠心耿耿啊……”

你猜老虎会怎么说？

130. 大错误与小错误

后滕清一原本是三洋电机公司的副董事长，辞职之后，他投奔了赫赫有名的松下公司，并担任了厂长。在其在任期间，曾遭遇一次由于工人违反操作规章失火的事故，损失极为严重。事情发生之后，后滕清一心中恐慌之至，他想平时哪怕自己打电话时一句问候语说得不到位，都会受到松下先生的严厉斥责，这次出了这么大的事，还不定会受到多重的责罚呢。但他万万没有想到，松下接到报告后只轻描淡写地给他说了四个字：“好好干吧！”

这短短的几个字当时就让后滕清一感动得一塌糊涂，立即暗暗发誓至死效忠松下，把全副精力都投入到工作中去。后来的事实证明，后滕清一的厂长做得的确是史无前例的好。

你能分析一下这其中的道理吗？

131. 神圣河马称金币

很早以前，非洲大陆上生活着很多个部落，其中一个叫土也胡特的部落，以河马为图腾，视之为神物。而这个部落的酋长还专门养了一匹河马，对其精心照料。

不过，酋长也没有白养这匹河马，这匹河马对酋长有一个特殊的作用。每年在酋长生日这天，酋长和他的收税官都要用王室的船载着河马，沿河游览到收税站去。到了那里以后，当地的税官就要根据当地的习俗供奉给酋长金币，而称量金币时，正是让这匹河马站在一个巨大天秤的一端，另一端则放金币，直到金币的重量达到了河马的体重为止。

不过对于交税问题，百姓们十分头疼，因为他们发现自己要供奉给酋长的金币一年比一年多。这是为什么呢？原来酋长的河马因为被精心喂养，越来越膘肥体壮，每年体重都要增加许多。因此百姓们每次都要供奉比上年多许多的金币才能等同于河马的体重。

这一年，酋长又带着收税官前来收税了。可是，正在称量金币时，意外发生了。因为那匹河马经过一年后，体重又增加了许多，只见收税官不停地往站着河马的天秤的另一端放金币，金币已经放上去很多了，可是秤依旧偏向河马的那边。等又放上去一些金币的时候，秤杆“啪”的一声折断了。这下麻烦了，要修好秤杆，至少需要几天的时间。

过来收税的酋长一见到这种情况非常气愤，他告诉收税官：“今天我要得到我的金币，而且必须是准确的数量。如果在日落前称不出金币，我就砍掉你的脑袋。”说完，酋长就怒气冲冲地走了。

可怜的收税官这时脑袋中一片空白，吓得几乎不能想问题。等他缓过神来，酋长早已走远了。这时，收税官强打精神，苦苦思索起来。经过几个小时的思考后，他突然有了一个好主意。你能猜出是什么主意吗?

132. 熬人的比赛

在非洲有个原始部落，虽然整个世界已经进入了现代，但这里的人凡事都做得很笨拙，甚至有些好笑，从下面这个故事便能看出来。

这个原始部落的首领有两个儿子，首领对他们都很喜欢。随着自己渐渐老去，首领想要在两个儿子中挑出一个人来接替自己的位子。但是，他迟迟拿不定主意究竟将位子传给谁。一天，首领想来想去，终于想到一个自以为高明的办法，那就是让两个儿子各自骑上一匹马，跑向一个地方。谁的马后到达，首领就将位子传给谁。于是，两个儿子依照规矩，各自骑上马出发了。两个人谁也不敢走得快一些，都想尽办法拖延时间，甚至走走退退。如此一来，本来一天可以走完的路，两人走了三天，也都没有到达，首领及部落的人也都等得很不耐烦。

显然，这样的比赛方法，可能再过一个月，也不会有结果。看来这个原始部落的人的确笨得出奇。

那么，你作为一个现代聪明人，假设你正好在非洲旅游到了此地，并在路上遇到了两兄弟，你能否给他们出个主意，在不违反首领的比赛规则的情况下，尽快结束这熬人的比赛？

133. 青年的理由

这个故事发生在远古的希腊时代。那时候，有一个年轻人特别热爱演讲，他想把演讲作为自己以后一直从事的事业。但是，当他把自己的理想告诉父亲的时候，却遭到了父亲的强烈反对。

父亲的理由是这样的："演讲是一个两难的职业。如果你说真话，那么一些达官显贵就会憎恨你；如果你说假话，那么贫民老百姓就不会喜欢你。演讲就必须说话，或者真话，或者假话。无论说真话还是说假话，你都会得罪人，所以，你不能把演讲作为你终身的职业。"

父亲的话似乎很有道理，年轻人一时感到难以辩驳。但是，过了一会儿之后，他突然想到了辩驳父亲的好主意。他再次找到父亲，说出了自己的理由。父亲一听，也不得不点点头，同意了他的要求。

如果你是那位年轻人，你会怎样说服父亲呢？

134. 租房

沙窝村的老王家一家三口准备搬到城里去住。可是城里的房子并不是那么好找，老王带着妻子和一个5岁的孩子跑了一天，腿都跑细了，可不是环境不好，就是房价太贵。直到傍晚，才好不容易看到一张高级公寓廉价出租的广告。他们赶紧跑去看了看，房子周围的环境出乎意料地令人满意，"如果能够将这套房子租下来就好了"，老王心里暗想。

于是，老王一家就前去敲门询问。房东出来了，他是个六十多岁的老人，看起来很和气，不动声色地对这三位客人从上到下地打量了一番。王先生鼓起勇气问道："我看到了招租启事，请问是您这房屋出租吗？"

房东遗憾地说："是的，不过实在对不起，我的这栋公寓不找有孩子的住户入住。您还是到别的地方再看看吧！”

老王和妻子听了，感到很无奈。虽然跟房东商量了半天，但是看到房东没有让步的意思，觉得没有指望了。最后，他们终于默默地走了。

不过，他们那5岁的孩子可是把事情的经过从头至尾都看在了眼里。这孩子十分聪明，他跟着父母没有走出多远，就挣脱了父母的手，跑回去又去敲房东的大门，他想帮自己的父母住到这栋公寓里。王先生和妻子都不明白怎么回事，还以为孩子相中了这栋公寓，想要跟房东闹呢！

孩子已经敲响了房东的门。门开了，房东又出来了。这个孩子就对这位房东说了几句话，房东一听，哑口无言，觉得这孩子说的话十分在理，让他无法反驳，又看孩子十分聪明伶俐，就决定把房子租给他们住。

你能猜到这个孩子跟房东说了什么，让房东改变了主意吗?

135. 吸烟与祈祷

有一位基督教徒的烟瘾很大，经常在做祈祷时忍受不住，于是他便问神父道：“神父，我做祈祷时能不能抽烟？”

神父严厉地看了他一眼，然后说：“No”。

这时，旁边一个做祈祷的瘾君子烟瘾也很大，他换了一种方式问神父同样的问题，神父却回答说：“当然可以！”

你猜第二个人是怎么问的?

136. 驼子的爱情

大家都知道费烈克斯·门德尔松是德国著名的作曲家，即使在世界乐坛上，这位音乐天才也同样享有盛名。然而，关于他的祖父墨西·门德尔松的爱情故事，虽然无比有趣，然而却鲜为人知。

墨西·门德尔松的相貌极其平凡，身材则非常矮小，连中等都算不上，他鼻子格外的大，在他的那张脸上显得极不协调。这一切还都无所谓，最让人难以接受的是，他竟然是一个驼子。然而就是这样一个其貌不扬的驼子，却娶到了当时汉堡最美丽的一位姑娘！

事情是这样的。一天，墨西到汉堡去和一个商人谈生意。这个商人有一个心爱的女儿，名字叫弗西。弗西长得十分漂亮，在当时被人们称为汉堡最漂亮的姑娘。每天，到这位商人家里来求婚的小伙子络绎不绝，然而商人都以“小女年龄太小”为理由拒绝了。

墨西第一眼看到弗西，就深深地爱上了她。他知道自己已经被弗西的爱情之箭射中，所以就在心里面暗下决心：一定要娶弗西为妻。

在这位商人家里吃过午饭之后，墨西鼓起勇气，一个人来到弗西的房间，向这位美丽的姑娘表达了自己的爱意，并且希望能够娶她为妻。然而，对于这位其貌不扬，甚至可以说无比丑陋的陌生男子的表白，弗西毫不犹豫地拒绝了。之后，无论墨西再怎么表白自己有多么发自内心地爱她，弗西都没再正眼看他一眼。墨西看到这种情形，只好伤心地离开了心爱的姑娘的房间。

在即将离开这里的时候，墨西决定再去试一次，因为他不甘心就这样和自己爱上的女子擦肩而过。正巧，他看到弗西一个人在花园里散步，就走了过去。

弗西看到这个丑八怪又过来了，就坐在花园的秋千上一言不发，也不去招呼他。墨西只好主动向前答话，他问这位漂亮的富家小姐说：“你相信天底下有缘分这种东西吗？”

弗西回答说：“相信。”然后她出于礼貌，又反过来问墨西说：“那么您相信吗，先生？”

墨西说：“怎么会不相信呢？我相信一切美好的姻缘都是上天注定的。而且我还听说，在每一个男孩子出生之前，上帝就会告诉他，将来会娶哪一个女孩子做他的妻子。不管你信或不信，在我出生时，上帝就这样告诉过我，他已经为我定下了一位女孩做我的妻子，而且不瞒你说，上帝还透露给我，我的妻子将会是一个驼子。”

弗西听墨西一本正经地讲完，又看了看他的外貌，不由地脸上露出迷人的微笑。墨西看到形势有所好转，心里感到非常高兴，于是他接着对这位千金小姐说："其实，你不知道，我本来并不是一个驼子，后来，因为一件事，我才变成了这个样子。"

弗西听了，好奇地问墨西："那您是怎么变成驼子的呢？"

听完墨西的一段胡编乱造的"谎话"，这位漂亮的小姐心动了，她的缕缕情丝开始在心头颤动，当墨西去牵她的手时，她并没有拒绝。就这样，这位相貌丑陋的驼子娶到了一位如花似玉的富家小姐。

想想看，墨西对弗西编的"谎话"是什么？为什么它会有那么大的魔力呢？

137. 萧伯纳与喀秋莎

萧伯纳是世界著名的大文豪、诺贝尔文学奖的获得者，出名之后，各地的邀请函如同雪片一般飞来，都是请他前去演讲的。

这一次，萧伯纳是到苏联来做演说。结束之后，满身轻松的他准备好好玩几天，没想到刚走进一个小公园，一个长相可爱的小姑娘便出现了。于是萧伯纳便和这个聪明的小女孩玩了起来，不知不觉，太阳已经快落山了。分手时，萧伯纳对小姑娘说："回去告诉你妈妈，今天和你一起玩的是世界著名的萧伯纳。"没想到小姑娘好像小大人一般，模仿他的口气说了一句话。

喀秋莎的话顿时让萧伯纳又吃惊又羞愧，他突然意识到，自己刚才那句话其实包涵着一种不尊重对方的味道，自己是"世界著名的"，而小姑娘只是一个再普通不过的小女孩，无形之中，他似乎暗示了自己比小姑娘"高出一等"，但是喀秋莎天真无邪的回话却重重地打击了萧伯纳的傲气。

后来的日子，这件事一直被萧伯纳铭记在心，无论何时何地，他都不忘以此为鉴，提醒自己要懂得尊重对方。

你猜喀秋莎对萧伯纳说了一句什么话？

138. 石头的价值

他很普通，没有什么大作为，因此一直觉得活着没有什么意义。

一天，他向一位哲学家请教道："你能告诉我，像我这样的人，活着有什么意义吗？"

哲学家想了想，便随手拾起树底下的一块石头来，递给他说道："你把这块石头拿到市场上去卖，但是记住，无论别人出多少钱，你都不要卖。"

他这样做了，没想到的是，由于坚决不肯出售，人们反而认为他的石头里藏着什么秘密，因此价越出越高。

第二天，按照哲学家的意思，他又把石头拿到了玉石场来卖，结果，由于还是不肯出售，价格又是一路飙升，已经远远超过了石头本身的价值。

第三天，哲学家又告诉他到珠宝市场去卖这块石头。最终，奇迹出现了，这块本来一文不值的普通石头成了整个珠宝市场价格最高的商品，人们甚至以为它是千年不遇的珍奇化石。

"怎么会这样呢？"这人非常奇怪地问哲学家，"这明明是一块再普通不过的石头嘛。"

你猜哲学家会如何回答？

139. 除杂草

一群即将出师的弟子正坐在草地上等老师出考题，只见老师挥手指了指四周说："我们的周围是一片杂草丛生的旷野，我想问大家的是：要除去这些杂草，用什么办法最好。"

弟子们一听考题如此简单，立刻眉开眼笑地各抒己见了：

"只要有恒心，用一把铲子就足够了。"一个学生说。老师点点头，没有说话。

"我觉得用火烧最好了，又快又干净。"又一个学生接着回答道。老师还是点点头，不说话。

"你们那些办法都不足以保证草完全被除掉，俗话说'斩草除根’，挖掉草根才是最好的办法。”

……

等弟子们静下来，一直没说话的老师开口了：“你们都回去按自己的方法试试，明年的今天我们再在这里相聚讨论这个问题。”

一年后，弟子们都如约来到了这片庄稼地边——没错，原来的那片草地已经再无一棵杂草，取而代之的是满眼的庄稼。他们一边谈笑一边等着老师，可是不知为何，等了好久都不见老师，正在纳闷间，忽听大师兄指着那片庄稼道：“我明白了，大家不必再等下去了，因为老师已经以这种方式告诉了我们答案！”

你明白了吗？除去杂草的最好办法是什么呢？

140. 马克思的表白

马克思在青年时期就志向高远，虽然一直闷头读书，但是在爱情上他也并不迂腐，而是相当有一手，他向燕妮的表白便是一个为大家所津津乐道的成功典范。

有一天，已经属意于对方很久只是没有挑明的马克思和燕妮又一次约会时，马克思突然对燕妮说：“燕妮，我已经爱上一个姑娘，决定向她表白。”燕妮一听，心理咯噔一下，她急切地问道：“你确定你真的爱她吗？”“我确定我十分爱她，她是我见过的最好的姑娘，我肯定会永远爱她！”马克思严肃而热情地回答。燕妮一听，心里该是多么的难受，但她还是强忍心痛，对马克思说道：“那我祝你幸福。”这时马克思似乎是完全没有看出燕妮的难受，还热情地继续道：“我还带着她的照片呢，你愿意看看吗？”说着便递给燕妮一个小匣子，而燕妮一打开小匣子便突然变得高兴起来了。你能猜出这是为什么吗？

141. 淘金者

19世纪初，美国开始了势不可挡的“西进运动”。这一运动，使美国的边疆从密西西比河不断向太平洋西岸推进，并促进了大批人从东部向西部涌动。1848年，来到加利福尼亚的人们在这里发现了金矿，这立刻引起世界的轰动，并迅速引起了规模空前的淘金热，这对美国西部的开发产生了极大的刺激。当时的美国，是人人向往的天堂，一处发现金矿就有成千上万的人过去淘金。

发财的梦想一直驱动着人们前去淘金，淘金也成了冒险家眼中最快的致富手段。大家都希望通过这种方式一夜暴富，成为富翁。

愿望总是美好的。可是事情却往往不按照人们预期的那样发展。有的人能淘得到金，那是少部分幸运儿，多数人却没有淘到金。

一天，传来消息，某处又发现了金矿，许多淘金者纷纷前去。但是，在通向金矿的路上，有一条大河挡住了淘金者的去路。河水很凶猛，也很深。大家都很着急，如果过不去这条河他们就无法淘金了，就这样，这条河阻碍了他们的发财梦。面对滔滔的河水，很多人都退缩了，大部分人都叹气，走开了。还有一部分人不甘心就这么回去，就妄想着游过去，只是河水太急，根本游不过去。还有的人想绕道走。但是有一个人的想法和大家不一样。

这个人选择了自己的道路，结果发了大财。

你知道这个人为什么能发大财吗？

142. 潦草的解雇通知书

马克·吐温是美国的非常著名的幽默大师、小说家，也是著名演说家，其作品向来透露出幽默、机智的风格。其实，不仅在作品中，马克·吐温在日常生活中也同样表现得十分机智和幽默。下面这个故事就是明证。

在没有成名前，马克·吐温只是一名报社的小雇员，这家报社叫《密苏里州报》。马克·吐温在那里工作的时候有着自己独特的思维方式和特立独行的性格特征。报社主编霍金斯·柯里利对这样性格的雇员很不满意，一气之下就亲手写了一封解雇信给马克·吐温。由于当时主编很生气，所以在写信的时候字迹很潦草，只有最后的亲笔签名比较清楚。

马克·吐温接到主编的解雇信以后，二话没说就离开了报社。数年之后，马克·吐温出版了自己的成名作《黄金时代》，从此以后，名声大起，成为美国一位伟大的作家。《密苏里州报》的主编霍金斯·柯里利在这个时候开始后悔当初不应该解雇马克·吐温，当时的一时气愤让他失去了一位好的员工，为此他一直想找个机会向马克·吐温当面道歉。

让他没想到的是，马克·吐温竟然主动回到了报社。他直接来到了主编的办公室，然后非常高兴地对主编说："霍金斯先生，我今天是特意来向您道谢的。"

"道谢？"霍金斯先生看到马克·吐温心里就感觉不安，更何况听到这位著名的大作家向他说道谢，他一脸疑惑地问："真的对不起，我一定给您造成了不小的伤害，我为自己当时的激动向您道歉，从我这里走后，您还好吗？"

想不到的是马克·吐温高兴地回答说："我好极了，当初多亏了您给我的那封推荐信，我才找到了一个比这里更好的工作。"

"推荐信？"霍金斯更加奇怪地说，"那是我亲手写的一封解雇您的通知书，怎么会变成推荐信了呢？"

那么，你知道这是怎么回事吗？

143. 触龙巧说皇太后

赵国国王惠文王突然去世了，惠文王的儿子孝成王继承了王位。但是孝成王那时还太小，根本不懂事，所以只能让他的母亲赵太后暂时掌权治理国家。因为领导人进行了更替，赵国国内一片混乱。

赵国的情况，引起了秦国的注意，他们认为进攻赵国的机会到了。于是秦国组织了大批的军力来疯狂进攻赵国。当时，秦国的实力是所有国家中最为强大的，凭借赵国一个国家的力量根本抵挡不住秦国的进攻。为了生存，赵国只好派使者向东边的齐国求救，希望齐国能派兵帮助赵国度过难关。当时两个国家之间如果要结盟的话，通常都把国王的儿子送到对方国家中作人质。果然齐王对赵国的使者说：“要齐国出兵帮你们也可以，但是必须以赵太后的儿子长安君作人质。”

赵太后爱子心切，舍不得把长安君当作人质送到齐国，大臣们苦苦劝告赵太后：“如果不答应齐国条件的话，赵国不久就要亡国了呀！”赵太后不但不听大臣们的劝告，还威胁他们说：“以后谁要再敢提把长安君送到齐国当人质的话，我老太婆就向他脸上吐唾沫！”

大家听了赵太后的话，看着强大的秦军，都一筹莫展。

触龙听说了这个情况就过来求见赵太后，赵太后知道他是来劝告自己的，勉强答应了接见。

……

生死存亡的关头，只有把太后的亲生儿子长安君送到齐国去做人质，才能搬来救兵，解脱困难的处境。赵太后爱子心切，怎么也舍不得把儿子送入虎口，态度决绝，水泼不进。然而触龙一番体己的话，却使赵太后迅速转变了态度，从而也拯救了整个国家。

那么，到底触龙是如何说服赵太后的呢?

144. 曹冲称象

曹冲的父亲曹操是一个大官，有一次有人给他送来一只大象。曹操很高兴便带着曹冲和一群文武官员过来观看。他们以前都没有见过大象，现在看到大象柱子一样粗的腿、长长的鼻子和两只蒲扇一样的大耳朵，都感到很惊讶。曹操很想知道这个庞然大物的重量，于是他叫手下的官员想办法称一下大象的重量。但是，那时候根本没有那么大的秤来称大象，再说了也没有人能把大象抬起来呀。官员们都围着大象发愁，想不出办法来。

这时候，曹冲从人群中挤出来，大声说：“我有办法了。”官员们看着这个淘气的小不点，不相信他能有什么好办法，都想：我们这些大人都没有什么办法，你一个四五岁的小孩子能有什么办法。曹冲才不管他们怎么想呢，他说：“我的办法一定能称出大象的重量来，你们都跟我过来看吧”。曹操微笑着看着他的儿子，然后对官员们说：“好，那我们就去看看他怎么来称大象吧。”于是，曹冲在前面带路，曹操和官员们将信将疑地跟他来到一条小河边。

曹冲是用什么方法称出大象的重量的呢？

145. 只借一美元

一天，一位犹太商人来到一家银行贷款部。他对贷款部经理说：“你好，尊敬的经理，我想在贵行借点钱。”

贷款部经理看到眼前的这个人，身上穿着名贵的衣服，手腕上带着昂贵的手表，领带夹子上镶着一颗耀眼的宝石。显然，这是一位富豪，也许他急需进行一项重要的投资，贷款部经理想：这将是一笔大业务。于是，他殷勤地回答道：“好的，尊敬的先生，很荣幸您能选择我们银行，不知道，你打算借多少呢？”

犹太商人说：“我只打算借一美元。”

“什么！一美元？”贷款部经理开始怀疑自己的耳朵。

“是的，只借一美元，怎么难道贵行不借吗？”

贷款部经理证实了自己的耳朵没有问题，只借一美元，为什么呢？他想着富豪借一美元的意图：他一定是在试探，因为他需要一大笔钱，所以，他要事先了解银行的工作质量和服务态度，也许接着他就会说“好的，其实我是要借一亿美元”。

经理立即装出非常热情的样子，说：“当然，当然可以，只要你有足够的担保，借多少钱都可以。”

“好吧，我会给你足够的担保的。”说着，犹太人从豪华的皮包里取出一堆股票、债券、国债等：“这些票据价值50万美元，这些就是我的担保物。”

经理目瞪口呆，他赶紧把这些票据整理好，忙说道：“够了，这些担保足够了。”

经理热情地帮犹太人办完手续，犹太人拿到一美元，转身就要离开银行。经理赶紧说：“尊敬的先生，我们的服务是全市最好的，如果您还有什么需要的话，我们随时为您效劳。”

“是的，你们的服务确实很周到，但是，我没有什么需要。”

经理糊涂起来，他问道：“那您为什么只借一美元呢？”

为什么呢？

146. 巧换主仆

战国时期，一次一个公子和他聪明的仆人鸱夷子皮一起逃亡去燕国。主仆二人一路风餐露宿，披星戴月地赶了几个月的路，眼看就要到燕国了。但是，两人风尘仆仆的样子，一定会被客栈老板所冷落的，怎么办呢？忽然，鸱夷子皮想到了一个办法。

鸱夷子皮对公子说：“我想到一个故事，不知你愿不愿意听？”

公子知道鸱夷子皮向来鬼点子就多，这次不知又想到了什么主意，就说：“好，我愿意听，是什么故事，你快讲吧！”

鸱夷子皮笑着说：“从前，在一条小河里住着很多蛇。有一年，天气非常干燥，小河里的水也快干枯了，蛇们为了生存，不得不迁徙到远处的一条大河中去。一条大蛇和一条小蛇打算结伴而行，为了安全，临行前小蛇出了一个主意：让大蛇背着它走。因为如果大蛇在前面走，小蛇跟在后面的话，人们就会把它们看成是非常普通的蛇，肆无忌惮的伤害他们。但是，如果大蛇背着小蛇走，人们会认为小蛇很有权威，连大蛇都听命于它，甚至还会以为小蛇是水里的蛇王呢，这样人们非但不会伤害它们，还会主动给他们让路。大蛇觉得小蛇的主意有道理，它们就按照小蛇的办法做。结果，它们果然安全地抵达了目的地。这就是我要讲的故事了。”

公子听了，若有所思：“你的意思是：你就是那条小蛇，而我就是那条大蛇？”

鸱夷子皮一拍大腿说道：“就是这个道理！”接下来，他说出了自己的主意，公子一听，觉得可行，于是，两人按照鸱夷子皮的主意采取了一个举动。结果，主仆二人得到了人们的热烈欢迎。

你猜，鸱夷子皮的主意是什么呢？

147. 父亲的深意

一天，虚弱的犹太富翁又病倒了，他预感到自己就要死去了，但是唯一的儿子还在遥远的城市求学。

"看来，我是见不到儿子最后一面了。"富翁长叹一声，他叫来了贪婪的奴隶，写下了一封简短的遗书就去世了。

遗书上写着："我要把我所有财产都留给我的奴隶，但是我的儿子可以挑选一个他想要的东西。"

看到富翁留下的遗嘱，贪婪的奴隶高兴极了："没想到这个老头对我这么好，这下我可以成为自由人了，而且还是一个大富翁。好吧，就让他的儿子随便挑选吧，就算挑选一件最为珍贵的东西，那又算得了什么呢！"奴隶立即把富翁去世的消息通知了富翁的儿子。

儿子操办完父亲的葬礼，就来找父亲生前最知心的朋友拉比。"父亲并不喜欢那个奴隶，但是他却把自己所有的财产都留给了奴隶，只让他心爱的儿子挑选一样东西，这到底是为什么呢？"拉比看完遗书，意味深长地说："你父亲让你挑选一样东西，真是用心良苦呀！"

你看出那位父亲的良苦用心了吗？

148. 最重要的动作

一个10岁的日本小男孩，在一场车祸中，不幸地丧失了左臂，但是小男孩并不打算放弃自己热爱的柔道，他下定决心，一定要学好柔道。

小男孩刻苦地训练，再加上天资聪颖，进步很快。但是令小男孩非常困惑的是：半年以来，教练只教过他一个动作，尽管这个动作难度比较大，但是小男孩已经练得非常熟练了。

一天，小男孩鼓起勇气问教练："老师，你能不能多教我几个招式？我想成为优秀的柔道选手。"

教练回答说：“记住，孩子，这是你最重要也是唯一的动作，只要你努力练习，你会成为优秀的选手的。”

虽然小男孩对教练的话将信将疑，但是他不敢违背教练的要求，只好继续坚持不懈地练习，渐渐地，小男孩把这个最重要的动作练得炉火纯青了。

又过了几个月，教练带着小男孩参加了一个全国性的柔道比赛。令小男孩感到意外的是，他的前两个对手，根本不堪一击，接不了两招就败下阵去。

第三场，对手更为高大和强壮一些，但是他面对小男孩唯一的动作，似乎总是找不到破解的办法，渐渐地他焦躁起来，被小男孩抓住机会，打败在地。

后来的比赛，小男孩打得非常顺利，他一路闯进了最后的决赛。

决赛的对手是著名的柔道选手，他身体强壮，技术高超，更为重要的是，他经验非常丰富。

决赛开始了，前几个回合，小男孩打得非常吃力，对手总能轻松躲过他那最重要的一个动作，渐渐的小男孩开始体力不支了，他的动作明显缓慢下来。裁判觉得这样下去小男孩很容易受伤，应该让比赛暂停一会儿。但是教练坚决不同意，他大声说：“不用暂停，他可以继续比赛。”

比赛继续进行，对手似乎着急起来，他总是下意识地去抓小男孩的左臂，当然他不可能抓到小男孩的左臂，当他再一次试图去抓小男孩的左臂时，小男孩趁机用他唯一的一个动作把对手踢下擂台，小男孩赢得了这场比赛，他成了全国冠军！

回去的路上，小男孩忍不住又问教练：“老师，你为什么只教我一个动作，而我怎么凭借一个动作就赢得了冠军呢？”

149. 张齐贤妙判财产纠纷案

张齐贤是宋代著名政治家，其人深有谋略，并多有奇计，被认为是一个奇才。

北宋立国之初，宋太祖赵匡胤西巡洛阳，张齐贤在洛阳街头拦住太祖的坐骑要求奉献治国之策。赵匡胤把他带回行宫，张齐贤指天画地，上策十条，皆是关系到国家统一和富国强兵的大计。宋太祖对于其中四条表示认可，但是张齐贤却坚持十条都很重要，最后竟然与赵匡胤争吵起来。赵匡胤无奈之下，叫卫士将其拉了出去，但心里很佩服这个人。赵匡胤回到开封后告诉其弟赵光义："我此次外出在洛阳遇到一个奇士，叫张齐贤。现在不给他官做，将来你可任他为相。"

宋太宗时期，张齐贤进士及第，开始为国效力，到宋真宗时，其已经官至兵部尚书，同中书门下平章事，相当于宰相。一次，皇亲国戚中有两兄弟因为家庭财产分割起了纠纷，都认为对方分的家产多了，于是打起了官司。地方官府的官员对于这两兄弟，谁也惹不起，不敢接这个案子。于是两兄弟干脆闹到了宋真宗这里。真宗也是清官难断家务事，对两兄弟调解了十多天，也没有效果，无奈之下来找张齐贤商量。张齐贤听了，便说道："这样的事御史台和开封府自然都比较难办，这样吧，陛下就把这事交给臣吧，臣亲自为他们了断。"

张齐贤审理此案当天，把诉讼双方叫来后问道："你们都认为对方分得的财产多于自己的，是这样吗？"

"是的。"两兄弟都点头。

"好，既然如此，你们就将各自的理由写成文字，签名画押。"收到两兄弟各自的字据后，张齐贤当场便宣布了他的判决结果。两兄弟一听，当场你看看我，我看看你，都无话可说。后来张齐贤将自己审判的结果告诉宋真宗后，宋真宗笑得前仰后合，连声称妙。

你猜，张齐贤是怎么判的案呢？

150. 聪明的老板

美国著名音乐指挥家斯托科夫斯基一次在巴黎逗留期间，经常到一家小饭馆去吃饭。认识他的饭馆老板对他非常热情，每次都用好菜款待他，并且坚持收很低的价钱。有一天，斯托科夫斯基感到有些过意不去，于是问老板道："您为什么要对我这么客气，请您按照正常价格收费就是，我完全付得起。""我非常喜欢您的音乐，您能来这里是我的荣幸。"老板解释道。

但实际上，这个饭店老板喜欢音乐也许并不是假的，但那至多只是一半的理由，事实上还有一半理由则是源于他的精明，你能猜出这另一半理由吗？

151. 牙膏促销创意

一家著名的生产牙膏的企业一连几个月销量无法按照预定的比例增长，销售总监十分头疼，采用了各种各样的促销手段，但因为牙膏行业竞争激烈，其效果都不明显。于是，销售总监放出去一个消息，只要谁能想出好的促销点子，奖励10万美元。

几个月过去了，虽然许多人都尝试提出建议，但这些建议要么是一些老掉牙的促销手段，要么虽然新颖却没有实际的效果，因此谁也没有拿到这笔数额不菲的奖金。一天，该企业一个基层的年轻员工声称自己有一个好的办法，并称只肯当着销售总监的面才肯说出。于是，销售总监便破例接待了他一次。销售总监看着这位其貌不扬但看上去却胸有成竹的年轻人说："年轻人，说说你的办法！"年轻人回答道："我的办法十分简单。"接着他便说出了自己的点子。销售总监一听，立刻兴奋地喊道："太棒了！"立马便让秘书兑现了10万美元的奖金。后来凭借这个点子，这个企业的牙膏销量果然噌噌地往上涨。而这个年轻人也因此被该企业从生产部门调到销售策划部门担任重要职务。

猜一下，这个年轻人的促销点子是什么？

152. 编草鞋的鲁国人

在《韩非子》中记载了这样一个故事。

有个鲁国人擅长编草鞋，他的妻子则擅长织白绢。夫妻两人商定一番后，准备到越国去谋生。一个朋友听说后，便来对这个人说：“你如果到越国去，一定会变得很穷。”

“为什么？”鲁国人不解地问。

“你想啊，你擅长编草鞋，但是越国人习惯赤足走路，根本不穿鞋子；你妻子擅长织白绢，白绢是用来做帽子的，但越国人习惯披头散发，不戴帽子。这样，你带着你的长处，到用不上你长处的地方去，想不贫穷，都很难吧！”

但是，鲁国人没有听从朋友的劝告，毅然去了越国。并且，鲁国人到了那边后，不仅没有变得贫穷，反而发了财。你能猜出是怎么回事吗？

153. 农民和三个商人

16世纪，在挪威的某个小城里，住着三兄弟。兄弟三人的职业都是商人，他们一起做买卖，然后将挣来的钱放在一起，准备将来平分。不过，三兄弟虽然能干，在这个城市的名声却并不怎么好，因为他们出了名的吝啬，人们都不太愿意和他们打交道。

有一天，三兄弟听说在遥远的边境地区的某城市的人们急缺某种商品，于是便决定到那里去贩卖这种商品。但是，三兄弟却面临一个难题，就是他们多年积累下来的一笔财富无法带在身上。因为在当时，并不像现在这样有银行，可以很方便地为自己的财产找到安全的存放处。正在无计可施时，老三说话了，他对两位哥哥说：“我认识一个住在城郊的农民，他很穷，但是人非常诚实，是个可靠的人。我们可以将钱先放在他那里，等我们做完这笔生意回来后再取回来，你们觉得怎么样？”老大和老二对这个主意表示同意。老实的农民也同意了他们的请求，答应替他们保管。同时，为防止意外情况，三人和农民约定，将来取钱时，只有同时当着兄弟三人的面，农民才可将钱交出。

于是，兄弟三人出发去了边境。他们在边境的生意也做得很成功，又赚了不少钱。一年后，兄弟三人回到了家乡。回来后的当天晚上，三人便开始商量去农民那里取回存在那里的钱。同时，三兄弟也在想着如何感谢那位帮了他们大忙的农民。最后还是老三提出了建议："每天早晨，我们尊敬的农民都喜欢坐在家门口晒太阳。明天早上，我们兄弟三人一起到农民的家门口，远远地脱帽向农民致敬，以表达我们的感谢，二位哥哥以为如何？"两个吝啬鬼一听，正中下怀，这样自己就一个大子儿都不用花费了。

可是，老三却打起了自己的私人算盘，他想独吞那笔钱。于是，当天晚上，他一个人悄悄摸到城郊农民家中，他告诉农民："我们兄弟都从外面回来了，这次我们亏了钱，因此我们决定不再经商了，想要在附近买些地做个地主过日子了。明天早上我们就要去和卖地的人谈判，到时我们兄弟三人会路过您的家门口，我们会一块向您脱帽致敬。不过因为匆忙，我们就不到您身边问候了，跟您打个招呼后我们就会离开去和卖地的谈判。过一会儿呢，我们谈好了价钱，就会由我来到您这儿取钱。这是我们三兄弟商量好的，您看行吗？"老实的农民一听，表示同意。

于是第二天早上，农民像往常一样坐在大门口晒太阳，过了一会儿，果真看到三兄弟远远地在脱帽向他致敬，之后，他们就离开了。又过了一会儿，老三果然来到了农民家中，要取钱。农民看情况果然如他所说，便将钱交给了老三。老三拿了钱，便逃跑了。

但是没想到的是，到了中午，老大和老二一起来到了农民家中，称要取钱。农民于是将情况告诉了他们。两个哥哥这才醒悟过来，原来那天他们给农民脱帽敬礼后，便各自分开了，说好到了中午再一起来到农民家中取钱。但没想到两位哥哥都被狡猾的弟弟给耍了。两位哥哥心想，弟弟既然拿钱跑了，恐怕这辈子也别想再找到他了。于是他们便指责农民没有遵守当初的协议，才造成了他们的损失，坚持要农民赔偿他们的钱，并将农民告到了当地法院，择日就要开庭审理。

农民好心帮忙却引火烧身，自然十分伤心，心想自己肯定赔不起这笔钱，于是感到十分愁苦。农民有个邻居，是个聪明而有正义感的青年。这个青年看到一向乐呵呵的农民变得十分愁苦，便询问情况。在了解情况之后，他便自告奋勇要替农民辩护，并打包票肯定能打赢官司。

到了开庭这天，两兄弟专门请了当地有名的律师来为其打官司，而农民则带着自己的邻居来到了法庭。在法庭上，先是控方发言，那个有名的律师口若悬河，滔滔不绝，愣是将好心纯朴的农民说成了见钱眼开，收受了老三的贿赂才将钱交给了老三的奸猾之人，因此要他负责赔偿全部损失。这时，轮到农民的辩护人发言了，只见那个青年微笑着站起来，只简单地说了几句话，便使得两兄弟和他们的知名律师哑口无言，法官也当庭宣布农民无罪释放。

你能猜出那个青年说了什么话吗?

154. 妙计保春联

我们知道，王羲之是中国晋代的大书法家，在当时他便已经名冠天下了。但是，名扬天下固然好，有时却也会给自己带来意想不到的麻烦。王羲之遇到的一个大难题就是贴春联的问题。有一年，王羲之一家从山东老家移居到浙江绍兴居住。此时正值年终岁末，王羲之一家人安定下来之后已经是大年二十八了。看到周围一片祥和欢快的气氛，王羲之也不禁来了兴致，命儿子磨墨，然后挥笔写下一副春联，命家人贴在新家大门两侧。对联内容是:

春风春雨春色，新年新岁新景。

果然是好书法加上好内容。但是因为王羲之的书法在当时为天下人所敬仰，因此没想到此对联到了第二天早上，竟然被人偷偷揭走了。家人于是将此事告诉了王羲之，王羲之只是莞尔一笑，并不责怪。只见他提笔便又写了一副，让家人再次贴上去。这回是:

莺啼北星，燕语南郊。

但是没想到的是，到了第二天早上，对联又被人揭走了。今天已经是大年三十了，眼看着周围的邻居都已经贴上了春联，唯独自己家门前还没有一点过年的气氛，王羲之的夫人开始着急了，急着催王羲之想办法。王羲之于是想了一下，微微一笑，提笔又写了一副对联，但是这次他让家人先将对联剪去下半截，只将上半截贴在门上。只见这次写的是：

福无双至，祸不单行。

到了半夜，果然又有人来偷对联。但是，来人借着灯光一看，见对联的内容竟然如此不吉利。纵然王羲之的书法如何了得，也不能大过年的搞一副这样的对联挂在门上啊，于是只好摇摇头回去了。

而到了第二天大年初一，天还没有完全亮，王羲之便命家人将昨天剪下来的下半截对联贴上了。而周围的邻居也都知道王羲之家因为丢对联而故意贴了张不吉利的对联的事，料想他家会在今天贴上完整的对联，因此都很好奇。于是天亮之后，许多人都围过来看王羲之家的对联。大家一看，只见昨天的不吉利的对联后面各添上了几个字，对联的不吉利气息一扫而光，成了一副非常吉庆的对联，众人拍手称绝。

试着猜一下，这副对联该如何变？

155. 移山

在一座山上的小寺院里，住着一个老和尚和一个小和尚。有一天，老和尚看小和尚脸上不高兴，便问他有何烦恼。于是小和尚告诉他，他每天喜欢站在寺门前的一个比较高的地方眺望远处，但是每次都被对面的一个座山挡住了视线，因此他很不高兴。老和尚一听，便对小和尚说："既然这样，那么很简单，我可以帮你将这座山移动一下，把他放在你的身后，这样你就能看到前面的景色了。"小和尚一听很高兴，便要老和尚马上做。于是老和尚就真的使山移到了小和尚身后。

想一下，老和尚真的会移山吗？

156. 数学和苍蝇

约翰·冯·诺伊（1903~1957）是20世纪最伟大的数学家之一，他在青年时期就表现出了很高的数学天赋。据说在一次宴会上，有人向在场的人提出一个数学问题：说有两个人各自骑一辆摩托车，从相距40公里（1公里合①6093千米）的两个地方以每小时20公里的速度同时开始沿直线相向而行。在两人起步的一瞬间，一只蜜蜂开始从其中一个人处飞向另一个人处，然后又马上折回往另一个人这里飞。如此往返，直到最后两个人在中间碰面。那么请问，假设蜜蜂的速度是每小时10公里，到两个人碰面时，蜜蜂总共飞行了多远的路程？在场的人都感到十分有趣，同时也为了在众人面前展现自己的聪明，纷纷开始苦思冥想起来。他们先是计算蜜蜂在两个人之间第一次飞行时的路程，然后又开始计算蜜蜂往回飞了多少的路程……如此依次累加，但是，其后面的路程越来越短，这便涉及了无穷数列求和问题。这是相当麻烦的高等数学问题，不是一时半会儿可以解决的。因此，虽然在场的很多人都进行了思考，但是最终没有人给出答案。并且有人也有些显摆地告诉其他人，这涉及高等数学，不是站立之间能够得到答案的。正在这时，约翰·冯·诺伊却直接该给出了答案：10公里。出题者一听，也立刻表示答案正是如此。

你知道约翰·冯·诺伊是如何这么快地解决这个难题的吗？

157. 狄仁杰巧谏武则天

武则天作为中国历史上唯一（为历史学家所承认）的一位女皇帝，可谓名不正言不顺，不过其总算凭着自己的政治才干得到了天下人的认可，当了十几年的皇帝。但是，在其当政的最后几年，作为一个女皇帝，她遇到了又一个非常麻烦的难题，那就是继承人的问题。其实，这个问题在她登基之初便开始困扰她，但当时她身体强健，政事处理起来得心应手，也便暂时将这个问题搁置起来。但现在，她身体已经衰弱，随时有可能归天，这个问题是非考虑不可了。

按说，既然现在天下已经姓武，按照规矩，自然应该是传给武姓娘家子弟，才算是保住了自己的江山。因此，她考虑将江山传给自己的娘家侄儿武承嗣或武三思，这样这江山便永远姓武了。但是，他的这两个侄儿却都不怎么争气。武承嗣头脑简单，没有教养，毫无谋略，只是行事鲁莽、头脑简单的一介武夫。而武三思虽然比武承嗣机智一些，但因自幼没有受过良好的教育，所以只是有些小聪明而已，对国家治理、历史鉴戒等事情则一窍不通。再加上他给武则天的情夫冯小保当了多年随从，学了不少坏毛病，所以在长安城名声极臭。

武则天的第二个选择便是传给自己和唐高宗所生的儿子李显或李旦。但是，这两个儿子毕竟是跟随父姓，他们一旦登基，必定将她的武姓江山改回李姓江山。事实上，这两个儿子早先也曾经被自己先后扶上过皇位，而他们一上台都试图从自己手中夺回大权，建立“李氏天下”，儿子长大后的确是向父不向母啊！而且，自己当皇帝几十年来，已经建立起了一个新的稳定的政治秩序，一旦李姓重掌江山，势必又要对原来的政治秩序进行大的改动，政治毕竟又要动荡。最终，经过一番反复考量之后，武则天还是决定将江山传给武姓子孙，以保住自己辛苦建立的武氏天下。

就这样打定主意后，武则天便想将自己的想法告诉自己最信任的智囊人物狄仁杰，顺便也听取一下他的意见。但是，这样的事情有些敏感，不方便在太正规的场合询问。并且，对于这样敏感的问题，在太严肃的场合，作为臣下，可能不敢直言，以免因此罹祸。而在比较随和的气氛中假装不经意地提起，臣下便不会那么紧张，另外突然发问，也来不及编造谎言，最容易说出自己的真实想法。这一向是精明的武则天套取臣下真实想法的手段。于是，一次，武则天便约狄仁杰到宫中和自己对弈。就在双方的弈局十分紧张的时候，武则天突然问狄仁杰：“你说是立武三思等为太子好呢？还是立李显兄弟为太子好呢？”

狄仁杰是何等的精明！他近来见武则天经常眉头紧缩，心事重重，就猜到她在为何事犯难。并且他也早已猜到武则天早晚会向自己询问这个问题，于是他提前已经想好了自己如何作答。狄仁杰假装仍旧专注于棋局上，然后似乎是不经意地回答道："自然是李显兄弟了。"狄仁杰也十分了解武则天的脾性，知道她喜欢听别人猝不及防的回答。

武则天一听，便继续问道："那么你的理由是什么呢？"

接下来，没想到对于这个复杂的难题，狄仁杰只是很轻巧地说出了一个简单的道理，便让武则天改变了主意，你能想出这个简单的道理吗？

158. 炼丹的副产品

在我国古代，一直存在着一个特殊的群体，那就是炼丹术士。因为那些帝王乃至将相们都十分留恋人间的荣华富贵，所以总妄想这世间能有一种使其长生不老的丹药。于是，炼丹术士便有了一个极大的市场。一般而言，炼丹术士都是道教人士，这些人中当然不乏骗子，但也的确有人是怀着一种真正探索的态度试图真的能够找到这种药的。并且，虽然一直没能找到长生之药，但这些术士们却可以凭借自己的中医药方面的知识为帝王提供一些壮阳补肾方面的药物和建议，这可算作炼丹的一种副产品。因此，虽然大部分帝王都对这种丹药抱一种姑妄试之的态度，但他们仍然给这些炼丹术士以很大的支持。

炼制这种"长生"丹药，经常要用到硫黄、硝石、木炭这三种物品。其中，硫黄是一种矽物，其早在春秋战国时期就被人们所利用了。西汉时期，在我国湖南地区发掘出了丰富的硫黄矿。后来，又在山西、河南等地，也陆续发现了硫黄矿。硫黄因为化学性质活跃，能和多种金属发生化学反应，还能和方士眼中神奇的水银（汞）发生反应，所以成为方士炼丹的必需品。

硝石同样是一种矿物，其主要出产于四川、甘肃等省份。它是一种强氧化剂，受到加热后能放出氧，并且容易发烟发火，所以也被人称为烟硝或火硝。由于硝石的化学性质活泼，能和许多物质发生反应，所以也被炼丹术士用来改变其他药品的性质。

虽然炼了一千多年，长生之药也没有炼出来，但是在这种长期的实践过程中，炼丹术士们还是找到了一些规律。比如，他们就发现，硫黄、硝石、木炭这三种东西混在一起时，一不小心便会引起燃烧乃至爆炸。这种情况出现的次数多了，便引起了术士们的注意。于是有人干脆对这种现象进行了专门的研究，最终发明了一种东西，成为一千多年炼丹的最重要副产品。

你能猜出这种副产品是什么吗？

159. 国王的难题

据说，在很久以前，人们都是光脚走路的。一天，一个国家的大臣为了讨好自己的国王，在国王的房间里都铺上了打猎打来的兽皮。这位国王走在上面，感到十分的舒服。于是，这位好心但有些不通事理的国王想，如果能够在全国的地面上都铺上兽皮，那不是大家走起来都很舒服吗？于是，他立刻就颁布了一道命令，让大臣们去将全国的地面都铺上兽皮。

大臣们一接到这个命令，都感到十分为难，一个个抓耳挠腮，也想不出什么好办法——哪有那么多的兽皮去铺啊；即使有兽皮，也没那么多人手去铺啊！

你能帮这些大臣想个办法吗？

160. 打赌

明朝时期，在苏州城里住着两个狂放的书生，一个姓郑，一个姓黄。两个人颇有才智，又都喜欢打抱不平，在苏州城里都颇有名声，各自在身边聚集起了一帮朋友。但是，两个人都十分孤傲，虽然对对方都有所耳闻，素未谋面，但谁也瞧不上对方。一天，两人碰巧都和朋友到同一茶楼中喝茶，经人介绍之后认识了。两人见面后，都有些不服气对方，于是客套一番之后，郑书生便直言挑衅道："阁下的名声郑某早有耳闻了，素闻阁下才智胆识过人。不过所谓耳听为虚，眼见为实，今日得见，不知敢否和在下打一个赌，好让在下见识下。"

黄书生一看对方要和自己过招，便回道："只是朋友吹捧的虚名罢了，不足为信，不过倒是愿意听一下你的赌局。"

郑书生道："苏州城内最大官就是知府了，在下不才，有本事将知府的官帽给取来。我取来后，如果阁下能够将官帽还给他，并能得到一张收据，我就十分佩服。"

黄书生听了想了一下回道："好，只要阁下有本事将帽子取来，小弟自有办法还回去！"

显然，知府的帽子乃是其官职的标志，每天都离不了，即使回到府中，也会有专人保管，加上知府府中戒备森严，想要偷出来是不容易的。因此郑书生想要取得官帽并不容易。而如果郑书生有本事将官帽弄到手，知府必定大发脾气，如果黄书生将帽子不清不白地还回去，并且讨要一张收条，更是不可想象。

这天，苏州知府正在府中闲坐，忽然有人通报："老爷，有个自称提督大人的亲随的人在府外求见。"

"唤他进来。"知府命令道。

来人参见总督后禀道："刚才有个从京城来的珠宝商，拿着许多珠宝来卖，要价也很高。提督大人说如果能够有一颗像知府大人帽子上缀的那颗一样大小圆润就好了，因此差小人前来借大人的帽子前去比较一下。"说完，来人便呈上了提督大人的帖子。

苏州城中，知府乃是最高行政长官，而提督则是最高军事长官，两者平起平坐，互不干涉，也并无多少往来。从来没有事情劳烦自己的提督因为这件小事儿派人前来，知府自然不好拒绝，便命人将帽子取来借给来人带走，说好马上送还。但是，此人走后半天，也不见回来。知府便只好派人前去提督府讨要，但是提督竟然声称并无此事。这下，知府才慌了手脚，立即传令县令、捕头等一干人寻找贼人，并限令他们三日破案，否则革职查办。

原来，前来骗走帽子的正是郑书生。郑书生将帽子弄到手之后，便将帽子送到黄书生处，将烫手的山芋丢给了他。但是，黄书生也一点都不着忙，只是很从容地说："兄台果然好胆识，下面小弟也自当履行诺言，将帽子还回去！"于是，他便果然也很轻易地将帽子还了回去，并且还讨到了知府的收据。

想一下，黄书生是如何做到的呢？

161. 笨妻子

古时候，在四川江油地区有个卖油郎，这个卖油郎娶了个很贤惠的媳妇。每天早上卖油郎担货出门之前，卖油郎的妻子都会偷偷地将要担出去卖的油舀出来一勺装进罐子里存起来。这样到了年底的时候，因为卖油郎家的日子过得很紧巴，无钱过年。这时，他的妻子将一年里存起来的一罐油拿出来交给卖油郎说："这是我在一年里积攒起来的，你拿去卖了吧，我们好过年。"卖油郎于是高兴地将油卖掉了。

这件事后来被一个卖黄历的知道了，于是便整天在自己的媳妇面前夸卖油郎的媳妇贤惠。卖黄历的媳妇虽然脑子不是很好使，是远近闻名的笨媳妇，但是也不甘心自己丈夫在自己面前夸别人媳妇，于是听了之后不服气地瘪瘪嘴说道："有什么了不起的！"于是，她便做了一件令自己的丈夫哭笑不得的事情。你猜她做了什么？

162. 富人与穷人

从前，有个穷人很有骨气，从来不肯奉承富人。

有一天，一个富人前来问穷人道："我这么富，你为什么不来奉承我呢？"

穷人不屑地说："我奉承你有什么好处，你也不会把你的钱白白地给我呀！"

富人说："那好，我把我的钱的十分之一给你，这下你该奉承我了吧！”

穷人说：“那样的话，我的生活变化并不大，我不会为了这点钱奉承你！”

富人于是说：“那好吧，我把我的钱分一半给你，你肯奉承我了吧？”

没想到穷人却说：“如果那样，我和你是平等的了，我为什么要奉承你！”

富人不甘心地说：“那好，我将我的钱全都给了你，这下你总肯奉承我了吧？”

没想到穷人还是不肯奉承富人，而且他提出了一个十分充足的理由。

你猜，这次穷人的理由是什么？

163. 爱迪生与助手

我们知道，爱迪生是美国著名的发明家，其完全通过自学而成为科学巨子。但是，在早期的美国社会，人们很重视传统的门第，许多贵族对于出身低微的爱迪生总心存藐视。爱迪生的科研助手阿普顿就是这样一个人，其出身贵族，又是美国名校普林斯顿大学的高才生，毕业后因为成绩优异而被分派给大科学家爱迪生当助手。正因为此，他对于爱迪生十分轻蔑，经常找机会讥讽爱迪生。但是，有一件小事使得他改变了对于爱迪生的傲慢态度，变得毕恭毕敬起来。

一次，爱迪生在研究一个项目时，需要一个数据，于是对阿普顿说：“麻烦你把这只梨形玻璃泡的容积计算一下，我马上要用。”阿普顿点了点头，便拿着梨形玻璃泡去了自己的工作间。在工作间里，他先是用尺子上下量了几次玻璃泡的几个数据，然后又按照其式样在纸上画出草图，最后便开始列出了一道算式，开始计算起来。但是事情并不像他想象的那么顺利，他一连换了十几个公式，算得满头大汗，最后也没有得出结果，他急得满脸通红，狼狈不堪。

两个小时过去了，爱迪生见助手还没有将数据交给自己，感到很奇怪，于是便来到阿普顿的工作间。看到阿普顿满脸窘迫地看着自己，同时桌子上则放着几张写满了算式的纸，爱迪生便拍了拍阿普顿的肩膀，然后笑着说："这样算就太浪费时间了。"

阿普顿一听很不高兴，他挑衅性地反问爱迪生："不这样算，请问该怎么算呢？"

爱迪生什么也没说，而是做出了一个举动，果然十分简单地便算出了这个玻璃泡的体积。你能猜出爱迪生是如何算出玻璃泡体积的吗？

164. 蜜蜂与苍蝇的不同结局

有一个生物学家曾经做过一个有趣的实验，他将3只蜜蜂和三只苍蝇分别放入一个玻璃瓶中，再将玻璃瓶置于一个光线昏暗的房间中，同时使玻璃瓶的瓶底朝向窗户。你猜会发生什么情况？

实际上，仅仅一分多钟之后，3只苍蝇便都飞出了瓶子；而蜜蜂虽然一直都试图飞离瓶子，但一直都未能如愿，直到它因精疲力竭和饥饿而死亡。

你能分析一下，这是为什么吗？

165. 柏拉图理发

柏拉图是古希腊最著名的唯心论哲学家和思想家，他28岁到40岁都是在海外漫游。

有一天他来到西西里岛一个镇上小住。小镇只有两位理发师，他们各开了一家发廊。这两家发廊可谓天壤之别：一家窗明几净，理发师本人仪表整洁，发型大方得体；另一家则是又脏又乱，理发师也不修边幅，头发乱糟糟的。

柏拉图想理一下发，他观察了这两家发廊之后，却走近了那家脏发廊。请问这是为什么？

166. 苏小妹看吵架

苏东坡的妹妹苏小妹生性聪颖机智，聪颖如苏东坡，也经常上她的当。

一天，她正在家中看书，忽然听到街上吵闹异常，便好奇地跑出家门来一看究竟，原来是有人在吵架。

这时，从外面回来的苏东坡看到妹妹在那里看人家吵架，便走上来对苏小妹说："一个女孩子家，怎么在这里看人家吵架，赶快回家去！"

没想到苏小妹却说道："要我回去也行，我出个上联，只要你能对上下联，我就回去！"

苏东坡说："好，你出吧！"

苏小妹于是吟道："闺阁闷，闻闾闹，开门闲问。"

苏东坡一听，这对联比较偏，一时被难住了，于是琢磨了好一会儿，才想出了下联："官宦家，窈窕容，宜室安宁。"说完，苏东坡便催促妹妹回去，"好了，现在对出来了，你该回去了！"

没想到这时苏小妹说了一句话，苏东坡一听，才知道自己又上了妹妹的当了。

你猜，苏小妹说了句什么话？

167. 三个推销员

有一家生产企业大张旗鼓地招聘推销员，前来应聘的人很多。公司经理对前来参加应聘的人说道：我给诸位出一个题目，即到寺庙里去向和尚推销梳子，以十天为限，推销成功者我们就会予以录取，并给以优厚的待遇。"

"什么，向和尚推销梳子，谁都知道，和尚一根头发都没有，怎么可能会买梳子，这不是开玩笑吗？"许多应聘者愤愤地议论开了，有不少人当场表示放弃。但是，也有一部分人留了下来。于是，公司经理便给这些人每人分发了一批梳子，让他们各自出发了。

十天后，应聘者们纷纷回来了，其中的多数人都垂头丧气，他们一把梳子也没有推销出去，这些人将梳子交还给公司便一声不吭地离开了。只有三个人成功地将梳子推销了出去。

公司经理问第一个人："你卖了几把梳子？"

"我只卖了1把。"这个人不好意思地回答。

"你是怎么卖的呢？"经理问道。

"哎，为了卖出这把梳子，我可是费了大劲了。我跑了附近的许多寺庙，和尚一看我是来推销梳子的，都直接将我赶了出来。"这个人苦着脸说道，"最后，我好不容易找到了一个好心的老和尚，请求他买一把梳子，好说歹说了半天，他才肯买了1把。"

"老和尚买了梳子也没什么用啊！"公司经理笑着说。

"所以才难推销啊，他基本上是为了帮我才买的。"这个人只好承认。

"你卖了多少呢？"公司经理又问第二个人。

"我还不错，卖出去了10把！"这个人略微有些得意。

"那么，说说你是如何推销的吧。"公司经理笑着说。

"我只去了一家某名山的寺庙，这座寺庙由于位置较高，寺庙里山风很大，前来烧香拜佛的人们的头发都被风吹乱了。我就对寺里的住持建议说：'人们头发这样蓬乱着拜佛，是对佛的不敬。如果在大殿门口放几把梳子，让他们先将头发梳理一下，想必会显得更虔诚吧！'于是，住持接受了我的建议，买下了我10把梳子。"

公司经理听完第二个人的讲述，也没说什么，将目光转向第三个人，问道："请问你卖了多少把呢？"

"500把。"第三个人说道。

"说说你的经过！"公司经理眼睛里闪露出一丝光芒。

你能想象出第三个人是如何卖了500把的吗？

168. 聪明的苏代

我们知道，苏秦是战国时期著名的纵横家。其实，苏秦还有个弟弟，名叫苏代，也是当时有名的纵横家。下面这件事便能够体现出苏代的智慧。

一天，楚襄王的宰相昭鱼前来拜访苏代，对他说：“我想请你看在老朋友的分上帮我一个忙。”苏代问是什么事情。昭鱼讲道：“魏国的宰相田需刚刚死去了，我担心张仪、薛公、公孙衍这三个人有人做了魏国宰相。因此我希望你能去说服魏王，让魏国太子做宰相，这样对楚国是很大的帮助，我会记着你的好处的！”

苏代答应了昭鱼的请求，北上魏国。见到魏王后，苏代凭借自己的一番话果然使得魏王让太子做了宰相。

你猜，苏代是如何说服魏王的?

169. 无货不备的商店

有一家大型的百货商店，门口放着一个广告牌，上面写着：无货不备，如有缺货，愿罚十万。有个法国人看到后，很想赚到这十万元，便去见经理。法国人问经理：“店里有没有潜水艇?”经理领他到大楼的十六层，果然有一艘潜水艇放在那里。法国人很惊讶，但又不甘心就这么放弃，又说：“我还想看看飞船。”于是经理又领他到第十一层去看飞船。法国人看难不倒经理，就又心生一计，问道：“那么这有没有肚脐眼长在脚下面的人?”

法国人以为自己这么一问，肯定能难倒经理，但没想到经理还真给他找到了“肚脐眼长在脚下面的人”。猜猜看，经理是怎么给法国人找出来的?

170. 最准的天平

在英国某个村庄里面，有一位面包师和一位卖黄油的老农民是邻居。二人相互之间经常买彼此的东西。

因为二人做邻居已经很多年了，所以在彼此相互买东西的时候从来不去当面称所买物品的重量，对方说是多少也就是多少。

面包师是一位非常细心的人，每次从邻居那里买来黄油之后总会去称一下分量足不足。开始的时候，他觉得邻居还不错，黄油的分量非常充足。但是时间长了，他发现从邻居家里买的黄油的分量越来越不足了。这就说明，每次他买黄油的时候都多花了一些钱。

这件事情一直被面包师搁在心里放不下，终于有一天，他再也忍不住了，就很委婉地向邻居提出了这个问题。没想到老农民一听，非常生气，他指天发誓说从来没有少给过面包师分量。二人争辩了一会儿，竟然因为话不投机而闹翻了脸，面包师一气之下将这位卖黄油的农民告到了法官面前。

法官于是开庭对这个事情进行审理。法官问这位农民："你每次卖给面包师黄油的时候都仔细称过分量吗？"

农民很自信地回答说："当然，我有一架最准的天平，每次都称准了分量。"

"天平？"法官继续问，"那你有标准的砝码吗？"

"不，我不需要砝码。"

这样的回答让法官很吃惊，他继续问："没有砝码，你怎么去称黄油的重量呢？"

农民于是就将自己的办法告诉了法官。法官听后立刻明白了是怎么回事，农民当场被判无错。面包师自认倒霉地付了所有的诉讼费。

你能猜出农民不用砝码如何测出黄油的分量吗？

171. 商人转换思路取货款

眼看着新年就要到来了，一个商人辛辛苦苦地做出了一批货，交给一个新客户。交货之后，本来以为客户很快就会付款的，但是左等右等就是不见客户的汇款信息过来，商人有点着急了。

又过了两个星期，客户依旧没有将应该付的钱汇过来。商人终于等不及了，于是连夜赶火车亲自来到了客户的公司要钱。

客户是一个非常狡猾的人，商人在苦等了几个小时之后，客户才肯露面。商人与客户磨了半天才勉强拿到了一张8万元的支票。商人拿到支票就立即赶往所在银行，希望能尽快提出现金，以用来准备年货。

然而事情却没有他想的那么顺利，在商人将支票交给银行工作人员的时候，对方却告诉他，那个账号的户头已经好久没有资金往来了，而且更糟糕的是，那个账户现有的存款已经不足，商人的支票根本没有办法立即兑现。

商人忽然明白了，这是客户的一个小动作，客户想用这个办法来为难他。因此他很想立即赶回客户所在公司，与他理论一番。

但是商人做事一向谨慎，他仔细思考了一会儿之后，他先向工作人员说明了自己此时的困境，然后问是不是可以告诉他那个账号的具体存款情况。他想知道到底对方的账户里面有多少钱。

看到他的诚恳，考虑到他现实中遇到的困境，工作人员很热情地帮助他查到了结果：那个账号户头目前有存款77500元，与他的支票相差了2500块钱。

商人脑子灵活，天生聪明，灵机一动想到了一个办法，最后顺利地取走了支票上的8万块钱，那么你知道用的办法是什么吗?

172. 馆长催书

加拿大卡尔加里市有一家历史悠久、规模宏大的图书馆。很多居民都喜欢来这里借书看。其中有一个叫卡尔的学者，便是这里的常客之一。

卡尔是做学术研究的，经常要查阅很多资料，这家图书馆自然就成了他喜欢的地方。但是遗憾的是：卡尔经常会借不到他想要的书。书单上的书图书管理员经常会说没有，为此，他非常失望。

一次，卡尔为写论文急需查阅一些资料，他把自己需要的书名列了清单交给了图书管理员。过了一会儿，管理员过来抱歉地对他说道：“先生，不好意思，你要借的书，我们这里暂时都没有。”

卡尔非常生气，他心想，这么大的图书馆怎么会有这么多书找不到？于是就直接找到了这家图书馆的馆长提意见。

馆长是一位和蔼可亲的老头，听完卡尔的叙述后赶紧打电话叫来了图书管理的负责人来询问情况。

负责人仔细看了一下卡尔所列的图书清单，然后说："其实这些书，我们图书馆都有，但是现在都在别人手中，很多书借了好多年了，到现在都没有人还。"

馆长听后非常生气地问："那么长时间，你们为什么不催借书的人？"

图书负责人低下头说："我们一直在催，但是想了好多办法都不奏效。"

馆长感到这个问题挺严重，于是便问图书负责人究竟有多少书逾期没有还回来，结果发现这样的书竟然多达7000多册。

馆长对此很是吃惊，决心要想出办法解决这个问题，于是他转身对卡尔说："先生，今天十分抱歉，没能让您借到想要的书。您先回去，我向您保证，一个星期以后，您再来一定能借到所有您想要的书！"

卡尔听到馆长这么保证就不好再说什么，转身离开了。卡尔走后，馆长冥思苦想了半天，最后终于想到了一个催书的好办法，他将图书负责人再次叫来，如此一般地交代了一番。

果然，短短几天内，图书馆众多逾期未还的书都回来了。人们争先恐后地都跑图书馆还书。一个星期之内，大部分书都完璧归赵了。结果发现，有的书竟然已经逾期了十多年之久。

一个星期之后，卡尔抱着怀疑的态度再次来到了图书馆，这一次，他果然如愿地借到了所有他想要的书。卡尔很好奇地向馆长询问催书的办法。馆长笑了笑，递给了卡尔一张报纸广告，卡尔看完后恍然大悟。

你能猜到那个广告上面写的是什么吗？

173. 卖猫的农夫

有一位古玩商，非常喜欢收集古玩。因为在城里转遍了，很难再收到比较有价值的古玩，于是他就决定去乡下碰碰运气。

这天，他来到了一家农舍前，观察了一会儿，忽然眼前一亮，他看到了一件很有价值的东西。那是一件非常别致的小碟子，凭着对古玩这么些年的研究和高超的鉴赏力，他断定那是一个值大钱的古董。但是好像这家主人对此一无所知，因为主人竟然拿它喂猫。

古玩商此时心中狂喜，但是他极力忍住了。他假装随意地走到了这家主人的身边闲聊起来，并假装一副才发现小猫似的样子对小猫表现出了极大的兴趣。古玩商先对那只猫大肆赞扬了一番，然后编造了一个非常动听的故事。他告诉小猫的主人，他的太太非常喜欢小动物，尤其喜爱小猫。前几天因为精心养的一只猫死去了，妻子正伤心不已，而此时眼前的这只小猫，竟然和太太死去的小猫出奇的像。

古玩商说着说着不禁流出了动情的泪水，木讷的农夫听后也跟着伤心起来。这个时候，古玩商问农夫：“我想买下这只小猫送给太太，你这只小猫卖不卖？”

农夫干脆利落地回答说：“当然卖了，既然你的太太这么喜欢小猫，我就卖给你好了，希望她早点恢复心情。”古玩商听了心里暗喜，为了表示自己的诚意与感谢，他还特意出了两倍的价钱给农夫。

就在他抱起小猫准备走的时候，他才开始引入正题。他故作若无其事的表情对农夫说：“你们是一直用这个小盘子喂小猫的吧？我怕小猫以后不习惯，所以我还想继续用这个盘子喂它。请问您可不可以顺便把这个盘子送给我呢？”

古玩商心想，农夫不知道这个盘子的价值，肯定会很爽快地送给他。可是，他怎么也没想到，农夫的回答让他的美梦一下子破碎了。

你知道农夫究竟是怎么回答的吗？

174. “懒惰”的邻家太太

珍妮太太有个毛病，她总喜欢挑别人的毛病。这么多年以来，她总是不断指责对面的史密斯太太懒惰，原因是她总是认为史密斯太太洗衣服没洗干净。

珍妮太太不断地对身边的人说："那个女人真懒惰，连一件衣服都洗不干净，你看，她晾在绳子上面的衣服总是有斑点，哎，我就不明白了，一个女人家怎么会把衣服洗成那样，简直像是一个马虎的男人洗的衣服！"

这天，一个朋友来珍妮太太家里做客，她又开始抱怨对面的太太衣服没洗干净。这位朋友朝对面看了一下，然后走到这家太太的窗户旁边去擦了一下窗户，再看对面太太洗的衣服，竟然就一下子变得干净了。

你知道这是怎么一回事吗？

175. 吴用赚卢俊义

我们都知道，明朝小说《水浒传》中讲了梁山好汉的一系列精彩故事，而"吴用智赚玉麒麟"的故事就是其中著名的一个。

这个故事中的"玉麒麟"就是卢俊义，卢俊义乃河北俊杰，他不仅急公好义，乐善好施，济人危困，而且武艺高强，名闻四海，人称"河北玉麒麟"。梁山泊义军头领宋江久慕他的威名，一心想招卢俊义上梁山坐一把交椅，以借助他的威名扩展梁山的事业。但是，偏偏这个卢俊义有钱有势，有名有位，吃不愁，穿不愁，而且满脑袋的忠君思想，要他上山造反谈何容易，宋江常常为此苦恼。

为了拉卢俊义入伙，宋江便找军师吴用商量办法。说起来这军师吴用，人称"智多星"，他为人机敏，善于谋略，凡事一经他策划，没有办不成的。所以，当宋江与他议起此事时，吴用很快就想了一个好主意。

这天，吴用扮成一个算命先生，悄悄来到卢俊义的庄上。吴用故意口出狂言，引起了卢俊义的注意，将其邀至府中。在卢俊义府中，吴用先是用一些危言耸听的话赚取卢俊义的信任，等到卢俊义相信他是一个非常"神机妙算"的算命先生了，吴用就说卢俊义最近肯定有血光之灾。他利用卢俊义正为躲避"血光之灾"的惶恐心理，口占四句卦歌送给了卢俊义，并让他端书在家宅的墙壁上。这四句卦歌的内容是：

芦花丛中一扁舟，
俊杰俄从此地游。
义士若能知此理，
反躬难逃可无忧。

当时的卢俊义正想着如何消灾解难，根本没有细细看这首诗，便按照吴用的嘱咐到远处避难去了。可是，这首诗仔细一看，就有很大的问题。当吴用走后不久，官府就来了，说卢俊义想造反，而证据正好就是这首诗。官府以这卦歌为罪证，大兴问罪之师，到处捉拿卢俊义，终于把他逼上梁山。你知道这首诗的玄机在哪里吗？

176. 三个不称职的工人

马老板和张老板是生意上的合作伙伴，一次，两人聚在一起聊天，聊着聊着就聊到了各自的员工身上去了。

马老板很头疼地说起了自己的三个做技术的员工小崔、小刘和小赵。他说他们三个人不务正业，不专心研究技术，反而老喜欢管其他的事情。

没想到张老板对于这个竟然很感兴趣，他就让马详细地把那三个员工的情况说一下。

马老板就继续对他说："小崔喜欢对别人生产出来的产品评头论足，每次总能挑出这样那样的毛病。你想啊，谁愿意自己的产品老被挑出毛病？因为这个，同事经常和他吵架，这不就影响整体的团结了嘛；小刘整体一副忧心忡忡的样子，他老担心车间会发生事故，一会儿说这里缺少东西，一会儿又说那里该换了；最气人的是小赵，他从来不关心车间的事，一下班就去街上闲逛，还老喜欢去问商家什么物品好卖、哪种东西卖不出去等莫名其妙的问题！"

介绍完之后，马老板生气地说："像他们这种不安分于本职工作的员工，就应该把他们辞退了！我真不想要他们了，最近就打算把他们辞退了。"

张老板听后笑了笑说：“你把这三位技术人员给我行吗？”

马老板二话没说就把这3位员工给了张老板，自己心里还暗自高兴走了3位不好好工作的员工呢。

谁知道这三个工人在另一个老板那里都做得很出色，并受到重用，你知道是为什么吗？

177. 如何使线变短

在一家武术馆里面，约翰正在认真地进行着训练。

接下来的训练内容是两人对练。约翰分到的对手实力比较强，他自知真的打起来之后，自己绝对会输给对方的，于是他心里盘算着是不是该用其他的办法赢一次。

比赛开始，约翰老是想用一些投机取巧的办法，频频突然偷袭或者利用比赛规则占便宜，但是很可惜，对手始终沉着冷静，没有让约翰讨到多少便宜。结果，比赛结束后，约翰不仅失败了，而且在积分上竟然没有得到1分，他心里非常恼火。

教练看完他们的比赛以后，把约翰叫到了办公室。他没有批评约翰，而是什么都没说，先在地上画了一条大约长4米的线，然后问了约翰一个莫名其妙的问题：“如何才能把这条线变短呢？”

约翰很奇怪教练为什么这么问他，他仔细看了一下那条线以后给出了好几个答案，其中包括把线截成小段，把线折叠起来等，但是教练均摇摇头，认为不可行。

最好，教练又拿起笔，做了一件事。然后约翰一看，看起来线果然变短了。

你能猜出他是如何使线变短的吗？

178. 两个商人

从前，有两个商人背着沉重的货物在山上艰难地行走，此时正是中午，火热的太阳炙烤着大地。两个人都累得满头大汗，他们必须越过这座山才能把货物运到对面的小镇上去卖。

走了一会儿，其中一个商人热得实在受不了了，就停了下来骂骂咧咧地抱怨道："他妈的这座山也太高了，在这么大的太阳下爬山真是受不了！"

另一个商人听了，却不以为然，他竟然说希望这座山再高些。第一个商人感到很奇怪，询问他为何说这种傻话。第二个商人于是说出了自己的理由，第一个商人一听，十分佩服他的智慧。

你能猜出第二个商人的理由是什么吗？

179. 失去的和拥有的

一位商人经过自己多年的努力和打拼后，终于取得了成功，拥有了自己辉煌的事业和很高的社会地位。

这天，商人特意邀请自己的父亲来到一家非常高档的餐厅就餐。餐厅环境优雅，氛围温馨，一位技艺高超的小提琴手正在台上为大家演奏悠扬的音乐，音乐伴随着可口的饭菜让人们心情大好。

这个时候，商人想起了自己小时候曾经也练过小提琴，那个时候自己曾一度十分迷恋小提琴，但是最后没有坚持下来就放弃了。于是他就感慨地对父亲说："假如当初我坚持练小提琴，说不定现在在台上演奏的就会是我了，想起来真是有些遗憾！"

其父接着商人的话说了一句话，商人听后点了点头，顿时不再感到遗憾。

你猜出商人的父亲说了什么话？

180. 解梦

一个国王一天夜里做了一个梦，他梦见自己的牙齿不知道为什么掉了下来。早上醒后，国王感到很疑惑，便招来一个大臣为他解梦，他想知道这个梦代表着什么意思。

这个大臣听后对国王说："陛下，很不好意思，我非常不幸地告诉您，梦里每掉一颗牙齿就意味着您将失去一位亲人。"

国王一听，立即大怒道："你这个狂妄的家伙，竟然敢在这里胡言乱语，快给我滚出去！”

然后国王立即又招来一位大臣再次替他解梦，第二位大臣听完国王的梦之后，很快也告诉了国王结果，第二个大臣所说的意思与第一个智者差不多，但国王听了却很高兴，立即赏给了第二位大臣100个金币。

那么你能猜出第二个大臣是如何解梦的吗？

181.聪明的小吏

相传有一次，两个官员在一起喝酒，酒过数巡之后，两人谈到了各自的孩子问题。

一个官员很忧虑地说：“我家只有一个儿子，真的是人丁不旺啊！”

这个时候，在一旁的小官吏在旁边安慰说：“儿子只要成器，不在乎多少，一个足够了！”

谁知道另一个官员这个时候问他道：“我的儿子很多，这又该如何解释呢？”

小官吏这个时候随机应变地说了一句话，让在喝酒的两位官员不禁拍手称赞，于是赶紧把小官吏拉过来一起喝酒。

你知道这个小官吏是如何回答另一位官员的吗？

182.不一样的说法

阿拉贡是20世纪法国著名诗人，有“20世纪的雨果”之称。一天清晨，阿拉贡出门散步，在经过一个广场的时候，他看到一个孩子正坐在门口的台阶上面乞讨。孩子手里捧着一个破旧的帽子，面前放着一张纸，纸上歪歪斜斜地写着这么几个字：

“我是盲人，无父无母，请好心的人帮帮我！”

阿拉贡低头看了一下这个孩子面前的帽子，发现里面只有很少的几枚硬币，于是他赶紧掏出钱包来想帮帮这个可怜的孩子，却发现自己忘记带钱包了。想了一下之后，他拿出一支随身携带的笔在小孩子面前的那张纸的背面写了一句话，并将纸反过来放下，然后便离开了。

等阿拉贡走了以后，小孩子奇怪地发现往他帽子投钱的人突然多了起来，到了傍晚，帽子竟然已经满了。

阿拉贡再次经过的时候，笑着对小孩子说："看来这个世界上有爱心的人还真不少！"

小孩子听出来这个说话的就是早上那位好心帮助他的人，于是连忙问道："好心的先生，请问您早上在纸上写了什么字呢？为什么那么多人看了之后都来帮助我呢？"

阿拉贡笑着说道："我写的话和你原来的意思一样，只是换了种说法而已。"

那么，你知道阿拉贡在纸的背面写了什么吗？

183. 制度变换

17～18世纪时，英国政府经常运送犯人到澳洲去，类似于中国的流放。当时，在运送这些犯人的时候，都是雇用私营船主运送这些犯人，政府按照犯人的人头数付给私营船主运费。

这样的运送犯人的方式便导致了这样的现象：私营船主为了从运送奴隶的过程中获得更多的运费，往往会不顾犯人的死活，每次拼命地增加运送犯人的数量。这样一来，经常会由于船上运送人数过多，导致船上生存环境非常恶劣，再加上许多私营船主还想尽办法克扣犯人的粮食，等到了目的地之后再拿出来卖钱。这样一来，许多犯人就在中途因营养不良或疾病而死去了。甚至于，有些黑心的私营船主为了节省开支，在船只出海不久就把一些犯人活活地扔进海里。

对于这种不人道的现象，英国政府十分着急，想要降低犯人的死亡率，但是却一直想不出什么比较好的办法。因为假如增强医疗措施，多发食物和改善犯人营养，那样就会增加运输成本，同时也无法保证船主真的将这些东西用到犯人身上；而如果在船上多增派管理员监视船主，那样不仅会增加政府开支，而且也很难保证监管人员不会在暴利的诱惑下不与船主合谋。

那么，你能给他们想出一个好的办法吗？

184. 书商与总统

一个做出版的经销商库房里面积压了一大批书，这个出版商就想找个办法把积压的书赶紧卖出去。很快，书商想到了一个办法，他通过关系将其中一本书送给了总统，然后多次询问总统看了此书后的感想，总统因为忙于公事所以一直都没有时间去看那本书，但为了让这个出版商不要再来纠缠，就对他说："这本书还不错。"这位出版商得到这个答案以后，便借题发挥，大力宣传，他不断地在各大媒体上刊登广告："本店现有总统喜欢的书出售！"人们看到这个广告后，纷纷前去书店抢购这本书，很快，这本书就被人们抢购一空。

过了一段时间后，出版商又遇到了同样的情况，他手里再次积压了一批滞销的书。于是这位经销商又送了一本书给总统。这次总统收到以后，想起上次被经销商利用的事情，就很气愤地说："这本书实在糟透了！"出版商听了以后，再次去刊登了这么一则广告："本店现有总统讨厌的书出售！"令人想不到的是这样的一则广告带来了同样的效果，那批滞销的书很快又被抢空。

第三次，经销商又来找总统时，总统拿着出版商第三次送来的书，吸取了上两次的教训，什么都不说。但是书商同样借此事打出了广告，使得手里的书同样销售很火。

你猜经销商这次是如何打广告的呢？

185. 赢了两个冠军

有三人是个好朋友，他们其中一个是全国网球冠军，一个则是全国象棋冠军，只有第三个人什么冠军都不是。

有一次，这三个好朋友一起来到一家俱乐部非常快乐地玩了一个下午。他们到玩够了之后，便一起吃晚饭。这时，那个什么冠军都不是的人很自豪地对周围的人说："今天我们一起不仅玩了网球，而且还玩了象棋。我今天可是大获全胜，既赢了网球冠军，又赢了象棋冠军，大家为我庆祝一下吧！"

周围的人怎么都不相信他，因为他们认为，以第三个人的水平怎么能够赢全国冠军呢？于是他们就说："那肯定是他们两个冠军让着你的！"

谁知道旁边的两个冠军笑着说："不是的，他说的是真的，我们可是尽了最大的努力，但是最后还是输了。"

你知道这是怎么回事吗？

186. 老住持考弟子

在一座高山上有一座新建的寺庙，庙里有一个住持和几个和尚。因为附近没有其他寺庙，所以这座寺庙在当地的影响相当大，来庙里烧香拜佛的人都很多，十里八屯的都专程跑来这里上香。寺庙建成之初，是一个中年和尚担任住持，许多年过去，寺庙被风雨冲刷得已经失去了往日的"容颜"，中年住持也老了。

住持知道自己年事已高，剩下的日子不多了，在离开之前，他决定要选一个新住持接替他。寺庙就这么几个弟子，习性也都了解，可是住持还是想考考他们。于是，住持给众多弟子们出了一个问题。

一天，他叫来了众弟子们，对他们说："我的日子不多了，现在我要从你们之中选出一人做住持。你们到南山上去，各自去打一担柴回来。谁第一个打柴回来，我就让谁做本院的新住持。"弟子们听了住持的话后，都往南山的方向跑去了。但是，非常不如人意的是，就在他们快到达南山时，前面出现了一条大河。这条河的河水从山上奔涌而下，气势非常吓人，根本无法穿行过去。看来南山是去不成了。

于是，很多弟子就放弃了去南山打柴的想法，纷纷掉头回去了。只有一个小和尚没有立即回去，等到他回去的时候，住持就让这个小和尚做了下一届的住持。你知道小和尚是怎么做的吗？

第五章

逆向思维名题

187. 宋太祖的妙招

宋灭南唐之前，南唐每年要向大宋进贡。有一年，南唐后主李煜派博学善辩的徐铉作为使者到大宋进贡。按照规定，大宋要派一名官员陪同徐铉入朝，但是朝中大臣都认为自己的学问和辞令比不上徐铉，大家都怕丢脸，没人敢应战。

宋太祖很生气，但是又无可奈何。他也不想随便派个人去给朝廷丢脸。后来，他想出了一个办法。这办法是什么呢?

188. 公仪休拒鱼

春秋时期，鲁国的宰相公仪休非常喜欢吃鱼，几乎达到了无鱼不食、无鱼不欢的地步。

得知当朝宰相的这一嗜好，许多前来求见的人纷纷奉上花尽心思得来的好鱼、奇鱼，希望以此来打动他，让他替自己办一些难办的事。可是奇怪的是，不管他们进献的是什么鱼，宰相都会婉言拒绝。

一天，当公仪休再次拒绝管家送来的一条奇大无比的金色鲤鱼时，他的学生终于忍不住好奇地问道："老师，您这么喜欢吃鱼，仆人每天都得到市场上给您买鱼，为什么别人把鱼送上门来，您却不要呢？"

公仪休笑道："因为我是真的喜欢吃鱼啊。"学生一听，感到十分不解。于是，公仪休对学生解释了一番，学生一听，便点了点头。

公仪休的这句话乍一听，是有些令人感到莫名其妙，但其实却是合乎逻辑的。那么，你能分析一下这句话背后的逻辑吗？

189. “倒悬之屋”

大石先生在本州岛库罗萨基市盖了一座旅馆，但是由于本州岛气候不好而且经常地震，到那里旅游的顾客并不多。大石在濒临破产的时候找到一位心理学家请教解决问题的办法。

你知道心理学家给了个什么建议吗？

190. 防影印纸的发明

格德约本来是一家公司的普通职员，有一天他不小心把一瓶液体洒在需要复印的重要文件上。他发现被污染的文字还很清楚，心想应该还能复印。结果复印出来的文件根本不能用，被污染的地方变成了黑斑，看不清字。但是，他并没有沉溺在沮丧情绪中。

他到底采取了什么行动呢？

191. 聪明的教授

在牛津有条查瓦河，附近的人们喜欢在那条河里裸泳。一天，一位年老的教授正拿着毛巾在河里洗澡的时候，恰巧有他的一群女学生撑船在不远处经过，那群女学生当时并没有注意到这就是她们的教授。教授并不喜欢一丝不挂地出现在他的女学生面前，即使在这个开放的地方，于是，他用毛巾把自己的某个部位捂了起来。

你知道他捂的是什么部位吗？

192. 出售贫穷

日本兵库县丹波村非常贫穷，当别的地方都富裕起来的时候，这里还是改变不了贫穷落后的面貌。人们想尽办法也找不到脱贫致富的良方。按照正常的思路，出售物产和资源可以让村民富裕起来，但是这里土地贫瘠、物产贫乏、交通落后，根本没有什么东西可以出卖。

一个专家运用条件倒转的思维方式想到了一个好方法。你知道是什么吗?

193. 雷少云的发明

运用条件倒转，我们可以把困难的条件转化为发明创新的契机。业余发明家雷少云就是运用倒转的思维方式从困难的条件中寻找解决问题的方法，从而获得了很多发明创造。

业余发明家雷少云在工作和生活中专门“听难声、找难事、想难题”。他认真听取周围人们的唠叨和不满，寻找人们难于解决的问题。有一次，他听到油漆工人抱怨用直毛刷刷深圆管的时候，很难刷，而且费料。雷少云把这个困难的条件当作发明的机会，经过反复琢磨，不断试验，终于发明了一种圆弧形的漆刷。这种新型的漆刷松紧可调，使用方便，大大提高了油漆工人的工作效率。后来，他又加上了一种自动供漆系统，操作更加方便。

有一次，雷少云乘坐一辆卡车去拉货，半路上卡车出了毛病。他看到司机师傅爬到车下面去维修，结果弄了一身泥土。他把这个难题作为一个激发点，想到如果发明一种可以灵活进退的平板车，人躺在上面修车就不会弄脏衣服了，还方便进出。于是他发明了一种装有万向轮的修理车。这种修理车不但进出方便，而且装有升降装置、应急灯、伸缩弹簧挂，能够满足修车者的各种需要，很受司机师傅欢迎。后来，还应用在医院里，供卧床病人和行动不便的老人使用。

雷少云又发现司机师傅在开车的时候不能随意地喝水，只有在停车或者车辆较少的路段才能痛快地喝口水。由此，他想到什么了呢?

194. 汽车大盗的转变

警察局终于抓获了一个专门偷汽车的大盗。这个汽车大盗的偷车技术非常高，一分钟之内就能偷走一辆高级轿车，他偷走的汽车总价值已经超过5亿元了。以往警察抓到他之后，就判他坐牢，他已经为此坐过11年的牢了。这次，警察局长没这样做，而是换了个方法，你知道是什么吗？

195. 氢氟酸的妙用

很多化学试剂具有腐蚀性，不同的化学试剂要用不同质地的容器来盛放。有些化学试剂对玻璃的腐蚀性很强，比如氢氟酸，当氢氟酸与玻璃制品接触的时候，很快就把玻璃腐蚀掉，因此，氢氟酸不能用玻璃容器盛放，必须放在塑料或铅制的容器中。

氢氟酸腐蚀玻璃，这是不利的作用，按照正常的思路，人们想的是尽量避免让氢氟酸和玻璃接触，但是，玻璃工匠运用逆向思维却让氢氟酸腐蚀玻璃这一特性发生了正面作用。

你知道是怎么回事吗？

196. 上司的回答

一位顾客投诉超市里某位做烧卖的师傅，说是吃坏了肚子。按规定，这位师傅应该上门道歉。结果，师傅到了顾客家里发现是一条狗吃烧卖出了问题，他很生气地说：“我做的烧卖是给人吃的，不是给狗吃的。”顾客对他的态度很不满意，投诉到更高一层。

上司责问这个师傅的时候，他说：“把我做的烧卖喂狗吃，是对我的不尊重。”

你知道上司是怎么回答的吗？

197. 微型“潜水艇”机器人

1966年，好莱坞制作了一部科幻电影《神奇旅行》，片中几名美国医生为了拯救一名苏联科学家，被缩小成了几百万分之一。他们乘坐微型潜水艇驶进了科学家体内进行血管手术。也许你会说这只能在科幻片中存在，但是你错了。

你知道吗？有科学家就真的让科幻电影中的那一幕变成了现实。

198. 电晶体现象的发现

为了研制高灵敏度的电子管，需要在最大限度内提高锗的纯度。当时锗的纯度已经达到了99.99999999%，要想达到100%的纯度非常困难。索尼公司为了成为同行业霸主，一直致力于这项研究。江崎玲于奈博士组织了一个研究小组，投入到这个科研攻关项目中。

大学刚毕业的黑田小姐是小组的成员之一，由于经验不足，她经常在做实验的时候出错，屡次受到江崎博士的批评。黑田开玩笑说：“我才疏学浅，很难胜任提纯锗这种高难度的工作。如果让我做往锗里掺杂的事，我会干得很好。”这句话引起了江崎博士的兴趣，他由此想到如果往锗里掺入别的物质会产生什么效果呢？

199. 青蒿素提取

人们习惯性地认为从中药中提取有效成分，必须采用热提取工艺的方法。但是，当研究人员用这种方法提取抗疟中药青蒿素的时候，总是得不到期望的效果。他们想尽了多种办法改良热提取工艺，还是起不到任何作用。后来，中医研究院的研究员屠呦呦经过反复思考之后，提出了一个大胆设想。

你知道是什么设想吗？

200. 吸尘器的发明

大家都知道吸尘器的工作原理是把尘土吸到机器里面。但是，你知道吗？为了有效地把让人讨厌的尘土清除掉，人们最早想到的除尘机器是“吹尘器”，即用鼓风机把尘土吹跑。

1901年，在英国伦敦火车站举行了一场用吹尘器除尘的公开表演。但是当吹尘器启动之后，尘土到处飞扬，效果并不怎么样。

一个名叫郝伯·布斯的技师看到表演之后运用方式倒转的思考法想道：既然吹的方式不行，那么如果用吸的方式会怎么样呢？

201. 郑渊洁教子

童话大王郑渊洁有着独特的教育理念和教育方式。他的儿子郑亚旗小学毕业后就在家接受父亲的教育。郑渊洁自己给儿子编教材。按照常规的思路，要想检测教学效果就要通过考试，考试当然是老师出题，学生做题了。但是郑渊洁却不这样。

他是怎样做的呢？

202. 小八路过桥

抗日战争时期，敌人把一个小村庄包围了，不让村里的任何人出去。一座小桥是由村子通向外界的唯一通道，有伪军在桥上把守。村里的人为了把情况向外界透露，想尽办法也找不到出路。

后来，村里的一个小八路说："让我试试。"

他想到什么好办法过桥了吗？

203. 移山大法

有这样一个故事：一位很有修为的大师经过几十年的修炼终于练就了"移山大法"。有一天，他向人们宣布："明天我要当众表演移山，我将把广场对面的那座大山搬过来。"消息不胫而走，很快就传开了。

第二天，如潮水般的人群围在广场上，等着大开眼界。只见大师口中念念有词，然后对着对面的山大喊："山过来！山过来！"过了一会儿，他问人们："山过来了吗？"有人说，好像过来了一点。有人说，没有过来。于是大师接着喊："山过来！山过来！"但是，很快上午过去了，大山还是没有过来。有人开始说，大师是个骗子。人们陆续离开了。

大师不管那些离开的人继续高喊："山过来！山过来！"但是

山依旧不听他的话，很快中午过去了，下午过去了，山还是没有过来。大师嗓子都哑了，他做最后一次努力："山过来！"然后问人们："过来了吗？"你知道结果吗？

204. 变短的木棒

一位财主家里失窃了一枚价值连城的夜明珠，种种迹象表明是家贼偷的，但是经过一番调查之后，还是查不出是谁偷的。经过一番思考，财主有了主意。他请来一位算命先生，然后把家里所有人召集起来，对他们说："这位大师神功莫测、法力无边，他有办法帮我把贼抓出来。"只见算命先生手中拿着很多小木棍，口中念念有词，施了一番法术。财主告诉众人："大师已经作法了，现在把这些长短一样的木棍发给大家每人一个。明天自有分晓，偷珠贼的木棍会变长一寸。"

真的会这样吗？

205. 晋文公不守承诺

公元前633年，楚国攻打宋国。宋向晋求救，晋文公派兵攻占楚国的盟国曹国和卫国，于是楚国放弃对宋国的包围，转而与晋国交战，两军在城濮对阵。晋文公重耳做公子时，曾到楚国避难，受到楚成王的款待。楚成王曾问他，将来如何报答。重耳说："美女金银您都不缺，如果我有幸能执掌国政，万一晋楚交战，我将率兵退避三舍，如果楚国不能谅解，双方再动干戈。"

为了实践当年的诺言，晋文公真的下令撤退九十里。楚国大将子玉紧追不舍，再加上敌强我弱，晋文公有点不知所措了。

接下来，晋文公该怎么做呢？

206. 阿凡提训驴

阿凡提养了一头驴子，脾气倔得出奇，让它走，它偏偏站着不动，让它停下来，它偏偏原地转圈。有一次，阿凡提带驴子去拉磨，走到半路上，说什么驴子都不走了。越是赶，它越往后退。哄也不行，打也不行，求爷爷叫奶奶也不行。

但是，阿凡提毕竟是阿凡提，他想出了一个办法，终于让驴子走到了磨坊。

你知道他想的是什么办法吗？

207. 陈建平的飞机

从概念上说，飞机是指具有机翼和一具或多具发动机，靠自身动力能在大气中飞行的重于空气的航空器。严格来说，飞机指具有固定机翼的航空器。从定义来看，飞机一定是有翅膀的。

可是，飞机一定要有翅膀吗？

208. 甘罗计驳秦王

甘茂是秦国的左丞相。有一天，秦王故意为难他，要他在两天以内，找来三个公鸡生的蛋。甘茂回到家里，愁眉苦脸想不到办法，只是坐着唉声叹气。十二岁的甘罗看到祖父忧愁的样子，就问："爷爷，您为什么发愁？"甘茂把秦王交代的事告诉他。甘罗听后，稍微沉吟想到了办法，他说："爷爷，我有办法。明天早上，我去见秦王。"甘茂说："你不要胡闹了，闯下祸来，可不得了！"甘罗说："爷爷放心，我保证秦王不会降罪的。"经过一番请求，甘茂答应让他去试试。

甘罗会有什么好办法吗？

209. 哪个近，哪个远

晋明帝小时候非常聪颖，有一天他坐在晋元帝的膝上玩，正好有人从长安来，元帝探询洛阳的消息，泪流不止。明帝问道："为什么哭泣呢？"于是元帝把匈奴攻陷洛阳的情形告诉他。然后问明帝："你认为长安和太阳哪里比较远？"明帝回答："太阳比较远。因为从来没听说过有人从太阳那边来，但是总有人从长安来。"元帝听后惊异于儿子的回答，又感到很得意。第二天，聚集众臣宴会，把这个事情告诉众臣，为了炫耀一下，他又重新问了明帝。

这一次，明帝会怎么回答呢？

210. 赢了官司

一位移民到美国的中国人与别人发生财务纠纷，要打一场官司。他对律师说："我们是不是应该约法官出来吃顿饭或者给他送点礼？"律师听后连忙制止："千万不可！如果你向法官送礼，你的官司必败无疑。"那人问："为什么？"律师说："只有理亏的人才会送礼啊！你给法官送礼不正说明你知道自己有罪吗？"

几天后，律师打电话给他的当事人，说："恭喜您！我们的官司打赢了。"

那人淡淡地说："我早就知道了。"

律师感到很奇怪："您怎么可能早就知道呢？我刚从法庭里出来。"

那人是怎么知道的呢？

211. 如此广告

在广告片中一个人拿着一部照相机在不停地拍照，闪光灯频频闪烁。突然，闪光灯不闪了，那个人试着按了几次快门都没有反应，于是他把照相机放在桌子上取出里面的电池。按照常规的思维模式，我们会想到电池没电了该换电池了。但是，那个人做了一个出人意料的举动。你知道是什么吗？

212. 电磁感应定律的发现

1820年有人通过实验证实了电流的磁效应：只要导线通上电流，导线附近的磁针就会发生偏转。法拉第怀着极大的兴趣来研究这种现象，他认为既然电能产生磁场那么磁场同样也能产生电。虽然经过了多次失败，他还是坚信自己的观点。经过10年的努力，

1831年他的实验成功了：他把条形磁铁插入缠着导线的空心筒中，结果导线两端连接的电流计上的指针发生了偏转。法拉第据此提出了电磁感应定律，并发明了简易的发电装置。

你能解释一下蕴含其中的思维道理吗?

213. 琴纳发明种痘术

琴纳是英国的一个乡村医生，看到天花严重威胁着人们的生命，非常难过。为了治病救人，他一直潜心研究治疗天花病的方法。有一次，乡村里有检察官让琴纳统计一下几年来村里因天花而死亡或变成麻脸的人数。他挨家挨户了解，几乎家家都有天花的受害者。奇怪的是，养牛场的挤奶女工们，却没人死于天花或变成麻子脸。他问挤奶女工生过天花没有，奶牛生过天花没有。挤奶女工告诉他，牛也会生天花，只是在牛的皮肤上出现一些小脓疱，叫牛痘。挤奶女工给患牛痘的牛挤奶，也会传染而起小脓疱，但很轻微，很快就会恢复正常。好了之后，挤奶女工就不再得天花病了。

琴纳又发现，凡是生过麻子的人，就不会再得天花。

你知道由此琴纳想到什么吗?

214. 竿上取物

听到人们都夸赞徐文长是个聪明伶俐的孩子，大伯将信将疑，就决定来考考他。

一天，大伯想到了一个难题。他提着两只小木桶，把徐文长领到一座小河边，河上有一座又矮又小的破竹桥。

大伯对徐文长说："如果你能提着两桶水过桥，而且途中水不洒出来，我就送你一件礼物。"

徐文长看了看竹桥，心想：竹桥的桥身很软，弹性很大，人空身走上去，还摇摇晃晃的呢，别说再提两桶水了，水不洒出来才怪！再说了，凭我现在的这点力气，别说两桶水了，就是一桶水也提不动呀！大伯分明是在难为我。不过他会给我什么礼物呢？也许是我最想要的画笔呦。

徐文长拍着小脑袋瓜子，看着眼前潺潺的流水，忽然冒出了一个想法。他立即找来了两根长绳，拴在两个木桶上，然后把木桶灌满水放在河里，他自己走上竹桥，拖着两个木桶，很轻松地到了对岸。水桶里的水，一滴也没洒出来。

大伯见了，暗暗叫声“好”，脑子里又想到了一个题目，他不以为意地说：“这个题目太简单了，你做出来也没什么了不起的，不过，我说话算话礼物已经给你准备好了，喏！在那儿呢！”大伯指了指。

徐文长看到不远处竖着一根长竹竿，竹竿顶端系着一个包裹，就兴冲冲地跑过去解。

“慢着！”大伯说道：“你拿礼物，我还有两个要求：第一，你不能把竹竿放倒；第二，你不能爬竹竿，也不能垫着凳子去够。”

徐文长听了，一对小眼睛滴溜溜一转，就想到了一个好办法，他笑着说：“放心，我一定满足大伯的要求。”

徐文长想到了什么好办法？

215. 难以铲除的地堡群

第二次世界大战期间，日本因为通过珍珠港事件先发制人，在制海权方面取得优势，太平洋上的许多岛屿都被美军所占领。美国为了重新夺回制海权，对于这些岛屿进行了疯狂的争夺。但是，因为日本士兵中有不少是煤矿工人出身，这些善于挖洞的人在一些岛屿上挖出了许多地堡群。这些地堡群一般地处低洼地带，设计又非常巧妙，洞口小而少，很难攻进去；但又坚固无比，很难炸掉，因此美军虽然付出惨重代价，都拿这些地堡群没有办法。美军指挥官就此事多次召开军官会议，都没能找到有效的办法。当时，有个美国士兵也曾经当过煤矿工人，他通过自己的切身体会，知道身在地下最害怕的事情，经过一番考虑之后，一个办法在他头脑中形成。于是，他便将自己的想法告诉了自己的长官。结果，长官一听，便顿时十分兴奋，连喊妙计。最终美军正是采用这个办法很轻易地便解决了这个问题，迅速夺得了这些岛屿。

你能猜出这个美国矿工所想出的办法吗？提示一下，是借助逆向思维。

216. 巧治精神错乱

古时候，在苏格兰有个王子产生了精神错乱，脑子总有个很怪的想法，认为自己是一头牛。开始还好，这个王子只是每天模仿牛走路的样子，又发出牛的叫声，感到痛心的国王和王后找了很多医生为他看病，医生们也都束手无策，时间一久，国王和王后便听之任之了。但是，有一天，这个王子更加钻进了牛角尖，他坚持认为按照当地教规，牛是应该被杀掉祭祀的，因此自己作为一头牛，便应该被杀掉祭祀神灵，并要求别人这么做。当然，谁也不敢满足他的要求，于是，他便开始坚持不吃不喝，要将自己饿死。这么一来，国王和王后着急得掉泪，悬赏重金在全国找医生。

两天后，有个民间医生来到宫廷，声称愿意一试。于是，他先是远远地仔细观察了王子的情况之后，便打定了治疗的主意。这个医生装扮成一个乡间负责祭祀的人，他拿着一把刀，假装是要杀“牛”。王子一看这情形，很高兴。在杀之前，“祭祀者”上前煞有介事地摸了摸王子的肩膀和四肢，看上去是看看从哪儿下刀合适。但是，过了一会儿，他突然停了下来，并对身边的人说，这头牛太瘦弱了，神灵不会喜欢，说完便走了。王子一听心里十分失望，为了能达到“祭祀者”的要求，他便开始吃饭了，并且很注意营养搭配。几个月后，他果然吃胖了，身体也又强健起来了，并且他的精神也逐渐好起来了，已经忘记了关于牛的事情了。

其实这种类似的精神分裂现象虽然在现实生活中不常见，但总体上类似的病人还是一直都有的，在挪威便有一个人也同样是得了这种精神分裂。并且这个人更奇特，他坚持认为自己是一只蘑菇，于是他便天天打着一把伞，蹲在地上一动不动。无论别人怎么劝他，他都无动于衷。于是，他也成了远近闻名的“景点”，许多人大老远赶来就为了看他，家里人也对他感到又好气又好笑。

终于有一天，家里人为他请来了一个心理学医生，医生想了一个和上面的故事类似的办法，将这个人的病治好了。

联系上面的故事，你能猜一下这次医生会怎么做吗？

217. 优旃劝阻秦二世漆城

在《史记·滑稽列传》中记载有一个叫做优旃的秦国歌舞艺人，此人身材矮小，却反应机敏，擅长逗趣，并且具有悲天悯人的情怀。面对残暴专横的秦王，优旃经常能够在群臣不敢讽谏的情况下，采用逆向思维的方式，巧妙地采用反讽的笑话的方式给秦王讽谏，从而起到很好的讽谏效果。其中，他劝阻秦二世胡亥漆城墙的计划便是其中著名的一例。

残暴的秦始皇死后，秦二世胡亥并没有因为天下的民怨沸腾而有所收敛，而是实行了更加残暴专横的统治。一天，秦二世突发奇想，想要给咸阳的城墙都涂上漆，这显然是既无任何意义，又浪费巨大的人力物力的任性举止。但是，大臣们都知道秦二世的专横脾气，都不敢站出来劝阻。优旃听说这件事后，便去面见秦二世，像他一向的方式一样，他同样是采用了表面称赞实际上反对的方式。结果，秦二世一听，果然便放弃了这个荒唐的举动。

你猜优旃是如何对秦二世说的？

218. 神箭手

从前有一个射箭手，他的技艺十分高超，百发百中，方圆百里之内无人能及。箭手喜欢经常和别人切磋技艺，以弥补自己的不足。但是，附近的善于射箭的都和他切磋遍了，也都败在了他的箭下。一日没有对手，神箭手一日不得安生。

俗话说：“山外有山，楼外有楼。”这个范围内是神箭手，并不代表其他的地方没有人可以胜过你。射手相信在别的地方一定有自己的对手存在，于是，他决定自己出去找对手。

就这样，射手离开了家乡。他边走边问有没有射箭的高手。可是，大家都说没有。这让他很失望。但是，他没有放弃寻找高手的想法。他走了很多地方，连驮他的马都疲惫了。但是，一天不找到对手，射手就不甘心。

一天，射手来到了一个村子里，发现村子到处都有被命中的红心。他想："这个村子里一定会有一个射箭高手，我一定要和他较量较量，也不枉我这么远跑来。"他边走边按照靶上的箭寻找"高手"。过了几个时辰之后，终于，他在村子东头的一个小树林里发现了那个"高手"。这个"高手"和他想象中的相差甚远，他既没有高大挺拔的身姿，也没有深邃坚毅的眼神，他只是一个十来岁的小男孩。神箭手正在纳闷："难道这个小男孩就是高手吗？"

正巧，这个小男孩正在射箭。于是，神箭手悄悄地躲在一棵树后，看这个小男孩到底是如何次次射中靶心的。但是，这个小男孩的"命中"红心的过程却让神箭手感到又可气又可笑，并由此知道这只是个顽皮的孩子罢了。于是，神箭手又开始了自己寻找对手的路。

你猜那个小孩是如何"命中"红心的？

219. 魔术表演

一个非常著名的魔术师正在表演一个魔术。魔术师身着华丽的服饰，手里拿着四个球走到了舞台中央，只见他神秘地对台下观众说："请各位仔细看好了，这将是见证奇迹的一刻。"说完之后，魔术师将四个球放在了手掌上面，然后大叫了一声，此时台上的那四个球依旧老老实实地在原来的位置待着，没有任何变化。但是此时台下的观众响起了一片雷鸣般的掌声。大家都在为魔术师精彩的表演鼓掌喝彩。

你能猜出来这究竟是为什么吗？

220. 齐威王考孙膑

中国古代著名军事家孙膑生活在战国时期，他在师父鬼谷子的教导下精通兵法，是个难得的人才。出师之后，孙膑来到当时的大国——齐国，齐威王久闻孙膑大名，想拜其为师。

不过齐威王有一点担心：虽然孙膑很有名气，可会不会是徒有虚名呢？因此，他很想找个机会试探一下孙膑的才能。

一天，齐威王和他的侍从以及大臣们（包括孙膑）一同到京郊游玩。一路上景致不错，齐威王的心情也不错。走到一个小山前时，齐威王灵机一动，想到了一个逗乐的主意，只见他在山脚下停了下来，问随从们："这样走路也怪沉闷的，我现在给你们出个难题——如果我不肯上山，你们中谁有办法让我主动走到山顶上去？"这个题目表面上是考大臣们，其实是考孙膑。大臣们看齐威王这么有兴致，也都很积极，纷纷沉思了一番，并说出了自己的办法。

先是大臣田忌开了口："现在是秋天，正值叶落草黄的季节，您看看您的周围，有那么多的树叶，我可以在您的周围点上一把火，这样大王您自然就往山上走了。"

齐威王听了之后，不以为然地笑着说："你这个做法岂不是把这里的美景都破坏了？再说，在大火攻势下，爬山岂不是太难了？我又不是一个木头人，在你点火之前我早已经走到别处了。"

田忌听了齐威王的分析，顿时觉得自己的这个主意实在不怎么高明。

这时另一位大臣说："既然火攻不行，那么我们改用水淹吧。"

齐威王听后更是不以为然，认为这办法费时费事，可行性也不大，不是高明的办法。

随后，其他随从也陆续说出了自己的办法，有的大臣甚至说："既然环境利用不成，那我们就利用敌军。索性找附近楚国的军队来攻打您，您到时肯定就往山上走了。"

齐威王听了，眉头一下子皱了起来，说这办法比刚才的办法更笨，并且完全没有可操作性。

经过这一圈否定之后，大臣们都不敢轻易开口了，纷纷眉头紧皱，却想不到什么好办法。这时，齐威王偷眼看孙膑，只见他神色自若，面带微笑。于是，齐威王便转向孙膑问道："看孙先生的表情，想必孙先生是有好办法了？"

其他的大臣们也都对于齐威王尊崇孙膑一向有些嫉意，这时见齐威王将难题抛给孙膑，都暗自高兴。他们心想，这回孙膑要出丑了，因为脚长在大王身上，如果大王不肯上山，难道孙膑还有胆量把大王逼上山不成？

令大臣们没想到的是，孙膑短短几句话竟然真的使得齐威王自己走上了山顶。最终，齐威王和大臣们都不得不赞叹孙膑的聪明。

你猜孙膑是如何使齐威王主动走到山顶的？

221. 父子摸鱼

一天，一个父亲带着儿子到池塘边摸鱼。父亲告诉儿子摸鱼的时候千万不可以发出声音，因为鱼一听到声音，就会跑掉躲起来。儿子于是问："那么他们躲到什么地方呢？"父亲说："躲到水深的地方，在那里我就很难摸到他们了。"儿子听了这话后便乖乖地不作声了，好让父亲多摸几条鱼。不过，最终，父亲也只是摸了三四条鱼而已。

如此几次之后，儿子发现虽然每次自己都很安静，但父亲每次并不能摸到很多鱼。一向爱动脑筋的儿子便开始琢磨，如何能捉到更多的鱼呢？最后，他逆着父亲捉鱼的思路想到了一个办法，并告诉了父亲。父亲试着采用了他的办法，没想到半天下来，父亲抓到了整整一筐鱼。

你猜，儿子想到的办法是什么？

222. 章鱼的习性

19世纪中期，有一艘日本的轮船在日本海沉没了。这艘船本身价值并不大，然而，船里装载着为日本天皇从四处搜罗来的珍贵瓷器，这些瓷器价值连城。

虽然人们清楚地知道沉船的地点，可是却无法进行打捞，因为轮船沉没的水域太深了，连最好的潜水员也无法潜到水底。为了打捞这些瓷器，人们想尽了各种办法，却都没有成功，那些珍贵的瓷器依然深藏在水底。

有一天，一位负责打捞事宜的日本官员来到海边散步，他看到几个渔民从海里拉出来一串普通的陶瓷器皿，然后从里面捉出来许多章鱼。看到这些，他灵机一动，脸上露出了笑容，因为他想到了一个好主意来打捞那些贵重的瓷器了。

猜猜看，这位日本官员想到了什么主意？

223. 王子破案

普鲁士国王腓特烈二世在未登基的时候，人们都称他为腓特烈王子。王子自幼就特别聪明，经常去警察局帮警察解决一些很难解决的问题。

一天上午，王子一个人在皇宫里感到无聊，就一个人悄悄地从王宫后门溜了出来，来到警察局玩耍。局长看到腓特烈王子，赶紧上来敬礼说：“王子陛下，您好！您怎么又一个人跑出来了？这样多不安全，万一出了什么差错，我们怎么担当得起！”

王子笑着对他说："哎，我在皇宫太无聊了，到这里来解解闷。我看你愁眉不展的，是不是发生了什么令你头痛的案件？"局长叹了一口气，然后和王子讲述了昨天遇到的一个案件。

局长说："昨天在一座没有邻居的大房子里面发生了一起谋杀案。房子的主人是一个独居的寡妇，她在昨天莫名其妙地被害了。报案的人是住在离被害人不远的独身音乐家。他昨天傍晚6点左右，想去向寡妇借用一下平底锅，却发现了寡妇的尸体。正好当时有巡逻的警察从那儿经过，所以他就跑到警察那里报了警。"

王子很认真地听着，他对局长说："你能具体介绍一下寡妇死亡的时间和其他的情况吗？"

局长继续对王子说："根据法医鉴定，女子死亡时刻为下午5时左右。因为昨天从早上开始就一直在下雪，到了下午3点左右大雪忽然停止，当时地面积雪有20厘米厚，所以这座房子等于被大雪围困了。很奇怪的一件事情是：当时雪地上只有画家去借书时的脚印，我们再也没有找到其他人的脚印了。"

王子仔细沉思了以后说："你们不要被画家主动报案的行为所迷惑了，依我推断，这个案件的凶手就是画家自己。"

局长听到王子的结论很是疑惑地说："你怎么知道的呢？"

王子于是冷静地给出了自己的理由，局长听完恍然大悟地叫道："对呀！"

于是，局长将画家当作犯罪嫌疑进行了调查，最后证实那个画家确实就是凶手。他之所以主动报案，便是因为他知道自己是住得离寡妇最近的人，警察必然会怀疑到自己身上，因此还不如主动报案，以排除自己的嫌疑。

你猜，王子推测画家就是凶手的理由是什么？

224. 毕加索的妙招

毕加索是当代西方最有创造性和影响最深远的艺术家之一，他和他的画在世界艺术史上占据着不朽的地位，关于他的故事也一直影响着很多为了理想而奋斗的人。

早年的毕加索生活得很不顺利。那个时候，他在浪漫之都巴黎闯荡，事业上一直默默无闻，生活上非常贫困，他的画一张也没有卖出去。在当时很多的画店里面，老板喜欢卖的都是一些当时很有名的画家的作品，而对于毕加索这样的无名画家一点也不感兴趣。

毕加索没有被残酷的现实打败，他依旧在努力画着自己的作品。一天，他的生活陷入非常困难的局面，当时他的口袋里竟然只剩下了仅有的15个银币。这个时候，他准备孤注一掷，为自己的画找一个出路。

想到画店的老板都愿意卖一些比较出名的作家的画，毕加索这个时候就想到了一个办法。他去附近的一个学校雇用了几个大学生，然后让这几个人每天都去附近的画店转悠，但是谁也不买画，等到他们临走的时候都要问画店的老板下面的一些问题，比如："请问，你们店里有毕加索的画吗？""请问，在哪里可以买到毕加索的画？""请问，你们这里什么时候才能有毕加索的画？"

就这样，毕加索的画不断开始在各个画店出现。很快，他的画就被卖出去了，最后他的画一点点地开始被人们认可，很快他就成了非常出名的画家。

你能分析一下毕加索的办法包含的思维方法吗？

225. 柏拉图理发

柏拉图是古希腊最伟大的唯心主义哲学家和思想家，他的哲学成就影响了以后很多的思想家与哲学家。

柏拉图在28～40岁这十几年经常去海外旅游。有一次，他来到了美丽的西西里岛观光游览，并住在了岛上的一个小镇上。这个小镇景色很好，唯一不足的就是地理位置有点偏，整个小镇竟然就只有两家理发店。让柏拉图有点奇怪的是这两家理发店的状况却是天壤之别。一家店是窗明几净，店里整理得非常整齐。理发师本人仪表整洁，举止大方得体。另一家则是完全相反的局面，店里面又脏又乱，理发师自己也没有好好打理，头发每天乱糟糟的。

柏拉图想了一下，最后却走进那家又脏又乱的理发店。你知道这是为什么吗?

226. 寻找葡萄酒保鲜术

巴斯德是法国著名的化学家，生物学家。有一段时间，他一直都被葡萄酒在贮存的过程中会变酸的问题困扰，他想了好多的办法，最终都失败了。但他没有放弃，而是选择继续研究这个问题。经过反复的研究他发现，葡萄酒变酸的原因是发酵器中的一种细菌在悄悄起作用。但是，如果按照常规的杀菌方法，通过将葡萄酒用火煮沸的办法来杀菌，那么肯定会影响葡萄酒的质量。所以，如何才能既消灭细菌，又不影响葡萄酒的质量便成了问题的关键。

为了研究这个问题，巴斯德实验了好几种办法，但是最后都没有得到比较理想的结果。他不断变换抗菌药物进行实验，但是很遗憾最后都没有达到预期的目的。一次又一次的失败对于巴斯德来说是一个很残酷的现实，他有点丧失信心了，于是决定暂时放下这项研究。

一个冬日的下午，几个朋友前来拜访巴斯德，在吃饭的时候，大家依旧选择了最爱喝的葡萄酒。巴斯德是个非常细心的人，因为天气冷，出于对大家健康的考虑，他把葡萄酒放在炉子上稍微加热了一下，然后再让朋友喝。巴斯德热了不少的葡萄酒，尽管大家开怀畅饮，但是依旧没有全部喝干净。等朋友走后，巴赫德没有把剩下的葡萄酒全部倒掉，而是将它们重新装进了瓶子里，然后就那么放着了，自己也慢慢地忘记了这件事情。

直到第二年春天，巴斯德无意中看到了被自己放置好久的那瓶葡萄酒，他想，时间过了这么久，葡萄酒肯定早就变质了。但是让他感到惊奇的是，当打开那些葡萄酒后，发现这些葡萄酒居然一点也没有坏，巴斯德惊喜万分。

你能预测一下接下来发生的事情吗?

227. 不一样的动物园

国外一家动物园，有一段时间生意非常不好，动物园园长为此特意请来了一些专家一起讨论，其目的是找到一个能捉到老虎的办法。原因在于动物园老虎的数量与品种是吸引广大游客的一个很重要方面。

专家们接下来按照KJ的办法开始了讨论。所谓KJ法是1970前后由日本著名学者川喜田三郎创立的，原则是在开会的时候大家要彻底解放思想，展开想象，畅所欲言，无论其他人的意见是如何荒谬都不立即进行反驳；要求与会者一起努力寻找或者改进他人办法的意见，最后由决策人整理全体人员的意见并做出最后的抉择。

会议上一位计算机学者首先发言说："我们可以不必捉老虎了，先把猫捉来就可以了。因为猫与老虎非常相似。"

"只要给猫拍张照片就好了，因为猫的照片是老虎的同态像。"另一个数学家接着上面的建议说，他运用了数学中"同态学"的概念。

一位拓扑学专家过了一会儿站起来发言说："其实老虎我们已经捉住了，我可以用一个拓扑学的变换来给大家说明：把笼子的内部变成外部，外部变成笼子的内部，不管哪里有老虎，我们最后都可以捉得住。"

会议上每个专家都说了自己的意见与看法，好多专家的言论看起来是那么的荒谬可笑，但是动物园的园长却通过这次会议得到了很大的启发，他于是采取了一个重大的举措，调整了人与老虎的空间位置，改造了自己的动物园。后来事实证明他的举措非常成功，动物园因此生意越来越红火。

那么，你能想到动物园园长采取的是什么有效的措施吗？

228. 摄像师解难题

有一个摄影师，经常会被邀请去给一些大会拍集体照，但是一直有个问题困扰着他：在拍集体照的时候，照相机对面的人们就会出各种各样的问题。

开会的人比较多，一般是一排排坐着的，有些还要站着，时间一长，这些人们难免会犯困，即使不困，也会有人眨眼睛，眯眼睛之类的。

一般开会的人数是几十人，有时候甚至是上百人，摄影师“咔嚓”按下快门之后，有的人是睁着眼睛，有的是闭着眼睛，还有的在发呆。那些闭着眼睛的、表情没到位的看到照片后自然会很不高兴，但是可惜的是每次照相几乎都会遇到这样的情况。

对于拍照而言，个人形象是头等大事，大家苦苦等了那么久，一起喊完“一二三”之后还是有人会忍不住闭眼，摄影师为此非常头疼。

想了好久，他终于想到了一个特别好的办法，一举解决了这个问题。从那以后出来的照片几乎没有闭着眼睛的，每个人的表情都很到位，大家当然也就很满意了。

那么，你能猜出这个摄影师最后想到的解决问题的办法是什么吗？

229. 推广马铃薯

马铃薯本来是产于美洲大陆的作物，它不仅营养价值很高，而且产量也很高。马铃薯作为一种人们常吃的食物，既可以当作主食来吃，也可以作为蔬菜食用。一位名叫巴蒙蒂埃的法国农学家，认真研究了马铃薯之后，觉得马铃薯是一种值得推广的农作物。于是，他就想把马铃薯引进到法国来。

为了让法国人民认识到马铃薯的益处，巴蒙蒂埃千方百计地通过刊物和媒体宣传马铃薯。但是，由于法国人们受到传统观念的影响，加之人们对新事物的接受需要一个过程，最初很多人都反对引进马铃薯。巴蒙蒂埃无论怎样奔走相告，人们就是不接受马铃薯这个新鲜的食物。因此，在法国推广马铃薯的事情遇到了挫折。

但是，巴蒙蒂埃并没有放弃，他动了一下脑筋，想到了一个好办法。最终，马铃薯还是在法国普遍推广开了。你知道聪明的巴蒙蒂埃是如何做到这一点的吗？

230. 突发奇想

1935年，智利一个名叫凯文的小伙子失恋了。那一段日子里，凯文一直处于痛苦、彷徨之中。他怎么也想不到自己相恋多年的女友竟然会和他分手。这件事情对他的打击很大，为此，他十分难过，心情久久不能平静。

一天，他无意中发现自家阳台上的玫瑰花枯萎了，他不禁感叹：“曾经那么漂亮的花也枯萎了，我的爱情曾经不也是那么的美好吗？”越看花，越感伤，他索性就把那朵枯萎的花剪了下来，把它用一根黑色的丝带扎好，寄给了以前的恋人。

残花寄出去后，凯文的心情似乎比之前好了很多。他想：“世界上有那么多的人，谁没有过痛苦伤心的时候呢？人们苦于无处表达，我是不是应该给他们提供一个机会呢？或许花能够作为这个媒介。”这样想后，凯文就去做了一件事情。之后，他成了美国家喻户晓的名人，并且发了财。

你知道凯文做了什么吗?

231. 赵汴救灾

宋朝神宗年间，有一个叫赵汴的清官，被派到越州做知州。当时的越州适逢蝗灾，农民的作物都遭殃了，一年的收成被蝗虫吃得所剩无几。

由于蝗灾的肆虐，百姓过的都是半饥半饱的日子。所以，赵汴到任的首要任务就是要让老百姓有饭吃。俗话说："物以稀为贵"，在粮食极度短缺的年代，黄金都没有粮食珍贵。当时的粮食价格飞涨，普通百姓无力购买，因此很多百姓都想要官府出面降低粮价。赵汴是大家公认的好官，大家都觉得他一定会为百姓着想降低粮价的。但是，令所有人大跌眼镜的是，赵汴却发出这样的告示：越州米价可以自由上升。表明官府不会控制米价。

对于赵汴的这一做法，大家都甚为困惑。但是，没过几天，越州的米价反而自然地回落了。你知道这是为什么吗?

232. 找马

在土耳其，有一个智者叫考基亚，他的聪明机智远近闻名。他喜欢和朋友喝酒聊天。一次，他和一些马帮的朋友聚到了一起。由于双方谈得很投机，加上考基亚又是一个风趣幽默的人，整个聚会的气氛都很欢快，大家说说笑笑，好不热闹。那一次，他们都喝多了，一个个都醉倒在地，考基亚也喝醉了。

等到第二天凌晨，考基亚第一个醒来了。看着周围还在睡的朋友们，考基亚笑了。这时，考基亚才想起来，自己还有件事情要做，而且还很紧急。于是，他飞奔到马圈，可是，由于大家的马都没有特殊的标记，他却分不出哪匹马是自己的马。这可真是急人啊，毕竟他刚刚醒来，所以任凭他怎么努力去回忆自己马的样子，可是还是无法分辨出来。焦急之中，他想到了一个办法。

他跑回房间，把朋友们都叫醒，并说了一句话，结果大家都往马圈跑。结果，考基亚很快就找到了自己的马。你猜他说了句什么话？

233. “傻”小孩

有一个美国男孩，由于从小就性格内向，不爱说话，所以，大家都觉得他的智商很低。

有一次，一伙人聚集在一起，想要奚落一下这个小男孩。他们在小男孩面前丢下1角和5分两个硬币，让他选择。小男孩只拾起了那个5分的硬币，大家就都笑小男孩傻。从此，小男孩就被冠上了傻瓜的称号。

这件事情很快就被更多的人知道了，为了证实小男孩的智力确实有问题，很多人都亲自用硬币来做试验，无论哪一次，他都只要5

分的硬币。于是，大家都相信这个小男孩确实是傻瓜。

有一次，一个人特别好奇，就问小男孩："你难道不知道1角是5分的两倍吗？"小男孩的回答让人不仅不再将他看做傻子，反而认为他是个绝顶聪明的小孩，将来前途无量。果然，这个小男孩后来成了美国总统。

你知道小男孩是怎么回答那个好奇者的问题的吗？

234. 大胆的创意

杰米是一家公司的主管，他的薪水很高，他也很喜欢自己目前的工作。只是有一件事情让他很烦恼——他很讨厌他的上司，一直以来，他都是忍气吞声，可是最近他发现自己已经无法忍受了。

经过了一段日子的考虑之后，他决定去猎头公司找工作。让他很欣慰的是，猎头公司说他现在完全可以找到一份相同待遇的工作。

杰米回到家，就把事情和自己的妻子说了。妻子想了想，对杰米说："有时候看待问题完全可以换个角度，也许你会有惊喜的发现。"听了妻子的话后，杰米似乎一下子明白了什么。他想到了一个大胆的创意，不仅不用换工作，而且还代替了上司的位置，你猜他的创意是什么？

第六章

形象思维名题

235. 伽利略发明钟摆原理

1582年的一个星期天的上午，在意大利比萨城的一个天主大教堂里，一位18岁的青年人正在虔诚地做着礼拜，他的名字叫伽利略。

突然，一阵疾风从门洞里吹来，悬挂在教堂半空的一盏吊灯被吹得来回摆动。这引起了伽利略的注意，他眼睛一动也不动地盯着吊灯看了起来。看着看着，他的脑海里忽然闪过一个奇怪的念头：吊灯每次摆动的时间是不是相同的呢？为了搞清楚这个问题，伽利略一边用右手按着左手的脉搏，一边目不转睛地看着天花板上摇摆不定的吊灯。因为那时还没有时钟和手表，正在学医的伽利略只好利用自己的脉搏跳动作为测时工具，来测量吊灯摆动的时间。

经过一段时间的观察，伽利略发现，吊灯的摆动虽然是越来越弱，每一次摆动的距离也越来越短，但是吊灯每完成一次摆动所需要的时间却是一样的。这说明吊灯来回摆动一次需要的时间与摆动的幅度大小没有关系，无论摆动的幅度大小如何，摆动一次需要的时间都是相等的——吊灯的摆动具有等时性。

伽利略为自己的这一发现感到惊喜。但他并没有就此停止思考，他的脑子里又冒出来两个问题："吊灯要是大小不一样，摆动一次需要的时间会有什么不同吗？挂吊灯的绳子要是有长有短又会怎么样呢？"

236. “东来顺”的设想

北京“东来顺”涮羊肉是非常著名的老字号小吃，最初是一家小羊肉馆，从1914 年正式挂牌经营涮羊肉以来，至今已有九十多年历史。

东来顺的创始人丁德山，是一个追求完美、精益求精的人。当他的羊肉馆有了一定规模之后，就不满足“买进原料卖出成品”这种传统经营方式了。他设想了一整套全新的经营模式：要有自己的牧场和羊群，为“东来顺”提供优质羊肉；还要有自己的加工作坊，为“东来顺”提供涮羊肉的各种调味料；还要有自己的酱园，为“东来顺”提供风味独特的酱油；甚至还要有自己的铜铺，为“东来顺”生产适合涮羊肉的火锅。这种想法在那个时代是非常新颖而且大胆的。

丁德山的设想能成现实吗?

237. 南茜的妙想

当今时代以瘦为美，无论是胖的还是不胖的女人都在忙着减肥。肥胖的女人在买衣服的时候都不愿意对售货员说“我要大号的”，“我要特大号的”。如果不识相的售货员向她们推荐大号或特大号的服装也会引起她们的反感。美国的一位女企业家南茜运用取代想象为肥胖的女性着想，想到了一个避免尴尬的办法。

她想到的是什么方法呢?

238. 女佣的简单方法

美国哲学家、诗人爱默生有这样一件趣事：

有一天，他和儿子想把一头放养在牧场上的小牛犊赶回牛栏。他们好不容易把小牛犊赶到牛栏旁边。但是任凭爱默生在后面如何使劲推，他的儿子在前面用力拉，小牛犊就是死死地抵住地面，不向前迈一步。父子俩急得满头大汗，还是奈何不了它。

这时，他们家的女佣出来看到了这个情景，笑了起来。

她有什么好办法吗?

239. 安慰剂效应

世界各地都有巫婆和神棍给人治病的现象，他们在病人面前表演一番，弄一些香灰、神水，或说几句咒语，就声称能把病治好。至今仍有不少人迷信巫婆的神药。这种现象之所以能存在这么久，是因为有的时候它真的奏效。但是，这和香灰、神水、咒语没有关系，巫婆实际上是运用了“引导想象”的方式来治病的。巫婆通过各种手段让病人想象她的巫术是有效的，因为巫术起不起作用关键在于患者是否相信巫术可以治愈他的病。

现代医学使用的“安慰剂”起作用的原理与古老的巫术是一样的。

你知道是怎么回事吗?

240. 成功学大师的形象思维

成功学大师陈安之有过这样一次经历：他想买一辆汽车——奔驰 S 320，但是当时根本买不起。于是，他把那辆汽车的图片贴在书桌前面，后来觉得这辆车有点贵，就换成了奔驰 E 230。

要想实现目标必须付出行动，为了得到自己想要的汽车，他努力工作，几个月之后，他的收入大增。当他挣到足够多的钱的时候，决定去买汽车了。在购买的前一天，他碰巧看到了他的学生，得知他们也要买汽车——奔驰 E 800。陈安之觉得自己不能输给学生，临时决定买奔驰 S 320。这个戏剧性的变化，竟然使他实现了最初的目标。

陈安之的老师安东尼·罗宾的经历更加神奇。你知道他是怎样运用形象思维成就梦想的吗?

241. 被赐福的球棒

欧雷里拥有一支优秀的棒球队，选手们都有过卓越的比赛记录，人们都认为这是一支最具潜力的冠军队伍。但是在一次比赛中，他们表现得很糟糕，接连输了7场比赛，比赛时队员的情绪非常低落。欧雷里仔细分析了情况之后，认为问题的关键不是技术的问题，而是队员普遍缺乏自信，没有必胜的信心，消极的态度使他们的水平受到了限制。

欧雷里听说一位著名的牧师正在附近布道演讲。很多人相信他拥有神奇的能量，当地人纷纷前去等待他赐福。欧雷里想出了一个绝妙的办法，你知道是什么吗?

242. 厂长的联想

改革开放初期，报纸上报道了这样一条消息：国务院已同意各地开设营业性舞厅。上海某家幻灯仪器厂的厂长正在为拓展市场发愁，看到这则消息之后，他展开了联想。

他想到了什么?

243. 贝尔发明电话

“电话之父”贝尔做过这样一个实验，相连的两个带铁芯的线圈前面分别放一个音叉，当一个音叉振动的时候，就会使线圈产生电流，导致另一个音叉也振动，并发出同第一个线圈一样的声音。由此他联想到如果把音叉换成金属簧片，说话的声音引起金属簧片的振动，另一端金属簧片的振动又会转化成声音，这样不就可以通话了吗?

真的是这样吗?

244. 充气轮胎的发明

苏联心理学家哥洛万斯和斯塔林茨，发现任何两个概念或词语都可以经过四五次联想，建立起联系。比如桌子和青蛙，似乎是两个风马牛不相及的概念，但可以通过联想作媒介，使它们发生联系：桌子——木头——森林——水塘——青蛙。又如书和小麦，书——知识——精神食粮——粮食——小麦。每个概念可以同将近10个概念发生直接的联想关系，那么第一步就有10次联想机会，你可以从10个词语中选择一个接近目标对象的词语，第二步就有100次机会，第三步就有1000次机会，第四步就有1万次机会，第五步就有10万次机会。因此联想为我们的思维提供了无限广阔的空间，经过五次联想之后，你就能把两件事物联系起来了。

将两个看似毫不相干的事物联系起来之后，总能给你带来意想不到的点子。比如自行车充气轮胎就是运用联想思考发明的。

你知道是怎么回事吗？

245. 利伯的设想

精神病学专家利伯，有一次在海边度假的时候，看到了涨潮的现象，海水波涛滚滚涌向岸边，没多久又悄然退去。他知道这是月球引力的作用，每到农历初一、十五就会有大潮涨落。由此他联想每到月圆之夜，新入院的精神病人会增加，精神病院里的病人会变得情绪激动，病情加重。

真的是这样吗，月球的引力会不会对病情有所影响呢？

246. 番茄酱广告

有这样一则获奖的广告作品：夜里一个男人正在黑暗的卧室里看枪战片，电影情节非常刺激，他看得非常着迷。突然间一声枪响，电影结束了。再看那个男人，他躺倒在床上，胸前有一摊血……观众看到这里会纳闷，怎么回事？那个男人遭到袭击了吗？

247. 费米发现核能

1934年后，意大利物理学家费米，用中子轰击铀，发现了一系列半衰期不同的同位素。1938年下半年，一位德国化学家用中子轰击铀时，发现铀受到中子轰击后得到的主要产物是钡，其质量约为铀原子的一半。1939年初，一位瑞典物理学家阐明了铀原子核的裂变现象。

由于铀-235裂变后会释放出大量的能量和中子，费米由此联想到……

248. 引狼入室

在澳大利亚有一个引狼入室的故事。澳大利亚草原上经常有狼群出没，吃了不少牧民的羊，使牧场受到很大的损失。牧民们于是向政府求救，政府为了牧民的利益派军队将狼群赶尽杀绝。没有了狼的威胁，羊群的数量不断增加，牧民们非常高兴。可是，几年之后，羊的数量开始锐减。羊群变得体弱多病，而且繁殖能力也大大下降。羊毛的质量也大不如从前。

牧民们只好再请政府帮忙。这一次，政府会怎么做呢?

249. 蔡伦造纸

在京城洛阳的皇宫里当宦官的蔡伦，当时主管宫中用的各种器物的制造，同时还担任中常侍（侍从皇帝的官员）一职。蔡伦看到皇帝每天要批阅堆积如山的简牍，非常不方便，他就琢磨着要制作出一种既轻便好用价格又低廉的书写材料，来取代笨重的简牍。从此，蔡伦就时时处处留意，脑子里一直想着这个问题。

有一天，蔡伦闲来无事，就带着几个小太监来到城外游玩。这是一个十分幽静的山谷，一条小溪从山谷中缓缓流过，溪边长着各种各样的树木和花草，景色十分漂亮。

小太监们一路打打闹闹，嘻嘻哈哈，好不快活。只有蔡伦一副心事重重的样子，一路上不住地东张西望，好像在寻找着什么。

忽然，蔡伦眼前一亮，只见他快步走到小溪边，蹲下身去一动不动了。

“蔡大人在干什么呢？”小太监们觉得非常奇怪，都停止打闹围了过来。只见蔡伦手里捧着一堆湿湿漉漉的、破破烂烂的、像棉絮一样薄薄的东西发呆。

这时，一位农夫扛着锄头走了过来。蔡伦见了，双手捧着那团东西，三步并作两步走上前去问道："老人家，您知道这是什么东西吗？"

农夫看了看，笑着回答说："这个呀，是漂在小溪里的树皮、烂麻布、破渔网什么的，它们被水冲呀、泡呀，又被太阳晒，时间长了就成了这个模样。你看，这小溪里漂的到处都是呢！"

这个东西对蔡伦真的会有帮助吗？

250. 毕达哥拉斯定理的发现

有一次，毕达哥拉斯到一位朋友家做客。这天来了很多客人，其他客人们都在滔滔不绝地高谈阔论，而毕达哥拉斯却一个人安静地躲在墙角，低着头不说一句话，好像在思考着什么。

原来，他是在观察朋友家用花砖铺砌的地面：一块块等腰直角三角形花砖，有黑的，也有白的，交替着铺成了一个美观大方的方格图案。而在这美丽的方格中，似乎有一种模糊不清的规律在他面前时隐时现。

毕达哥拉斯想着，看着，不知不觉地用手指头在花砖上画起图形来。

他究竟发现了什么？

251. 瓦特发明蒸汽机

在瓦特还是少年的时候，有一次，瓦特的妈妈带他到外婆家玩。外婆见到小瓦特来了，十分高兴，连忙打了一壶水放在灶上，为他们烧开水喝。十几分钟过去了，水开始沸腾起来。这时，水壶的盖子被水蒸气顶了起来，不停地往上跳，还发出"啪啪啪"的声音。瓦特听到声音，急忙跑过去看发生了什么事。他的两只眼睛直愣愣地盯着水壶观察了好半天，感到很奇怪，不明白这是怎么回事，就问外婆说："外婆，壶盖为什么会跳动呢？"

外婆微笑着回答说："傻孩子，这有什么好奇怪的，水开了都是这样啊！”

可是瓦特并不满意外婆的回答，又追问起来：“为什么水开了壶盖就会跳动啊？是什么东西在推动它吗？”

可能是外婆太忙了，没有工夫搭理他，便不耐烦地说：“不知道。小孩子问那么多干什么？”

瓦特在外婆那里不但没有找到答案，反而受到了批评，心里很不舒服，可是他并没有灰心，他决心一定要弄清楚到底是怎么回事。

回到家后，连续几天，每当妈妈用壶烧水时，瓦特就蹲在火炉旁边细心地观察着。刚开始，壶盖安安静静地一动不动，过了一会儿，水快烧开的时候，水壶就开始发出“哗哗”的响声。瓦特心里开始紧张起来，他两眼一眨不眨地盯着水壶看。

突然，瓦特看到，壶里的水蒸气冒了出来，推动壶盖往上跳动。水蒸气不住地往上冒，壶盖也一个劲地往上跳，好像里边藏着个魔术师，在变戏法似的。瓦特高兴极了，他兴奋得几乎叫出了声来。他把壶盖揭开再盖上，盖上又揭开，反复进行验证。他还把杯子罩在水蒸气喷出的地方看水蒸气喷出的情况，一会儿又在数杯子上蒸汽凝结成的水滴。瓦特终于弄清楚了……

252. 哈格里夫斯发明珍妮纺纱机

在18世纪以前，人们都是用手工纺车来纺纱的。这种纺车一次只能纺出1根纱，生产效率很低。1733年，约翰·凯伊发明了飞梭，使织布的速度提高了两倍，棉纱更加供不应求。

为了解决这个矛盾，英国皇家艺术学会于1761年公开宣布：谁要是能发明一种新型纺纱机，“一次纺出6根毛线、亚麻线、大麻线或棉线，而且只需一个人开机器或看机器”，谁就能得到重奖。可是两年过去了，仍然没有人将这笔奖金领走。

当时，英国兰开夏郡有个叫哈格里夫斯的纺织工，他的家里很穷。为了增加家庭收入，他的妻子珍妮每天坐在纺车前忙个不停。

因为纺车上只能放1个纱锭，她每天起早贪黑地干活，也只能纺出1锭棉纱。看着妻子由于日夜不停地劳作而消瘦下去，哈格里夫斯非常心疼。他决心发明一种高效率的纺纱机，使妻子能轻松一点。萌生这个念头以后，他每天都在想着这个问题。

1764年里的一天，哈格里夫斯很晚才回家，而珍妮还没有休息，仍坐在纺车前纺纱。也许是因为太累了，他开门后不小心一脚踢翻了纺车。他赶紧弯下腰，想把纺车扶起来，这时他突然愣住了。

“珍妮，你快看！”哈格里夫斯惊喜地叫起来。

“看什么？”妻子有点莫名其妙。

“原来平放着的纱锭现在变成直立的了，可是它仍然转得那么快！”哈格里夫斯解释道。

“那又怎么了？”妻子还是不太明白。

是啊，那又怎么了？

253.蜘蛛的启示

法布尔是19世纪末法国著名昆虫学家。他从小就喜欢和各种小昆虫打交道，在他的眼中，那些小家伙们是那么可爱，那么有趣，跟它们在一起真是有不尽的乐趣。

出于研究的需要，法布尔饲养了6种园蛛。他发现，只有条纹蜘蛛和丝光蜘蛛经常停留在网中央，不管外面的太阳多么毒辣，它们也决不会轻易离开蛛网去阴凉的地方歇一会儿。而其他的蜘蛛在结好网后就把网往那一张，自己却跑到一个隐蔽的场所躲了起来，直到晚上才出来。

然而，令法布尔感到奇怪的是，虽然那些蜘蛛并不停留在网上，但是只要网上一有动静，比如当一些蜻蜓或蚂蚱不小心碰到网上被粘住的时候，躲在暗处的蜘蛛就会像闪电一样马上赶到，将猎物用丝网死死地缠住。

它们是怎么知道网上有了猎物的呢？

254. 贾德森发明拉链

19世纪时，人们穿的衣服和许多皮靴及鞋子都要用纽扣扣牢。有的外衣背面或皮靴的边沿有几十个纽扣，扣起来非常费事而且浪费时间。

能不能想个简单点的方法呢？这个问题让发明家伤透了脑筋，很长时间过去了，人们仍然没有得到满意的结果。

有一次，一位叫惠特康布·贾德森的美国人到铁匠铺买饭勺。他发现铁匠铺的饭勺放得很整齐，而且非常巧妙：在一根水平放置的细铁杆上，上下吊着两排饭勺，上面的饭勺用细铁杆直接穿过勺柄孔，下面的勺柄朝下，通过勺头与上面的勺头紧紧地咬合在一起。

“真是太奇妙了！这样，下面的饭勺就掉不下来了。”贾德森看着看着就入了迷，把买饭勺的事忘了个一干二净。

他联想到什么了？

255. 祖冲之测算圆周率

一天深夜，祖冲之躺在床上翻来覆去睡不着觉，就披上外衣坐起来看书。他翻阅着刘徽给《九章算术》作的注解，不禁被他高度的抽象概括力和“割圆术”精巧的计算方法所折服，不住地点头称赞。他看着刘徽计算出的圆周率数值，陷入了沉思：“能不能把圆周率的精确度再提高一步呢？”

第二天一大早，祖冲之就蹲在地上画起了圆圈。原来，他还在想着计算圆周率的事情。突然，祖冲之兴奋地喊道：“有了！有办法了！”

祖冲之的办法是什么呢？

256. 善于联想的企业家

一位善于运用相关联想的企业家同时了解到了以下四件事：

四川万县食品厂积压了大批罐头食品；四川航空公司由于缺乏资金，没有属于自己的飞机；俄罗斯古比雪夫飞机制造厂生产的大批飞机滞销；俄罗斯轻工业发展缓慢，基本生活用品供不应求。

企业家发现这四件事之间有相关性，可以联系起来。

他是怎么做的呢？

257. 杜朗多先生的“陪衬人”

左拉的小说《陪衬人》中描写了一个杜朗多先生的故事。杜朗多先生是个经纪人，对美学一窍不通。有一天，他居然贴出广告，声称专为小姐和夫人们开设一个“陪衬人代办所”。

他有什么目的呢？

258. 绷带到输油管的联想

日本的一支南极探险队在基地遇到了一个难题，他们需要把基地的汽油输送到探险船上，但是输油管的长度不够。面对这个问题，大家一筹莫展。这时，队长西崛荣三郎展开了联想……

他想到了什么好办法了呢？

259. 水银矿的发现

20世纪50年代，苏联的绘画艺术兴起，很多青年都投身于绘画事业。那时一位叫普法利的学生放弃了自己所学的地质工程专业，决定学习油画艺术。为了增加见识、开阔眼界，他经常参观各种油画展。在参观一个油画展时，他被一幅风景画深深吸引住了，画面是一片光秃秃的山峦，整个画面透出荒凉、神秘、诡谲的气氛。普法利觉得这幅画似乎隐藏了什么。

他到底发现了什么？

260. 保险柜的密码

乔丽娜是二战期间的德国间谍，她奉命搜集法国的机密军事情报。

在一次私人宴会上，年轻貌美的乔丽娜认识了法国军方的军事要人雷丹将军。通过一步步的交往之后，乔丽娜也逐渐和雷丹将军成了很好的朋友，对于雷丹将军的一些比较私密的事情也都有所了解。乔丽娜了解到，雷丹将军经常将一些军方重要文件带回家中，并锁进保险柜里。乔丽娜很想得到这些机密文件。

机会终于来了，一次，乔丽娜被雷丹将军邀请到家中做客。她趁雷丹将军不注意，悄悄地在他的酒中放了安眠药。雷丹将军喝过之后，呼呼睡去了。当时已经是深夜两点了，乔丽娜于是赶紧进入将军书房，寻找保险柜。最后，在一座古老的柜式大钟的后面，乔丽娜找到了保险柜。但是，接下来的问题便是，如何打开保险柜。保险柜是有密码的，而乔丽娜却并不知道。于是她随机地试了几个密码，都没有奏效，显然，靠这种排列组合的方式一个一个地试，是不可能赶在雷丹将军醒来之前打开保险柜的。

乔丽娜先是想到，雷丹将军已经上了年纪，记忆力不好，因此很可能会将密码之类的东西记录在记事本之类的东西上。但是，经过一番查找之后，乔丽娜并没有如愿。于是，正在她无计可施，在房间里来回踱步的时候，她的目光突然停在了那架古钟上。她发现，那架古钟的指针一直都指向一个时间，即九点二十五分十九秒，这会不会就是密码呢？乔丽娜想。但是根据钟表所指示的时间得到的数字是92519，只有五位数，而保险柜的密码显然是六位数的，乔丽娜陷入了困惑。不过，直觉告诉她，密码肯定就在这古钟之中，她开始挖空心思进行进一步的猜想。最终，乔丽娜灵机一动，找到了问题所在，最终，她成功地窃取了法国的军方机密情报。

你知道乔丽娜是如何得到保险柜的密码的吗？密码是多少？

261. 建筑师的联想

环球航空公司请建筑大师伊罗·萨里在纽约肯尼迪机场建造一座风格独特的建筑。伊罗·萨里构思了很长一段时间，也没想到满意的方案。有一天，他正准备吃早餐，突然看到桌子上的一只柚子……

262. 拼地图的小孩

因为下午有一个布道会，牧师早早地就起床了，端坐在书桌旁，他想准备一篇精彩的布道词。但是，整整坐了两个小时，牧师还是没有写一个字，他满脑子都是那些陈词滥调，没有一句话不是以前重复说过很多遍的。牧师开始烦躁起来，他在笔记本上胡乱地划着杂乱无章的道道。

这时候，牧师九岁的儿子，可爱的约翰起床了。他非常活泼，只要他在屋子里，你就别想安静了。你看他，一会儿抱起电动手枪，“嗒嗒嗒…”地打几抢；一会儿抱着玩具熊胡言乱语地嘟囔着；终于他安静地坐在电视机旁了，他在专心致志地看着动画片，哦，我的天哪，那电视的声音简直可以把屋顶掀掉。

可怜的牧师终于忍受不了了，他随手把一张世界地图撕得粉碎，然后把约翰叫了过来，“约翰，爸爸来和你做个游戏，你看我把这张地图撕碎了，只要你能把它重新拼起来，我就给你1美元，怎么样？”

约翰想了想，终于抵挡不住1美元的诱惑，就答应了牧师。约翰抱着那堆碎纸回到了自己的房间。牧师想：那幅地图就算一上午也别想拼完，这下我可以安心地写布道词了。

但是，刚刚过了10分钟，约翰就来敲牧师的门，他兴奋地对牧师说：“爸爸我拼完了，给我一美元吧。”

牧师连头也没回就说道：“你一定拼错了，回去再检查一遍。”

约翰坚定地大声说：“我拼得没错，你看一下吧。”

牧师将信将疑地拿过地图，果然拼得丝毫不差，他不解地问约翰：“你怎么拼得这么快？”

263. 王冠的秘密

很久很久以前，一个国王想做一顶新的王冠。于是国王找来王国里最心灵手巧的，同时也是最狡猾的金匠，给他一块黄金，让他去做一顶纯金的王冠。

没过多长时间，金匠就把王冠做好了，他把精致的王冠献给国王："伟大的陛下，我已经按照您的吩咐做好了王冠，请您过目。"国王接过王冠，那王冠太漂亮啦，全身闪烁着金色的光芒，王冠的周围雕刻着美丽的花纹。国王立刻就喜欢上了它，他把王冠拿在手里，看来看去，就是不肯放下来。国王重赏了工匠，让工匠回去了。

但是，过了一会儿国王就高兴不起来了。原来，多疑的国王，怀疑狡猾的工匠克扣了他的金子，在王冠里掺了其他的材料。于是，国王偷偷地称了称王冠，重量和作为原料的金块的重量是一样的。但是，国王还是不能确定王冠是不是纯金的，他太喜欢这顶王冠了，舍不得打开王冠，检验里面的金属成分。这时候，国王想到了科学家阿基米德，他立即派人找来了阿基米德。

"阿基米德，你是王国里最受人尊重的，最有才干的科学家。现在，我要求你在不弄坏王冠的前提下，检验王冠是不是纯金的。你尽快给我一个结果。"

阿基米德接到国王的命令，开始想检验王冠的办法。但是，这个任务太难完成了，阿基米德从来没有遇到过这样的问题。他走在路上不停地想啊想啊，不知不觉就回到了家里，但是还是没有想到解决问题的方法，连一点线索都没有。阿基米德沮丧地打开房门，习惯性地来到浴室，也许洗个澡能让他更清醒一些吧。

阿基米德一边往浴缸里放水，一边继续思考着问题。水慢慢充满了浴缸，阿基米德完全沉浸在思索当中了，直到水开始溢到地面上，他才发现。"哦，真该死，我真是个大傻瓜。"阿基米德自言自语地嘟囔着。他迅速关上水龙头，脱掉衣服，当他一脚跨进浴缸的时候，浴缸里的水开始"哗哗"地溢出来。阿基米德看到这种情况，突然灵光一闪，一个念头从他的脑海里一闪而过。当他整个人躺到浴缸里的时候，更多的水溢出来了，阿基米德若有所思地漂浮在水里，忽然，他兴奋地大叫起来："我有办法啦，我有办法啦。"就像一个孩子忽然得到了他心爱的玩具一样。

阿基米德想到了什么办法？

264. 盟军的"笨"办法

第二次世界大战期间，盟军通过声东击西的办法，巧妙地实现了诺曼底登陆，使得盟军对法西斯的战争进入了战略反攻阶段。但是，盟军在诺曼底登陆后，并没有如原来所设想的那样迅速对德军构成强大的攻势。原来，在盟军前进的必经之路上，密密麻麻、纵横交错地分布着高出田埂一米多的灌木树篱，这些东西成为德军的天然屏障。盟军的机械化部队根本无法前进，因为坦克和装甲车前进不到数十米便会被这些灌木所卡住，从而成为德军的活靶子。在前面几次的强行突袭中，德军往往只用小分队便能将大队的盟军如数消灭。如此一来，盟军登陆已经50多天了，但基本上没有对德军构成任何威胁。

为了解决这个问题，盟军高级统帅紧急召开了指挥官联席会议。在会议上，各指挥官纷纷发表意见，提出了各种各样的方案，但最终都被否决了。

最后，农民出身的美军第二师师长站起来说道："我想到了一个比较笨的办法，但也许是最有效的办法，不知可行不可行？"

在听取了第二师师长的"笨"办法后，盟军统帅立即决定采纳。而这个"笨"办法也果真有效地解决了这个问题，盟军很快顺利地通过了这个德军的天然屏障。德军做梦也没想到盟军突然解决了这个大麻烦，仓促应战，但已经抵挡不住盟军海陆空联合作战的强大攻势，很快土崩瓦解。

你猜那位师长的"笨"办法是什么？

265. 鲁班的发明

鲁班是我国古代著名的建筑师，许多人都拜他为师，学习建筑。一天，皇帝听说了鲁班的名声后，找他和他的徒弟们一起来给自己建造宫殿。皇帝要求将这个宫殿建造得雄伟壮观，因此工程量十分浩大。而且，他给鲁班的工期也有限定。

鲁班接到活儿后，立即和弟子们一起到山上采伐木材。因为宫殿需要的木料十分粗大，他们所要砍伐的都是参天大树。以往，鲁班所做的木匠活规模都比较小，木料也都比较小，因此他和徒弟们用斧子便能应付。但是这次，面对这些参天大树，用斧子便显得十分吃力，几天下来，人累得不行。并且这样砍，效率也太低，照这样下去，很难在规定工期内将宫殿建成。因此，鲁班十分焦急。

这天，鲁班到一个山岭上去寻找适合做梁的木料。在爬上一个比较陡峭的小坡的时候，他顺手抓了一下手边的一束草，想借下力，没想到瞬间感到一阵刺痛。一看，他抓草的手上已经渗出了血。

怎么这看上去很柔软的茅草这么锋利呢？鲁班感到很是惊讶，于是，他小心地扯起一把这样的草在手里，端详了一下，结果发现这种草的叶子边缘密密地长着锋利的小齿。他于是用这些小齿在手上轻轻地划了一下，手上居然又出现了一道口子。

于是，鲁班陷入了沉思，你能猜出鲁班接下来的举动吗？

266. 肩章轮廓的启发

1944年4月，二战中的盟军进入战略反攻的攻坚阶段，而法西斯国家则转入战略防御。苏联红军为了彻底消灭德军，解放克里木半岛，在彼列科普与德军展开了对峙。因为德军的负隅顽抗，战斗进行得并不顺利，加上突然降临的大雪，双方进入了暂时的休战状态。这天，苏集团军炮兵司令正在掩体内思考破敌之计，他无意中看到刚刚从外面进来的参谋长肩上的雪花因为室内温度高的缘故开始融化，并很快勾勒出肩章的轮廓。于是，炮兵司令灵光一闪，产生了一个念头。正是凭借这个念头，苏军很快摸清了德军的兵力部署，并调整了进攻力量，一举突破了德军的防线。

你猜炮兵司令想到了一个什么念头？

267. 绑架案

劳拉·赫尔是美国一位著名的侦探家，但是很多人不知道在做侦探家之前，她只是一位普通的图书管理员而已。那么这位漂亮的女孩如何从一名普通的图书管理员变成今日著名的女侦探的呢？用她自己的话来说，那完全是出于自己的好奇心。

在劳拉·赫尔做图书管理员时，她还是一位漂亮的金发美女，每天，她都会接触众多的图书借阅者和还书者。有一天，图书馆里面来了一位很特殊的妇人，她穿着褴褛地过来归还一本名叫《曼纽拉获得如意郎君》的书。

劳拉像往常一样，检查归还的书是否完整无缺。结果却让她很不高兴，因为那本书明显地出现了问题，书中的第41和42页不见了。

发现这个情况之后，妇人就向劳拉解释说："小姐，那两页真的不是我撕掉的。"

劳拉很为难地告诉这位老妇人："你是第一位借这本书的人，而每本书都是经过严格检查之后才上架的。"

那位老人听到劳拉这么说，也不好意思再解释什么了，因为这本书毕竟是在她那里被撕掉两页的。她对劳拉说："假如真的是这样的话，那一定是我的那个调皮的儿子干的。那么我需要赔多少钱呢？只是我现在工资很低，所以能不能分期付款呢？"

劳拉是一位特别好心的姑娘，听到妇人这么说，就很同情地告诉妇人说："这样吧，我先给你垫上。"

妇人很感激地向劳拉道谢之后离开了。劳拉又拿起那本书，随意地翻阅着。忽然，她无意间发现在那本书的第43页上面有几处细小的刮痕，看刀痕的样子应该是做雕刻用的刀之类的利器划的。

劳拉很自然地被这些划痕吸引住了，仔细地看了一会儿之后她找来一支铅笔，一边看一边用铅笔把划痕给勾画出来。当线条一点点地显示出来，她发现这些划痕并不是完全在字下面，还有一部分是在空白的地方。

看着这些划痕，她突然醒悟了，真正有价值的应该是丢失的那两页，43页上面的印痕应该是前一页印上去的。想了一会儿，她自言自语道："我知道该怎么做了。"说完急匆匆地离开了图书馆。

她跑到外面的一家书店又买来一本一模一样的书，回来之后，她急忙把书中的第41和42页小心地撕了下来，然后把它夹在了原来那本书的第44页后面，把页码对齐之后，在两页中间加上了一页复写纸。做完这些之后，她拿起铅笔小心翼翼地把在第43页上面的划痕又重新描了一遍，描完之后，她抽出夹进的那张纸，充满期待地等着看这些痕迹之后的秘密，她兴奋地注视划过痕迹之后复原的文字：如万要50你备女速儿命的性，珍妮。

看了一会儿，劳拉失望了，难道这些痕迹只是某个人无聊的举动吗？她依旧不甘心地盯着这些字，突然她神经一点点紧张起来了，一个火花忽然闪过她的脑海，她赶紧拿起了电话，给刑事侦探局的哈代博士打了过去。

"喂，哈代博士你好，我想问一下，最近有没有一个叫珍妮的女孩失踪呢？"劳拉着急地问。

"是的，我们刚刚接到一个报案，有个名叫珍妮的女孩失踪了。"博士回答她说。

劳拉听到博士这么说，非常兴奋地把她的发现告诉了哈代博士并且自信地说："请你们找一位名字叫卡勒的人吧，他会帮助你们找到失踪的女孩。"

侦探按照劳拉提供的线索，很快就将这起案件破获了，顺利地解救了被绑架的小姑娘珍妮。

哈代博士很高兴地赞扬了劳拉的好奇心："这次案件如此顺利快速地破解，完全得益于劳拉小姐的帮助。"哈代博士继续说，"侦探必备的两项品质就是探索的愿望和聪慧的联想及推理，这些你都已经具备了。"

就这样，劳拉慢慢地走上了侦探的道路，后来成为美国著名的女侦探家。

那么请问，你知道劳拉是如何知道被绑架的珍妮的吗？那几个字究竟藏着什么秘密呢？

268. 鸡蛋变大了

在美国，有一个穷小子，为了维持生计，他向朋友们借了点本钱，开了一家杂货店。杂货店里物品齐全，除了必备的日常生活用品之外，还卖鸡蛋。开张没几天，生意很好，来往的顾客很多。只是每次他都能听到顾客抱怨他的鸡蛋太小。为此，他还特地在进货的时候，嘱咐了一下要些大的鸡蛋。可是顾客依旧抱怨鸡蛋太小。他怎么也想不通，鸡蛋都是差不多大的啊，自己店里的鸡蛋不会比别人店里的小啊！于是，每次顾客来店里买鸡蛋的时候，他都仔细地观察，琢磨着是哪里有问题。苍天不负有心人，经过一段时间的观察和琢磨，他似乎发现了问题的所在。他决定让妻子把鸡蛋搬到前台去卖，不再由自己卖鸡蛋了。

经过了他的这一小小的调整，果然，买鸡蛋的顾客再也没有埋怨过鸡蛋小。相反，大家都觉得鸡蛋大了呢。

这个穷小子就是以后的美国金融巨头约翰·皮而庞特·摩根，由于他两次拯救美国的经济，因此被誉为“华尔街的拿破仑”。你知道为什么顾客认为鸡蛋变大了吗？是鸡蛋本身真的变大了吗？

269. 极大思维

居里夫人是波兰物理学家，最早获得诺贝尔奖的女性科学家。其和科学家皮埃尔·居里结婚后，夫妇两人一直为科学做出自己的贡献。可惜的是，在他们结婚后的第十年，丈夫不幸遭遇车祸，死于马车下面。

居里夫人的科学研究，没有因为丈夫的去世而终止，她在皮埃尔·居里老父亲的大力支持下，自己带着两个孩子继续埋头研究科学。作为一位杰出的女性科学家，居里夫人在短短的8年的时间里，就两次摘取了科学史上的最高桂冠——诺贝尔物理学奖和诺贝尔化学奖。她一生中获得了无数的科学荣誉，用自己的智慧和勤劳换取了人们对她的敬仰。

不仅如此，居里夫人的两个女儿同样也是很伟大的科学家。长女伊伦娜是著名的核物理学家，她与丈夫一起发现了人工放射性物质，并因此一起获得了诺贝尔化学奖；次女艾芙则是著名的音乐家、传记作家，其丈夫曾以联合国儿童基金组织总干事的身份接受瑞典国王在1965年授予该组织的诺贝尔和平奖。

作为一个科学家，居里夫人有着最伟大的奉献精神。那么作为一个普普通通的母亲，居里夫人是如何培养自己的子女的呢？如何让自己的子女一个个都在不同的领域有了不同的但是同样优秀的成就呢？关于这个话题还有一段小故事：

一次，在居里夫人的两个女儿向母亲讨教成功的奥秘的时候，这位伟大的科学家亲切地对她的女儿们说了下面一段话：

我们在考虑问题的时候，首先要走出自己生活的那个圈子，然后去探索我们看到的物理现象的一些极致状态，比如："极大"和"极小"等，假如研究我们每天都居住的地球，那么我们就不能只立足于地球这一个东西，而是要看到它外面的世界还大得很，比如银河系，比如整个宇宙。地球和银河系相比，真是像是沧海一粟，就像是浩瀚海洋里面的浮游生物一样渺小。所以在以后你们研究问题的时候一定要把眼光放得远一点，思维拉得开一些。

最后她说："孩子们，这个话题是训练你们思维的一个很好的话题，现在就让我来考考你们，迄今为止，你们见过的最大的影子是什么物体的影子？"

聪明的你，假如你有一双善于发现自然，观察自然的眼睛，那么这个问题就会很简单，搜索一下你的记忆，想想这个问题的答案吧！

270. 摆直角

大家都知道瓦特是蒸汽机的发明者。当他获得了蒸汽机的发明专利之后，从一名普通的大学实验员，变成了一位公司老板，而且成为英国皇家学会的会员。

一次皇家学会举行一次盛大的音乐会。很多著名的人物都应邀参加了这次活动，瓦特同样也出席了此次音乐会。

音乐会上有一个贵族以非常嘲讽的口吻对瓦特说："乐队指挥手里的指挥棒在物理学家手里仅仅只是一根棒子而已。"

瓦特回答他说："是的，那在物理学家手里只是一根棒子而已。不过，大家都知道用这样普通的三根棒子，可以组成5个直角。但是我却可以组成12个直角，而你，最多也就只能组成6个直角。"

瓦特这样说让这位贵族很不服气，他找来3根棒子不断地摆出各种直角，但是很可惜的是无论怎样都摆不出12个直角来。

那么假如你来摆，用三根棒子你能摆出几个直角来呢？

271. 踏花归来马蹄香

北宋皇帝宋徽宗赵佶喜欢绘画，他本身也是一个善于画花鸟的能手。他在位的时候，广为搜集历代名人书画墨宝，并亲自掌管宣和画院，经常考查宫廷画师的技艺。宋徽宗自己绘画时特别注意构图的立意和意境，因此在朝廷考试画家的时候常常以诗句为题，让应考的画家按题作画择优录用。

有一次，朝廷决定考试天下的画家，择优录取为宫廷画家。诏命一下去，各地的画家都纷纷来到京城。到了考试那天，主考官出了一个命题："踏花归来马蹄香"，让画家以这句话为主题，画出一幅画，这幅画要把这句诗的内容体现出来。

一见到这个题目，画家们个个在考场中抓耳挠腮，一筹莫展。试想，花的香味如何通过画面表现出来呢？况且还要和马蹄联系起来，着实很难。因此，许多参加考试的画家虽然画工十分了得，一个个有丹青妙手之誉，但面对这样的题目却无从下手。

眼看着考试时间都快到了，无奈，这些画家只好先后硬着头皮动起笔来。有的画家绞尽了脑汁，在“踏花”二字上下功夫，在画面上画了许许多多的花瓣儿，一个人骑着马在花瓣儿上行走。可这显然太生硬，完全没有意境，看上去活脱一副游春图，却无法表现出“香”；有的画家煞费苦心在“马”字上下功夫，画面上的主体是一位跃马扬鞭的少年，在黄昏时候疾速归来，这显然更是跑题；有的画家运思独苦，在“蹄”字上大下一番工功夫，结果在画面上画了一只大大的马蹄子，特别醒目。

等考卷交上来以后，宋徽宗一幅一幅地亲自审看。他抱着期待，看了一张，不满意，放在一边；又看了一张，还是不满意，又放在了一边……翻了一会儿，宋徽宗几乎不耐烦看下去了。正当他准备放下画准备休息的时候，却有一幅考卷令他脸上立时现出了喜悦的微笑。他拊掌连连称赞：“好极了！好极了！”于是他选中了这一幅，还下了评语：“此画之妙，妙在立意，妙在意境深厚。把无形的花‘香’，有形地表现在纸上，令人感到香气扑鼻。”这才心满意足地休息去了。

第二天，宋徽宗告诉宫廷的众画师说自己发现了一幅好画，众画师一听，连忙跑过去欣赏。一看到这幅画，这些画师们也连连称是，觉得自愧不如。你能猜出这幅画是如何巧妙地体现了“踏花归来马蹄香”这个主题的吗?

272. “构盾施工法”的发明

19世纪20年代，英国要在泰晤士河下面修建地下隧道。传统的地下施工方法是“支护施工法”，这种方法施工进度非常慢，而且经常遇到塌方事故。工程师布鲁内尔为解决如何更好地在地下施工的问题大伤脑筋。

有一天，布鲁内尔无意中看到一只至木虫在挖橡树……

他想到什么好办法了吗?

273. 听诊器的发明

19世纪的某一天，一位贵族小姐来找雷内克医生看病，只见她面容憔悴，手捂胸口，好像病得不轻。听她讲述症状之后，雷内克认为她可能得了心脏病。但是要想确诊，还得听心肺的声音。那时的做法是隔一条毛巾把耳朵贴在病人的胸廓上进行诊断，但这种方法显然不适合用在贵族小姐身上。

雷内克心想，能不能用别的办法呢？

他想到好办法了吗？

274. 薄壳结构的应用

你能用一只手把鸡蛋捏碎吗？也许你想象不到薄薄的蛋壳却能承受很大的力。英国消防队员为了试验鸡蛋的受力，曾把一辆消防车停在草地上，伸直救火梯子，消防队员从离地21米高的救火梯顶端向草地扔下10个鸡蛋，出乎意料的是只破了3个。有人做试验发现当鸡蛋均匀受力时，可以承受3④1 千克的力。鸡蛋具有如此大的承受力，是与它特有的蛋形曲线和科学的结构分不开的。一个鸡蛋长为4厘米，而蛋壳厚度只有0.38毫米，厚度与长度之比为1：130。

奇妙的蛋壳引起了建筑学家的关注。

建筑学家都做了什么？

275. “理雅斯特号”潜水器的发明

阿·皮卡尔本来是研究大气平流层的专家，他设计的平流层气球曾飞到15690米的高空。后来，他想到大气和水都是流体，大气的原理应该也能使用于海水，于是他想用平流层气球的原理改进深潜器。那时的深潜器既不能自由行动也不能自行浮出水面，必须依靠钢缆吊入水中，这样就使它的活动范围大大受到限制，最深只能达到水下2000米。

阿·皮卡尔是如何成功的？

276. 杠杆原理的管理学应用

世界上很多道理都是相通的，某一领域的经典原理同样适用于另一个领域。运用联想思维我们可以打开思路，从一个崭新的角度看待我们熟悉的问题，从而获得解决问题的新方法。比如物理学中的惯性原理运用在乐器演奏中，可以更加自如地运气，使口腔和手指的动作更加轻松流畅，演奏出更加精彩的乐曲。

阿基米德曾说："给我一个立足点和一根足够长的杠杆，我就可以撬动地球。"这是物理学上非常简单的杠杆原理。我们可不可以把这个原理应用在企业管理中责任、权限和利益的关系中呢?

277. 变电器的发明

有一个物理学家正在研究如何发明能够扩大电压的变压器。一次偶然的机会，他看到了传说中雷公的画像，画像中的雷公身穿虎皮、背负大鼓、手持铁锤，形象非常威武庄严。他看到虎皮的花纹是黄色杂有黑色的条纹，忽然头脑中有了主意……

278. 冥王星的发现

业余天文学家威廉·赫歇尔1781年发现了天王星，但是进一步的观测显示天王星的实际运行轨道与预测的轨道存在偏差。1846年天文学家发现了海王星，但是海王星的存在只能部分解释天王星实际轨道与预测轨道的差异。

接下来，天文学家又会有什么发现呢?

279. 人工牛黄

牛黄原是一种昂贵的中药，它是牛的胆结石，只能从屠宰场上偶然得到，产量很小，所以非常珍贵。后来人们利用产生胆结石的原理，把牛、羊、猪的胆汁提取出来研制人工牛黄，但是这种人工牛黄的临床医疗功效很差，医学专家不得不继续寻找新的解决办法。某药品公司的科研人员想到，河蚌经过人为的"插片"植入砂子，会分泌出黏液将砂包住慢慢形成珍珠，如果……

他们联想到什么了？

280. “蝇眼照相机”的发明

苍蝇是细菌的传播者，似乎对人类没什么用，但是我们应用形象思维之后，可以把苍蝇身体的独特结构和功能应用起来。苍蝇的楫翅（又叫平衡棒）是“天然导航仪”，人们模仿它制成了“振动陀螺仪”。这种仪器安装在火箭和高速飞机上，可以实现自动驾驶。苍蝇的眼睛是一种“复眼”，由3000多只小眼组成……人们模仿复眼又制成了什么呢？

281. 日光灯的发明

如今电灯让我们的夜间生活变得丰富多彩，但是普通的灯泡只能将一小部分电能转换为可见光，大部分都以热能的形式浪费掉了，而且电灯发出的热射线对眼睛有害。于是人们试图寻找只发光不发热的光源。当人们向大自然求助的时候，发现许多生物都能发光，如细菌、真菌、蠕虫、软体动物、甲壳动物、昆虫和鱼类等，而且这些动物发出的光都不产生热，所以又被称为“冷光”。

在众多的发光动物中，萤火虫发出冷光不仅具有很高的发光效率，而且发出的冷光一般都很柔和，很适合人类的眼睛，光的强度也比较高……科学家是怎样将萤火虫的发光原理应用到日常照明中的呢？

282. 一箭双雕

春秋时期，卫国美男子弥子瑕得到卫灵公的宠爱，逐渐开始专权于卫国。卫国有个身材矮小的贤人对此感到很忧虑，于是便想讽谏卫灵公。

这天，这个贤人求见卫灵公，得到了接见。他见到卫灵公后说道：“看来我昨晚做的梦应验了！”卫灵公于是好奇地问：“你梦见什么啦？”贤人回答说：“我梦见了灶——这正说明我今天能够受到您的接见啊！”卫灵公听了勃然大怒，说：“我听说一个人将要见到国君的时候，往往梦见的是太阳，你要见寡人的时候却梦见了灶，你这不是戏弄寡人吗？”

这个贤人听了却不慌不忙地进行了解释，不仅使得卫灵公不再发怒，而且成功地达到了自己讽谏的目的，使得卫灵公从此开始疏远防范弥子瑕。

你猜这个贤人是如何对卫灵公解释自己的梦的？

283. 门客的比喻

战国时期，齐威王的小儿子田婴，因功被封于薛（今山东滕州东南），号靖郭君。到达封地之后，田婴要在薛地构筑城墙，门客纷纷劝阻。田婴不耐烦之下，便干脆不再接见前来拜见他的人。

这天，有个门客又前来求见田婴，他保证自己只说三个字，如果多说一个字，情愿被抛进锅里煮死。田婴于是才破例接见了他。

这个人见到田婴后，果然只说了三个字——“海大鱼”，说完便转身就走。田婴见此人说了这没头没脑的三个字，便感到十分奇怪，派人将其叫回来问道：“您这话究竟是什么意思呢？”来人却说：“我可不敢拿性命当儿戏！”田婴于是说：“没关系，你继续说就是了。”

于是这个人便对自己先前所说的三个字进行了解释。原来，这三个字乃是他打的一个比喻，目的是用来劝阻田婴修筑城墙的。没想到田婴一听他的比喻，立刻停止修筑城墙。

你能猜出，门客究竟会如何以“海大鱼”这三个字劝阻田婴修筑城墙吗？

284. 邹忌抚琴谏威王

战国时期，齐侯田午不听神医扁鹊的劝告，病入膏肓死掉了。其子继位，是为齐威王。齐威王即位后，整天沉迷于酒色，不理朝政。以致韩、魏、鲁、赵等国都来入侵，齐国出现了“诸侯并伐，国人不治”的局面。

一天，平民邹忌抱着一把琴前来求见齐威王，他自称能够弹奏高妙的音乐。齐威王素来喜欢音乐，于是接见了邹忌。

邹忌行过礼之后坐定，认真地调好琴弦，摆出一副马上要弹奏的样子，只是手放在琴上一动不动。齐威王一看很着急，问道：“先生调好了琴弦，怎么不弹？”邹忌回答说：“大王，在我弹琴之前，请允许我先谈谈弹琴的道理。”

齐威王便让邹忌讲讲，邹忌于是指天画地地谈了起来，刚开始齐威王还能听懂，到后来便越讲越玄，越讲越空，齐威王逐渐听不懂了。但邹忌讲了很长时间，仍旧滔滔不绝，没有停下来的意思。齐威王感到有些不耐烦了，打断邹忌道：“好了，道理您已经讲得很透彻了，还是请弹奏一曲来听听吧！”

邹忌于是停止了长谈阔论，将手放在琴弦上，但是仍旧一动不动。齐威王于是火了：“怎么还不弹？”邹忌接下来说了一番话，齐威王一听便明白了邹忌原来是来讽谏自己的，并且他也接受了邹忌的讽谏。

你猜邹忌接下如何借弹琴之事讽谏齐威王？

285. 荀息巧谏晋灵公

春秋时期，晋灵公生活奢侈无度，残暴专横。一次，他征发大量百姓，耗资巨大，建造豪华的九层之台，以供自己娱乐。因为担心大臣们反对，晋灵公事先放出话来：若有人劝阻，格杀勿论。

身为相国的晋国大臣荀息，知道此事后非常担忧，前去觐见晋灵公。晋灵公一看荀息此时进宫，便知道他所为何事，于是毫不客气地命令卫士搭建拉弓，箭头对准荀息，只要荀息开口劝阻他建造高台，就一箭射死。荀息一看这架势，心知自己若直言讽谏，必将招致杀身之祸，于是他便想了一个办法。他假装以一副轻松愉快的样子对晋灵公说：“大王，不必这样，我此次前来，并非为规劝您什么，而只是来为您表演一个小技艺，供您开心。”

晋灵公于是问道：“不知爱卿要表演什么技艺呀？”

荀息答道：“我能够将十二个棋子堆起来，然后在上面加九个鸡蛋。”

晋灵公一听，十分感兴趣，便让卫士撤了弓箭，让荀息开始表演。

荀息于是定了定神，果真开始严肃认真地将十二个棋子堆起来；然后，他又将鸡蛋一个一个地加上去。旁边观看的人，看着荀息将鸡蛋越加越多，眼看就要掉下来，都紧张得屏住了呼吸；晋灵公也同样紧张地瞪大了眼睛，并不时地叫嚷道：“危险！危险！”

荀息听到晋灵公说危险，于是便顺势开始了对晋灵公的讽谏，并最终成功地说服晋灵公停止了高台的建造。

你能猜出荀息是如何借自己的游戏讽谏晋灵公的吗？

286. 丘吉尔严守秘密

英国著名首相丘吉尔在担任首相之前，曾任英国海军大臣。一次，一个朋友想私下里向丘吉尔打听一些有关英国海军的私密消息。一向讲究原则的丘吉尔不肯告诉他，但是这个人有些不甘心，软磨硬泡地向丘吉尔一再打听。最后，丘吉尔盯着他的眼睛说：“这是很机密的消息，你能保证我告诉你后你不告诉别人吗？”

那个人一听有戏，立刻信誓旦旦地说：“绝对不会的，您放心吧，阁下！”

丘吉尔于是一副就要告诉他的样子，但在说之前，他又谨慎地向四周望了一圈，似乎是害怕有别人会偷听到，然后他才回过头又对这个人问道：“你真的能保证你能保守这个秘密？”

那个人于是又诚恳地保证道：“放心吧，我能！”

没想到这时丘吉尔却微笑着看着对方的眼睛，然后说了一句话，那个人再也不再提这件事了。

猜一下，丘吉尔说了句什么话？

第七章

迂回思维名题

287. 特洛伊木马

很久以前，遥远的希腊半岛上有很多城市国家。爱琴海东岸，有一个美丽的城市，名字叫特洛伊。特洛伊城里有一个非常英俊的王子，他叫帕里斯。

一次，帕里斯到爱琴海对面的希腊游玩，来到斯巴达王国。他拜见了斯巴达国王墨涅拉俄斯和王后海伦。海伦长得非常美丽，帕里斯被她深深地迷住了。回国时，帕里斯偷偷地把海伦带回了特洛伊。

斯巴达国王墨涅拉俄斯回来后，发现美丽的王后海伦和帕里斯逃走了，非常气愤。他召集了希腊半岛上所有的国王，组成了庞大的希腊联军，浩浩荡荡地去攻打特洛伊城。

特洛伊城周围有坚固的城墙，城里所有的男青年都参加了军队，对抗希腊联军。所以，战争一直持续了整整十年，还没有分出胜负。希腊联军的战士们开始思念故乡的亲人了，不愿意继续战斗了。希腊联军的统帅阿伽门农看到这种情况，一筹莫展，这时候一个聪明的国王奥德修斯给阿伽门农献上了一条计策……

一天清晨，特洛伊人发现城外的希腊军队一夜之间消失得无影无踪。于是他们欢呼着奔出城门，载歌载舞庆祝着胜利。这时候，人们发现海滩上矗立一匹巨大的木马，都感到非常惊奇。忽然，有人大叫："抓住了一个希腊奸细！"大家把奸细带到特洛伊国王面前。奸细说："木马是希腊人用来祭祀女神的。特洛伊人如果毁掉它，就会引起天神的愤怒。但如果把木马拉进城里，就会给特洛人带来神的赐福。"特洛伊人信以为真，高兴地把木马带回了城里。这一天，全城的人们杀猪宰羊庆祝胜利，一直狂欢到深夜。

真的这么简单吗？当然不是，否则就不会有"小心希腊人的礼物"的俗语了。你能说出"希腊人礼物"背后的玄机吗？

288. 三夫争妻

乾隆二十八年，宋通判被皇上派遣到温州任知府，哪知他才上任就遇到了一件非常难办的案子：三个男人共同争夺一个姑娘。

案子的审理马上开始了，此时公堂前跪着一位非常漂亮的姑娘，她的身后是三个男人，一个是英俊帅气的青年人，一个是身材有点臃肿的商人，还有一个是个子矮小的瘦青年，这是一位小财主，在另外一侧则跪着的是姑娘的母亲。

经过调查，通判了解了一些事情的来龙去脉：原来跪着的这位女子叫小娇，是本县县民刘某的女儿。刘某与武官陈某曾经是多年的好朋友，陈某有个儿子名叫大通，两位父亲在儿女很小的时候就给他们订下了娃娃亲。

几年以后，陈武官带着儿子返回了老家，从此以后音讯全无。刘某不久因病去世了，等小娇长到了18岁，母亲就把她许配给了一位商人，商人送完聘礼后外出经商了，一去就是两三年，在这期间音讯全无。

母亲看着女儿一天天长大但是一直没有嫁出去，非常着急，就又把女儿许配给了同县的一个小财主。在小财主很是高兴地准备迎娶小娇的时候，商人竟然回来了，并派人前去刘家确定婚期。事情凑巧的是：好多年没有音讯的武官的儿子陈某也备好了聘礼在这个时候赶来了。

就这样，三家为了小娇而一起来到了公堂上。宋通判琢磨了好久却一直想不出来一个比较好的解决问题的办法，于是就请来了好朋友范西屏前来帮忙。

范西屏对他说了一句话："你听说过玲珑棋局其实就是死而后生吗？"一句话点醒了宋通判，他把所有的人都叫来，重新开堂审理此案。

宋通判对小娇说："人长得漂亮，怪不得这么多人争着要。你一个人不能同时嫁给三个男人吧？同时接受了三家的聘礼，本官又不能偏袒某一个人，所以我看这三个人中间，还是得由你自己选择好了。"

小娇是个害羞的姑娘，还没出嫁怎么能自己选夫婿呢？在外人看来是会被笑话的，就算别人不笑话，其余的两个男人也不会轻易就饶了她，所以她非常为难地对通判说："我宁愿去死！"

通判装作同情地说："看来也只能这样了，只有你死了，才能平息这场官司！来人，快去拿毒酒来！"差役按照通判的吩咐拿来了一杯毒酒，小娇接过来一口气喝了下去，不一会儿就躺在了公堂前面。差役上来对通判报告说："大人，她已经死了。"

宋通判对小财主说："好了，你现在可以把她的尸体领回去了。"

小财主很不乐意地说："我的轿子怎么能装个死人回去呢？既然她以前有过婚约，那么我还是成全他们吧！"那商人同样撇了撇嘴说不愿带着一个尸体回家。

这个时候，只有陈武官的儿子大通含着泪对通判叩谢说："谢谢大人，小人一定遵循先父安排，娶小娇为妻。即使她死了，我也不会背弃夫妻情义，我愿意领她回去，然后按照妻子的礼节好好安葬她。"

就这样，大通把小娇背回了自己的家里，但是想不到的是过了没多久，小娇竟然又醒了。于是他们就很快结了婚，然后非常幸福地生活在一起。

你知道宋判官是如何运用范西屏所说的那个高招的吗？

289. 毁衣救吏

一天，一个库吏发现曹操最钟爱的一个马鞍被老鼠咬了个大窟窿，他大惊失色，心想：坏了，丞相知道了这件事，肯定会大发雷霆，说不定就把我关进大牢了，这可怎么办呢？库吏一整天都愁眉不展，不知道该怎么和曹操说这件事。

曹冲路过内库，看到库吏愁眉苦脸的样子，就过来问他："怎么了？发生了什么事情？"

"是我工作失职，丞相的马鞍被老鼠咬破了，我不知道怎么向丞相交代呀。"

曹冲听了，觉得这也不能怪库吏，就劝告他："你别着急，我想个办法让父亲不重罚你，刚好，我也要到父亲那儿去，你就跟我一起来吧。"

曹冲的办法是什么？

290. 诸葛亮出师

据说诸葛亮小时候就聪明过人，家乡的私塾先生们都被他的聪慧所折服，纷纷表示自己的学问不足以做诸葛亮的老师。所以，诸葛亮的父亲，还为给他找老师发过愁呢！

后来，听说水镜先生是个博学之士，学问无人能比，父亲就带着诸葛亮到水镜庄拜师。水镜先生早就听说过诸葛亮的名声，这次见了，果然是一幅聪明伶俐的样子，就收下了他。没过多久，诸葛亮就在众多学生中脱颖而出，成为水镜先生的得意弟子。

寒来暑往，转眼三年就过去了，在水镜先生的悉心调教下，诸葛亮更加博学多才了。一天，先生对学生们说："你们都已经学习三年了，现在我出一道题，谁能在中午之前想出办法，经我同意，走出水镜庄，谁就算出师了。"

想骗过水镜先生，可不是一件容易的事情。学生们都抓耳挠腮地思考起来。

不一会儿，一个学生大喊起来："不好了，先生，邻居家着火了，我要出去救火了。”先生微笑着摇摇头。

又有一个学生说：“先生，家里给我捎来一封书信，说我老母亲已经病入膏肓，临死之前，只想再见我一面，恳请先生放我出庄！”说着，他真的放声大哭。先生皱皱眉头，仍然没有点头。

另外一个学生说：“先生的题目太难了，我要到外面的树林里去呼吸一下新鲜空气，清醒一下大脑，再好好思考先生的题目。”这次，先生连眼皮也没抬。

……

眼看就要到中午了，大家想出的借口都被先生否决了。这时候，诸葛亮灵机一动，怒气冲冲地跑到屋里……

你知道诸葛亮想出什么办法了吗?

291. 别具匠心

宋湘是清朝著名的诗人和书法家，据说嘉庆皇帝曾封他为“广州第一才子”。有一个他写“心”字故意少写一个点，却挽救了一个小店的故事，被当时的人们传为佳话。

那是一个穷苦的夫妇开的一个小饭店。小饭店开在人来人往的路边，夫妻俩待客热情周到，饭菜也做得香甜可口，按理说小店应该生意兴隆才对呀，但是因为无力置办像样的店面，小店显得过于简陋，所以很难引人注意，客人寥寥无几，生意冷冷清清。夫妻俩也只能愁眉相对，没有好的办法。

一天，宋湘路过此地，感觉饥饿难耐，看到路边的小店，虽然店面简陋，倒也干净朴素，就进店来用饭。没想到，小饭店饭菜居然非常可口，宋湘不知不觉就吃得杯盘狼藉，吃完后还满口余香。但是，从进店到吃饱饭，正是午餐的好时候，小店居然没进来一个客人，这与店里可口的饭菜是不相称的呀。

宋湘很奇怪，就问两夫妻：“你们如此好的手艺，怎么招不来客人呢?”

夫妻俩回答道：“实在是小店太过简陋，客人见了，根本不进小店，所以我们夫妇的手艺还只是‘养在深闺人不知’啊。”话语中透出些许的无奈。

宋湘听了点点头，他沉吟了片刻，说道：“这样吧，我给你们写副对子，或许能对你们有所帮助。”夫妻俩虽然不知眼前的客人是何方神圣，但是他是出于一片好意倒是真的，于是赶紧端上了文房四宝。

宋湘提笔，一挥而就，只见上联是：一条大路通南北，下联是：两窗小店卖东西，横批是：上等点心。

对联上的字写的是铁画银钩，龙飞凤舞。小店的夫妻见客人的字写得如此漂亮，赶忙请教尊姓大名。听说眼前的客人就是鼎鼎大名的才子宋湘后，夫妻俩手足无措简直不知说什么好了，宋湘笑了笑，就告辞走了。

……宋湘的对联真的有帮助吗？

292. 毛姆的广告

毛姆是英国著名的小说家和戏剧家，他的作品深受人们的欢迎，不仅小说一再脱销，他的戏剧作品也为人们所称道。曾经有一段时间，他的四部戏剧作品同时在伦敦上演，一时传为佳话。但是，像许多伟大的作家一样，毛姆在成名前也过着穷困潦倒的生活，他的作品也无人问津。

有一次，毛姆饿着肚子写完一部很有价值的小说，但是出版以后却根本没人买。毛姆连买面包的钱都没有了，他不得不厚着脸皮来到一家报纸的广告部，找到主任后，结结巴巴地说：“先生，我想推销我的小说，想来想去只能在报纸上登广告了，你可不可以帮我在各大报纸上登个广告。”

“什么？各大报纸！”广告部主任吃惊地瞪大了眼睛：“亲爱的毛姆先生，你现在真是财大气粗啊，你知道要多少钱吗？”

“其实，我现在还正在挨饿呢，我连一英镑的钱都没有。”毛姆惭愧地说：“但是主任先生，广告刊登后，我的小说一定会销售一空的，到时候我给你双倍的广告费。”

面对广告部主任哭笑不得的表情，毛姆递上了自己的广告词。广告部主任飞快地看了看，猛地一拍桌子，兴奋地说：“真是一个绝妙的广告！可以试一试。”

到底是什么绝妙的广告呢？

293. 孔子穿珠

一次，孔子出门旅行，在路上遇到了几个流氓。流氓听说孔子是一个知识渊博，很有名望的人，就故意为难他：“这里有一颗珍珠，上面有一个珠孔，如果你能用线把珍珠串起来，我们就放了你。如果你不能办到，哼！说明你是一个浪得虚名，没有什么真才实学的人，你就得把身上的财物全都交出来！”

真是秀才遇到兵，有理也说不清。没有办法，孔子只好拿过珍珠看了起来，但是，珠孔是弯曲的，他试了几次都没有成功地把线穿过去。

“哈哈！这个珠孔有九道弯，你这样做是没用的，大学者！还是抓紧把财物交出来吧！”流氓们开始起哄。

孔子没有理睬流氓们的讥笑，而是开动脑筋仔细想了起来：妇女心细，也许这种事让她们来做，更容易一些。

于是，孔子拿着珍珠来到附近的一位采桑的妇女身边，谦虚地说道：“大嫂，我手拙，您能不能帮我把珍珠串起来呢？”

采桑的妇女拿过珍珠，仔细看了看，笑着说：“噢，这很简单，记住‘密尔思之、思之密尔’，你也能做到的。”

“密尔思之、思之密尔”能帮上孔子的忙吗？

294. 别具一格的说服

在第二次世界大战爆发前夕，德国总理希特勒开始疯狂地在国内推行法西斯主义，并积极准备对外发动战争。为增强军事实力，1939年初，希特勒开始组织科学家研制原子弹。这时，包括爱因斯坦在内的一批流亡美国的科学家得知这个消息，因为深知原子弹的可怕威力，无不忧心忡忡，如果纳粹抢先研制出原子弹，那么，人类将面临史无前例的核灾难。他们经过一番考虑，认为阻止这场灾难的唯一办法，就是反法西斯国家抢在德国前，制造出原子弹。为此，爱因斯坦等人到处奔走，呼吁美国尽快开始研制原子弹。但是，美军高层却难以理解这个新生事物，并不重视科学家们的呼吁。

最后，没有办法的科学家们准备绕开军方，直接向美国总统罗斯福递交联名信。为了保证能够说服罗斯福，科学家们最后商定由既懂得核理论又是罗斯福密友的科学家萨克斯出面。

于是，深感责任重大的萨克斯丝毫不敢怠慢，经过一番精心的准备后才去找罗斯福。他先是将爱因斯坦等人的联名信递交给罗斯福，然后，他开始严肃地对罗斯福详细讲解有关原子弹的巨大威力和有关原理。

但是，因为有关理论过于艰深晦涩，对于萨克斯的严密理论讲解和慷慨陈词的说服，罗斯福听了半个小时候便哈欠连天。最后，等萨克斯终于说完之后，一脸疲惫的罗斯福有些无奈地摆摆手说道："你说的东西听起来似乎很有趣，不过，我认为政府现在就干预此事，为时过早。"罗斯福给萨克斯兜头一盆冷水，使得他不得不沮丧地离开。不过就在萨克斯要离开时，罗斯福为了表示自己对于这位多年老友的歉意，表示明天要请萨克斯在白宫共进早餐。

于是，萨克斯怀着复杂的心情离开了白宫，他对自己今天无功而返感到有些沮丧的同时，又因为明天还有机会和罗斯福见面进而说服他的可能而兴奋。于是，萨克斯回到自己的住处，开始总结自己失败的原因。他发现，自己今天之所以失败，原因在于总统对于物理一窍不通，跟他讲看不见、摸不着的核技术，无异于对牛弹琴，因此必须换个思路。为了寻找说服罗斯福的办法，萨克斯苦思冥想了大半夜，最终他想到了一个思路，并且在第二天早上，正是按照这个思路，他很快便说服罗斯福听从了他的安排，开始组织科学家着手研制，赶在德国之前研制出了原子弹。应该说，萨克斯的成功说服可以说是改变了历史，挽救了世界。

那么，想象一下，假设你是萨克斯，你会如何去说服罗斯福呢？

295. 巧妙的劝阻

第二次世界大战期间，英美盟军决定在1944年6月渡过英吉利海峡，在法国的诺曼底登陆，展开对法西斯德国的全面反攻。经过商定后，进攻的日子定在6月6号。而就在这前一天，英国首相丘吉尔突发奇想，认为诺曼底登陆这一天必将具有重要的历史意义，因此如果能够要求英国国王和自己一起乘坐舰艇，随同部队一起渡过英吉利海峡，目睹这一历史瞬间，将是难得的人生经历。

显然，这是一个浪漫却不理智的决定。尽管丘吉尔是一个成熟而冷静的政治家和军事家，但是，在这样一个激动人心的历史时刻，他也有些把持不住自己的浪漫遐想，忘掉了自己肩上的责任。他竟然真的向国王发出了邀请信。当时的英王乔治六世更是一个浪漫主义者，一直都很羡慕那些率领军队战斗的古代国王，一接到丘吉尔的邀请信便立刻欣然答应了。如此一来，英国的两位最高领导人就要共同参加一场出于浪漫目的的冒险了。

当时，英王有一个秘书，名叫阿南·拉西勒斯，他是个十分冷静的人。他得知这一消息后，感到万分震惊。他清楚地知道，这次登陆战，虽然之前已经做出了周密的安排，又是大规模的军事行动，相对比较安全。但是要知道，这说到底是真正的战争，而不是军事演习。万一出现什么意外，在这么紧要的历史关头，英国的两位最高领导者都出现不测，那是英国所承受不起的代价。于是，阿南·拉西勒斯一刻也不敢耽搁，火速前去面见乔治六世。在路上，他心里盘算着，乔治六世是一个天生的浪漫主义者，此时又正处在兴头上。自己直言劝阻，恐怕他未必听得进去。因此，最好能够想到一个巧妙的劝阻办法。

如果你是阿南·拉西勒斯，你会如何劝阻英国国王？

296. 郑板桥巧断悔婚案

郑板桥是我国清代著名画家、书法家，因画风怪异被称作“扬州八怪”之一。不过其怪异的不仅是画风，而且其做事也经常是不拘泥于常规，而且这种做事风格也体现在了其做官判官的过程中。郑板桥在乾隆年间曾中进士，因后来弃官卖画，他只做了一段时间潍县县令。下面这个故事便是他在做潍县县令时巧妙地判断一桩悔婚案的事情。

一天，郑板桥接到了一桩案子。事情是这样的：当地的一个财主原本将自己的女儿许配给了一个县令的公子。后来这个县令因得罪上级，被革职归家，并抑郁而终，不久妻子也故去，只剩下县令公子孤苦拮据度日。这个财主见女婿变穷，便想要赖婚。而这个公子则不同意，双方于是对簿公堂。郑板桥先是审问了一堂，大致了解了一下情况，然后声称需要再核实一下双方所言，宣布退堂，择日再审。

没想到到了第二天，这个财主因为自知理亏，又想赢得官司，悄悄地给郑板桥妻子送了一千两银子，让她劝说郑板桥判他赢。郑板桥做官一向清白自律，知道这件事后，对财主十分愤怒。并且，他一向痛恨财主这种嫌贫爱富的行径，况且，郑板桥还发现这个县令公子虽然家道中落，但他本人知书达理，颇有才学，前途无可限量。于是，他便决心做成这一门婚姻。直接将财主叫来训斥一顿，将银子退给他，然后判公子赢得官司？这样做似乎并非最完美的办法，因为公子也实在是太穷，可能即使赢了官司，还没有钱迎娶财主女儿过门。如何才能想到个两全其美的办法呢？郑板桥在屋里来回踱步，突然，他的眼光落在桌子上财主送来的一千两银子上。眼睛一亮，计上心来。

郑板桥当即将财主找来，假意对他说：“你的银子我收到了，俗话说，无功不受禄，既然收了你的银子，我一定要为你效劳的。因此呢，这事我要管到底，想认你的女儿做干女儿，这样一来，就可以提高她的身价，我亲自为她找个乘龙快婿。”财主虽然有钱，但毕竟无势，现在县太爷既然要收自己的女儿做干女儿，自然是巴不得的事情，于是满口答应了。

你猜郑板桥接下来是如何做的?

297. 记者装愚引总统开口

美国第三十一届总统胡佛，不喜欢在公共场合发表自己的政见，对于记者的采访，也一向采取一种沉默是金的策略。不过，曾经有一次，有一位记者却通过自己的巧妙策略撬开了这位沉默总统的嘴。

就在胡佛就任总统前夕，有一次坐火车外出考察，随行记者和他坐在同一节车厢里。这位记者想趁机对胡佛进行采访，从而了解一下这位即将就任的未来总统的政见。但是，无论这个记者怎么询问，胡佛始终一言不发地看着窗外。这位专以探听政界要人言论的记者感到十分沮丧。

这时，火车经过一片农场的时候，车窗外出现了一片新开垦的土地。这位记者灵机一动，想到一个办法，使得胡佛开口发表了长篇大论。他也得以写成了一篇很详尽的报道。

你猜这位记者想了个什么办法?

298. 甘茂暗箭伤政敌

甘茂，是战国时期秦惠王时期的一名将领。后来秦武王即位后，甘茂因为平定了蜀地的战功，被秦武王任命为左丞相。甘茂因早年跟随史举学习诸子百家的学说，颇具智谋，因此将秦国治理得很好，被后世称作名相。

但是，后来纵横家公孙衍来到秦国后，秦武王开始器重起公孙衍来，而将甘茂冷落在一旁。并且，甘茂还通过自己宫里的线人得到消息，秦武王准备正式任命公孙衍为相。甘茂得知这一消息后，采取了一个巧妙的举动，使得秦武王不仅没有任命公孙衍为相，反而将其流放了。

你猜甘茂是怎么做到的?

299. 东方朔劝汉武帝

一代雄才大略的皇帝汉武帝步入晚年后，因为贪恋荣华富贵，逐渐失去理智，开始宠信起方士来，希望方士们能够帮他找到长生不老的神药。大臣们就此事多次劝谏汉武帝，无奈他根本听不进去。

太中大夫东方朔也决定劝一劝汉武帝，但他知道直言劝谏汉武帝很难听进去，便琢磨出了一个主意。这天，他对汉武帝说道："陛下，据我看来，长生之药并非没有，但是绝不是那些方士所能找到的。"

"你何出此言哪?"汉武帝问道。

"因为方士们所找的药都是在地上，其最多只有治病康体、延年益寿之效，而真正的长生之药则只有天上才有。"东方朔解释说。

"那怎么才能到天上得到这药呢?"汉武帝急切地问。

"实不相瞒，臣就可以上天去找这药。"

汉武帝一听，不大相信，因为东方朔一向性格诙谐，滑稽多智，常在武帝前谈笑取乐。但既然东方朔这么说，汉武帝又求药心切，便命令东方朔立即上天取药，一个月内取不来，便要砍他的脑袋。

东方朔一听，立刻表示答应了。环顾了一下四周之后，东方朔又说道："陛下，我已经拿脑袋做了担保，但是这些人却在这里交头接耳地议论，看上去并不相信我的话。为了向大家证明，我希望您能派一名方士和我一块上天，也好监督我。"汉武帝一听，觉得有理，便批准了。

于是，一个一向受到汉武帝宠信的方士住到了东方朔的府上。但是，东方朔回府后，似乎并没有将上天取药的事挂在心上，每天只是像往常一样到王侯家中轮流宴请作乐，高谈阔论。方士自己虽然受到皇帝宠信，但其官职并不高，而东方朔则身居要职，因此方士也不敢多言。

眼看一个月的期限已到，方士看东方朔依旧不做一点上天的准备，这下才着急了。他也不顾自己的地位卑微了，不停地催问东方朔何时上天，又干脆问他到底能不能上天，而东方朔则干脆躲着他。实在被问得紧了，东方朔才应付他道："神仙经常云游四方，又不会在家里等着我们去拿药，要看机缘的。不过，这事情已经有眉目了，就在几天之内，神仙就会前来接我去的。你也准备好上天吧！"

就这样，到了规定期限的最后一天，方士还是没有从东方朔那里得到准信，于是气愤地上床睡觉了。这一夜，他翻来覆去睡不着，因为他知道，伴君如伴虎，一不小心，不仅东方朔被砍头，自己的小命也得搭进去。于是，他直想了一夜，第二天见到皇上时如何交代，如何将自己撇开责任。如此辗转反侧了一夜，到天快亮时，他才终于迷迷糊糊睡着了。

而方士刚刚入睡，东方朔却突然进来将他喊醒，告诉他马上要上天了。方士迷迷糊糊地便跟着东方朔来到了一个凉亭里，告诉方士准备好，马上神仙就会来接他们。说完，东方朔便闭上眼睛盘腿坐在了地上，一动不动。如此过了大约一个时辰，方士也不见神仙来接，只觉得困得要命，便身子一歪，靠着凉亭的柱子睡着了。

就在这时，东方朔开始用扇子在方士的耳边轻轻地扇动，同时嘴里轻轻地发出呼呼的声音，这个耳朵扇一会儿，则又换到另一个耳边。这时正好凉亭里也有凉风吹过。东方朔一边扇风，一边轻轻地喊着方士的名字，听上去仿佛是来自遥远的天上的呼喊。最后，东方朔收起扇子，将方士叫醒，大声对他说："我刚才在天上喊你，你怎么不答应，好了，我已经上过天了，刚从天上回来！"

方士一听大吃一惊，但坚决不信。东方朔于是说："你这人到底有没有脑子！刚才不仅我上了天，而且还带着你一起上了天。我们一起腾云驾雾，一路上耳边都是呼呼风声，你忘了吗？你刚才没有听到呼呼的风声吗，你没有听到我喊你的名字？"

方士这时才猛然想起，刚才自己迷迷糊糊好像是听到了风声，回想起来，还真像是在腾云驾雾；并且，他也的确听到有人叫自己的名字，听上去仿佛是来自天上。想到这里，方士不仅感到目瞪口呆，自己真的已经上过天了！

这时，一旁的东方朔继续说道："不过，也不是每个人都能随我上天的。只有那些深谙道术的人才能够随我上天，凡是对道术一窍不通的人，或者是假冒道术的人，就不能随我上天。"

方士一听，慌忙辩驳道："不是，不是，我刚才的确在梦里听到了风声，并听到了你喊我的名字。看来我们都已经上过天了！"

"你不是为了假装自己懂道术而说谎吧？"东方朔故意严肃地问道。

"绝对不是！我可以对天发誓！"方士严肃地保证。

"那好，我们一起进宫，你跟皇上说一下情况吧！"东方朔狡黠地笑了一下说道。

东方朔于是带着方士一起进了宫，他不仅没被杀头，而且还达到了自己组织这场闹剧的目的——成功地使得汉武帝放弃了追求长生之药。

你猜东方朔是如何做到的?

300. 诸葛亮智激周瑜

三国时期，曹操基本统一了北方之后，开始着手南征，统一天下。建安十三年（208），曹操先是建造了玄武池训练水军，派遣张辽、乐进等驻兵许都以南；同时为了解除后顾之忧，对可能动乱的关中地区采取措施，上表封马腾为卫尉，封其子马超为偏将军，继续代替马腾统领部队，令马腾及其家属迁至邺作为人质，以减轻西北方向的威胁。该年七月，曹操亲率大军二十万，号称八十万，南征荆州。

本来寄居于荆州刘表篱下的刘备被曹操一路追赶，狼狈不堪，眼看有被曹操灭掉的危险。此时，诸葛亮对刘备说："事急矣，请奉命求救于孙将军。"然后，诸葛亮便只身来到吴国游说，想让其和刘备一起抗击曹军。

诸葛亮知道，孙权在得知曹操南征之后，已经将正在鄱阳湖训练水军的大都督周瑜召回商议。因此要想说服吴国和刘备联合抗曹，除了吴主孙权之外，最为关键的人物便是周瑜。如何才能说服周瑜呢？要知道，曹操来势汹汹，吴国大臣多数都倾向于投降，而吴主孙权本人也是举棋不定，尚在观望，周瑜自然不可能不受这种大气氛的影响。况且，以周瑜的才能，投降曹操后，不愁不能身居要职，享受荣华富贵。因此要想说服周瑜，显然是相当不易的。坐在前往东吴的船中的诸葛亮烦恼之下，开始翻阅书卷。突然，他无意中翻阅到曹操之子曹植所写的《铜雀台赋》。诸葛亮知道，铜雀台是曹操建立的一座高台，声称要将天下美女置于台上，供自己晚年时享乐。在该台落成之际，其曾召集文武大臣在台前庆祝，并令其几个儿子登台做赋。其中曹植下笔成章，做出这部文笔华美的汉赋。

在这篇自己早就熟读过的汉赋中，诸葛亮看到了其中的“立双台于左右兮，有玉龙与金凤。连二桥于东西兮，若长空之蝃蝀”几句，顿时眼睛一亮。诸葛亮联想到，曹操向来以好色著称；而江南的乔公之女大乔、小乔二人并称“二乔”，其美丽名闻天下，其中的大乔嫁给了孙策，小乔则嫁给了周瑜。想到这里，再看看那两句赋文，诸葛亮想到了一个绝好的点子，正是凭借这个点子，诸葛亮成功地使得周瑜坚定地站在了抵抗曹操的阵营中。

你猜，诸葛亮是用什么点子说服周瑜的？

301. 启疆索弓

春秋时期，一次鲁昭公受邀到楚国访问。在一次宴席上，鲁昭公谈到自己喜欢弓，楚王一听，为了夸示自己，便让人抬出自己的宝弓“大屈弓”送给了鲁昭公。鲁昭公十分高兴地接受了这件礼物。

可是到了第二天，楚王又心疼起来，后悔一时冲动将心爱的东西送了人。这时，楚王身边的一个名叫启疆的臣子看出了楚王的心思，自告奋勇地声称自己能将弓讨要回来。

启疆于是到鲁昭公下榻的宾馆去拜见鲁昭公。他假装不知道楚王送弓给鲁昭公的事，问道：“我们楚王和您昨天喝酒喝得那么高兴，他就没有送您点什么东西吗？”

鲁昭公对于宝弓也很是得意，立即叫人抬出来给启疆看。没想到启疆一看到这张弓，便立即很正式地给鲁昭公跪拜，表示祝贺。鲁昭公感到很奇怪，问启疆为何要如此。于是启疆回答道：“大王您有所不知，这张弓的名声很大，齐国、晋国、越国三个大国都曾经派人前来索要过……”鲁昭公听完启疆的这番话后，立刻将弓又还给了楚王。

根据上面的提示，你猜启疆是如何对鲁昭公说的？

302. 张大爷求和解

一次，张大爷和张奶奶为一件小事吵架了，张奶奶一气之下，一连三天不和张大爷说话。张大爷感到很失落，但他又是个好面子的人，不肯服软。第四天早上，张大爷实在忍不住了，就当着张奶奶的面在抽屉里、衣柜里翻来覆去地翻，好像在找什么东西。张奶奶忍无可忍，不耐烦地问：“你到底在找什么东西？”

于是，张大爷说了一句话，一下子使得张奶奶觉得又好气又好笑，忍不住笑了出来，两人于是和好如初了。

你猜张大爷说了句什么话？

303. 老宰相撒谎

古时候，有个年老的宰相正在和一帮属下聊天，他突然喊道：“你们看，刚刚有匹白马从那边田野上跑过去了。”其实，根本没有马跑过去。

左右的人听宰相这么说，都感到莫名其妙，因为他们谁也没有看到刚才有马跑过去，都在心里以为是老宰相年龄大了，出现了幻觉。但是，就在这时，却有一些心术不正，喜欢逢迎拍马的人附和道：“是的，刚才确实有匹白马跑过去了，看上去像是附近农家的马！”

宰相于是狡黠地笑了。

你猜宰相为何要撒谎？

304.新知府“絮叨”问盗

清朝时，山东莱州地区有个强盗，其犯案累累，又狡诈异常，说话反复无常。官府将其捉拿归案后，其常常翻供，使得审讯的官员很是犯难，不知该如何对其定罪。

这个强盗的案子还没有定下来，老知府因事调走，新到任了一个知府。新知府到任后，翻阅卷宗，看到这件案子拖了这么久，便感到很奇怪。询问师爷，才知道是因为盗贼屡屡翻供所致。于是，他笑了一下说道：“这种案子，本府三天即可审问清楚！”

于是，第二天一早，新知府在衙门的客厅里放了一壶茶，自己在上面一坐，然后命人将强盗带来，竟和他闲谈起来。不过，知府命书吏在一旁记录下闲谈的内容。新知府边品茶边漫不经心地问道：“你是哪里人氏？”

“小人是郯城人。”

“你多大年龄了？”

“今年38岁。”

“你父母可还健在？”

“小人不幸，父母双亡了。”

“你家是住在乡下还是城里？”

“小人家住城里。”

……

半天下来，新知府所问的都是这些家长里短的事情，对于案件本身却并未询问一句。盗贼看这个新知府态度和气，也就十分放松，很配合地回答。不过，由于他经常被抓起来审问，这些问题的答案也就随每次的情况而变，并不一定。而旁边负责记录的书吏则心里想：问这些与案情无关的琐事有什么用，看来这个新知府不过是个草包罢了。

到了第二天，新知府仍旧是摆出昨天的架势，和强盗聊其琐事。强盗心想，你这么问案，恐怕永远也别想定我的罪，只是暗自得意地回答这些“没什么用”的问题。书吏今天则更是觉得困惑，今天所问的依旧是类似昨天的那些无聊的问题，而且，一些问题昨天都已经问过了，但他也不敢多言，只是一五一十地记录下内容。

没想到到了第三天，新知府又是前两天那一套。只是到了最后快要结束时，新知府让书吏将这三天来所记录的内容拿给自己，然后，突然宣布正式升堂。

在大堂上，新知府对强盗说道：“从案宗上看，你犯罪事实确凿，为何屡屡翻供？”强盗回答：“小人实在是冤枉的，有时不得已招供，是遭到刑讯逼供所致，请大人明察！”

这时，新知府一反前几天的温和，将惊堂木一拍，呵斥道：“大胆刁徒，还敢狡辩，从我与你接触的三天，便可看出你是个出尔反尔，满嘴谎话的刁徒。”接着，新知府便翻着书吏记录的案宗说了一番话，将强盗驳斥得哑口无言，当场服罪，并保证不再翻供。这时，书吏和衙役才明白了新知府三天来如此“絮叨”地问案的目的所在，并对其十分佩服。

你猜，新知府是如何驳斥强盗的?

305. 魏敬劝阻魏王入秦

战国时，秦国大臣许绾来到魏国，骗魏王说：“现在秦国兵强马壮，早晚要吞并天下。秦昭王已经决定近期将称帝，如果您肯前去朝拜的话，秦王将来就仍旧封你为魏王，只去攻打别的国家，而不会进攻魏国。”魏王十分惧怕秦国，一听这话，便决定前去秦国朝拜秦昭王。魏国大臣魏敬却不同意魏王的做法，认为此去可能凶多吉少。于是，他便决定劝阻魏王。不过，他没有直言劝阻，而是采取了委婉的方法。

这天，魏敬问魏王道：“大王，就您看来，魏国国境内黄河以北的地区和国都大梁相比，哪个更重要？”魏王回道：“自然是大梁更重要，此是魏国的根本所在。”魏敬又问：“那么，大梁和您自身相比，哪个更重要？”魏王想了一下后回答：“我自身重要。”

接下来，魏敬又问了魏王一个问题并得到回答后，魏敬便说出了自己劝阻魏王入秦的真实想法。而魏王一听，也就打消了入秦的念头。

你猜，魏敬又问了魏王一个什么问题？他又是如何劝阻魏王入秦的呢？

306. 宋弘巧谏光武帝

东汉时期，大臣宋弘将当时著名的哲学家、经济学家桓谭举荐给光武帝刘秀。宋弘本来希望桓谭的聪明才智得以充分发挥，帮助光武帝治理国家。但是，没想到光武帝却只喜欢桓谭弹的曲子，于是让桓谭专门为自己弹奏曲子。宋弘看到桓谭被这样大材小用，心里很不舒服。于是，他便准备劝谏光武帝。不过，直接指责皇帝显然不大好，于是，他便采用了一种迂回的策略。

你猜宋弘是如何劝谏光武帝的？

307. 魏征巧劝唐太宗

唐太宗的皇后长孙皇后死后，被安葬在昭陵。唐太宗因为和她感情甚笃，十分思念她，于是便令人在宫中搭建了一座很高的楼台，经常登台眺望昭陵。这件事如果搁在普通人身上，可能并非坏事，但是搁在皇帝身上，便有些不合适了。因为一个皇帝将自己过多的心思寄托在一个死去的皇后身上，便必然对国事有所荒疏。即使实际上没有荒疏国事，这种事传出去，人们也会以为皇帝重视私情，而不重视国事，影响不好。魏征知道这件事情后，便决定找个合适的机会劝谏唐太宗。但是，这次他并没有直言进谏，而是采取了迂回的策略。

一次，唐太宗带领魏征一起登台观看陵墓，他问魏征看到陵墓没有。魏征假装看了很久后，说道：“臣年纪大了，眼睛昏花，没有看见。”唐太宗于是用手指给他看，魏征故意问：“这个是昭陵吧？”太宗回答说是。魏征于是说了一句话，唐太宗一听，便感到十分惭愧，立即下令拆除了楼台。

你猜，魏征说了句什么话?

308. 长孙皇后劝唐太宗

唐太宗算得上是中国历史上难得的虚心纳谏的好皇帝了。但是，到晚年时期，因为国家已经在他的治理下进入了著名的“贞观之治”，国家强盛，政治清明，百姓富足，因此唐太宗也不免有些志得意满，虽然还能够听进别人的意见，但已经不像以前那样虚心了。

一次，著名的谏臣魏征在向唐太宗进谏时，唐太宗便有些不买账，但是一向耿直的魏征也同样不买唐太宗的账，只是一味地争辩。结果双方言辞都十分激烈，最后不欢而散。回到后宫后，唐太宗感到十分恼怒，恨恨地说：“岂有此理，朕怎么说也是皇帝，岂容你如此态度。等我将来有了机会，非杀了你这个乡下人不可！”长孙皇后这时正好进来，见状大吃一惊，慌忙问唐太宗：“陛下，究竟是谁惹您生这么大的气，您要杀了谁？”唐太宗回道：“还不是魏征这个老儿！”长孙皇后一听赶紧问道：“老臣魏征忠直敢言，您经常在我面前夸赞他，怎么今天反而要杀他呢？”唐太宗带着火气说道：“这个老东西，每次进谏，我都洗耳恭听，并认真考虑他的意见。但是，他就以为朕好欺负，得寸进尺，竟然当着众多大臣的面顶撞我，一点面子都不给我留，使我完全下不来台。不杀他，我这个皇帝没法当了！”

长孙皇后一向深明大义，她往往能够在唐太宗使性子的时候以自己的温柔和智慧对唐太宗进行规劝。最近以来，他也发现唐太宗因为自己的功绩有些飘飘然了，不再像以前那样能够听得进别人的意见。于是，她也早有心对唐太宗进行一番规劝。但是，此时的唐太宗正在气头上，如果再给他来一番虚心纳谏的大道理，恐怕不仅他不会接受，反而会火上浇油，使自己从此不好再开口规劝。于是，经过一番思考之后，长孙皇后想到了一个好办法。

只见长孙皇后一言不发地回到自己的寝宫，整整齐齐地穿好自己的朝服，这是在平时有盛典时她才会穿的衣服。然后，她重新来到太宗的寝宫中，用很正规的礼节向唐太宗请安。太宗见长孙皇后刚才不见了，现在又以这样一副打扮来拜见自己，感到十分纳闷，于是问道："你这是干什么，无缘无故为何以这身打扮来见我？"长孙皇后满脸堆笑地说道："我给陛下贺喜来了！"唐太宗一听更加迷惑了："喜从何来？"于是，长孙皇后一本正经地说了一番话，实际上是变着法地拍了一通唐太宗的马屁。唐太宗一听，马上转怒为喜，同时还感到有些惭愧，不再怪罪魏征了，并且从此又像以前那样虚心纳谏了。

试想，长孙皇后对唐太宗说了一番怎样的话呢？

309.赵普一语点醒宋太祖

宋太祖赵匡胤以后周大将的身份，发动"陈桥兵变"夺取后周的天下，建立了大宋王朝。符彦卿是宋太祖的得力手下，为其立下许多战功，因此，宋太祖想让符彦卿执掌军事大权。但是，对此，宰相赵普却不同意，多次劝阻。他认为符彦卿的地位已经很高，又一直享有威名，不宜将兵权再交给他。宋太祖却不听劝阻，执意下达了诏书。按规定，皇帝的诏书是要通过宰相这里下传的。但是，赵普却以诏书中的一些言辞不够恰当为由，扣留了诏书。宋太祖知道后，便找来赵普询问，赵普便趁机再次劝阻宋太祖。宋太祖于是说道："你为何会一直怀疑彦卿？我心里是有数的，我待彦卿这么好，难道他还会背叛我吗？"

赵普等的就是这句话，他立刻接着宋太祖的话反问了宋太祖一句话。宋太祖一听，便默然无言，并立刻打消了让符彦卿执掌军事大权的念头。

你猜，赵普反问宋太祖的是一句什么话？

310.劝章炳麟进食

1914年，窃取了辛亥革命果实的袁世凯在北京实行了独裁统治。时任共和党副理事长的著名学者章炳麟对袁世凯的倒行逆施十分愤慨，经常在报纸上撰文讥讽他。袁世凯对其是又恨又怕，总想将他软禁起来。无奈章炳麟在上海，势力范围在北京的袁世凯鞭长莫及。

一次，袁世凯买通了一些共和党人，借口请章炳麟到北京主持党务会议，将章炳麟骗来了北京。章炳麟一到北京，袁世凯便派人将其下榻的公寓控制起来，章炳麟的文章、信件都无法发出，完全与外界失去了联系。后来，为了能长期控制章炳麟，袁世凯派陆建章将章炳麟诱骗到龙泉寺，摆下了长期幽禁的架势。并且，袁世凯密令，对章炳麟的策略就是：特殊优待，不得非礼，但不许越雷池一步。失去了自由的章炳麟感到十分愤怒，无奈之下，他宣布绝食，以此抗议。

章炳麟绝食几天之后，袁世凯有些慌了，他害怕自己担当逼死名士的骂名，遭到舆论界的讨伐。为此，他专门召集自己的左右询问："你们有谁能够劝章炳麟进食？"

就在大家都默不作声之际，王揖唐回答道："我能！"

这个王揖唐原是章炳麟的门生，两人后来又一起在上海组建过统一党，交情甚好。但是，他来到龙泉寺见到章炳麟后，章炳麟当头第一句话便是："你是来给袁世凯当说客的吧！"

王揖唐一听，立刻回答道："老师，我知道您的脾气，哪里敢呢？"接下来，两人便一起聊起了一些往事。等聊了一会儿，气氛缓和下来后，王揖唐试探着说道："听说老师您要绝食而死，这又何必呢？"

章炳麟于是愤怒地说道："与其被袁贼杀死，不如我自己饿死！"

王揖唐却接道："老师您如果这样做，正中了袁世凯的圈套了！"

章炳麟一听，十分不解。

王揖唐于是说了一番话，章炳麟马上表示要进食了。

如果你是王揖唐，根据当时情势，你会如何说？

311.林肯迂回拆谎言

林肯当律师的时候，有一次，他的一个朋友前来找他求救。原来，这位朋友的儿子小阿姆斯特朗被别人诬告为谋财害命，并且已经初步判定有罪。林肯于是担任了朋友儿子的辩护律师，前往法院调查卷宗。在查阅了所有有关的卷宗之后，林肯意识到，被告被控有罪的关键在于原告方的一个名叫福尔逊的目击证人。此人一口咬定说在10月18日的月光下，清楚地看到小阿姆斯特朗开枪打死了死者。林肯仔细分析了一下证人的言辞，并查阅了一下历法知识后，找到了这个证人的漏洞。于是，林肯向法院提出申请，要求复审。

在复审中，林肯和这个目击证人展开了一场精彩的对话。

林肯：请问证人，你说你当天晚上看到小阿姆斯特朗开枪杀死了死者，并且对你的证词发誓？

福尔逊：是的。

林肯：那么，你自称当时是在一个草垛后面，而小阿姆斯特朗是在二三十米远之外的大树下，你能看清吗？

福尔逊：我看得非常清楚，因为当天晚上的月光很亮。

林肯：你确定自己不是从衣着方面进行判断的？

福尔逊：绝对不是，我清楚地看到了他的脸，因为月光刚好照在他的脸上。

林肯：那么，具体时间呢？你在证词上说是11 时，你能肯定吗？

福尔逊：完全可以肯定，因为我回屋时专门看了看钟，那时是11时05分。

林肯问到此处后，转过身来，面朝法官和陪审团，底气十足地说道："那么现在，我可以肯定地告诉大家，这个证人是个十足的骗子！”法官和陪审团以及听众席上的人顿时感到十分惊愕，并开始交头接耳。不过接下来，当林肯说明了他的理由后，所有人都心服口服，福尔逊也顿时哑口无言。

你能猜出林肯是如何辩驳的吗?

312. 阅览室里的争执

在一个城市的图书馆里，几个读者正在阅览室里看书。因为是冬季，阅览室的窗户关得很严。过了一会儿，一个读者站起来说道："空气实在太闷了，还是将窗户打开透透气吧。"说着他便走到窗前，要开窗。但是，坐在窗户旁边的一个读者表示反对："不能开窗，我坐在窗边，会冷！"

但是，第一个读者却坚持要开窗，这样，两个人便争执起来。图书管理员听到争执后走了过来，了解情况后，他微笑了一下，立即采取了一个两全齐美的办法。

你猜，图书管理员是如何做的?

313. 孙宝充称馓子

汉朝时，民间流行一种叫做油炸馓子的面食，其由许多环形细条组成，香酥可口，但比较脆，很容易碰碎。很多货郎担着这种食品走街串巷叫卖。

一天，一个名叫王二的货郎，挑着油炸馓子叫卖。走至一个拐角处，突然拐出来一个走路慌慌张张的青年，一下子和王二撞在了一起。王二猝不及防，担子一下子掉在了地上，所挑的油炸馓子一下子碎掉了，显然无法再卖。王二一看，便一把揪住撞他的青年道："你赔我的油炸馓子！"

青年一开始坚持说是王二自己走路不小心，撞上了自己，不肯赔。后来，围观的人越来越多，大部分人认为青年应该对王二有所赔偿，青年自知理亏，便答应赔偿。他看了看货担里碎掉的油炸馓子，问王二共有多少枚。

王二看对方服了软，便起了贪念，想敲诈一下对方，一咬牙说道："出门前我专门数了下，不多不少，正好300枚。"

青年一听，坚决不信，表示自己最多只肯赔50枚的钱。

现在，馓子已经碎掉，除了王二心里有数外，谁也说不清到底有多少枚馓子。因此，两人再次吵了起来。这下，众人也都不知道该帮谁说话了。

就在两人吵得不可开交之际，新任京兆尹的孙宝充路过此地。他见这里聚拢了一群人，便派人过来询问是怎么回事，得知情况后，他走过来表示自己给两人做个评判，两人自然不敢不同意。孙宝充先是朗声说道："王二乃是小本经营，青年人撞碎了馓子，赔偿是应该的。不过，究竟赔多少，王二也不能趁机讹诈。"

孙宝充问王二究竟被撞碎了多少馓子，王二见大官在此，心知刚才所喊数目过大，于是改口说是200 枚。

孙宝充于是笑着说道："你刚开说是300枚，现在又说是200枚，让人如何信你的话。这样吧，我来帮你弄明白到底有多少枚馓子吧！"说罢，孙宝充果然很快便算清楚了王二的馓子数目，与实际的数目分毫不差，王二心服口服。青年于是也心服口服地如数进行了赔偿。

想一下，孙宝充是用什么办法得出碎馓子的数目的？

314. 神甫的答案

在意大利的萨丁岛上，有两个傻瓜，整个岛的人都叫他们是傻瓜。一天，两个傻瓜碰到了一起，互报委屈，都认为自己不是傻瓜。最后，两人商定，要向岛上的人澄清一下他们并非傻瓜。可是，如何做呢？两人想了很久，其中一个傻瓜说道："我有一个办法，人们都很相信法官的权威，我们去让法官告诉大家我们不是傻瓜，你看这主意咋样？"

"这主意不好，"另一个傻瓜一边将头摇得像拨浪鼓一样一边说，"我是绝对不会去的！"

“为什么？”

“两个月前，一个坏蛋将水泼在我的头上，我去法官那里控告他，法官却将我赶了出来。”

“那是为什么？”

“我告诉法官，我做了一个梦，梦见一个坏蛋将水泼在我的脑袋上，要法官去惩罚他。可是法官竟然将我赶了出来，所以我对我们找他不抱希望。”停顿了一下之后，这个傻瓜说道：“我想我们还是找店老板吧，他天天在那里算账，看上去是这个岛上最精明的人了。”

“不不，我不去！”这次第一个傻瓜不同意了，“有一次我去他的店里买鞋子，他递给我一双鞋子，竟然不是同一个方向。你想，两只脚长得一模一样，鞋子不是也应该一模一样吗？所以，我问他要两只朝着同一个方向的鞋子。他竟然告诉我说：‘那样的话，你只能买两双鞋子。’瞧他这话说的，难道我是傻瓜不成？他显然是想多卖出一双鞋子。气得我一句话也懒得再说，扭头便走了。”

另一个傻瓜对于第一个傻瓜的做法也表示赞同。不过，究竟该找谁呢？两人想啊想啊，最后，决定去找神父，因为他们早就听说，神甫代表了神，是最公正的。

于是，两个傻瓜便来到了教堂。他们对神甫说道：“尊敬的神甫，岛上的居民都说我们两个是傻瓜，可是我们两个并不这么认为，现在我们想请您来帮我们裁决一下。如果我们真是傻瓜，您就直接告诉我们好了，我们从此也就承认了；如果不是，就请您告诉其他人我们是和他们一样的聪明人。”

神甫听了这话之后，便问两个傻瓜：“你们还记得人们第一次叫你们傻瓜时的情景吗？”

“是这样的，”一个傻瓜边回忆边说道，“我记得十五岁那年，我妈妈让我去打水，我于是带上我妈妈经常用来装东西的竹篮便出发了。但是，我用竹篮打水一直打到了天黑，也没有打到水。

到了晚上，我妈妈来找我了，她一见我，就骂我说：‘哎呀，你这个傻瓜！’从此，人们便都叫我傻瓜了。”

神甫听后，强忍着笑问另一个傻瓜同样的问题。

第二个傻瓜于是说道：“有一次，我家附近的枣子熟了，我很想吃，爸爸便让我回家将一根长竹竿拿来，好将枣子给敲下来。但是，当我扛着竹竿要出大门时，那竹竿太高了，我无论怎么弄他，它都过不了那个大门。最后，我爸爸看我老半天不去，便回家来看是怎么回事。他看到我当时的情形后，便骂我是傻瓜。从此，大家便都这么叫我了。”

神甫听完两个傻瓜的述说后，想了一下，然后交给两个傻瓜一个小盒子，并说道：“好了，关于你们的问题，我已经有答案了。我的回答就放在这个盒子里了，你们回家后打开盒子就知道了。不过，你们可一定要小心翼翼地打开，别让我的答案跑掉了。如果它跑掉了，你们就是真的傻瓜了。”

最后，两个傻瓜便小心翼翼地带着神甫的盒子回去了。两个人一起来到了其中一个傻瓜家里，决定看看神甫的答案到底是什么。最终，他们两个不得不承认自己真的是傻瓜。

原来神甫是用一种迂回的方式告诉两人他们就是傻瓜。你猜，神甫在盒子里放了什么？

315. 拥挤问题

古时候，在印度北部，住着一个智者，附近的人遇到生活上的难题，都喜欢来找他出主意。

一次，附近村庄中的一个妇女遇到了麻烦，于是便忧心忡忡地来到智者家里诉苦。原来，她和丈夫以及自己的两个孩子住在一个狭小的小茅屋里，原本就十分拥挤。但是，最近，她的公婆因为原来的房屋倒塌，搬来和他们一起居住。这下，整个茅屋就显得更加狭小了，她觉得简直就像生活在地狱中。她问智者道：“哎，我该怎么活呀！”

智者一听，沉思了一会儿，便问他道：“我记得你以前曾经告诉我你有一头母牛，对吗？”妇女点点头，但问道：“那又怎么样呢，对于我的难题的解决又会有什么帮助？”智者于是对她说：“把这头母牛牵到你的茅屋里住一个星期，然后再来找我。”妇女一听，感到十分不解，但因为知道他是个聪明人，便听从了他的安排。

一星期后，这个妇人又来找智者，一见面她便哭诉道：“哎呀，我按照你说的方法做了之后，现在情况更糟糕了。母牛稍微转动一下，屋里的6个人都得跟着挪动位置，简直都无法睡觉。”

智者一听，又沉思了一下，便说道：“你好像还养了一些鸭子，是吗？”妇女这次比较机灵了：“啊，难道又让鸭子也住进来？”没想到智者回答说：“是的，如果你要我帮你解决问题，就按我说的做。现在你将这让这些鸭子也都住进茅屋里，一个星期后再来找我。”妇女一听，感到十分怀疑，但是她还是勉强同意了。

结果，一个星期后，这个妇女来到智者这里后，简直是歇斯底里地哭诉：“你的建议真是太糟糕了，现在好了，我的茅屋现在完全成了一个动物世界了，我们一家人根本无法待在里面。为这个，我和我家那口子已经打了两次架了，我再也不听你的了！”

这时，智者又对她说了一个办法，妇女照她说的做了之后，果然一家6口人和平安乐地生活在了一起。

猜一下，这次智者的主意是什么呢?

316. 富翁教子

从前，有个富翁，他年轻时很穷，完全是凭借着自己的努力发了财，攒下了偌大的家业。这个富翁有个儿子，从小娇生惯养，在蜜罐里长大。长到十六岁时，富翁的儿子还完全是个公子哥，自己没挣过一分钱，花起钱来却大手大脚，而且懒得出奇，不肯吃一点苦。

父亲看到儿子完全不像自己，成了这样一个懒蛋，心里十分失望。同时，他也怪自己没有教育好儿子，太放纵他了。于是，他便想教育一下这个儿子，让他知道挣钱的艰辛，好珍惜财富。

这天，富翁将儿子叫到跟前说："儿子呀，你长这么大了，还没有挣过一分钱呢。我像你这么大时，已经能够养家了。"富翁的儿子听了很不服气地说："爹，你这是在小看我吗？现在是家里有钱，不需要我出去挣钱，如果现在咱们家的情况像你当时那样，我也能挣钱养家！"富翁一听，便说道："年轻人，钱不像你想象的那么好挣的！这样吧，你今天从家里出去，一个月内只要你能挣到一块钱回来，我就信你的话。""这有什么难的！"说完，儿子便出了门。

富翁的儿子出门后，富翁的妻子才得知此事，她到富翁跟前说："你这又是何必呢！"富翁说道："不让他现在吃点苦头，将来就要吃苦头，这是为他好。"妻子听了点点头。不过，她想了一下又充满疑虑地说道："道理是这么个道理，不过这办法未必行。这孩子从来没有吃过苦，又懒，恐怕他不会乖乖地去挣那一块钱，可能用我们以前给过他的钱或者是借来一块钱来糊弄我们呢！"

对此，富翁却只是微笑着看着妻子说道："这个你放心，我自有办法！"

你猜，富翁解决这个问题的办法是什么吗？

317. 智断婆媳纷争案

清朝时，浙江湖州地区，有一个姓徐的县令。此人断案往往不拘常规，别出心裁，而又能巧妙地得到真相，令人信服。

一天，一个年纪约60岁的老太太来到县衙告状。其一上大堂便一边放声大哭，一边述说其媳妇的不孝。据她讲，她的媳妇对自己十分不孝顺，从来不肯好好地服侍她。今天，是她62岁大寿，媳妇竟然只给她烧了碗青菜萝卜汤，而媳妇自己却躲在屋里吃鱼肉。老婆婆自称自己平时看在儿子的分上一直忍让，今天实在是气不过了，才来见官，请求徐老爷为她做主，惩治一下这个不孝的媳妇。

徐县令听了老太太的述说后，便将这个婆婆的儿媳妇刘氏带来堂上。徐县令将惊堂木一拍，问道："刘氏，你身为人媳，难道不知道人伦道德吗？为何对你婆婆忤逆不孝？"没想到，刘氏对于县令的询问，置若罔闻，完全像是被吓傻了一样，只是一味地跪在堂下低头啜泣，不肯说话。

徐县令看那媳妇也哭得伤心，并且看她面相，也不像是歹毒之人。但是，再看那婆婆，仍旧在那里哭天抹泪。于是，他便不知道如何判断了。皱着眉头想了一会儿后，徐县令灵机一动，又来了妙计。只见他平心静气地对堂下的婆婆说："你媳妇不孝，实在是不应该。不过，一家过日子，哪有不闹别扭的。我就是将你媳妇打上几十大板，回头她也只会更加嫉恨你，对你们家的和睦没有好处。因此，我看这样吧，今天是你的生日，我已经叫后厨给你做了两碗寿面。你和你媳妇就在堂上一起每人吃一碗，算作我给你们调解了，以后你们就好好和睦相处，老人家你看如何？"老太太看这个县令这么判案，感到有些别扭，但也不敢抗命。只好点头答应了。

于是，过了一会儿之后，衙役们搬来一张长桌子放在大堂上，又在两端各放上一碗面条。婆媳二人虽然感到别扭，你看看我，我看看你，再看堂上的老爷，正笑眯眯地看着她们俩。于是，两人只好端起碗吃起来。

而就在两人吃完面条之后，徐县令立刻便知道了事情的真相。然后，据此，他做出了真正的判决。

你猜，这是怎么回事？

318. 钱学森的办法

20世纪50年代，钱学森从海外归来，为国效力。回来后，他担任了中国科学院力学研究所所长。对于这位国际知名的科学家，力学所里的所有人都对他十分尊重。但是，这种尊重也带来了麻烦，对于钱学森的观点，没有人敢于否定。每次钱学森做报告时，大家都是客客气气，不敢提出任何意见；开讨论会时，也成了钱学森的学术报告会，大家都不发言，总是冷场。

对于这种情况，钱学森很是着急。因为他深知，学术研究中最忌讳崇拜权威，学术必须在争议中才能焕发出活力，这样下去，研究所很难有所成就。于是，他想了一个简单的办法，很快便扭转了这一局面，大家都变得勇于发言了。

你猜他的办法是什么？

319. 县令学狗叫

隋朝时，有个读书人去拜访新到任的县令。没想到这个县令看读书人还没有考取什么功名，便对他很傲慢。读书人回来后，感到很生气，于是便和几个朋友打赌说："咱们打个赌怎么样？我有办法让这个新县令学狗叫，我要是输了就请你们吃一桌酒席，如果我赢了，你们一起请我吃桌酒席，如何？"

众人一听，都不服气，表示接受这个赌局。

于是，这天，这个读书人和几个朋友一起来到县衙门口。读书人一个人进了县衙，几个朋友则躲在外面。没想到的是，这个书生上前跟县令交流了一会儿后，县令果然"汪汪——汪汪——"地叫起来。这几个朋友一听，便掩口偷笑起来，同时，也心服口服地请读书人吃了桌酒席。

你猜，读书人是如何使县令学狗叫的？

320. 花农的疑惑

荷兰是一个花卉王国，在那里培育着世界上最多的花卉。一年四季，鲜花盛开，很多美丽的鲜花不断地被运往世界各地，为人们的生活增添了许多色彩。

一位名叫布兰科的荷兰花农，为了能够卖上高价，独辟蹊径地从遥远的非洲引进了一种世界上罕见的名贵花卉，在自己的花园里面精心培育。

第一年，布兰科培育出来的罕见花卉轰动了整个花卉市场，人们争先恐后地购买这种漂亮罕见的鲜花，布兰科取得了巨大的成功，也因此大赚了一笔钱。

如此好的势头让布兰科非常高兴，第二年信心满满地扩大了种植面积，他希望第二年会有更好的收获。

但是让他没有想到的是：这一年培育出来的花卉却没有第一年那么漂亮，花朵上面不知道为什么会有很多杂色。这些花卉上市之后根本没有上一年那么热销。

布兰科百思不得其解，难道这种花只能保持一年，第二年便会退化？但是，在非洲一直是长得挺好，是因为水土还是因为气候？布兰科怎么都想不出来原因。

于是，他去请教了一位植物学专家。这位植物学家特意来到了他种花的地方仔细观察了一番，然后他问了布兰科一个非常奇怪的问题："你周围的邻居都种些什么花卉呢？"

"邻居们？他们都种的是本地的一些花卉。"布兰科疑惑地回答。

"那就对了。"植物学家非常肯定地对他说："你在花园里面种的是从非洲引进的罕见花卉，但是你的邻居还是种的本地的品种，所以你的花已经被邻居们的本地花卉传染了，他们才会出现杂色之类的现象。"

布兰科听后非常奇怪地说："这怎么可能呢？邻居们的花怎么能传染我的呢？"

植物学家对他解释说："是风把邻居那里的花粉传了过来。"

布兰科想了想觉得有点道理，但是却很疑惑怎么才能解决这个问题，他继续问植物学家："但是，谁都没有办法阻止风的传播啊？我要怎么办才好呢？"

植物学家笑了笑对他说："我们是没有办法阻止风的传播，但是人可以变化方法，只要我们动下脑筋就好了。"接着就悄悄地对布兰科说了一个办法。

布兰科听后非常高兴地按照植物家的办法做了。第三年，他培育出来的鲜花依旧那么漂亮，他又再次获得了很多利润。

请问，植物学家到底想到了一个什么好主意呢？

321.吃美金的“芭比”娃娃

美国市场出现过一种价格低廉的“芭比”洋娃娃。每只漂亮的洋娃娃售价仅10美元95美分。但是就是这么一个小小的洋娃娃，竟然弄得好多父母哭笑不得，因为那是一个会吃钱的玩具。到底是怎么回事呢？请看下面的故事。

有一天，一位父亲在商场为亲爱的女儿买下了一个非常漂亮的洋娃娃，然后把它作为生日礼物送给了女儿。父亲之后就很快把这件事情忘记了。

一天晚上，女儿突然对父母说芭比娃娃需要换新衣服了。原来是女儿在洋娃娃的包装盒里面发现了一张商品供应单，上面提醒小主人说芭比娃娃应该有几套属于自己的漂亮的衣服。

父亲想，女儿在给洋娃娃换衣服的过程中能得到某种程度上的锻炼，花点钱是值得的。于是，父亲就又去了那家商店花了45美元买回了“芭比系列装”送给了女儿。

过了一个星期，女儿再次收到了商店的友情提示说应该让洋娃娃当“空姐”，他们还说一个女孩在她的同伴中的地位取决于她的芭比娃娃有多少种身份。女儿回到家之后哭着对父亲说自己的芭比在同伴当中是最没有地位的，父亲不忍心自己的女儿哭泣，于是就赶紧去商场花了35美元买了一套空姐制服来满足女儿小小的虚荣心。接着过几天又连续买了护士、舞蹈、老师等几套行头。

然而这样的事情并没有完全结束。有一天，女儿得到“信息”，她的芭比喜欢上了英俊的“小伙子”娃娃凯恩，不想让自己的芭比失恋的女儿央求父亲把凯恩娃娃买回来。父亲有什么办法拒绝女儿带泪的请求呢？凯恩洋娃娃的到来同样要给添置一大批的衣服玩具，父亲没有办法，只得一次次满足女儿的要求。

当父亲以为这次一定是该结束的时候，女儿却眉飞色舞地向爸爸宣布她的芭比娃娃和凯恩准备“结婚”，父亲更无奈了。当初买来凯恩的时候就是为了让他与女儿的芭比娃娃成双结对的，所以更没有理由拒绝女儿的要求了。父亲忍痛再次破费了一大把给女儿的芭比和凯恩把“婚礼”大张旗鼓地完成了，这下子，父亲以为事情总该结束了。

谁知道，过了一段时间，女儿告诉父亲，她的芭比和凯恩有了爱情的结晶，它叫米琪娃娃，父亲很无奈地崩溃了，会吃钱的“第二代”又出来了。

……

你知道“芭比策略”的实质是什么吗?

322. 空手套白狼

阿根廷有位叫图德拉的人，他是一位自学成才的工程师，开始的时候从事工程方面的工作，但是后来却突发奇想地想去做石油生意。

按理说，一个人从事一份自己完全不熟悉的工作是一件非常困难的事情，再加上当时他既没有石油界的关系可以利用，也没有雄厚的资金作为基础，想要做好石油生意更是难上加难。但是图德拉却采用了迂回的连环计最终让自己的石油生意取得了很大的成功。

他先从一个朋友那里得到消息说阿根廷需要购买2亿美元的丁烷；之后又从报纸上看到阿根廷现在的牛肉过剩的这个消息，几乎不用多少钱就可以买下很多牛肉。

这看似是两件风马牛不相及的消息，可是图德拉却用自己的智慧将这两件事情联系到了一起。最后，他自己没花一分钱，只利用了他人提供的资金就成功完成了这两件生意的运作，最后一跃成为石油界出名的大亨之一。

你能设想出他是怎样将上面两件完全联系不到一起去的事情联系起来进行生意操作的吗?

323. 巧立石碑

在南京东郊紫金山南麓的一个叫玩珠峰的下面，有一座非常著名的旅游景点，那就是明太祖朱元璋的陵墓——明孝陵。这个著名的旅游景点吸引了无数的游客前来观光，一是因为那里景色非常优美，二就是因为明孝陵的建筑在当时技术非常高超。

游人沿着台阶拾级而上，一座正方形的城堡建筑就会出现在你的面前，那就是著名的四方城。继续参观，四方城中有特意赞颂朱元璋而写的《大明孝陵功德碑》，石碑高三丈有余，在石碑的开头盘踞着6条巨龙，那是皇族的象征，在石碑下面是一个形似龟状的兽。

这样一座石碑，高约有十几米，高高地矗立在那座龟的背上，很多人看到后都会感到吃惊——在当时的条件下，是如何把这个石碑放到那座龟背上的呢？据有关专家说，当时明成祖在为父亲朱元璋建造这块墓碑的时候，因为龟身太高，石碑又大，所以如何才能把碑放到龟身上去就成了一大难题。明成祖想了好久也没有想出办法。有一天晚上，明成祖做梦梦到了一位神人，在梦里这个神人对他说："想要立此碑，必须做到：龟看不见碑，碑看不见龟。"

等明成祖醒后，突然灵机一动，想到了一个办法，很顺利地将碑放在了龟的身上。

那么你能想到，明成祖想到的是什么办法吗？

324. 特别的广告

美国马里兰州有一位名叫路易斯的女护士，她好长一段时间一直被一件事情困扰着，那就是她的丈夫约翰常年迷恋于狩猎和钓鱼，多数时间都不在家。路易斯对此非常反感，一天，她决定想个办法教训一下丈夫。于是，在1985年8月的时候，路易斯去当地报刊上刊登了一则非常特别的广告，广告的题目是"出售丈夫"，广告内容为：

"今出售丈夫一名，价格优惠。他随身携带良种狗一条，外加钓鱼用具一套。其人品行优良，性格温顺，唯一的爱好就是狩猎和钓鱼，因此，每年在家里的时间不会多于3个月。”

其实，路易斯还是很爱丈夫的，只是因为多次和他沟通都没有起到作用，他依旧是迷恋于自己的活动而忽略了身边的妻子和家庭，路易斯一气之下才会做出这种事情。

此广告发出去之后，丈夫约翰先生惊讶之余，也很想挽回妻子的心。不过，他却不想直接在妻子面前搁下面子，同时也并不想放弃自己的爱好。如何才能既挽回妻子的心，同时又不用放弃自己的爱好呢？约翰找好朋友格林商量，格林于是给他出了个绝妙的主意。凭借这个主意，约翰不仅成功挽回了自己的婚姻，而且让妻子接受了自己的爱好。

你猜，格林给约翰出的主意是什么呢？

325. 薛礼借麻雀攻城

薛礼是唐朝时候的一个将领，一次，他奉命带兵东征岩州城（今辽宁辽阳）。

岩州城内守军粮草充足，所以他们进行了十分顽强的抵抗，一边固守阵地，一边等待援兵的到来。薛礼带领着自己的军队不断进攻，但是都没有成功。

当时正值寒冷的冬季，假如再不赶紧结束战争，那么会对唐朝军队非常不利。薛礼选择了速战速决的战略，不断对守军进行进攻，因为守军实力不弱，所以薛礼损失了不少兵力。

一天，薛礼正在营帐中为此事发愁，这个时候，一位谋士来到了薛礼所在的营帐，只听他对薛礼说：“将军如此强攻，绝非良策，守军实力不薄，如此耗下去，必定无法攻下。”

薛礼问：“阁下有何良策？”

“麻雀送火种之计可以一试。”谋士接着仔细地对薛礼说明了一下此计谋的操作办法。

薛礼听后，大喜，赶紧按照谋士的计谋开始行动。他命令士兵去捉大量的麻雀，然后将这些麻雀都关在笼子里面不让吃任何东西。薛礼接着又让士兵们去弄来了很多硫黄和火药。

几天后的一个夜里，天空突降白雪。第二天清晨刮起了大风。薛礼立即命令士兵们做了很多的小纸袋，然后把弄来的硫黄和火药分别装到那些小纸袋里面。接着他们用纸条捻成小绳子将小纸袋系在了麻雀的爪子上，最后将已经饿了好几天的成千上万只麻雀放了出去。

薛礼很早之前就下令把自己的草垛全部烧光。此时，城外四处大雪茫茫，也看不到草垛之类的堆积物，麻雀们找不到可以觅食的地方，就开始向城里飞了过去。由于很多天没吃东西，饥饿难忍的麻雀看到草垛就使劲地刨，它们很想能赶紧找到可以充饥的东西。这样拴在麻雀爪子上的小纸袋就掉到了草垛上面了。

那么你来猜一下，下一步该怎么办？如何才能以麻雀为中介，将守军的草垛点燃呢？

326. 服务员的难题

上海一家著名的大酒店里面曾经发生过这么一件事情：一位外宾在饭店吃完饭离开餐厅之后，将餐厅里一双制作特别精美的景泰蓝筷子放进了自己随身携带的包里。

服务员将这一切都看在了眼里，并马上将此事报告给了当天的值班经理。值班经理了解到情况之后对她说：“你得想出一个办法，既不让我们受损失，也不让客人难堪。”

这位服务员听后，就一直想要如何才能处理好这件事，但是很可惜想了好久都没有结果。最后没有办法，为了不让顾客难堪，服务员没有和客人要赔偿，而是决定用自己的钱给饭店作为补偿。

这个时候值班经理看出了服务员的为难，于是就从柜子里拿出了一个做工非常精美的小匣子对她说：“这个小匣子是专门用来装那种筷子的。”说完接着又对服务员说了一个可以让对方不难堪的下台阶的办法。

服务员听后顿时喜上眉梢，连声称赞说：“这个办法太棒了！”

值班经理想到的是什么办法呢？

327. 帅克打赌

在东欧一直流传着这么一个笑话：

有个叫帅克的人非常聪明，他有个爱好是喜欢和别人打赌，奇怪的是他的运气一直很好，因而他打赌每次都会赢。

这天，一位警察找到了帅克，想对他敲诈一把。警察说他偷了别人的东西，帅克一口咬定自己从来没有偷过别人的东西，家里的东西都是他和别人打赌赢来的。

警察却怎么都不相信，他说：“除非你和我赌一次，我们来赌一件看起来完全不可能的事情，假如你赢了的话，那么我才能相信你说的话。”

帅克很爽快地答应了警察的挑战：“好，那我现在就和你打赌，我赌明天你会长出尾巴。假如你赢了的话，我就心甘情愿地输给你100元，但是假如你输了，你就要输给我100元。”

这样的一个看似很不合理的打赌，警察心想这肯定不可能，于是就满怀信心地答应了帅克。

第二天，警察非常高兴地来到了帅克家里面，得意地对他说自己没有长尾巴，让帅克赶紧把输的100元钱给他。

帅克说：“我都没有检查，怎么知道你到底长没长尾巴？你得让我先检查一遍再说。赶紧脱下裤子让我检查。”

警察一想也对，反正现在也没有其他人在，于是就让帅克开始检查。但是他想不到的是此时帅克却高兴地跑到了内屋，大声地叫着“我赢了！”然后数了一张100元的钞票给了警察。

这个时候，从警察内屋里面走出来了警察的父亲、舅舅、叔叔，每个人都狠狠地给了警察一个耳光说：“你真是太丢人了，竟然露出屁股来让别人摸！”

你知道这是怎么回事吗？警察的亲人为什么都会出现在了帅克的家里呢？

328. 诗没有被偷走

我们知道，牛津大学是世界最著名的学府之一，有来自世界上各个国家的优秀学子在此求学。但是，即使是在这样的高等学府里，也有有名无实的学生，艾尔弗雷特就是其中之一。

这个名叫艾尔弗雷特的学生，为了表现与其他的学生与众不同，显示他自己特别有才华，平时特别喜欢在同学们面前炫耀自己，尤其喜欢通过作几首小诗来显示自己的文采。有一次，他又想在同学面前炫耀一下自己的才华，想了半天，他还是选择作一首小诗。于是他就在同学们面前抑扬顿挫地读了一首自己精心准备的小诗。他原本以为大家肯定都不知道这首诗，其实啊，这首诗根本就不是他自己写的，是他为了在同学面前显示自己的才华，从书上抄来的。

听了他的诗之后，许多同学一下子便知道这首诗不是他写的，只是碍于面子，并不想使他难堪，也就没有当面戳穿他。大家本来以为艾尔弗雷特读读诗，炫耀一下也就算了。没想到的是，艾尔弗雷特可没有这么想，他看大家都不说话，就以为大家还都沉浸在他美妙的诗作中呢。于是，他就更加努力地炫耀起自己，谈起自己“创作”这首诗时的“灵感”来。

这时候，终于有人沉不住气了，人群中一个叫查尔斯的学生愤怒了，他站了起来，说道：“艾尔弗雷特的诗是从一本书上偷来的，我看过这本书！”听完这话，艾尔弗雷特非常震惊，可是他还不肯承认，他大声对查尔斯说：“这首诗是我自己写的，你在撒谎！”说着说着，艾尔弗雷特便恼羞成怒，大喊大叫，怎么都不肯善罢甘休，非要查尔斯给他道歉。

大家都知道查尔斯的话是对的，但是令人意外的是，对于艾尔弗雷特的无理要求，查尔斯居然答应了。但是，当听了查尔斯的

“道歉”后，大家才明白了查尔斯的意图，纷纷笑成一团。

你猜查尔斯是怎么“道歉”的?

329. 学者劝国王

古时候，在欧洲南部的一个半岛上，A、B两个小国相邻而居。两国的关系非常好，不仅互通贸易，而且彼此的货币也是通用的，也就是说两国的货币价值是相同的。

但是有一次，这两个国家却因为一件不大不小的事情闹翻了，两国的国王都认为是对方对不起自己，相互指责，差一点就动用了武力。一气之下，A国的国王宣布：B国的100元货币只能兑换A国的90元货币。B国国王得知这一消息后，不甘示弱，也随即宣布了相同的命令：A国的100元货币只能兑换B国的90元货币。

一天，一个学者从自己的国家到这个半岛上旅行，当他知道了这个消息以后，就分别对两个国王说：“你们的这个命令太荒唐了，如此一来，只会导致大批投机取巧之徒的产生，因为他通过一种很简单的手段，便可以从中牟利，其实我要是乐意的话，就可以借此很快发财。”

两个国王听了却不肯信，他们每人给了学者100元，看看他是不是真的像说的一样可以发财。

学者为了令两个国王心服口服，就接过200元钱开始行动。没过多久，他果真发了财，并把赚到的钱分别拿到两个国王面前。两个国王都相信了学者所说的，取消了前面的货币政策，并受到启发，认识到彼此敌对的坏处，主动向对方示好。很快，两国又重归于好了。

你知道学者是用什么手段发财的吗?

330. 管仲买鹿

春秋时期，齐桓公任用管仲为相，把齐国治理得井井有条。没过几年，齐国大治，强于各路诸侯，齐桓公就成为春秋五霸的第一个霸主。

然而，当时除了齐国之外，国力强盛的还有南边的楚国。楚国仗着自己国土广大，兵多将广，不肯听从齐国的号令。这时候，齐国大将纷纷向齐桓公请缨，要把楚国夷为平地。

齐桓公看到这种局面，就向管仲征求意见。管仲说：“虽然我们齐国的实力强于楚，但如果硬拼的话，齐国也免不了要损兵折将，劳民伤财，不如让他们主动俯首称臣的好。”并称自己已经有了好主意。

第二天，管仲就派出大量的齐国商人，让他们去楚国去购买野鹿。当时楚国的野鹿是五个铜币一只。管仲让齐国的商人在楚国四处宣扬：“齐桓公爱食鹿肉，不惜重金在楚地购买。”一些楚人得知此消息，觉得有利可图，就进山捕鹿去了。接着，管仲让那些商人一再抬高鹿价，刚开始是十个铜币一只，后来二十个，再后来三十个，一直涨到五十个铜币。

你能猜到管仲一再抬高鹿价的真正用意吗？

331. 大臣的信

从前有一位正直的大臣，他立志做像魏征那样的谏臣，所以在朝堂上总是毫无顾忌地直指皇帝的过失。有一次在朝堂上，他又对皇帝出言不逊，皇帝恼羞成怒，把他发配到边疆去牧羊。

这位大臣在边疆每日与羊为伴，过了好几年凄苦的生活。他盼望着哪一天皇帝能够想起他的忠心，把他重新召回京师，然而却一直杳无音信。

终于有一天，他的一位多年的老友出使邻国，顺道来看望他。这位大臣便对好友说：“我这多么年没有回家了，一直挂念着家中的妻儿。我这有一封家书请你帮我带回去。不过，你一定要把它先交给太守，然后再由他交给我的妻子。”

老友听完说：“放心吧老朋友，我一定按你的意思去做！”

然而，令人想不到的是，老友回去不久，这位大臣就被赦免了罪行，官复原职了，你知道这是为什么吗?

332. 聪明的妻子

从前，有一个农民，整天在田地里干活，感到非常辛苦。每天他从家到田地的时候，会经过一座寺庙，每次他都会看到一个和尚，悠闲地坐在寺庙门口的大树底下，一边摇着芭蕉扇，一边喝着凉茶，这位农民于是非常羡慕和尚的这种舒适的生活。他在心里想："做个和尚多自在呀！"

有一天，天气非常热，农民在田里干了一天的活，觉得这样的日子太辛苦了。回到家里，他就鼓足勇气，向妻子说了他想做和尚的想法。

妻子听完，就对他说："你做了和尚，以后就没法回来干活了。从明天起，我和你一块去田里干活，等田里的活忙得差不多了，我就送你去。"

于是第二天，农民和妻子就一起下田了。中午的时候，妻子提前回来给农民做好饭，然后带到田地去和丈夫一起吃。太阳落山的时候，他们就一块回家休息。就这样一直持续了十多天，田里的活差不多也忙完了。一天，妻子对农民说："田里的活忙完了，我送你去庙里吧！"就这样，他们俩就一块来到了那座寺庙。到了庙门口的时候，他们遇到了那个和尚。听了和尚的一番话，农民不愿意出家了，你能猜到和尚对他说了些什么吗?

333. 转达一下

随着商业社会的发展，公司员工的个人形象已经是一个公司形象的重要体现。如果公司员工在工作中具有端庄的仪表、文明的语言、得体的举止、素雅的服饰等礼仪，那么公司也会给人留下良好的形象。相反，如果员工在谈吐举止方面粗俗，那么该公司的形象就会大打折扣。因此，现在的企业没有几个不重视自己员工的礼仪培养的。

虽然许多公司重视礼仪的培养，在职工入职前也对其进行了培训，可是有些员工却还会出现形象不得体的问题。在一家企业中，有几个女职员经常在上班期间言谈不雅。公司的主管对于这一点很是烦恼，但是又不知道该如何处理。如果当面说出来吧，主管和职员之间的关系就会受到影响；如果不说吧，这个问题任其发展下去，会对公司造成很不好的负面影响。

主管想了很久，终于他想出了一个好办法。一天，他找来了其中一位言语不讲究的女职员谈话。结果这场谈话的作用是显著的，后来再也没有女职员谈吐不雅了。

你知道这位主管对这位女职工说了什么吗?

334. 催款妙招

从前有位商人，由于他善于经营，所以赚到了很多钱。同时，他也很慷慨，每当他的朋友在经济上有困难的时候，他都会毫不犹豫地借钱给朋友们。因此，他在朋友之中的印象一直不错。

一次，由于资金周转不畅，商人急需要用钱。但是这个时候，他才发现自己手里已经没多少钱了，他的钱都借给朋友们了。这让商人很着急，难道要上门催债？显然不礼貌，而且会伤害到朋友们的自尊，况且自己也不好意思开这个口啊！可是，不去催债的话呢，自己这边又确实需要钱，否则没法经营下去了。这可难为了商人，怎么办好呢?

商人想了很久，都没有想到合适的办法。面对这样的难题，他只好求助于当地的一个聪明人，希望聪明人能帮助他解决问题。聪明人在商人耳边耳语了一翻，商人点了点头。回去后，商人就按照聪明人的指示去做了。果然，短短的几天之内，朋友们就把所借的钱都如数偿还了。朋友们非但没有生气，还非常感激商人。这是怎么回事呢?

335. 创意营销

1964年，台湾纺织生产商看到一个有趣的现象：一些去香港、日本等地旅游的台湾人喜欢购买很多的尼龙、特多龙、达克龙的衬衫及女裙，然后带回台湾。于是，这个生产商判断，在台湾市场中很需要这样的一类产品。于是他就和日本的生产厂家合作，进口了很多种原料，加工成各种的衬衫和女裙等来销售，颇受人们的喜爱。

根据当时的市场及消费动态，生产商判断，这种人造纤维产品日后一定会为人们普遍接受，棉织品的市场便会随之缩小。于是厂商们就开始不断扩大其使用范围。

台湾当时学生人数很多，于是一些厂商就想：假如学生制服可以用尼龙作为原料的话，那么销售市场便会随之打开，营销也会随之得到更大的拓展。所以，学生制服的生产就成了众多的厂商积极争取的一个待开发的潜在市场之一。

但是，在当时的台湾，学校将尼龙织品作为一项奢侈品看待，学校领导认为，用尼龙做制服会助长学生讲究穿戴的心理，这样一来就与学校一直推崇的朴素作风背道而驰。所以当时很多学校都规定学生不许穿戴尼龙料的衣物，很多学生因为穿尼龙袜子就受到了相关处分。

在这种情况下，如何才能打开学生市场就成了一个非常令人头痛的问题。相关的生产商与销售商经过多方的协商，最后决定根据台湾广告公司拟定的计划，准备先从女子学校方面入手。

他们计划所针对的第一个目标是台湾各级女子学校。他们给每个班成绩最好的女同学免费赠送尼龙百褶裙一件。这种专门给优秀学生的百褶裙也就被定义为了“荣誉学生裙”，这样一来，学校就相信了厂商此举的目的是为了鼓励学生好好学习，这样的办法也会激发学生的学习热情。因此，当广告商向各个学校发出一封要求学校参加此计划的公函时，立即得到了各个学校的同意。每个学校很快就将每个班级第一名的女孩子的名单及相关信息给他们回复了过去。广告商收到名单以后立即就和这些优秀的学生开始联系，他们先给这些学生一人一张兑换券，学生凭此兑换券可以到附近的经销店兑换“荣誉学生裙”一件，衣服的颜色、尺寸、大小均由学生自行挑选。与此同时，他们还向这些优秀的学生附加上了一封信，信中首先向得到优惠券的学生表示道贺，然后很清楚地说明了这种物料的裙子如何保养以及裙子的优点：这种物料的裙子容易清洗，无须熨烫，穿戴非常方便。这在当时也算是一种生活上的改进。

两周后，几乎所有的第一名女学生都将兑换券兑换成功之后，广告商再次向这些第一名的女学生发出了第二封信，每封信中送出10张优惠券。信中说明，鉴于最近很多女学生羡慕与喜欢这种荣誉学生裙，于是特意再次寄来一些优惠券，请学校分发给各个班级中同样优秀的学生，学生可以凭优惠券去购买这种裙子，同时可以免费获得精美衣架一个。

这样一来，学生穿这种裙子的概率就大大地增大了。事实证明这一举动收到了很好的效果：首先是学校不许学生穿尼龙物料衣服的规定自然也就被打破了；再次是很多学校慢慢地将学生制服的原料改为了尼龙一类；再次是男子学校的制服慢慢地也随之改为了使用尼龙这类物料。几年以后，尼龙物料这类衣服已经是非常普遍的了，这个时候，假如谁不穿这种原料的制服，反而会被认为是异类了。

就这样，本来对厂商很不利的环境发生了逆转，一扇原本紧闭的大门被打开了，一个非常广阔的市场出现在了厂商面前。

现在，请你来分析一下厂商们在这件事中所运用的思维。

336. 聪明的约瑟夫

约瑟夫今年15岁，是一个头脑非常灵活的男孩子。他在一家杂技团工作，其任务就是自己设法在杂技团演出的剧场门口招待观众。因为约瑟夫聪明勤快，又能说会道，杂技团的团长很喜欢他。但是，约瑟夫却并不满足于现有的状况，他想利用自己的聪明才智干出属于自己的一番事业。

这天，他向团长提出了自己的一个想法：他想在为杂技团招揽顾客的同时售卖点自己的东西。团长想了想告诉他：“只要不影响杂技团的收入，你可以随便做自己喜欢的事情。”约瑟夫狡黠地对团长保证说：“放心吧团长，杂技团的收入肯定会受到影响，不过不是减少，而是会增加！”

约瑟夫接下来非常高兴地准备着他的计划，回到家里之后，他赶紧忙着开始炒花生。约瑟夫炒的花生米非常香，整个屋子都能闻到花生的香味。看着炒好的花生，约瑟夫很有成就感。然后，他的嘴角悄悄地上扬了一下，特意在花生米中加上了一点食盐。弄好之后，他用纸把炒好的花生米包成一个一个的小包，然后兴奋地带着这些包好的花生米来到了剧场门口。

“好消息，好消息，买一张杂技票，送一包花生米！精彩的杂技，喷香的花生米，边看杂技边吃美味，快来买了……”约瑟夫的吆喝引来了不少路人的注意。一看有如此好事，人们纷纷买票，一些不是很喜欢看杂技的人因为有花生米免费赠送，也都买了票。不一会儿工夫，杂技团的票全部卖完了。

对于约瑟夫的这种做法，杂技团里的一个同事感到很奇怪，问他：“买一张杂技票，你送一包花生米，你这不是做亏本的生意吗？”但约瑟夫只是狡黠地笑笑，并没有做出回答。

约瑟夫并不傻，其实前面已经交代了，约瑟夫是个非常聪明的孩子，他做这样的“傻事”其实是有他的盘算的。事后团里的人才发现，约瑟夫不仅没有赔钱，反而挣了不少钱，你猜他是如何做的？

337. 天下第一棋手

晚清军政重臣左宗棠，因为棋艺高超被世人称为“天下棋手”。

某天，左宗棠在大街上散步时，看见一老者摆了一个棋阵小摊，旁边竖着的招牌上写有“天下第一棋手”几个大字。倔脾气的左宗棠一看立刻来了气，他觉得老者未免过于狂妄了些，要知道自己可也是有着“天下棋手”的美誉的。于是，他上前挑战，不想老者只应对了几招就连连败北，使得他最终得意扬扬地拂袖而去。

不久之后，左宗棠率部赴新疆平乱并打了胜仗。

回到京城老家之后的某个下午，他又来到了市井游玩，不想这次他又看见那个老者在那里大摆棋阵，而且招牌上依然号称自己是“天下第一棋手”。

很是生气的左宗棠于是第二次坐下来向老者挑战，谁知这次，只三个回合自己便败下阵来。

左宗棠不服，一口气和老者连下了三盘，但三盘居然都是以失败告终。最后，大惑不解的他问老者道：“在这么短的时间内，您的棋艺为何能长进如此之快呢？”

老者笑称自己早就知道对方是左宗棠，并回答了左宗棠的问题。左宗棠一听，立刻起身施礼，表示心悦诚服。你猜老者是如何回答左宗棠的问题的？

338. 你需要割草工吗

静静的午后，劳伦太太接到一个电话，对方自称是一位以替人割草为生的男孩。

“请问您需要割草吗？”表明自己的身份后，男孩问劳伦太太。

“哦，谢谢，我不需要了，我已经有了割草工。”劳伦太太回答道。

“我可以帮您拔除花丛里面的杂草。”男孩说。

“我的割草工已经做到了这一点。”劳伦太太回答。

“我会帮您把草与走道的四周割齐。”男孩又说。

“这一点我请的割草工也做到了，谢谢你。”劳伦太太似乎是微笑着说这句话的。

“那，请问您还有什么割草工没有做到的活儿要干吗？”固执的男孩依然不死心。

“没有了，所有该割草工干的活儿，他都干了，并且干得很好。”劳伦太太说完，就挂断了电话。

男孩放下电话时，恰逢一个伙伴来找他出去玩。

“给谁打的电话？”伙伴问他。

“给劳伦太太，问他需不需要割草工。”男孩回答。

“你不正在给劳伦太太做割草工吗？怎么还会打这个电话呢？”伙伴大惑不解地问。

你猜男孩怎么回答的？

339. 林肯的回绝

在林肯任职美国总统期间，一天，他的办公室来了一位老妇人。林肯并不认识这位妇人，但他还是很有礼貌地接待了她。

林肯把她请到接待室，给她倒了杯开水，然后和气地对她说：“恕我直言，我真的想不起来在哪里见过您，或者说我有幸是您的什么亲戚，请问您来找我有什么事吗？”

老妇人说：“总统老生，我这次来不为别的，是为我的儿子而来的，我想请您给他一个上校的职位！”

林肯听了老妇人的话，感到很突然。他怎么也想不到一位老太太跑到他这来，要为自己的儿子要一个上校的头衔，这听起来似乎有点无理取闹。

于是林肯对她说：“谢谢您还想着让儿子出来为国家效力，不过，我们暂时还没有上校的空缺，一旦有了，我一定通知您好吗？”

林肯本想快点把这位老妇人打发走，因为他还有许多公事要忙。没想到这位老妇人并没有那么容易就妥协。她听到林肯推托此事，就理直气壮地对他说：

“总统先生，我今天来到这里，并不是来求你给我儿子一个上校头衔，也不是闲着无聊到您这里无理取闹，因为我知道您公务繁忙，一分一秒的时间都是宝贵的。我有充足的理由，为我儿子争得一个上校头衔。我的祖父曾经参加过著名的雷斯顿战役，并在战场上受了重伤，他的一条左腿被炸掉了。在布拉敦斯堡战场上，我的伯父是唯一一个没有逃跑的军人，直到敌人用机枪把他的身体扫射得血肉模糊，他才英勇地倒下去。我的父亲曾经参加过有名的纳奥林斯之战，因功绩显著而得到了一枚勋章。而我的丈夫，是在曼特莱战死的。因此，我有权利为我儿子争取一个上校头衔，让他也因作为一名军人而感到光荣！”

林肯听完老妇人的那么多条理由，也深受感动。他想：“我不能够直言拒绝一个几代军人的家属，得给她一个能接受的理由。”林肯思索了一会儿，对老妇人说了一句话，老妇人听了，就不再要求什么了。

猜一下，林肯会怎么对老妇人说？

340. 一则广告

一次，一位教授对一个商人说：“上个星期，我的伞在伦敦一所教堂里被人拿走了。因为伞是朋友作为礼物送给我的，我十分珍惜，所以，我花了几把伞的价钱登报寻找，可还是没有找回来。”

“您的广告是怎样写的？”商人问。

“广告在这儿。”教授一边说，一边从口袋里掏出一张从报上剪下来的纸片。商人接过来念道：“上星期日傍晚于教堂遗失黑色绸伞一把，如有仁人君子拾得，烦请送到布罗德街10 号，当以5 英镑酬谢。”商人说：“广告我是常登的。登广告大有学问。您登的广告不行，找不到伞的。我给您再写一个广告。如果再找不到伞，我给您买一把新的赔您！”

商人写的广告见报了。次日一早，教授打开屋门便大吃一惊。原来园子里已横七竖八地躺着六七把伞。这些伞五颜六色，布的绸的，新的旧的，大的小的都有，都是从外面扔进来的。教授自己的那把黑色绸伞也夹在里头。好几把伞还拴着字条，说是没留心拿错了，恳请失主勿将此事声张出去。

教授把这个情况告诉了商人，商人说：“这些人还是老实的。”你知道商人的广告是怎么写的？为什么说这些还伞的人还是老实的？

341.李德裕断案

唐朝大臣李德裕出任浙西观察使期间，一次，他接到一个和尚递交的案子。原来，北固山甘露寺的和尚状告现任主事和尚贪污寺里的财产。具体地说，便是大家状告现任主事将寺里多年积攒下来的一块金子给贪污了。说是前任主事卸任时，曾将寺院里的财物写了一个交接文书，在文书上，寺内有多少财物，写得明明白白。其中，便有金子一块，其重量、成色都写得很清楚，但是，现在这块金子却不见了。

李德裕接到案子后，便将出面状告和被状告的和尚都传来审问。经过审问，他发现，前面的几任主事均证明，在他们主事时，都见过这么一块金子，交给现在的这个主事时，他也都查验过财物了。但是，现在金子不见了，因此他们怀疑是这个主事将金子藏起来或者干脆已经花掉了。对此，被状告的和尚似乎也没有什么话可说，但是他只是一味地声称自己没有贪污金子。仔细观察之下，李德裕发现被状告的和尚看起来挺老实的。倒是作为原告的几个和尚看上去不像善类。于是，他觉得这件案子有蹊跷，便声称自己将要调查一番，过几天再做定夺。接下来，他便私下里同被状告的和尚进行了交谈，告诉他，如果有什么隐情，尽管说出来。于是和尚便倾诉了自己的苦衷。

原来，因为僧人一向对于金钱并不在意，因此寺庙里的财产也并没有严格登记。有时候，外面有饥荒时，财物已经被拿出去赈灾了，而账簿上却并没有注销。这块金子便是这么回事，在账簿上一直记录有这么一块金子，但实际上，这块金子根本就不存在。在上一任主事和下一任主事之间做交接时，彼此也都知道这个情况，但是都没有点破这一点。就这样，这块“金子”就这么一代一代地传下来了。本来，对于出家人来说，这些倒也无所谓的。但是，现在的这个主事，因为一向性情孤高，不杂流俗，一直被大家所排挤，于是他们便在这件事上做文章。而这个和尚则是哑巴吃黄连，有苦说不出。

李德裕一听，便明白了，他脑子一转，便想出了一个办法，让那些诬告的和尚一个个只好低头认罪。

假如你是李德裕，你能想出什么好办法呢？

342. 丘吉尔化解难题

在英国政府举办的一次招待英国上层人士的宴会上，气愤十分热烈，英国首相丘吉尔作为宴会的主人在频繁地和大家碰杯。就在宴会进行到一半的时候，礼宾司的一名官员悄悄地走到丘吉尔身边，对他耳语道："刚刚有侍者看到某先生将一只银质的烟灰缸悄悄放进了自己的口袋。"丘吉尔一听，感到有些犯难，因为在这样高级的场合直接对其指出来，不仅那个人没有面子，所有的人都会感到没有面子。

你能帮丘吉尔想出一个两全其美的办法吗？

343. 吴道子除雀

唐代时，在长安城南的乐游原上，有一座古刹，名叫青龙寺。因为在这一带全是光秃秃的山野，麻雀无处落脚，大部分都飞往古寺栖息。而寺里的僧人因为是出家人，不忍赶走这些麻雀，于是年深日久之后，这里的麻雀越来越多。这些麻雀整天成群结队地到处飞，时而在大殿内做窝，时而在佛像的供桌上觅食，搅得寺里不得清净。不仅如此，麻雀吃饱了，还在寺庙里乱屙屎，搞得寺里到处都是斑斑点点的雀粪。佛门古寺的感觉荡然无存。

一次，画圣吴道子受皇帝旨意，前来这里做壁画。这些麻雀却没有给画圣面子，经常是将窝里的草屑弄到吴道子头上身上，又多次将粪便拉在吴道子所作的画上。吴道子感到非常生气，找来寺里的方丈商量如何除雀。寺里的方丈一听吴道子要除雀，立刻双手合十说道："阿弥陀佛，出家人以慈悲为怀，连蚊虫性命尚且不伤，怎敢伤这些鸟雀的性命？"最后，吴道子看实在说不动方丈，便只能依靠一己之力除雀了。左思右想之下，他还是发挥了自己的专长，想到了一个绝妙的除雀办法。他画了一张翠竹图在大殿外的山墙上。这翠竹画得十分逼真，麻雀一见，都以为是真的，纷纷争相飞过去找食。结果许多麻雀都一头撞死在了山墙上。

不过，这种办法虽然能够除雀，但是仔细想想的话，有些不妥。因为，这毕竟是在佛门净地，就这样大规模地杀生，显然是不好的。那么，你能够替吴道子想个更好的办法吗？

344. 城里教师的妙招

有个从城里来到乡村教书的女教师，发现这个村子十分脏，这里的人也都十分不爱干净，大人小孩看上去都脏兮兮的。她很想改变这种状况，于是她与村里的人聊天时，试着问他们为何不将村子里弄得干净一些，大家为何不把自己弄得干干净净的。没想到村子里的人告诉她："我们这里几百年来就是这个样子，不照样过日子！"城里老师没办法，摇摇头走了。不过，她并不甘心，几天后，她看到村子里一个漂亮的小姑娘被父亲带着玩耍。父亲显然很疼爱自己的女儿。于是，城里老师灵机一动，想到了一个主意。她专门买了一个东西送给了小姑娘。接下来，慢慢地，人们也都更讲究卫生了，村民们都穿着洁净的衣服，村里的街道打扫得干干净净！

你猜，城里老师送给了小姑娘什么东西？

345. 客人是谁

任伯年是我国清末著名画家，工于山水、花鸟，其肖像画看上去尤其真实自然，栩栩如生。任伯年11岁那年，一天，其父亲出门了，恰巧有位朋友来访。小伯年便请其到屋里，来者得知任伯年父亲不在家时，喝了杯茶就告辞了。任伯年父亲从外面回来后，听说有人前来造访，于是问任伯年来者是何人。但任伯年却想不起对方的名字了。但是，他灵机一动，想了一个办法，使父亲得知了来访的客人是谁。

猜想一下，任伯年的办法是什么呢？

346. 张良用蚂蚁计算楚霸王

秦朝末年，天下大乱，楚霸王项羽与汉王刘邦两个实力最强的起义军领袖为了争夺江山，整整打了四年仗，演绎出了“楚汉争霸”的一则则生动鲜活的故事。

公元前204年11月，项羽在击败彭越后，寻汉军主力决战不成，屯兵广武（今荥阳北）与刘邦形成对峙。不久，韩信在潍水之战中歼灭齐楚联军，完成对楚侧翼的战略迂回，又派灌婴率军一部直奔彭城。项羽腹背受敌，兵疲粮尽，遂与汉订盟，以鸿沟为界，中分天下，东归楚，西归汉。楚、汉订盟后，项羽引兵东归。这时，刘邦在张良、陈平等人的提醒下，却突然违背盟约，回过头来全力追击楚军。结果刘邦、韩信、刘贾、彭越、英布等各路汉军约计七十万人与十万久战疲劳的楚军于垓下（今安徽灵璧县南）展开决战。最终，楚军寡不敌众，仅剩不到两万伤兵随项羽退回阵中，坚守壁垒。楚军兵疲食尽，又被汉军重重包围。这时，汉军士卒齐声唱起楚歌，歌云：“人心都向楚，天下已属刘；韩信屯垓下，要斩霸王头！”致使楚军士卒思乡厌战，军心瓦解，项羽只好率八百人突围。最终，项羽好不容易才冲杀出来，并在一名渔夫的带领下，到了乌江边上。我们要讲的故事便是此时在乌江边上所发生的事。

到了乌江边上后，疲惫的项羽从马上下来，准备休息片刻后渡江。可是就在项羽想着渡江后重整旗鼓卷土重来的计划时，他突然看到江边有一座石碑，这座石碑上竟然写着“楚霸王乌江自刎”这几个字。项羽看到这座石碑之后，十分生气，但当他走近再看时，一下子惊呆了——原来这几个字竟然是由许多蚂蚁组成的！

看到此景，项羽逃出来后的侥幸心理一下子没有了，他非常震惊。项羽沮丧地想，难道真有冥冥之神在主宰着生灵万物，预示着自己必然会失败吗？想到这里，迷信的项羽感到万念俱灰，他长叹一声："此乃天意，非战之过也。"说完就拔剑自刎了。

本来，正如后来的唐代诗人杜牧所说的"江东弟子多才俊，卷土重来未可知"，如果项羽能够渡过乌江，"楚汉之争"的结局或许还有另一种可能性，但是，正是因为这些蚂蚁，项羽放弃了这种可能性。那么，真的是上天在通过这些蚂蚁暗示项羽的灭亡吗？你能猜出这其中的奥秘吗？

347. 巧妙的谋杀

比埃尔·拉法兰是一个十分机智、经验丰富的法国侦探。

这天，拉法兰侦探接到警察局的电话，对方让他立即前往呼斯卡尔郊区森林，协助调查一起案子。原来，十分钟前警察局里来了一个男子，他称自己在呼斯卡尔郊区森林中看到一个男子被人绑在树上，当他走过去想把这个绑在树上的人弄下来的时候，才发现这个男子已经死了。于是，他没敢动这名男子，就报了案。

警方和拉法兰侦探到了斯卡尔郊区森林的出事地点。果然如报案的男子所说，等他们赶到事发现场的时候，死亡现场还没有被破坏。死者是一名三十岁上下的男子，其嘴被堵着，脖子被生牛皮紧紧地绕了三圈。法医鉴定后，认定死者的死亡时间是在下午三点左右，死亡原因是窒息。警方经过调查发现，受害人名叫卡尔雷诺，在对卡尔雷诺生前的人事关系进行了一番调查后，警方认定一个人的作案动机很大。于是，警方马上逮捕了这个嫌疑犯。

但是，这个嫌疑犯一口咬定从上午至下午尸体被发现的这一段时间内，自己都不在作案现场，并且有充分的证据。而警方经过调查，也不得不承认此人的确不具备作案时间，因此虽然十分怀疑他，也苦于找不到相关证据，根据法定程序，必须要释放此人。

不料，警方在拘留期限的最后时刻不得不释放这个人的时候，拉法兰侦探给警方提供了一番推理，证明这个人尽管不具备作案时间，却并不一定就不能作案。警方一听，觉得十分有理。于是按照拉法兰侦探的推理，又一次审讯了这名犯罪嫌疑人，此人终于无话可说，乖乖地承认了自己的犯罪行为。

你能猜出凶手在“不具备”作案时间的情况下是如何作案的吗？

348. 唐寅学画

说起明朝江南大才子唐寅，可能你有些陌生，可是我们一说唐寅字伯虎，你肯定就知道了。不错，正是电影《唐伯虎点秋香》中的唐伯虎。其实，除了“点秋香”，在民间还流传着许多有关他的故事，其中一则便是唐寅学画。

从少年时起，小唐寅便喜爱画山水人物、石头竹松，而且画出来的图画惟妙惟肖，生动逼真。唐寅的母亲见儿子在绘画方面有天赋，便让他带上一个行李卷和一包碎银，到当时的大画家沈周门下学习深造，以求更上一层楼。沈周见小唐寅俊逸清秀，聪明伶俐，便爽快地收下了这个徒弟。

由于小唐寅天分极高，学了一年画之后，他的画艺可以说是突飞猛进，出手不凡了，再加上别人的夸奖，年幼的唐寅不免有些骄傲自满起来。这天，他偷偷地把自己的画与师傅的作品比了比，感觉不相上下，就不想再继续跟着沈周学下去了，因为沈周天天让他描描画画的，日子无聊极了。因此，小唐寅就向师父提出回家“孝敬老母”的要求。

沈周看出了唐寅的自满情绪，就叫妻子做了几样菜，端进东厢一间小屋里。师徒二人到小屋里坐下，一边饮酒一边说着话，沈周笑问：“学画一年，想念老母了是吗？”唐寅连连点头。

沈周佯笑道：“你画画的基础本来就不错，又跟我学了一年，现在可以出师了。”

唐寅一听到师父这么说，喜上眉梢，就连忙称是，接着拱手施礼：“感谢老师大恩。”

沈周笑了笑，说：“陪你喝这酒喝得为师全身发热，你帮为师将窗子全部推开，凉快凉快可以吗？”

“遵命。”唐寅应了一声，起身走到窗前，谁知这一推，他大吃一惊，扑通一声双膝跪下：“师傅，我不想回家了，留下我再学三年吧！”你知道这是为什么吗？

349. 雪地救女

这个故事发生在奥地利，看完这个故事后，也许你会深深地被那份伟大的母爱所打动。

有一个14岁的小女孩，她的名字叫卡莎林。在她很小的时候，他的父亲就在一次车祸中去世了。从此以后，她便和母亲两个人相依为命。他的母亲玛丽尼用自己的辛勤劳动，把卡莎林抚养长大。

由于从小生活在单亲家庭中，卡莎林性格非常孤僻，她只喜欢一个人静静地待着，不想与其他同学一块玩。家境的贫寒也让这个弱小的女孩子感到极其自卑，在学校里，她经常受到一些坏孩子的欺负和歧视，这一切，都在她弱小的心灵中投下了不可磨灭的阴影。

然而，卡莎林把这一切都归罪于她的母亲。因为他的母亲是一家公司的清洁工，做的是别人最瞧不起的工作。最让她难堪的是，那家公司老板的儿子与她同班。有一次，那位小少爷当着全班同学的面说：“你们知道卡莎林的妈妈是做什么工作的吗？她是我爸爸公司的一个清洁工！”说完，他和全班同学一起对着她哈哈大笑。从此，卡莎林就在班里抬不起头来，性格越来越孤僻。由于她对自己的母亲有一种隐忍的怨恨之情，所以她们母女之间的关系一直不是很好。

2004年2月下旬的一天，卡莎林的母亲由于在公司里表现出色，公司决定给她一周的假期，让她好好休息几天。玛丽尼觉得这七大她终于可以好好陪陪女儿，缓和一下她们两个之间的关系了，因为他在公司一直很忙，和女儿在一起的时间很少。

休假的第二天，玛丽尼决定带女儿去阿尔卑斯山滑雪。卡莎林听了也很高兴，因为她早就听班里的同学说，在阿尔卑斯山滑雪很好玩。

然而，在滑雪过程中，不幸的事情发生了，由于对雪地环境缺少了解，玛丽尼母女俩一时玩得高兴，竟然在雪地里迷了路。看看白茫茫一片望不到尽头的连绵雪山，她们感到非常害怕。这时母亲说："我们只有拼命向前滑，也许能找到路口。"于是他们母女两个就一边滑雪，一边大声呼救。

两个人的呼喊没有叫来救援人员，反而引起了一连串的雪崩，大雪把母女两个深深地埋了起来。出于求生的本能，母女两个凭借顽强的意志，不停地刨雪，她们刨呀刨呀，经过了好长时间，终于爬出了厚厚的雪堆。

这时候，天已经快要黑了，母女两个站在荒凉冰冷的雪地上漫无目的地寻找着回去的路。正在母女两个无比担心害怕的时候，玛丽尼突然看到了天空中有一架救援的直升机。然而由于她们两个都穿着白色的羽绒服，救援人员根本没有发现她们。

眼看天就要黑了，玛丽尼感到非常着急，而卡莎林又冷又怕，已经昏了过去。

第二天，当卡莎林醒来时，发现自己正躺在医院的病床上，而她的母亲玛丽尼，已经不在人世了。医生告诉她，她的母亲是为了救她而甘愿牺牲自己的生命的。听医生说完母亲救自己的经过，卡莎林泪如泉涌。

现在你来猜一下，这位伟大的母亲是怎样把女儿从冰天地雪救出来的呢？

350. 兔子的论文

腹中饥饿的狐狸正在觅食，忽见一只兔子正斜躺在青青的草地上晒太阳。大喜过望之下，狐狸迅速扑了过去，不想兔子却连躲都不躲地继续享受温暖的阳光。

"你为什么不逃跑？难道你就不怕我吃了你吗？"狐狸挑衅一

般地问道。

“你不会吃我的。”兔子眯了眯眼睛说道。

“为什么？”狐狸疑惑地问道。

“因为我们兔子实际上比你们狐狸更强大。”兔子回答道。

顿时，狐狸像听到了一个天大的笑话一般放声大笑了起来，笑过之后，它又向兔子扑了过去：“做梦吧你，我今天一定要吃掉你！”

“你不相信？”兔子坐了起来，“关于这一点，我已经用一篇论文详细透彻地论述完毕了。如果你不相信的话，我可以证明给你看。”

好奇不已的狐狸于是跟着兔子走进了山洞，去看它那篇论文。

进去之后，狐狸才相信了兔子真的比自己强大，只不过，它再也没机会亲口承认这一点了。

证明完毕的兔子走出山洞，继续沐浴着阳光。

不一会儿，一只觅食的狼也走过来想吃兔子，兔子故伎重演，把狼也领进了山洞里看它那篇自己为什么比狼强大的论文。狼进洞之后也相信了这一点，只不过和狐狸一样，它也没机会亲口承认了。

你猜这是怎么回事?

351. 女孩的惊人选择

香港小姐是香港一项大型的选美活动，每年都有成千上万的佳丽参加这项活动，那个时候的香港是美的海洋。尤其在1984年之后，这项活动受到了香港人民的热切关注，港姐的评选活动深入人心。

有一年，香港小姐评选活动又开始了，这次的佳丽如云，而且难能可贵的是很多佳丽不仅外表出众，才华以及学识也很出类拔萃。

按照香港小姐选拔的程序，在决赛的过程中，要为选手们准备一道问题，这道问题是为考察选手的逻辑思维能力和临场应对能力而设的。今年所设置的题目是：如果要你在肖邦和希特勒之间进行选择，你会选择哪一位做你的丈夫呢？并说出理由。

听到了这个问题，全场的观众都惊呆了。谁也没料到这次的问题居然这么刁钻。台下的观众都不作声了，纷纷等着佳丽们的回答。很自然地，几乎所有的佳丽都选择了肖邦。这也难怪，肖邦是伟大的音乐家、作曲家，而希特勒是人人得而诛之的法西斯分子。一个才华横溢，一个臭名昭著，任是谁都会选择肖邦的。但是，最后一位佳丽的回答却出乎所有观众的意料，一下子震惊了全场——她选择了希特勒。但是，当震惊的观众听完这位佳丽回答后，全都为她鼓起了热烈的掌声。你知道这位参赛小姐是怎么回答的吗？

352. 绝妙的广告

提起瑞士，大家肯定会想到瑞士的手表，确实，瑞士的手表在全世界都是很有名的，在澳大利亚也不例外。然而，日本的西铁城手表公司想要打破瑞士手表在澳大利亚的垄断地位，进而打开在澳大利亚的市场。不过，日本人没想到，这件事情有如此之难。最初的时候，西铁城手表在澳大利亚受到了空前的冷遇，几乎没有人愿意买，甚至都没有多少人知道这种手表。

面对这样的销售困境，日本西铁城公司并没有因此就放弃澳大利亚的市场，而是决定一定要想办法打开局面。但是要用怎样的办法呢？确实是个难题。

一次，西铁城手表公司在媒体上宣布这样一条消息：“某日某时，本公司将要派一架直升机在某地的上空抛下一批手表，抛下的手表谁抢到就归谁所有。数量众多，欢迎大家前去参与。”消息传出去后，澳大利亚人都不明白这家日本公司这样做的目的，但是，对于这样一个天上掉馅饼的好事，倒是很感兴趣的。

到了那天，许多人都聚集在广告上说的地方。果然，直升机按时来了，盘旋在高空中，扔下了大量的西铁城手表。前来参与的人们都纷纷捡起这些免费手表，高兴地回家了。奇怪的是，这次活动后，西铁城手表果然在澳大利亚打开了市场，人们越来越了解西铁城手表，也越来越喜欢这个公司的手表了。你知道是为什么吗?

353.珠宝老板妙招促销

1985年，英国皇室查尔斯王子与美丽的戴安娜王妃将要举行婚礼的消息传遍了世界的每一个角落，那在当时是整个英国乃至全世界的重大事件。在当时的伦敦，有一个十分精明的珠宝商，他看准了这场婚礼所具有的眼球效应，决定策划一起事件，让戴安娜和自己的珠宝店联系起来，好大赚一笔。

经过一番思考，这位珠宝商首先找到了一位酷似戴安娜的模特儿，让其衣着打扮都和戴安娜一模一样，再加上一段时间的培训，其言行举止也和戴安娜王妃十分相似。这样一来，这个模特几乎可以达到以假乱真的地步了。

这天晚上，这家珠宝店里灯火通明，整个大厅异常整洁。店主衣冠楚楚、神采奕奕地站在珠宝店门口，似乎是在等待着某位大人物的到来，珠宝商这样的举止引起了许多路人的驻足观望。不大一会儿，一辆豪华的轿车就缓缓驶来了，珠宝商老板此时赶忙过去迎接将要从车里出来的客人。此时，人们惊喜地发现“戴安娜王妃”优雅地从车上走了下来，她微笑着向周围的人们点头问好。珠宝商则笑容可掬地把这位高贵的客人引进了她的珠宝店，并且非常礼貌地向她介绍着每一款美丽的珠宝首饰。只见“戴安娜王妃”露出了满意的笑脸，不断称赞着这些首饰，最后还特意亲自挑选了几款自己喜欢的首饰买走了。

所有的这一切，都被珠宝商专门邀请来的一位电视台记者拍了下来。在第二天，这家电视台在黄金时间播出了此段新闻录像，应珠宝商的要求，他们把录像拍成了“默片”，因此，在播这个新闻的时候，人们听不到任何解说。

这样的一则新闻立即引起了轰动，很多年轻人纷纷来到这家珠宝店购买“戴安娜王妃”称赞过的各种首饰，一时之间，这家珠宝店生意异常红火，甚至有的首饰被抢购一空，老板大大地赚了一笔。

此事很快惊动了英国皇室内部，皇家发言人郑重声明：“在戴安娜王妃的日程安排中，从来没有过这一项，戴安娜王妃从来没有去过这家珠宝店。”但是，珠宝店老板却向皇室很好地解释了这件事情。

那么珠宝店老板是如何自圆其说的呢？

354. 范西屏借店饲驴

范西屏是清朝一位棋艺很高超的人。他自幼聪颖，3岁时见其父与人博弈，便常在旁边呀呀指划。后来，他拜名棋手山阴俞长侯为师，潜心钻研棋艺。13岁便开始崭露头角，16岁随师傅游松江，屡胜名家，成为国手。20余岁游京师，与各地高手不断较量，均战无不胜，从此以后，他名驰全国，被棋坛推崇为“棋圣”。现在依旧流传着很多关于他的小故事。

有一次，他向朋友借了一头小毛驴去扬州探亲，但是当他来到长江边上，准备上船过江的时候，船夫却不让他的小毛驴上船，因为船太小，只能载着人过江，不能载牲畜。

面对这种情况，范西屏为难了，他不想把朋友的小毛驴丢在岸上一个人过江，万一丢失的话，回来很难向朋友交代，那是朋友非常珍惜的小毛驴。一筹莫展的他在街头闲逛，看到街上一家布店门口有很多人在那里下棋，忽然灵光一现，脑子中立即有了主意。

范西屏走上前去，先把小毛驴拴在了布店附件的一棵树上，然后钻进了热闹的人群。正在下棋的是布店老板和一个年轻人，那位年轻人明显处于劣势，他的棋路这个时候完全被布店老板给封死了，他正在冥思苦想如何才能杀出重围。

范西屏这时在一旁忍不住了，急忙过去给那位年轻人出点子，但是很奇怪的是，他说的都是一些外行话，年轻人对他不屑一顾。俗语有言“观棋不语真君子”，而范西屏此时不仅喋喋不休，而且说的又是一些外行人的话，在场观看他们下棋的人都对他很烦。但是他似乎完全没有自知之明，依旧不停地说着。

终于，布店老板忍不住了，他很生气地教训范西屏说：“你会不会下棋？在这里胡扯些什么？有本事来和我下一局？别在这里瞎指挥！”

范西屏听后心里暗喜，于是就借机对布店老板说：“下就下，但是我有个条件，假如我下棋赢了，你要输给我一块布；要是你赢了的话，我就把我的小毛驴输给你。”

老板认为这个人一定棋艺不怎样，于是就很爽快地答应了。一局下来，范西屏惨败，布店老板高兴地开怀大笑，范西屏则是以一副很不情愿的样子让布店老板牵走了自己的小毛驴。但是他对布店老板说：“我今天是因为有事情，状态不好，所以没有尽全力和你下棋，因而输得很不服气，等一个月以后我再带些钱来与你下一盘，我一定要赢回我的小毛驴！”

布店老板对于范西屏的棋艺水平很不看在眼里，他想：就凭你这样的水平，不管下多少棋，你一定会输，于是就非常乐意地答应了他的要求。

那么，你能猜到接下来会发生什么事情吗？

355. 声东击西

在法国东南部的一个小镇上，本来安静的小镇今天却显得格外的热闹，人们都聚集在一面墙下。这面墙之所以有这么大的吸引力，是因为墙上贴着一枚价值5000法郎的金币。然而更让人心潮澎湃的是：谁能把金币从墙上揭下来，金币就归他所有了。

金钱的诱惑果然是不同凡响的，不仅镇上很多人都来了，就连听到风声的邻近镇的人也来了很多，大家都想要把金币揭下来据为己有，毕竟这样的好事不是经常有的。可是，十个人试过了，一百个人试过了，一千个人试过了，还是没人能把金币揭下来。最后，人们纷纷放弃了金币。

就在人们在那里争先恐后地试着揭下金币的时候，站在一旁的一个中年男人却露出了狡黠的微笑，正是他用一种强力胶水将金币粘在墙上的。看到所有尝试者都无法将金币揭下来，并宣布放弃，他站出来说了一番话，众人一听，才明白了这件事背后的目的。而这件事之后，这个中年男子很快发了财。你猜这是为什么？

356. 韩雍大事化小

明朝万历年间，太监受宠，皇帝经常会派一些太监到地方去做镇守，以此来监视地方官员的行为。当时任江西都御使的官员杨燎就深为此事头疼。

当时杨燎接到了一封被误投的诏书，不知实情的他便很快拆开了。拆开后才知道是皇帝下达给当时江西镇守太监的。皇帝给宦官的诏书被误拆，虽然从动机上没有什么不良，从结果上也没造成太大的影响。但是，当事人却会因此而陷入困境，并且极有可能会惹来杀身之祸。因此，杨燎非常害怕，于是赶紧找到了好朋友韩雍请求帮助。

韩雍当时是一名刺史，正好在江西巡查。听完杨燎的叙述之后，想了一会儿，便计上心头。他派人先假造了一封诏书，按照原信的样子填充好之后，交给了下面的邮卒，然后把真的诏书藏在了自己的怀里。

那么你能想到，接下来，韩雍会如何做才能转危为安呢？

357. 佛祖的条件

古时候，印度有个年轻母亲，因为失去了娇贵的儿子而悲痛欲绝，听说释迦牟尼法力无边，于是便苦苦哀求他让自己的儿子复活。释迦牟尼于是对她说："我可以救活你的儿子，但是我有个条件，就是你必须到未举行过葬礼的人家取来香火。"这个母亲一听，立刻转悲为喜，欢天喜地去寻找这种香火……

你能够明白释迦牟尼的意思吗？

358. 破瓮嫌妨路

在唐代李肇的《国史补》中曾记录了这么一则故事：

通往渑池的一条重要商道很狭窄。一天，有一辆载满瓦瓮的车在此道上陷进了泥坑里，因为当时正值天寒，冰封路滑，进退不得。后面的人也都无法前行，整条道路于是都被堵塞起来了。到黄昏时分，后面已经积聚起了数千车辆，眼看要赶不到前面的旅店。这样寒冷的天气撂在这荒天野地可不是好受的，因此不少人抱怨连天。

这时，一个名叫刘颇的商人从后面的商人队伍中扬鞭而至，看一下究竟是什么情况。当他看到陷入泥坑里的瓮车已经越陷越深，在那里推车的主人几乎是在做着完全无谓的努力时，便上前询问主人："你车上所载的瓮总共值多少钱？"

主人回答说："大概七八千钱吧。"

刘颇本人是做粗帛的大生意的，在后面，他的车上所载的粗帛的价值要远远大于这个瓮车，他可不愿在这里耽搁下去。于是，略一思考，他便想到了一个主意，很快解决了问题。

你猜刘颇是怎么做的？

359. 县官智破抢劫案

明朝时，有一个贩卖布料的商人一次带着十几匹绢到城里去做生意。这天，他因为贪图路程，错过了旅店，天快黑的时候走进了一片树林里，疲惫的商人就靠在一棵树边休息。

突然，从树林里跳出一个黑衣强盗，强盗拿着刀威胁商人说："把东西留下赶紧走人，否则，我将对你不客气！"商人怕得赶紧跪下求饶。

强盗恶狠狠地举着刀子对商人说："放下东西，赶紧滚蛋！"

商人从地上爬起来赶紧跑出了树林，一直朝城里跑去。等他觉得自己已经安全时，便回头看那强盗，哪里还有踪影！于是，商人沮丧地往前走，走着走着，迎面走来了一些官兵，官兵看商人十分沮丧，便问他是怎么回事。

商人将情况如实汇报给了官兵，官兵问商人知不知道那个强盗朝哪个方向跑了。商人当时却只顾着逃命了，根本没注意。

官兵就带着商人立即赶往了衙门报了案。所幸的是，这个县官是一个非常有能力的人，经过他手的案件没有不破的。

县官仔细向商人了解了一下情况之后问他知不知道那个强盗的模样，商人说："天黑，我没有看清楚强盗的样子。"

县官继续问："那么你总该对强盗穿什么颜色的衣服，年龄多大有点印象吧？"

商人稍微回忆了一下回答说："那人看上去二十几岁的样子，穿的是青衣黑裤。"

县官又询问了一些情况后让商人回家等消息。县官仔细分析了一下案件的情况：案发现场离县城只有10公里，商人被抢时间也不是很长。假如作案的是本地的人，那么他一定不敢带着那么多的赃物回家。这样的话，强盗的家人对于强盗今天所做的事可能还不知道，如果找到其家人，便有办法破案！想到这里，他脑中立即闪现了一个主意。

县官马上命令衙役在街上敲锣喊话，然后说一个青衣黑裤的年轻人在城外不小心被杀害，此人年龄二十几岁，请其家人速到现场认领尸体。

结果很快就破了案。你能分析一下，为何县官能够迅速破案吗？

360. 绝顶聪明的老头

在美国有一个老头，和唯一的儿子相依为命，生活在乡下。老头不想让儿子一直陪同他住在乡下，劝说儿子去大城市工作，但是儿子不听他的话。老头就对儿子说："如果我给你找石油大亨的女儿做妻子，你愿意去城里吗？"儿子点点头。

于是，老头就去城里找到石油大亨洛克菲勒，提出要和他做亲家，结果可想而知——遭到了拒绝。老头不甘心就此放弃，于是，他就对洛克菲勒说："我的儿子是世界银行的副总裁。"洛克菲勒一听，态度来了个一百八十度的大转弯，马上同意了。

接下来，老头要做的就是要让他的儿子成为世界银行的副总裁了。于是，老头又找到了世界银行的总裁，请求他任命一个新的副总裁，而这个人选就该是自己的儿子。总裁觉得自己遇到了一个疯老头，摇摇头说："我这里已经有很多副总裁了，我为什么还要任命一个呢？而且还必须是你的儿子？"

老头给出了理由，总裁一听，立刻答应了老头的要求，你猜老头是如何说的？

361. 特别的求情法

明代作家冯梦龙在《智囊》中曾经记录了这样一个故事：唐代宗时期的大将军辛京杲英勇善战，战功赫赫。一次，他因私愤而用木杖打死了部曲（私家仆人），有人将此事上报了朝廷，认为辛京杲按律当斩，唐代宗也批准了这奏折。对于这样一个功臣，许多大臣都觉得刑罚过重了，但是都不愿承担个徇私枉法的名声，于是都不敢出声。就在这时，大将李忠臣想要站出来为辛京杲说句话，但是他却没有直接求情，而是对唐代宗说："辛京杲早就该死了！"唐代宗一听便问他为何这样说，李忠臣于是便说出了自己的理由，唐代宗一听，便立刻取消了辛京杲的死罪，你猜李忠臣是怎么说的？

第八章

急智思维名题

362. 弦高救国

春秋战国时期，郑国是一个小国，受到很多强国的欺负。有一回秦国联合另外一个国家一同来讨伐郑国。郑国打不过他们，就来和秦国讲和："只要你们退兵，我们什么条件都答应你们。"于是秦国就提出了一个条件："让我们退兵也行，但是你们郑国的北门，得让我们秦国的人替你们防守。"郑国人心想：让你们替我们防守北门，那你们以后来偷袭的时候，里应外合一下子不就把我们郑国给消灭了吗？但是没有办法啊，郑国为了生存，只得答应了秦国的无理要求。

从此以后，郑国的北门就一直让秦国的三个将军和两千名士兵防守。郑国人日夜监视着这伙秦国人，防止他们和秦国沟通，里应外合来袭击郑国。这样过了一年，因为郑国人防得紧，秦国人一直没有得到机会进攻郑国。又过了一年，郑国人的警惕心慢慢就放松了，他们渐渐撤销了对秦国人的监视。这时候在秦国的三个将军赶紧向秦国报告："郑国现在已经放松了警惕，快派兵来攻打吧，我们里应外合，打郑国一个措手不及。"秦国接到报告，就派大将孟明视率军来偷袭郑国。

秦国离郑国很远，秦国的军队走了很长时间才到滑国地界，这里已经离郑国不远了。但是走了这么长的路，秦军也都累了，于是他们决定在滑国休息一下。

郑国的一个商人弦高赶着牛到别的地方去做生意，路过滑国，正好碰到了秦国的军队。他一眼就看出了秦军的企图，知道秦军一定是去攻打自己的祖国郑国的。于是，弦高一面派人快速去郑国报信，一面想办法来对付秦军。

对于智者来说，从来都没有什么世界末日。看起来是一个无可挽回的灾难，智者的一个计谋，往往能够轻而易举地扭转局势——你知道弦高想出什么办法了吗?

363. 王羲之装睡脱险

伟大的书法家王羲之小时候是一个人见人爱的孩子。他不仅长得可爱：白净的皮肤，圆园的脸蛋，还有一对有神的大眼睛。更重要的是，他读书用功，知识丰富，没有他不知道的事，就像一个小大人似的。所以，不光是小朋友们爱和他一起玩耍，就连大人都非常喜欢他，经常把他叫到身边，逗他玩。

当时有一个叫王敦的将军就非常喜爱他，经常把他带在身边。有一回，王敦找了一群狐朋狗友在军营喝酒作乐，又叫人把王羲之带了过来。

这群酒鬼，一旦喝上瘾了，就没有个头了。一会儿“三星高照，四季发财”地猜拳，一会儿“咿咿呀呀”地唱歌，一会儿又拿出宝剑了，跌跌撞撞地舞剑。一会儿哭，一会儿笑，把好好的一座军营闹得是乱七八糟。他们不但自己喝酒，还让王羲之喝酒，给王羲之倒了满满一杯酒，叫着“干了，干了”，完全忘了王羲之只是个八九岁的孩子呀。没办法，王羲之只好假装喝了酒，然后趁他们不注意的时候，再把酒吐到地上去。

一直闹到半夜，王羲之都困得睁不开眼睛了，这群人也喝得东倒西歪了。他们才口齿不清地叫着：“改日再喝，改日再喝！”散了酒席。王敦摇摇晃晃地把王羲之带到卧室，让他自己上床睡觉，自己也一头栽在床上，不省人事了。

清晨天还没亮的时候，王羲之起来小便，听到隔壁有人在嘀咕着什么，声音很小，但是在这万籁俱寂的清晨，还是能清楚地听到他们谈话的内容。

一个人说："……王将军，我们老爷说了，事情还是得赶紧办了，以免夜长梦多啊。"

另一个人说："嗯，事不宜迟，不过这件事确实非同小可，我们不能草率地开始进攻，毕竟一旦失败了，那就是株连九族的大罪啊。所以你回去转告你家主人，千万守住秘密。"

王羲之听出来了，这是王敦的声音。

"是，我一定转告将军的意思，呀！对了，刚才我看到将军的卧室里还有一个人，不知道他靠得住吗？"

一语惊醒梦中人，"噢，对了，我差点把他忘了，是个小毛孩，我去看看他醒了吗，如果醒了，我就一刀把他结果了，以绝后患。"王敦低沉的嗓音，让人有种毛骨悚然的感觉。说着他就向王羲之这边走来。

王羲之听了，顿时惊出满头大汗。怎么办？逃走是来不及了，藏起来的话，不要说没有藏身之处了，躲得了初一躲不过十五啊，迟早还是要被他抓住的。王敦的脚步声越来越近了，紧急关头，王羲之急中生智……

364. 尔朱敞换衣脱难

南北朝时期，中国的北方被别的民族所占据，各个国家之间，互相仇杀。人人都生活在危险之中，只有时刻保持警惕，才能保全性命。

北魏重臣尔朱荣，手握大权，引起皇帝孝庄帝的不满。530年尔朱荣被孝庄帝在洛阳杀死。尔朱荣的侄子尔朱兆带领大军替叔父报仇，杀死了孝庄帝。尔朱荣的旧将高欢，不满尔朱兆的行为，又起兵杀死了尔朱兆，并下令诛杀尔朱氏全族。12岁的尔朱敞是尔朱荣的小侄子，面临着生命危险。

高欢的军队来到尔朱敞家的时候，顽皮的尔朱敞一个人正在后花园玩耍。忽然，他听到前院人声嘈杂，好像是官兵正在抓人，明白杀身之祸找上门来了。尔朱敞顾不了许多，就从花园的排水口爬出了院子。

尔朱敞刚想松口气，又发现街上已经被戒严，官兵来回巡逻着，正在搜寻漏掉的尔朱家的人呢。尔朱敞看到这种情况，知道城门也一定被官兵把守着，进出城门都要被盘问。怎么办呢？尔朱敞低头看看自己华贵的衣裳，想：我穿着这身衣服走在大街上，很惹人注目，官兵见了一定起疑心，我得找个僻静的地方换一身衣服。

这时候，尔朱敞看到街上有几个小乞丐正在玩泥巴，心中一喜，想到一个办法。

他想出了什么办法呢？

365. 绝缨救将

公元前606年，楚庄王凭借手下将士们地奋勇杀敌，一举消灭了叛军。回到都城后，楚庄王立即开了一个庆功宴，这个宴会的名称叫做“太平宴”，以此来祈求以后天下太平。宴会上楚庄王和将士们都非常高兴，从白天一直喝到晚上，还没尽兴。

这时候，忽然从外面进来一位白衣美女，只见她脸颊就像是三月的桃花，白里透红；一头乌黑的长发整齐地梳在脑后，消瘦的身材好像一阵风就能吹走一样。她款款来到大厅中间，向楚庄王行了个礼，就随着音乐跳起舞来。她一面转动着漂亮的裙子，一面唱出美妙的歌曲，简直就像天上的嫦娥一样，将士们都被她的舞蹈和歌声陶醉了。

她就是楚庄王最为宠爱的妃子，许姬。跳完舞后，楚庄王又叫许姬为在座的每位将军斟酒，她轻盈地像个燕子一样，一会儿飞到西，一会儿飞到东，将军们看到她来斟酒都乐开了花。

忽然，外面刮来一阵大风，吹灭了所有蜡烛，大厅顿时一片漆黑。许姬这时候正在为一位将军斟酒，这位将军居然趁着黑暗来拉她的袖子，捏她的手。许姬也很厉害，她顺手把这位将军帽子上的缨子摘了下来，快步走到楚庄王身边来，小声向他告状。要知道，调戏大王的爱妃，那可是要杀头的呀，现在只要点上蜡烛，一眼就能看出谁的帽子上没有缨子。

楚庄王会怎么做呢？

366. 拿破仑救人

一天天气不错，风和日丽的。拿破仑突然心血来潮，带上一个侍卫就到野外去打猎了。

他们正在专心致志地寻找猎物，忽然远处传来“救命啊……救命啊”的呼救声。“不好，有人遇到危险了！”拿破仑立即策马向呼救的方向赶去。

赶到一个小溪边，看到一个士兵正在溪水里扑腾，眼看就要支持不住了，岸边还站着一个士兵，他着急地喊着：“救命……救命”。拿破仑看到溪水其实并不深，水流也不湍急，根本不能要了士兵的命。

拿破仑指着落水的士兵高声问岸上的士兵：“他会不会游泳？”

岸上的士兵见了拿破仑，赶紧行礼，回答说：“他平时总是吹嘘自己多么善于游泳，看来也没有几下子，你看他都快淹死了，怎么办呢，陛下？”

“没关系，我想他自己能游到岸上来。”

拿破仑真的有办法让他自己游上来吗？

367. 老太太点房报警

从前，欧洲北海附近的胡苏姆镇有一个风俗，每到冬天的时候，他们都要举行一个庆典。镇上无论男女老少都要参加，他们在海岸与海岛之间的冰面上，搭起帐篷，在冰面上自由地滑冰，随着音乐疯狂地跳舞，也会拿出烈酒，开怀畅饮，这个庆典实际上就是胡苏姆镇的一个盛大的狂欢节，人们对它怀有极大的热情，往往夏天才刚刚结束，人们就开始盼望庆典了。

这一年，庆典的时间又在人们的热切期望中到来了，全镇的人们都迫不及待赶到了庆典现场，在那里尽情地释放出积蓄了一年的热情，庆典要从早上一直持续到半夜，月亮升到半空为止。

只有一个腿脚不灵便的老太太没有去参加庆典，她独自一个人趴在窗口，眺望远处载歌载舞的人们。

到了傍晚，老太太发现海平面上升起了一团乌云。

“不好了，要出大事了！”老太太惊呼起来，她的丈夫曾经是一个经验丰富的船长，从丈夫那里她学到了很多气象知识。

“大家快回来呀，台风来了，马上要涨潮了，再不回来大家就没命了！”老太太一瘸一拐地走出家门，声嘶力竭地喊着，一边挥舞着双手。

但是，庆典上的音乐震耳欲聋，狂欢的人们，根本就不可能听到老太太焦急的喊声。

这时候，乌云更加逼近了，它张牙舞爪，西北风嗖嗖地刮起来了，好像是狞笑：“嘿嘿，愚蠢的人们，这回你们可跑不了啦！”

老太太打了一个寒噤，她已经预感到了可怕的后果……老太太有办法拯救胡苏姆镇人吗?

368. 与贼巧周旋

像往常一样，幼儿园的舞蹈教师周巧英，放学以后，顺便在菜市场上买了些菜带回家。这个时候，周老师的丈夫陆伟通常还没有下班。

周老师来到家门口，惊愕地发现房门虚掩着。“怎么，难道今天陆伟提前下班了吗？”周老师暗想着，她蹑手蹑脚地推开房门，想给陆伟来个突然“袭击”。

当屋内的景象映入眼帘，周老师不禁惊呆了，屋内的一些杂物乱七八糟地扔得满地都是，一个满脸凶相的彪形大汉手提着一把明晃晃的菜刀，正在翻箱倒柜地找东西。“强盗行窃！”一个可怕的念头顿时从周老师的脑海里跳出来。怎么办？电光火石间，周老师的脑子快速地旋转：

马上高呼“抓贼”？凶恶的强盗近在眼前，把他逼急了，他什么事都能做得出来，这个办法对于瘦弱的周老师来说显然是很不利的。

转身就跑？就算再迟钝的强盗，也会马上警觉，他可能会选择立即夺门逃窜，也有可能会拿起菜刀追杀周老师，无论是强盗选择哪种做法，结果都是周老师所不愿意看到的。

第三种办法就是：运用智谋，巧妙地和强盗周旋，先稳住强盗，然后再想一个万无一失的办法，抓住强盗，这当然是最完美的结局了。

拿定了主意，周老师“怦怦”直跳的心脏也慢慢平缓下来。

周老师用什么办法摆脱危险境地并成功捉贼呢？

369. 易卜生智斗警察

易卜生是挪威著名的戏剧家，他勇敢、正直，对黑暗的社会制度深恶痛绝，不仅在戏剧作品里对荒唐的现实进行无情的批判，还用实际行动来帮助革命者，支持社会变革。他经常冒着生命危险收留一些革命者，为他们保存革命文件，给他们提供秘密集会的场所。为此还和许多工人运动领导人交上了朋友，其中就包括著名的阿葛特。

反动当局对易卜生的行为非常不满，但是慑于易卜生在人民群众中的崇高威望，怕引起人们的暴动，不敢贸然抓捕他。多次对他进行“好言相劝”，叫他注意自己的行为，不要轻易“上当受骗”。但是，易卜生才不理会这些假惺惺的“金玉良言”呢，他依然我行我素，对于革命者能帮则帮。反动警察局长看在眼里，恨在心里，多次恶狠狠地扬言：“这个不知天高地厚的易卜生，不吃敬酒吃罚酒，早晚被我抓住把柄，好好地收拾你。”

1851年7月的一天，阿葛特在执行任务的时候不幸被敌人抓获，一位同志赶紧过来通知易卜生：“抓紧把存放在你这里的文件销毁，敌人随时可能过来搜查！”

话音未落，外面就响起了嘈杂的脚步声，易卜生赶紧从秘密通道送走了这位同志，等他转过身的时候，警察已经来到窗外，怎么办？销毁文件已经来不及了，易卜生看着箱子里和柜子里的文件，急得满头大汗。忽然灵光一闪，易卜生想到了一个大胆的办法，“事到如今，也只有这个办法了”他自言自语地说。

易卜生刚刚收拾完毕，一群警察就破门而入了。

“你们想要干什么！”易卜生大声抗议道。

“闪开！”警察粗暴地把易卜生推倒在一边，开始翻箱倒柜地搜寻革命文件。但是，箱子、柜子、天花板，甚至墙角的一个老鼠洞都被他们搜遍了，还是没有找到一页可疑的文件，全是些普通的书籍和书稿。

“你把秘密文件都藏到什么地方去了！”警察局长恼羞成怒地冲着易卜生吼叫。

“我不知道你在说什么，我这里都是光明正大的书籍和稿件，根本不存在什么秘密文件。你们这种野蛮的做法，实在是让我莫名其妙，也许我的观众们会乐于看到你们的丑态！”易卜生不卑不亢地反击道。

“好，好，”警察局长气急败坏地说：“那我们骑驴看唱本——走着瞧！”说完，就带着人灰溜溜地走了。

到底是怎么回事呢？易卜生把秘密文件藏哪了？

370. 盟军飞行员脱险

第二次世界大战期间，一天晚上，盟军的几架飞机受命前去轰炸德军的一个机场。但是，盟军的飞机尚未到达机场时，便被德军布置在机场外围的雷达发现了，刹那间，德军的防空炮如雨矢般齐发。盟军的几名飞行员看情况不对，赶紧架机逃离了。但是，其中的一架飞机中弹了，飞机已经无法正常飞行了。这时，盟军飞行员心想，下面是德军的地盘，如果在这里跳伞，肯定很快被抓住。想到此，这名飞行员心一横，干脆勉强将受伤的飞机驾驶到德军机场上空，然后在那里跳了伞。

机场是德军重点布防的区域，但是他们做梦也不会想到敌人敢于在他们的机场上降落，因此德军只是在机场外搜寻跳伞的盟军士兵，在机场内部则没有什么警戒。因此，这名盟军飞行员竟然大摇大摆地降落在了德军机场上，然后，他将降落伞卸了下来，隐没在了黑夜之中。

镇定地观察了一下之后，盟军飞行员看到，机场外面漆黑一团，而机场大楼则灯火通明，机场外面则有一家德国客机，里面坐满了乘客，而驾驶舱内则空无一人，可能飞行员因为什么事耽搁了还没到。盟军飞行员知道，自己如果逃出机场，即使凭借黑夜的掩护能够暂时逃脱，等天一亮也必定被抓住。该怎么办呢？他陷入了沉思。

假如你是这名盟军飞行员，身处这种险境，接下来你会如何做？

371. 曹操机智脱险

话说东汉末年，西凉刺史董卓乘朝野之乱，以平叛为名，统帅二十万大军入都城洛阳。这厮入京之后，废了少帝，立了献帝，自封为相国，其参拜不名，入朝不趋，剑履上殿，飞扬跋扈，篡位之心毕露无遗。尤其是在收了三国第一猛将吕布之后，其更是残暴凶狠，恣意妄为。大臣们对于董卓的行径十分愤怒，于是，渤海太守袁绍与司徒王允秘密联络，要他设法除掉董卓。但王允乃一个文官，面对骄横的董卓无计可施，于是便以庆祝生日为名，邀请群臣到自己家中赴宴，商讨计策。

席间，王允突然掩面而泣，众人皆问其故。王允便将想要除去逆臣董卓却又无计可施的想法给说了，众人一听，也都掩面而泣。这时，唯骁骑校尉曹操于座中一边拊掌大笑，一边高声说：“满朝公卿，夜哭到明，明哭到夜，还能哭死董卓吗？”王允见曹操口出妄言，便质问他为何如此，曹操于是说道：“我之所以笑，乃是笑满朝公卿无一计杀董卓！我虽不才，愿即断董卓之头悬于国门，以谢天下。”王允正色道：“愿闻孟德高见！”曹操说：“我近来一直在讨好董卓，目的就是想找机会除掉他。现在老贼对我已很信任，听说司徒您有七星宝刀一口，愿借给我前去相府刺杀董卓，虽死无憾！”王允闻言即亲自斟酒敬曹操，并将宝刀交付曹操。曹操洒酒宣誓，然后辞别众官而去。

第二天，曹操佩戴着宝刀来到相府，见董卓躺在小床上，吕布侍立一旁。董卓见到曹操后，便问他今天为何来迟了。曹操回答说：“乘马羸弱，因故来迟。”董卓一听，便让吕布去从新到的西凉好马中选一匹送给曹操。吕布于是出去了。曹操见吕布离去，心中暗想，这贼看来合该今日死于我手中。他想要当即动手，但担心董卓力气大，难以在仓促间将其杀死。正在犹豫，却见董卓因身体肥大，不耐久坐，倒身卧在床上并将脸转向内侧。曹操见状，心想这贼看来合该命绝，急忙抽出宝刀，就要行刺。不料董卓却从衣镜中看到曹操在其身后拔刀，于是喝问道：“孟德你要干什么？”而此时吕布也已经牵着马从外面回来了。曹操心中一阵发慌，有些不知所措。

假如你是曹操，面对如此险情，你会如何使自己脱险呢?

372. 布鲁塞尔第一公民

500多年前的一个晚上，比利时首都布鲁塞尔的中心广场上五光十色，人声鼎沸，人们在这里载歌载舞，欢庆自己刚刚打败了外国侵略者。

但是，就在人们处于欢腾状态的时候，一个邪恶的阴谋却在悄悄实施着。不甘心就此认输的侵略者派出了几个敌人悄悄地潜入布鲁塞尔搞破坏。这几个敌人将目标锁定在了市政府地下室。在那里，堆放着许多火药。一旦有一点火花落在火药上，整个市政厅和附近的建筑物都肯定会被炸得稀巴烂，欢庆的人们也会瞬间被炸死成百上千。这天夜里，这几个敌人乘人们失去了戒备，将一根长长的导火索接到了地下室的炸药堆上，为了方便自己逃跑，另一头则被拉到了院子里。敌人将导火索点燃之后，便赶紧逃跑了。导火索则顺着墙根“嗞嗞”地飞快燃烧着，火苗快速地向地下室跑去，眼看一场灾难即将发生。

就在这个万分危急的时刻，一个名叫于连的光屁股小孩到院子里来玩耍，他看到了正在燃烧的导火索。这段时间的战争使得这个小男孩提前长大了，他知道地下室里有火药，也知道这不断变短的导火索意味着什么。他立即意识到，现在去喊大人，肯定来不及了，自己必须立刻将导火索弄灭。但是，他身边没有水，而如果这时再去打水，也来不及。该怎么办呢？情急之下，小于连突然灵机一动，想到了一个绝妙的主意，挽救了成千上万的人们。

你猜，小于连想到了什么好主意呢？

373. 聪明的丽莎

一次，一家时尚杂志社的编辑丽莎在杂志社加班到晚上十二点才下班。走出办公楼之后，她不禁感到一阵轻松，因为终于将工作上的事情理顺了，接下来几天她的工作将会是轻轻松松的。但是，仅仅是一瞬间的轻松感之后，她便感到了一阵的紧张。因为平时下班时人来人往的办公楼前的马路上此刻冷冷清清，连一个人影都看不到。

丽莎不禁心里一阵发紧。她平时喜欢在业余时间看一些侦探类故事，此刻，一个个描述抢劫、凶杀的故事中的情景都纷纷在脑海中出现，同时，她也努力回忆起那些聪明的侦探们是如何巧妙地对付那些凶犯的。想到这些，她心情稍微平静了一些。毕竟，只要往前走三百米，便会走到大街上，到时就会有出租车了。

但是，侦探故事中的情景最终还是与丽莎的现实交汇了，就在她走过一幢大楼的时候，突然从拐角处出现了一个黑影。这个黑影手持一把寒气逼人的尖刀向丽莎扑了过来。看来跑是跑不掉了，而如果尖叫可能反而被气急败坏的对方捅上一刀。于是，丽莎干脆站在原地一动不动，并询问对方："你想要什么？"丽莎看上去十分害怕。

"小姐，别害怕，把你的耳环摘下来给我就行了。"强盗看这个女人不喊不跑这么听话，倒也和气起来。

听到这个之后，丽莎的脸上似乎露出了一丝释然的表情。只见她努力用大衣的领子护住自己的脖子，然后用另一只手麻利地摘下自己的耳环，并将它扔到地上说："好，这个给你，现在我可以走了吧！"

强盗看她如此爽利地交出了耳环，却拼命护住脖子。心想她一定戴着一条值钱的项链。于是，便又说道："现在我改主意了，我要你的项链！"

丽莎一听，慌忙乞求道："先生，这条项链很不值钱，只是因为朋友送我的，我才十分珍惜，请你把它留给我吧！"

强盗于是说道："鬼才信你的话，少啰唆，赶紧交给我！"

丽莎于是只好用颤抖的手，极不情愿地摘下来自己的项链。强盗一把夺过项链，便跑了。

这时，丽莎脸上却露出了一丝诡异的微笑，然后弯腰捡起地上的耳环。她心里想，自己的侦探故事还是没有白读，这次智斗歹徒的故事也够自己跟朋友吹嘘一番了。

你能猜测一下这是怎么回事吗?

374. 伊丽莎白的暗示

伊丽莎白是一家电视台的女主播。这天，她下班有些晚，疲惫的她打开门进屋之后，正想把门关上，没想到突然从门外插进来一只胳膊卡住了门，紧接着一个中年男子的身子插了进来。伊丽莎白吓得赶紧往身后退。这位不速之客进来后，从口袋里掏出一把匕首，凶神恶煞地要伊丽莎白将自己的钱和首饰都拿给他。

伊丽莎白明白，自己经常在新闻里播报的入室抢劫案今天落在了自己头上了，她吓得脸色煞白，有些不知所措，机械地从手提袋里掏出钱来递给对方。但是，歹徒并不满足，开始在屋里寻找起来，他先是将伊丽莎白放在桌子上的几件首饰放进了口袋，然后又逼迫伊丽莎白摘下戴在手臂上的名贵手表。

就在这时，门铃响了起来，歹徒一听十分着慌，他用匕首抵在伊丽莎白背上，要她告诉外面的人自己已经睡了，让外面的人离开。

“谁呀？”伊丽莎白问道。

“是我，罗伯特警官，伊丽莎白小姐，我巡逻至此，最近这条街上不是很太平，我来看看你是否安好。”听到这熟悉的声音，伊丽莎白感到镇定了许多。

“十分感谢您，我很好。”伊丽莎白回答道，停顿了一下之后她又轻松地说道，“对了，我丈夫对您上次对他的帮助十分感谢，让我向您道声谢。”

“那没什么，只是顺便而已，那么，现在，您早点休息，晚安！”

透过窗户，歹徒看到楼下的罗伯特驾车离开了。“表现得不错，哈哈！”看到这种情况，歹徒完全放松了下来，他毫不客气地到酒柜里拿了瓶酒坐在沙发上啜了一口。休息了一下之后，这家伙开始用色迷迷的眼神打量起伊丽莎白起来，他心里琢磨，自己或许今晚可以在这里过夜。

不料，就在歹徒正在做自己的美梦的时候，突然从阳台上的门口冲进来几名持枪警察，还没等歹徒反应过来，就将手铐铐在了他手上。

“你真聪明，伊丽莎白小姐，你没事吧？”罗伯特警官看着伊丽莎白夸赞道。

你猜这是怎么回事？

375. 盟军坦克兵反败为胜

第二次世界大战期间，在一次战斗中，一辆盟军坦克冲入了德军阵地，不料，却陷进了一个水坑里，发动机也熄了火，无法动弹。坦克里的三名坦克兵除了手枪之外，没有其他武器。这时候，一群德国兵冲了上来，他们从外面敲打着坦克的外壳，要坦克里的士兵出来投降。

但是，里面的盟军士兵却不为所动，拒绝投降。于是，德军干脆找来了汽油，声称如果坦克里的人再不投降，就要在坦克上浇上汽油，将他们活活烤死。就在这个危机时刻，其中一名盟军坦克兵掂了掂手中的手枪，突然想到了一个脱险的好主意。凭借着这个主意，这几个盟军坦克兵果然开着坦克逃回了自己的阵地，并且还拉回了两辆德军坦克作为战利品。

你猜，盟军坦克兵想到了什么主意?

376. 吕叔湘巧妙寄回信

吕叔湘先生是我国著名语言学家，他经常会收到来自全国各地的向他请教问题的读者来信。这天，吕叔湘收到一封读者来信后，习惯性地阅读了来信，原来又是一个请教问题的朋友，吕叔湘马上写了封回信解答了信上的问题。但是，正当他装上信封要寄信时，遇到了问题。原来这位写信的朋友在信上留下的签名，完全是龙飞凤舞，十分潦草，吕叔湘看了多次，都看不出个所以然来。所以不知道自己的回信该寄给谁。但是，不回信的话，会显得很不礼貌。吕叔湘陷入了两难，就在这时，他突然眼睛一亮，想到了一个好办法，将信顺利寄了出去。

你猜，吕叔湘的办法是什么?

377. 智取手稿

第二次世界大战的末期，德国法西斯特务组织企图绑架丹麦著名核理论研究者玻尔博士，妄想强迫他帮助法西斯制造原子弹，以进行垂死挣扎。当时丹麦的地下反抗组织得到这一消息后，就立刻想办法把其营救了出来，让他逃往国外。临走时玻尔博士告诉反抗法西斯组织的人，他有四张记着有关核武器的关键公式和重要数据的手稿，藏在他的住所牛奶箱后面的砖缝里。玻尔博士请求反抗法西斯组织赶快想办法把他的手稿取出来。玻尔博士很清楚法西斯分子肯定把守严密，他就给地下反抗法西斯组织出了一个主意。

就在第二天清晨，十三岁的丹尼装扮成送报纸的孩子来到玻尔博士的住所，没费什么周折就取到了手稿。但是，当她抱着报纸走出门的时候，她发现了十字路口有几个德国兵在把守，并对来往的行人进行着严密的搜查。并且，有几个盖世太保已经向玻尔博士的住所走来。丹尼就按玻尔博士说的办法顺势闪进了身旁的邮局。

丹尼在邮局待了几分钟以后，抱着报纸又走了出来。当她走到十字路口后，盖世太保对她搜查得特别仔细，却什么也没搜到。

三天后，反抗法西斯地下组织，成功地拿到了那四张重要的手稿。

请读者朋友们想一想：玻尔博士给丹尼说出了一个什么妙招呢？

378. 处变不惊的曹玮

北宋时期，大将曹玮英勇善战，又深有谋略，处变不惊，在北宋和西夏的战争中屡立奇功。

一次，曹玮正在与宾客下棋，突然一名士兵上气不接下气地跑来，禀报道："将军，大事不好，有一部分士兵叛逃到西夏去了！"

曹玮一听，心中也吃惊不小，要知道，这种事情对于军心的动摇非常大。但是他却没有表现出一丝惊慌，而是神态自若地说了一句话，不仅稳定了军心，而且巧妙地除掉了叛逃者。

你猜，曹玮说了句什么话？

379. 林肯的反击

1843年，亚伯拉罕·林肯作为伊利诺斯州的共和党候选人参与选举该州在国会的众议员席位，其竞争对手便是民主党候选人的彼德·卡特赖特。

卡特赖特是当地有名的牧师，在当地有许多信徒，比当时的林肯有名望得多。而卡特赖特也是靠山吃山，从不忘利用自己在宗教方面的优势，对林肯进行攻击。他大肆宣扬林肯不承认耶稣，甚至污蔑耶稣是“私生子”等。搞得满城风雨，林肯的威信也的确因此受到很大影响。

林肯觉得再这样下去也不是办法，决定反击。一个星期天，林肯获悉卡特赖特又要在某教堂布道演讲了，就随着人群一起走进了教堂，并找了个显眼的位置坐了下来，以故意让卡特赖特看到自己。果然，卡特赖特很快就看到林肯，他很快便想到了一个让林肯出洋相的主意。

于是，正当演讲到高潮的时候，卡特赖特突然对下面的信徒说：“愿意把心献给上帝、想进天堂的人站起来！”信徒们都站了起来。显然，如果林肯此时乖乖听话地站了起来，他便在这场博弈中落入下风了。而如果林肯不站起来，便是不想去天堂，正好反映了他对于主的不敬，就更给了卡特赖特以攻击林肯的宗教信仰的口实。如此，林肯便处于一种两难境地，显然，卡特赖特的这招是很阴险的。最终，卡特赖特发现林肯没有站起来。

“请坐！”卡特赖特看林肯已经进入了自己的圈套，心想再加强一下效果，于是他继续祈祷一阵之后又说道：“所有不愿下地狱的人站起来吧！”这次，信徒们又都站了起来。但是林肯仍然没有站起来。

卡特赖特看火候已经差不多了，于是用一种神秘而严肃的声调说道：“我看到大家都愿意将灵魂推向上帝，从而进入天堂。但是，我看到这里的唯一的例外就是鼎鼎大名的林肯先生，请问你到底要到哪里去？”

林肯这时才从座位上从容地站了起来，他面向牧师，其实是面向选民，先是平静地说道：“我是以一个虔诚教徒的身份来到这里的，没想到卡特赖特教友竟单独点了我的名，让我感到不胜荣幸。我认为，卡特赖特教友刚才向我提出的问题很重要，但是我觉得倒也不必和其他人的回答一样，因为我有自己的答案。他刚才直截了当地问我要到哪里去，那么现在我就同样坦率地回答……”结果，林肯的话音刚落，教堂里的人随即忍不住笑了出来，但是这却并不是笑林肯，而是卡特赖特。和这笑声一起响起的，是人们热烈的掌声，人们不禁为林肯的机智和雄辩所折服。而卡特赖特则显得狼狈不堪。

猜一下，林肯的回答是什么吗？

380. 越狱犯和化妆师

在中国南方某市曾发生过这样一件富有戏剧性的事情。

一天，该市一名著名的化妆师下班回家，打开门进屋后，还没有来得及将门给关上，突然从外面一下子挤进来一个中年汉子。这汉子进门后，一边一把将身后的门给关上，一边从身后亮出一把明晃晃的匕首。化妆师一看，吓得身子急忙往后面退去。他以为对方是入室抢劫的，战战兢兢地对对方说：“钱都存在银行里，家里只有两千多块钱，在抽屉里，你全拿走！”

没想到对方却狞笑一声道：“放心，张老师，钱我不缺，我不会拿走你那两千多块钱的。明人不说暗话，我就是昨晚新闻节目里播送的越狱潜逃犯范××。我冒这么大风险来找你可不是想要你的钱，而是有其他事想让你帮我！”

昨晚化妆师因为在电视台加班，没有看新闻节目，于是说道：“昨晚的新闻我并没有看，不过，我想你是找错人了吧，我又能帮你什么忙呢？”

“实话告诉你吧，我昨天夜里已经打死了一名警卫，撬了一家银行，搞到了足够我下半辈子花销的钱，只要我能逃出这个城市，就可以舒舒服服地过下半辈子了。不过，现在外面的警察到处在找我，我的照片也已经挂在了各个公共场合的显眼地方。现在我需要你帮我化装一下，好躲过警察的追捕。”

“这个，恐怕你太高看我了，我想我对你帮助不大。”化妆师一边搪塞，一边看着来人放在脚边的帆布包，猜想这歹人抢来的昧良心的钱肯定就在这里面了。

“嘿嘿，张老师你就别谦虚了！谁不知道经过你的手一化装，丑人能变美，美人也能变丑。年轻的可以变成年老的，年老的可以变年轻！帮我这点忙你肯定是做得到的。只要你帮了我这个忙，我不仅不伤害你，而且还高价给你报酬。”这个亡命之徒狞笑着说道，“可是，如果你不肯配合，那么可就不要怪我心狠手辣了。反正杀一个人是死，杀两个也不过是个死！”

化妆师心想看来是躲不过去了，于是脑子在飞快地转动。突然，他眼睛一亮，想到了一个主意。于是，他冷静下来说道：“照我看来，你最好还是去自首，因为即使我帮你化了装，也只能起到暂时的作用。”

“废话少说，我只需要暂时逃出这个城市就行，你是化还是不化？”歹徒凶神恶煞打断了化妆师的话。

“好，我帮你化，会使你满意的。”化妆师假装屈服了逃犯的淫威。然后，他开始拿出各种化装工具，认真地为逃犯化起装来。半个小时候，化妆师对逃犯说道：“好了，你照下镜子看是否满意？”

歹徒趴到镜子前一照，只见自己的脸已经完全是另外一个人了，就连自己也认不出自己了。于是，逃犯十分高兴，赞叹道：“哈哈，果然名不虚传！张老师，你既然对我够意思，我也不亏待你，这些钱你拿去！”说着，逃犯便从帆布包里掏出了一沓钱放在化妆师的桌子上。

“这个——就不用了！”化妆师虚意推让了一下，见逃犯并不理睬他，也就不吭声了。他想，既然歹徒有心行贿，不收钱反而引起他的怀疑。

最后，逃犯正要提着包出门，突然又转回来，放下包，皮笑肉不笑地对化妆师说道：“张老师，为防止你报案，还得委屈你一下！”说完就用临时找来的鞋带将化妆师的手脚给捆了起来，又用一块毛巾将其嘴堵上。“张老师，你帮了我的忙，我不会伤害你，你在这里等家人回来就行了！”说完，逃犯提起包，开门走了出去，又随手将门关上，飞快地下楼离去了。

逃犯离开化妆师的家后，刚开始心里还有些打鼓，但逐渐地，他开始放下心来。因为他知道，自己现在已经完全是另外一副面孔了，没必要担心。于是，他大摇大摆地先是去火车站买了一张晚上7点开往广州的火车票。看时间还早，他又在火车站附近找了家饭馆吃了饭。然后，他又买了张报纸，放心地坐在候车室里看起来。等开始检票进站时，逃犯也大大咧咧地拿着票排在队伍里等候检票。但是，令他没想到的是，突然跳出两个便衣警察从背后将他摁住了。

直到被抓回警察局后，逃犯才明白他上了化妆师的当了。你猜，化妆师采用什么办法使得逃犯落了网？

381. 茄子的好坏

从前，有一位大富翁在吃饭的时候，感到一盘红烧茄子味道十分鲜美，于是，他一边吃一边赞美："这道红烧茄子味道真是不错，不仅口感香嫩，增加食欲，而且营养丰富，可以说是蔬菜中的极品！"

旁边站着的仆人听到自己的主人一个劲地夸赞茄子，就顺口奉承说："是呀是呀，您注意到了吗主人，每个新摘下来的茄子都戴着一顶王冠呢！说它是蔬菜中的大王，可一点都没说错。"

富翁听了仆人的话，哈哈大笑起来，夸奖他这位跟班的会说话。

厨师听说富翁对红烧茄子"情有独钟"，于是每天都给他做这道菜吃。

一个星期过后，富翁看到饭桌上又是红烧茄子，感到口里的酸水都流出来了，直想呕吐。他生气地说："这是怎么回事，天天吃茄子，除了茄子就没有别的菜可做了吗？我一看到茄子就倒胃口，这个东西吃多了还生痰，以后再也不许做这个菜了！"

仆人听到自己的主人口口声声骂茄子不好，他也就顺着主人的气愤说道："一看茄子就不是什么好东西，你看它长得多难看，没有见一个茄子长得像模像样的，而且头上还长着刺，以后再不许用它做菜了！”

主人听了仆人的话，又感觉心里很舒服。然而过了一会儿，他忽然想起来，上次这位仆人还随声附和地夸赞茄子呢，怎么这次就改口了呢？于是他问仆人说：“上次你说茄子是好东西，这次又说他是坏东西，你到底什么意思？茄子到底是好是坏？”

仆人知道主人是在故意叨难和戏弄他，不过既然主人发问，做仆人的必须要作出回答。这位机灵的仆人脑袋瓜子一转，就想到了一个巧妙的答语，逗得主人哈哈大笑起来。你猜一下，他是怎么回答主人的？

382. 巧用白手套

法国著名的巴黎大剧院此时正在上演着莎士比亚的名剧《奥赛罗》，奥赛罗的扮演者是法国著名的演员菲利普。

在人们的期盼中，舞台幕布徐徐拉开了，菲力普骑士一身戎装出现在了舞台中。舞台下面观众们在鼓掌欢迎中忽然发现了一个问题：奥赛罗脸黑如漆，但是他的双手却是白白净净的。菲利普在观众的诧异声中低头一看，也发现了这个问题，原来是由于化妆的时候太着急，自己忘记了个给双手涂上黑色。一般遇到这种情况，演员们会下去补上妆再上来，但是菲利普毕竟是老演员了，他沉住气，继续镇定地把戏演了下去。

直到剧情演到中间，菲利普下场后，他才急忙跑去了后台，动作麻利地将自己的双手涂上了黑色的油彩。在转身准备上场的时候，他突然好像想起了什么，转身又戴上了一副洁白的丝质手套。

本来，菲利普只需要将手涂黑，将错误改正过来就行了，但是他却似乎多此一举地带上了副白手套，想一下，菲利普为何要这么做？

383. 丘吉尔一语解尴尬

二战期间，为了抵抗法西斯的恶行，很多国家联合起来，形成反法西斯同盟，简称同盟国。其中像英国和美国是同盟国的两个重要成员。为了协商对抗法西斯的政策，当时的英国首相丘吉尔不远万里，跨越大西洋亲自去了美国。

到了美国后，丘吉尔受到了美国总统罗斯福的热情款待。丘吉尔首相住的、吃的都是总统亲自关照过的。丘吉尔有早晨洗澡的习惯。一天早上，丘吉尔起床洗完澡后，还未穿好衣服，突然想到了一个问题，于是，就赤身裸体地在浴室里踱步。就在这个时候，有人敲门。

丘吉尔还没来得及披上浴巾，敲门的人就进来了。丘吉尔一看，来的不是别人，正是美国总统罗斯福。罗斯福是来和丘吉尔谈论事情来了，没想到却看到丘吉尔一丝不挂。罗斯福总统自知自己开门太快了，脸上表情很是尴尬，正想转身回去，却被丘吉尔叫住了。丘吉尔张开双臂，表示欢迎罗斯福进来。并且，丘吉尔还说了一句话，一下子逗得两人都哈哈大笑。本来的尴尬顿时无影无踪了。

你知道丘吉尔说了句什么吗？

384. 约翰逊公寓中的惊魂之夜

珍妮是一家新闻周刊的记者，她今天很高兴，因为大名鼎鼎的约翰逊侦探前两天终于接受了自己的采访，今天夜里，她就要前往约翰逊所住的公寓中采访这位她一直崇拜着的侦探了。

珍妮兴冲冲地来到了约翰逊侦探的公寓，约翰逊侦探在大门口迎接了珍妮。珍妮看到约翰逊之后，首先便感到一种失望，在她的想象中，约翰逊侦探应该是一位长发飘飘，脸色冷峻而深沉的四十岁的魅力男性。但是，她失望地发现，站在她面前的大侦探只是个面目和蔼、还略微有些秃顶的胖老头。只是，其眼睛倒多少透出一丝犀利。寒暄之后，侦探带着珍妮前往自己的公寓，他住在一栋普通公寓楼的5楼。在被带着走在灰暗、不整洁的走廊里时，珍妮更是感到失望了，她原本以为，这里应该是同伦敦贝克街22号A座福尔摩斯旧宅一样，充满了惊险、神秘与浪漫色彩的。

约翰逊显然也看出了珍妮的失望，他乐呵呵地对珍妮说：“看来我令你失望了，你之前大概以为我的房间里应该有神秘的来客、美丽的女郎和放了毒药的香槟酒吧？呵呵，至少今晚可能你要失望了。不过，作为弥补，我待会儿会让你看一份很重要的文件，已经有好几个人为它送了命，也许若干年后，这份文件会影响历史的。”说罢，侦探便打开了门，并请珍妮进屋。

可是，就在侦探关上门，并将灯拉亮之后，珍妮吃惊地愣在了当地。只见屋里的沙发上有个人正拿枪对准着他们。

“罗伯特，”约翰逊侦探吃惊地说，“你不是已经死在东京了吗？”

“哈哈，我这人很敬业，在完成任务之前是不会轻易死掉的，我想你还是将把那份有关新式导弹的文件交给我，好成全我吧。”来人冷笑着回答。

“看来我必须得找隔壁的邻居算账了！”约翰逊侦探突然十分恼火地说，“这是第二次别人通过他的阳台跳到我房间里来了！”

“阳台？”罗伯特奇怪地问，“是吗，如果我早知道有阳台的话，我就省了不少麻烦了。”

“不，不是我的阳台，是隔壁房间阳台，一直延伸到我的窗下。”约翰逊看上去仍旧十分恼火，“我早就要他拆除掉了，但他却一直没有动静，他不知道给我带来了多大的麻烦——不过也许我没法找他算总账了，因为也许今晚我就得去见上帝啦！”

“好了，不妨告诉你，你如果今晚死了，不是你邻居的责任，事实上我是用万能钥匙进来的。”罗伯特说完，又言归正传地说道，“好了，不要再啰唆了，赶紧把文件交给我吧，只要你交出了文件，我想我没兴趣杀你。”

罗伯特的话刚说完，忽然门外传来了“嘭嘭”的敲门声。

“是谁？”罗伯特惊恐地盯着约翰逊问。

“呵呵，你以为这么重要的文件如此容易得到吗？”约翰逊笑着对罗伯特说道，“事实上，政府已经派了警察前来保护这份文件，他们想必是来巡视的，如果我不开门，他们会闯进来毫不犹豫地开枪的。你最好还是想想你自己的退路吧！”

罗伯特一听，又惊又慌，迅速地退向窗口，打开窗户，将一只脚伸向外面漆黑一团的夜色中，想试着找到下面的阳台。同时，他回头警告约翰逊道：“你去叫他们离开，我在阳台上等着，只要你敢暴露我，我立刻就将你脑袋打开花！”说着，他向约翰逊扬起自己手中的枪。

“约翰逊先生！”门外叫喊声更加急促了，同时，外面的人显然已经决定要“破门而入”了，门把手已经开始转动。看到这种情况，来不及够到阳台的罗伯特一着急，慌乱中直接松开双手，往下跳去，试图落在阳台上。

“先生，这是您要的两杯咖啡。”打开门进来的原来是个公寓的侍者，说罢，将托盘放在桌子上，转身离开了房间。

珍妮这时浑身冰冷，本以为有救了，原来却是侍者，她心想，自己今晚可能也要死在这里了。

“珍妮小姐，你的采访可以开始了。”没想到约翰逊侦探突然微笑着对珍妮说道。

“可是，阳台上的那个人……”珍妮紧张地说。

“哦，他不会再来打扰我们了。”约翰逊意味深长地笑了起来。

你猜，这是怎么回事呢？

385.“顺藤摸瓜”

一个周末，中学生李茜和王小毛一起到另一个同学家去玩。因为是周末，在回来的公交车上，人特别挤。车刚行驶了一小段之后，李茜想起自己今天可能不回家吃晚饭了，于是想给家里的母亲打个电话。就在她想要从口袋里掏出手机时，才发现装在上衣口袋里的手机不见了。李茜心里咯噔一下，心想糟了，在同学中频发的公交车上丢手机的倒霉事今天落在自己头上了。不过身为班长的李茜毕竟还是能够遇事不慌，她沉着地想，现在如果大喊捉贼，只能是打草惊蛇，那贼没准趁乱跑了；况且这贼还不一定是一个人，万一是团伙作案，到时反倒吃亏。于是她悄悄地对同学王小毛说明了情况，并告诉他如何如何做。于是，王小毛便假装很随意地挤到另一边，然后拨通了110，低声报了案。

公交车又往前行驶了一段距离后，突然一辆110警车拦在了前面，几个巡警上了车。这时李茜才站出来说明情况。但是，接下来的难题就是，车上有几十个人，不可能为了一个手机而挨个搜身。并且，那样的话，偷手机的人也可能利用搜身的时间将手机偷偷藏在车上某个地方。

你能帮李茜想出一个办法吗?

386.妻子智退小偷

这天，李小璐因为身体不舒服，便给公司打了一个电话请了一天假。不过，因为只是头稍微有点晕，李小璐也没有去医院，而只是打电话对丈夫说了一声，让他下班后早点回家，就躺在床上继续睡觉了。

迷迷糊糊中，李小璐听到门上的锁转动的声音，她以为是丈夫因为担心她，也请假回家来照看她了，就没有在意。过了一会儿，李小璐听到锁“啪”的一声开了，接着便是人进来的脚步声，还有就是有人翻弄东西的声音。李小璐都以为是自己的丈夫，也没多想。过了一会儿，脚步声开始朝卧室走来，并打开了卧室的门。李小璐这才睁开眼睛，准备跟丈夫说话。没想到她抬头一看，来人却是一个陌生男子，显然是小偷。这小偷本以为家里没人，这时突然看到屋里有人，也吃了一惊，愣在那里。

如果你是李小璐，你会如何做?

387.杨小楼机智“救场”

我们可能听说过“救场如救火”这句话，其实这是戏曲行业的一个成语，说的是戏曲开演前或演戏过程中出现意外状况，需要采取相应的紧急措施以使戏曲正常进行的一种情况。

可以说，戏曲行业的人对这种事情是十分紧张的，因为一旦不能对意外状况做出有效的应对，也即“救场”，便很可能使观众感到不满乃至闹场，对于剧场和演员的负面影响是很大的。具体而言，这些意外状况大致可包括两种情况，一种是临开演前需要上场的演员因迟到、病倒等原因不能上场。对于这种情况，戏班一般都会找替补演员进行临时替代；还有一种情况便是在戏台上出现意外状况，即演员忘词儿、唱错词儿、拿错道具等情况。对于这些情况，便往往要依靠演员本身的临时应变能力了。下面便是20世纪我国著名的京剧演员杨小楼（1877～1937）凭借急智巧妙地化解了一个意外的故事。

20世纪30年代的一天，杨小楼在北京第一舞台演京剧《青石山》，他在戏中扮的是关羽。当时因为演周仓的老搭档因家中出现意外而临时告假，于是由一位别的花脸代替。但这位花脸因为在之前喝了点酒，到上场时，昏头昏脑地便上场了，竟然忘了戴上道具胡子。

要知道，这出戏是老戏，观众都熟得不能再熟了，出现这种失误很可能立刻引起观众的倒彩，如此，这场戏也就砸锅了。这时，扮演关羽的杨小楼在戏台上眼看着没带胡子的周仓就这么堂而皇之地走上场来站在了自己身边，心里十分着急，当着观众的面也不好提醒。正在焦急之际，突然灵机一动，杨小楼想到了一个主意，他以关羽的口吻临时加上了一句台词：“呔！面前站的何人？”

这时饰演周仓的花脸也感到十分纳闷，台词中没这句啊，关羽怎么会不认识周仓呢！于是他也就顺势一边捋胡子一边回答，他本来想回答自己是“周仓”，但他一摸才发现自己竟然没有戴胡子，这演员一下子给吓醒了。但是这个演员也反应很快，一摸自己没有胡子，便顺嘴说了句：“我乃是周仓——的儿子！”接下来，“关羽”便又顺势说了句话，巧妙地化解了这场危机。

你能猜出“关羽”所说的这句话吗？

388. 妻子半夜智擒小偷

这天半夜，李贞下班回家得比较晚，打开门后，发现丈夫已经躺在床上睡熟了。为了不吵醒丈夫，李贞轻手轻脚地走到梳妆台前卸妆。但是，就在卸妆的时候，李贞吃了一惊，因为她从镜子里看到在他们的床下有两只脚。

肯定是小偷！李贞心里下意识地想到。不过，素来有心机的李贞没有立即叫喊起来。她心里想，小偷很可能身上带有凶器，如果就这样将迷迷糊糊的丈夫叫起来，把小偷逼急，丈夫可能要吃亏。怎么办呢?

斜眼看到放在梳妆台右侧的暖水瓶，李贞灵机一动，来了主意。

最终，凭借着这个主意，李贞成功地将小偷给捉住了。假如你是李贞，你会如何做?

389. 机智的相士

唐朝时，有个云游四方的江湖相士，此人颇通三教九流，巧舌如簧，善于察言观色，见风使舵，因此倒博得了不小的虚名。一天，他来到江西地界。当时镇守江西的乃是千岁王李德诚。这个相士于是便前去拜见。

李德诚见这个相士倒也能说会道，便留他在府上款待。正在酒酣耳热之际，相士又拿出了自己的看家本领，对李德诚吹捧起来："千岁大人，您现在的富贵虽然已经不小，但是据我看来，您的富贵还不止于此，将来定有更大的事业！"

李德诚问道："何以见得呢？"

相士于是吹起牛来："富贵贫贱，与生俱来，小人不才，对于这个一眼就能分得清清楚楚！"

李德诚对于这种江湖人士见得也多了，自然不会轻易便相信。第二天，李德诚想起相士的话来，便有心试他一试。于是他将相士找来，然后指着庭前5个穿戴一模一样也都十分漂亮的女子说："既然你一眼便能辨别出人的富贵贫贱，那么你能够从这五个人中识别出哪一个是我的夫人吗？”

相士一看傻眼了，他昨天不过是习惯性地酒后吹牛，他哪里有这等本事。但是，如果他现在兜了底，面子上不好看还是其次，可能还被当作骗子赶出府去。好歹自己也是在江湖上小有名声的人，栽下这个跟斗，以后还怎么混？于是他心一横，便决定硬着头皮过这一关。并且，他知道，李德诚的夫人是出了名的漂亮，到时指那个最漂亮的大致不会错。于是，他便煞有介事地来到5个女子面前，上上下下地开始反复打量。但是，看起来，这五个女子无论是漂亮程度，还是气质风度，看上去都十分出众，并没有哪一个能截然高出其他人。这下他可犯难了，头上不由得生出了些微冷汗。他偷眼朝旁边瞥去，发现李德诚和身边的随从都在那微笑着，看上去可不是善意啊，可能随时准备奚落他一番。

就在无计可施之际，相士心下一横，心想走这么多年江湖，多少大风浪都闯过来了，就不信今天会栽在这里。于是脑筋一转，一个计策便上了心头。他当即对李德诚说道：“千岁大人，头上有黄云的那个就是您夫人。”

正是通过这一句话，相士巧妙地过了这一关。你能猜出他是如何过这一关的吗？

390. 村妇智退流窜犯

在云南边境地区的一个山脚下，住着一对朴实的农户。一天，男主人离家到二十里外的县城去办事，第二天才能回家，只剩下村妇一个人在家。

到下午时，村妇透过大门远远地看到一个青年男子一边东张西望，一边朝自己家的方向走来。走近之后，村妇发现来人二十几岁年纪，留着长发，长得贼眉鼠眼，看起来绝非善类，因为知道经常有逃犯逃到这里的山里躲起来，伺机穿越边境，因此村妇心里咚咚直跳。村妇于是便想将大门关上，没想到来人却抢先一步跨进了院子，然后先是将村妇上下打量了一番之后，又机警地在院子里四下打量，村妇心里感到一阵战栗。当发现家里只有村妇一个人时，这个人更是胆大了，他嬉皮笑脸地对村妇说道：“大嫂给行个方便吧，这四下里就你们一户人家，今天天色晚了，能不能留我住一晚，我会给住宿费的。”说完他便大模大样地在一个椅子上坐了下来，一副无赖相。

村妇一看来者不善，想赶走他，可她知道那样反而可能将对方惹急了，丈夫又不在家，吃亏的是自己，最好还是想个巧妙的办法为好。她看对方正在往屋里瞧，便也随着他的目光看去，无意中她看到床下放着丈夫的几双鞋子。于是她灵机一动，想到了办法。她马上装出一副热情的样子对来人说道：“谁出门也不能背着房子啊，我们当家的本来就是个热情好客的人，经常留宿客人。你就放心地在这儿住吧，也不用给什么住宿费。”听她这么一说，来人十分得意。

接着，村姑先是给他沏了一杯茶说道：“你先喝杯茶歇一下，我忙点自己的事情。”说完，她便进屋去了，过了一会儿，只见她从屋里拿出来四五双鞋子，往地上一放，然后又拿一个大脚盆过来，放在鞋子旁，并开始往盆里舀水。来人一看，便好奇地问：“大嫂，你拿这么多鞋子干吗？”村妇于是说了一番话，这个人一听，便不敢在这里借宿，悄悄地溜走了。第二天，几个警察追踪到这里，村姑才知道原来这个人是个流窜犯。

猜一下，村姑对这个流窜犯说了什么，将他吓跑了？

391. 狡猾的小偷

从前有个小偷胆大包天，偷东西偷到了王宫里，国王十分生气，动用全国力量捉拿他，很快便将他捉住了，并判处了他死刑。

执行死刑的日子快要来临时，这个小偷每天痛哭流涕地跪地忏悔，请求国王宽恕他。

国王对他说：“你犯下如此大罪，我如果宽恕了你，以后还怎么服众，这样吧，看你如此虔诚地忏悔，我可以让你自己选择死的方式。”

小偷一听，说了一句话。国王一听，感到束手无策。猜一下，小偷说了一句什么话？

392. 心理学家智退强盗

20世纪60年代，美国费城的治安十分混乱，每天晚上都会发生数十起抢劫案。以至于人们晚上轻易不敢外出，外出时则不敢带多了钱，同时又要备上几美元，好在被抢劫时交给强盗，以保全自己的性命。

一次，心理学家福·汤姆逊从外面回来，身上带了刚领来的2000 美元出书的稿费。眼看天色已经黑了，小街上连个人影也没有，他摸一摸放在内衣口袋里的稿费，不禁感到十分担心，于是加快了脚步。正是怕啥来啥，汤姆逊正在疾速往前走，突然听到背后有脚步声，他回头一看，只见一个戴着鸭舌帽的壮汉紧紧地跟着他。汤姆逊一连走了几条巷子，都无法摆脱这条“尾巴”。

正在着急之际，汤姆逊急中生智，想到了一个主意。他突然扭转头朝跟踪他的壮汉走去，并对他说了一句话，使得那壮汉顿时对他失去了兴趣，不再跟踪他。

你猜，汤姆逊对壮汉说了什么？

393. 莎士比亚随机应变

我们知道，莎士比亚是英国16世纪的大戏剧家，不过，他有时候也亲自走上舞台演戏。并且，莎士比亚演戏时十分投入，从来不被戏外的东西所干扰。

一次，莎士比亚在一出戏剧中扮演一个国王。当时的英国女王伊丽莎白十分欣赏莎士比亚，经常坐在近距离的台侧甚至后台看莎士比亚表演。这天，莎士比亚的戏快要结束时，伊丽莎白女王因为被莎士比亚的戏所打动，竟然情不自禁地从台侧走到了台上，想要跟莎士比亚打个招呼。而此时的莎士比亚却正投入于自己的角色中，对女王的到来视而不见。女王无奈之下只好又回到了台侧，临离开时女王的目光和莎士比亚相遇了，女王乘机向莎士比亚示意，但莎士比亚仍然没有任何表示。女王简直有些生气了，于是，她乘莎士比亚将要下场之际，再次来到台上，并当着莎士比亚的面故意将自己的一只手套褪下扔在舞台上，给莎士比亚“捣乱”了一下，然后转身离开舞台。这时，莎士比亚却通过一个巧妙的做法使得自己既保全了女王的面子，又没有影响戏剧的演出。

你猜，莎士比亚是如何应付这一局面的?

394. 善辩的罪犯

1671年5月，伦敦发生了一起震惊全英国的刑事犯罪案。一个以布勒特为首的5人犯罪团伙，采用计谋骗过了伦敦塔副总监，混入伦敦塔中，抢走了英国的“镇国之宝”——英国国王的王冠。不过，就在这伙罪犯已经冲出伦敦塔，就要得逞之际，国王的卫队包围了他们，经过一番殊死搏斗，五个人全部被擒。接下来，由于事关重大，伦敦塔总监泰尔波特亲自审问了这些罪犯，并最终判处他们死刑。当审判结果被报告给英国国王查理二世时，这个国王对于这些胆大包天的歹徒产生了兴趣，决定亲自提审罪犯的头子布勒特。在这次审问过程中，布勒特充分发挥了他的辩才，因此，查理二世和他的这场审讯也永远地记入了英国历史，广为人知。下面是其中最精彩的片段:

查理二世：“你在克伦威尔（英国著名的资产阶级革命家，以杰出的军事才能和血腥残暴的独裁统治而著称。曾经杀死过一位英国国王）手下时曾通过诱杀艾默思（一个坚决效忠于英王的大臣），换到了上校和男爵的头衔，是吗？”

布勒特：“陛下请听我解释，我在家中不是长子，没有继承权，除了本人的性命以外别无所有，所以我得把我的命卖给出价最高的人。”

查理二世又问：“你还两次企图刺杀奥蒙德公爵，对吧？”

布勒特：“陛下，只是想检验一下他是否配得上您赐给他的那个职位。如果他轻而易举地被我杀掉，这对陛下并非坏事，因为您就能为那个位置找到一个更合适的人选。”

查理二世听他如此回答，便沉默下来仔细打量了一下眼前这个囚徒，觉得此人不仅胆子大，而且伶牙俐齿。接下来，查理二世又问道：“到后来你胆子越来越大了，这回竟然打起我的王冠的主意！”

布勒特：“我知道自己的这个行为十分胆大妄为，不过我只能以此来提醒陛下，请关心一下生活无着的老兵。”

查理二世纳闷地问：“你从来都不是我的部下，而是为克伦威尔卖命，怎么要我关心你？”

布勒特：“陛下，我从来都不曾对抗过您，我一直认为英国人之间兵刃相见是件很不幸的事情。如今天下太平，所有的人都是您的臣民，我自然也是您的部下。”

查理二世一听，感觉此人是个十足的无赖，但他还是耐住性子继续问道：“你自己说吧，我该怎么处理你？”

布勒特：“如果单从法律角度来论，我们是应该被处以死刑。但是，我们5个人每一位至少有两个亲属会感到痛苦。从陛下您的角度来说，我想多10个人赞美您比多10个人痛恨您要好得多。”

查理二世没想到他会如此回答，有些不由自主地点了点头，他又有些机械地问道：“你觉得你是勇士还是一个懦夫？”

对于这个问题，布勒特给出了一个绝妙的回答，不仅没有失掉自己的面子，又讨好了查理二世，使得查理二世不仅赦免了他的死刑，而且还赏赐给他一笔不小的年金。

你猜布勒特是如何回答查理二世的那个问题的？

395. 反应迅速的国王

11世纪时，英格兰国王威廉二世曾率军进攻英格兰东南的佩文西。正在指挥军队进攻时，威廉二世不小心被一块石头绊倒了，在众目睽睽之下狼狈地摔在了地上。国王的手下一看都吃了一惊，认为这是一个不祥之兆，瞬间对这次战争的结果产生了怀疑。

威廉二世当然也知道这件看起来不起眼的事情对士气的影响，于是，他果断地做了一件事情，恢复了士气。你猜，他是如何做的?

396. 聪明小孩贾嘉隐

唐朝初年，有个小孩叫贾嘉隐，从小便机智过人，即使是有学问的大人也往往辩驳不过他。一次，唐朝大臣长孙无忌和徐世勣看到贾嘉隐后，便上前考他。徐世勣将身体靠在一棵槐树上后问他道：“你知道我所依靠的是一棵什么树吗？”

没想到贾嘉隐却回答说：“松树。”

“这明明是槐树，你怎么说是松树呢？”

“您年纪这么大，我应该称您公公，‘公’的旁边是一棵树，不正是‘松’吗？”

这时，长孙无忌同样将身体靠在槐树上，问他道：“那我靠的是一棵什么树呢？”

贾嘉隐因为不喜欢长孙无忌，于是便说道：“槐树。”

“怎么又变了呢？”长孙无忌问道。

接下来贾嘉隐说了一句话令长孙无忌哭笑不得，你猜他是怎么说的?

397. 忘了台词

在拍摄电影或者是在舞台上表演的时候，为了预防演员忘记台词的情况，往往会有个人被专门安排在观众看不到的地方为演员提醒台词。一次，德国电影明星克洛普弗在电影拍摄时忘了台词，于是停下来往负责为他提醒台词的弗劳那里张望。但是，弗劳显然也不知道他的台词说到哪儿了，只是茫然地望着他。这时，无奈的克洛普弗为了不出现冷场的情况，便对和他同台演戏的人说：“弗劳近来怎么样，还好吗？”他希望通过这样的对话来给弗劳一点时间想起或从别人那里打听到他的台词说到哪里了。这位演员当然明白克洛普弗的意思，但是他也没有办法，只是默然无语地耸了耸肩膀。这时，弗劳仍然没有任何举动，感到绝望的克洛普弗便继续接着刚才的话往下说了一句话，并用这句话向弗劳表示自己正在等待她的帮助，同时，这句话听起来还让人忍俊不禁。你能猜出这句话是什么吗?

398. 尴尬时刻

一次，一个电视节目的主持人在节目里向观众介绍一种摔不破的玻璃杯。为了让大家相信，他当场拿起一个这样的杯子朝地上摔了下去。没想到的是，杯子当场被摔得粉碎，现场立刻显得十分尴尬。

如果是你，你该如何化解这一尴尬?

399. 老将军的幽默

20世纪80年代，民主德国的柏林空军招待宴席上，一个年轻的士兵在斟酒时，不小心将酒洒在了乌戴特将军的秃头上。现场顿时一片寂静，大家都紧张地看着乌戴特将军，看他如何发作。没想到这位老将军却并不介意，而是将手轻轻地放在了这个年轻士兵的肩膀上，然后微笑着说了一句话。现场的人一听，顿时哄堂大笑，人们不禁佩服老将军的宽容、机智和幽默。

你猜，老将军说了句什么话?

400. 李穆救主

南北朝时期，北方的北魏分裂成东魏和西魏两个政权。两个政权之间连年战争，都想击败对方，重新统一中国北方。一次，西魏丞相宇文泰与东魏大将侯景在河桥大战。在战斗中，宇文泰的马被流矢射中，狂奔乱跳，最后将宇文泰摔在了马下。此时，宇文泰左右的人也都跑散了，只剩下一个都督李穆，而东魏的士兵也都追到了这里，眼看就要擒拿住宇文泰。这时，李穆急中生智，用计骗过了东魏兵士，救下了宇文泰。

你猜，李穆是如何做的？

401.陶行知改诗

抗日战争时期，我国著名教育家陶行知到一所小学去参观，看到校长、老师们都跑了，孩子们却自行组织起来管理学校。他深受感动，专门写了一首孩子们能看懂的浅白易懂的诗来赞扬他们：

有个学校真奇怪，
大孩自动教小孩；
七十二行皆先生，
先生不在学生在。

陶行知写好后，将这首诗念给孩子们听，大家一听都很高兴。就在这时，一个八九岁的小孩却提出了批评意见："这首诗写得不好，因为不符合实际，大孩自动教小孩，小孩就没有做事吗？况且，如果真的只是大孩教小孩，也没有什么好奇怪的呀！"

陶行知一听先是一愣，仔细一想，觉得这小孩的话又有道理，便笑着说："对！这个小朋友说得很对，应该改正！"但是，陶行知的改动却也是相当的简单，只是改动了全诗中的一个字，便解决了小孩所说的问题，孩子们一看，也都十分高兴。

你知道陶行知改的是哪个字吗？

402.爱因斯坦的司机

爱因斯坦的"相对论"发表之后，在科学界引起了巨大的震动，世界各地的机构和大学纷纷邀请他前去演讲，爱因斯坦感到不胜疲惫。

这天，爱因斯坦又坐在了前去某个大学演讲的小汽车上。在路上，爱因斯坦的司机开玩笑地对爱因斯坦说："教授，我帮您算了一下，您的这个演讲已经整整进行了40次了，您肯定感到厌烦了吧！"爱因斯坦无奈地耸耸肩说："哎，就像是让你一连一个月顿顿吃意大利面的感觉！"司机笑着说："我可以想象，哈哈，不仅您讲得厌烦，老实说，就连我听得都有些厌烦了，我敢说，这个演讲我也能做了！”爱因斯坦一听，顿时想出了一个主意，他朝司机眨眨眼睛说：“那太好了，那么我有个好主意，这次前去的这个大学没有人认识我，你就替我给他们做次演讲怎么样？到时我自称是你的司机。”司机一听觉得有趣，就答应了。

司机因为十分熟悉爱因斯坦的演讲，因此将“相对论”讲得很好，坐在台下的爱因斯坦也感到十分满意，正在打着主意以后多让他替自己分担些演讲的无聊工作呢。没想到就在这时，有位教授突然站起来提出了一个问题。这个问题相当复杂，不是司机所能应付的。司机先是愣了一下，但随即他便想到了一个解围的好主意，避免了此次演戏的穿帮。

假如你是那个司机，你会如何应付？

403. 卓别林和强盗

卓别林在荧幕上是一个戏剧大师，这不仅给他带来了荣誉和财富，而且，他的戏剧天才还在生活中帮助他解决了实际的困难，下面这件事正是一个例子。

一天，卓别林骑着自行车带着一笔数目巨大的款子到某地去，但倒霉的他在半路上遇到了一个强盗。强盗手持手枪威胁卓别林交出所有的钱。就在此时，卓别林发挥了自己的戏剧天赋，巧妙地使得强盗上了他的当，最后，他不仅全身而退，而且钱财也没有损失。

你能猜出卓别林是如何做到的吗？

404. 吟鹤

乾隆皇帝每次下江南巡游时，都要带上一帮文人学士并接见当地的文人才子。巡游期间，乾隆经常要这些文人写诗对对联，以增添游兴。

一天黄昏，乾隆正带着一干人在船上游玩，这时从天际飞来一只鹤。乾隆一看，便要借此考验一下随从的才华，令他们各写一首《吟鹤》诗。这突然之举令随从多少有些着忙，纷纷赶紧低头凝思。不过这些人既然能够伴驾皇帝，自然是有一些水平的，仅仅片刻之后，江南诗人，也是当时的进士冯诚修便不慌不忙脱口而出：

眺望天空一鹤飞，

朱砂为颈雪为衣。

乾隆本来的目的是要难一难这些文人，没想到冯诚修才思如此敏捷，便不甘心，于是故意打岔道："朕要你们吟的乃是黑鹤，你的这首诗不对题，不算才子！"明明这是一只白鹤，乾隆却要人吟黑鹤，明显是故意刁难。

不过，冯诚修却并没有另起一首，而是仍旧不慌不忙地说出了下面的两句，一下子便将前两句咏诵的白鹤变成了黑鹤。

想象一下，他接下来的两句诗该如何写？

405. 工程师救小狗

有一个美国工程师因为年轻时爱情受挫，四十多岁时仍然是独身，只是养了一条小狗，以排解寂寞。工程师和小狗的关系非常好，两个朋友形影不离，宛如夫妻。一次，工程师带着小狗乘船到欧洲去旅行。一天天气晴朗，微风徐徐，人们纷纷到甲板上欣赏风景，工程师也带着自己的小狗在甲板上。小狗在甲板上跳来跳去，不小心掉进了海里。

工程师一看，大吃一惊，因为船行得很快，小狗眼看就要被甩在后面的海里淹死了。工程师于是请求正好也在甲板上的船长立即停船。但是船长却拒绝了工程师，他说道："请您理解，我不可能因为一只小狗而停船的。"

工程师于是焦急地不停请求船长，但船长态度坚决，不肯停船。工程师这时灵机一动，想到了一个主意，于是，他果断采取了一个举动，使得船长不得不立即停船，小狗因此得救了。

你猜，工程师采取了一个什么举动？

406. 工人智救画家

从前，在法国有位著名的画家，一次他受国王之托为皇宫宫殿的内墙壁作画。

由于皇宫的墙壁很高，国王为画家搭起了很高的脚手架。画家在脚手架上作画时，除了有几个工人在下面干些粗活外，还有一个工人在架子上帮画家打下手。

大概过了将近一年的时间，画家终于将画画好了。画家很高兴，于是十分满意地站在脚手架上看自己的画，他越看越投入，不自觉地便忘了自己的处境，一边看一边开始后退，以便远距离地看下画作的整体效果。眼看着他已经退到脚手架的边缘了，再后退半步便要掉下去了，从这样高的地方摔下去不死也得残废。这时帮画家打下手的工人看到画家的危险处境，他想大喊一声提醒画家，但转念一想，如果我大喊一声，突然醒悟过来的画家可能会被吓一跳，反而一下子失去重心，摔到下面去。接下来，这位工人急中生智，迅速地采取了一个举动，使得画家条件反射性地赶紧往前走，从而救下了画家。

试想，假如你是那位工人，面对这种情况，你会如何做?

407. 消防车警笛寻人

在美国田纳西州，有一个独居的老太婆在一天晚上不慎在家中摔倒，撞在了一个桌子的棱角上，爬不起来了。在绝望中，她勉强够着了放在桌子上的电话听筒，并按了报警号码“06”。

“喂，这里是纳什维尔市警察局，有什么可以帮您！”警察局当班的约翰警长拿起了听筒。

“喂，我摔倒了，疼得厉害，救救我！”从听筒里听到微弱的声音。

“喂，你在哪里，告诉我们你的位置！”约翰警长急促地催促对方。

“我在家中，只有我一个人住……”老太太忍着疼痛艰难地说。

“告诉我们你的住址，我们立刻就去！”

“我，我记不清了……”老太太显然已经有些昏迷。

“是在市区吗？”

“是的，靠马路，快来呀，我快要不行了……”

“哪个区，你能想起来吗？”约翰警长焦急地催问，但是对方已经没有回应，只从未挂断的电话里传来对方显然很痛苦的喘息声。约翰警长于是又对着听筒问了很久，对方都一直未有回应。

显然，情况十分危急，如果去晚了，很可能老太太就没命了。但是，不知道老太太的住址，再着急也没有用啊。约翰警长一边看着警察局院子里十几辆严阵以待的警车，一边思考办法。想着老太太所留下的信息——市区，马路边，突然，一个主意出现在约翰警长的脑子里。

通过这个主意，约翰警长很快找到了老太太的住址，并救下了老太太。

想象一下，约翰警长是如何找到老太太的住址的？

408. 陈平渡河

陈平，是秦汉时期的著名谋略家，在后来的楚汉之争为刘邦击败项羽夺得天下起到了很大的作用。陈平在年轻时候就表现得非常机智，在一次战役失败后，他独自带着宝剑逃亡。过黄河时，摆渡的船夫看他器宇不凡，又身带宝剑，猜他是个逃亡的将士，认为他身上一定带着不少金银财宝，于是便想在河中心杀掉他。见多识广的陈平也看出了船夫的企图，于是心里感到很紧张，其实他并没有带什么财宝，因此他便采取了一个措施，使得船夫放弃了这个杀他的念头。

如果你是陈平，你会如何做？

409. 聪明的农夫

从前，有个农夫带了一只公鸡来到王宫，把它献给国王。国王被农夫的举动逗乐了，于是对农夫说："可怜的农夫，从来没有人献给我这样微不足道的礼物。不过既然你来了，这样吧，我一家有6口人，我，王后，我的两个儿子和两个女儿，如果你能够将你的礼物公平地分给我们，我就接受你的礼物，并重重地赏赐你。"

农夫很从容地回答说："陛下，这个问题很好办，只要您给我一把刀，我就让你们一家6口都得到自己应得的那部分。"

国王于是让人拿给农夫一把刀。

农夫先是割下了公鸡的脑袋献给国王，说道："陛下是一国之首，所以这个鸡头非您莫属。"然后他又割下公鸡背上的肉，说道："这份我献给王后，因为王后背负着陛下一家的重负。"接着他又割下公鸡的两只脚，说道："这两只脚，我分别将其献给两个王子，因为他们将踏着陛下您的足迹治理国家，造福天下。"最后，他又割下公鸡的两个翅膀说："两个翅膀分别属于两位美丽的公主，因为她们早晚要出嫁，并随自己的丈夫远走高飞。而这剩下的部分，"农夫顿了一下说，"是属于我的，因为我是陛下您的客人。"

国王听了农夫机智的回答后，感到非常满意，便赏赐了农夫许多金币。这个聪明的农夫从此成了一个富翁。

农夫的事情很快在村子里传开了。在同一个村子里有一个十分贪婪的人，他听说农夫仅仅献给国王了一只公鸡便得到了许多赏赐，于是便带着5只公鸡来到了王宫，战战兢兢地对国王说："陛下，我想要献给您5只公鸡。"国王一看这个人的神色，便知道了这是个东施效颦者，心里不免有些厌恶，但也不想为难他，于是对他说："好吧，我很乐意接受你的礼物，但我一家有6口人，如果你能公平合理地把你的鸡分给我们，我就重重赏赐你。"

这个人一听，心里便没有了主意，他后悔自己不该带5只鸡来，而应该带6只鸡。国王看这个人没有注意，便派人将上次的农夫请来，让他再次分鸡。

农夫这时略加思索，便解决了难题。国王这次仍旧十分满意，又赏赐给农夫许多金币。而那个贪财的人，则只是白白损失了5只鸡，却没有得到任何赏赐。

你能猜出农夫这次是如何分鸡的吗？

410. 丘吉尔的雅量

在丘吉尔还未当上英国首相的时候，一次，他去参加一个重要的会议。会议上因为双方存在激烈的争执，到后来，一位女士竟然对丘吉尔毫不留情地破口大骂道："如果我是你太太，我一定会在你的咖啡里下毒。"在场的人都被这句话惊呆了，会场一下子静了下来，气氛十分紧张，所有人都目瞪口呆地盯着丘吉尔，看他如何收场。

没想到，丘吉尔只是微笑着说了一句话，顿时大家哄堂大笑，他们不禁佩服丘吉尔的机智和宽容，那位女士也因为感动和羞涩而脸红了。

你猜丘吉尔是如何回应的？

411. 卓别林的主意

1938年，针对希特勒在德国的独裁统治，喜剧大师卓别林以此为题材写出了喜剧电影剧本《独裁者》，对希特勒进行了辛辣的讽刺。但是，就在电影将要开机拍摄之际，美国派拉蒙电影公司的人却声称："理查德·哈定·戴维斯曾写过一本名字叫做'独裁者'的闹剧，所以他们对这个名字拥有版权。"卓别林派人跟他们多次交涉无果，最后只好亲自登门去和他们商谈。最后，派拉蒙公司声称：他们可以以2.5万美元的价格将《独裁者》这个名字转让给卓别林，否则就要诉诸法律。面对对方的狮子大开口，卓别林无法接受，正在无计可施之际，他灵机一动，想到了一个绝妙的主意，省下了这2.5万美元。

你猜卓别林的主意是什么？

412. 丁斐危急关头救曹操

三国时期，西凉军阀马超、韩遂一同攻下长安，并进攻潼关。曹操知道后十分着急，先是派遣曹洪、徐晃急忙赶去潼关固守，令其坚持10日，自己则亲率大军随后赶到。不料，曹洪性格暴躁，中了马超的诱敌出城之计，9天便丢失了潼关。曹操后续部队到达潼关后，与马超的首次交锋中，也以失败收场。并且，曹操本人在这场战斗中也差点被马超活捉，被迫“割须弃袍”，又在危机时刻得曹洪相救，才得以狼狈脱身。

曹操逃回营中后，传令坚守营垒，不许出战。同时，曹操与谋士们谋划击败马超、韩遂的计划。最终，曹操决定，派徐晃引精兵4000径袭潼关后路河西，他自己则督军渡过渭水。然后，两路夹击，一举消灭马、韩诸部。马超得知曹操的意图后，主张抢占渭河北岸，不让曹兵渡河。韩遂则提出《孙子兵法》中所说的“兵半渡可击”战术，主张陈兵南岸，在曹军船至河中心时，趁机攻击。最终，马超采纳了韩遂的建议。当曹军部分精兵渡至北岸，曹操则带着百余名护卫军将坐于南岸，观看大军渡河时，马超率军突然杀至，冲到离曹操仅有几十米远的地方。就在这个危急关头，曹操的护卫军骁将许褚，扶起曹操急奔河边。他挟起曹操一跃就跳上离岸边一丈多远的船上，撑船向河心划去，曹操趴在许褚的脚下，狼狈至极。马超带人赶到河边后，见曹操的船已到河心，便命令士兵即刻弯弓搭箭，沿河向曹船猛射。刹那间，箭矢如雨，曹船上的护卫和士卒立刻倒了一片，落入水中。情急之中的许褚只能左手举起马鞍遮抵挡箭矢，护卫曹操；同时，他用两条腿夹住船舵，以右手使篙撑船。在这样的情况下，两人随时可能被冷箭射中，情况十分危急。

这时，当时的渭南县令丁斐正在南山之上，他看到了曹操的危机情况。但是，他只是个文官，没有能力冲上前去救曹操，况且那样做在时间上也有些来不及。这时，他看到寨门关着，里面有许多牛马，灵机一动，想到了一个主意。正是凭借这个主意，他成功地救下了曹操。事后，曹操询问救下自己的人，知道是丁斐后，立刻提拔他做了典军校尉。

猜想一下，丁斐想出了个什么主意，救下了曹操？

413. 英国间谍绝路逢生

二战期间，瑞士因为是中立国，其首都苏黎世成了躲避战争的各国人士聚集的地方，同时，各国间谍也纷纷出没于此，调查各种情报。杰克是一名活跃在苏黎世的英国间谍，其与两名德国间谍都知道彼此的存在，并多次过招。很不幸，在一天深夜，杰克为了保护一名法国知名的反法西斯人士免遭德国间谍的暗杀，自己被德国间谍活捉了。

杰克被两名德国间谍带到了一个酒店里，两个德国间谍先是将杰克狠狠地揍了一顿，直到将其打昏，看从他嘴里问不出什么之后，便将杰克剥光衣服关在了一个浴间里，并将门从外面反锁了。这两个德国间谍可能也累了，将杰克关起来之后，便各自回房间睡觉了。半夜时杰克从昏迷中苏醒了过来，在感到浑身酸痛的情况下，他干脆到浴缸中洗了个澡。躺在舒适的浴缸中的杰克知道，自己如果不能在今晚逃脱，明天等待自己的就是无尽的折磨；而事实上，杰克最害怕的还不在于此，他最害怕的是自己到时会忍受不住折磨而供出了组织，他害怕自己成为那样的懦夫。于是，他开始查看浴室里的环境。他发现，浴室的门很结实，并且已经从外面牢牢地锁死，从里面不可能打开。再看浴室里面，四面的墙壁大约有三米高，并且没有窗户，只在天花板上有一个换气窗。杰克看了一下，换气窗看上去似乎是可以想办法弄掉，并从中逃脱的。但是，由于墙壁十分光滑，杰克试了许多次，都无法上去。

绝望之下的杰克觉得自己今天大概是过不了这关了，想到明天自己将要面对的遭遇，他想到一死了之。其实，自从干这一职业的第一天，杰克就知道，这一天早晚得到来。想到此，杰克的心反倒逐渐平静下来。不过，如何才能自杀呢？在浴室里，没有任何工具可以使用。他开始用头去撞墙，可是，他发现墙是硬橡胶做的，就连浴缸都是橡胶做的。撞在上面只会使脑袋生疼，却不至于丧命。接下来，杰克又想到上吊自杀。他现在身上一丝不挂，根本没有东西可用来上吊。显然，这两个德国间谍之所以敢于放心地去睡觉，是因为他们事先已经将各种情况考虑在内了。无奈之下的杰克忽然想到一种超常规的自杀方法，那就是躲在浴缸里，扭开自来水，让水慢慢地没过他的身子，淹死自己。但是，直到半小时后，水早已漫出浴缸，杰克并没有死去。原来每当他在水里憋得受不了时，其身体便会出于生存本能，浮上来吸口气。然后他又躺下去，试图再次尝试着淹死自己。如此反复。

就在杰克想死死不了的时候，他突然发现，浴室里的水越来越多了。杰克仔细一看，才发现原来浴室的门因为是橡胶做的，一旦关上，便会严丝合缝，水丝毫也流不到外面去。

杰克本身水性很好，他看到浴室里越来越多的水，顿时眼睛一亮，想到了一个逃脱的办法。正是凭借这个办法，杰克成功地逃走了。

你能猜出杰克逃走的办法吗？

414. 经理的考题

一家酒店的老领班因故辞职了，经理想要在三个比较有头脑的服务员中挑选出一个作为新的领班。经理为了考验三个人，将三人叫到一起，问了他们同一个题目："假如有一天，你们打开一个房间门后，不小心看到一个女客正在浴室里洗澡，你该怎么做？"

第一个侍者想也不想地回道："我会说，对不起，小姐，我不是故意的。"经理听后摇了摇头。

第二个侍者想了一下，回答道："小姐，您放心，我什么也没有看见。"经理还是摇了摇头。

第三个侍者不慌不忙地说出了自己的答案。经理一听，满意地笑了，然后提拔这个侍者为新的领班。

你猜，第三个侍者是如何回答的？

415. 计算器上的算式

二战时期，汤姆森作为一名英国间谍在德国刺探情报。最近一段时期，他的任务是保护一名德国科学家爱德华教授从德国逃往英国。这天，汤姆森和爱德华教授约好，在晚上8点前去他的公寓看望他，并商定出逃的具体事宜。

8点钟，汤姆森准时到达了爱德华教授的公寓。但是，他发现教授的门却是虚掩着，屋里也没有一个人。汤姆森心里感到有些不妙，但是，他心里并没有底，因为据他推测，纳粹的动作并不会这么快。他猜想，也许爱德华教授只是因为遇到了什么事情，临时出去了。于是，他在屋子里边溜达边想，或许教授待会儿就回来了。这时，他突然看到桌子上放了一个计算器，上面显示着一道算式：101×5。看到这个算式之后，汤姆森当即抛弃了刚才的侥幸心理，意识到爱德华教授已经出事了，自己必须立即采取行动，设法营救。

你知道汤姆森是如何得出爱德华教授已经出事了的判断的吗？

416. 巧妙报案

一天晚上，探员杰克习惯性地来到金星大酒店巡视，他来到酒吧间，看到一群可疑的年轻人在那里喝酒。杰克仔细打量了他们一番，发现他们正是美国刑警一直在通缉的走私分子。因为当时杰克穿着便装，所以并没有引起他们的疑心。

杰克想："如果凭我一人的力量，肯定制服不了这伙人，可是离开这里去通知其他警员，万一他们离开，这条线索又要断了。"这时，杰克看到酒吧间有一部电话，于是，他就上前拨了警局的号码，然后故意地大声说：

"亲爱的小宝贝，你还在生我的气吗？我是杰克，昨天晚上因为突然有笔生意要谈，所以没来得及陪你去看电影。不过，马上就可以搞定了，我现在正在金星大酒店里等客户，他已经答应今天晚上和我签合约了。亲爱的，不要生气了，你忘了我们共同规划出来的生活规划和目标了吗？我们分开只是暂时的，我们会永远在一起的，请你原谅我昨晚的失约，待会儿我会尽快赶到你身边，当面向您赔罪。再见。”

那伙走私分子听到杰克说的这些话，一个个大笑不止，他们嘲笑杰克是一个软弱的男人。可是在五分钟之后，一群全副武装的警察突然出现在他们面前，将他们全部带走了。

你能够想明白杰克是怎样通过电话报案的吗？

417. 急中生智

美国著名的大亨之一鲍洛奇在成名之前是一位食品生产商，以制造罐装食品而出名。

有一次，他应邀去参加一个非常重要的食品鉴定会，会上，他需要打开一罐自己工厂生产出来的食品给所有到会的专家品尝鉴定。

然而就在他刚刚掀开罐口的时候，一个很不好的现象发生了：他看到食品里面的一个青菜叶上明显地蜷缩着一个小蚂蚱，那肯定是工人在制作的过程中粗心造成的。

假如专家们看到这样一个看似微不足道的现象，那么很有可能他的产品从此以后会声名狼藉。要如何做才好呢？这个时候的专家还没发现这个小问题。是该和专家们解释那是工人们的粗心，还是把小蚂蚱看作是一个调料物？或者是把它解释为故意放上去的？要不找个借口再换一瓶新的？……鲍洛奇脑子中不断地在想如何处理这个突发情况。

鲍洛奇最后采用的办法很有效地解决了问题，并且让自己的产品给在场的所有专家留下了一个好的形象，从此他的产品也更加受到消费者的欢迎。

那么你知道最后他采取的应急措施到底是什么吗？

418. 忍无可忍也得忍

美国总统克林顿执政的时候，鲍威尔还不是国务卿。有一次，克林顿在对是否要对叙利亚动武的问题上进行咨询，一时没有很好的答案，克林顿情绪上有些激动。在场的政府官员看到总统心情不好，个个显得都非常紧张。

克林顿挑战性地问了在场的官员这么一个问题："我们作为世界上唯一的超级大国，或者可以想成是一个男人，那么，在什么样的情况下才应该一忍再忍呢？"

这样的一个关系重大的问题，大家一时都不知道该如何回答，整个会议室一片寂静。这个时候，鲍威尔站了起来，他的回答让克林顿和在场的官员都哄堂大笑，克林顿的情绪一下子也好了很多，接下来，大家在一个比较融洽的气氛中认真地讨论了克林顿提出的问题，最后问题得到了圆满的解决，美国放弃了对叙利亚动武。

你知道，鲍威尔是如何回答的吗？

419. 阿尔德林的回答

第一次登上月球的太空人一共有两位，大家最为熟悉的是阿姆斯特朗，除了他之外，还有另外一个人，他的名字叫阿尔德林。

阿姆斯特朗在登上月球之后说的那句家喻户晓的话"我个人的一小步，是全人类的一大步"，这让全世界所有的人都记住了他的名字。

登月成功之后，大家为他们举行了隆重的庆祝仪式，现场的记者招待会上吸引了无数的记者，大家都在庆祝这个伟大的胜利。忽然有一个记者问了阿尔德林一个很特别的问题："请问，由阿姆斯特朗先走下月球，成为登陆月球的第一个人，你会不会觉得有点遗憾呢？"

全场的气氛顿时变得异常尴尬，大家都在想要如何回答这个问题比较好，阿尔德林此时却风度翩翩地回答了一句话，在场的人都报以了这个回答最热烈的掌声。

那么，你知道阿尔德林到底是怎么回答记者的吗？

420. 聪明的诸葛恪

三国时期，诸葛家族人才辈出：诸葛亮当时在蜀汉，他的哥哥诸葛瑾在东吴，堂弟诸葛诞在曹魏，他们每一个人都是位高权重，颇负盛名。当时流传着这么一句话："蜀得一龙，吴得一虎，魏得一狗。"

诸葛恪是当时在东吴的诸葛瑾的儿子，自幼就聪明绝顶，处事机灵，不管在什么场合他都能够随机应变。

一次，孙权请客大宴群臣，很多比较出名的大臣们都应邀参加了此次宴会。因为诸葛瑾长着一张长脸，孙权一时之间兴趣大增，就打算和他开个玩笑。

孙权让下人牵来了一头驴，然后他在上面写了"诸葛瑾"三个大字，很明显他是想讥笑诸葛瑾的长相像驴，诸葛瑾看到后非常生气，但是一时间想不出什么好办法进行回击。

诸葛恪当时年龄很小，在旁陪同的他看到孙权故意取笑自己的父亲非常生气，于是，他在那三个字的下面很快加上了两个字。孙权看后，大笑一声，他欣赏诸葛恪小小年纪就如此聪明，后来就重用了诸葛恪。

那么。你知道诸葛恪在上面加上了哪两个字吗？

421. 机智的女演员

在我们的日常生活中，难免会出现尴尬的场面，即便是再小心再谨慎的人，他也有出丑的时候。即使是世界名人，也可能一时大意，在自己最辉煌的时刻遇到令自己尴尬的事情。

我们都知道，世界上最隆重的电影颁奖典礼是美国的奥斯卡金像奖，那也是全球最盛大的奖项，每年都要在美国的洛杉矶举办一次盛大的颁奖晚会。那时候，典礼会场云集了来自世界上各个国家最著名的电影明星，他们都想登上那个舞台，站在世界的顶端。当然，每个登上舞台的人也都是激动万分的，谁都想让自己在全世界人民的注目下大大方方地走向领奖台，那是多么荣耀的事呀！

有一次，在奥斯卡金像奖颁奖晚会上，当主持人宣布获奖的女演员名字时，台下爆发了雷鸣般的掌声，这时，就看到一位漂亮的女演员面带微笑地向颁奖台走来。就在这时候，意外发生了，在走向领奖台上时，女演员不小心被自己长长的礼服绊住了，结果就是，她重重地摔在了舞台上。当时，全场变得鸦雀无声，这个晚会可是全球直播的，现在世界上不知道有多少观众在观看呢，女演员的尴尬也就可想而知了！

就在大家都为女演员担心的时候，女演员却轻松地站了起来，并且像什么都没发生过一样，还是面带微笑地走到舞台中间去领奖，并发表了获奖感言。

女演员利用这个机会说了一句话，非常成功地化解了刚才摔倒的尴尬。当她说完这句话时，台下观众顿时会心地笑了出来，为女演员的机智和幽默所折服，会场里顿时又一次爆发了雷鸣般的掌声。从此以后，这个女演员的名气也越来越大。

你猜这个聪明机智的女演员说了什么话，化解了自己的尴尬？

422. 张作霖妙解错字

我们都知道，民国时期的东北军阀张作霖没有读过多少书，没有多少学问。但是，在胆识和谋略方面，这个人却并不缺少，尤其是在对付日本人上，他更是有办法。这一点，常常令中国人拍手叫好，而日本人对他却恨之入骨。也正是因为他对待日本人的这种态度，才导致了他后来被日本人杀害。

有一次，日本人举行一个酒会，并邀请了张作霖去做客。日本人本想要让张作霖当众出丑，于是就出题为难他。他们说，一个日本名流想请张作霖题字，因为他们知道张作霖出身草莽，识字不多。一向有魄力有胆量的张作霖听到这样的要求后并没有推托，而是很潇洒地拿起笔来，在纸上写了一个“虎”字。按照当时的写字规矩，最后是要有落款的。于是，张作霖写完后，日本人就把写好的字接了过去。日本人看题的“虎”字，虽然不怎么好看，但也工整，不好说什么。可是，就在落款处他们却找到了毛病，原来是出现了一个错别字，张作霖把“张作霖手墨”写成“张作霖手黑”了。日本人看到这个“黑”字就乐开了花，以为终于抓到了可以嘲笑张作霖的把柄。

此时，张作霖并不知道发生了什么事情，只是看到那些日本人在不停地哈哈大笑。后来身边的一位侍从告诉了他这件事。知道这件事情之后，巧于应对的张作霖并没有生气，只是说了一番话，就令在场的日本人目瞪口呆，不敢再发出笑声。而这一句话，令在场的中国人则拍手叫好。也正因为这件事，张作霖的名声更大了。

你想知道张作霖说了什么话吗？

423. 王世则殿试

王世则是宋朝有名的才子，只可惜他是个跛子。这一年，他考取了一甲进士，很有希望考取状元。可是，由于他是个跛子，皇帝并不想把状元的位置给他。于是，皇帝就让江南才子谢文魁和他一起进行殿试，最后赢的人就是状元，自然，皇帝心里是偏向谢文魁的。但是，聪明的王世则通过自己的智慧使得皇帝不得不将状元的称号给了他。下面是这场精彩殿试的过程。

第一道题是这样的，要求两人跑步到达金銮殿击鼓，最先击到鼓的人就是赢家，这显然是为难瘸腿的王世则。号令一响，谢文魁就飞奔向金銮殿，但是还没等他击到鼓，鼓就被王世则掷出去的笔敲响了。这一局是王世则胜。

接着是第二道题：在他们二位面前，摆一堆乱草，谁先把乱草整理好，谁就胜出。谢文魁费了半天劲也没整理好。王世则拿起刀，将草的两头砍掉。旁人都觉得很奇怪，果然砍后的草比整理的整齐多了。这一局也是王世则胜出。

然后是第三道题是：让他们二人把偏殿旁的两桶水提到正殿来。王世则提了一桶就停下了不提了，而谢文魁却还在提第二桶。皇帝斥责道：“你怎么不去提第二桶啊？”王世则对皇帝说了一句话。听了这话，皇帝只好又判了王世则胜。

你猜王世则是怎么说的？

424. 聪明的死囚

一个人在临行前，要求见皇帝。皇帝看了看他的案子，觉得判得合情合理，就下令马上执行死刑。

这个时候，这个犯人开口了："皇上，请您不要杀我，我有一项特殊的本领。"一听这话，皇帝很好奇，问道："此话当真？你有什么特殊的本领？"犯人答道："我能把您的马教得会飞。"在场的文武大臣一听，都目瞪口呆，觉得犯人在说谎。但是，接下来，犯人信誓旦旦地向皇帝保证："在一年之内，我一定会让您的马会飞，如果做不到，到时您再处死我不迟。"听了犯人的话，皇帝就决定让他用一年的时间训练自己的马。为了起到更好的效果，皇帝还为犯人配了一名死囚，协助他一起驯马。

离开皇宫后，助手问犯人是不是真能把马驯得会飞。犯人的回答让助手不得不佩服他的聪明。

你觉得马真的能飞吗？如果不能飞，那么犯人为何又要许下承诺呢？

425. 史都华机智自保

史都华是英国某镇有名的探长。他沉着冷静，机智多谋。不但成功破获了不少案件，保护了受害人的权益，而且曾在一次对自己刺杀事件中巧妙地保护了自己。

一个星期天的晚上，史都华正在事务所办公室里边喝威士忌边翻着资料，突然，一名蒙面刺客闯了进来。"史都华先生，你不需要再忙了，因为你将从这个世界上滚蛋了！"说着刺客将黑洞洞的枪口对准了史都华。史都华不愧是个著名探长，只见他面不改色，端着酒杯，回头注视着刺客，神情镇定自若地问道："哥们儿，何必说得那么难听，能否告诉我，谁派你来的？"

“一个你正在追踪的人。”刺客冷漠地回答。

“那么，说说看，他出多少佣金呢？我出三倍的价钱，如何？”史都华笑着说。

刺客一听，迟疑了一下，看起来有点动心。史都华看他不说话，就倒了一杯威士忌，慢慢地递到刺客面前，又故意用激将法说道：“怎么样，不喝一杯？是不是怕喝下去以后手就拿不稳枪了？”

那刺客显然也受到了刺激，于是右手仍然举着枪对准史都华，左手则慢慢伸过来接过史都华递过来的酒杯，一扬脖子喝了下去，然后随手把酒杯放在了身边的桌子上，接着就急切地问道：“你真愿意出三倍的价钱吗？”

史都华微笑了一下，转脸看着办公桌旁边墙角的那保险柜，然后回答刺客说：“呵呵，不就是钱吗，墙角那个保险柜里有的是！”

为了使对手放心，只见史都华一手端着酒杯，另一只手去开保险柜。史都华打开保险柜以后，慢慢从里面取出一个鼓鼓囊囊的信封，放在了保险柜旁边的桌子上。

看刺客的注意力被信封所吸引，并伸手准备拿起信封，史都华抓住这个机会，迅速把刺客用过的酒杯和保险柜的钥匙都放进了保险柜，然后麻利地关上了保险柜的柜门，并随手把数字键盘拨乱了，整个过程大概只有两秒钟的时间。这样，保险柜就暂时打不开了。

看到这种情况，刺客立刻警觉地又将枪口重新对准史都华，问道：“啊！你想干什么？”

史都华依旧微笑着说：“其实，那个信封里不过是些完全没有用的旧收据罢了。”

“你说什么？”刺客还没有反应过来，有些疑惑地问。

“好吧，老实说吧，我没有钱，现在你可以开枪了。不过，我要提醒你的是，如果你杀了我，即使你今晚逃脱了，也迟早是要被捕的，因为你已经留下了决定性的证据。”

“什么？我留下了什么证据？”刺客问道。突然，他好像又想起了什么，拍了一下自己的脑袋后，懊恼地摇了摇头，举枪的手也耷拉下去，然后他把枪收起来，迅速离开了。

史都华则微笑着目送刺客离去。

史都华的机智表现在什么地方？是什么原因使得刺客悻悻而去呢？

426. 将军与二等兵

一天晚上，一个叫罗伯特的二等兵偷偷走出了营帐，跑到一个小酒馆，在那里舒舒服服地喝了点小酒，然后又悄悄地溜了回来。

在他回到了营地，快要走进自己的帐篷的时候，由于一时匆忙，他在迷迷糊糊的状态下把一个人撞倒了。倒下去的那个人从地上爬了起来，掸了掸裤子上的泥土，然后一言不发地看着罗伯特。

罗伯特定下神来一看，发现这个人的衣襟上有五颗星。他顿时吓得脸色惨白，因为他知道，他撞倒的这位不是别人，正是他们的最高首长艾森豪威尔将军！

这位五颗星的将军愤怒地对二等兵说："你知道我是谁吗？"

"我知道，您是艾森豪威尔将军"，罗伯特战战兢兢地回答。

"那你知道我将会怎么处置你吗？不是因为你撞倒了我，而是因为你违反军纪，竟敢私自出去喝酒，瞧你满身的酒气，太不像话了！"

这时候，这位二等兵灵机一动，轻声地反问了将军一句："那么，您知道我是谁吗？"

艾森豪威尔将军听到一个小兵竟然这样对自己说话，气呼呼地说："像你这种无名小卒，谁会认识你呢！"

听完这话，你猜一下这位二等兵接下来会怎么做？

第九章

博弈思维名题

427. 不低头的丁肇中

20世纪70年代，物理界的学者已经知道所有的基本粒子是由3种夸克组成的。3种夸克能够解决所有的现象，因此当时物理学界的权威人物都认为只有3种夸克。但是，有人提出了疑问，“为什么只有3种夸克？有没有可能存在第4种夸克？”当他向费米国家实验室和西欧核子中心申请建造高灵敏度探测器的时候被拒绝了，因为他这种设想是对权威的挑战，不可能存在第4种夸克。

这位科学家会就此放弃吗？

428. 一屁过江来

当年苏东坡反对王安石变法，被贬到瓜州出任闲职。那时他经常和长江对面金山寺的佛印禅师参禅论道。有一天，苏东坡忽然灵光闪现，做诗一首：

稽首天中天，
毫光照大千。
八风吹不动，
端坐紫金莲。

所谓的八风，是指“称、讥、毁、誉、利、衰、苦、乐”等八种境遇，人在遭受这些境遇的时候，往往不能平心静气，稳守心道。东坡居士觉得自己这首诗写得很不错，于是满心欢喜地派人送到佛印那里，希望得到他的称赞。佛印看到诗后，只批了两个字“放屁”就叫人将诗送了回去。苏大学士一看这两个字的评语，立刻无明火起，怒气冲冲地渡江到金山寺，要当面和佛印理论。只见佛印已经在寺门口等着他呢，见苏东坡来了，笑呵呵地说了一句话。你知道是什么吗？

429. 买房子送家具

一家房产商打出广告：“买房子送家具。”有人觉得很合算，欢天喜地买了他的房子，然后向房产商索要家具。没想到对方却说……你知道他那句话是怎样说的吗？

430. 失窃大案

一家非常著名的博物馆在一个晚上被盗了，有几件非常珍贵的宝贝都不翼而飞。

警察接到报案后火速赶往现场，经过对现场的检查最后得出结论：这是一起群体盗窃案件。博物馆保安系统非常完善，要完成躲避安保系统、开保险锁、望风、接应等一系列的工作，至少要四五个人才行。

政府对此特别重视，一再督促警察局破案。但是，警察一连查了好几天都没有线索，感到十分头疼。

这个时候博物馆馆长想到了一个破案的主意。他在当地电视台就此案做了一个访谈。他在访谈中说道：博物馆丢失的全部是国宝级的精品，特别是那个玛瑙手镯，举世无双，价值连城。最后，他还严肃地警告电视观众，不要收藏那个手镯，因为它十分与众不同，别人一眼就会认出来，一旦收藏，迟早会被发现，到时要坐牢的。而事实上，这个手镯并不存在。

没想到过了两星期，盗窃案子果然破了，你知道这是为什么吗？

431. 一条线的价值

美国福特汽车公司的一台大型发电机发生了故障，不能正常运转。公司的工程师们花了3个多月的时间来寻找问题的原因，还是没有找到。最后，他们求助于德国著名电机专家斯坦因门茨。斯坦因门茨经过一番观察和测算之后，用粉笔在电机外壳某处划了一道线，说："请打开电机，把做记号处的线圈减少16匝。"工程师们按照他说的做了，电机果然恢复了正常运行。

福特公司问斯坦因门茨要多少报酬，他要1万美元。有人说他勒索："难道画一条线就值1万美元？"

斯坦因门茨会怎样回答呢？

432. 华盛顿找马

华盛顿的一匹马被人偷走了，于是华盛顿就找到警察，请求警察和他一起到偷马人那里去索讨。

"你凭什么说，这匹马是你的呢？亲爱的华盛顿先生，这可是我一手养大的马呀。"狡猾的偷马人开始抵赖。

"什么，这是你一手养大的马吗？"华盛顿冷笑着说："昨天晚上它还待在我的马圈里，今天就变成你一手养大的了，亲爱的小偷先生，你养这匹马恐怕没有超过十二小时吧！"

偷马人生气了，他叫起来："我可不能允许有人在我的家里，这样肆意地诽谤我的名誉，请你赶紧离开我的家，否则我就不客气了！"说着，偷马人挽了挽衣袖，一副随时准备动手打架的样子。

警察看情况不妙，对华盛顿说："这到底是不是你的马？如果没有足够证据的话，我们还是先回去吧。"

华盛顿冲警察点点头，示意他再稍等一会儿。

华盛顿想出办法了吗？

433. 蔺相如完璧归赵

一次，赵惠文王得到了价值连城的和氏璧，这件事被秦国国君昭襄王知道了。于是，秦王就派使者来见赵王，说愿意用15座城池来换取和氏璧。

赵王立即召集手下的文武大臣商量这件事，大家都觉得秦王是要骗取和氏璧，但是如果不答应，又怕秦王借机攻打赵国，大家讨论来讨论去，还是没有一个好的办法。

这时候，有一个大臣推荐蔺相如，说他很有见识，做事一向机警，是个能随机应变的人。赵王就招来蔺相如，要他出个主意。

蔺相如说："秦国强，赵国弱，不能不答应。"

赵王就问："如果秦王抵赖，骗取了和氏璧，不割让城池怎么办？"

蔺相如说："秦国拿15座城池换一块璧玉，这个价格已经够高的了，如果赵国不同意，那就是赵国的不对。如果秦国收下了璧玉，不肯交城，那么错在秦国，我们宁愿答应秦国的条件，让秦国担这个错儿。"

赵王听了连连点头，说道："先生说得有理，不知先生能作为使者到秦国去吗？"

蔺相如点头说："臣可以走一趟，如果秦国同意交城，我就把璧玉留下，如果秦国翻脸不认账，我就把璧玉完整地带回来。"

于是，赵王就派蔺相如出使秦国。

蔺相如来到秦国都城咸阳，在离宫章台献上了和氏璧，秦王看了和氏璧，非常高兴，他还把和氏璧传给身边的美人和大臣们看，过了老半天，也不谈割让城池的事。蔺相如明白了：秦王根本无意割让城池，就走上前说……

蔺相如说什么了？他是如何做到完璧归赵的呢？

434. 摸钟辨盗

古时候，县城里的一个大户人家，家里失窃了，损失了很多金银财宝。这户人家就告到县衙门，请求县官："青天大老爷，你一定要抓住那些可恶的盗贼啊，草民在这里给您磕头了。"于是县官赶紧派捕头去侦查，没过多长时间，捕头就抓住了几个嫌疑人。

县官升堂审这些嫌疑人："大胆贼人，竟敢在本县眼皮底下干偷盗的事情，实在是无法无天，如果不想受皮肉之苦，就赶紧招了。"

那几个犯罪嫌疑人都不肯招，大声喊冤："小人冤枉呀！从来没干过偷盗的事情。"

结果，县官审了很长时间，也没有找出小偷。渐渐的这个案子就成了积案。

后来，县里来了一个非常聪明的新县官名字叫陈述古。他听说了这个案子，就下定决心破了这个案子。但是，这么多嫌疑人怎么审呢？况且已经过去了这么长时间了，他们一定更不肯招了。怎么办呢？陈述古正在苦苦思索的时候，远处的寺庙里传来一阵钟声，"铛……铛……"声音非常悠远。忽然，陈述古想到一个办法，"就这么办！"陈述古兴奋地叫起来。

第二天，陈述古派人把寺庙里的钟运了回来，他对手下的人说："可别小看了这口钟，它能辨别善恶，只要小偷一摸钟，它就会发出响声。"陈述古小心把钟供奉起来，每天都给它烧香，供奉瓜果。县城里的百姓听到了这件事，都将信将疑，都想看这口大钟怎么显灵。

大钟真的有那么灵吗？

435. 晏子使楚

齐王派晏子出使楚国。楚国的国王想找机会捉弄一下晏子，显显楚国的威风。

晏子来到楚国都城的城门前，看到城门的正门没有开，只是在正门旁边开了一个小洞。原来，晏子身材矮小，楚王故意叫人开了一个小洞来讥笑他。晏子不慌不忙地来到小洞旁说："这是狗洞，不是城门，只有出使狗国的时候，才从狗洞进。楚国如果自认为是狗国的话，那我就从狗洞进去好了。"楚王听了，无言以对，只好打开了正门，迎接晏子进城。

晏子到宫廷上来见楚王，楚王轻蔑地打量着他，问道："怎么，难道齐国没人了吗？"

晏子知道楚王是在嘲笑他，就不动声色地回答他："大王您这是什么话！光我们齐国首都临淄就有七千多户人家，大街上的行人挤得肩膀挨着肩膀，脚尖碰着脚跟，如果大家一起展开衣袖就能遮天蔽日，如果大家一起挥洒汗水，就像下雨一样。大王，您怎么能说齐国没人呢！"

楚王听了，嬉笑着对晏子说："既然齐国有那么多人，怎么派了你这样的人来当使者呢？"

晏子说："大王，您不知道，我们齐国有个规矩，就是把使者分为三六九等，如果出访上等礼仪之邦的话，就派最优秀的人去，如果出访下等无赖国家的话就派最没出息的人去。我是使者里面最没用的一个，所以这次出访楚国，就派我来了。"

楚王听了脸红起来，心想：照他这么说，楚国倒成了最差的国家啦。这个晏子实在太厉害了，以后和他说话，还是得小心一点。

一天，楚王请晏子喝酒，正喝到高兴处，有两个士兵押着一个犯人从酒桌前经过。楚王就问身边的仆人："这个人，犯的是什么罪？"仆人回答说："盗窃罪"。楚王又问："他是哪里人？"仆人回答："是齐国人。"

楚王听了，得意地问晏子："难道齐国人都是小偷吗？"

晏子该如何回答这么难为人的问题呢？

436.郑板桥智惩盐商

郑板桥是清朝著名的画家和书法家，他曾经在潍县做过县令。

潍县地处渤海边，盛产海盐，当地很多人都做盐的生意。当时官府规定，卖盐的生意只能让大盐商来做，老百姓贩卖私盐是犯法的。但是一些百姓生活非常穷苦，不得不靠贩卖私盐来养家糊口。这些私盐贩子们盐卖得很便宜，每次只能挣到很少的钱。但是，大盐商们为了自己的利益，还是经常欺压私盐贩子。郑板桥很看不惯大盐商仗势欺人的丑恶嘴脸，他非常同情私盐贩子们的遭遇。

一天，大盐商王冉干扭着一个私盐贩子来找郑板桥。他对郑板桥说："郑大人，我抓到了一个私盐贩子，他不顾国家的规定，贩卖私盐，请大人从严办理吧。"郑板桥看到这个私盐贩子，面黄肌瘦，身上的衣服也破破烂烂的，跪在地上一言不发，一看就是一个穷困的老实人。再看王冉干，衣着华丽，满脸横肉，是潍县最大的盐商。他经常囤积食盐，提高盐价，是个人人讨厌的大坏蛋。郑板桥早就想教训他了，一直没找到机会，这次他自己倒送上门来了。

于是，郑板桥对王冉干说："好，既然如此，那本官就按王员外的意思，让这个私盐贩子带着伽在街上站一天，以示惩罚。"

王冉干听了非常高兴，他跪下对郑板桥说："衷心感谢郑大人为小民主持公道，预祝大人早日高升。但是只罚他一天，实在是太轻了。"

"那你要几天？"郑板桥问道。

"至少三天。"王冉干恶狠狠地说。

"好，那就三天吧。"郑板桥痛快地答应了。王冉干没想到事情办得这么顺利，谢过郑板桥，就高兴地走了。

这时候，私盐贩子战战兢兢地对郑板桥说："大人，我实在是迫不得已啊，家里有年老的母亲，有不懂事的孩子，而今青黄不接，家里都揭不开锅了，我无可奈何才……"

郑板桥打断私盐贩子的话："我知道了，你放心，我不会让你受苦的。"

郑板桥会采取什么样的行动呢？

437. 县令巧计除贼窝

从前，有一伙强盗，自称"死不怕"，他们坑蒙拐骗、打家劫舍，做下无数坏事，搞得百姓人人谈虎色变。县令早想为百姓除掉这个大害了，可是总是找不到他们的黑窝。

一天，捕快抓住了两个强盗，把他们扭送到县衙门，本想县令会重重发落，大快人心。但是县令非但没有治盗贼的罪，还置办了酒席招待两个盗贼，并亲自为他们敬酒。

县令假装兴奋地说：“二位大侠，劫富济贫，都是绿林好汉。本官非常仰慕，但是一直无缘相见，今天我一定要和两位大侠喝个痛快！”

两个强盗听了，更是得意忘形，和县令推杯换盏，天黑时都喝得醉醺醺的了，走起路来都东倒西歪的。

县令见了就说：“两位大侠喝多了，不如我派两个下人送你们回去吧。”

盗贼虽然喝多了，但是还保存着警惕性，连忙摆手说：“不用麻烦大人了，我俩没事，还能自己回去。”

县令见盗贼狡猾，又生一计，他笑着说：“既然如此，我就不派人相送了，我为两位准备了竹竿，拿上它走夜路也好有个扶持。”

于是，两个盗贼接过竹竿就告辞而去了。

两个狡猾的家伙，边走还边回头张望，生怕县令派人盯梢，走到岔道口的时候，两人分道扬镳，从两条路回到了贼窝，他们自以为小心谨慎，一定不会出什么差错，就放心地睡起了大觉。

但是，天亮时分，县令带着一群官兵，如神兵天降包围了贼窝，把这群祸害百姓的盗贼一网打尽了，看着两个盗贼一脸茫然的样子，县令笑着说：“就是两根竹竿给我们带了路呀。”

这是怎么回事呢？

438. 墨子退兵

战国初期，楚国的国王楚惠王想成为天下的霸主。于是他扩大军队，要去攻打宋国。

楚惠王手下有一个大夫名叫公输般，是当时最好的木匠。公输般是鲁国人，后来被人们称为鲁班。说到鲁班，大家一定都听说过，一直到现在，他还被木匠尊奉为祖师爷。

公输般到了楚国不久，就为楚惠王设计了一个攻城的工具——云梯。这种梯子非常高，好像顺着它就能爬到云彩上去似的，所以叫做云梯。有了云梯，楚国的士兵攻城略地就容易多了。楚惠王见了非常高兴，一边叫公输般加紧赶造云梯，一面训练军队，随时准备攻打宋国。其他国家看到楚国的云梯，都很害怕，特别是宋国更是提心吊胆。

当时有一个叫墨子的人，他非常痛恨国家之间互相争战，使百姓遭受灾难。听说楚惠王要攻打宋国，就急急忙忙地跑到楚国来，劝说楚惠王不要挑起战端。

墨子先找到公输般，请求他不要帮助楚惠王攻打宋国。公输般没有答应，他推脱说："不行啊，我早已答应楚惠王了，不能言而无信呀。"墨子听了就请求公输般带他去见楚惠王，他要亲自去劝说楚惠王。公输般没有办法只好把墨子带到了楚惠王的宫殿里。

在楚惠王面前，墨子非常诚恳地说："大王，楚国有方圆五千里的土地，幅员辽阔，物产丰富，然而，宋国只有小小的方圆五百里的土地，而且非常贫瘠。楚国去攻打宋国，就好比大王您有华丽的马车，却还去偷宋国的破车；有漂亮的新衣服，还要去偷宋国的一条旧短褂。所以大王去攻打宋国没有多少好处，只能给两国的人民带来灾难啊。"

楚惠王听了根本不以为然，他想：我有这么好的云梯，能轻而易举地攻下宋国。虽然宋国不是很富裕，但是也能大大增强楚国的实力呀，那么我离霸主的地位就又近了一步。想着，楚惠王得意地笑了笑，他对墨子说："我的主意已经定了，你不要再劝我了。"

墨子见楚惠王这么坚决，就对他说："大王有进攻的办法，我就有防守的计策，到时候你也占不到便宜。"说着，墨子找来一条布带，在地下围成一座城市的模样，又找来几块木头当作攻城的工具，叫公输般过来比试一下本领。

你知道墨子是如何说服楚惠王的吗？

439. 西门豹治邺

战国时期，魏国有一个地方叫邺，境内有一条叫做“漳河”的大河。漳河的水流很大，每到雨季来临的时候，就经常冲垮河堤，造成水灾。

一次，魏王派西门豹去治理邺县。西门豹到了邺县，发现当地人烟稀少，一派萧条的景象，就连空气也显得非常沉闷。于是，西门豹就找来一些当地的老年人，问问民间有什么疾苦。

一位白发苍苍的老人说：“都是‘河伯娶妻’闹的，河伯是漳河的河神，是个好色之徒，每年都要给他送一位年轻漂亮的姑娘，否则，他就发大水，淹掉房屋和庄稼。”

西门豹问：“是谁说要给河伯娶妻的？”

老人回答说：“是本县的巫师说的，县里的官绅每年都以给河伯娶妻为借口，硬逼着百姓出钱。他们每年都能收到几百万钱，其实给河伯娶妻用掉的不过区区二三十万钱，剩余的那些钱都被他们和巫婆们私分了。”

西门豹问：“河伯的新娘子，是从哪里找来的？”

老人回答说：“那些都是邺县百姓家的姑娘，巫婆看到谁家的姑娘漂亮，就到谁家要人。有钱的人家只要多花点钱，事情就过去了。可怜，那些没钱的人家就倒霉了，眼睁睁地看着姑娘被巫婆拉走。”西门豹问：“给河伯娶妻真的有用吗？”

老人说：“洪水还是发，但是巫婆说幸亏给河伯娶妻了，要不然，洪水发得更大。”

西门豹听了，笑着说：“那么看来给河伯娶妻还是有用的，等到下次给河伯娶妻的时候，你们通知我一下，我也去看看热闹。”

又到了给河伯娶妻的时候了，西门豹得到消息就带着卫士来到了漳河边。官绅和巫婆们都赶紧来迎接。

西门豹看到巫婆是个七十来岁的老太婆，她的后面跟着一群打扮得妖里妖气的徒弟。

西门豹说：“把河伯的媳妇领过来，让我看看，长得俊不俊。”巫婆赶紧把姑娘领过来，西门豹看到姑娘的眼里满是泪水，回头对巫婆说：“不行，这个姑娘长得不俊，河伯看了一定不高兴……难道给河伯娶妻真的有用吗？

440. 徐童保树

东汉末年，南昌城里有一个姓徐的小孩，才11岁，非常聪明伶俐，善于和别人辩论。

徐童经常到郭林宗老先生家玩。老先生的家里有一颗粗壮的大槐树，槐树的树枝上有茂盛的绿叶，远远地看过去，槐树的树冠就像是一把墨绿色的伞，徐童很喜欢这颗大槐树。

一天，徐童又来到老先生家里，看到一群壮汉正在磨斧头，正准备砍树呢！徐童赶紧找到老先生，问他：“郭伯伯，这颗大树夏天的时候可以遮荫纳凉，冬天的时候可以挡风雪。它生机勃勃地生长在这里，给这个院子也带来了生气，你把它砍了的话，那么院子里面光秃秃的，多难看呀。”

老先生听了，笑着对他说：“我也不想砍呀，前几天我看到一本书，书上说‘庭院如井四方方，方方正正口字状，庭院当中如有木，木在口中不吉祥’。你想啊，口中加一个木，是什么字？”

徐童不假思索地说：“是困字。”

老先生说：“对呀，就是困难，穷困的‘困’，你看这个字多不吉祥。”

徐童听了，觉得老先生太迂腐了，就凭一本破书上的一句顺口溜，就要把这么可爱的一棵树给砍了，实在是太可惜了。他眼睛一转，计上心来。

徐童有办法阻止老先生砍树吗？

441. 聪明的一休

一休是日本著名的佛学大师。在他5岁的时候，妈妈就把他送到离家不远的安国寺去学习了，那时候，安国寺里还有几个和一休一样大的小和尚，他们都很淘气，经常会做出一些恶作剧，弄得大人们也哭笑不得，拿他们没有办法。

一次，有人送给寺庙一罐糖，长老想：这罐糖千万不能让一休他们知道了，否则，那群小馋猫一下子就把糖抢光了，这样，我就没份了。于是长老偷偷地把糖藏了起来。这事不知怎么就被小和尚们知道了，他们纷纷跑过来向长老要糖吃。

长老看掩藏不住了，就骗他们说："哪有什么糖呀，那是因为我有哮喘病，别人给我送来的药。"说着，长老还"咻咻"的喘了两下，来说明他真的是病了。但是小和尚们听了还是将信将疑的样子，长老见了，又吓唬他们说："这药只能大人吃，如果小孩吃了，会中毒的，然后七窍流血而死。所以你们千万别偷吃呀。"说着，长老就把他们赶了出去。

明明是一罐子糖，怎么到了长老那里就变成药了呢？一定是长老要留着自己吃。一休想：长老太抠门了，我得想个办法教训他一下。晚上，一休偷偷地溜到长老的房间里，把那罐糖偷了出来，他叫来小和尚们，说："长老骗我们的，这是糖，不是药，大家快吃，有什么事我挡着。"小和尚们不一会儿就把糖吃完了。

一休会不会受到老和尚的惩罚啊？

442. 阿凡提戏财主

阿凡提是维吾尔族的一个穷人，他能说会道，聪明能干，深受人们的喜爱。阿凡提很看不起那些不劳而获的财主，那些财主仗着财势，欺压穷苦百姓，他们吃喝玩乐，从来不掏钱，穷人们也敢怒不敢言。阿凡提就经常捉弄财主，替穷人们出气。

一天，财主来到阿凡提的理发店，他大摇大摆地坐到椅子上，对阿凡提说："来，给本老爷理个发。"

阿凡提见了，心想：正想找你呢，你倒送上门来了。

这回，阿凡提会怎样捉弄财主呢？

443. 晏子论罪

齐景公嗜好打猎，将能捕获野兔的老鹰视为掌上明珠，命令邹烛好好饲养，不得有丝毫差错。一天，邹烛一不小心让老鹰飞跑了，齐景公勃然大怒，立即命人把邹烛推出去斩首。

晏子想救邹烛一命，就过来对齐景公说："大王，邹烛有三大罪状，可能他自己都不知道，让我先把这三条罪状向他申明，然后再杀他，这样他就不会觉得冤枉了。"齐景公点头称是，让他抓紧申明罪状。

晏子救下邹烛了吗？

444. 射蒿识敌首

唐明皇时期，安禄山反叛朝廷，带领军队四处攻城略地，闹得民不聊生。

一次，安禄山派手下的大将尹子奇率领13万大军来攻打睢阳城。兵临城下，睢阳太守徐招远赶紧召集大将军张巡和神射手南霁云等来商量对策。

徐招远忧心忡忡地说："各位将军，睢阳城里粮草和弓箭都所剩无几了，只有迅速打退敌军，才能解除现在的困难局面。但是城外有13万大军，是我军数量的几十倍呀，实力悬殊太大，实在是没有取胜的把握。如果再相持下去，恐怕大家都要饿死了。"

张巡听了，紧皱眉头，他郑重地说："俗话说'擒贼先擒王'，照现在的情况看，只要先杀了尹子奇，至少也要让他重伤不能指挥军队，这样叛军才会撤退。"

南霁云说："射杀尹子奇，并不难办到，只要我能靠近他，瞅准机会就能成功。但是，问题是我们都没见过尹子奇，谁也认不出他呀。"

张巡低头想了想，说："我有了一个办法。"

这天夜里，张巡叫人在城头上不停地敲战鼓，城外的敌军以为张巡要出城作战，都聚精会神地盯着城门，随时准备迎战。一直等到天都亮了，战鼓也停了，张巡还是没有出来。他们才知道上了张巡的当了。尹子奇叫人打探了一下，丝毫没有发现张巡有战斗的迹象，就放心地叫士兵们解衣睡觉了。

正当叛军睡熟了的时候，张巡和南霁云带领城内的精锐部队杀了过来，叛军营中顿时乱成了一锅粥，死伤无数士兵。张巡和南霁云趁机冲到尹子奇的主帅营前……

你知道张巡是如何设计识别谁是尹子奇的吗？

445. 量沙充粮

公元431年，南朝的宋文帝封檀道济为征南大将军，去攻打北魏。

檀道济率领军队大半年间就经历了大大小小30多场战争，屡屡获胜，攻下了北魏很多城池。但是檀道济的军队越走越远，后方的粮草一时供应不上来，当他们到达历城的时候，军队里的粮食已经所剩无几了。战士们每天都吃不饱饭，连力气都没有，更别说和敌人拼命打仗了。檀道济看到这种情况，不得不带领军队向南撤退。

撤退的途中，有的士兵走得慢，被魏军俘虏了，他们就把宋军缺粮的消息说了出来。于是魏军就加快了追击宋军的步伐，疲惫不堪的宋军面临全军覆灭的危险。

檀道济看在眼里急在心里，总得想个办法来应付这个局面呀。檀道济苦苦思索着，忽然他眉头一皱，计上心来。

檀道济想到了什么计策？

446. 草船借箭

周瑜看到诸葛亮很有才干，甚至比自己还厉害，心里很是嫉妒，暗中想办法陷害诸葛亮。

一天，周瑜请诸葛亮商议军事，问道：“先生，我军与曹军在水上作战，用什么兵器最好？”

诸葛亮说：“用弓箭最好。”

周瑜说："对！先生所言正合我意，但是我军中缺箭，恳请先生于10日之内，督造10万支箭，解我军燃眉之急，这是公事，请先生不要推辞。"

诸葛亮说："都督委托，我当然照办，但是交战在即，10日恐怕要误了大事。"

周瑜正色问道："依先生所言，这10万支箭，几日能造完？"

诸葛亮伸出三个指头，说道："只需三日。"

周瑜一惊道："先生，军中无戏言，你不可出尔反尔。"

诸葛亮道："都督放心，我说到做到。"

周瑜心中一喜道："既如此，先生可敢立军令状吗？"

诸葛亮道："有何不敢，三日之内，我若拿不出10万只箭，甘受都督惩罚！"

周瑜大喜，立即叫诸葛亮当面签下了军令状。又摆上酒席，请诸葛亮喝酒，诸葛亮吃了几杯，就起身告辞说："今日天色已晚，做不了事了，从明日起，三天后，都督派人来江边取箭。"

诸葛亮走后，鲁肃来见周瑜："都督，三天时间怎么能造好10万只箭呢，诸葛亮在说大话吧。"

周瑜道："是他自己说的，我可没逼他，三天之后，造不出箭，就休怪我无情了。我得去吩咐军匠们，叫他们故意拖拉，不备齐所用材料，你也到诸葛亮那里打探，看他有什么打算，及时向我报告！"

于是鲁肃就来到诸葛亮的营帐，诸葛亮说："三天之内根本造不出10万只箭，都督是想害我啊，你一定要救我呀！"

鲁肃是个忠厚善良的人，他喃喃地说："都是你自己答应的，还签下了军令状，我怎么帮你？"

诸葛亮说："你借我20只船，每条船上要有20名士兵，用青布幔子遮起来，再扎一千只草人，密密麻麻地排在20只船的两边，我自有妙用。但是这件事你千万不能和都督说，否则我的计划就不能成功了。"

鲁肃见了周瑜果然不提借船的事，只说诸葛亮并不急于造箭，周瑜心里疑惑，也没有细问。鲁肃悄悄地按照诸葛亮的要求，准备了20只船，听凭诸葛亮的调度。

第一天过去了，诸葛亮没有什么动静，第二天，仍然没有什么动静。直到第三天四更时候，诸葛亮派人把鲁肃请到船上，笑着说："请你来一起去取箭。"鲁肃很疑惑，就问道："到哪里去取？"诸葛亮说："不用问，去了就知道。"

诸葛亮弄到箭了吗？

447. 练箭突围

深秋的一天夜里，月亮发出清冷的光芒，把整个都昌城笼罩在一片肃杀的氛围中。城外是层层管亥率领的黄巾军，城内已被围困两个月之久的官兵疲惫不堪。都昌城已经弹尽粮绝了，如果三天之内还没有援军赶到的话，恐怕就坚持不住了。

北海相孔融站在窗户边，遥望着天上的明月，满怀愁绪。这时候，大将太史慈来求见孔融，孔融赶紧叫人请进来。

太史慈问孔融："大人，城里的粮草已支持不了几天了，您打算怎么办？"

孔融说："现在这种情况，敌强我弱，如果强行突围的话，正中敌人的下怀。只有让人出城求救，才是最好办法。"

太史慈说："我也这样想，大人，赶紧派人出城求救呀。"

孔融说："不是不想派，敌人非常警惕，前几次派出的人，都被他们抓住了。"

太史慈说："大人就让我出城去搬救兵吧，我有一个计策……"

孔融听了太史慈的计策，不住地点头说："好，那就按将军的计策办吧。"

太史慈想出了什么计策？

448. 把鸡蛋立起来

意大利著名的航海家哥伦布，率领船队绕地球转了一周后，又回到了原出发地。这个壮举不仅证明了地球是圆的，而且在航行途中发现了美洲大陆，这对后世产生了深远影响。当时意大利的王公贵族们，有的非常钦佩和赞赏哥伦布的伟大成就，有的很忌妒哥伦布的成就，千方百计地抹杀他的功劳。

一次，在西班牙的一个宴会上，一些只会夸夸其谈的达官贵人围着哥伦布，用轻蔑的口气挑衅着说：“哥伦布先生，你发现了新大陆好像是个伟大的创举，但是在我们看来实在是一件很平常的事，因为无论是谁去环游世界，都会发现这个事实的，美洲，那么大一块土地，只有瞎子才看不见它。”说着，这群人一起哄笑起来。

哥伦布冷静地反问道：“诸位真的认为这是件很平常的事吗？”

“不错，因为它非常简单，只要你睁开眼睛就能办到。”

“好的，为了证实‘简单的事情，就人人都能办到’这个观点，”哥伦布拿起一只熟鸡蛋，继续说道：“我们来做一个试验，先生们，你们谁来试试把鸡蛋立在桌子上？”

有几个贵族过去试了试，都没有把鸡蛋竖起来，他们叫嚷起来：“鸡蛋是椭圆的，不可能把它竖起来，没有人能够办到，这真是一个愚蠢的试验。”

哥伦布能把鸡蛋立起来吗？

449. 鱼骨刻的老鼠

很久以前，一个遥远的国家里面有两位技艺高超的木匠。他们做的东西都很精美，难分高下。

一天，国王心血来潮：“到底谁是最优秀的木匠呢？不如，我来给他们举办一个比赛，到时候根据他们的作品，评出最优秀的木匠，并封他为‘全国第一木匠’。”

于是，国王找来两位木匠，给他们出了比赛题目：三天之内雕刻出一只老鼠，谁雕刻得最为逼真，就是谁赢了。胜利者不仅能获得“全国第一木匠”的光荣称号，还将受到国王的重金赏赐。

在接下来的三天里，两个木匠都把自己关在家里，没日没夜地雕刻老鼠。三天时间过去了，他们都给国王献上了自己的作品。

第一位木匠雕刻的老鼠，不仅纤毫毕现、栩栩如生，而且憨态可掬，形神兼备，远远看去根本看不出，它是一只木鼠。国王和大臣们见了，纷纷点头称赞。

第二位木匠雕刻的老鼠，只是有一点老鼠的样子，并不逼真，更不用说形神兼备了。国王和大臣们见了，都连连摇头。谁胜谁负，已经很明显了。国王正要宣布比赛结果，忽然，第二个木匠高声抗议：“大王，我认为，比赛的评审并不公正。其实，老鼠刻得像不像应该由猫来判断，在这方面，它的眼光要比人锐利得多。”

国王觉得他说得也有道理，就命人抱来了几只猫。这些猫扑向哪只老鼠，无疑就说明哪只老鼠更像真的。仆人们放下手里的猫，没想到这些猫不约而同地扑向那个并不逼真的老鼠，它们疯狂地争夺、撕咬，好像比吃一只真的老鼠都津津有味。而那只公认的栩栩如生的木老鼠，根本没有猫去碰它。事实摆在面前，国王只好把奖励都颁给了第二位木匠。

事后，国王百思不得其解，他问第二位木匠：“难道你已经收买了那些猫吗？你雕刻的作品，根本就不像老鼠呀。”

第二个木匠于是说出了自己的秘密，国王一听，十分佩服其智慧。你猜，第二个木匠是如何赢得比赛的？

450. 海瑞智惩胡公子

明朝中期著名的清官海瑞，是在明朝腐败的官场中出淤泥而不染的正人君子，是敢于冒死骂皇帝荒淫无道的刚烈之臣，是深受人民爱戴的“海青天”。许多有关他的小故事，至今仍被人们津津乐道。

海瑞在淳安县任县令的时候，他的顶头上司是闽浙总督胡宗宪。此人是奸相严嵩的学生，他仗着严嵩的势力，在闽浙一带不可一世。而胡宗宪的儿子也不学好，嚣张跋扈，四处鱼肉百姓。因为害怕胡宗宪的势力，大家都敢怒不敢言。

一天，这位混蛋胡公子带着一帮爪牙，来到淳安闲逛，并派人叫县令海瑞安排食宿。专管接待的驿站公差过来请示海瑞，海瑞早就想找个机会教训胡公子了，他想了想，就对公差说："胡公子他们不是来办公事的，按规定是不应该接待的，但是既然他提出来了，就暂时让他们住下，一日三餐提供便饭就行，如果他们敢闹事，及时来向我报告。"

胡公子他们白天在大街上四处抢掠，调戏妇女，闹得满城鸡犬不宁。晚上回到驿站，发现饭桌上只有三个素菜，没有酒肉。顿时破口大骂，还掀翻了饭桌，公差过来辩解几句，就被他抓住，吊在柱子上，打了个半死。

海瑞接到消息，火冒三丈，立即叫人把胡公子一帮人绑到县衙。胡公子见了海瑞，不仅不下跪，还扬言："海大人，你还是赶紧把我放了，给我赔礼道歉，否则我定要我父亲撤了你的官。"

海瑞装糊涂说："不知公子令尊是哪位大人？"

胡公子高傲地说："当朝严太师的得意门生，闽浙总督胡宗宪就是我父亲。"

……

海瑞是如何惩治胡公子的呢？

451. 巧计追金印

一天，巡抚大人打开印箱，准备取金印的时候，忽然发现，金印不翼而飞了。巡抚大惊失色，要知道，丢了皇上赐的大印，即使不被杀头，起码也得被革职呀。巡抚急得像热锅上的蚂蚁，在屋里来回地走来走去。

这时候，巡抚夫人走了进来，看到巡抚的样子，就问道："老爷，发生了什么事情？"

巡抚将金印丢失的事告诉了夫人。

夫人听了，也觉得事关重大，但是她知道着急是没有用的，就劝慰巡抚说：“既然事情已经发生了，我们还是抓紧想一个补救的办法吧，我想，那偷金印的人必然是老爷身边的人，外人是不可能接近这个印箱的。”

巡抚经夫人一提醒，立即想到了手下的副将，他说：“我身边的人，就是副将最为可疑，他一直对我不满，一定是他偷走了金印，借机报复我。但是，无凭无据，我也奈何不了他呀。”

夫人说：“你肯定偷金印的人就是副将？”

巡抚不容置疑地说：“除了他，再没有第二个人了。”

“既然如此，我有一个计策，让副将乖乖地把金印交出来。”说着。夫人悄悄对巡抚耳语了一番。

巡抚听了，顿时眉开眼笑，连连称赞道：“妙计，真是妙计！”

夫人想出了一条什么妙计？

452. 徐文长买桃

一天，徐文长路过一家水果店，看到有新鲜的蜜桃出售，想买点尝尝，就问水果店老板：“老板，这蜜桃多少钱一斤？”

水果店的老板，是个狡猾的奸商，他做生意从来不讲实话，遇到忠厚老实的人，更是狠宰。看到徐文长文质彬彬的样子，以为他是一个好欺负的书生，就说道：“我家的蜜桃是不上秤的，一只一只卖。”

徐文长很纳闷，就问道：“那多少钱一只呢？”

老板狮子大开口：“我这桃子100文一个，怎么样，你买得起吗？”

徐文长听了，暗想：早听说你是个奸诈的家伙，今天见了果然如此，好，我就将计就计，教训教训你。于是，徐文长不慌不忙地说：“那好，我就买一只桃子。”说着，掏出了自己仅有的一百文钱。

“好的，好的”老板连声说道，赶紧收下了钱，心里却想着：真是一个书呆子，这样的人不骗白不骗。

徐文长真的这么好对付吗？

453. 最好的和最坏的

一个厨师在一个富人家里工作，富人听说厨师很聪明，很不服气，就想找个机会为难他，让他当众出丑。

一天，富人要宴请一些朋友，他就吩咐厨师准备菜。厨师就问他："主人，都要准备哪些菜呀？"

富人想：就趁这个机会，来考考你。他灵机一动，计上心来，就说道："这次宴会，我什么都不要，只要最好的东西。你把天下最好的东西给我找来就行了。"

萝卜白菜各有所爱，哪有什么东西是公认的天下最好的东西呀！厨师知道富人是故意在为难他，但是他已经有了一个应对的办法。

第二天，客人们都到齐了，主人就命令厨师上菜。第一道菜上的是舌头，第二道菜还是舌头，第三道菜还是舌头，上了满满一桌子的舌头，客人都感到莫名其妙，吃得很不愉快。主人很没面子，送客的时候，就解嘲地说："这些舌头，是我家厨师的拿手菜，下次再来做客，一定不给你们吃这个了。"

送走了客人，富人立即把厨师臭骂了一顿："我叫你做天下最好的东西，你怎么全做的是舌头呀，把我的客人都得罪了，我要扣你工资！"

厨师不慌不忙地说："我正是按照主人的要求做的呀，舌头是人们沟通的工具，人们靠它交流思想、传播智慧，如果没有它，我们的世界将是一片死气沉沉，难道世界上还有比它更好的东西吗？"

富人听了，无言以对，就又想了一个办法为难厨师，他说："好，这次就算你说得有理，但是你做的菜得罪了我的朋友，明天我要重新宴请他们，这次我要你做天下最坏的东西。你抓紧去准备吧。"

厨师听了，答应了一声，转身就走了。

这一次厨师做的是什么菜呢?

454. 和什么样的人做邻居

从前，有一个牧场主，养了很多只羊。他爱自己的羊，非常细心地照顾它们，特别是可爱的小羊羔，更是呵护备至，生怕伤了或丢了一只，因为这些羊能给他带来幸福的生活。但是令牧场主头疼的是，他的邻居是个猎人，家里养了成群的猎狗，这些凶猛的猎狗经常跳过牧场的栅栏，进来咬伤小羊。牧场主几次请猎人把狗关起来，猎人总是表面上爽快地答应，但是根本不采取实际行动。猎狗咬伤羊羔的事情，还是时有发生。

一天，几只猎犬又跳过了栅栏，在牧场里横冲直撞，咬伤了几只小羊羔。这次，牧场主被彻底激怒了，他已经对自己的猎人邻居失望透顶了，决定给他一个教训。于是，他来到镇里，找公正的法官来给他评理。

法官沉吟一会儿，对牧场主说："这件事是猎人做得不对，我可以帮你索赔，并勒令他把猎狗关起来。"

牧场主听了，就高兴地说："那么，就请您立即执行吧！"

法官摸了摸下巴，说道："这样的话，你就失去了一个潜在的朋友，而多了一个现实中的敌人。和自己的朋友做邻居，那将是一件快乐的事情，相反，和敌人做邻居，你将会很痛苦。"

牧场主点点头，说道："是您说的那样，我也曾试图和猎人成为朋友，但是似乎他没有兴趣和我交朋友。"

法官笑着说："既然你希望和邻居做朋友，只要你按照我的办法做，猎人会成为你的朋友的。"法官悄悄告诉了牧场主一个办法。

法官教给牧场主一个什么办法?

455. 真假稻草人

从前有一个养鱼人，他拥有一片很大的鱼塘。鱼塘就是他家的聚宝盆，家里的衣食住行全靠卖鱼的钱来维持，所以他像爱护自己的性命一样来爱护鱼塘。

可是，令他非常烦恼的是：鱼塘的附近有很多鱼鹰，总是趁他不在的时候，成群结队地来偷吃鱼。当他回到鱼塘的时候，鱼鹰一下子就飞跑了，气得他连连跺脚。

养鱼人想：如果我整天站在鱼塘边，鱼鹰就不敢来偷吃鱼了，不如，照着我的样子做一个假人，插在鱼塘里，鱼鹰分不出真假，就不敢再来偷鱼了。于是，养鱼人立即找来一堆稻草，扎成一个稻草人，插在了鱼塘里。

这个稻草人，头戴斗笠，身披蓑衣，手里还拿着一根长长的竹竿，简直就和养鱼人一模一样，远远望去，连人都分出真假，更别说鱼鹰了。

稻草人不分白天黑夜，风雨无阻地站在鱼塘里，起初还真的骗了鱼鹰，它们远远地看到稻草人，就慌忙飞跑了。但是，过了不久，鱼鹰似乎看出了蹊跷，发现这个养鱼人总是纹丝不动，就壮着胆子，试着飞到水面上，养鱼人还是纹丝不动；接着，鱼鹰抓了一只鱼，可是养鱼人还是纹丝不动。鱼鹰终于确定这是个假人了，它们又肆无忌惮地开始偷吃鱼了。

更可气的是，鱼鹰吃饱后，也不马上飞走了，而是站在稻草人的斗笠上，或者肩膀上，一边惬意地晒着太阳，一边“嘎嘎”地叫着，好像是在洋洋得意地说：“假的，还想用假人来骗我，没门！”这样可怜的稻草人不但吓唬不了鱼鹰，自己还变成了鱼鹰歇脚的地方了。

看到鱼鹰识破了稻草人，鱼塘里的鱼又一天天减少，养鱼人愁得吃不下饭，睡不着觉。

忽然，他又有了一个办法。

他有了什么办法？

456. 所罗门判子

“你是个小偷，你想偷走我的儿子，还我儿子！”

“你是个骗子，你想骗走我的儿子，这是我的儿子！”

两个年轻的母亲，各自抱着一个孩子，其中一个活着，另一个昨晚已经死去了。她们拉拉扯扯，吵吵嚷嚷地来到所罗门王的宫殿，请求大王来给她们主持公道。

原来，这两个女人同住在一间房子里，都生了一个儿子。她们搂着自己的儿子甜蜜地睡了一觉，清晨醒来，一个母亲发现自己的儿子死了。她悲痛欲绝，看到另一个女人的儿子还好好地活着。她诅咒老天爷的不公平，为什么要夺走自己儿子的性命，而不是旁边的那个女人的儿子。于是，她心中起了恶念，偷偷地把死去的孩子放在另一个女人身边，而把活着的孩子偷到了自己身边。

母亲永远不会认错自己的孩子，早上醒来，母亲发现死孩子不是自己的，而自己的孩子正在另一个女人手里，她立即撕扯着那个女人来找所罗门王。

听了这个悲哀的故事，所罗门王沉思了一会儿，问孩子的母亲：“你说那活着的孩子是你的，有没有什么证据？”

孩子的母亲哭着说：“大王请你相信一个母亲，自己的孩子她永远不会认错，孩子是我的心头肉，他的每一声哭喊都牵动着我的心。”

另一个母亲也叫着：“说不出证据，你就别想抢走我的儿子。”

无凭无据，两个爱子心切以至于疯狂的母亲，这真是一个难断的案子。所罗门王看了看两个年轻的母亲，说道：“我分不清孩子是谁的，为了公平起见，我决定把孩子分成两半，你们一人一半。”说着，所罗门王叫人拿过刀来。

所罗门王真的要杀那个孩子吗？

457. 巧计讨工钱

从前，有一个长工在一个地主家做工，他没日没夜、当牛做马地干了一年，年底的时候来向地主讨工钱。

谁知地主见长工忠厚老实，就故意刁难他：“要工钱也可以，但是你得帮我做三件事，如果你办到了，我加倍给你工钱，如果你办不到，那么，不好意思，我一文工钱都不给你！”

长工听了就问财主：“是哪三件事？”

地主奸笑着说：“你听仔细了：第一件，你给我买一头像山一样重的牛；第二件，你给我买一匹能遮住天的布；第三件，你给我买一壶像河里的水一样多的酒。”

这明摆着是要抵赖工钱，没办法，长工只好垂头丧气地回家去了。

长工的媳妇见长工愁眉苦脸的样子，就问道：“怎么了，心里有事？那就说出来咱们一起商量商量。”

长工把地主刁难他的事一五一十地说了出来。

媳妇听了，笑着说：“没关系，你放心吧！我有办法治这个奸诈的地主。”

长工媳妇是如何对付地主的呢？

458. 智抓小偷

有一个犹太人，经常出国旅行，但是就像是和小偷有缘似的，每次旅行他总有或多或少的东西被小偷偷走。

这次，犹太人又打算出国旅行了。这次可不能让小偷得逞了，犹太人暗暗在心底发誓。出发前他做了认真的准备，看了好多防盗方面的书，还特意向警察请教了几招。他以为这次一定是万无一失了，就自信地出国了。

犹太人刚走下了飞机，忽然吹来一阵风，犹太人觉得头皮有点发凉，就下意识地摸了摸头。

“哎呀！可恶的家伙！”犹太人大叫起来，原来他头上的帽子不翼而飞了，因为是刚下飞机，显然帽子是刚刚被小偷偷走的。

“又被偷了，真是气死我了。”犹太人向四周张望着，来来往往的行人头上都有帽子，自己的帽子又不特别，当然找不到帽子了。得想个办法。

那么，他是如何找到丢失的帽子的呢？

459. 赶走淘气的小孩

从前，有一对退休了的老年夫妻，在湖滨买了一套房子，想清静地度过晚年。可是，住下了没多久，就发现了这里一点都不清静。原来，附近的一群淘气的小孩，每天都不请自来，在他们门前的草地上追逐打闹，吵得人心烦意乱。

一天，老爷爷实在是受不了了，就走过来，生气地对那群淘气的孩子说："你们这群调皮鬼，整天都在这里吵吵闹闹的，让人不得安宁，从今以后，要注意一点了，否则我把你们赶出去，再也不让你们在这里玩了！"

谁知这群孩子不但没有因为老爷爷的批评而感到愧疚，还故意顶撞老爷爷："我们爱怎么吵，就怎么吵，你清不清静，我们管不着！"

还有的说："老头，你愿意赶，就来赶吧，咱们看谁跑得快！"

老爷爷听了，气得说不出话来。

淘气的孩子们根本没有把老爷爷的话放在心里，还是每天过来吵闹，仿佛是故意和老爷爷做对似的，他们闹得比以前更凶了。老爷爷见了，也只能摇头叹气，拿他们没有办法。

老奶奶看到老爷爷闷闷不乐的样子，就对他说："小孩子天性就爱闹，还很叛逆，听不进别人的批评，我们不能和他们蛮干，要先顺着他们，我有了一个办法，保证能把这群调皮鬼赶出去。"

老太太真的能把调皮的孩子赶走吗？

460. 聪明的姑娘

有一个漂亮又好学的姑娘，她温柔善良，待人和气，深受人们的喜爱。有一个年轻的小伙子，非常倾慕她，总是有事没事地来找她搭讪。姑娘很厌烦，又不好当面表现出来，只是礼貌性地敷衍他。

一天，姑娘坐在草地上看书。小伙子又厚着脸皮凑过来，嘴里唠叨着一些无聊的事情。姑娘好像没看见他似的，仍然目不转睛地看着书，根本不理睬他。

小伙子感到很无趣，又不甘心悄悄地走掉，就涎着脸说："我们来做个游戏吧。这样的：我问你一个问题，你答不上来就给我5元钱，你问我一个问题，如果我答不上来，我也给你5元钱。当然，如果一方没有问题问，也可以选择一直回答另一方的问题。怎么样？你知识渊博，一定会赢的。"

"这有什么好玩的？赢来赢去的，不过是区区5元钱，有什么意思！"姑娘不为所动。

小伙子听了姑娘的话，觉得这次有机会，赶紧讨好地说："好，这样吧，你答不上来我的问题，给我5元钱。我答不出你的问题，给你100元钱，怎么样？"

姑娘放下杂志，饶有兴趣地说："好，那你先问吧！"

小伙子高兴地说："光在空气中的传播速度是多少？"

姑娘想了想，没有说话，就掏出5元钱递给小伙子。

小伙子很得意地说："这次该你问了。"

姑娘随口问道："4只眼睛、8个鼻子，还有9个尾巴的是什么动物？"

……

小伙子达到目的了吗？

461. 死里逃生的囚徒

一次，希腊的国王决定处决一批囚犯。那时候，处决囚犯的方法有两种，一种是砍头，一种是绞刑，囚犯用什么刑罚，都由法官来决定。这次，国王心血来潮，想出一个奇怪的主意：不如我和囚犯开个玩笑，让他们自己来选择刑罚，看他们能说些什么，这一定非常有趣。

于是，开始行刑的时候，国王就对囚犯们说道："这次我大开隆恩，让你们自己来选择刑罚，你们可以随意说一句话，如果这句话是真话，我就用绞刑；如果是假话，那就砍头；如果你们所说的话一时难以检测真假，就按假话论处；如果一言不发，就当作是真话，用砍头的刑罚！好了，现在你们可以开始选择自己的刑罚了。”

这样的规则太奇怪了，但是自己的性命都掌握在国王手里，怎么着都难逃一死，囚犯们也没有多想，都随口就说出了一句话。有的说得慷慨激昂；有的则充满了懊悔；有的警告后人；有的索性唱一首歌，一个一个地都受了刑罚。

国王听到囚徒们的话，各有各的特色，其中也不乏真心改过的，但是法律就是法律，不能轻易开恩。只能长叹一声：“早知如此何必当初呢！”

难道囚徒中就没有一个逃生的？

462. 伍子胥过关卡

我们知道，伍子胥是春秋时期吴越争霸过程中的关键人物，其表现出了非凡的智慧和谋略，只是可惜吴王夫差并没有听他的，才导致后来为越国所灭。据说夫差死前以发盖面，自称无颜见伍子胥。实际上，伍子胥早在青年时期便有勇有谋，表现出了非凡的智慧，下面的故事便是他青年时的故事。

伍子胥的家族本为楚国贵族，其父伍奢乃是太子的老师。周景王二十三年（前52②，因楚平王抢了本来是许配给太子的媳妇，于是担心掌管军队的太子心里有怨恨而造反，加上小人挑拨，便决定处死太子。楚平王先是将伍奢召回京城，并将其囚禁了起来，而太子已经得到消息提前逃到宋国去了。于是楚平王便要处死伍奢，但是楚平王听说伍奢有两个儿子，都很贤能，于是便对伍奢说：“能把你两个儿子叫来，就能活命，不叫来，就处死。”伍奢回答说：“伍尚为人宽厚仁慈，叫他，一定能来；伍员（即伍子胥）桀骜不驯，忍辱负重，能成就大事，他知道来了一块被擒，势必不来。”楚平王不听，坚持派人召伍奢两个儿子，说：“来，我使你父亲活命；不来，现在就杀死伍奢。”哥哥伍尚打算前往，伍员却说：

“我们即使去了，楚王也不会让父亲活命，只会把我们一起处死，这不但对父亲没什么好处，连仇也无法报了。因此，我们不如逃到别的国家去，借助别国的力量洗雪父亲的耻辱。”伍尚说：“我明白，即使去了最后也不能保全父亲的性命。可要是不去，以后又不能洗雪耻辱，终会被天下人耻笑。你有能力报杀父之仇，干脆你逃走，我将要就身去死。”于是伍尚接受了逮捕，而当使臣又要逮捕伍子胥时，伍子胥拉满了弓箭对准使者，使者不敢上前，伍子胥就逃跑了。后来其父兄果然被楚王杀死了。

而在逃亡之后，伍子胥听说太子在宋国，便准备逃到宋国追随太子。但是，在过边关的时候，伍子胥却被守关的斥候给抓住了。当时全国都在通缉伍子胥，斥候自然想借此邀功，他得意而明白地告诉伍子胥：“你是通缉犯，我必须将你抓去见楚王。”但是，素有谋略的伍子胥却临时编造出了一派谎话，竟然愣是威胁得那个斥候不敢将他送交楚王。

你猜伍子胥是如何威胁那个斥候的？

463. 会打报告的泥人

古时候，有个乡村私塾先生带着一个村庄里的小孩子识字念书。因为村里人都是些普通百姓，本身没钱，另外也只是想让孩子识几个字，不做睁眼瞎就行了，并不指望他们有多大出息，因此给私塾先生的报酬也就很微薄。私塾先生于是教书一直也不是很上心，经常布置了任务之后让这些乡村孩子在那里读书，自己则躲出去偷懒去了。但是，他一走，这帮调皮的学生便经常捣蛋起来。于是有一天他便想了一个办法，他自己捏了一个半尺高的泥人带到教室里，又给学生们布置了读书任务，然后他将泥人放在了讲台上，并警告这帮孩子说：“你们好好读书，不要调皮捣蛋，如果有谁捣乱，这个泥人会告诉我的！”说完他便离开了。

然后到了第二天，他来上课时，便凭借以往的经验对两三个一向调皮的学生进行了批评。而这几个学生那天也正好没有守规矩，于是这些小孩子便对泥人会打报告的事信以为真，都不敢再捣乱了。

这样过了一些日子之后，那个捣乱的学生感觉有些按捺不住自己了，想要玩耍，又害怕泥人报告。其中一个机灵鬼在回家后，跟自己的叔叔说起了这件事，他叔叔一听，便告诉他一个主意，让他如此如此。于是第二天上学之后，等先生一走，这个机灵鬼便大模大样地走上讲台，一下子将泥人给摔到了地上，其他的孩子在佩服他的同时也不免为他捏一把汗，担心第二天先生会狠狠地惩罚他。

到了第二天，先生走进教室之后发现泥人竟然被摔得粉碎，便板起面孔问这是谁干的。这时，那个机灵鬼主动站了起来，承认是自己干的。先生生气地问他为何要摔碎泥人，机灵鬼于是按照叔叔告诉他的话做了回答。先生一听，顿时又气又羞，说不出话来，最后也没有惩罚这个学生，并且，以后他也就每天老实待在教室里教书了。

你猜那个机灵鬼是怎么回答先生的?

464. 狄更斯剃头

一天，一向不注重仪表的英国大作家狄更斯到一家剃头店剃头。剃头师傅是个很势利的人，一看来人貌不惊人，衣衫也不光鲜，于是便对他十分不热情，头也剃得马马虎虎，很快就将活干完了。但是，剃完后，狄更斯什么也没有说，只是给了他双倍的价钱之后，便离开了。

过了一个月后，狄更斯又来到这家理发店剃头。店主一看是上次那个出手阔绰的主顾，便立刻堆上笑脸，十分殷勤地接待。这次剃头，他小心翼翼，十分卖力，异常的周到细致，用了很长的时间才将狄更斯的头剃完。他本想，这位阔绰的主顾这次应该会付自己更多钱了。但是，没想到的是，这次剃完头后，狄更斯只是给了他正常的价钱。

这下，剃头师傅有些不乐意了，但是也不好说出来，而是满脸疑惑地看着狄更斯。狄更斯于是笑着说了句很风趣的话，剃头师傅一听便满面羞愧。

你猜狄更斯是怎么说的?

465. 报复

有个人新搬家到一间公寓里，一天半夜两点钟，正在熟睡之际，电话铃声突然响了起来。他迷迷糊糊地爬起来接电话，以为是有什么急事，但是没想到却从里面传来隔壁女邻居的声音：“麻烦以后管一下你们家狗，别让它在楼里到处乱跑，不是所有人都喜欢那种满身异味的东西的！”说完对方便“啪”的一声将电话挂了。这个人一听，感到莫名其妙，因为他根本就没有养狗，于是只好自认倒霉，继续躺下来睡觉。但是更倒霉的是，接下来他再也睡不着了。

这个人第二天还要上班，于是越想越气，到了凌晨四点钟后，他拿起电话拨回了这位女邻居家。这位女邻居同样睡眼惺忪地接起电话后，恼怒地问：“谁啊？”

这个人便彬彬有礼地回答了对方的话，巧妙地以其人之道还治其人之身，令那个不礼貌的女邻居哑口无言。

你能猜出这个人是如何跟女邻居说的吗?

466. 你在哪里

我们知道，在斯大林时期，苏联全国陷入了个人崇拜的狂热之中，使整个国家走向了严重畸形。斯大林的继任者赫鲁晓夫接任苏共总书记后，决心打破这种个人崇拜。1956年2月24日，召开于莫斯科的苏共第二十次代表大会闭幕时，赫鲁晓夫突然向大会代表们作了《关于个人崇拜及其后果》的报告（即所谓《秘密报告》），系统批评了斯大林执政时期所犯下的重大错误，并要求肃清对于斯大林个人崇拜的流毒。此报告一出，顿时令国内外人感到哗然。因为赫鲁晓夫一直与斯大林保持高度一致，是斯大林非常信任的人，在斯大林的葬礼上其甚至亲自为斯大林抬棺，也正是因为此他才得以成为其继任者。现在听赫鲁晓夫做了这么个大转弯，许多苏联人心里便犯嘀咕了：你既然知道他的错误，为什么在斯大林时期，你不提出你的意见，而要在今天才放“马后炮”呢？

后来，在又一次党员代表大会上，赫鲁晓夫又继续说起这个话题。因为现在人们已经普遍开始认识到个人崇拜的害处，所以现在他谈这个话题时已经比较轻松了，就在他侃侃而谈的时候，从下面听众席里传来一张纸条，上面写着：当时你在哪里？

显然，这就像是当面掮了赫鲁晓夫一个耳光，他感到尴尬和难堪的同时，又感到很为难。如果如实回答，必然暴露自己不光彩的经历；而如果把纸条丢到一边，装做什么也没发生，那只会表明自己怯阵了，必然会被在场的人们看不起，有损自己的威信。从台下听众聚精会神地盯着他的眼神中，显然他们都已经猜到纸条上写的什么，因为他们也有同样的疑问。

情急之下，赫鲁晓夫突然急中生智，巧妙地渡过了这个难关，既没有丧失自己的威信，又为自己之所以放“马后炮”找了个理由。你猜他是如何做的？

467. 孙叔敖的遗命

春秋时期，楚国布衣孙叔敖才能出众，被楚国前宰相虞丘子推荐给楚庄王，担任楚国宰相。孙叔敖担任宰相期间，兢兢业业，身体力行，忠心辅佐楚庄王，在内政上采取了一系列措施，使得楚国迅速在经济上达到一个国富民强的全盛时期；而在军事和外交上，孙叔敖通过一系列的变革，最终击败中原霸主晋国，成为新的霸主，乃是春秋五霸之一。

但是，孙叔敖虽然功勋卓著，受到楚庄王的器重和百姓的爱戴，但是，其却始终保持谦逊谨慎，没有一点骄傲，同时廉洁奉公，不为自己谋一点私利。据说其妻子身穿粗布衣服，其临死时连棺材都买不起。孙叔敖临死前，曾叮咛儿子孙安道：“楚王为表彰我的功劳，曾多次要我选一处地方作为我的封邑，我都谢绝了。我死后，他肯定要给你封官职，你一定要推辞。我了解你，你才能有限，在官场上做不出什么大的成就，反而可能被人陷害，引来杀身之祸。你不肯做官，楚王便可能会要给你封邑，这你也要坚决推辞。但是如果实在推辞不掉，你就请求将‘寝丘’封给你。这个地方土地贫瘠，地名又叫‘死者停处’的不吉利地名。记住，只能接受这个封地，其他的一定不可接受！”说完，孙叔敖便死去了。

楚王为孙叔敖举行了隆重的葬礼之后，果然要给孙安封官并封地，孙安则依照父亲的遗嘱都一并拒绝了。

几年之后，楚庄王也便将孙安给忘了。但是忽然有一天，宫中的优伶作戏唱道：“廉吏高且洁，子孙衣单而食缺。君不见，楚之令尹孙叔敖，升迁私产无分毫，子孙丐食栖蓬蒿……”楚庄王立即问道：“孙安真的已经贫困到这个地步了吗？”优伶回到道：“不至此，不见前令尹之贤。”

楚庄王于是派人将孙安召进宫，要封给他万户之邑。孙安于是说：“大王如果真的非要因为我父亲的一点小功劳封我的话，我只愿得寝丘。这是先父遗命，非此地不敢接受。”楚庄王一听是这个贫瘠之地，十分纳闷，但也没有办法，只好答应了他。

聪明的读者，你能猜出孙叔敖教令儿子只可接受“寝丘”这个封地的原因吗？

468. 曹操计除袁氏兄弟

三国时期，曹操在官渡之战中，以少胜多，击败了袁绍。袁绍又羞又怒，逃回后方后大病一场，于建安八年春二月死去。

曹操知道，袁绍在河北经营多年，树大根深，官渡之战并没有伤到其元气，于是，乘胜出兵攻打袁绍的三个儿子袁谭、袁熙、袁尚。三兄弟大败，弃黎阳而走。

曹操率军追至冀州，袁谭与袁尚在城中坚守，袁熙在离城30里处下寨。谋士郭嘉对曹操说：“袁绍当初废长立幼，袁谭、袁尚兄弟争权，各自树党，急之则相救，缓之则相争。不如举兵南向荆州，征讨刘表，以候袁氏兄弟之变；变成而后击之，可一举而定也。”

曹操于是听从了郭嘉的计策，引兵向荆州进发，讨伐刘表。袁谭本为袁绍长子，却没继承父业，心中十分不满，因此，见曹操一走，果然发兵进攻袁尚。不过，袁谭两次进攻袁尚，都遭到了失败，被其追至平原城，走投无路之下，投奔了曹操。曹操也乘机和袁谭联合起来，击败了袁熙和袁尚。

袁尚、袁熙兄弟被击败后，投奔乌桓。曹操又穷追不舍，击败了乌桓。袁氏兄弟便又逃至辽东，投奔辽东太守公孙康。对于这种情况，曹操手下将士都纷纷建议曹操乘胜进军，一鼓作气平服辽东，捉拿二袁。但是，曹操却捋着胡子说道："你等勿动，公孙康自会将二袁的头送上门来。"随后，他便下令从柳城班师回许昌。

没想到，果然不出曹操所料，曹军自柳城班师南还不久，公孙康就杀了袁氏兄弟及苏仆延、楼班、乌延等人，并特地派人送来了这几个人的首级。部下将领对此很是不解，忍不住问曹操："您刚从柳城撤兵，公孙康就把二袁的头斩了送来，这是什么原因呢？"

曹操于是便道出了各种原因，众将一听，恍然大悟。你能根据当时的背景分析出这其中的原因吗？

469. 两家杂志的博弈

《新闻周刊》和《时代》是美国最大的两家新闻周刊，一直以来，两份杂志在发行量和影响力上都是旗鼓相当，不相上下。因为彼此是死对头，在每一周，两家杂志都会暗自较劲，力争在本周做出的新闻能够胜对方一筹。而其竞争的一个关键地方，便是在封面专题上。两家杂志都曾聘请专门的心理研究机构做过相关的调查，一个读者是否会决定买一本杂志，或者说买哪本杂志，很大程度上都会凭借对于一本杂志的封面。封面上的故事吸引住了他，他便会掏钱，而如果封面故事没有引起他的兴趣，他便基本没有兴趣去进一步翻开杂志了。因此，在每一周，两份杂志的编辑们都会在办公室里绞尽脑汁为下周的杂志寻找一个吸引人的封面专题。但是，要知道，作为新闻性的刊物，其选题基本上是根据现实中的新闻而定的，而每周最有新闻价值的选题很可能大家都会去选取，因此不仅要考虑自己的新闻选题本身，而且往往还要考虑竞争对手的选题，会不会和对方撞车，如果撞车要如何在同一选题上做出胜对方一筹的新意。因此每当《新闻周刊》的编辑们在编辑部开会选选题同时猜测《时代》选题时，他们清楚地知道，就在同时，《时代》的编辑们正在他们的办公室内做同样的事情，而且，他们也知道，《时代》的编辑们也知道《新闻周刊》的编辑们知道这一点。

就这样，两家杂志每周都处在这样一种循环式的互相猜测状态中，并且两者必须依靠对对方的猜测来出招，如果等对方出过招了再采取措施，就来不及了。可以说，这是一种典型的博弈状态，双方都需要根据预测对方下一步的策略来决定自己下一步的策略，与下象棋十分相似。如此，两家杂志便是时刻处于这样一种竞争状态中，至于结果，则一般是这周你占上风，下周我则赢回来。

下面让我们来具体分析一下两者博弈的微观过程。假设在某一周，《新闻周刊》通过分析，发现美国本周所发生的新闻中有两则是最具有新闻价值的：一则是有关司法部长丑闻一事，一则是有关美国和日本的贸易摩擦的事情。显然，《新闻周刊》的编辑们知道，新闻嗅觉灵敏的《时代》编辑们肯定也已经锁定了这两个新闻。接下来，《新闻周刊》的编辑们开始对这两则新闻的取舍进行了一番分析：

编辑们在作出选择的时候，首先考虑的是最重要的因素，即哪条新闻能够更大限度地吸引读者的眼球。通过调查发现，在这些可能会购买的潜在客户中，因为“司法部长丑闻”的新闻具有更多的故事性，能够吸引人们的猎奇心理，因此有70%的人对其感兴趣。而另外30%的人则对于“美日贸易摩擦”更感兴趣。接下来，两家杂志要考虑的便是对方的选择。假设只要对封面故事感兴趣的人便会掏出钱来购买杂志的话，如果双方所作选题不同的话，便会占有对相关选题感兴趣的那部分客户。如果两者选题相同，则会平分对所选选题感兴趣的客户。

在这种情况下，你作为《新闻周刊》或者《时代》的编辑，该如何做出选择呢？

470. 徐盛用计守南徐

徐盛是三国时吴国名将。他本是琅琊莒县（今山东莒县）人，因战乱客居江东，后得到孙权重用。其曾随周瑜参加了赤壁之战、南郡争夺战，后随孙权参加了合肥之战，随吕蒙参加了荆州之战，随陆逊参加了夷陵之战。吴国大大小小的战斗，徐盛多有涉及，屡立战功。后期，徐盛成为驻防吴国东侧的大将。下面所讲的便是他用计智守南徐的故事。

刘备死后，蜀国在诸葛亮的主导下，改变了对吴政策，双方重归于好，共同防御魏国。魏文帝曹丕得知这个消息后，对本已对自己称臣的东吴十分恼火，亲率大军三十万，乘坐龙舟，从水路进攻东吴，并试图先攻下南徐。

孙权见魏军来犯，一面派人前去蜀国请诸葛亮再出祁山，牵制魏军，一面和文武大臣商量退敌之策。在文武大臣面前，孙权自语道："要抵御曹丕，恐怕非陆伯言不可。"顾雍说道："陆逊正镇守荆州不可轻动。"孙权于是有些激将意味地叹道："我也知道荆州重要，但是眼前没有能抵御曹丕之人啊！"这时，徐盛站出来说道："某虽不才，愿领一军御敌，定叫魏军不敢踏入我土一步。若他敢前来，吾必擒曹丕献给陛下。"孙权一看是身经百战的徐盛，便十分高兴，立即封其为安东将军，总领南徐、建业军马，守御南徐。

徐盛得到委任后，立即命令众军，多置器械、旌旗。

曹丕乘舟来到广陵时，前部先锋曹真已经率大军在江北列阵。曹丕问曹真道："江南有多少人马？"曹真回答说："远远望去，对岸并无一人，也看不到旌旗营寨，煞是奇怪！"曹丕说听了不信，乘坐龙舟亲自到江面上察看。他在船上向南岸望去，果不见一兵一旗。曹丕见此情景，便询问谋士刘晔、蒋济的看法，两人表示：东吴已经知道我大军来犯，怎么会没有防备，因此不可贸然渡江，最好静观几日，令先锋探明情况后，再渡江不迟。曹丕点头表示认可。

当天晚上，没有月亮，于是，江南岸看上去漆黑一片，没有半点灯光，而江北岸则灯火通明，曹营沿江百里一字列开，甚是壮观。南北两岸形成了鲜明对比。但是，到清晨时，江面上先是起了雾，至一阵大风将雾吹散，江北的曹军突然发现，江南岸一夜之间突然修起了连城，城楼上旌旗遍竖，刀枪耀目。这时魏军探哨向曹丕报告：南徐沿江一带，直到石头城，一连数百里，城郭、舟车连绵不断，一夜之间就列成了阵势。曹丕得知，立刻惊叹道："幸亏我昨天没有贸然进兵，不然必中吴军埋伏了，看来江南果有能人啊！"曹丕见东吴已经做了充分的御敌准备，便对进退感到十分踌躇。此刻，又有人报告：诸葛亮已经又带兵出了祁山，赵云出兵阳平关，进犯中原。曹丕于是即刻下令班师回许都。

见曹丕撤兵，徐盛大大地松了一口气。原来，那些一夜之间所造的连城，都只是一些假城，"城"上的将士都是一些穿着青衣"拿"着刀枪的稻草人。之前，徐盛之所以命令军士多置器械、旌旗，目的便在于此。实际上，面对曹丕的大军，徐盛并没有足够的实力可以对抗，所以才使用了这种虚张声势之计。

你能通过博弈的角度，说出徐盛的计策能够得逞的关键吗？

471. 两家报纸的博弈

前面我们曾讲过一个"两家杂志的博弈"的故事，说的是美国的两份新闻周刊《新闻周刊》和《时代》之间的博弈。这里，我们再来分析一个美国的两家著名报纸之间博弈的故事，与前面的两份周刊在选题方面的博弈不同的是，两家报纸间的这次博弈是在价格方面。

1994年初，美国的著名报纸《纽约邮报》考虑到物价上涨等因素，觉得每份报纸的零售价应该提高一些才对，于是将其零售价从原来的40美分提高到50美分。在当时，《纽约邮报》的主要竞争对手《每日新闻》的零售价也是40美分。因为是竞争对手的缘故，《纽约邮报》并没有找《每日新闻》协商一起提高零售价。但是，《纽约邮报》心想，自己提高价格后，《每日新闻》应该默契地同样将价格提高至50美分，因为这样对双方都有利。而相反，如果《每日新闻》如果不那么做，他们也明白《纽约邮报》完全可以再将价格回调至原来的价格，甚至调得更低，那样只能是两败俱伤。

但是，令《纽约邮报》感到气愤的是，《每日新闻》竟没有将价格调高，而是仍旧将价格停留在40美分上，结果《纽约邮报》失去了一些订户以及由此带来的广告收入。《纽约邮报》心想，这样的局面必定不会持续太久，因为《每日新闻》应该是明智的。但是，没想到，《每日新闻》一直迟迟不肯提高零售价。《纽约邮报》便有些坐不住了，它开始认为自己应该作出警示的行动，好让《每日新闻》知道自己有能力发动一场报复性的价格战。

当然，如果真的发动价格战，最终肯定是双方都遭受损失，因此《纽约邮报》并不想看到那样的结局。于是，《纽约邮报》采取了一个警示性的举动，它将Staten岛上的零售价格降到了25美分，想通过这种小地区向《每日新闻》展示一下自己的力量。而《每日新闻》也马上领会到了《纽约邮报》的意图。

那么，你猜，在这种情况下，《每日新闻》会采取怎样的应对措施?

472. 卢循兵败

东晋时期，桓玄篡位立国之后，任命卢循为永嘉太守。卢循表面恭敬受令，暗中则扩充势力，准备造反。后来宋武帝刘裕平复桓玄之乱，控制大局，他任命卢循为广州刺史，卢循的姐夫徐道覆为始兴相。

义熙六年（410）春，卢循和徐道覆趁刘裕北伐南燕，后方空虚之机，率军造反，北征刘裕。两人先是率军在始兴会合，然后分东西二路北上，进入湘州（治今长沙）与江州（治寻阳，今江西九江西南）诸郡，势不可挡，沿路震恐。后来，徐道覆主张东进，一举攻下建康。卢循则比较犹豫，最后勉强同意，遂自桑落洲（今江西九江东北）进抵淮口（今江苏南京西北秦淮河口），逼近兵力不过数千的建康。

前方的刘裕闻讯后院起火，赶紧自北伐前线撤回京师。他来到长江边上，对各位将领说："叛军来势凶猛，如果从新亭直接挺进，我们只能暂且回避其锋芒了，这样一来，胜负就很难说了。而如果他们回到西岸去休整，那我们就可以一战而胜了。"

在叛军这边，徐道覆主张从新亭进军白石，然后烧掉战船登陆，分路进攻刘裕。而卢循则觉得这样做太冒险，他对徐道覆说："根据敌军慌乱的程度来看，我们只要驻守在西岸，施以心理压力，他们自己就会在几天内不攻自乱。"于是，叛军便在长江西岸驻扎了下来。

起初，刘裕登上石头城，观察叛军动向。一开始，他见叛军向新亭方向进发，刘裕脸色立刻变了，他很害怕卢循趁借其一路胜利的威势，发动突然袭击，尚未部署妥当的自己将措手不及。但是后来他又看到叛军船只回到蔡州停泊下来，便放心了。刘裕命令各路军队立即转移，集中砍伐树木，在石头城和秦淮河口等地树起栅栏。同时，他还命人以最快的速度整修越城，修筑堡垒，并派兵把守。如此一来，刘裕便将自己的防守阵型布置妥当了。而卢循兵临建康近两月，士兵锐气尽失，粮草断绝，不得不于七月初退还寻阳，最后兵败投水自杀。

你能否分析一下，本来似乎占有优势的卢循为何会失败？

473. 陆逊回兵的原因

在小说《三国演义》中，有这样一段故事。说刘备为给关羽、张飞两位兄弟报仇，率领70万大军举国讨伐东吴。但是，东吴新任大都督陆逊先是采用坚守不出的战略，然后又抓住了刘备驻扎军队的弊端，用计火烧蜀军绵延七百里的大营，一举击败了蜀军。刘备也在仓皇中带着一小部分残兵败将往回逃窜。陆逊于是率军乘胜追击，试图一举攻破蜀国。吴军一直追到了一个叫做鱼腹浦的地方，见前方有一堆乱石挡住了去路，充满着一股杀气，却不见一兵一卒。吴军怕有埋伏，未敢轻易进入。陆逊找来一个当地人询问，一位老者告诉他："当年诸葛亮入川时，用石头排列成阵势布于沙滩之上，名曰'八卦阵'。"陆逊心中好奇，带领了几个人到阵中观看，忽然狂风大作，飞沙走石，遮天蔽日。陆逊顿时大惊，赶忙出阵。回寨后，陆逊叹道："这个量真乃'卧龙'也！我比不上他啊！"然后便下令班师。

于是，许多人都认为，当初陆逊之所以没能趁胜长驱直入，灭亡蜀国，乃是因为诸葛亮的神奇本领。但是，这不过是种文学上的说法罢了。在当时蜀国元气大伤的情形下，吴军如果执意要趁势一举攻破蜀国，绝非是一个诸葛亮可以阻挡得了的。实际上，当时吴国之所以放弃这个机会，乃是当时的三足鼎立的形势使然。

你能不能从当时的形势来分析一下，找出陆逊回兵的真正原因？

474. 李宗仁灭敌顺序之安排

粤桂战争结束后，广西形成了以陆荣廷、沈鸿英、李宗仁和黄绍陶各为一方的三足鼎立局面。其中，黄绍陶和李宗仁合在一处有两万多人，沈鸿英有两万多人，陆荣廷有三万多人。他们分别以南宁、桂林、玉林为中心展开了一场明争暗斗的历史剧。

陆荣廷与沈鸿英两人乃是世仇，这年，双方在桂林展开了一场鏖战，相持三个多月不分胜负。最终，这两个军阀为避免两败俱伤的结局，开始谈判媾和。这时，坐山观虎斗的李宗仁得知这个消息后，盘算到，如果陆、沈媾和成功，则广西仍是三分之局；并且，陆、沈可能要合而谋他。于是，李宗仁找到白崇禧及黄旭初商讨对策。白崇禧十分同意李宗仁的看法，说道："陆、沈相急，已经三个多月，我们隔岸观火，现在火势将熄，我们若不趁火打劫，就会失去大好时机。"黄旭初沉吟道："肯定要出手了，不过，李总司令，健生兄，你们认为陆、沈二人，我们先打哪个好呢？”

李宗仁说道：“如果从道义上来讲，沈某人反复无常，且久为两粤百姓所痛恨，讨伐他必定大快人心。”

白崇禧则说道：“我倒认为应该先打陆，理由有三。其一，陆的大本营在南宁，如今他将兵力都抽调到桂林去和沈打仗，南宁防务空虚，易于进攻；其二，陆与湖南相通，湖南又得到吴佩孚的援助，如果延误时机，等其援助到达，则再谋取他就不容易了；其三，陆、沈之中，陆强沈弱，如若先打沈，即使胜了，陆之力量仍在，广西仍不能统一。而如果先打陆，一旦打胜，则沈就很容易收拾了。因此，目今我们应该联弱攻强。”

黄旭初也进一步附和道：“我同意健生的意见，现在陆廷荣已经在桂林被围困三个月，气息奄奄，如果我们攻沈，就等于是救了他的命。”

三人经过一番协商后，做出了“先陆后沈”的决策。

于是，李宗仁当即领衔发出通电，要求陆荣廷下野。紧接着，李宗仁率领左翼军兵不血刃地占领了南宁。白崇禧则指挥右翼军扫荡宾阳、迁江、上林之敌后，即向左回旋进击武鸣，也未遭激烈抵抗，两军会师南宁。被围困于桂林的陆荣廷见南宁老巢丢掉，只得率残部逃入湖南。之后，李宗仁趁热打铁，花两年多的时间将沈鸿英、谭浩明等旧军阀一一剪除，于1925年秋统一广西。

李宗仁消灭陆、沈军阀的过程，包含了很微妙的博弈论，你能分析一下吗？

475. 模棱两可的魏国

春秋战国时期，韩、赵两国发生战争。两国实力相当，谁也打不赢谁，于是，韩国派遣使者到相邻的魏国请求其出兵帮助自己。魏文侯对韩国使者说：“我与赵国乃是兄弟之邦，不敢答应贵国。”后来，赵国知道这个消息后，便以为魏国和自己相亲，也派使者到魏国来，请求魏国出兵帮助自己。没想到，魏文侯以同样的理由拒绝了赵国。两国使者十分沮丧地回到自己的国家后，才发现魏文侯已经派遣了使者到自己的国家，为两国调停。于是，两国停止了战争。并且，两国国君感激于魏文侯为其调停的情谊，都来向魏文侯致谢。魏国于是成为三国之首，各诸侯国都不能和它争雄。

你能使用博弈论的观点分析一下魏文侯的策略吗?

476. 帆船决赛策略选择

1983年，美洲杯帆船赛决赛前4轮结束后，上届冠军美国队的丹尼斯·康纳船长的“自由号”在这项共有7轮赛事中，3胜1负，成绩排在首位。如果不出意外，这届的冠军仍将是美国人的。

第5轮比赛即将开始的那天早上，整箱整箱的香槟已经被送到了“自由号”的甲板上。而在一旁的观看船上，船员的妻子们则身着美国国旗红、白、蓝三色的背心和短裤，等待着跟随他们的丈夫一起和奖杯合影，看上去冠军已经是他们的无疑了。

比赛开始后，由于澳大利亚队的“澳大利亚二号”出现抢跑情况，被责令退回到起点线后再次起步，这又使得“自由号”获得了37秒的优势。在这种局面下，澳大利亚队的船长约翰·伯特兰冷静分析之后，果断决定将帆船转到赛道左边，他这样做，显然是在赌风向发生变化，使得他们能够后来居上。但是，一旦赌输了，就完全没有希望了，而且，他赌赢的机会很小。而美国队的丹尼斯·康纳船长则决定将“自由号”留在赛道右边，显然他赌的是风向不变。

结果，没想到约翰·伯特兰这次大胆的举动押宝押对了，后来风向果然出现了偏转，使“澳大利亚二号”以1分47秒的巨大优势赢得这轮比赛。并且，再赛两轮之后，“澳大利亚二号”赢得了决赛桂冠。

后来，有的美国媒体批评丹尼斯·康纳，说他策略选择失败，没有跟随澳大利亚队调整航向，有的则认为他运气不佳而已；而对于约翰·伯特兰赢得比赛，许多人夸赞他的同时，也有人不以为然，认为他仅仅是因为运气好而已。

你能分别分析一下丹尼斯·康纳和约翰·伯特兰的策略的对错吗？

477. 果敢的隋何

公元前204年，项羽和刘邦在彭城展开了拉锯战。刘邦因在军事上不是项羽的对手，屡次战败。谋士张良分析认为，九江王英布是楚国的猛将，据有九江（郡治寿春，今安徽寿县）、庐江（郡治舒县，今安徽庐江西南）二郡，具有相当实力。但是楚汉之争中，项羽多次要英布出兵相助，他都按兵不动，或者只派几千人虚与应付，项羽对他颇为怨恨，多次派使者责问他。如此一来，英布就更不敢前去见项羽了，因此张良认为可以利用他和项羽的这个间隙拉拢他。于是，谋士隋何主动请缨，前去策反英布。

隋何带着二十个人来到九江王地盘后，等了三天也没能见到英布，于是他便对接待他的太宰说："这样僵持着也不是办法，我请求见到九江王，如果我说的话要是对呢，大王听我的；如果我说的话不对，则请你们将我们二十几人一起放在砧板上，在淮南广场当中用斧头剁死，以表明大王誓死效忠楚国的决心。"太宰一听，便将此话传给了九江王。九江王于是接见了隋何。

隋何见到九江王后说道："汉王派我恭敬地来到您面前，我只是感到奇怪，为何您和楚国的关系那么亲近？"九江王说："我现在是以臣子的身份侍奉项王。"隋何说："可是，您既然是以臣子的身份侍奉项王，在项王亲自率军攻打齐国时，曾要求您出兵。您本来应该出动淮南全部人马前去效力，却只是派来四千人前去应付。作为别人的臣子，是这个样子的吗？项王与汉王在彭城作战，曾要求您出兵助战。但是您却没有出动一兵一卒，而是垂衣拱手地观看他们谁胜谁败。作为人家的臣子，是应该这个样子的吗？如此一来，项王现在是没有工夫和您算账，一旦等将来各方稳定，您以为项王会不和您算这笔账吗？"此后，隋何又对九江王分析了一下战争形势，最终，九江王暗中同意叛楚归汉，但是却不敢将这件事公开。

就在这时，项羽的使者也来到九江，催促九江王发兵援救楚军。九江王于是在传舍中接见项羽的使者。这个消息马上传到了隋何的耳朵里，于是隋何心想，先前九江王只是口头上答应叛楚归汉，并不坚决，现在项羽的使者到来之后，他肯定又要产生动摇了。他知道，这次能否成功策反九江王，就决定在这一刻了，情况十分紧急。于是，情急之下的隋何突然想到了一个快刀斩乱麻的主意。最终，隋何正是凭借这个主意使得九江王最终明确地背叛了项羽，投靠了刘邦，为刘邦的最后胜利奠定了战略性的基础。

假如你是隋何，面对这种情况，你会怎么做？

478. 张巡退敌

天宝年间，“安史之乱”爆发，叛将令狐潮率军四万包围了雍丘（今河南杞县）。雍丘虽小，但地理位置十分关键，乃是江淮地区的屏障，一旦失守，叛军将可长驱南下，骚扰江淮地区。因此，雍丘守将张巡手头仅有两千兵士，仍决定誓死守卫雍丘。对于来势汹汹的叛军，张巡出其不意，留下一千人守城，自率一千精兵，打开城门冲出杀敌。叛军做梦也没想到张巡敢于冲出城来，措手不及，被杀了个人仰马翻。第二天，令狐潮又指挥士兵架起木制云梯攻城。张巡又使用油浸过的草捆点燃后抛到城下，烧死叛军无数，挫败了叛军的进攻。叛军于是束手无策，双方僵持下来。

在接下来双方对峙的两个多月里，张巡死守城墙，并且一有机会便率军出城偷袭叛军，夺取了敌军的许多粮食和盐。但是，虽然粮盐有了保障，城中的箭矢却已经消耗殆尽。鉴于此，张巡命令士兵扎了许多草人，给它们穿上黑衣，在月光下用绳子将它们坠下城去。城外的叛军以为叛军又要来偷袭，纷纷射箭。射了半天，叛军觉得不对劲，因为他们始终没听到一声喊叫声，而且发现这一批刚被拉上城去，另一批又坠下来，似乎故意让士兵来送死。于是，叛军派人前来探查，方知对方坠下来的全是草人。而这一夜，张巡得箭十万支。

到了第二天深夜，张巡又故技重演，叛军乱射一阵后，发觉又是草人后，便停止了射箭。以后每天夜里，张巡都是如此，城外的叛军便不再上当了。就在一天夜里，张巡突然发起总攻。他趁夜色将五百勇士坠下城去，叛军依旧以为是草人，并不理睬。五百勇士下城后，喊杀冲天，奋勇冲进敌营。叛军没有一点准备，顿时大乱。接着，叛军营房又四处起火，混乱中也不知来了多少官军，一个个抱头鼠窜。最后，张巡又率军冲出城，追杀叛军十多里，大获全胜。

在这个故事里，叛军之所以失败，是因其策略出现了明显的失误，你能找出其失误的地方吗？

479. 空城计

三国时期，诸葛亮首次率师北伐时，由于马谡刚愎自用，失守街亭这块咽喉要地，导致蜀军大势已去，诸葛亮不得不迅速做出战略撤退的部署。他令张翼率兵前去修理归途剑阁；派关兴、张苞布设疑兵，防止魏军追袭；派姜维、马岱断后，作为大军撤退的掩护；同时还安排人把姜维的母亲送到汉中。各方部署完毕后，诸葛亮自己则率领五千军马去西城搬运粮草。

而魏国主帅司马懿也是老谋深算，他对部将张郃说道："如今蜀军丢失了街亭，粮道被切断，诸葛亮必然会退回汉中。否则的话，蜀军便成了没有后方支援的孤军，会被我困死在这里。他们撤军时，必定会以主力断后，以防止我追击。所谓穷寇勿追，我们就不追他的大军了。不过，我们可以将他的粮草辎重截下，也算是不小的胜利了。你率军从箕谷小路去截蜀军的粮草、辎重；我率军去占领西城，那里是通过南安、天水、安定三郡的要津，占领了这里，三郡便可以收复。同时，西城还是蜀军屯粮之地，可以在那里得到许多粮草。"

诸葛亮到了西城，才刚刚将粮食装运好，并命两千五百军兵押送着粮草离开，就接到线报司马懿已经率领十五万大军朝西城杀来了。众人一看，现在城内只有一帮文官和两千五百名军士，如何守得住城？如果弃城而逃，前方所运的粮草必然被追上。因此都感到十分焦急。就在这时，诸葛亮却十分镇定，他走上城头，观察正在奔来的魏军，只见几里之外的魏军兵分两路，正杀气腾腾地朝这边奔来。

诸葛亮果断下令：将城头上的旌旗全都隐藏起来，每个军兵各自藏在原来的位置上，不准露面，不准高声说话，如有违反，立刻斩首；同时，打开四面城门，每个城门口派二十几个军兵扮作普通百姓，在那里洒水扫街，魏兵到时，也不准乱动和表现出惊慌。之后，诸葛亮自己则披上鹤氅，戴上高高的纶巾，领着两个小书童，带上一张琴，到城上望敌楼前凭栏坐下，燃起香，然后慢慢弹起琴来。

魏军先头部队奔驰到西城下，见到这般情景，都感到很诧异，没敢贸然进城，赶紧将情况禀报给司马懿。司马懿听到报告后，不相信这是真的，立即亲自来到城下，只见自己的老对手诸葛亮果然坐在城楼上满面笑容、怡然自得地弹琴，左右两个童子各占一边，一个手持宝剑，一个手持拂尘。而城门内则有二十来个百姓在那里旁若无人地打扫街道。司马懿再仔细听那琴声，发现琴声悠扬，毫不纷乱。司马懿于是当即下令，后军改为前军，马上撤退。

在回去的途中，司马昭问司马懿道："父亲您为何要退兵呢？诸葛亮如此，必然是身边没有军将，才故弄玄虚，哄我们离开的！"司马懿则说："这个你就不懂了，事情没有这么简单。你所说的我自然也想到了，但是根据我的判断，城中必然有重兵埋伏！"司马昭问道："父亲您为何如此肯定呢？"司马懿解释道："我对诸葛亮是十分了解的，此人一生行事谨慎，从不肯冒险。我当时听他的琴声，曲调丝毫不乱，想必他是成竹在胸的，并且曲调中也隐隐含有伏兵千万的韵味。另外，你有没有注意城门内的扫地的百姓，这些人见到我大军就在城门外，却丝毫不惊慌，因此必然是蜀军装扮的。从这几点来看，这一定是诸葛亮的'实则虚之'之计。”司马昭听了，内心十分敬服。

那么，你能分析出诸葛亮的空城计之所以能够成功的关键吗?

480. 惊心动魄的决斗

普特南是美国独立战争期间的重要将领之一，其以智慧过人著称，这里说的是有关他的一件逸事。

普特南早年曾参加过法国与印度之间的战争。在印法战争期间，一天，有位英国少将因为和普特南产生了过节，提出要和他决斗。普特南知道，无论是枪法还是格斗，对方都十分了得，自己取胜的把握很小。于是，他灵机一动，提出要和对方采用一种更加能检验一个人的勇气的决斗方式——双方都各自坐在一个小炸药桶上，同时点燃导火线，谁先移动谁就输。

在导火线燃烧时，英国少将显得烦躁不安，而普特南则悠然地抽起了烟斗。

眼看导火线越烧越短了，也有越来越多的旁观者从帐篷中走出来，远远地观看这场惊心动魄的决斗。少将再也忍受不住了，一下子从小桶上跳了起来，甘拜下风。

这时，普特南说了一句话，使得英国少将十分佩服普特南。

你猜普特南说了句什么话?

481. 哲学家自救

古希腊的一位哲学家信奉科学与智慧，而不信奉神灵，这在当时是不被允许的。于是，他遭到了法院的传讯。在法庭上，哲学家利用自己的知识对法官讲哲学，讲科学。但是，在昏聩的老法官心里，只相信神，因此对于哲学家的话一点也听不进去。聪明的哲学家也很快看出了这点，于是灵机一动，有了主意。他对法官说：“法官先生，在您的心里，只信仰神灵，我对此表示赞赏。不过，想必您一定听说过，先前我的一个邻居因为污蔑我得了神经病，被天上掉下来的乌龟打破了头。”这件事只是一件偶然发生的事情，却被信仰神灵的人们传为这是神灵出于保护哲学家的目的而对其邻居的惩罚，法官也知道这件事，于是他说道：“那是最高神宙斯派老鹰对您邻居的惩罚。看来，神灵是十分庇佑您的！”

接下来，哲学家便说了一通话，使得法官宣布自己无罪释放。

如果你是哲学家，你会如何说？

482. 巧拒推销

20世纪20年代，美国的一家服饰公司为了推销新产品，想出了一个有些无赖的招数，便是不征询对方意见，便直接给目标顾客寄去产品，然后要求对方寄回所谓成本费。许多人因为觉得人家将产品寄来了，不给钱总是心里不安，况且这产品毕竟也不是很贵，于是都寄了钱过去。一次，正在纽约写小说的海明威也收到了该公司的一个包裹，其中放着一条领带，并附有一封短信：“我公司最近推出新款领带，深受顾客欢迎。现奉上样品一条，请您试用，并请寄回成本费三元。”当时的海明威刚开始出版了自己的第一本小说，并无多大名气，小说的销售也很冷淡，因此经济上十分拮据，自然不肯当这个冤大头。于是海明威灵机一动，便想了个绝妙的办法，巧妙地既没有让这家无赖服饰公司占便宜，也没有使自己成为一个白拿别人领带的不道德的人。

你能猜出海明威是如何做的吗？

483. “贪婪”的王翦

秦王政二十一年，秦王嬴政准备灭楚。秦王先是询问在灭燕的过程中立下大功的年轻将领李信：“下一步我准备灭楚，你觉得这需要多少士兵？”

李信回答道：“大王，20万士兵足够了！”

于是秦王又问老将王翦同样的问题，王翦回答道：“没有60万，恐怕不行。”

于是秦王便觉得王翦因为年纪大了，所以胆怯，便委任李信为主将，蒙恬为副将，率军二十万伐楚。王翦也明白了秦王故意冷落他的意思，于是顺水推舟，称自己年老多病，乞请告老还乡了。

结果，第二年，秦军却被楚军打得惨败，多名高级军官被杀，只有李信勉强逃了回来。秦王听到消息，大怒，同时后悔当初没有听王翦的话，于是亲自带人到频阳（今陕西富平县）王翦的住宅上，向王翦道歉："寡人没有采用将军的计谋，使得李信玷辱了秦军的声威。将军即使有病，难道忍心丢下寡人不管吗？"

王翦却推托说："大王，我实在是有病，无能为力啊！"

秦王说："从前的事都已经过去了，您难道非要抓着不放吗？"

王翦于是说："如果大王您非要用我，那我还是那句话，没有60万人是不行的。"

秦王说："但听将军的考虑和安排就是了。"

于是经过一段休整后，秦王又征集了60万军队，交给王翦伐楚，并亲自送行至霸上（位于今山西西安市东）。王翦在霸上与秦王话别时，却要求秦王将咸阳四周的许多上好的田宅赏赐给他。

秦王对此很不以为然，只是说："将军还是出发吧，难道还忧虑贫穷吗？"

王翦却说："按秦国法律，担任大夫的将领，即使立了功，终究也不能封侯，所以趁着大王还信任我的时候，向您讨要些田宅，以为子孙打算。"

秦王听后大笑，以为王翦在开玩笑。没想到王翦出发行至达武关时，又先后派遣了五批使者回来讨要田宅。副将蒙恬于是规劝王翦道："将军您如此讨要封赏，不是太过分了吗？"

显然，正如秦王所说，王翦的行为有些没有必要了。但是，要知道，王翦是何等的聪明，怎么会不懂得这个道理。因此他这样做，必然是有他的理由的，你能猜出他为何要这样做吗？

484. 克格勃的"模糊"策略

20世纪70年代的一天，土耳其参议员哈伊达尔·顿吉卡纳特得到了两封秘密政治信件。其中一封是潜伏在土耳其政府内部的美国间谍写给“E·M”的信，另一封则是这个“E·M”写给美国驻安卡拉武官唐纳德·迪克森上校的信。联系两封信件的内容，可以推测出，美国大使馆正在干涉土耳其的内部事务。顿吉卡纳特看后十分生气，他在土耳其政府召开的议会上，慷慨陈词道：“美国不仅在我国建有军事基地，而且试图插手我国政治，挑起土耳其内战，好从中渔利，实在是太可恶了！”他说完，便将他所获得的两份秘密信件拿出来作为证据。

这两份信公开后在土耳其引起了轩然大波，人们纷纷猜测这两封信件中神秘的主角“E·M”到底是谁。土耳其的报纸也对于此人做了种种推测，有人认为，“E·M”是美国大使馆参赞埃德坦·马丁；也有人认为此人是中央条约组织的代表摩根上校，这两个人都有特务嫌疑，并且两人名字的开头字母都是“E·M”。当然，也有一些其他的猜测，随着媒体的放大，土耳其民众越来越坚信，不管此人是谁，他是存在的，越是猜测不出此人的身份，他们越坚信此人的存在。如此一来，土耳其的反美情绪瞬间高涨，甚至人们对于那些对美国友好的人士也表现出愤慨。

美国政府面对这种情况，也十分着急，他们专门找到土耳其的外交部进行交涉，声称这两封信肯定与美国无关，因为其行文风格与美国的风格完全不同。但是，既然信上的姓名都可以隐写，行文风格为何不能做一下伪装呢？结果，美国越解释，土耳其方面反而越觉得其做贼心虚。最终，这个事件导致美国和土耳其这两个原本友好的国家关系僵持了很长时间。 当然，如此情况，对于两国共同的敌人——苏联最为有利。

如你所想，事实上，这封信正是苏联的特务组织克格勃的两名特工伪造的。

你能分析一下，苏联克格勃故意使用“E·M”这样一个模糊的署名的目的所在吗？

485. 夏完淳骂叛国贼

夏完淳是明朝末年的神童，其在清军入关，崇祯帝上吊殉国之后，以十五六岁的年纪投身到反抗清廷的斗争中去。顺治四年（1647），十六岁的夏完淳不幸被捕。当时投降清军的明朝大臣洪承畴亲自审问了夏完淳。

洪承畴本是明朝能臣，位高权重，口碑也极好，既为皇帝倚重，也受同僚和部下的推崇爱戴。当初他领兵与清军决战于松山，兵败被俘。明廷知道情况后，十分震动，都以为他必然会宁死不屈，慷慨就义。崇祯皇帝辍朝三日，以王侯规格祭拜洪承畴的“英灵”。但是没想到还没有祭拜完，传来了洪承畴降清的消息。洪承畴自知将遗臭万年，也十分想多拉拢些降臣过来，为清廷立功的同时，也为自己贴些“保全”明臣的道德金粉。于是，在见到夏完淳后，他第一句话便说：“你小小年纪，怎么会起兵叛乱。想必定是受了奸人蒙蔽，只要你归顺大清，定然有你的官做！”

夏完淳早已抱定了慷慨就义的打算，见到这个叛臣之后，更是怒火中烧。同时，对于这个叛臣的情况也十分清楚，于是，心生一计，想要奚落一下这个无耻的叛国贼。

你猜夏完淳会如何奚落洪承畴？

486. 海涅的还击

在很长的时间里，在德国，犹太人一直受到人们的敌视。身为犹太人的德国诗人海涅尽管声名卓越，但也常常遭到无端攻击。一次，一个旅行家在对海涅讲述他的旅行经历，并借此对海涅进行了攻击。他声称他有一次登陆了一个奇怪的小岛，然后问道：“这个小岛上有个奇怪的现象，令我感到不可思议，你猜猜看，是什么现象——那就是这个小岛上竟然没有犹太人和驴子！”说完他便不怀好意地哈哈大笑起来。

如果你是海涅，你会如何来回应这句充满恶意的话？

487.庞振坤戏县令

庞振坤是明末清初时河南邓州人，他才华横溢，秉性耿直，愤世嫉俗，常以嘲弄官宦、鞭挞豪强为乐事，人称混世奇才，与当时北疆的阿凡提，南疆的徐文长齐名。

一次，庞振坤路过家乡邻县时，听说该县的县令十分好色，一心想讨个称心如意的小老婆。但是这个县官十分挑剔，挑来挑去，最终也没有定下，老百姓不堪其扰。庞振坤于是便不请自来地前往县衙，声称要替该县令做媒，问县令有什么要求。县令于是便说道："我的要求是：樱桃小口杏核眼，月牙眉毛天仙脸，不讲吃喝不讲穿，四门不出少闲言。"庞振坤一听便说道："巧了，我们村正有这样一个女子，我保定能做成这桩媒！"县令一听，十分高兴地当下和庞振坤商定了娶亲的日子。

迎亲那天，县令派人抬着花轿，放着鞭炮，敲锣打鼓地将新娘接了回来。但是，花轿抬到县令府门口时，司仪喊了许久，新娘也不下轿。县官于是上前揭开了轿帘，一看里面的新娘，县官大怒，找来庞振坤论理，但是庞振坤却同样振振有词，声称这个新娘完全符合了县令的标准。最后，县令也只好放了庞振坤。

你猜，这是怎么回事?

488.郭忠恕作画

郭忠恕是我国五代至宋初的著名画家，其山水人物画十分精妙，远近闻名。但是，郭忠恕为人清高怪异，不肯轻易为人作画，尤其从来不愿为达官贵人作画。

一年，郭忠恕寄居陕西时，有个贪财的古董商久闻他的大名，很想得到他的画，并靠此发一笔。为了能得到郭忠恕的画，想来想去，古董商想了个办法，就是叫儿子天天给喜爱喝酒的郭忠恕送好酒喝。最后，郭忠恕吃人嘴短，在古董商出面告诉他想得到他的画时，只好答应了。但是，没想到这个古董商非常贪心，竟然拿了整整一匹白绢来请郭忠恕作画。郭忠恕一看，也没说什么，只是将白绢全部展开在上面开始作画，很快就将整匹白绢用完了。这个古董商最后一看，大呼上当。

你猜郭忠恕是如何将一匹白绢画满的？

489. 杨修与张松

三国时期，曹操的谋士杨修，自恃出身名门，祖辈多有任三公之职的大官，他本人也学识渊博，能言善辩，因此颇为自傲，一直小看天下之士。但是，曾经有一次，杨修在与人的较量中落了下风，这个人就是从四川来的张松。小说《三国演义》中记录了这件事情。

张松是当时四川之主刘璋的谋士，此次前来是因为刘璋看到曹操打了一系列胜仗，势头正盛，因此派张松前来与曹操称善，为自己留条后路的。张松素闻杨修为人自负傲慢，因此便想与其过过招。

杨修见到张松后，说道："蜀道崎岖不平，您远道而来，真是辛苦了。"意思是你不远万里前来投降，真是不容易啊！

张松接道："奉主公之命，即使赴汤蹈火，也不敢推辞。"张松却将自己的行为说成了一种为主效命，听起来大义凛然。

杨修看对方将球打了回来，于是又问："蜀中人才怎么样？"

张松回答："文有司马相如那样的禀赋，武有严君平那样的精英。三教九流，出类拔萃的，记也记不清，不能数尽！"

杨修接着问："当今刘季玉手下，像您这样的人还有几个？"张松说："能文能武，智双全忠义慷慨之士，数以百计。像我这样无才之辈，车载斗量，不可胜数。"

杨修问："您现在任何职？"

张松说："目前任伴驾之职，滥竽充数，很不称职。敢问您任何官职？"

杨修一听对方官职并不高，而自己则是堂堂丞相府的总秘书，于是有些得意地说："现任丞相府主簿。"

没想到张松一听，接着说了句话吗，令杨修满脸羞红。

你猜张松是怎么说的呢?

490. 抵赖的小偷

古时候，有个农民夜间丢了一头一百来斤重的肥猪，第二天早上便在到外面沿街叫骂。叫骂到一户门前时，农民看到同村的马小四远远地看到自己过来，便躲进了自己家中，关上了大门。于是农民起疑，怀疑是马小四偷了自己的猪，将其告到了县衙。县令听取了农民的申述后，问马小四："是你偷了他的猪吗?"

马小四一听，连喊冤枉，并流着眼泪可怜兮兮地对县令说："大人，小民一向循规蹈矩，安分守己，虽然日子过得叮当作响，但也不会去做这种伤天害理的勾当啊！再说了，猪走得很慢，偷猪的人怕被逮到，因此偷猪时都不是赶着猪走，而是将猪扛在肩上。您看我这副瘦骨嶙峋的样子，我背得动他家的肥猪吗?"

县令一听，便认真打量了一下马小四，然后说道："你说得有理，就你这身板，显然是扛不动那头猪的。我听说你为人一向本分，又可怜你家贫如洗，这样吧，本官现在赏你一万钱，你回家去好生做个生意吧，切莫辜负我的一片苦心。"

两个差役于是搬来了一万贯钱，放在了堂上，马小四一看，喜得磕头如捣蒜，并对县令说："青天大老爷，如此，您就是小人的再生父母了！"

县令只是笑着说："好了，你带着这些钱下堂去吧，不要辜负我就是了。"

马小四于是再次磕头称谢后，麻利地将钱套在肩上，转身就要离去。没想到这时，县令却又喝住了他，并指出他就是偷猪的贼。你猜这是为什么?

第十章
逻辑思维名题

491. 拷打羊皮

一天中午，天气很炎热，一个樵夫背着一大捆柴回家。走着，走着，樵夫就感到又渴又累，看到前面有一棵大树，枝繁叶茂，就想到树底下去休息一下。

樵夫来到大树下，看到树下已经有一个人坐地上休息了。这个人坐在一张羊皮上，身边放着一大袋盐，身上也沾着不少盐粒，一看就知道是个贩盐的。于是樵夫就走上前去对他说："大哥，能不能借借光，把你身下的羊皮让出一块地方来，让我也坐上去歇一歇啊？"

樵夫很爽快地就答应了："来吧，反正羊皮大着呢，就当咱们交个朋友。"说着贩盐人往旁边挪了挪，给樵夫让出了一块地方。樵夫放下肩上的柴，坐到贩盐人的羊皮上。羊皮很柔软，坐上去感觉很舒服，樵夫就想：如果我有一块这样的羊皮就好了，每当我打柴累了的时候，能坐在这么柔软的羊皮上休息休息，那样就太幸福啦，这个贩盐人老实巴交的，不如我从他手上把这个羊皮给夺过来吧。樵夫一边和贩盐人有一句没一句地聊着天，一边想着夺羊皮的法子。

太阳慢慢地开始落山了，天色不早了。贩盐人和樵夫都站起来，准备继续赶路。当贩盐人拿起羊皮的时候，突然，樵夫也抓住了羊皮，并大声说："这张羊皮是我的，不准拿我的羊皮。"

贩盐人知道樵夫想夺他的羊皮，生气地说：“你想夺我的羊皮，没门！”两个人就在大树底下争执起来，过路的行人听到他们的争吵，就过来说：“别吵了，这样吵下去也没有个结果，还是赶紧去官府，请刺史大人给你们评判吧。”

这个地方的刺史大人叫李会，是一个非常聪明的好官。他接到这个案子，就对樵夫和贩盐人说：“你们俩人有什么冤屈快快说来。”

樵夫抢先说：“大人，你要替我做主啊，这张羊皮明明是我的，是我每天打柴累了的时候，坐在上面休息的。今天中午，这个不知从哪来的贩盐的看上了我的羊皮，非说羊皮是他的，大人，你可要替我做主啊，我讲的每一句都是实话。”

贩盐人看樵夫这么赖皮，气得结巴起来：“你你你你，太赖皮了，这这这明明是我的羊皮，是我背盐的时候用来垫背的。”

“是我的羊皮。”樵夫恶狠狠地说。

“是我的羊皮。”贩盐人委屈地说。

两个人又开始闹起来，把刺史李会的脑子都要闹炸了。他一拍惊堂木，大声说：“好了，别吵了，你们俩人都说羊皮是自己的，而只有一张羊皮，一定有一个人在说谎。好，既然你们不肯承认，那我就拷打羊皮，让它来说，谁是它的主人。”

樵夫一听，顿时一乐，心想：拷打羊皮，羊皮又不会说话，拷打他有什么用啊，看来这个刺史也是个傻子啊，看来，今天有希望夺得羊皮啦。

只见李会叫人把羊皮拿过来，大声问羊皮：“快说，谁是你的主人。”羊皮当然不能说话啦，于是李会使劲一拍惊堂木，大声说：“好你个羊皮，竟然敢不理本官，看我怎么收拾你。来人哪，把这个羊皮重打三十大板。”

刺史大人是不是疯了？

492. 孙亮辨奸

孙亮是三国时期吴王孙权的小儿子。孙权死后，孙亮就继承了王位，那时候他才刚刚10岁。

一天，园丁向孙亮献上了一筐新鲜青梅，孙亮想：青梅如果沾着蜂蜜吃，那味道就更美了。就派身边的太监到内库去取蜂蜜。那个太监和掌管内库的官员有仇，他想利用这次机会报复一下内库的官员。于是，他从内库里取出蜂蜜后，悄悄地往蜂蜜里放了几颗老鼠屎。

太监把蜂蜜送了过来，孙亮把青梅在蜂蜜里浸了浸，刚想把青梅放在嘴里，忽然发现青梅上沾着一颗老鼠屎。孙亮生气极了，他叫卫士去把掌管内库的官员抓过来。

孙亮质问内库官员："好啊，你掌管内库，不尽职尽责，竟然敢把有老鼠屎的蜂蜜拿来给我吃，我要判你个渎职罪，你服不服？"

那个小官员听了，吓出一身冷汗，暗想：如果给我判了渎职罪，轻则丢了乌纱帽，重了就要蹲大牢的。但是，每次采了蜂蜜，我都亲自察看，确保里面没有杂物我才叫人仔细地密封起来，里面根本不可能有老鼠屎，再说了，刚才太监来取蜂蜜的时候，我又仔细检查了一遍，蜂蜜是干净的呀。一定是这个太监想害我。想到这里，小官员委屈地说："下官掌管内库，兢兢业业，不敢有丝毫马虎，内库里取出的蜂蜜根本不可能有老鼠屎，一定是那个太监在蜂蜜里做了手脚，想来害我。"

太监听了，大声嚷着："我跟你无冤无仇，怎么会害你，你不要诬赖好人。"

小官员回应道："你曾经向我要过几回蜂蜜，我没有给你，一定是你怀恨在心，所以用这个办法来害我。"

旁边大臣们听了两人的话，分不出来谁对谁错，就对孙亮说："这两个人互相抵赖，一时也审不出什么名堂来，还是把他们都关到牢里，慢慢审吧。"

孙亮想了想，说道："不用了，这件事只要弄清楚老鼠屎是什么时候放进去的，就马上可以解决了。"说着，他叫人用刀把老鼠屎切开。

孙亮这招管用吗？结果如何呢？

493. 孔子借东西

孔子周游列国，四处讲学。一天，他乘车来到楚国境内的一条小河边，马车突然坏了，没有工具和木材维修，很是焦急。当时，有一位大嫂正在河边洗衣服，孔子赶忙走过去说："这位大嫂有礼了，我想向你借点东西，不知是否方便？"

"好的，你稍等一下，我马上去把东西拿来。"大嫂爽快地答应了。

不一会儿，大嫂就拿着斧子和几块木料走了过来，她把东西交给孔子，就自顾自地又去洗衣服了。孔子望着大嫂的背影，一头雾水：我还没说，她怎么就知道我要这些东西呢？于是，孔子走过去问大嫂。

大嫂是怎么知道孔子要借什么的呢？

494. 焚猪辨伪

三国时期，张举任句章县县令。

一天，有人来报一个凶杀案，张举赶紧升堂审理案件。原告是死者的哥哥张大伯，被告是死者的妻子刘氏，她身穿素衣，一到大堂就号啕大哭。

原告先申诉说："我是死者的哥哥，昨晚我弟弟的媳妇回娘家，正巧夜半时分，我弟弟的房屋突然起火，因为四周没有人家，等我赶到弟弟家的时候，房屋早已烧塌，我弟弟死在床上。平日里，弟媳妇就行为不端，和别的男人勾勾搭搭，这次一定是她伙同奸夫半夜回来，先将我弟弟害了，再放火烧了房屋，造成我弟弟被火烧死的假象，从而逃脱罪责。大人明察秋毫，一定要为我弟弟做主啊！"

那刘氏发疯了似的跳起来，喊道："大伯，你怎么可以这样侮辱我的清白。你说我有奸夫，那么奸夫是谁？你说我杀了亲夫，又有什么证据？”

张大伯说：“自己做了什么事，自有天知，我是不是诬赖你，你自己最清楚！”

刘氏听了，更加疯狂了，她凄惨地叫道：“我好命苦啊，年纪轻轻，丈夫就死于非命，我独自忍受守寡之苦不说，还要被人诬陷。我活着还有什么意思，不如一头撞死算了。”说着刘氏真的向柱子上撞去，幸好被衙役一把拦住。

张举听了，一拍惊堂木，说道：“都不要吵了，谁是谁非，等我验完尸再说。”

张举通过验尸能判断谁是凶手吗？别忘了，死者的房屋被烧成一片焦土，大火已被扑灭，灰堆里还冒出一缕缕青烟。死者已经被烧得面目全非，就算是生前受到过什么创伤也早已看不出来了。

495. 和尚捞铁牛

宋朝年间，黄河发洪水，把河中府城外的一座浮桥冲垮了。这座浮桥原来是用许许多多的空木船并排起来，从黄河的左岸一直排到黄河的右岸，上面再铺些木板架成的。为了不让浮桥晃动，人们又铸了八只铁牛放在黄河两岸，用来拴住浮桥。这只浮桥，平时能用来走人，过牲口和车辆，是河中府的交通要道。谁知，这一年发大洪水，铁牛不但没能牵住浮桥，就连自己也被洪水卷走了。

洪水退后，交通要道要马上恢复通行，朝廷下了一道圣旨，命令河中府马上重建浮桥。河中府赶紧准备了连接两岸的空木船，就缺拴牢浮桥的大铁牛了。再行铸造，费料费力，时间上也来不及，最好的办法就是将冲走的铁牛再捞上来。河中府重金召集了一些黄河岸边熟识水性的船夫水手，下河打捞铁牛，折腾了几天，连铁牛的一根毫毛也没碰到。眼看距离朝廷规定的时间越来越近了，河中府只好在城门上贴出“招贤榜”，想找到能人异士，把铁牛打捞上来。路上行人，见到榜文，无不知难而退。

一天，来了一个浓眉大眼的中年和尚，他看看榜文，就把“招贤榜”揭了下来。守着榜文的衙役赶紧把他带到知府衙门。

知府见了，忙让和尚坐下，问道：“不知大师怎么称呼，打算如何打捞铁牛？”

那和尚说：“小僧法号怀丙，我认为应该先找熟识水性的人到黄河上游找到铁牛，再想办法打捞。”

和尚说得对吗？

496. 路边的李树

历史上著名的“竹林七贤”，就生活在魏晋时期。王戎就是“竹林七贤”中最小的一个，他从小就是一个聪明的孩子。

有一次，王戎和同村的小伙伴们出去玩，他们打打闹闹的，一直跑到了离家很远的地方。大家闹了一阵，都感觉口干舌燥的，就想找点水喝，但是河沟里的水太脏了，附近又没有人家。没有办法，大家只能耷拉着脑袋，慢慢往家走。

忽然一个眼尖的小伙伴兴奋地叫起来：“大家快看呐，前面有颗李树，树上有好多李子啊！”

大家顺着他手指的方向，果然看到一颗又高又大的李树，李树上结满了熟透的李子。满树的李子沉甸甸的，把树枝都压弯了，一颗颗李子，红彤彤的，就像要滴出汁水似的。大家忍不住都流下了口水，一个小伙伴小心翼翼地说：“我们吃了李子，如果被主人发现的话，不会打我们吧？”另一个说：“这颗李树长在路边，肯定是野生的，你想啊，谁会把李树种在路边呀，那不是便宜了行人了吗？”大家听了，觉得有道理，就欢呼着去摘李子吃了。

大家争先恐后地爬到李树上，拣最大的最红的李子摘，不一会儿就把口袋装满了。

只有王戎站在树下，没有动。他转动着大眼睛好像在思考什么问题。

大家见了，感到很奇怪，想：平时王戎干什么事都是抢在前面的呀，今天是怎么了？就大声喊他：“王戎还待在树下干啥，赶紧上来摘李子呀，李子这么多，反正我们也摘不完。”

“我才不摘呢，这李子一定是苦的，一点也不好吃。”

“你又没吃，你怎么知道李子是苦的呀？”

王戎是怎么知道李子是苦的呢？

497. 分粥的故事

从前有七个人住在一起，他们每天分一大桶粥吃。但是，每次分完粥，都有人抱怨分得不公平，于是七个人决定想个办法来解决这问题。

一开始，他们使用七人轮流主持分粥的办法，这样每个人都有机会来分粥，看起来是公平的。

但是一个星期下来，每人只有一天吃饱了，因为无论轮到谁分粥，都给自己分最多最好的粥，这样剩给别人的粥就少了。

接着，七个人推选出了一个公认的道德高尚的人，每天都由这个人来主持分粥，成为专业的分粥人。但是过了不久，其余六个人为了能分到更多的粥，都挖空心思来讨好这个分粥人。慢慢地分粥人就开始凭借自己的喜好来分粥了，谁更会讨好他，他就给谁分更多的粥，形成了很不好的风气。这个办法显然不符合大家的要求。

于是，大家又指定了一个主持分粥的人和一个监督分粥的人，每天由分粥人来主持分粥，监督人来检查分得是否公平。起初这个办法还比较公平，但是时间长了，分粥人和监督人发现，两人联合起来对彼此都有好处。

由此，两人形成了默契，每次两人都能分到最多最好的粥。出现了这种情况，大家只好宣布了这个方法又失败了。

这次，把七人分为两个委员会，其中三个属于分粥委员会，四个属于监督委员会。这样每个人都有权力，谁也做不了弊。但是，两个委员会之间谁也不服谁，互相攻击、互相扯皮，总是不能达成共识。等到大家分到粥的时候，粥都已经凉透了。

最后，大家终于想到了一个好办法。是什么好办法呢？

498. 战俘的帽子

第二次世界大战中，一个战俘营里有100名战俘。战俘营的看守准备将他们全部枪毙，司令官同意了，但是他又增加了一个条件：他将向这些战俘提一个问题，答不出来的将被枪毙，答出来的则可以幸免。

他把所有的战俘集合起来，说：

“我本来想把你们全部枪毙，不过为了公平起见，我准备给你们最后一次机会。一会儿你们会被带到食堂。我在一个箱子里为你们准备了相同数量的红色帽子和黑色帽子。你们一个接一个地走出去，出去的时候会有人随机给你们每人戴上一顶帽子，但是你们谁都看不到自己帽子的颜色，只能看到其他人的，你们要站成一列，然后每一个人都要说出自己戴的帽子是什么颜色。答对的人将会被释放，答错了，就要被枪毙。”

过一会儿，每一个战俘都戴上了帽子，现在请问，战俘们怎样做才能逃脱这场灾难呢?

499. 谁偷了小刀

北极探险家朱利安先生突然病逝了。朱利安先生生前是城里最负盛名的探险家，有关他的故事家喻户晓。

参加完葬礼后，一些朋友又跟着老管家回到了朱利安的家中，朱利安的夫人出来招呼大家喝饮料。客人们坐在客厅里，有一搭没一搭地聊着朱利安生前的故事。

朱利安生前的好朋友查尔先生从客厅踱进了书房，这里也是朱利安的陈列室。墙上挂满了朱利安在北极拍的照片，桌子上整齐地摆放着几只爱斯基摩人的石雕像，真是栩栩如生。地上横着一架雪橇，一件爱斯基摩人特有的服装随意地丢在沙发上，旁边茶几上的玻璃罩里是一只企鹅的标本。

客人们聊了不久，就纷纷起身向主人告别，正准备出门的时候，只见老管家匆忙地跑过来在夫人的耳边悄悄地说了几句话。

夫人听了脸色大变，她不好意思地对大家说："很抱歉，大家请留步，刚才老管家来告诉我，一把精致的小刀不见了，可是，在他为大家端饮料的时候，小刀还在书房里。小刀是我丈夫从爱斯基摩人那里买的，是他生前最为心爱的东西，为此他还特地在刀鞘上镶了一块宝石。那也是他留给我们的最重要的纪念品。"

很显然，女主人肯定客人中有人拿走了小刀。查尔说道："那就赶紧请警察来吧，现在只有警察能证明我们的清白。"

很快警察就来到了，按照惯例，他们对客人们进行了仔细的搜身检查。搜查过后，警察摊开两只手，无奈地说："夫人，没有搜到，也许小刀是不翼而飞的吧，没有办法，我们只好放人了。"

小刀到底是怎么失踪的？查尔又环顾了一下书房，忽然他似乎恍然大悟，小声对警长说："窃贼就在这些客人中，而小刀也还在房间里，过不了多久你就能抓住小偷。"接着，他把自己的发现告诉了警长，警长听了半信半疑。

没过几天，警长果然抓住了小偷，他找到查尔，告诉他说："果然有个客人说企鹅标本是他送给朱利安的，现在朱利安已经去世了，想要回标本，我们逮捕了他，小刀果然藏在标本里。"

查尔是怎么确定小偷就是送标本人的呢？

500. 伽利略破案

一天，著名的天文学家伽利略收到了一封信，信是他可爱女儿，圣・玛塔依修道院的修女玛丽亚寄来的。玛丽亚没有像往常一样，在信里生动地描述修道院枯燥而又充实的生活。而是叙述了一个离奇的案子，这个案子引起了伽利略极大的兴趣。

"亲爱的父亲，昨晚在我们的修道院发生了一件可怕的案件！"玛丽亚在信中写道："聪明好学的修女索菲娅躺在冰凉的钟楼凉台上，死去了。要了她年轻的生命的是一根很细约五厘米长的毒针，毒针刺破了她的右眼，丢落在她的尸体旁边。看来，她是自己拔出毒针后，毒发身亡的。钟楼下面的大门是拴上的，想来是她进入钟楼后，怕大风吹开大门，自己拴上的，所以凶犯绝不可能潜入钟楼。钟楼的凉台，距离地面约15米，它在钟楼的第四层，面朝南，下面是一条河，宽约40米。昨晚的风很大，凶犯想从对岸把毒针射过来，且正中索菲娅的右眼，那是根本不可思议的。所以，院长认为索菲娅是自杀的。但是，像她那样虔诚的修女，会违背教规，而且用如此残忍的方式自杀吗？”

看完信后，伽利略也是一头雾水，他决定到女儿的修道院看看。

来到钟楼的阳台上，同时阳台上还有几个勘查现场的警官。伽利略仔细地观察周围的环境，河流确实很宽，排除了凶犯从对面把毒针射过来的可能，这到底是怎么回事？伽利略低头沉思着。

“索菲娅对你的‘地动说’很感兴趣，她还偷偷地买来了你的那本禁书《天文学对话》，经常一个人出神地望着夜空，似乎对上帝的住所无限向往，也许案发当晚，她就是去看星星的吧。”女儿玛丽亚继续介绍着死者：“索菲娅非常勇敢，你知道一旦院长发现她在偷看你的禁书，那后果是很严重的，很有可能被扫地出门。”

“哦？索菲娅对天文这么有兴趣，也许她很需要一台望远镜。”伽利略若有所思地说着：“索菲娅有没有仇家呢，我是说，是否有人想把她置于死地！”

“这个，索菲娅很和善，有很好的人缘，修道院里没人对她怀有敌意。有的话，也许是在她的家里。”玛丽亚沉思着说：“索菲娅的家里很有钱，父亲在今年春天刚刚去世，留给她一大笔遗产。索菲娅打算把所有遗产全部捐献给修道院，但是遭到她同父异母的弟弟的极力反对，弟弟认为索菲娅太不可思议了，宁愿把遗产白白便宜了修道院，也不愿给自己的弟弟。还警告说，如果索菲娅敢这样做，他就向法庭提起诉讼，剥夺索菲娅的继承权。事发的前一天，索菲娅的弟弟还给她送来了一个小包裹，可能是很重要或者很贵重的东西，但是，事后警察整理她房间的时候，那个小包裹不见了。会不会是凶犯为了那个小包裹，而杀了索菲娅呢？”

听了女儿这段长长的叙述，伽利略出神地望着脚下的河流，忽然他转身对旁边的警官说：“你们应该把脚下的河流捞一遍，也许你们会找到一架望远镜……”

第二天早上，玛丽亚匆匆赶回自己的家，她手里拿着一架崭新的望远镜，还没进家门，她就喊起来：“父亲，找到了，找到了望远镜，是警察潜入河底找到的。”

可是，望远镜和索菲娅的死有什么关系呢？

501.巧剥花生

从前，有一个大户人家，老爷年龄大了，不想再为家事操心，就想在两个儿子中挑选一个当家人。但是两个儿子各有各的特点：老大勤劳能干，但精明不足；老二精明有余，干活却没有老大踏实。怎么办呢？老爷一时想不出谁更适合当家。

一天晚上，老爷想到了一个办法，他把两个儿子叫到身边说：“我这里有两袋一样多的花生，你们俩提回去剥，看看是不是每颗花生仁都是红皮包着的，谁先得到正确的答案，谁就来当这个家。”

老大提着一袋花生回房后，立即动手剥花生，一点时间都不敢耽误。他一面不停地剥，一面想着：我只有把这一袋花生都剥完，才能得到正确的结果，老二干活慢，这个家我是当定了！

老二也提着一袋花生回到房里，他没有马上动手剥花生，而是在思考：父亲的意图到底是什么呢？他明明知道我干活比不上哥哥，如果只是比赛谁剥花生快的话，我是不可能赢的呀，不对，这里面肯定有窍门！于是，他边剥花生，边想简捷的办法。

第二天一大早，老大就红着两眼来到老爷房间里，手里提着一袋剥完了的花生，显然他一整夜都在不停地剥花生。但是，令他感到意外的是，老二已经提前来了，而且老二的花生根本没剥多少。

这时候，老爷开口了：“老二先到的，就老二先说吧。”

老二说道：“我的答案是，袋子里的花生仁都是红皮包着的。”

老大听了，心想：咦，他的答案怎么和我的答案一样呢？不对，他没剥完花生，一定是猜测的。于是，老大就嘟囔着：“你是瞎猜的吧，这样就算你猜对了，也不算什么本事。”

老二是瞎猜的吗？

502. 大卫牧羊

大卫从小就帮助父亲牧羊，他经常看到羊在草原上为了争草而打架，就想：“我怎样才能够让每头羊都吃好草，不打架呢？”

通过观察大卫发现，总是力气大的羊挤走力气小的羊，去抢吃最嫩的草，而最需要嫩草的小羊却只能吃到又尖又硬的草。

“真是太不公平了，好吧，既然这些身强力壮的大羊，不知道“尊老爱幼”，那我就想个办法让他们礼貌一点。”大卫自言自语地说着。

大卫会想出什么好办法呢？

503. 目击者的谎言

科恩警官接到报警电话后，丢下正和他一起在餐馆用餐的妻子，驱车赶到了犯罪现场，他的几名属下已经在那里了。

死者名叫巴特尔，是一名公司高管。其尸体躺在自己落地玻璃门旁边的硬质地板上，其身高看上去有177厘米左右，体重约80千克，身体四周全都是碎玻璃，显然是他的身体将玻璃门给撞破了。今天是星期天，所以他才会待在家中，先是站着观察了一下尸体的科恩警官在心中自忖道。接下来，科恩警官又按照自己的习惯，弯下腰去，对尸体进行了更仔细的检查。他发现，死者下巴左侧有一块青紫色的瘀伤，脑后显然是受到了猛烈的撞击。科恩警官进一步推测，死者脑袋上的伤应该是撞击玻璃门导致的。

“看来是有人在死者下巴上狠狠地击打了一拳，死者受到击打后身体失去平衡，撞到了身后的玻璃门上，最后其脑袋重重地磕在坚硬的地板上，导致了其死亡。”

“您分析得非常对，和目击了死者死亡的一个邻居所描述的一模一样。”哈里警官敬佩地对科恩说道。

“有目击者？你怎么不早说？”科恩警官有些责怪地说道，“立刻让目击者前来见我。”

这位目击者是一名中年人，名叫斯诺，住在死者的隔壁。他自称因为两家之间的围墙只是一排矮小的栅栏，因此他看到了死者死亡的全过程。

“大约一个小时前，我在院子里修剪草坪，我见到巴特尔先生先是到门口看了一下，似乎是在等什么人。期间我还和他打了个招呼。之后，他便回屋了，十分钟后，来了一个陌生男子。巴特尔先生打开屋门，将其迎了进去。来人看上去十分健壮，并且长得有些凶神恶煞，我从来没见过巴特尔先生有过这样的朋友，所以有些好奇，便偷眼瞧了一下他的屋内。只见两人站在屋内的玻璃门前，争论着什么。因为门是关着的，我没听清两人在说什么。突然，巴特尔先生抓起对方的衣领，而对方则挣脱开，然后用一记右勾拳击打在巴特尔先生的下巴上，巴特尔先生则踉跄着撞在身后的玻璃门上，然后脑袋又重重地摔在了地上。陌生人然后打开门飞快地拦截了一辆出租车跑掉了。是我向警察局报了案。”

“好了，斯诺先生，你的戏已经穿帮了！”科恩警官冷冷地看着这个正在讲述的目击者说道，“我想听听事情的真实情况！”

斯诺一听，顿时有些惊慌起来。

你猜，科恩警官为何开始怀疑起这个目击者？

504. 猜帽子游戏

在一个暑期思维训练班里，小明、王志、崔闪三个学员在老师的带领下做一个益智游戏。老师告诉他们，总共有三顶黄帽子和两顶蓝帽子。将五顶中的三顶帽子分别戴在他们三人的头上。他们三个人都只能看到其他两个人帽子的颜色，但看不到自己的，同时也不知道剩余的两顶帽子的颜色。让他们通过已有的信息猜出自己所戴帽子的颜色。

老师先问小明：“你戴的帽子是什么颜色？”

小明说："不知道。"

老师又问王志："你戴的是什么颜色的帽子？"

王志想了想之后，也说："不知道。"

老师正要问崔闪，只见崔闪已经忍不住抢先回答说："我知道我戴的帽子是什么颜色了！"

当然，这并不能说明崔闪就比小明和王志聪明，因为先作回答的小明和王志的回答本身给崔闪又多提供了两个推理条件。

现在，假设你是崔闪，你能推断出自己戴的是什么颜色的帽子吗？

505.《木偶奇遇记》续

我们知道，19世纪法国作家科洛迪曾著有一篇著名的童话《木偶奇遇记》。童话中的小木偶具有生命后，被制造了他并将他当作儿子的老木匠当作儿子送去读书。但他却十分贪玩，卖掉书本去看戏，结果遇到了种种奇遇，其中有骗他金币的狐狸和猫，有强盗，有仙女，后来他还被稀里糊涂的笨蛋法官投进监狱，被捕兽器夹住，被迫当了看家狗……后来，这个小木偶在仙女的帮助下变成了一个诚实、听话、爱动脑筋的好孩子，下面这则故事便是这个变成好孩子后的小木偶的一番遭遇。

这天，小木偶无意中走进了一个森林中，他感觉这个森林里怪怪的，但他不知道怪在什么地方。他不知道，他已经走进了一座"健忘森林"，这座森林因为被一个巫师施了魔法，走进这里的人会忘记了日期。同时，这里的动物除了一只年老的山羊之外，也都爱撒谎。

小木偶不知不觉间便忘记了当天是星期几，却怎么也想不起来。走了一段时间后，他遇到了迎面走来的老山羊。小木偶于是礼貌地上前打听道："山羊公公，您能告诉我今天是星期几吗？"

"不好意思，小木偶，我也忘记了，你可以去问问长颈鹿和斑马。不过我提醒你，长颈鹿在星期一、星期二、星期三这三天爱撒谎，斑马则喜欢在星期四、星期五、星期六这三天撒谎，剩下的日子，他们都说真话。”老山羊告诉小木偶。

于是，小木偶前去找到长颈鹿和斑马。结果，长颈鹿的回答是一样的，都是：“昨天是我说谎的日子。”

“健忘森林”虽然会使人忘记日期，但是并不会使人的智慧消失，因此，小木偶根据自己的智慧很快推算出今天是星期几。

那么，今天是星期几，小木偶又是如何算出来的呢？

506. 聪明的托雷

1206年，成吉思汗被推举为蒙古帝国的大汗，统一蒙古各部。这年秋天，心情舒畅的成吉思汗带着自己手下的几位将军和小儿子托雷一起到草原上驰骋打猎。

此时的草原秋高气爽，正是草原上最好的时节，一眼望过去，衰草如盖，满山红遍，北方的狩猎场呈现出一派雄丽、悲壮的情调。成吉思汗看到如此壮阔的大自然景色，更是产生了一种征服的雄心，心想自己绝对不可满足于目前的成功，现在自己仅仅是迈向了成功的第一步而已，下面的目标乃是灭掉金国、西夏、南宋。当然，要实现自己的霸业是需要能征善战的将军的，因此他有意要测试一下将军们的才能。正在这时，天上一只雕远远地飞过来，于是成吉思汗便对将军们说：“你们有谁能够将雕射下来，我有重赏！”

将军们一听，谁不想趁机表现自己，于是转眼间已搭弓上箭，只见几支箭嗖嗖地飞了出去，而那只倒霉的雕也应声而坠。成吉思汗一行人拍马奔向雕落下的地点，随从捡起雕拿给成吉思汗看时，只见只有一支箭正中它的身体，其他将军的箭显然是射偏了。成吉思汗正要赏赐那个将军，突然转念一想，要完成征服金国、西夏、南宋诸国这样的大事，恐怕仅仅有勇武是不够的，还需要非凡的智谋。于是，他有心要考一考大家的智谋。因此，他微微一笑说道：“刚才，总共射出去了五支箭，你们猜猜看，这是谁射中的？”

孛尔只斤将军说：“我感觉是帖良古惕将军射中的。”

汪古惕将军却不同意："不应该是帖良古惕将军射中的。"

帖良古惕将军一听便不高兴地说："肯定是我射中的！"

兀良哈将军说："是谁射中的我不知道，但帖良古惕将军和我肯定都没有射中。"

满楚古得将军却又说："我觉得应该是帖良古惕将军和兀良哈将军中的一个人射中的。"

成吉思汗听了他们的争论后笑着说："五位将军中只有三个人猜中了，其中有满楚古得将军，现在你们能猜出是谁射中的吗？"

众将军打仗可以，论到智谋，便都不在行了，因此一个个抓耳挠腮，得不出答案。就连刚才一口咬定是自己射中的帖良古惕将军经成吉思汗这么绕来绕去之后，这时也不敢再坚持了。

这时成吉思汗的小儿子却突然说话了："是帖良古惕将军射中的。"

成吉思汗一听，顿时十分高兴地说道："托雷说得对，正是帖良古惕将军射中的。现在我封你为神箭手，并赏金一百两。"

帖良古惕将军连忙叩首谢恩。

此时，其他四位将军仍然感到十分疑惑，一齐问道："托雷王子，你到底是如何猜出的呢？"

你知道托雷是如何猜出答案的吗？

507. 谁是诚实族

一个民俗教授来到了说谎岛。这岛上住着两个民族，一个是说谎族，从不说真话；一个是诚实族，从不说谎。教授遇到了4个人，问他们谁是诚实族的。

第一人说："我们全是说谎族的。"

第二人说："我们之中只有一人是说谎族的。"

第三人说："我们之中有二人是说谎族的。"

第四人说："我是诚实族的。"

问：在这四个人中，谁是诚实族的？

508. 三个嫌疑犯

英国某市发生了一起盗窃案，因为被偷的东西是该市博物馆中的一件著名艺术品，所以该案件很受注目。很快，警察便抓到了甲、乙、丙三个嫌疑犯，其中甲和乙是英国人，丙则是法国人。警官根据经验判断，没有犯罪的人没必要撒谎，而一旦撒谎，便必然是真正的罪犯。

在审讯室里，警官对三个人一起进行了审问。他先是问丙道："前几天去博物馆盗窃是不是你？"丙于是用他的法语进行了回答。但是，警官却听不懂。这时，懂法语的甲回道："警官，他刚才的意思是他不是盗窃犯，他只是个游客。"但是，同样自称懂法语的乙却说道："不，警官，我在法国呆过许多年，我听得懂法语，他刚才的意思是他就是罪犯。"听到这里，警官立刻知道了谁是真正的盗窃犯，事实也证明他的推测是正确的。

你猜，谁是盗窃犯？依据是什么？

509. 谁说了真话

一天，警察局抓来了5名嫌疑犯，他们对于一个犯罪过程中的一个细节的说法有很大出入，该细节又对案情的审理很关键。因此，警察局必须找出到底谁说的是真话。下面是他们的口供：

甲说：5个人中有1人撒了谎。

乙说：5个人中有2人撒了谎。

丙说：5个人中的3人撒了谎。

丁说：5个人中有4人撒了谎。

戊说：5个人全都撒了谎。

你能根据他们的口供推测出谁说的是真话吗？

510. 庸芮说服秦宣太后

战国时期，秦惠文王死后，秦宣太后（惠文王之后，昭襄王之母）掌权。秦宣太后掌权期间曾找了许多个情夫，其中最出名的是魏丑夫。秦宣太后对魏丑夫非常宠爱，以至于后来秦宣太后生病快要死的时候，她拟了一条遗命，要求在她死后，要魏丑夫为其殉葬。魏丑夫也万万没想到和自己缠绵恩爱的秦宣太后会有如此举动，于是感到十分忧愁，找与自己关系不错的大臣庸芮商量。庸芮于是出面劝说秦宣太后，他问太后道："您认为人死后还会有知觉吗？"太后想了一下说："应该不会有知觉了。"

庸芮一听，接下来对人死后有无知觉的情况分别进行了一番假设，秦宣太后一听，便打消了要魏丑夫殉葬的念头。

假如你是庸芮，你会如何去说服秦宣太后？

511. 皮埃尔智抱美人归

19世纪末，波兰女孩玛莉来到巴黎大学，主攻物理，导师波罗教授让她和皮埃尔·居里一同从事研究。

对于这样一位才貌双全的学者，巴黎大学的许多青年都十分爱慕，痴迷于科学的皮埃尔也不例外。但是，玛莉似乎对于众多的追求者并不感兴趣，而是一心将热情扑到了科学研究上。后来，一方面是实在受不了这些爱慕者的"骚扰"，另一方面，玛莉已经28岁，也的确需要找一个伴侣了，于是，她便在自己的实验室门口贴上了一张纸条，上面写道：若有哪位男士能够向我提出我回答不上来的问题，难住我，我就心甘情愿地嫁给他。而鲜花、情书我并不感兴趣。

这张具有"挑衅性"的纸条对于巴黎大学那些智商很高又知识广博的先生们颇具刺激性，许多人跃跃欲试。但是，谁也不敢轻举妄动，因为他们知道，要想用问题难住这个女学者，不是件容易的事。一旦失败，自己便会瞬间成为巴黎大学乃至整个巴黎的笑柄。不过，这天，36岁的皮埃尔实在按捺不住自己的热情了，于是挖空心思想出了一个高深的科学问题，前去敲响了玛莉实验室的门。没想到，仅仅一分钟后，皮埃尔便带着沮丧的表情从玛莉的实验室中出来了。同事们刚才看到皮埃尔大着胆子去敲玛莉的门，都对自己没有勇气而感到懊丧，但是，当他们看到皮埃尔的失败后，又都庆幸自己没有前去“冒险”。不然，遭到嘲笑的就是自己了，皮埃尔本人可是著名的物理学家啊！自此以后的好几个月，巴黎大学的先生们都没有人敢再去玛莉的实验室“冒险”。

痴迷于物理的皮埃尔将其在科学上不服输的劲头完全用在了对玛莉的追求上，遭遇上次的失败后，他天天都在琢磨着难住玛莉的深奥难题。终于有一天，他灵机一动，想到了一个绝好的主意。于是，就在一天他和同事们一起走路，看到玛莉从旁边经过的时候，皮埃尔对同事们说：“我将赢得这个女人的爱，瞧我的！”说完，他便走到玛莉面前，先是很有礼貌地鞠了一躬，然后向玛莉提出了两个连续性的问题。玛莉一听，当场便愣住了，完全不知所措。而皮埃尔则又将问题重复了一遍，玛莉还是没有做出回答。就这样，玛莉便只好答应了皮埃尔的求婚，成为居里夫人。

两人后来的事我们都知道了，他们一起经过艰辛的努力，发现并提炼出了人类科学史上伟大的发现——镭元素。而我们所不知道的是，巴黎大学的那些才高八斗的先生们，肠子都悔青了，因为皮埃尔给玛莉提出的难题，其实他们也不难想出，或者说是十分简单的。

你猜，皮埃尔向玛莉提出的问题是什么?

512. 一封充满逻辑错误的家信

说起逻辑，可能许多人都觉得这是很深奥的东西，当然，专业的逻辑学是要难懂一些。但是逻辑绝不仅仅是一种课堂上的高深学问，事实上，在人们的日常生活中，都一刻离不开逻辑。下面是一个语言学家设计的一道思维名题，目的在于讨论人们在日常生活中常见的违背逻辑之处。

下面是一位母亲给自己的儿子史密斯写的一封家信，其中有不少地方违背逻辑：

亲爱的史密斯：

来信早已收到，为免你久等，我当即就给你写了这封回信。

我知道你读的速度不快，因此，我也写得尽量慢一些。首先要告诉你的事是，你暑假回家之后，将找不到我们家的房子，因为我们已经搬了家。你一定急于知道我们新家的地址，不过，很遗憾地告诉你，我暂时还无法告诉你。因为先前住在这里的那户人家，不想改变他们的地址，把门牌拿走了。

另有一件事需要告诉你，你父亲换掉了原来的工作，如今他的工作很有趣，他下面有一千多人——他在公墓割草。

就在今天下午，你的姐姐生了一个婴儿，他来到这个世界时的动静闹得真大——产房所在的那层楼的整个楼道里的人都听到了他的哭声。不过，到目前为止，我还不知道这是个男婴还是女婴，所以你究竟是当了舅舅还是姑父我现在还无法告诉你。

昨天，我感冒了，你爸爸陪我去了医院，医生将一根小管子放进我的嘴里检查体温，告诉我三分钟不要开口。你爸爸说，如果医生肯卖，他愿意出50美元将那根管子买下来。

还有，最近这边老下雨，上周就下了两场，第一场从周一下到周五，第二场又从周五下到星期天。

就这样吧。另，你父亲让我转告你，暑假回家时记着将你的成绩单带回来。

附言：我本来还想告诉你关于新邻居的事情，但我已经将信封上了。

永远爱你的妈妈

5月17日

你能指出这封信中的违背逻辑之处吗？

513. 罗宾逊的解释

罗宾逊是一名州立大学数学系的学生，其学习很刻苦，对于数学很有些天赋，就是人在生活中有些呆头呆脑，简单说，属于那种一根筋的人。

罗宾逊大学毕业后，本打算考取数学系的研究生，不料，他父亲却在此时破产了，没办法再资助他读书。无奈之下，罗宾逊便准备先参加工作攒些钱，再去读书。不过，因为整体经济形势的不景气，他没能找到对口的工作，只是在一家保险公司找了个推销员的工作，每天登门向人推销人寿保险。

罗宾逊工作也很起劲，半年下来，他的保单也签得很多。但是，公司经理在看了他的推销记录和保单后，却皱起了眉头。一天，经理将罗宾逊叫到了自己的办公室，对他说："罗宾逊先生，你来公司已经半年了，我一直也在关注你，看得出你也干得很卖力。但是，我对一件事感到十分不解，就是为何你只向那些年过90岁的老人推销人寿保险？并且还要给他们以优厚的条件？照你这样下去，我们公司迟早得关门大吉。"

"不，先生，您肯定是没有转过弯来，"罗宾逊认真地跟经理辩解道，"我作为一名公司的员工，怎么会做有损公司利益的事情？我之所以这么做，是因为我在参加这项工作之初，专门去了解了我们国家在过去10年中的死亡统计资料，资料显示，每年极少有90岁或90岁以上的人死去！"

罗宾逊的理由站得住脚吗？

514. 杰克的怪诞做法

杰克是一家大公司的业务经理，经常要坐飞机去外地。杰克很关心新闻，他通过新闻发现，现在的劫机、恐怖事件越来越多，因此他心里便十分担心自己"常在河边走，不小心便要湿鞋"。思前想后，杰克突然灵机一动，想到了一个使自己遇到这种危险事件的概率大大减小的好主意。

于是，杰克以后每次乘坐飞机，他都会在他的包里偷偷地放一个东西——一枚卸了火药的炸弹。有了这个东西，杰克每次乘坐飞机时，心里便踏实多了。不仅如此，他内心还有一种自豪感，因为他觉得自己使得和他一起乘坐飞机的旅客也都因为他的办法而变得更安全了。

不过，终于有一天，杰克的秘密被一个机场的安检人员给发现了。安检人员十分紧张，立即将其控制了起来，并送往警察局。

但是，警察局的警察在仔细检查了杰克的炸弹后，感到十分不解，因为这是一枚卸了炸药的炸弹，不会对人有任何伤害。于是，他们对杰克进行了审讯。

“警察先生，请相信我，我不是恐怖分子，我是××公司的业务经理，要到××市去谈判一桩生意，我给你们说个号码，你们打个电话过去，事情便立刻清楚了。”杰克信誓旦旦地对警察解释道，并说出了公司的电话号码。

而警察们也拨通了杰克所在公司的电话，结果发现杰克的确是这家公司的业务经理。这家公司是国际知名的企业，很容易联系上，他们也从中了解到，杰克也的确是受公司委派去××市谈判一桩生意。于是，警察们就对杰克的行为更感到不解了。

“那么，杰克先生，你能解释一下你到底为何要在公文包中放上这么一个东西吗？”

“这是个空心炸弹，你们看到了！”

“是的，我们检查过了，这正是我们感到迷惑的地方，你不会告诉我们你是把他当作玩具的吧？”

“好吧，既然你们非要知道，那么我也不妨告诉你们。实话告诉你们吧，不仅是这次，我每次乘坐飞机时都要带上这个东西。之所以如此，乃是为了大家的安全，当然，更是为了我自己的安全——你们知道，现在的劫机、恐怖事件很多。”杰克有条不紊地解释道。

“你的意思是一旦发生劫机事件时，你会用这个炸弹来咋呼那些劫机犯，令他们屈服？”警察顺着他的话推理道。

“不不，我带这枚炸弹倒不是出于这个目的，而是从根本上减少类似的危险事件发生的可能性。”杰克略微有些得意地解释。

警察们一听，更是感到一头雾水，瞪着好奇的眼睛等着杰克做进一步的解释。

杰克见警察先生们都在等他继续解释，他便清了清嗓子继续说道："这是我根据数学知识推测出来的。我们知道，一架飞机上有一个旅客带一枚炸弹的概率是很小的；接下来，让我们设想一下，一架飞机上有两个旅客都带了炸弹的概率会是多大——显然，这个概率就更小了。我们假定一架飞机上有一个旅客带炸弹的概率是1%，那么有两名旅客带炸弹的概率可能就只有0.5%了。因此，如果我带一枚炸弹在飞机上，那么这架飞机发生劫机或恐怖事件的概率就大大降低了，不是吗？好了，先生们，这就是我带炸弹上飞机的原因！"杰克说完，微笑着看着警察们。

警察们一听，面面相觑。最终，并没有多少逻辑学知识的警察们也无法说服杰克，他们在经过进一步调查后，觉得杰克的确不存在犯罪动机，就将他放了。

显然，杰克先生的理由是站不住脚的，那么，你能利用逻辑学的知识指出他的谬误之处吗？

515. 母亲与鳄鱼

古希腊的某位哲学家为了向人们展示悖论的存在，曾经编造出了这样一个故事。

说有一天，一个年轻的母亲带着自己的孩子在河边洗衣服，他幼小的孩子一个人在河边嬉戏。没想到，一只鳄鱼悄悄地游到岸边，一下子将这个玩耍的孩子给叼在了嘴里。这位母亲一看，先是一下子惊呆了，然后是苦苦哀求鳄鱼放回自己的孩子："求求你，鳄鱼先生，这是我唯一的孩子，如果您能放了他，我会愿意为您做任何事！"

鳄鱼是种冷酷的动物，它不但没有被母亲的苦苦哀求打动，反而觉得这个母亲的哀求让它觉得很好玩。它心里想，反正现在还不饿，不妨捉弄一下这个可怜的女人。于是，它对这个母亲说："你一个女人家，又能为我做什么事呢？不过，看你这么可怜，我倒是可以给你一次机会。下面我给你出个题目，如果你能答对了，我就放了你的孩子。我的问题就是——”说着，鳄鱼的眼睛狡猾地转了一下后，说道，“你猜，我会不会把你的孩子吃掉呢？”

鳄鱼心里得意地想：“哼哼，你肯定会说我会把你的孩子吃掉的，到时我就一口将你的孩子吃掉！到时，也正好证明了你的猜测是错误的，你也就无话可说了。而我，既博得了有同情心的美名，又没有浪费一次饱餐！”这位可怜的母亲也一下子被鳄鱼的问题难住了，她站在当地，思量着该如何救自己的孩子。

结果，令鳄鱼没想到的是，这位母亲给出了一个令它始料不及的答案，并最终救下了自己的孩子。你猜，这位母亲是如何回答鳄鱼的问题的?

516. 失窃案

某个周末的下午，美国底特律市北部的一幢公寓内发生了一件盗窃案，失主里克松报案后，警察在半个小时后赶了过来。据里克松称，自己住在公寓的318房间，四十分钟前他下楼到超市买东西，因为很快就回来，所以没有锁门。但是当他返回来之后，发现自己房间里的3000美元不见了。

警察于是问里克松公寓里有谁知道他去超市买东西。里克松告诉警察：“隔壁房间的卢西奥知道，因为他还要我为他带一些零食回来。”

于是警察来到隔壁的卢西奥的房间，进去之后，发现卢西奥在一边吃零食，一边看当天的报纸。“对不起，刚才隔壁房间出现了盗窃案，我们不得不询问你一下。”警察解释道，“里克松刚才去超市买东西时，你在房间里做什么？”

“我一直在看报纸。”卢西奥回道。

“那么你没听到隔壁有什么动静吗？”警察问道。

“没有，因为刚才有一架直升机一直在楼顶盘旋，噪音很大，我没有听到隔壁的动静。”

接下来，警察又叫来了公寓管理人员询问情况。公寓管理人员称，他一直守在门卫室里，没有看到有外人进公寓，因此肯定是公寓内的人干的。警察经过询问，了解到除了里克松和卢西奥，在三楼只有三个人分别待在自己的房间里。于是警察准备对这些人进行逐一盘问。

于是，他们一行人先是来到了314房间里，发现房间里的卡斯特正懒洋洋地躺在沙发上看电视。

警察说明了情况之后，询问卡斯特刚才在干什么。

“我一直都待在房间里看电视，天哪，怎么会出现这种事，真是不可思议。”卡斯特对里克松的遭遇表示同情。

“你一直没有出去过吗？”警察又问。

“是的，因为刚才是我喜欢的歌手在唱歌，所以我一直都看得很起劲。”

“那你有没有听到楼道里有什么动静？”

“我能听到的唯一动静就是那架讨厌的直升机的螺旋桨声。”

“好吧，就暂时问这些吧。”警察说着就要走。但是他似乎是不经意地走到电视机前，看着那台还挺新的电视说道：“这台电视不错，和我家里的一样，不过我的那台老出现紊乱或者“雪花”，你的电视有这种现象吗？”

“从来不，这电视机相当棒！”卡斯特笑着轻松地回答。

这时，几个人都已经走到了门口，准备去下一个待在房间里的人那里询问。这时警察却说道：“不用了，小偷就是这位卡斯特先生。先生，你也不必演戏了，交代一下你的偷盗经过吧。”

卡斯特试图进行抵赖，但警察说了一句话，使他哑口无言，不得不承认自己的罪行，并从柜子里拿出了偷盗的3000美元。

你猜警察是如何识破卡斯特的呢？

517. 约翰的诡辩

约翰是一个高中毕业生，因为不想继续读大学而来到一艘船上当了水手。一次出海期间，他不小心将船长的一套茶具打破了，情急之下，他便将这套茶具扔进了海里。

第二天，他来到船长的办公室，问船长道："先生，我想请教您几个问题，不知道您有没有空？"

"可以呀！"船长回答他。

"我想问您的是，如果您知道一个东西在什么地方，那能说这件东西丢了吗？"

船长说："那当然就没有丢了。"

"哦，这样的话，我要告诉您，昨天您找不到的那套茶具没有丢。"

"那么它在哪里？"

"在大海里。"

船长一听感到瞠目结舌，虽然他明知道约翰的说法肯定是不对的，但是一时也找不到言辞来反驳约翰。

你能帮这位船长指出约翰的说辞的荒谬之处吗？

518. 吉米的反驳

出身于警察世家的吉米读大学时准备报考警校，他的朋友约翰知道后劝他道："警察是个危险的职业，据我所知你的祖父和父亲都在当警察时因公殉职。我看你还是报考别的学校吧！"

吉米听后，却不以为然地问约翰："那么，我想请问你，你的祖父是怎么死的？"

"死在家里。"约翰回答。

"那么你的父亲呢？"吉米又问。

"也是死在家里。"

"那好，那你为什么还要整天待在家里呢？"吉米问完得意地笑了。

想一下，吉米的反驳对吗？

519. 汽车经理的反驳

一天，一个商人在电视上看了一家汽车公司的广告后，觉得这款汽车的性价比不错，便来到汽车商店里，想看一下汽车。

汽车销售经理很热心地接待了这位商人，并将他领到一辆广告上所说的汽车前。这位商人饶有兴趣地前前后后查看了整部汽车后，转身问销售经理："怎么这辆车上没有备用轮胎，广告上的那辆可是有的呀！"

"您说的没错，先生，"经理微笑着回答，"但是广告上所说的那辆车的价格并不包括备用轮胎在内。如果您想要的话，需要额外付费。"

"怎么备用轮胎还要额外付费？"商人有种上当的感觉，"你们这种做法未免太过分了，既然备用轮胎出现在广告上，那就应该包含在广告上所说的售价里。"

"先生，如果按照您这么说的话，"经理故作平静地说道："在广告里，车上还坐着一位美女呢，是不是我们也应该给车主提供一位美女啊！"

想一下，这位汽车经理所说的反驳是否正确呢？

520. 助手的错误判断

科恩是一名著名的大侦探，一天，他接到警察局的电话，请他一同前往一个死亡现场协助勘查现场。但是，科恩因为当时抽不开身，便让自己新来的有些轻浮的助手卡斯特先赶到现场查看下情况，自己一个小时后到。

卡斯特赶到死亡现场后，几名警察和一个妇女等在那里。卡斯特从警察口中得知，他们在上午时接到一个报警电话，是死者的妻子打来的。她声称自己的丈夫是一名大学物理学教授，昨天晚上他到实验室做实验，一晚上没有回家。于是，妻子在今天上午自己前来实验室找丈夫，结果却发现丈夫将自己反锁在了实验室内，怎么叫也没有回应，她担心出了什么事，所以报了警。

警察知道卡斯特是大侦探科恩的助手，很是尊重他，询问他该如何办。卡斯特看了一下现场后，当机立断，让警察敲碎实验室窗户上的玻璃，打开窗户，从窗户进入实验室。并且，他不忘强调，进屋之后不要轻易用手去摸现场的物品，以保留指纹。进入实验室后，卡斯特和警察们才发现物理学家已经死在了房间内，看上去是服毒自杀。卡斯特还发现，在门内的钥匙孔上还插着一把钥匙。于是，他立刻在插进的钥匙上撒下了一些白粉，用放大镜来观察。

透过放大镜，钥匙手把的表面和背面都可以清晰地看到旋涡型的指纹。于是，卡斯特在警察的协助下开始将钥匙上的指纹和死者的指纹进行了对比。结果发现，钥匙上的拇指指纹和食指指纹都和死者的相吻合。于是，卡斯特当即下定了结论，作者是自杀无疑了——显然，是他自己将窗户关上，然后又将门反琐上，然后服毒身亡。

得出这个结论后，卡斯特显得有些得意，心想科恩侦探的那两下子也无非如此，自己完全可以自己去开一家侦探所了。最后，按捺不住自己的得意的卡斯特差点给科恩侦探打电话，告诉他不用来了，一切都已经很清楚了。

科恩侦探果然在一个小时候来到了现场，助手卡斯特刚将自己的判断以及依据对他说了一遍，他便立刻摇摇头，他坚定地说："不，钥匙上的指纹恰恰说明，这个人是他杀而非自杀！"接着他便说出了自己的理由，在场的人一听，无不点头，而卡斯特的脸也一下子红了。

你能看出助手卡斯特先前的判断错在什么地方吗?

521. 马克·吐温的道歉声明

19世纪70年代，美国著名讽刺小说家马克·吐温和邻居、作家查尔斯·沃纳合写了一部长篇小说《镀金时代》。该小说虽然艺术成就一般，但社会影响深远，以至于从南北战争结束到20世纪初叶的美国历史时期也就被定名为"镀金时代"。在内容上，小说深刻揭露了投机商、企业家和政客们串通一气掠夺国家和人民的财富的黑幕。因此，小说在1874年一经面世，便在社会上引起了强烈反响，许多媒体争相采访马克·吐温。在一个宴会上，有记者问马克·吐温："马克·吐温先生，大家都很想知道《镀金时代》究竟有多大的真实性？国会议员们真的如同您书中所描写的那样卑鄙无耻吗？"马克·吐温回答道："这么说吧——美国国会中的有些议员就是婊子养的！"这句话立刻在第二天被刊登在各大报纸的头版上。如此一来，美国国会的许多议员十分愤怒，他们纷纷公开指责马克·吐温说话不负责任且粗鲁无礼，要求他公开在报纸上道歉。

马克·吐温开始时并不予以理会，后来迫于各方的压力，不得不决定在《纽约时报》上刊登道歉声明。不过，这位幽默讽刺大家的道歉声明可谓与众不同，他是这样写的："前几日，在一次宴会上，面对记者的提问，我曾经说过这样一句话：'美国国会中的有些议员是婊子养的'，这句话惹怒了许多人，这些人一直在要求我道歉，我经过考虑后，觉得这句话的确有不妥之处，因此今天特意刊登道歉声明，下面，我将我原先所说的那句话修改如下：美国国会中的有些议员不是婊子养的，幸祈见谅！"

这个道歉声明登出后，令那些国会议员们感到啼笑皆非，广大读者看后也忍俊不禁。事实上，这位讽刺大家的道歉声明不仅没让那些国会议员们讨到便宜，而且等于是又用同样的话公开骂了他们一次。你知道这是为什么吗？

522. 被害者的提示

一个周末的上午，怀特警探正在床上和妻子缠绵，警察局的一个电话打了过来，原来是该市某酒店发生了凶杀案，要他立即赶过去。怀特骂了句脏话，便满心不高兴地匆匆穿上了衣服，驾车赶往事发现场。

怀特警官达到后，发现另外两名技侦人员已经在现场了。据他们介绍，发现死者的是酒店的服务员，其在今天早上8点半到死者客房敲门送早餐时，发现无人应答，感到奇怪，于是进入了房间结果发现死者已经被杀，鲜血流了一地，屋子里的桌子上、地上则到处是散落的麻将。死者名叫杰瑞，是本市一家高级中学的数学老师，昨天下午他和另外三个朋友一起住进了该酒店。死者住在了312房间，另外的三个人都是死者的大学同学，分别是住在314房间的贝克汉姆，315房间的哈里逊，和317房间的阿曼德。昨天晚上，他们四个人一起在杰瑞的房间里打麻将，一直玩到半夜12点，哈里逊说道："明天还要到外面去玩，今天就到此为止吧。"于是几个人都各自回了自己的房间。根据检查，死者的死亡时间大概是在夜里12点半左右。显然，死者是在麻将散场之后，被人杀死的。而根据死者脑袋上的伤痕可以肯定，死者是被人用钝器击打脑部致死的。

另外，还有一条线索，法医检查时，从死者紧闭的手中发现了一个副麻将牌。说完，侦查员克里斯将一个装在袋里的麻将牌递给了怀特警官。怀特警官一看，发现那张牌是一个"小鸟"。怀特警官拿着那个"小鸟"端详了一会儿，想不出一丝头绪。这时，另一名侦察员巴特说道："这很奇怪，根据现场来看，死者房间的枕头上留下的血迹最多，他应该是在床上遇害的，他为什么要到桌子上拿到一副麻将牌呢？我看这里面肯定有文章。会不会是死者在临死前，拼命爬到桌子旁拿了一副麻将牌在手里，想给我们留下破案的线索呢？不过，这小鸟究竟代表了什么？"这时怀特警探眼睛一亮，想到了什么，他问道："你刚才说死者是一名高中数学老师？""是的。"巴特点点头，"不过，这和'小鸟'也没什么联系啊！"巴特不解地补充了一句。"不，和'小鸟'无关，一个快要断气的人想必也来不及从一百多张牌中找到他想要的那张，可能他只是想通过麻将牌本身给我们暗示！"接着，怀特警探便说出了自己的推测，大家一听，都点点头，于是，将嫌疑锁定在了死者的三个大学同学中的其中一位身上。最后，经过进一步的侦查和审问，果然此人正是凶手。

那么，你猜，怀特警探的推测是什么？凶手又是谁呢？

523. 劫持犯逃窜的方向

一天上午11点钟，侦探斯诺接到警局电话，请求其协助破获一起劫持案，被劫持者是国内一名著名的女画家。斯诺于是匆忙赶到了劫持现场，女画家是在其公寓附近的小花园里被劫持的。在劫持现场，斯诺看到一排牵牛花旁边散落着画家的画夹和其他写生用具，其未画完的草稿上画的是几束盛开的牵牛花，有的枝叶还没有来得及画上去。另外，在草丛中斯诺还找到显然是从女画家身上掉下来的一粒上衣纽扣。

接着，斯诺又在离现场二十米远的地方，看到了汽车留下的痕迹，根据汽车轮胎留下的痕迹，斯诺判断出这是一辆“奥迪”越野车。然后据公寓守门员的陈述，当天上午共有两辆“奥迪”越野车通过大门。一辆是在上午8点半出门向南驶去，一辆是在上午10点出门，然后向北驶去。斯诺断定，劫持犯肯定就在这两辆车的其中一辆里。但是因为据邻居说他们最后看到女画家的时间是早上7点钟，因此这两辆车都有可能是劫持犯所乘坐的车。斯诺无法断定究竟是哪一辆，好让警察集中警力往一个方向追寻。而要知道到底是哪辆车，就必须弄清楚劫持犯的作案时间。

正在无计可施之际，斯诺的眼睛落在了女画家留下的草稿上。看着那几束画稿上未画完的盛开的牵牛花，斯诺眼睛一亮，马上判断劫持女画家的那辆车是上午8点的那趟车，因此应该往南追捕劫持犯。

你能猜出斯诺凭什么断定劫持犯乘坐的车是上午8点出门的那辆吗？

524. 公园里的凶杀案

在一个春天的下午，万物复苏，天地间一派欣欣向荣的景象，公园里到处是情窦初开的年轻恋人。住在附近的托马斯教授一个人一边在公园里闲逛，一边试图回忆起自己和亡妻在这个公园里共度的幸福时光。

突然，从旁边的树林中传来一声枪响，托马斯教授于是赶紧朝枪响的地方跑去。只见一个年轻男子趴在草地上，后背上一个枪洞，显然有人从背后袭击了他。托马斯教授上前将年轻男子扳起，发现这种子弹威力十分强大，竟然从后穿前胸而出，其前胸看上去血糊糊一片。托马斯于是在其口袋中掏出一个身份证，发现上面写着“罗杰斯”的名字。

“罗杰斯！”就在托马斯教授考虑要报警时，突然听到对面有女孩发出惊讶的喊叫，“天哪，这是谁干的！”

托马斯于是抬起头，发现一个二十几岁的年轻女子站在几米开外，瞪大了眼睛，同时用手捂着嘴，看上去又惊诧又难过。

托马斯掏出了自己的证件，给姑娘看了一下后问道：“你是谁，你认识罗杰斯？”

“我是她的女朋友，”姑娘解释道，“我们经常在这里约会，今天是他约我来这里的，我刚到，就看到……天哪，他怎么能这样！”

“谁？谁这样？你知道是谁干的？”托马斯赶紧追问。

“我也不确定，但我猜想一定是他——我以前的男朋友约瑟夫，自从我和他分手后，他就一直很恨罗杰斯。”

“他向罗杰斯发出过警告吗？”

“这个我不清楚，但是他曾经威胁过我。一定是他趁罗杰斯等我的时候，从背后开枪杀死了他，这个懦夫！”

“罗杰斯也许是个懦夫，但至少这件事肯定不是他干的。”

“你怎么知道不是他干的？”姑娘瞪大了惊异的眼睛看着托马斯教授。

“因为杀死罗杰斯的人就是你。”托马斯冷静地注视着姑娘的眼睛说到。

想一下，托马斯教授为何断定是这个姑娘杀死了罗杰斯？

525. 嫌犯的破绽

杰拉德因为自己的一些见不得人的事情被大学同学韦斯特知

道，便在韦斯特刚刚租下的房子里用绳子将其勒死。为逃脱罪责，杰拉德将韦斯特吊在阁楼的横梁上，制造了韦斯特是上吊自杀的假象。之后，杰拉德又将整个房间上上下下地收拾了一番，抹去了自己曾经来过的所有痕迹。看看现场再也找不到自己的一丝蛛丝马迹了，杰拉德心想，下面需要做的就是将前后门给锁上，就一切天衣无缝了。

但是，令杰拉德有些沮丧的是，在封上后门之后，他发现前门已经损坏，无法锁上，这一点使他感到有些沮丧。但是，此地显然不宜久留，他将前门虚掩上便离开了。幸亏韦斯特的住宅附近有一片茂密的树林，杰拉德一离开房子便闪身进入树林，一会儿工夫便消失掉了，一路上没有碰到任何人，这令杰拉德感到十分高兴，觉得自己这件事干得真是高明极了。并且，左思右想之后，他发现同学前门的锁虽然坏了，但这一点并不像他当初想象的那样麻烦——自杀的人显然没必要非要将门上的坏锁修好后，然后锁上门再去自杀。

想到自己这件事做得如此巧妙，有些得意忘形的杰拉德又想出了一个大胆的设想，他给自己的另一个当警长的大学同学麦克打了电话。两个小时后，他和麦克坐在了前去韦斯特住所的路上。

在车上，除了询问一下彼此的近况之外，杰拉德也谈到了之所以约麦克一起前去看望老同学韦斯特的原因："自从韦斯特离婚以来，他的心情一直很抑郁。我早就想去看望一下他，但一直也不知道他住在哪里。今天，他突然给我来电话，我才知道他的新住址。在电话里，我感觉得出他对生活已经完全失去了信心，并且有轻生的念头，所以我才想到和你一同来看望他，我们一起来劝劝这位老同学吧！

"他在电话里说，他住在斯特阿里大街214号，一幢黄色的房子里，应该就是这儿了，我们下车吧。"于是，两人一起下了车。

麦克来到房前，发现门是半开着的。他和杰拉德一起走进了房子，视野之内没有看到其他的房门。于是两人一起上了阁楼，惊讶地看到了老同学已经吊死在了阁楼上。两人于是感到十分悲伤，正在这时，门下却突然传来敲门声。于是两人一块下了楼，到前门那里，发现那里没有人，于是杰拉德径直走向后门去开门。

原来是邻居家的一个小男孩来还其母亲前几天借走的一份报纸。杰拉德于是松了一口气，在接过报纸并打发了小男孩离开之后，他转过身来准备假装和麦克一起报案时，却惊讶地发现麦克已经举起了枪对准了自己。还没来得及说话，麦克就抢先说话了："别再演戏了，老同学，是你杀死了韦斯特。"边说他便开始打电话叫自己的警察同伴。

想一下，杰拉德到底是在哪里露出了破绽，让麦克知道了他就是凶手？

526. 福克纳买东西

福克纳是20世纪美国著名小说家，曾在1949年获得了诺贝尔文学奖。据说他多愁善感，对美丽的女孩尤其着迷，下面说的便是他一次在商店买东西时遇到了一位迷人的收银员时的逸事。

其实，福克纳对这个女孩心仪已久，不过一直都只是远远地打量，不敢近前。终于有一天，他鼓起勇气，买了两样东西，夹杂在付款的队伍中，以能够近距离地听女孩说句话。

"一瓶水果沙拉，一包香肠，"福克纳听到姑娘在对前面的顾客报价，"27美元！"她的声音真好听啊！

"一罐蚕豆，一瓶水果沙拉，15个半美元。"她的身材真是令人着迷！

"一包泡泡脆，一罐蚕豆，请您付14美元。"她的性格真温柔啊！

"一瓶酱油，一包香肠，总共是35美元。"她的嘴唇也很饱满！

"一包泡泡脆，一瓶酱油，您总共该付28美元。"她笑起来真迷人。

轮到福克纳付钱了。"总共是24美元，先生。"那天使般的声音说道。福克纳听到这声音，一激灵，又是脱帽向她致敬，又是慌乱地伸手到口袋里摸钱，又将小姐找给他的钱给弄掉在了地上。最后，他迷迷糊糊、梦游般地向门口走去时，又差点被一个胖贵妇给绊倒。

“等一下，先生！”那个天使般的声音又响了起来，“您买的东西还没拿呢！”

“什么东西？我买的？”福克纳回头茫然地看着女孩问。经女孩提醒，福克纳才勉强想起自己刚才的确买了两样食品，这两样食品的类型就包含在排在他前面的几位顾客所买的食品类型中，但是，具体是什么，他却怎么也想不起来了。

你能帮咱们这位大作家推算一下他买了什么东西吗？另外，你能推算出前面几位顾客所买商品的价格吗？

527.爱因斯坦的电话

有一天，大物理学家爱因斯坦的女友给他打来电话：“我的电话号码换了，你愿意知道吗？”

“当然！”正处在热恋中的爱因斯坦忙不迭地回答。

“这个号码很难记的，我只说一遍，你听好了——24361。”女友娇嗔地说道。

“好的，我已经记住了，”爱因斯坦笑着说，“这一点也不难记，两打和19的平方。”

“上次你不是说你的电话号码也要更换了吗，你不准备告诉我吗？”女友又撒娇了。

“我真希望邮局不要再更换我的电话号码了，我不仅要记住这个新号码，还得通知其他人这件事，当然，除了我的债主。

“不过，幸运的是，这个新号码和我原来的号码有很大的联系，只要知道我原来的号码，便很容易知道我现在的号码：第一，原来的号码和新换的号码都是4个数字；第二，原来的号码倒着读正好是现在的新号码；第三，原来的号码正好是新号码的四倍……”

你知道爱因斯坦的老号码和新号码各是多少吗？

528. 台历上的线索

史莱特警探匆匆地赶来了西蒙家中，因为刚刚西蒙夫人在电话里告诉他：西蒙在昨天晚上被绑架了。西蒙是这个小城中有名的千万富翁，史莱特和其有着很好的私人关系。西蒙夫人这次给史莱特打电话，并不是以报警的名义，而是以私人朋友的名义，因为绑匪曾在电话里警告过她，如果她报警，就准备给西蒙收尸。

史莱特赶到西蒙的乡村别墅后，西蒙夫人哭诉着求他看在老朋友的分上救救西蒙，但不要惊动警察，他告诉史莱特："昨天晚上，我没在家过夜，去了我姐姐家。没想到今天回来后发现西蒙不在家，问女仆，她说她也不知道，只知道昨天晚上有个不速之客前来拜访西蒙先生，和西蒙先生一起进了书房，之后两人都没有出来。刚才，我才接到电话，对方声称西蒙已经被其绑架，要我准备100万美金，不然就要西蒙的命。"

"在什么地方交钱，什么时候？"史莱特警探问道。

"不知道，对方说会再来电话告诉我。"

接下来，史莱特便叫来女仆询问，女仆说："我只知道昨天晚上有个中年人来拜访西蒙先生，对方看上去三十多岁，戴着墨镜，还将帽檐压得很低，我记不住他的脸……但是，从西蒙先生带他去了书房这点，可以断定这个人肯定和西蒙先生事先认识，因为西蒙先生从来不带陌生人进书房。"

史莱特进入了书房，开始仔细搜查，看能不能找到来人可能留下的线索。但是，书房里并没有留下来人的痕迹，即使是对方用过的茶杯，也没有留下指纹，鞋印也是那种经过处理的平底光面鞋，看来对方完全是有备而来。另外，从现场留下的西蒙先生和来人的鞋印来看，是对方挟持着西蒙先生从别墅的后门出去了。最后，史莱特又在桌子上发现了一个台历，并在上面潦草地写着"7891011"一行数字。史莱特问西蒙夫人，你知道这是什么意思吗？夫人摇摇头，说道："不知道，我记得昨天我离开时还没有这行数字，并且，西蒙也从来没有在台历上乱写的习惯。"

“那么，我想这行字就非常重要了，它很可能是西蒙留下的重要线索，或者是罪犯的名字，或者是罪犯的地址，等等。既然我们已经知道来人是西蒙先生的熟人了，那么你能不能提供一份有可能做这件事的熟人的名单给我？”

“迈克尔、罗宾汉、杰森、卡里罗……也许这样说不公平，我觉得这些人不怎么地道，曾一直劝说西蒙不要和这些人来往，但西蒙一直不听。现在好了，终于出事啦……当然，也不一定就是这些人绑架了西蒙。”

“等等，你再说一遍那个名字，第三个！”史莱特一边盯着那行数字一边说道。

西蒙夫人于是又说了一遍。

“好了，我知道罪犯是谁了！”史莱特露出了笑容。

你知道罪犯是谁吗？史莱特是如何知道罪犯是谁的？

529. 发财机会

杰瑞的父亲是一名私家侦探，在父亲的影响下，仅12岁的杰瑞也具有了很强的分析能力，甚至有时他能够帮助父亲找到案件的关键，于是他自称少年侦探。每到学校有假期，他便在自家大门旁的墙上贴上告示，上写：史密斯·杰瑞侦探事务所很愿意为您提供服务，无论案件大小，杰瑞探长都竭尽全力帮助您破案，每天仅收费20美分。地址：斯坦福大街75号。

暑假的一天，杰瑞侦探接到了一个案子，于是和助手11岁的苏珊一起骑车出门去工作。当他们经过泽维尔高尔夫球场的时候，他们远远地看到少年里奇·史蒂夫在球场内。他们于是便骑车靠近史蒂夫，只见他像往常一样，挽着上衣袖子，袖子还有些湿，长裤也没有穿。史蒂夫一直在附近的池塘和草丛中寻找高尔夫球，他把这些球洗干净后再卖给打高尔夫球的人，以此赚点零花钱。

苏珊问道：“嗨，史蒂夫，我听说你最近不想干这个活了，是这样吗？”

“是的，苏珊，今天大概是我最后一次干这个活了，感谢上帝，我再也不用和水蛇、乌龟打交道了！”史蒂夫抬头回答道。

“那么，就是说，你发了一笔横财咯？”苏珊好奇地问。

“那倒还没有，不过，就快了！”史蒂夫回答道。

“到底是怎么一回事呢，说来听听！”苏珊好奇地问。

“是这样，约翰逊说，下午四点他要在那棵长得像一个弯着腰的老人的那棵桉树下召开秘密会议。他保证我们很快都会发财，我们每个人都会有钱开自己的糖果店！”

“约翰逊一定又在骗你们了！”杰瑞接过话茬。

约翰逊是一个退学的高中生，因为懒得读书，已经在家里待了一年了，他几乎每天晚上都躺在床上，想办法骗附近的孩子们的零用钱。杰瑞经常揭穿他的阴谋，因此两人之间一向有过节。

“约翰逊说了如何让你们发财吗？”苏珊继续问。

“他还没有说，他只是再三保证这次不会让我们失望！”

“你还没有被这个骗子骗够吗？”杰瑞忍不住说道。

“也许这次他说的是真的。”史蒂夫说道。

“好吧，你能带我一起去吗？我想看看他这次又耍什么把戏！”杰瑞说道。

“当然！”史蒂夫回答。

下午三点半，史蒂夫带着杰瑞、苏珊一起来到了约翰逊约定的地方。他们远远地看到，附近的小孩子们基本上都在这里了，他们围在那棵粗壮的歪脖桉树下，约翰逊像个老大似的坐在中间。

“朋友们，都坐过来一点，”约翰逊喊道，“我不想让你们中的任何一个人错过这次难得的发财机会。”

他看到杰瑞和苏珊也跟着史蒂夫一起来到了这里，便低声咕噜：“我可没有邀请你们两个来！”然后，他从裤子里掏出一张纸，表情诡异地笑着问他身边的小孩子，“你们猜这是什么？”还没等有人回答，他便解释道：“这是藏宝图，它上面标出了爱德华船长藏宝的位置。”

爱德华船长是一百年前从这个镇上走出去的船长。据说他曾经从海上运回来一箱子财宝，并在临死前将它埋在了镇上的一个地方，他在埋藏的地方种了一棵小树作为标记，并在树上刻上了他的名字。

“这张地图是我费了很大劲才搞到手的，通过它我们就能找到那棵树。”约翰逊解释道。

“不对吧，在小镇的每个礼品店里都能找到这本书，这张地图也都出现在书的插页上呀！最关键的还是找到那棵刻着爱德华船长名字的树！”有一个小朋友分析道。

“对，你说的很对，现在这棵树已经找到了，就是这棵！”说着，他拍了拍身旁的那棵歪脖桉树，“这就是我找你们到这个地方开会的原因，伙计们，我们找到财宝啦！”

“那还等什么，我们赶紧挖呀！”史蒂夫忍不住兴奋地喊道。

“不不不，不行，”约翰逊阻止道，“这块地现在不是我们的，因此我们从地里挖出的任何东西都要交给这块地的主人。”看大家开始低声商量办法，约翰逊等了一会儿，才又开腔，“如果我们能够将这块地买下来，那么我们就能挖财宝了。现在，你们只要每人肯出10美分，就有权分一份财宝。当然，出的钱越多，分得就越多！”

小朋友们又开始议论纷纷了，最后大家一致觉得，最好还是先看看这棵树上是否真的有爱德华的名字。“我想在我们缴钱之前，你得让我们先看看树干上有没有刻着爱德华的名字。”史蒂夫建议。

“好吧，根据记载，爱德华在100年前埋财宝时，那棵树还很小，现在它已经长高了，因此他的名字也已经长在了很高的地方了。”说着，他掏出了望远镜，递给史蒂夫，“你们自己看吧。”

史蒂夫接过望远镜便仔细看了起来，他慢慢地将望远镜的镜头沿着树干往上移。“在那儿，我看到了，这果然是爱德华藏宝的那棵树！”史蒂夫一边惊奇地大声嚷，一边指着树干上十几米高的地方。其他小朋友一听，也纷纷拿过望远镜观察，接过他们都看到了，于是最后大家一片欢呼。

“喂，你们小声点，”约翰逊严肃地对孩子们说，“如果这个秘密传出去，这块地皮肯定会疯长，我们就买不起这块地了，那些有钱的大人物就会出手买走这块地，那时财宝就是他们的啦！”

于是，小朋友们都纷纷保证会严守秘密。接下来，他们都纷纷掏钱，交给约翰逊，以在将来能够分得一份财宝。

“你们上当啦！”一直在旁边冷眼旁观的杰瑞这时说话了，“这根本不是爱德华做标记的那棵树！”

约翰逊自然不服气，小朋友们也都怀疑地看着杰瑞。杰瑞于是便说出了自己的理由，大家一听都心服口服。你猜杰瑞是如何识穿约翰逊的骗局的?

530. 离奇的火灾起因

众所周知，牛顿是一位伟大的物理学家，许多众人难以理解的物理学现象，他都能轻松地给予合理的解释。但是，实验室中所发生的一次火灾的起因却几乎难倒了这位伟大的科学家，他整整花了几年的时间才解开这其中的谜团。事情是这样的：

一天上午，牛顿正在洗脸，突然想到了一个学术观点，于是他顾不得擦脸，便走到自己的论文旁边拿起笔在论文上做了一点修改。其间他脸上的水珠滴在了稿纸上，他也没有顾得上擦去。

写完之后，牛顿才用毛巾擦了把脸，然后换上衣服到外面办事去了。但是，牛顿办完事回家之后，发现仆人正在自己的实验室里救火。所幸火势不大，仆人很快将火扑灭了，没有酿成大祸。不过，牛顿许多宝贵的论文都被烧成了灰烬。这使牛顿比遭受了物质上的损失更令他难受。

“到底是怎么回事，无缘无故怎么会起火？”牛顿焦急地问仆人。

“不知道啊，先生，是不是您忘了灭掉蜡烛了？”仆人推测道。

“不可能，我明明记得蜡烛是吹灭了的，你知道的，我出去时已经是上午了。”牛顿肯定地说道。

“那么，先生，会不会是您实验室里有镜片之类的，受到阳光的照射，形成焦点，投射在了您的稿纸上，引起了火灾？”跟随牛顿时间长了，仆人谈起科学来也是一套一套的。

仆人这么一提醒，也赶紧去检查了一下起火的桌面。但是，他在上面并没有发现凸透镜或者是凹面镜之类的能够聚焦阳光的东西，而只是看到了一块用来压稿纸的平面玻璃，与烧焦的稿子和书混在一起。

“瞧，先生，这儿还真有块玻璃板！”仆人提醒牛顿道。

“不不，这只是块平面玻璃，不可能引起火灾！”牛顿肯定地说，他想了一下后问道，“是不是有人溜进来放的火？”

“不可能，先生，我一直在院子里除草，如果有人进来，我不可能看不到！”仆人十分肯定地说。

于是，这次火灾原因牛顿便没有找出来，在接下来的几年里，他也因为这次火灾所损失的研究成果而一直感到闷闷不乐。

直到几年后的一天，牛顿又要出门去办事，他在洗脸的时候，突然想起了几年前发生火灾的那天早上他洗脸的情景。突然，他想到了火灾发生的原因，“原来正是那块玻璃的缘故啊！”牛顿忍不住说了出来。

你能推测出火灾发生的原因吗？

531. 阳光揭谎言

罗斯特是小镇上的一个无赖少年，经常干些偷鸡摸狗、抢低年级小学生零花钱的勾当。在这个小镇上，他最恨的人就是机智而富于正义感的卡维诺，因为经常被其揭穿诡计，罗斯特一直伺机对其进行报复。一天，在被卡维诺阻挠了他骗取小学二年级学生卢西奥的玩具气枪后，罗斯特忍无可忍，制定出了一个完美的报复卡维诺的计划。

因为正值暑假期间，只有卡维诺一人在家。罗斯特先是通过公用电话给卡维诺打电话，他变着声音自称是小镇上小学的六年级学生，有事找卡维诺商量，让其到海边的小木屋那里去见面。罗斯特先是远远地躲在卡维诺住宅附近，看到他出门后，便悄悄来到卡维诺的家门口。因为小镇治安非常好，很少有陌生人来，因此人们出门时经常都不锁门，于是罗斯特轻易地进入了卡维诺的卧室里。罗斯特看到卡维诺的房间后，简直忍不住想将这里砸个稀巴烂，但是想到自己的计划，他还是忍住了，只是悄悄地将自己的一块手表放在卡维诺的抽屉里，然后便赶紧离开了。

卡维诺在海边小木屋里等了半个小时，也不见那个约他的六年级学生前来，于是便回家来了，感到有些莫名其妙。没想到一个小时后，一辆警车停在了自己的家门口，从警车上走下来一位警官和罗斯特，罗斯特只穿了一条沙滩裤，浑身上下都被晒得黑黝黝的。卡维诺更是感到有些诧异了，这家伙不是正在准备少年健康大赛的事情吗？怎么和一位警察到这里来了？

“他告诉我说你抢了他的手表，有这事吗？”警官看着卡维诺问。

“什么？抢手表？我这几天可都没见过他！”卡维诺感到有些莫名其妙。

“你是没抢，不过你这里却是个名副其实的贼窝！就在一个小时前，我在海滩上晒太阳时，有个大个子走过来抢走了我戴在手腕上的手表，因为他个子大，我也不敢喊叫，只是悄悄地跟着他，后来我看到他将手表交给了卡维诺，这一点你无法抵赖了吧！”罗斯特一副气愤的样子，这家伙真是演戏的高手。

看来这家伙是为上周的事情要报复我了，看到罗斯特这副无赖样，卡维诺心下这才明白了。

“你今天中午在什么地方？”警官冷静地问卡维诺。

“我在海滩上的小木屋等人。”卡维诺如实回答。

“等谁？”

“有个自称是潘杰小学的六年级学生约我去的那里，说有事找我商量，但我并没有见到他。”

“那么有谁能够证明你在那里吗？”

“没有。”

“当然没有了，因为你根本就没去那里，我一直都在海边沙滩上晒太阳，根本就没有看到你。”罗斯特插话道，“你没想到我会在那里吧，哈哈，你的谎言被戳穿了吧！这些天我为了少年健康大赛的事情，一直都在沙滩晒太阳，今天我又晒了三个小时，要不是有人抢我的表，我还要再晒一个小时，那样的话，这次健康大赛的冠军非我莫属了。哈，晒太阳可是门学问，你要趴在海滩上，翻来覆去地晒，不能像个乌龟似的趴在那一动不动。”说完，他得意地举起胳膊给卡维诺看。

卡维诺也不得不承认这家伙晒太阳是有一手，其手上、脚上，乃至整个上半身，既没有一处难看的白印，也没有什么地方晒得明显黑于其他部位。

“我肯定我的表还藏在你的房间里，你想过段时间将它给卖掉，是这样吧，卡维诺！”罗斯特在展示完自己的健美躯体后，又将话题转到了他此行的目的上。

“胡扯，既然你说你的手表在我的房间里，那么你就自己来找吧，只要你能找得到！”卡维诺说道。

“很好，我倒要见识一下你的贼窝，说不定还能顺带破一些其他的失窃案呢！”罗斯特一边说着风凉话，一边便和警官一起进入了房间。

罗斯特于是便用他的晒得通体黝黑的手臂在卡维诺的房间里翻动起来。他假装漫无目的地翻动了一会儿之后，便走到抽屉旁边打开了抽屉，然后假装兴奋地大叫一声：“找到了，这就是我的表！”他将表拿在手里，然后挥动给警官看，“您看，警官先生，这正是我的那块被抢的表。你该不会说这表是你爸爸给你买的吧，卡维诺？”

卡维诺看到抽屉里竟然真的有罗斯特的表，也感到很震惊，不过看着罗斯特那得意的表情，他冷静一想，心下彻底明白了——看来那个约他的六年级学生也是罗斯特搞的鬼了，一定是这家伙趁我外出，将表偷偷放在了抽屉里！不过，现在要紧的是揭穿这家伙的谎言，向警官证明自己的清白！于是，卡维诺一边打量着在一旁极力撺掇警官将自己抓起来的罗斯特，一边思考这家伙的整个阴谋的破绽。突然，他眼睛一亮，找到了罗斯特阴谋的一个漏洞，并当即向警官指出，警官一听，信服地点点头，最后将罗斯特带回了警察局。

试想一下，卡维诺所发现的罗斯特阴谋的破绽在什么地方?

532. 邮票失窃案

一年夏天，一场著名的邮票展览会在英国伦敦的一个展览馆举行。这次展览会的规模空前，几乎全英国的邮票收藏爱好者都来到了这里，其中展览的邮票也十分丰富，有许多都是价值达数万英镑的珍贵邮票，尤其是其中的一张印着英国女王维多利亚像的稀有邮票，其价值有几十万英镑。因此，对于这次展览会的安保措施，展览方也做了很精心的布置。但是，没想到展览会进行到第二天，还是出现了事，正是那张最值钱印有维多利亚像的邮票不见了。

罗宾逊警官接到报案电话后，立即赶了过来。经过对现场的作案痕迹一番调查后，罗宾逊警官判断这不像是外面的贼所为，而像是内部人士监守自盗。因此，他对现场的两名安保人员罗伯特和哈里斯进行了盘问。

罗伯特声称今天是由自己和哈里斯两人值的班，两人大部分时间都待在值班室里看电视，每隔半个小时会轮流到放邮票的大厅里来巡视一番。就在二十分钟前，哈里斯出来巡视后，回到值班室对自己说：“罗伯特，不好了，那张维多利亚邮票不见了！”自己便赶紧来到了大厅里，发现那张邮票果然不见了。于是，自己便报了案。然后，自己便和哈里斯一起等警官的到来，两人都没有离开过。站在一旁的哈里斯边听罗伯特的陈述，边在一旁点头附和同伴的说法。

“那么，在哈里斯告诉你邮票不见后，是你们两个一起立即来到大厅中检查邮票的吗？”罗宾逊警官想了一下后问罗伯特。

“不是，是我先出来了，哈里斯随后才跟了过来。”罗伯特回答。

“那么，请问哈里斯先生，你为何没有和罗伯特一起来到大厅中呢？”罗宾逊转而问哈里斯。

“那是因为我已经知道邮票不在了，在值班室里想要停下来稍微冷静一下，想一想究竟该怎么办，所以才晚到了一会儿。提议报警的就是我，不信你可以问罗伯特。”哈里斯解释道。

“呵呵，这个提议并不能说明什么，无论你提不提议，你们都是要报警的，不是吗？最让人难以理解的就是你为何要在值班室里作停留，因为按照一般人的心理，你们两个应该是一起赶紧到大厅中检查邮票才对！”罗宾逊微笑着看着哈里斯说道。

“警官先生，您这是什么意思？您是在怀疑我？”哈里斯瞪大眼睛气愤地看着罗宾逊警官说道。

“哈里斯先生，您不必这么激动，在破案之前，我们警方可能会怀疑任何人。”停顿了一下之后，罗宾逊警官继续说道，“不过，我想，如果——我是说如果——真是您拿走了那枚邮票的话，我想邮票应该还没有离开这个展览馆。并且据我推测，您最有可能藏邮票的地方，便是值班室，是吧？只要我们搜查下值班室，在那里找不到邮票，您自然可以洗脱嫌疑了，不是吗？”

“那么，您就请便吧，这是您的权力！为了我的清白，我也很赞成您这样做！”哈里斯的表情看上去是受到了侮辱，同时又显得心地坦荡。

于是，罗宾逊警官和自己的两名帮手一起对值班室进行了一番严格的搜查，但是，最终一无所获。他陷入了困惑，因为据他对现场的判断，这显然是一起监守自盗的案子。而在两个值班保安中，哈里斯显然是具备了作案时间的。而他故意在值班室里停留的那一瞬间，很可能就是将邮票藏起来。因此，邮票很可能就在这个值班室内。但是，值班室并不大，里面的东西也十分简单，仅仅有一张桌子和两个凳子，桌子上则放着手电筒、两本杂志、一瓶胶水等小东西，再就是墙上挂着的正在吹着的风扇了。邮票如果在这个屋里，不应该找不出来啊！看到罗宾逊警官找不出邮票，哈里逊表现得有些得意。正在不知所措之际，罗宾逊的眼光在屋里的两样东西之间反复看了几次之后，突然顿悟，他做了一个举动之后，那枚价值不菲的邮票顿时便出现了。而哈里斯沮丧地低下了头，果然如罗宾逊警官的推测，是他偷了邮票又藏在了值班室里。

你猜，罗宾逊警官做了个什么动作，找到了邮票？

533. 狡猾的银行职员

凯蒂女士是一个独身的老太太，其因为早年恋爱受挫，遭受打击，终生未婚，一个人住在郊外的一幢父母留下来的别墅里。进入老年后，她因没有收入来源，便将别墅空出来的房间租给别人，靠租金过活。凯蒂女士的房客可谓各式各样，有落魄的生意人，有刚毕业的大学生，还有一些正处于人生奋斗期的公司职员。

一天，退伍军官卡斯特先生住进了这栋别墅。因为长期在军营生活，卡斯特仍旧保留着在军营中的生活作息习惯。每天凌晨6点，卡斯特准时起床，花十分钟时间迅速梳洗完毕，然后穿上军装，用正步在宽敞的房间里走来走去；尤其令其他人接受不了的是，一到晚上10点，他便准时熄灯睡觉，一旦其他房间里的声音影响了他睡觉，他便毫不客气地找上门去咒骂。显然，这样下去，迟早有一天矛盾要爆发。

事实上，仅仅是两个星期后的一个晚上，矛盾便爆发了。那天晚上，刚毕业的大学生吉姆在晚上10点半的时候播放音乐，卡斯特便毫不客气地前去要求吉姆关上音乐，结果对其忍无可忍的吉姆非但不听从，反而又将音量扩大。于是，卡斯特冲上去便是一拳，两人扭打在了一块。当然，吉姆不是卡斯特的对手，最终卡斯特以胜利者的姿态离开了。

看到卡斯特自从搬来以后的表现，凯蒂女士早就感到这样下去迟早要发生今天的事情。她躺在床上想了半夜，到将近凌晨时，她终于决定，为了大家的利益，只能将钱退还给卡斯特先生，让他搬走。想到这里，凯蒂女士才渐渐睡着了，虽然她迷迷糊糊听到从卡斯特先生的房间里传来敲打的声音，她也管不了那么多了，她得抓紧时间睡一觉了。

第二天早上，令凯蒂女士和其他房客们感到惊讶的是，卡斯特先生今天没有像往常那样准时起床。相反，一直到中午，他的房间里也没有任何动静。这时，凯蒂女士感到有些不妙，于是用钥匙打开了卡斯特先生的房门。结果竟然发现，卡斯特已经死了！他直挺挺地躺在地板上，后脑那里一摊血迹。

警方经过现场勘查，认为卡斯特是被钝器击打后脑勺致死。于是，经过一番盘问之后，大学生吉姆成了头号嫌犯。而在吉姆的房间里，也正好发现了一副可以用作作案凶器的哑铃。不过，在这副哑铃上，没有提取到死者的血液。并且吉姆也一再声称自己不可能那么笨，在昨天晚上和卡斯特起了冲突后，半夜就去敲死他，他如果要杀他的话，也会换个时间，好容易摆脱嫌疑。

警察接下来又对其他房客进行了盘问。在这些人中，一位看上去很阴郁的银行职员说自己一直在房间里睡觉，并且自己的房间里根本没有任何可以用来将人击打致死的重物。另一位是一个女青年，她和凯蒂女士因为力气太小被一并排除了。

经过一番分析，警察最后还是觉得从作案动机和作案条件来说，大学生吉姆的嫌疑是最大的。但正如他所说，他不会那么笨，况且看上去他也不像是那种会去杀人的凶残之人。而那个银行职员则自始至终给人一种阴郁的感觉，但是，他房间里并没有可供使用的钝器。并且为了防止房客打架，整个公寓里的具有攻击性的东西都已经被凯蒂女士提前藏了起来。最后，一个经验丰富的警探仔细调查了当天房客们的一举一动，包括他们吃的早饭。最后发现，吉姆吃的热面包，银行职员吃的煮玉米，女青年则吃了个苹果，凯蒂女士则因为起得晚，没有吃早饭。警察这时眼睛一亮，将疑点重点放在了银行职员身上。在警察的心理攻势下，银行职员最终承认是自己因为早就受够了卡斯特，今天凌晨时将其杀死，并企图嫁祸给大学生吉姆。

那么，你能猜出银行职员到底是用什么作为凶器的吗?

534. 善于动脑筋的商人

在古印度有个商人，他想到附近一个陌生的城市去做生意，但是对于做什么生意还没有拿定主意。于是，他专门到这个城市中去做了一番调查，看这里什么商品会比较好卖。在这个城市各处溜达了一星期之后，商人发现这个城市有个很有特点的地方，那就是这里有大量的盲人整天在沿街拉胡琴卖唱。于是，这个商人经过一番考虑后，便回家组织了一批木箱到这个城市中去卖。结果，木箱的销量的确相当不错，商人很快赚了一笔钱。

你知道这其中的道理吗?

535. 数学不好的店主

有个开小商店的店主，数学非常不好。一天，有个年轻人前来买了几项日用品，总价值38元。店主一时没有零钱找，便拿了这张假钞到隔壁的彩票销售点兑换成了零钱，然后找给了顾客零钱。没想到顾客走了一会儿之后，隔壁彩票销售点的人赶来小商店里告诉店主，这张百元大钞是假的。店主无奈，只好用一张百元真钞将这张假钞换了回来。

之后，店主开始琢磨自己到底今天损失了多少钱，他模糊感觉自己今天至少损失了两百元钱，于是越想越气，忍不住大骂起来。这时，一个邻居路过，问了他情况后，告诉店主他其实没有损失得那么多。

聪明的读者，你能在10秒钟内想明白店主究竟损失了多少钱吗?

536. 商业间谍

某年年底的一天，世界知名的金融财团圣安东尼金融公司正在就公司来年的战略召开董事会。上午10点钟，董事们陆续来到会议室，年老的董事长最后拿着材料走进了会议室，可能因为上了年纪，手脚不太灵便，就在他走到办公桌前准备落座时，他手里的文件掉在了地上。董事长正要弯腰去捡，一旁的女秘书赶紧抢先一步去捡文件。就在女秘书拾起文件要站起来时，她的余光注意到会议桌的背面似乎有个什么小东西，于是她将那个小东西给拽了下来，并放在了会议桌上。

“董事长，这是一种用来窃听的小型录音机。”女秘书解释说。董事们都一下子吃惊地瞪大了眼睛，纷纷开始窃窃私语。年老的董事长更是感到十分生气，他骂道：“我在这个公司三十年了，马上要退休了，却遇到这种肮脏的事情，现在会议停止，立即给我找出这个藏在公司里的商业间谍！”

女秘书开始检查录音机，她倒回磁带，将录了音的磁带重新播放。“董事长，这个录音机是在大约9点40分安放的。”最后，女秘书根据录音的开始时间确定了安放录音机的时间。

“董事长，我今天到得比较早一些，出电梯时，我好像看到一个身穿我们公司制服的人在走廊处闪了一下，会不会是这个人？不过我只能确定这是个女员工，却没有看清楚她的面貌。”

“马上通知各部门负责人，在自己的部门里调查一下，把在9点40左右不在科室的女职工全部都带到这里。”董事长当即下令。

不一会儿，三个部门负责人带来了3名女职员。

年老的董事长亲自对她们三个说道：“请你们各自解释一下，在9点40分的时候离开岗位的理由。”

第一个回答的是财务部门的史密斯小姐，她声称：“我在一楼休息厅，打了一个私人电话，因为公司的电话禁止私人使用。”

“那你为何穿球鞋，而不是按照公司的规定穿皮鞋呢？”

“今天早上上班时，因为人多拥挤，我将脚脖扭伤了，穿皮鞋太疼了，所以换了球鞋。”

接下来回答的是行政部门的苏珊小姐，她穿着一双高跟鞋，她的理由是：“我到商店去买了点零食，我早上没吃饭，饿坏了，当然，我知道这不符合公司纪律。”说完她拿出了还未吃完的零食。

第三位回答者是销售部门的凯蒂小姐，她同样穿着高跟鞋，她说：“我去献血了。”

“那请你拿出你的献血证让我看看。”

“医生说我贫血，不能献血。”

董事长一听，觉得这个女职员最可疑，于是便想进一步盘问。但是，这时，站在旁边的女秘书突然说话了：“董事长，您不必询问了，我已经知道谁是真正的间谍了。不信，你们仔细听一下。”秘书再次打开了录音机的开关。

录音机开始转动，开始时一片寂静，随后传来了轻微的关门声。

三个女职员中的其中一位一听，立即脸色苍白，不自觉地惊叫了一声。

你能猜出这个人是谁吗?

537. 一桩奇案

星期四的中午，律师爱德华被人发现死在自己的家里，他是在和别人通电话的时候，被自己饲养的一只狼狗咬死的。最近，因爱德华出外旅行两个月，就委托他身为生物学家的好友杰瑞代为照顾自己的狼狗。这只狼狗从小就由爱德华饲养，和他有深厚的感情，可是竟因爱德华外出一个月，而忘掉饲主之恩，将主人咬死，这真是令人感到瞠目结舌的一件事。

对于这件有些诡异的事情，有着丰富办案经验的警长凭直觉觉得这不是个离奇的偶然事件，而可能是藏着阴谋。经过一番调查取证后，警长认为凶手很可能是杰瑞，于是传讯了他。杰瑞为自己辩解道，他在星期四的早晨将狗送回了爱德华家中，爱德华被咬死时，自己正在自己的生物实验室里做实验。杰瑞提醒警长，自己的实验室距离爱德华的家有10公里远，即使是他曾刻意将狗训练成一只会咬人的狗，也不可能在10公里外对狗发号施令让他咬死自己的朋友爱德华。但是，警长却用严密的逻辑证明了杰瑞其实是可以做到的，接下来他又出示了相关证据。杰瑞最终只好承认自己的罪行。

请问，杰瑞是如何策划这起杀人案件的？

538. 假古董

一天，一个小青年拿着一个铜碗到一个古董商店里出售，声称这是一个汉代古董。站在柜台前新来的学徒小张接过铜碗一看，只见这铜碗看上去古色古香，还带有一些明显是埋在地下比较久了的锈迹。翻过来再一看碗底，还刻着“公元前21造”的字样。小张顿时觉得这碗很可能真是汉代的，这可是笔大生意啊，于是赶紧喜滋滋地将碗拿给店里的老师傅看。没想到，老师傅仅粗略一看，就扑哧笑出来说道：“这也太假了吧！”

你能看出这碗假在什么地方吗？

539. 假冒父亲

北宋英宗时期，中国著名理学大师程颢曾在泽州晋城（今山西晋城）担任县令。因为他体恤爱民，知识渊博，断案分明，被当地百姓尊称为“智父”。

一年秋天，晋城出现了这么一桩奇案。县内一位有名的财主，因病去世，万贯家财都留给了年仅二十出头的独子。这个独子自幼丧母，二十年来一直与父亲相依为命，如今老父去世，自己纵有家财，却倍感凄凉。突然有一天，一位年过花甲的老人前来登门认亲，声称自己是这个独子的亲生父亲。这个独子不由大吃一惊，对老人说道：“老人家，您怕是认错了，我亲生父亲刚刚去世不久。”

没想到这个老人哽咽着声称：“我的儿啊，我才是你的亲生父亲，死去的只是你的养父呀！”

独子一听，便说道：“二十年来，我从来没有听父亲说起过这件事呀！”

老人便说道：“傻儿子，他如果对你说了，你还会为他披麻戴孝吗？”

眼看着这个老人一把鼻涕一把泪的，看上去跟真的似的，这个独子也有些动心了。但是事关重大，总不能凭一个陌生人一张嘴，便平白无故认个父亲吧。无奈之下，独子突然想到了“智父”，于是，他便请程颢为自己做主。

程颢接了这个案子后，便要那个老者将具体情况讲清楚。于是那个老者讲道：“小民原本是个江湖郎中，经年在外行医。21年前，我妻生下一子，因为生活艰难，我又经常颠沛流离在外，顾不过来，于是便想给他找个富家做养子。于甲戌年十一月二十八由接生的马婆婆和这个员外——也就是他的养父——在我家一道抱走的。”

程颢一听，便笑道：“老人家记性可真好，二十年前的事，还记得这样清楚！”

老人便回道：“大人您有所不知，如果不是实在没有办法，自己家的亲骨肉谁舍得送人呀！我当时将这件事随手记在了医书上。翻看医书时经常会翻看到，所以才会记得这么清楚。大人您若不信，也可以传来马婆婆作证，我也可以将医书拿来给您看。”

于是程颢便传来了马婆婆，询问之下，果然和老人所说的符合。然后，程颢又翻开了老人呈上来的医书，只见里面一页上果然写着“甲戌年十一月二十八，马婆婆与李信翁一起将儿抱走”一行蝇头小楷。

程颢一看，略一思索，便问独子道：“你父亲去世时多大年纪？”独子回答：“58岁。”又问马婆婆：“你如今多大年纪？”答：“54岁。”

程颢一听，立刻便将惊堂木一拍对老人喝道：“大胆刁民，竟敢冒充他人父亲，还不从实招来！”

那老人一听连呼冤枉，于是程颢便冷笑一声问他：“好，我问你，这医书上的字可是你亲手所写？”

老人回道："确实是我亲手所写，如有半点虚假，任凭大人发落！"

程颢一听，便哈哈大笑，指出了老人的破绽。老人一听，头上直冒汗，赶紧如实交代自己只是个好逸恶劳的江湖骗子。他偶尔路过此地，得知老财主刚死，其子为人忠厚老实，便想冒充父亲，诈骗他的钱财。而马婆婆则只是被自己用钱财买通的。

你能推理出，程颢是如何识破老人的破绽的吗？

540. "段神仙"

段光清（1798~1878），安徽省宿松县人，是清咸丰年间的一品大员，其一度担任主管司法的官员，因断案如神而被称作"段神仙"。下面这个故事便是其在咸丰初年担任浙江省臬司（即按察使，主管一省司法的长官）时的故事。

有一年，浙江余杭县的一位重要犯人，先是被押解到北京审问复议，最后核准斩首后，又从北京押解回浙江，关在仁和县（今杭州，当时浙江首府所在地）狱中，准备两天后押往该犯犯案地斩首示众，以儆效尤。但是，没想到，这个罪犯神通广大，乘人不备越狱逃跑了。狱吏发觉后，赶紧四下追捕，但已经找不到逃犯的踪影了。

仁和县县令得知消息，感到犹如当头一棒，当时便失去了分寸，要知道，这样重要的罪犯在自己辖区的监狱里丢了，不是自己一个小小县令能兜得住的。于是，县令赶紧找来幕僚和捕头，商量对策。可是，天高地阔，这样漫天去找一个逃犯，不亚于大海捞针。大家商量到了半夜，也没有一个好的计策。就在无计可施之际，一个幕僚提议道："这件事已经火烧眉毛了，再这样商量下去，只是耽误时间，一旦罪犯获得充足时间逃远，就更抓不到逃犯了。为今之计，我倒有个办法试一试，就是找臬台大人请罪，听他发落，他一向被称作'段神仙'，或许他能帮我们出个主意呢！"县令一听，觉得也只好如此了。

于是，就在当天深夜，县令便来到臬司衙门。当时，段光清正在批阅文件，听说仁和县令深夜来访，觉得很是奇怪，心想必是出了大事。一见面，县令便直接跪在了段光清面前，同时哽咽着说：“卑职该死！还望大人开恩，设法援救！”

段光清一看仁和县令如此，还没问什么事，心便一下子软了，赶紧催问他发生了何事。于是，县令便将情况禀报了。

段光清一听，也是吃惊不小，沉吟了片刻，便问道：“罪犯是何时逃走的？”

“今天下午5时左右。之后，我们已经派人在县城四处搜找，却毫无眉目，不得已才冒死前来向大人求助。”

段光清于是在屋子里踱了一会儿步，然后便对县令吩咐道：“你立即派人前往县城东边的某某村某某家，逃犯现在很可能正在那里剃头。你们动作一定要快，不然恐怕就来不及了。”

知县一听，十分疑惑，但也不好多问，正要转身回衙门叫人，段光清却又叫住他道：“你不要回衙了，我让我这里的几名差役和你同去。你也不要乘坐轿子了，和差役们一起骑马前去，以尽快到达。”县令更是将信将疑了，只是听从安排带着几名臬司衙门中的差役，骑上快马便出发了。

骑马大约跑了十几里后，县令一干人赶到了段光清所说的村子，此时已是五更时分。县令下马打听段光清所说的那户人家，一问之下，果然有这户人家。于是县令一干人急忙奔到该户人家，将其宅子前后堵起来后，率人破门而入。没想到，果然如段光清所说，逃犯正在那里剃头，眼看马上就要剃完了。逃犯完全没有想到官兵这么快便找到了这个地方，一点防备没有，只好束手就擒。

将逃犯押回后，县令在感到高兴的同时，也感到十分惊叹，他惊叹段光清怎能如此料事如神。将看守逃犯的事情安顿好后，县令立即又前来臬司衙门，求见段光清。见到段光清后，县令先是口头请罪道：“下官有失职守，幸得大人帮忙，将逃犯追回，但罪责犹在，请大人处罚。”

然后，县令还是忍不住好奇地问了段光清：“下官一直听说大人料事如神，今日一见，果然如此。下官冒昧地问一句：大人您是否真的有神仙之术？”

段光清于是呵呵一笑，说道：“我哪里有什么神仙之术啊，不过事事留心，又进行一番合理的推理罢了！”说完，他便说出了他之所以能够知道逃犯所在的原因。

你知道段光清是怎么知道逃犯的藏身地的吗？

541. 如何选择伴侣

有一位学识渊博的老哲学家有三个徒弟。一天，三个徒弟请教哲学家应该怎样做才能找到合适的伴侣。老哲学家想了一下说：“这样吧，你们每个人都去麦田里沿着一条地埂选择一穗最大最好的麦穗，记住，只许前进，不许后退，并且只能摘一次，然后再来见我。”

先是第一个徒弟去了麦田。他走进麦田后，沿着一条埂子没走多远，便看到一穗很大的麦穗，于是高兴地摘下了。但是，继续往下走时，他又看到几穗更大的。不过他已经不能再采摘了。因此，他带着麦穗遗憾地离开了。当他将自己的感受告诉老哲学家后，老哲学家没有说什么，只是让第二个弟子再去。

第二个弟子吸取了自己同学的教训，他走在麦田里时，每当看到比较大的麦穗时，总是提醒自己：接下来还有更大的！于是，直到他快要走到头时，才发现自己已经错过了所有的大麦穗，最后只好摘了个小麦穗回来了，同样是充满了遗憾。他回到老哲学家身边，告诉老哲学家自己的感受后，老哲学家仍旧没说什么，而是让第三个弟子前去。

第三个弟子于是吸取了前面两个同学的教训，最终满意地回来了，并告诉老哲学家自己没有遗憾。老哲学家一听，微笑着点了点头。

你猜，第三个弟子是怎么做的？

542. 草原失火

一次，一个地理考察小组顶着风在草原上考察当地地貌，有个考察成员突然发现前方烧起了大火，于是赶紧大声喊起来：“不好了，草原失火了！”大家一看，果然看到几公里外浓烟滚滚，火光冲天，并且倒霉的是，起火的地方正在风向的上端。火借风势，风借火威，行进得非常快，眼看就要烧过来了。考察小组的成员们纷纷赶紧朝顺风的方向跑。

但是，大火借助风势，跑的速度比人要快得多，并且人的体力也有限，很快，眼看大火就要追上考察小组的成员了。人们都感到十分绝望，心想这下要死在这片草原上了。正在危急关头，一位蒙古族的老猎人出现了，他看了一下火势后，果断地说：“现在所有人照我说的做，马上动手割掉面前的这一片干草，清出一块两丈见方的空白地面。”

大家看看老猎人一脸沉着，也不细想，慌忙都按照他说的做，一会儿就在眼前清出了一片不大的空地。老猎人接下来让所有人都站到空地上的下风向，然后不慌不忙地点起一束干草，将其扔到了迎着大火那面的草丛里。然后，老猎人回到空地中央对大家说：“好了，现在没事了，我们可以欣赏这草原上的大火了！”

考察队员们此时却并不感到轻松，一个个依旧惊魂未定地看着老人放起的火，心里直打鼓，担心这火顺着风向向自己空地这儿烧来。但是，奇怪的是，老猎人放的火并没有顺着风向人们这边烧来，而是飞快地逆着风向从前方烧过来的大火迎上去。只见两把火在离人们几百米外的地方“撞”在了一起，然后又逐渐变小。最终，大火绕开这块空地向人们背后的下风向烧过去了。考察小组的人得救了，一个个激动得热泪盈眶。同时，他们感到很奇怪，为何老猎人烧的火会逆着风向而去呢？纷纷请教老猎人，经老猎人一解释，便茅塞顿开。

你知道这老猎人烧的火为何会逆风而行吗？

543. 马知县智识诬告案

清嘉庆年间，浙江湖州地区有一位姓马的知县，此人学识渊博，办事认真，是一位难得的公正廉洁的地方官。一天，马知县接到一纸诉状，当地的崔员外状告刘小四欠债不还。这崔员外是当地有名的财主，家里有良田十多顷，在县城又开有多家粮店。崔员外手持两张借据，声称刘小四于嘉庆二年十一月间向自己借了三十两银子，又在嘉庆三年八月借了二十两，共是五十两银子，现在到期不还。崔员外称当初借钱给刘小四时，刘小四曾以自己的房子作为抵押，现在刘小四不还钱，他请马知县为他做主，将刘小四的房子判给他。马知县接过借据一看，果然上面写得很明白，没有什么破绽，于是便立案，传刘小四到庭对质。

这刘小四是一个破落户，本来家境小康，但其好吃懒做，坐吃山空，不几年祖上留给他的产业就被其卖完了，只剩下一处房产还值点钱。刘小四到庭之后，满口都是冤枉，声称自己压根没有向崔员外借过钱，况且自己将祖上的产业卖完了，自觉惭愧，就只剩下这一处房产了，决然不会用这房产去抵押借钱的。马知县听他说得恳切，也不像是在撒谎，而看崔员外也不像是无赖之人。如此，马知县便不知如何判断了，于是宣布退堂，择日再审。

当天晚上，马知县回到后衙后，晚饭也吃不下，独自坐在书房中，思考着该如何审理此案。最后，马知县认为，现在双方各执一词，无法判断，到底谁说的是真的，其关键就在于这两张借据了。如果借据是真的，那么便是刘小四赖账不还；如果借据是假的，便是崔员外诬告，想要霸占别人房产。想到这里，马知县便又将那两张借据拿起来仔细观察，由于光线暗淡，他将借据拿到蜡烛前去观察。但是，看了半天，也丝毫看不出什么破绽，看来这借据是真的了。可是，看刘小四的样子又不像在抵赖。烦恼之下，马知县挥了一下手，就在一挥手之际，马知县看到借据被其背面的蜡烛一映照，上面的纹路十分清晰地显现了出来。马知县一看之下，便看出这纸是当地产的纸，其纸纹粗细不均，漫无章法，有的像小河流水，有的像高山绵延。马知县一看之下便对纸纹产生了兴趣，他开始细细地看起这些纹路来。看着看着，马知县突然失声说出："这借据是假的了！"原来，他通过纸纹发现，这两张借据所用的纸原本是一张纸一撕为二的。

第二天，马知县便宣布再次升堂审理此案。崔员外和刘小四来到堂上之后，马知县一拍惊堂木呵斥崔员外道："你是如何伪造借据，试图霸占别人的房产，还不从实招来？"崔员外一听，心中吃惊，但还是硬着头皮说道："大人，您凭什么说我伪造证据？"

接下来，马知县便将自己的理由说了出来。崔员外一听，登时心服口服，只得承认因自己贪图刘小四的房产，又欺负他没有亲族，势单力薄，就伪造了借据，试图加以霸占。

你能猜出马知县是如何令崔员外心服口服的吗？

544. 阿基里斯追不上乌龟

芝诺是古希腊著名的哲学家，他因为提出了一些著名的悖论而广为人知。他的这些悖论被另一位古希腊哲学家亚里士多德记录在《物理学》一书中，后人称之为"芝诺悖论"。在这些悖论之中，"阿基里斯追不上乌龟"是最著名的一个。

阿基里斯是古希腊史诗《荷马史诗》中的英雄，其跑起来的速度非常快。而显然，乌龟的速度是非常慢的。但是芝诺提出，假设阿基里斯的速度是乌龟的十倍，乌龟在阿基里斯前方100米处，两者同时起跑，阿基里斯便永远追不上乌龟。芝诺的理由是这样的：阿基里斯的速度虽然是乌龟的十倍，但是当阿基里斯跑了100时，乌龟必然便往前又爬了10米；而当阿基里斯又追上这10米时，乌龟则又往前爬了1米；阿基里斯再追上这1米时，乌龟则已经又往前爬了1/10米……如此以此类推，每当阿基里斯追到乌龟原来的位置时，乌龟必然便又往前跑了一段距离，所以说，阿基里斯永远追不上乌龟。

而事实上，根据常识判断，我们知道，阿基里斯显然是能够追上乌龟的。但是，你虽然能从事实上驳倒芝诺的悖论，但是在理论上你却无法将其驳倒，因为他的逻辑是合理的。

聪明的读者，你能解释一下这其中的奥秘吗？

545. 约瑟芬脱险

约瑟芬失恋了。她带着她的悲伤和对一个男人的痛恨开车在城市外的公路上狂奔，她想让自己处于这样一种高度紧张的状态中，好忘却自己的伤心事。

等到她狂奔了三个小时之后，天色逐渐暗了下来，她望望窗外，看不出自己到了什么地方，只是在一百米开外看都有间酒吧。此刻，她正需要酒精，于是，她走进了酒吧。两杯酒下肚后，约瑟芬感觉自己好多了，似乎已经不再记得那个可恶的男人的面孔了。就在她双眼迷离之际，她的眼前出现了另一副男人的面孔。

"你好，小姐，一个人独自在酒吧喝酒可不是件愉快的事！"对方微笑着说道。

听到对方说话，约瑟芬才顿悟眼前的人不是幻觉，而是一个真实的人。并且，定睛一看，看上去还是个相当有魅力的男士。

"我叫哈里斯，欢迎来到凯斯特酒吧！"对方友好地自我介绍。

"你好，我叫约瑟芬。"约瑟芬觉得此时她也正需要一个人——坦白说，是正需要一个有魅力的男士，就像眼前的这位一样——来和自己聊天。于是，两人很愉快地聊上了。最后，约瑟芬心情好多了，觉得那个背叛了自己的男人似乎也并没有那么优秀，她决定开车沿着来的路回家了。

"你可能不知道，这条路上可不安全。有个叫罗伯特的人经常在夜里出来拦路抢劫。"最后，约瑟芬要离开时，男士提醒道。

约瑟芬看看外面漆黑的夜色，心里也的确感到咚咚直跳。就在这时，男士自告奋勇，愿意充当她的保镖。

两人一起坐在了约瑟芬的汽车里，约瑟芬觉得自己简直就是正处在一部浪漫电影中。行驶了不到十公里之后，一辆汽车的亮光从后面射过来。

“不好，这正是罗伯特，他的大胡子太显眼了，我一眼就认出来了。”哈里斯回头看了一下，然后对约瑟芬说，“我想我们最好还是拐弯到旁边的那条公路上，那里会比较安全一点。”

但是，约瑟芬隐隐觉得有什么地方不对劲，因此她没有听从哈里斯的建议，毕竟仔细想来，自己和他认识还不到一个小时。那辆车于是从后面超越，向前面驶去了。过了一会儿，哈里斯又说道：“罗伯特肯定是想在前面拦截我们，最好还是不要沿着大路走了，我知道有条小路，可以绕过这段路，然后再回到大路上的！”哈里斯似乎越说越激动，完全没有了在酒吧里的风度和从容。约瑟芬不禁对自己刚刚认识到这个“朋友”越来越怀疑了。她不动声色地回想了一下刚才的事情，突然，她发现了一个非常不合逻辑的地方，据此，她判定与自己同车的这个人绝非善类，自己的处境可能十分危险。

意识到这一点后，约瑟芬故意装作什么也没有发生的样子继续开车。就在前面的路边出现一个汽车修理店的时候，她毫不犹豫地将车开了进去。正如她所愿，汽车修理店里的两个修理工人正在那里忙碌。于是，约瑟芬从容地下车，对里面的“朋友”说道：“请你马上离开我的汽车，你今天的把戏到此结束了！”车里的哈里斯一听，看到外面站了两个汽修工人，也不辩解，神情沮丧地下车，然后灰溜溜地便离去了。实际上，坏蛋罗伯特并不存在，他才是一个十足的坏蛋，他从看到约瑟芬的第一眼想的就是将她诱骗到一个偏僻的地方，对她实施抢劫。只是，他的计划不够周密，被约瑟芬识破了诡计。

分析一下，约瑟芬是如何识破哈里斯（如果他真叫哈里斯的话）的诡计的？

546. 报案者

一天晚上，天上下着瓢泼大雨，派出所里面静悄悄的。突然，从外面闯进来一个年轻人，他浑身都湿透了，衣服贴在身上，气喘嘘嘘，好像走了很长的路才来到这里。

他有些语无伦次地对警长说："刚才我从一座桥上走过，由于天黑路滑，看不清道路，我不小心被脚下的什么东西绊倒了，结果一下子摔倒了河里，幸好我从小就熟悉水性，就游到了岸上。我想看看到底是什么东西把我绊倒了，于是我就又来到了那座桥上。等我来到桥上时，却发现把我绊倒的是一个人。我以为他喝醉了酒，在桥上睡着了，于是我就喊他：'喂，醒醒老兄！'可是无论我用多么大的声音喊他，他还是一动不动。于是我就用手去推他的身体，想把他唤醒。可是等我的手接触到他的身体的时候，感觉手指好像沾到了什么黏糊糊的东西，等我仔细一看，原来这个人脖子里有两道伤口，他被人杀死了，当时早已经没有了气息。我感到此事事关重大，就赶紧过来报案。你们看，我的手上现在还有那人的血迹呢！"

说完，他向警长伸出了他那只手，上面的确还有血迹。

警长听完他的话，想了一会儿，然后问道："既然天那么黑，你怎么能够看清楚他脖子上有两条伤口的呢？"

那个人回答道："我从口袋里掏出火柴划着了才看清的。"

警长听完这句话，对他笑了笑，说："你的谎话说得很不够水平，看来还得多加练习！"说完，就命令工作人员把他逮捕了。

你知道警长根据什么判断他在说谎吗？

547. 拿错包

一艘客轮徐徐驶入了上海码头，上面下来了许多旅客。人们都已经拿好了自己的东西，准备下船了。然而这时候，却有一位旅客神色慌张地站在人群之中，似乎在寻找什么东西。他的眼睛专门盯着下船旅客的包，过来的每一个人他都仔细地打量着。原来，在船快靠岸的时候，他急着去了趟厕所，结果回来就发现自己的包不见了。包里放着一大笔数目的钱和他的所有证件。眼看着这么多的旅客都已经下船了，自己的包还没找到，他显得非常着急。

就在此时，他身边走过的一个小伙子拎的包和他的一模一样，于是他赶紧追了上去，对他说："这是我的包，请你把他还给我！"小伙子愣住了，他看了一下包，然后回答道："对不起先生，我下船时一时着急，拿错包了。请你原谅。"说完这些，他礼貌地鞠了一躬，然后下船去了。失主看到这个小伙子彬彬有礼，不像一个小偷的样子，也就没有报警抓他。

然而，这一切民警都看在眼里，他们追上了那个小伙子，二话没说，立即就把他带到了公安局。经过一审问，他果然是一个小偷！

你知道民警是怎么判定小伙子一定是小偷，而不是错拿了包的？

548. 上校的谎言

托马斯是一名英国间谍，由于他机智勇敢，曾经多次从敌方那里探得重要军事机密，所以，他在众多间谍中脱颖而出，被派到另一个国家的军事基地收取情报。托马斯接到命令后，就来到这个国家，在经过了一段时间的活动后，他终于赢得了一个叫洛克菲勒的上校的信任。洛克菲勒是一个势利小人，当托马斯提出愿意用重金换取一个重要的军事情报时，洛克菲勒就答应了他。

几天后，托马斯按照当初他们约定的时间，带着80万美金开车来到了洛克菲勒的住处。他按了好几下洛克菲勒的门铃，却无人应答，托马斯觉得很奇怪，作为一个老间谍，他感觉到有些不对劲，但是他还是继续按了几下门铃。然而，依旧没有人过来为他开门。托马斯轻轻用手一推，门就自动开了，原来门并没有上锁。屋子里静悄悄的，非常干净，天花板上的灯还亮着，托马斯屏气凝神，小心翼翼地走了进去。当他来到里间，发现洛克菲勒正一动不动地趴在地板上，托马斯轻声唤道："喂，洛克菲勒，你快醒醒，你这是怎么了，到底发生了什么事？"

洛克菲勒听到托马斯的呼唤，慢慢地睁开了眼睛，他想从地上站起来，然而却显得没有一丝力气，所以很快又倒下了。看到这种情况，托马斯就过去把他扶了起来。托马斯把他扶到一个沙发上让他坐下，然后为他沏了一杯咖啡。洛克菲勒喝了两口，然后对托马斯说："就在一个小时以前，当时我正在看电视，放的是一个很有趣的老电影，名字叫做《一夜风流》，想必你是一定看过的。正当我被其中的浪漫情节所吸引的时候，忽然听到门铃响了，我以为一定是你到了，所以想都没想，就把电视关了去开门。然而，来访的并不是你，而是两个陌生人！两个人的体格都非常健壮，而且手里都拿着枪，他们就用毛巾堵住了我的嘴，威胁我说：'快把军事基地的地图交出来，不然就打暴你的头！'说完，他们对着我晃了晃手中黑亮黑亮的手枪。我当然没给他们，然后他们就把我打晕了过去。在朦朦胧胧中，我好像感觉他们一直在屋子里面到处乱翻。我记得我把军事基地的地图藏在床头的柜子下面了，你看看还在不在？"

于是，托马斯就去翻床头的那个柜子，然而却没有发现地图。

洛克菲勒于是说："那一定是他们两个把地图搜去了！"

然而，托马斯摸了一下卧室里的电视机，发现电视机还有点热，再结合其他的疑点，托马斯立即断定洛克菲勒在说谎，你知道他是如何判断的吗？

549. 明察秋毫的宋慈

南宋嘉熙二年，宋慈到福建剑州任通判。一天深夜三更时分，剑州城外突然大火冲天，宋慈得到报案后，连忙带着衙役赶到了火灾现场。

起火的地点是一幢不与别家相连的茅舍。等到宋慈赶到的时候，只见几个人正抬着一具被烧焦的尸体从已化为一片灰烬的茅舍中走出来。

"你们可知道起火的原因？"宋慈问在场的百姓。

"估计是不慎失火。"在场百姓中有人回答道。

“被烧焦的人是谁？”宋慈接着问。

人群中有一位老人回答说：“那是一个泥匠，半个月前，他的妻子和孩子都被饿死了。起火的原因，很有可能是他自己想不开。”

宋慈立即叫来了随行专门验尸的人员准备验尸。验尸人员撬开焦尸的嘴巴，宋慈仔细检查了一遍，发现死者的口、鼻、咽喉部位都没有一点点的灰尘。他转身问刚才抬尸体的人：“你们刚才抬出尸体的时候，尸体是倒向何处的呢？”

“尸体在门边，头朝里，脚朝外。”其中一人回答宋慈说。

宋慈听后立即明白了，他对在场的乡民说：“泥匠不是被大火烧死的，也不是自寻短见，而是被他人故意谋杀的。起火的原因应该是凶犯为了焚尸灭迹。”

接着他向村民们对这桩人命案的分析与推理，令在场的村民无一不佩服宋慈的推理能力。后来进一步的调查研究也证实了宋慈的推断是完全正确的。

你知道宋慈是怎么推断出来的吗？

550. 有趣的猜心术

柏拉图在年轻的时候拜苏格拉底为师，一直跟着他学习了10年的时间。除了哲学之外，柏拉图还从苏格拉底那里学到了一套猜心术。

猜心术的内容是：假如有4个人在一起，你心中只要想好4个人之中的任意一个，那么这个时候柏拉图只要向你提问两个问题，而你只需要回答“是”或者“不是”，他就能很快地猜出你在想的那个人到底是谁。假如要是有6个人在一起，那么他就只需要提出3个问题就可以知道你所想的那个人是谁了。

一天，他找来了四个人，贝蒂、哈德、罗特和瓦尔四个人一起来玩这个游戏。

游戏开始，贝蒂先让哈德想好他们4个人中的任意一个，然后贝蒂先向哈德提问：“请问你想的人是贝蒂和哈德中的一个吗？”

这个时候如果哈德回答说：“是。”那么贝蒂就开始提问第二个问题：“你所想的人是贝蒂吗？”这个时候不管哈德如何回答，贝蒂都能立即知道他所想的人是谁了，因为哈德假如回答“是”，说明哈德心里所想的人就是贝蒂；如果哈德回答说“不是”，那么就说明哈德心里想的是哈德。

如果哈德第一个问题的答案是“不是”，那么可以肯定哈德心里所想的那个人一定是罗特和瓦尔其中的一个，这个时候贝蒂依旧可以通过上面相同的第二个问题最后确定说哈德心里所想的那个人是谁。

那么请你也来玩玩这个游戏：

能不能在尽量减少提问次数的情况下，通过提问巧妙的问题，猜出对方心里所想的人是谁呢？假如现在是6个人在玩这个游戏，你是否能够通过提两个非常巧妙的问题，最后快速准确地猜出对方心里想的那个是谁呢？

551.长老会人数

卡尔喀斯城的长老们一天聚在一起开长老会，共同商议亚里士多德来岛居住的问题。卡尔喀斯城分为西城和东城两城，人们分为诚实族和说谎族两族。这天，两城两族的大部分长老都出席了会议。会上，他们一起选出了会议的主持和副主持，然后大家共同坐在一张圆桌前开始讨论，会上两位主持并肩而坐。

亚里士多德赶到现场的时候，会议已经接近尾声了。亚里士多德对于各位长老是什么族的非常感兴趣，于是就一一询问，结果他们都说自己是诚实族的。这样的回答让亚里士多德感觉自己问了个傻问题，因为诚实族的肯定会说自己是诚实族的，而说谎族的也定会说自己的诚实族的，直接问是没有办法得出准确答案的。

亚里士多德又接着问每一个人这个问题：“坐在你左边的人是什么族的？”

没想到的是他们的回答又是一样的，他们全都回答说：“我左边的人是说谎族的。”

亚里士多德非常失望，看来是没有办法得出答案了。后来亚里士多德又想到一个办法：假如知道一共多少人参加会议，应该能找到结果吧？

于是他就去问会议的主持和副主持。主持给他的答案是31人，而副主持给出的答案却是48人，两人当时是紧挨着坐的。

主持和副主持分别给出了两个不同的答案，你知道哪个是真哪个是假吗？出席会议的到底有多少个人呢？

552. 该释放谁

卡尔喀斯城监狱看守咯米修斯正在为一件事情发愁：监狱长贝迪亚尔留话说昨晚他逮捕了两个武士打扮的流氓。但是早上他去上班的时候却发现一共有三个武士打扮的人在监狱里面，其中一定有一个是假的，他应该是被误抓进来的，但是现在却不知道究竟哪个是被误抓的。

亚里士多德建议他说：“你去问问他们不就知道了？真正的那个武士肯定是会和你讲实话的。”

咯米修斯说：“我怕我万一问到的是骗子呢？那个骗子是撒谎的老手，从来不讲实话；还有个流氓是墙头草，哪边对他有利他就站在那边，所以说不说谎不一定，要看形势确定。”

亚里士多德就和咯米修斯一起去了牢房。

亚里士多德问一号牢房的那个人：“你是谁？”

“我是那个流氓。”一号牢房的人说。

亚里士多德又来到二号牢房前问：“一号牢房的那个人是谁？”

“他是骗子！”那人回答说。

最后亚里士多德来到三号牢房门前问：“你说一号牢房里面的那个人究竟是谁？”

三号牢房的人很干脆地回答说："武士！"

这个时候，亚里士多德就已经得到了正确的答案，于是转身告诉了咯米修斯。

那么你知道应该释放哪个牢房里面的人吗？

553. 安全位置

古罗马时期，勇士斯巴达克很不幸地和成千上万的奴隶一起沦为了角斗士。在一场惊心动魄的团体角斗中，斯巴达克的同伴们很不幸地都倒下了，最后只剩他孤军奋战，而且是要对付3个对手。按照当时实力，斯巴达克能够赢他们3个之中的任何一个，可是，如果是一个人对付3个人的话，他很可能因为寡不敌众而失败。

斯巴达克忽然想到了一个办法，他转身立刻就跑开了，三名对手在后面紧追不放，这三个人的速度不一致，所以很快就拉开了彼此的距离。就在这个时候，斯巴达克一转身，打倒了第一个对手，接着很快又把第二个打倒了，等到第三个对手追上来的时候，他很轻松地就战胜了。

本来以为事情就可以这样的结束了，但是奴隶主贵族们却把遍体鳞伤的角斗士们排成一列，然后让他们一一开始报数，每报到10就会被拉出去处死。场上连同斯巴达克一共1000个角斗士，他们在角斗场围成了一个圆圈，准备开始这场残酷的报数游戏，他们从头开始，每到第10个就将被处死，最后只剩下几个人而已。

一位名叫斯迪卡尔的智者非常同情斯巴达克的遭遇，于是就想了个办法，把斯巴达克排在了一个很安全的位置上，从而最后让他保住了性命。

你知道智者让斯巴达克站的安全位置是哪里吗？

554. 谁是真凶

警方刚接到一个报案：在一个大雪纷纷的冬夜里，城府路22号一位单身女子被人杀害，案发时间约为当天夜里9点左右。

警方火速赶往了事发现场，发现在女子的房间中瓦斯炉被烧得通红，室内温度非常高，电灯依旧亮着，房间里面的窗户上面窗帘是半掩着的。

就在这个时候，居住在被害人附近的一个年轻人主动向警方提供了案件情况："昨天晚上11点左右，我曾亲眼看到凶案发生，我的房间距离现场只有十几米远，所以我能看清楚凶手是一个银发男子，他面部白皙，蓄着一点小胡子。"

警察很快根据这位年轻人提供的线索逮捕了死者的银发男朋友。很快，这位银发男朋友就被告上了法庭。

法庭上面，死者男朋友的律师为他辩护，他问那个目击者："请问，案发当晚你是偶然从窗户看到了你所说的这位凶手的吗？"

那个目击者很自信地回答说："是的，因为对面的窗帘几乎是透明的，而且那天晚上窗帘都是半掩着的，所以我能清楚地看清楚凶犯的脸。"

听完这些，律师非常肯定地对法官说："法官大人，这位年轻人所说的都是假话，也就是说他在作伪证。以我推测，他杀人的嫌疑最大，很可能窗帘是他自己故意拉开的，后来自己又故意向警察提供证据，目的是掩饰自己的罪行。"

后来，法官经过多方求证，证实了律师的猜测是完全正确的，那个提供证据的年轻人才是真正杀害女子的凶手。

你知道律师是如何得出结论的吗？

555. 弄巧成拙的凶犯

波尔的朋友梅尔，此时正在和著名女侦探莎拉一起赶往去波尔家里的路上。

梅尔对侦探说："他最近老是和我说有人想谋杀他，今天去一定要帮助他恢复正常。"车子沿着一条曲曲折折的小路向前行驶着，不一会儿就来到了一座掩映在绿树中的红瓦房，房屋有白色的木制台阶和木制门窗。

“两天前，我来过他家一次，波尔说一直有人打电话恐吓他，而且还说三天之内会让他结束性命。我当时认为那是他自己胡说的，因为他平时与世无争，待人非常好，所以根本不会与任何人结怨，所以我根本没有在意这件事情。”

梅尔一边下车一边对女侦探继续说着：“今天上午我再次接到他的电话，他又告诉我接到了一个匿名电话恐吓他，我这个时候才感觉事情有点不妙，所以赶紧把你这个大侦探叫来看看情况。”

莎拉还没停好车子，梅尔就急着下车说：“请您稍等，我去敲门！”他一边说着一边快步跳上了草坪，很熟练地跳过台阶，然后迅速地去按门铃。

但是并没有人过来开门，梅尔就走到了窗户面前，用手敲着船户上面的玻璃叫道：“波尔，波尔，你在家吗？快开门啊！”

屋子里依旧是没有人回答，这个时候，梅尔又突然从门廊处跳了下来，惊叫道：“他……在灌木后面……”

门廊左侧，离墙四英尺的地方有一排很漂亮的小树墙，波尔的尸体正静静地躺在树墙后面，他身上压着一个长6英尺的梯子，脚边是一桶白色的油漆倒在那里，鞋子上沾满了油漆。

莎拉看了一下说：“依我判断，他是6个小时前死亡的，油漆现在还没干。”说着她走到了门廊旁边，摸了摸木框，前门板，台阶及窗框。

“油漆都还没干，”她继续说，“看来，波尔应该是早上刚刚刷完油漆的时候被人杀害的。”

梅尔在旁边说：“一定是早上那个打匿名电话的人干的。”

“也许是吧。”莎拉这个时候没有进屋，直接钻进了汽车里面，“我得立即签发逮捕凶犯的逮捕令！”一旁的梅尔一头雾水地站着。

10分钟过后，警察马上过来逮捕了梅尔，莎拉侦探出了那个凶手就是梅尔本人，那么你能猜到梅尔为什么会暴露了自己吗？

556. 贪婪鬼

俄国大文豪列夫托尔斯泰在他的作品《一个人需要很多土地吗》里讲了这样一个故事：

有一天，一位叫巴河姆的人去购买土地。卖地人在和巴河姆商量低价的时候提出了一个非常奇怪的地价：每天1000卢布。

原来，卖地人的意思是：每天谁出1000卢布，那么从天亮开始走过所有的路围成的土地都归这个人所有。同时他也有这么一个条件：每天在日落之前，买地的那个人必须走回到出发的地点，假如要是回不来的话自己只好白白浪费了1000卢布，而且最后一点土地都不会得到。

巴河姆听完后想了想，认为这样的地价对自己有利，自己可以使劲多走点路，那样的话就能买到更多的地了。他当场答应了卖地人提出的条件，当即就付了1000个卢布给卖地人。

第二天早上太阳才刚出来，巴河姆就赶紧出发了。他先走了足足有10公里之后，才开始担心自己走太远了赶不回去，于是赶紧朝左拐弯；接着走了好久才想起向右转弯；之后，他又走了有2公里，抬起头，夜幕已经悄悄开始降临了，这个时候，他距离早上出发的那个地方有15公里的距离，巴河姆这个时候马上改变了方向朝回拼命地跑去……

终于，他跑呀跑呀，终于在天黑之前赶到了出发的地方，但是就在他还未站稳的时候，两眼一黑，倒在了地上，再也没有起来了。

你能算出巴河姆一天到底走了多少路，最后走过的路围成的面积是多少吗?

557. 拿破仑考将领

法国著名军事家拿破仑不仅善于带兵打仗，而且特别喜欢数学。有一次，他想考考手下军官的数学思维，于是就召集了几百名士兵前去训练场操练。

拿破仑给在场官员出的题目是：把在场的几百名士兵排成几路

整齐的纵队，所有的士兵都必须排进去，而且所有的士兵都要排进去，一个都不许漏掉。

第一个开始的是一位老团长，团长命令所有的士兵站成3路纵队，但是排好后，发现最后多出了一个士兵。于是他又命令士兵排成4路纵队，可是结果依旧是多出了一个士兵。拿破仑看这位团长想不出办法，就又叫来一个以勇敢著称的团长来排列队形。

这位勇敢的团长首先命令所有的士兵排成了5路纵队，但是这个时候依旧是多出一个人，后来他又把所有的士兵排成了6路纵队，但是没想到最后依旧是多出一个人。

在这个时候，一位以聪明著称的团长自告奋勇地要求自己试试，拿破仑很高兴地答应了。果然，这位聪明的团长名不虚传，很快就把所有的士兵都排好了，一个士兵都没有剩下。拿破仑对这位团长进行了重赏。

你开动脑筋想一想，拿破仑一共叫来了多少士兵？这位聪明的团长是如何排列队伍的呢？

558. 琼斯夫人的损失

史密斯夫人和琼斯夫人两人都在市场上卖橘子。二人水果摊相邻，经常会一起聊天，关系非常好。

有一天，史密斯夫人家中突然有急事，于是就把水果摊交给另一个卖主琼斯夫人代管。两人拥有相同数量的橘子，只是橘子的品种不一样，琼斯夫人的橘子个头比较大，所以价格高一点，1个便士买两个橘子。史密斯夫人的橘子个头相对较小，所以价格上也优惠点，1个便士能买3个橘子。琼斯夫人一人看两个摊子有点忙不过来，她想了一下，于是就把两种橘子混在了一起卖，为了让大家都不吃亏，她取了两种橘子之间的价钱：2个便士买5个橘子。

那天的生意非常好，等史密斯夫人晚上忙完回来的时候，两个人的橘子都卖光了。等她们分钱的时候，却发现不知道为什么少了7个便士。琼斯夫人不管怎么算账，都找不出来那7便士在哪里。

为了公平起见，琼斯夫人最后决定把出售橘子的钱平均分配，这样的话，你能算出来琼斯夫人最后究竟损失多少吗?

559. “抢劫”案

一天下午两点时分，正在路上巡逻的两个警察突然听到了从一条街道里面传来救命的喊声。他们急忙赶往那条街道。

警察到了地方之后，看到的是一个女人正坐在地上，她正在使劲揉着自己的后脑勺，一时之间竟然连话也不能说。

足足过了两分钟，女人才能开始说话。她告诉两名巡警说自己名字叫珍妮，在一家珠宝店里上班。刚刚她正想去银行送前一天珠宝店的单据，不巧走到这条街道的时候，突然听到了身后传来急促的脚步声，自己还没来得及回过头，就被人打晕了。之后自己就倒在了地上，手里的包也随之不见了，包里面有珠宝店的票据。

巡警听后问她：“那你看清楚那个人的样子了吗?”

珍妮思索了一下回答道：“那个人抢走我的包之后，立刻跑掉了，我只看到了一个背影，那个人个子很高，下身穿着一条灰白色的牛仔裤，上身穿着一件开襟汗衫。”

警察根据珍妮的描述，很快就锁定了两名犯罪嫌疑人。警察找到他们之后便开始进行问话。

第一个嫌疑人是珠宝店附近的一个商场的清洁工，名叫托马斯。看到警车之后他拔腿就跑，警察扣住他之后，他向警察解释说：“我的午休时间快结束了，我跑是为了上班不迟到。上班迟到的话是会被开除的，我可不想丢掉工作。”

第二个嫌疑人是一名沿街乞讨的流浪汉，他的名字叫罗伯特，靠拾荒为生。警察扣留他是因为他身上穿了一件和珍妮描述非常相似的开襟汗衫。

当他被警察扣留之后，他一边脱下那件破旧的开襟汗衫一边对警察解释说：“这件衣服是我刚刚从垃圾堆里面捡回来的，我看到它没人要了而且还可以穿，于是就捡回来穿上了。”

警察从罗伯特身上还搜到了一个钱袋，警察问他：“这个钱袋是从哪里来的？”

罗伯特回答说：“这也是我刚刚捡回来的，从银行后面的垃圾桶里面捡到的，你们也搜过了，我身上没有钱吧？”

罗伯特的这句话提醒了警察，他们忽然明白了这件事情的来龙去脉。警察把这两个嫌疑人都当场释放了，然后立即开车来到了珍妮的家里。警察指着她生气地说：“你才是真正的嫌疑犯，那些故事都是你自己编造出来骗我们的谎言。”然后把珍妮带走了。

你知道警察凭什么判定珍妮就是罪犯吗？

560. 闭合的郁金香

瑞恩这天参加了一次在日本大使馆举行的盛大宴会。

宴会规模很大，除了美味的食物以外，还有无数的珍宝呈现给大家。瑞恩看到那么多的珠宝，贪心顿起，趁着大家都不注意的时候悄悄地偷走了宴会上的一个古董。古董偷到手之后，瑞恩一个人偷偷地回到了自己的住所。

回到家里以后，瑞恩迅速摘下特意准备的假发与胡须，然后匆忙换上了一件丝绸长袍坐在了书房的沙发上面。一切收拾好了之后，自己松了一口气，在想着是不是会有什么漏洞没有处理。就在这个时候，门铃忽然响了起来。

瑞恩有点慢腾腾地过去把门打开了，门口站着的是一个穿着和服的小个子男人。

“晚上好，先生，我叫金田一耕助，不好意思打扰你一下。”这位男人有礼貌地说。

金田一耕助，这是在日本非常出名的一位侦探的名字。瑞恩对此非常非常熟悉，听到他自报家门地直接找到了他，心里难免有点心虚。但是瑞恩很快就装出了一副笑脸的模样，很热情地把这位侦探请到了书房里面。

瑞恩让这位名侦探在一张桌子旁边坐下，这张桌子的旁边摆放着一个很漂亮的花瓶。花瓶里面有一束鲜艳的郁金香，郁金香所有的花瓣在当时是完全闭合的。

“瑞恩君，请你告诉我你今天晚上都去哪里了吗？”金田一耕助直奔主题。

“呃，我今天晚上一直待在家里，哪里都没去。在你来之前，我一直在现在的书房里面看书。”瑞恩一边回答问话，一边指着桌子上面的一本反扣着的书说道，“你看，就是桌子上的那本书，我才刚放下呢。”

金田一耕助拿过扣在桌子上面的那本书翻开了一下，忽然他发现桌子上面花瓶中的那束郁金香不知道什么时候都绽开了。看到这些之后，金田一耕助于是明白了一切，他非常严肃地对瑞恩说：“你别再掩饰了，你刚才说的全部是谎言，还是老实地把在宴会上面偷来的那件古董交出来吧。”瑞恩开始并不服气，试图抵赖，但听了侦探的理由后，便只好承认了自己的罪行，并交出了古董。

那么，名侦探是如何识别瑞恩编造的谎言的？

561. 你头上有角

从前，在古希腊有个非常著名的诡辩家叫欧布里德斯，他非常善于与别人诡辩，许多人和他说话时明明知道道理在自己一边，但就是说不过他。

有一次，欧布里德斯应邀去参加一个宴会。宴会很热闹，到会的人都是有头有脸的人物。想不到会上有一个人看到欧布里德斯后，嘲笑他说：“你就是那个什么欧布里德斯吗？听说没有人能够说得过你，我可不信你有这么厉害，想必你不过是善于吹牛罢了！哈哈！”欧布里德斯顿时感到非常不高兴，于是就决定教训一下这个狂妄自大的人。

想了一下后，欧布里德斯走到那个自大的人面前对他说：“你好，我想请教你一个问题：你没有失去的东西，就是你自己的东西。这句话，你说对不对？”

那人听后，不假思索地回答说：“当然对了！”

欧布里德斯接着说：“你没有失去头上的角，那么我就可以说你是个头上有角的人了？”

那个骄傲自大的人一听，顿时愣住了，但也一时找不出反驳的话，只好窘在那里，十分尴尬，最后只好狼狈地离开了宴会。

那么你能找到欧布里德斯的诡辩在什么地方吗？

562. 白吃者的诡辩

有一个非常喜欢占小便宜的人，非常善于和别人诡辩。

有一次，他去一家餐馆吃饭。开始他先要了一碗牛肉米线，服务员很有礼貌的把米线给他端上来了。他以里面有太多辣椒为由不吃了，要服务员把面换成了一盘饺子。

饺子很合口味，不一会儿，一盘教子就被这个人吃完了。喝了几口水，茶足饭饱之后，这个人起身准备朝外面走。服务员看到后，立即叫住了他说：“先生，不好意思，您还没有付吃的饺子钱呢。”

这个人转过身来笑着对服务员说道：“我吃的饺子是用米线换的，为什么要给你钱？”

服务员非常生气地对他说：“那你也没有给我付米线的钱。”

谁知道这个人却对服务员说：“那碗米线我根本就没有吃，为什么要付钱呢？”服务员听后明知对方在耍赖，却说不出个所以然来，站在那里干着急。

那么你能指出这个白吃者的这个理由漏洞在哪里吗？

563. 半瓶可乐

小张、小王、小李、小刘四个大学生在外野营。四个好朋友经常在一起讨论他们感兴趣的问题，这次，他们讨论的是放在草地上的半瓶可乐。

小张说：“这个瓶子一半是空的。”

小王说：“不对，这个瓶子一半是满的。”

小李这个时候说：“你俩别争了，半空的可乐瓶和半满的可乐瓶不是一个概念吗？”

这个时候，小刘想了一下说：“你们说的好像都不对，假如‘半空的可乐瓶等于半满的可乐瓶’这个等式能够成立的话，那么我们可以把等式的两边都乘以2：半空的可乐瓶乘以2就等于一个空可乐瓶；半满的可乐瓶乘以2就等于一个满瓶。这样计算看来，岂不是一个空可乐瓶等于一个装满可乐的瓶子吗？”

那么请问：在这四个人的各自观点中，谁的观点是诡辩？

564. 帽子值多少钱

理乔特大叔和妻子艾斯特大婶都是中学的数学老师，因此两人在生活中也往往将各种问题都数量化，夫妻俩自得其乐。一天，两人一起到超市里去买东西。这次，理乔特大叔看中了一套棕色的立领西服，一顶黑色金丝边帽子，这总共要花费一百五十美元。而艾斯特大婶买了一顶用羽毛装饰的金色丝边帽子，她相中的这款帽子的钱和理乔特大叔买衣服花的钱一样多。然后，艾斯特大婶又买了一件花上衣，把他们的余钱统统花光了。

在回家的途中，两人又习惯性地以他们独特的方式讨论起这次买衣服的事情来。艾斯特大婶提醒理乔特大叔注意，他的黑色金丝边帽子要比艾斯特大婶的花上衣贵十美元钱。然后艾斯特大婶说道：“如果我们把买帽子的钱另作安排，去买另外的帽子，使我的帽子的钱是你买帽子的钱的一倍多一半，那么我们两人所花的钱就一样多了。”理乔特大叔笑着说：“如果是那样的话，我的帽子究竟值多少钱呢？”

他们讨论的是一个挺难的数学难题啊！你能回答理乔特大叔的问题吗？这对夫妇这次的超市之行一共花了多少钱？你猜理乔特大叔的帽子值多少钱？

565. 卖报纸

今天是星期天，孩子们像往常过礼拜天一样，总要商量着找些事干干。你看，史密斯家和琼斯家的五个聪明的孩子就干了些有意义的事情。

希尔德·史密斯和内德·史密斯是史密斯家的两个孩子。比利·琼斯、查理·琼斯和吉米·琼斯是琼斯家的三个孩子。这五个聪明的孩子准备在这个春光明媚的星期天合伙卖报纸，在卖报纸之前，他们确定了分工。

上午，他们按照下面的方式卖掉了他们的报纸：

希尔德·史密斯今天卖掉了总数的1/4再加上一张报纸，比利·琼斯卖掉的报纸是余下的1/4再加上一张，内德·史密斯又卖掉余下报纸的1/4再加上一张，查理·琼斯再卖掉余下报纸的1/4再加上一张。这时，史密斯家的孩子比琼斯家的孩子要多卖出100张报纸。他们中的最年轻成员小吉米·琼斯，去姑妈家回来晚了，看到哥哥们还有些报纸没有卖完，现在把所有剩下的报纸抱出去统统地卖光了。这样一来，琼斯家三个孩子卖出的报纸便要比史密斯家的两个孩子卖出的报纸多了。

这是一道并不简单的数学题，你知道他们各自卖出了多少张报纸吗？琼斯家的三个孩子究竟多卖了多少张报纸？

566. 吹牛皮的家伙

在纽约曼哈顿的紫藤街上，住着一个自幼丧父的姑娘薇尼安，薇尼安在十六岁那年上了高中一年级，而在她每次放学回家的时候，总会遇到一个非常帅气的小伙子。渐渐地，薇尼安喜欢上了这个小伙子。

薇尼安虽然没有向她周围的人说过这件事，但是这件事还是慢慢地成了众人皆知的事情。不过大家都不太看好这件事，因为薇尼安喜欢的对象在当地的名声并不好。这个小伙子名叫希尔德埃尔，他没有正式工作，而且是个油嘴滑舌的家伙。但希尔德埃尔还是仗着自己那张帅气的脸，让薇尼安答应了做自己女朋友的要求。不过，薇尼安很讨厌希尔德埃尔的自吹自擂。

在一次约会中，希尔德埃尔又开始炫耀起自己来。他得意地对薇尼安说："亲爱的，你不知道我有多能干，昨天我又去了我以前常去的那个高档酒吧，那位非常绅士的酒吧老板又送给了我一大笔钱，说让我随便花，因为他欣赏我。我推让了半天，但最后还是推辞不过，就接受了。但是，在我回来的时候，由于心情不错，就到了河边玩玩。可是我根本不知道危险已经离我越来越近了呢！因为我从酒吧出来后，就已经有贼悄悄盯上我了。不过，幸亏我留心观察，在我钓鱼的时候，忽然从河面上看到一个人正站在我身后，手中还拿着一把匕首对着我，再看看他那贪婪的眼神，实在是太吓人了！但是，我不是那种一遇到危险就方寸大乱的人，仅仅两秒钟后，我就稳定了下来。我开始演戏，亲爱的薇薇，你不知道我是多么好的一个演员，我就坐在那儿不动声色地装着钓鱼，然后就瞅准机会，闪电般地挥起鱼竿朝后挥去，天哪！很遗憾你没有在现场看到那一幕，否则你肯定会佩服死我的。我甩出去的那个鱼钩精准极了，它不偏不倚，正好勾住了那个歹徒的鼻子，那家伙疼得直喊妈妈！亲爱的，你看我很智慧，而且很勇敢对不对？"

薇尼安也十分喜欢钓鱼，她一开始听希尔德埃尔的讲述时，不禁为他捏了一把汗，但在接下来的瞬间，薇尼安就明白了希尔德埃尔是在吹牛皮。她非常生气，对着希尔德埃尔大喊："走开，你这个爱炫耀的家伙，不是说过你不要这么自吹自擂了吗？你还这样。在你这种情况下，纵然你是警察局的局长都不可能发现后面的袭击者。如果你再一次这样胡吹，我们就分手！"说完，薇尼安就气冲冲地走了，留下了希尔德埃尔坐在那儿垂头丧气。

你知道为什么薇尼安识破了希尔德埃尔在吹嘘自己吗？

567. 案发现场的判断

陈晓东是宛平镇的一名初中物理教师，他平时人缘极好，谁也没有想到他竟然死在自己家的卧室里，而且尸体是被前来向他问问题的学生们发现的。学生们立刻拨打了当地公安局的电话，警察和法医很快便来到了陈晓东的死亡现场。

一个小时之后，警察问法医："您验出什么了吗？死因大致是什么？死亡时间大约是什么时候？"

"不是自杀，大概已经死了快一天了，但是在现场并没有留下任何作案的痕迹。"法医回答负责此案的陈明远警官。

陈明远听了法医的话，自忖道："这可就奇怪了！"

这时，陈明远注意到了陈晓东卧室的桌子上的蜡烛还在燃烧着，他顺手打开了陈晓东屋子里的日光灯，却发现停电了。猛然地，陈明远意识到了什么。

他对法医说："很明显，陈晓东的尸体是从别的地方转移到这儿来的。"

你认为陈明远凭什么做出这样的判断呢？

568. 死亡地点

二战之后，欧美国家的一部分青年因为迷茫，试图探寻人生的意义。许多青年因为对人生充满疑惑，又找不到答案，开始在性与毒品中寻找答案，甚至干脆自杀。这个星期六，在美斯特酒店中，又一名学生服毒自杀了。

第二天打扫房间的时候，酒店服务员发现了已经死亡的学生，便立即告诉了酒店主管。

服务员问主管："我们是不是应该报警呢？"

主管轻蔑地笑了："别这么傻！这是他自己寻死，我们何必又去招惹这个麻烦！一旦报警，这件事便会宣扬开来，这会对酒店的声誉大有影响。"

"但是尸体怎么办呢？总不能不管它呀！"服务员疑惑地问。

"那就丢到我们后面的公园那儿吧！那儿是有名的自杀场所，时不时便有人在那里自杀，警察发现尸体后，无非认为又多了一宗自杀的案件而已。”

于是，这天午夜时分，等酒店安静下来的时候，服务员和主管便悄悄地将尸体抬到附近公园里去了。正巧，他们还在草丛中看到一张被人丢掉的报纸，于是就把尸体放在这张报纸上面，然后将伪造好的遗书放进死者的口袋中，并把死者服毒用的杯子放在尸体的脚边，一切布置好以后，看起来死者真的像在公园里自杀一样。

主管和服务生做这件事十分利落，把公园现场那里的线索清理得一干二净。

第三天早上，尸体被发现了。验尸之后，法医证实死者的死亡时间应该是在周六晚上九点左右。老练的探长仔细观察了现场，就说：“即使这是一桩自杀的案件，那么自杀的地点也肯定不是在这儿。死者肯定是死亡后被人移到这儿的。”

你知道探长怎么推测出这些的吗?

569. 情人的骗局

陈富贵中年做破烂生意却发了迹。人一有钱了，心野了，在家看着自己的老婆不顺眼，就在酒吧找了一个非常漂亮的情人李艳花。

陈富贵十分疼爱李艳花，还给李艳花买了一栋房子方便两人见面。这天中午，他又如期去见李艳花，可是他刚一推开门，屋内的景象令他大吃一惊：李艳花被绑到床上，一动都不能动。

陈富贵一边解绳子，一边慌忙问李艳花：“到底出了什么事情？”

“昨晚十点左右，一个蒙面歹徒突然闯进了我们家里，他粗暴地把我捆绑了起来，然后搜了一番，把你存在我这儿的用假名字存的银行存折翻出来，就扬长而去了。”李艳花一边哭，一边给陈富贵说着。

陈富贵安慰着李艳花，环视了一下房间，突然看到了炉子上的水正在沸腾着。

他气坏了，向李艳花嚷道：“你竟然对我撒谎？！你是我来这儿前，自己把自己捆起来的！你还是痛快地把钱给我交出来吧！”

李艳花想抵赖，可是陈富贵的一番话让李艳花哑口无言，她承认正是自己把自己绑起来的。

你知道为什么陈富贵发现李艳花的把戏了吗？

570. 吹牛吹砸了

布伦达是个聪明的小伙子，不过就是有点儿爱吹牛的毛病。他知道自己这个毛病不好，但遇到人就是忍不住就神吹起来。

今年，布伦达在圣诞之夜遇到了他心仪的女孩子——科拉小姐。一天，他终于如愿以偿地得以邀请科拉小姐共进晚餐，却发现对方对自己不大感兴趣，饭后他一个人心情沮丧地在街上闲溜，遇见了自己的老朋友康斯坦丝。

康斯坦丝听了布伦达讲了自己的遭遇之后，就问他在餐桌上同科拉谈了些什么。布伦达说：“我给她说，去年圣诞节附近的一天早上，我参加了一个北极探险小组。没想到，在探险途中，我和一个名叫布鲁克的队友和其他同伴们失去联系了，我们两人一起走在冰川上。突然，布鲁克一不小心摔倒了，导致大腿严重骨折。更倒霉的是，不久，我们脚下的冰层也开始慢慢松动了，我们开始向大海漂去。我意识到情况不妙：当务之急，是先生个火，不然我们肯定都会被冻死。但是不巧的是，火柴用光了。于是我取出一个放大镜，又撕了几张纸片，把这些纸片放在一个铁盒子上，接着用放大镜将太阳光聚焦后，就把纸片点燃了。感谢上帝，我的办法成功了。更幸运的是，一天之后，我们的同伴们通过游艇找到了我们。大家都说我临危不惧，能够积极想办法，是个响当当的男子汉！”

康斯坦丝听了布伦达的话之后，大笑起来：“你还是改不掉你吹牛的老毛病，科拉小姐没有对你嗤之以鼻，就已经是很有涵养的表现了！”

你能听出布伦达讲的海上遭遇的故事的破绽在哪儿吗？

571. 名侦探慧眼识纰漏

著名侦探赫达博士向来以严密的逻辑推理能力和敏锐的洞察力而著称，曾经有这么一桩案子，一个被人谋杀的人被人动过手脚，看起来就像是自杀一样。但是，赫达博士却通过自己的观察和推理判断出了事情的真相。案情是这样的：

这名死亡者名叫多洛雷斯，他的尸体于晚上8时在韩莫雷尔公园的一张椅子上被人发现，一颗子弹穿进了他的左太阳穴。他的右臂也受伤了，据调查所知，这是因为死者在一个月前，曾经历了一次交通事故，之后，他的整个右臂从指尖到肘部都裹上了石膏。多洛雷斯的尸体被发现时，他的那只骨折的手臂放在膝盖上，左手则握着一把左轮手枪。

赫达博士判断死者的死亡时间大约在晚上7时，根据死者口袋中发现的东西，赫达博士推断出死者虽然看上去像是自杀，其实却是被人谋杀。在此基础上，赫达博士通过进一步观察，分析出多洛雷斯的衣服是他断气之后才穿上的，由此断定死者死亡时没有穿衣服。因此，赫达博士推断死者很可能是在洗澡时被杀的。之后，凶手将死者尸体转移至公园，并制造了自杀的假象。而后来，警察在多洛雷斯浴室里发现的血迹，也证明了赫达博士的推断。

在这整个推理过程中，赫达博士最令人佩服的推断便是通过死者口袋中的东西，断定死者并非自杀。而死者口袋中的东西是这样的，在其左裤袋里放着两张10美元的钞票和三张1美元的钞票；在其右裤袋里则放着一条手绢和打火机。

正是死者口袋中的这些东西，让赫达博士确信多洛雷斯是被谋杀，而不是自杀。那么，你能看出凶手出了什么纰漏吗？

572. 凶犯是侄子

杰拉尔丁探长接到他的朋友——古董商葛罗瑞亚的电话，说有一枚稀有的古金币要拿到市场拍卖，为了安全，请探长陪他一起去。杰拉尔丁探长下午按时赶到朋友的家中，可眼前的景象令他倒抽一口凉气，朋友葛罗瑞亚直挺挺地躺在客厅的地板上，已经断气，地上满是血迹。

从现场来看，葛罗瑞亚是被钝器击中的，死亡时间还不到一个小时。探长翻转葛罗瑞亚的尸体，发现葛罗瑞亚的上衣翻领上有一枚绿色三叶形的徽章，徽章后面有一样东西闪闪发亮，仔细一看，正是那枚将要拍卖的古金币。原来，葛罗瑞亚为了安全起见，就把古金币藏在徽章的夹层中了。

杰拉尔丁探长又将金币放回原处，并把尸体脸朝下翻回原状，若有所思地凝视着死者身上被外翻出来的衣兜。然后，杰拉尔丁探长走在客厅里到处察看，看有没有线索。这时，葛罗瑞亚的侄子麦克从外面走了进来，他一见到自己的叔叔倒在血泊中，就惊问探长到底发生了什么事。

杰拉尔丁探长还处在沉思中，没有立刻回答麦克的问题，而是一边思考一边拿起放在桌子上的一罐茶叶，准备冲杯茶喝。他先是打开盖子，让麦克拿着，自己则一边从罐中取茶叶，一边说："今天上午，你叔叔打电话叫我下午来陪他到市场拍卖一枚古金币，我来到后，发现你叔叔已经被人杀死了。看来，凶手正是为了那枚古金币而来，不过，很显然，凶手虽然搜遍了尸体，但并没有找到那枚金币，因为你叔叔没有把金币放在衣兜里。"

杰拉尔丁探长停顿片刻后，拿起暖水瓶一边倒茶一边说道："你替我把它拿出来吧，它就藏在叶子下面。"

麦克听了探长的话，立即放下手中的茶叶罐，径直走到叔叔的尸体上。很利索地，他揭开了叔叔身上的三叶形的徽章，拿出了金币。

"你为什么要谋杀你叔叔？"杰拉尔丁探长厉声责问麦克。

请问，探长为什么认定麦克是凶手呢？

573. 钱哪儿去了

M市的钢铁大王一进门就接到了一个恐怖的电话："喂，你是张达明吗？”电话那头有个男人阴沉着声音问。

“我是，你是哪位？”

“这你不必问了。你的宝贝孙女现在在我这里。要想她活命，就准备好1000万元的现金。”说完对方就把电话挂上了。

这下张达明可急坏了，孙女可是他的掌上明珠啊！他不敢报警，而是很快就命家人去取了1000万现金回来，等在电话机旁。半个小时过去了，没有电话；一个小时过去了，还没有电话；两个小时、三个小时都过去了，还是没有电话。

“丁零零……”电话总算来了。

“现金你准备好了吗？”

“好了，你要的钱我会如数给你，你不要伤害我的孙女！”张达明着急地说道。

“你放心，只要钱到手，孙女肯定毫发无伤地还给你。现在你把现金用布包好，装到皮箱里，今天晚上八点时，把钱放在艺海公园的铜像旁的椅子下面。”歹徒在电话里这样指示。

为了保住自己唯一的孙女的性命，张达明就按照绑架者的指示，把1000万元的钞票放进箱子里，拿到铜像旁的椅子下。但是，张达明也留了一个心眼，他担心对方得了钱却又撕票，这样的事情不是没有，因此他同时和警方取得了联系。

到了十一点半左右，一位打扮时髦的年轻的女性来了。她从椅子下拿了皮箱，之后就很快离去，完全不顾埋伏在四周的警察。

那个女的看上去若无其事地在马路上走了一会儿后，伸手拦下一辆恰好路过的计程车，上车离去了。埋伏在那儿等待的警车，立刻就开始跟踪。

不久，计程车就停在一个地铁站的前面。那个女的手上提着皮箱从车上下来，进了地铁站，警车上的两名刑警就下车来，悄悄跟着她。

刑警发现，那个女的把皮箱寄放在了地铁站的临时保管物品箱里，然后走上了月台。两名刑警当机立断，一人留下来看守皮箱，另一人继续跟踪女子。

但是没想到的是，一直若无其事的女子此时似乎突然变机警了许多，只见她乘地铁车门刚要关的时候，突然跳了进去。跟踪的便衣刑警想要跟着上车，无奈车门已经关闭了，只好眼睁睁地看着女子逃走了。

然而，刑警们想，至少皮箱还被锁在保管箱里，女子的共犯一定会来拿。因此，刑警们将宝全都押在了这个皮箱上，派人严密看守。

但是，没想到的是，一连好多天，都没有人再来拿皮箱。警方开始觉得不太对劲，便叫负责人把保管箱打开。当他们拿出箱子一看，却发现这箱子竟然是个空箱子。

你能想出这1000万的赎金到底是谁拿走，又是怎么拿走的吗？罪犯又到底是谁呢？

574. 逻辑学家靠山吃山

逻辑学家艾尔和工程师皮斯托是好朋友。一次，俩人相约到埃及参观金字塔。

到达目的地后的第一天，艾尔在宾馆里写旅行日记。工程师皮斯托独自一人在大街上游览，忽然从耳旁传来一位老妇人的叫卖声："卖猫了，卖猫了！"

皮斯托一看，在老妇人旁边放着一只看起来很精致的黑色玩具猫，标价800美元。老妇人说："这只猫是祖传的宝物，因儿媳妇生病，不得已才出卖以换取住院的医疗费。"

皮斯托拿手一举，发现这只猫很重，看起来像是铁铸成的，不过，他发现那只猫的眼睛十分有神，凭借他的丰富的见识，他断定，那猫眼是一对昂贵的珍珠。

于是，工程师就对老妇人说："我给你出400美元，只买下两只猫眼，这样可以吗？"

老妇人急等着用钱，同意了。

皮斯托高高兴兴地回到宾馆，对逻辑学家艾尔说："你今天没出去，可是太遗憾了，知道吗，我刚刚只花了400美元，就买了一对硕大的珍珠！"

艾尔一看这两颗大珍珠，少说也值五千美元，便问他是怎么回事。皮斯托看到艾尔那羡慕的眼神，就得意地将事情的经过告诉了他。艾尔听完后忙问："那位老妇人还在那吗？"

皮斯托用嘲弄的口吻说："想必她还在卖那只没有眼睛的铁猫呢！"

艾尔一听，什么也没说，立刻便跑到大街上老妇人卖猫的地方，给了老妇人400美元，将那只铁猫买了回来。

皮斯托一见到艾尔买了那只没有眼睛的铁锚，就嘲笑他说："你呀！花400美元买一只没眼睛的铁猫！这有什么用呢？"

艾尔却不声不响地研究起了铁猫。突然，他灵机一动，用小刀刮铁猫的脚，当黑漆脱落后，他高兴地对皮斯托说："看，正如我想的，你看我上当了吗？"

皮埃托凑上前去一看，后悔得眼睛都变绿了，因为愚蠢的自己白白将一个发大财的机会让给了艾尔。原来，这只猫是由纯金做成的，只是用黑漆将金身掩盖了起来。他问艾尔何以知道这猫是金子做的。艾尔便不紧不慢地给出了自己的理由，皮斯托一听，十分佩服朋友的智慧，并从此也对逻辑学产生了兴趣。

你猜艾尔给出了什么样的理由？

575. 尹家明智断真贼

前秦时期，有一位名叫尹家明的官吏担任冀州刺史。在他当政时期，冀州的治安环境还算稳定，可令他头痛的是，总会有一些捣乱分子在扰乱当地的治安。

一天傍晚，尹家明正在书房专心批阅文件的时候，突然听到门外人声鼎沸，不知发生了什么事情。喧哗声令尹家明没有办法专心批阅文件，正当尹家明集中注意力努力专心工作的时候，一个领头的衙役走进书房，说有人前来报案，他向尹家明报告道："启禀大人，刚才有个瘦弱的老婆婆在路上被人抢劫了，等这个贼一跑，这位老婆婆就开始大喊'捉贼'。这时，有一个过路的人听到了老婆婆的呼喊声，就赶忙追了过去，把一个人给抓住了。可事情的麻烦处在于，这个被抓住的人就是不承认自己是那个抢劫的贼，却说追他的那个过路人是贼。在分不清谁是好人谁是坏人的情况下，两个人开始争辩，都摆出理由说自己不是那抢劫的人。由于天色已经很晚了，他们二人争执不休，老婆婆的眼力又不太好，她也分不清哪个是抢劫的盗贼，围观的人听明了原委，就决定把这两个人都抓了送到衙门里，请您来定夺到底谁是抢劫犯。"

听完衙役的介绍，尹家明就走了出去，往衙门大堂里走去。他先是看了看大堂里的一帮人的情况，就开始问道：

"你们当中谁是那个过路人呢？"

"回禀大人，我是。"一帮人中一个穿着藏青色衣褂的人往前站了一步，回答了尹家明。

尹家明打量了那人半天，然后沉吟半晌说："嗯，那好，那你知道你追的那个人是谁吗？"

这个身穿藏青色衣褂的人指着正在跟他分辩的一个穿着对襟黑色小褂的人怒气冲冲地说道："就是他，他就是那个抢老婆婆的贼！"

尹家明看了看那个穿着对襟黑色小褂的人，就问道："大胆刁徒，你为何要抢劫一个可怜的老婆婆？"

"大人，您休要听这人胡言，他说的全是谎话，我才是那个帮助婆婆的好人呀！"

"听你这么一说，就是他们指控你指控错了，对不对？"尹家明沉吟半晌又将信将疑地问道。

"是的，大人，请您明鉴！"

一听到穿着对襟黑色小褂的人这么说，身穿藏青色衣褂的人不服气了，两个人又开始大吵起来。

尹家明见状，就道："停！你说你是好人，他说他是好人。我也无法判断你们哪个人说的是真的，哪个人说的是假的。既然这样，那现在只有通过比赛来揭示答案了，我现在有一个主意：现在你们两个立刻从府衙门口一起向东街的菜市场那里跑，你们两个，谁能第一个跑到那里，谁就是好人。"同时，为了防止真正的贼逃跑，尹家明还派衙役全程跟踪。

两个人一听这个莫名其妙的竞赛，都不知尹家明是什么意思，但也只好来到了门口，向东街菜市场跑去。

一会儿，两个人就在衙役的带领下回到了大堂。一名衙役上前奏道："大人，这位穿藏青色衣褂的人先跑到菜市场的。"

一听这话，尹家明就明白了真相了，他指着那个穿对襟黑色小褂的人说道："他就是那个真正抢劫的贼，立刻给我拿下！"

一听这话，这位穿对襟黑色小褂的人就不服气了，不过他底气不足，就结结巴巴地问："大……大人……！我跑得慢，怎么就说我是贼呢？"

尹家明于是冷笑着说了一句话，这个人一听，便不得不老老实实地认了罪。同时，在场的人也都纷纷佩服这位刺史的智慧。你知道尹家明说了什么话让这个穿对襟黑色小褂的人认罪了么？

576. 鸟王"自杀"

在清朝道光年间，江浙沿海一带有个有名的小镇——鸟岭镇。这个镇子之所以有这个名字，是因为这个镇子的人们都以养鸟为生。镇上的人不仅饲养鸟儿，而且还训练鸟儿，这些鸟儿被驯养好之后，被卖到全国各地。这些鸟儿如果被驯养得很好的话，一只鸟儿可以卖到上千两银子，因此，小镇就因为这些鸟儿出了名。

在这个镇上，大家公认的养鸟高手就是杨永三。杨永三是个孤寡老人，他没有子女，毕生和鸟儿为伴。他对鸟儿十分好，宁愿自己没有吃的，也得给鸟儿买最好的饲料；宁愿自己受伤，也得给鸟儿捉最好的虫子，那对鸟儿的爱护劲儿简直比父母对待子女还要好！因此镇子上的人都说杨永三的子女就是他养的这些鸟儿。他的屋子里全都是鸟，走廊的横梁上挂着鸟笼，窗台上、甚至连床头边都是鸟儿。因为对鸟贴心的呵护和丰富的养鸟经验，被杨永三培养出来的鸟儿在市面上都能卖出大价钱，因此，人们都把杨永三称为“鸟王”。

杨永三对于他的这些“子女”们很是照顾，每天天刚一亮，他就带着这些小动物们出去“散步”，带他们出去呼吸新鲜空气，吃新鲜的“早餐”。每当这些鸟儿溜完圈了，吃饱了，杨永三就带他们回去，在回来的路上，杨永三往往能碰到好多刚起床的人。

这几天，人们忽然觉得少了点什么，原来这些人吃完早饭之后相互聊天的时候，发现他们有好几天都没有看到杨永三了。大家在早上碰到杨永三早已经成为了日常生活中的习惯，他一不出现，立即引起了大家的关注。“鸟王”的朋友杨大海说：“哎，我这朋友是不是病了呀？怎么好几天都没有见到他呢？没儿没女的，一个人真可怜，我去看看是怎么回事！”

说着，杨大海就到了杨永三的家门口，可是，任凭杨大海喊了半天，杨永三的门也没见打开，里面也没有人应。杨大海心里往下一沉，就觉得可能出了什么事情。他鼓起劲，一连撞了几下，就把杨永三的家门给撞开了。等走进杨永三的家里一看，一下子被吓傻了。

原来，杨永三躺在床上已经死了。而杨永三屋子里的鸟儿，有很多鸟儿也已经饿死了。杨大海连忙喊来了邻人，同时把这件事上报官府。

官府的衙们差人一赶到，就仔细侦察现场。他们发现杨永三的枕头边还留有一封遗书。上面写着：“我这老头子年纪大了，老骨头一大把，也没儿没女，活着没意思，因此我决定先走一步了！”当时到杨永三家的衙役们也是一些糊涂之人，一看杨永三留有遗书，只想草草了事，就报告给县官说：“案情很清楚，鸟王留下了遗书，肯定是自杀的。”

一听到当差的人这么说，杨永三的朋友杨大海生气了，他悲伤地看看自己的朋友，又疼惜地看看饿死的小鸟，肯定地对差人说："杨永三不可能自杀，我了解他，一定是有人害死了杨永三，还伪造了现场，造成了让我们误以为杨永三自杀的假象！"

差人们一听这话，很不服气，但是他们听了杨大海下这个判断的依据之后，就认为杨大海的判断是很有道理的。你知道为什么杨大海如此肯定杨永三不是自杀而是他杀呢?

577.一句话露馅

9月18日的夜里，名极一时的时装模特哈琳达在她郊区的豪华别墅里被人暗害了，负责此案的名侦探奇奥特闻讯，立刻赶到了现场。

奇奥特到了现场之后没有片刻耽误，立即开始勘察起来，他仔细观察了哈琳达的房间以及谋杀现场，并检看了被谋杀在红地毯上的哈琳达的尸体：从伤口上看起来，哈琳达是被手枪柄连续敲击头部而死的。奇奥特还在哈琳达的尸体旁边找到了一支手枪。

"奇奥特侦探，我已经给死者哈琳达的丈夫佩奇打了电话，他还不知道这个噩耗呢。"警长布切斯特对奇奥特说，"唉，这个可怜的丈夫，我可不想传达给他这个坏消息，不想让他在旅途中因这件事而惊惶失措。因此我没有直接告诉他这个坏消息，只是让他赶紧赶回家。等一会儿他回来了就麻烦你告诉他这个消息，你看怎么样?"

"好的，警长先生。"奇奥特边回答边看了看表，又继续说道，"另外，警长先生，能否把那支杀害哈琳达的手枪让我保管几分钟呢?"

"当然没问题。不过，你要保存这个做什么?"布切斯特警长答应了奇奥特侦探的要求，但还是忍不住用奇怪的目光瞧了一眼奇奥特。他见到奇奥特没有应答，也没再多问，就把枪递给了奇奥特。

接着，奇奥特叫来救护车把尸体运走，接着就等待死者丈夫的到来。不多久，死者的丈夫就心急火燎地推门进来，他一见到奇奥特就问：“怎么了，到底发生了什么事？”

“先生，我不得不告诉您一个坏消息，”奇奥特以极其沉痛的语气向这位丈夫说道，“您的太太在两个小时之前被人谋杀了，这个消息是您的厨师莱尔尼在卧室里发现后报的案，对这件事我……”

奇奥特边说边从口袋里拿出那支用手帕包着的手枪，看着这位丈夫，然后说，“可是更坏的消息是，我们在这支枪上找不到罪犯留下的指纹，看来凶手是戴着手套作的案或者毁灭了证据。这个案子看起来很难侦破。”

那位丈夫看着那把手枪，显得十分愤怒，他紧盯着那支枪几秒钟，然后激动地抓住探长奇奥特的手说：“探长先生，我太难过了，您不会明白我此刻的心情，如果你们能抓到那个敲死我妻子的凶手，我宁愿出十万美金酬谢你们。是谁这么凶残，把我最爱的宝贝杀了呢？”

“我想不必你破费了，凶手我已经找到了！”奇奥特突然冷冷地说道，同时吩咐警察，“快将死者丈夫扣起来，他就是杀害哈琳达的凶手！”聪明的读者，你知道为什么奇奥特做出这样的判断吗？

答案

1

他用金属片把小橡皮固定在一端，于是，就有了带橡皮的铅笔。这项发明中海曼·利普曼运用的是组合发散思维——把两件或多件事物组合起来就产生了一件新的事物。很多发明创造都是用这种思维方法完成的。

2

福尔摩斯听完之后，说：“现在我告诉你我的推论，我们的帐篷被人偷走了。”

同样是看到了星星，华生和福尔摩斯得到了不同的推论。在进行由果及因的时候，我们应该像福尔摩斯一样从实际出发，关注与生活密切相关的问题。

3

她反复思量这个问题，把左边的理由一条条划去，把右边的理由一遍遍加深，于是她确定了自己的选择。

4

老和尚说：“你说得也对。”

也许你觉得老和尚的话自相矛盾，但是真的存在绝对的对与错吗？很多事并非只有一种解释。从甲与这件事的关系来看，甲说的是对的；从乙与这件事的关系来看，乙说的是对的；从小和尚与这件事的关系来看，小和尚说的也是对的。这就是所谓的关系发散。我们所处的这个世界是一个多元的、复杂的世界，我们所做的每一件事都有利有弊，对与错、好与坏就像一股黑线和一股白线相互交织，有时甚至紧密得难以分开。我们在观察和解释事物的时候，应该避免单一和僵化的解释，那样只会导致偏执一词，钻牛角尖，看不到事情的全貌。

5

看到这个等式，想必那个数

学老师的思维会立马开阔起来。显然学生在计算这道题的时候思维是发散的，而计算前一道题的时候，思维是封闭的。

思维培训师对等式两边的关系进行了发散处理，把已知变未知，把未知变已知，从由分求和到由和求分。有人把这种发散方法称为“分合发散”。

6

他决定用那些废弃的帐篷缝制衣服。他从帐篷的特性进行思维发散，并采取行动，缝成了世界上第一条牛仔裤！后来，终于成了举世闻名的“牛仔大王”。

7

联合国大楼很快建起来了，随着联合国在世界事务中的作用越来越重要，周围的地价立即飙升起来。当初洛克菲勒在买下捐赠给联合国的那块地皮时，也买下了与这块地皮相连的全部地皮。没有人能够计算出洛克菲勒家族在后来获得了多少个870万美元。

洛克菲勒之所以敢做大胆的投资，是因为他已经看到了潜在的好处。联合国购买土地作为联合国办公地址，这件事不是孤立的，必然会带来一系列其他的影响。运用特性发散思考问题，可以帮我们预测隐藏在某一事件中的潜在的机遇。

8

文彦博对小朋友们说：“我们大家都回家提一桶水来。把水灌到树洞里，球就浮上来了。”文彦博借着“皮球能浮在水面上”这个属性发散思维想出了一条妙计。

9

牛的身上并没有标记，怎么来判断牛的归属呢？于仲文知道牛是群居的，孤单的牛，一定会非常渴望回到自己的群体。聪明的于仲文就是在这一点上发散思维，想出了好办法的。

事实也是如此:牛群赶到大操场上之后，于仲文大喊一声：“放牛！”只见那只无法判断是谁家的牛冲着任家的牛群跑了过去。围观的群众都明白了，他们欢呼着：“牛是任家的，牛是任家的。”

10

这同样是一个借动物属性发散思维的解决问题的事例——曹冲叫人拿来了一个大铜镜，把铜镜放在山鸡的身边。山鸡看到铜镜里自己美丽的影子，忍不住跳起舞来。

山鸡爱站在河边跳舞，那是因为山鸡是个顾影自怜的家伙，它只有看到了自己的倒影才翩然起舞。满朝的大臣都是死脑筋，他们都往河的方向去想，要在宫里挖一条河，那可真够麻烦的，所以，他们一筹莫展。其实，要山鸡看到自己的影子，有很多办法，河水和曹冲想到的镜子只是其中两个办法而已。开动思维，看看是否还有更好的办法。

11

几天以后，林邑国又派人前来挑战，宗悫接受了挑战。这次林邑国国王神气活现地让大象排在了阵前，只见他彩旗一招，大象就撒开腿威风凛凛地向宋军冲过来。眼看就要冲到宋军阵营前了，忽然从宋军阵营里扑出了几百只张牙舞爪的大雄狮。大象见了，吓得掉头就冲林邑国的阵营跑过来，把林邑国的阵形冲得七零八落。宗悫趁机发动全面攻击，把林邑国的军队打得屁滚尿流，落荒而逃。宗悫乘胜追击，林邑国王没办法，只好投降，归顺了宋国。

宋军从哪里找来这么多训练有素的大雄狮的呢？原来，宗悫找来画师和工匠，三天之内画了500个狮像，铸了500个狮子模型。打仗的时候，让士兵把模型穿在身上，就吓跑了敌人的大象。是假狮子吓跑了真大象——宗悫这一妙计就是在那个谋士的“狮子建议”上生发出来的。

12

鲁班在草叶的提示下打造了一把带齿的工具，他把这个工具命名为“锯”。徒弟们用锯来伐木，果然又快又省力，很快就备齐了木料。一直到今天，木匠们还在使用鲁班发明的锯。

无论是在社会上，还是在大自然中，任何事物都是普遍联系着的，而这些联系则会给我们提供很多智慧的线索。

13

第一题：小小悄悄地从口袋里掏出石蜡，放在空盆子里融化掉，然后把铁筛子浸在里面，当把筛子拿出来的时候，筛孔就蒙上了一层薄薄的透明的石蜡，这层石蜡谁也看不到。小小走到国王面前，小心地往筛子里倒水，结果把筛子都倒满了，也没有漏出一滴水。第一个题目就算完成了。

第二题：小小不慌不忙地把纸叠成锅的模样，把鸡蛋放在纸锅里加满水，然后放在火苗上烧，奇怪的是，火苗舔着纸锅，但是就是烧不着，没一会儿，就把鸡蛋煮熟了。小小很轻松地完成了第二道题目。

第三题：小小先把纸烧着，放进玻璃杯里。纸烧完了，玻璃杯里充满了白色的烟雾，小小立即把玻璃杯扣在盘子里。令人惊奇的是，盘子里的水长脚了似的，都流进了杯子，小小把盘底的绿玉捡了起来，手一点都没沾湿。

14

只要有线索，就算最复杂的迷宫，也不能把你困在里面——阿里阿德涅找来一团红色的线，然后对忒修斯说道："进去的时候，把线的一端系在迷宫的门上，边走边放线，这样，杀死怪兽后，你就能顺着红线出来了。"忒修斯满怀感激地收下了线，便和其他童男童女们进入了迷宫，他们在迷宫里拐弯抹角地转了好一会儿，终于遇到了令人毛骨悚然的怪兽弥诺陶洛斯，怪兽张开血盆大口向他们扑过来，大家都惊恐地四散跑开了，只有忒修斯冷静地站在那里。就在怪兽就要扑倒他的那一刻，忒修斯把宝剑深深地刺入了怪兽的心脏。怪兽重重地倒在地上，痛苦地喘着粗气，过了一会儿就停止了呼吸。忒修斯长舒一口气，带领其他童男童女，沿着红线出了迷宫。

15

原来，这个电信员工正是受到上帝从空中清扫积雪的启发，想到人也可以从空中将积雪清扫掉，于是建议用直升机绕着电话线飞来飞去，利用直升机的螺旋桨旋转时所产生的强大气流将电话线上的积雪刮掉，既简单又高效。

在这个故事里，第一个员工只是感叹了一句之后便停止了进一步思索，而另一个员工则是在人们惯性地停止思维的地方将思维进一步扩展，进而想到了实际有效的办法，这便是一种典型的发散思维。

16

不久，泰勒便突然多出了一个爱好，便是穿着便衣在北京城的各名胜古迹闲逛。看到名胜古迹处的签名，他便拿起相机将其拍下来，在外人看来，这是个对于签名感兴趣的奇怪的摄影爱好者。但是，身处战争年代的泰勒，可不会真的有这种闲情雅致，他实际上是在利用日本人签名并留下身份注明的习俗来搜集日本军人的信息。一天，他在颐和园万寿山的一尊大佛身后，发现了三个日本军人的签名及所属的师团。后来，他发现类似的签名越来越多，于是，他将自己所搜集来的相关签名整理归纳一番之后，他准确地搞清楚了侵华日军的编制及其番号。

在这个故事里，泰勒利用早年记忆中的一件小事，并通过一个细节联想到日本的一个习俗，进而联想到利用这个习俗来收集情报，并最终完成任务，这便是一种典型的发散思维。

17

瓦杜丁大将先是仔细观察了一下无名尸体，确定这个人的面孔是张苏联人的面孔之后，他命令属下道："给他里里外外都换上一身苏联大尉的军服，仔细地乔装改扮一番，然后，在他的手里放上一个黑色公文包。"一切完成之后，这名抱着公文包的假大尉被扔进了前沿阵地，德军的子弹呼啸着射中了那名假大尉，苏军前沿部队则假装顶不住德军的攻势，撤退到了第二道战壕。

德军于是进入了苏军的第一道战壕。一名德国军官在经过假大尉尸体时，被他所紧紧抱着的公文包所吸引。当他打开公文包最里面的一层后，一份标有"绝密"字样的文件跳入眼帘："沃罗温什方面军，最高统帅部命令你们暂停进攻，就地在布克林转入防御！"这军官一看，欣喜若狂，立即将文件送到了上级那里。德军最高指挥官立即下令："密切注意苏联军队动向！"

在苏军阵地上，一个指挥所和几部电台在嘟嘟地"忙碌"着。同时，呜呜呜的防空警报在不断地拉响。看上去，苏军正在进行一种集结。"苏军果然正在进行调整，准备进行防御！哈哈，不过你们做梦也没想到你们的传令官会死在前线，我对你们的动向了如指掌。你们就死守布克林吧，我的炸弹要统统送你们上西天！”德军指挥官狞笑着自言自语。

德军在等苏军将军队“撤至布克林”的同时，也已经秘密调集了大量的预备队到布克林，对其形成了围歼之势。最后，德军的轰炸机凌空而起，呼啸着向苏军的假阵地倾泻无数炸弹。但是，德军做梦也没想到的是，苏联红军主力此时已经已转移到德军防御力量薄弱的基辅北侧，准备一举攻破其防线了。

18

原来，柯岩又跑到屋里找了一面镜子，将这个镜子放在第一面镜子斜上面，经过角度的调整之后，太阳光经过两次反射之后，便照在了井里。

19

原来贴在墙壁上的是荷兰纸币。

20

读书人对宾客解释道：“此人作为一个皮匠，建造了这个房子。皮匠最基本的工具有两样：一是钻子，二是皮刀。‘甲’字从外形上看，不就像个钻子吗？‘乙’字不就像一把皮刀吗？所以我用‘甲乙’两字替他题了堂名，这叫作‘君子不忘其本’！”

21

原来，人们在前面加了一个“宋”字，石碑成了“宋张弘范灭宋于此”。

22

原来，物理学教授在窗台上放的镜子不是普通的平面镜，而是一面凹面镜。那天，天气很好，阳光照在了凹面镜上，形成了一道光束，其焦点正好落在在了窗台的窗帘上。到下午时，窗帘起了火。

23

宋王不解地问：“可是还有一个绳结没解开呀！”

鲁国人却说：“这个绳结是我挽的，我知道它是解不开的。儿说先生虽然没有解开它，但是他知道这个结是无法解开的，这便等于说是解开了它。儿说先生果然名不虚传，真是天下最有智慧、最灵巧的人呀！”

24

贾诩对张绣分析道：“曹操挟天子以令诸侯，名正言顺，这是你应该归顺他的首要原因。其次，袁绍兵强马壮，我们的人马并不多，前去投奔他，肯定不被他看重；而曹操，则兵马不强，正需要扩充人马，因此得到我们肯定很高兴。再次，曹操是个心怀大志的枭雄，他必定不会因为你们之前的恩怨而怪罪于你；相反，他肯定会借此次机会向天下人表明他的博大胸襟，以吸引天下豪杰前去投奔他。所以我们应该投奔曹操。”张绣于是便听从了贾诩的意见，率领部队归附了曹操。

25

使其变成更令人高兴的四件事的改法是：十年久旱逢甘雨，万里他乡遇故知。和尚洞房花烛夜，寒儒金榜题名时。

使其变四悲诗的改法是：久旱逢甘雨——几滴；他乡遇故知——债主；洞房花烛夜——隔壁；金榜题名时——师弟。

26

一家英国公司把一辆汽车的4个轮子涂上黏液，然后将汽车倒粘在广告牌上。而南非的一家公司，则将一名替身演员用胶粘在一架飞机的机翼下方，在空中飞行了将近一个小时。

27

原来，将“刘汝明误失张恒”的“误”字，改为“痛”字即可。“痛”、“误”之间，对于历史事实的描述都没变，但主观评价大不一样。“痛”，便不仅没有了指挥失误的意蕴，而且还反映出了一种悲怆，刘汝明的忠勇尽显其中。

28

原来，他抓到的竟然是一颗德国子弹。这虽然听上去不可思议，但事实上是可能发生的。因为子弹刚出膛时的速度一般是每秒800～900 米，由于空气的阻力，子弹的速度会逐渐降低。到终点时，其速度其实就只有每秒40米了。这个速度就和飞机的速度差不多了。而如果飞机与子弹飞行的方向和速度相同，那么对于飞行员来说，子弹就相当于是静止的，或者是缓慢移动，如此一来，飞行员抓住子弹就一点都不困难。

29

原来，富商写来的信中说道：“我刚刚亡去的太太曾经是我的天使，但是她死前已经失去了她的美丽，所以我想她再次复活无论是对于我还是对于她都不是好事。”除了信外，信封里还放了一大笔钱。

接着，两个外乡人陆续接到许多小城居民的来信。一位继承了叔叔遗产的侄子在信上说：“请你们不要打扰我叔叔在天堂的安宁。”一位改嫁的妇人在信中说：“你们这样做，只会使世界大乱。”在每一封信里都附有一笔多少不一的金钱。

但是，两个人不为所动，仍旧每天在墓地里神秘地走动。终于，该市的市长也坐不住了，刚刚去世的前任市长是个非常受拥戴的人，他一旦复活，市长肯定保不住自己的宝座了。于是，他也给两个外乡人写了封信，信上说：“两位尊敬的科学家，我知道你们的试验一定会成功的，那将是一个奇迹，但我们并不希望奇迹发生在这个城市，因为届时我们这里的生活秩序将受到严重破坏，所以希望你们能迅速离开本市。”同时，市长的信里也附了一大笔钱。就这样，两个骗子大摇大摆地带着大笔钱离开了这个城市。

30

客人说道：“你这表面上是爱护生灵，其实是在害它们啊！正是因为你爱好生灵，要放生，百姓便会投你所好，专门捉来生灵献给你。你这不是在鼓励百姓去捉生灵吗？而在这捉的过程中，不知有多少生灵已经死去了。”

31

因为人体血液的功能主要便在于为人体的呼吸循环向内运载氧气和向外运载二氧化碳，因此这种液体便可以用来作为一种“人造血液”，在医院的天然血液不够用的时候用来临时抢救病人。这种液体后来果然在医学上得到广泛应用，抢救了无数人的性命。由于这种液体是白色的，因此人们称之为“白色血液”。

在这个故事中，克拉克之所以能够发现“人造血液”，便是因为他能够充分利用一种发散思维，在看到这种液体具有很强的溶解氧气和二氧化碳的能力之后，他能够进一步联想到这与人体血液功能的相似之处。

32

年轻人想了想，说：“不知

道道德就不能做到道德，知道了道德才能做到道德。”

苏格拉底这才满意地笑起来，拉着那个年轻人的手说：“您真是一个伟大的哲学家，您告诉了我关于道德的知识，使我弄明白了一个长期困惑不解的问题，我衷心地感谢您！”

33

班主任说：“你觉得人与人之间不存在真实，可是，你走时却给我写信，并祝我身体健康，这说明你对老师的爱是真实的。你信中说希望我多送几个同学升学，这说明你对你的同学的爱是真实的。另外，难道你不爱你的父母吗？你对他们的爱不是真实的吗？在你身上存在着这么多真实的成分，怎么能说人与人之间不存在真实？”

34

老人对小孩说：“你这样骂人家，人家当然要回骂你了。你如果用友好的方式跟对方沟通，它便会同样对你友好。”这个故事所反映的哲理便是:与人相处正像是回声一样，你对别人充满善意，自然便能得到别人的善意;你对别人充满恶意，别人自然也会还以颜色。

35

原来，李画家的作品正是那块画出来的幕布。黄画家的画只不过骗过了猫而已，而李画家的画则骗过了人的眼睛，当然更高一筹了。

36

朋友说：“我夜里想知道时间时，只要趴在窗台上一吹，就会有人朝我喊道:‘现在是夜里×点钟，你吹什么呀！’我就知道时间了。”

37

“只要你再细看一次就行了。”马克·吐温回答。

38

农民让乘客到医院院子里的一个水塘里，将脸和甲鱼一起浸入水中。过了一小会儿，甲鱼便松开了口。原来，甲鱼一旦被捕，便会具有攻击性，因为自感没有逃脱的希望，便会咬住对方不放。一旦将他放入水中，它便感到自己有了逃脱的希望，于是便会松口，以潜水逃脱。

39

因为一直有鱼吃的关键并非在于鱼竿，而在于钓鱼的技术。这个小孩只是有了鱼竿，却并没有学会老人高超的钓鱼技术，因此未必能钓到鱼。并且，鱼竿早晚是会用坏的，而钓鱼的技术却是永远不会用坏的，老人的钓鱼技术才是小孩真正该向老人索要的。

40

原来，阿基米德叫人制造的奇怪大镜子，是凹面镜。到中午太阳最毒辣的时候，他让士兵抬了几十面这样的凹面镜到城墙上，调整好焦点，将毒辣的太阳光反射到古罗马的船只上。不一会儿，古罗马船只便冒出缕缕青烟，经海风一吹，“呼”地便起了火。几十只船同时起火，再加上海风的帮忙，火势很快蔓延起来，古罗马军队来不及灭火，烧死的烧死，跳海的跳海，损失惨重。他们不知道这奇怪的大镜子是什么东西，还以为叙拉古人借助了神灵的魔法，吓得赶紧掉头逃窜了。

41

原来，瓦里特少校将30个士兵分成两个各有15人的小分队，让他们各自带着手电筒，开着汽车，模仿机械化部队夜间集结的方法前进。每当德军侦察机出现的时候，他便命士兵们打开手电筒，射向天空；而当德军侦察机真正邻近的时候，他们则故意关掉手电筒；而在敌机再次飞远之后，他则命令士兵们再次打开手电筒，射向天空。如此一来，便给德军侦察机造成了他们在躲避敌机侦查的假象。如此进行了一段时期后，德军果然上当了。

42

这个年轻人一听，便高兴地回家了。他一回家，便立刻将自己已经荒废多年的田地上种上了香蕉。另外，为了尽快收集齐香蕉绒毛，他还开垦了许多新的荒地来种植香蕉。每当香蕉成熟后，他便小心地将白色绒毛刮下来保存好。同时，为了能生活，他也顺便将这些香蕉都弄到市场上卖掉了。结果，几年之后，由于卖香蕉，他的日子也逐渐阔绰起来了。一次，当他又一次从市场上带着卖香蕉得来的金币回家的时候，突然间领悟了智者的意思正是点化他通过劳动来获得金子。于是他从此开始更加勤奋地劳动，最终成为当地有名的富翁。

43

故事中，乞丐虽然可以像富翁一样在沙滩上晒太阳，但是，可以想象，富翁能做更多的事情，乞丐是无法做的。比如，最现实的，当太阳下山后，乞丐住在哪里呢？乞丐可以拥有美好的爱情吗？富翁可以去听门票昂贵的音乐会，乞丐可以吗？富翁可以供自己的子女接受好的教育，乞丐可以吗？——假如他有子女的话……

44

狄仁杰说道：“有人指出我的缺点，我很高兴，我很乐意知道我有哪些缺点，但是我并不想知道这个说出我缺点的人是谁。”

45

店老板说：“墙上种白菜，不是预示着高种（中）吗？戴着斗笠打伞不是说明你这次有备无患吗？跟你表妹脱光了背靠背躺在床上，不是说明你翻身的时候就要到了吗？”虽然秀才的高中跟店老板的劝慰没有太大的关系，但是如果不是店老板的话，秀才就会放弃考试，又何来高中呢？同样的梦，可以有两种截然相反的解释，这正说明任何一件事也都有它的两面性，关键在于我们从什么样的角度、用什么样的态度去看待它。积极的人，总能在绝望处看到希望，而消极的人，往往只看到阴暗的一面。很多时候，想法和态度决定着我们的生活，有什么样的想法和态度，就有什么样的未来。

46

路南影院一折的票价要赔钱，送瓜子更是赔钱，但送的瓜子是老板从厂家定做的超咸型五香瓜子。看电影的人吃了瓜子后，必然会口渴，于是老板便派人卖饮料。饮料也是经过精心挑选的甜型饮料，顾客们越喝越渴，越渴越买，于是饮料和矿泉水的销量大大增加。放电影赔钱、送瓜子赔钱，但饮料却给老板带来了高额的利润。路南影院的老板实际上是采用了“声东击西”的赚钱术。

47

陈树屏说：“江面水涨时就宽到七里三分，而落潮时就变成了五里三分。张督抚说的是涨时江面的宽度，而抚军大人说的是落潮时江面的宽度。两位大人都没说错，这有什么好怀疑的呢？”张之洞与谭继询本来都是信口胡说，听了陈树屏有趣的圆场，自然也就无话可说了。

48

书法家的老师让他加了这么一句话：“一位美国朋友的梦想。”这么一加，把中国古代的圣人和现代的美国文化巧妙地融合起来，既无损孔子的形象，也满足了外国朋友的请求，可谓一举两得。

49

希尔顿找人把圆柱拆了，在这些大圆柱上安装一些小型的玻璃陈列橱窗，这些橱窗被纽约市著名的珠宝商和香水商租用，一年租金有几万美元，希尔顿轻而易举赚取了大量的财富。任何事物的用途都不只是一个方面，就看你能否充分去发掘了。

50

刘墉回答说：“佛见臣笑，是笑臣成不了佛。”逗得乾隆不由得哈哈大笑。笑的原因有很多，有善意的微笑，也有恶意的嘲笑，人在高兴时会笑，在不高兴时也可以笑。刘墉巧妙地分解了笑的不同原因，抬高了皇帝，贬低了自己，马屁拍得恰到好处，怪不得乾隆皇帝会这么喜欢他。

51

钟会回答说：“战战栗栗，汗不敢出。”人出汗可能是由很多原因造成的，或者因为炎热，或者因为害怕，也或者有别的原因。而且并不是只有出汗才表示敬畏，钟会回答正是抓住了这一点。不过很明显，钟会回答得虽然机智巧妙，但并不是实话，有明显的诡辩色彩。

52

商人把这些蔗糖和面粉混合在一起，做成片状，用火烘烤熟后拿去出售，没想到这种食物特别好吃，后来这个做法被广泛流传，并发展成后来的饼干。“福兮祸之所伏，祸兮福之所倚”，事物总是发展变化的，只要你善于动脑筋，就能立不变于万变，化不利为有利，从而“置之死地而后生”。

53

爱因斯坦说：“反正这里的人都已经认识我了。”爱因斯坦一生都致力于科学研究，生活上不拘小节、不修边幅，无论是成名前，还是成名后，他根本不在乎穿衣打扮。

54

王僧虔说道：“臣的书法，是大臣行列中的第一；陛下的书法，当为皇帝中第一！”这样，王僧虔既保住了先祖的美名，也给皇帝留足了面子，可谓一举两得。齐太祖听罢，也不由得哈哈大笑起来。

55

田文说：“人的命运，如果是由天支配的，父亲何必忧愁呢？如果是由大门支配的，那么可以把大门再开高一些，就没有人能长那么高了。”田文抓住父亲要抛弃自己的主要原因，据以反驳，令父亲心服口服。

56

麦克斯是这么解释的：“因为我吃了剩下的杏子，我最喜欢吃杏子了。”小孩子的思维是非常活跃的，在他们天马行空的世界里，一个非常简单的问题，都能得出许许多多看似荒谬却又让人无可厚非的答案。作为一个教育工作者，遇到麦克斯这样的孩子不应该粗暴地批评压制，而应该给以适当的引导。

57

这一根手指涵盖了所有的可能性：中一个，说得通；中两个，一根手指就表示其中一个不中，也说得通；中三个，一根手指的意思就是一齐中；三个都落榜，一根手指就表示一个也不中。总之，不管是哪一种结果，答案都在这根指头上。由此可见，道士并非真的能够预测未来，而是脑袋聪明加上口才好罢了。

58

店主回答：“因为另外两只鹦鹉叫这只鹦鹉老板。”一只又老又丑的鹦鹉，价格远远高于美丽而又很有语言能力的另外两只鹦鹉，确实很令人不解。但是，有时候，价格的高低并不是由我们通常所采用的思路和标准来决定的。

59

查尔斯把电缆洗干净、弄直，剪成一小段一小段的，然后将这些金属块精心装饰，作为纪念品出售。由于电缆来自大西洋底，人们认为它有很高的收藏价值，于是争相购买，查尔斯轻而易举地发了一笔财。“横看成岭侧成峰，远近高低各不同。”很多东西，并不是它真的没有用处，只是人们没有发现它的价值，我们应该从事物的各个角度、各个方面去认识它。

60

李世民对隋炀帝说：“这座宫殿确实是在百日之内建好的，请陛下派人拔钉验锈，揭瓦验泥。新修的宫殿，钉子没有生锈，瓦泥还是新的。如果是早就修好的，钉子一定会生锈，瓦上也会有霉斑。”隋炀帝觉得他说得很有道理，就立即派人查验，结果证明了宫殿确实是新造的。于是放了李渊，同时处罚了奸臣。

61

原来，不同的颜色对光的吸收能力不一样。黑色等较深的颜色吸收光的能力较强，转化来的热能也就较多，而白色等较浅的颜色对光的吸收能力差，转化来的热能也就相应的少。根据这个原理，黑陶罐的吸光吸热能力强，又经过大半天的太阳照射，表面会比较热。相反，白陶罐由于吸光吸热能力差，摸上去会比较凉。聪明的盲人就是根据这个道理判断出商人给他的是黑陶罐而不是他要的白陶罐，从而维护了自己的利益。

62

主人辩解到：“我说的不是他们。”最后一位客人一听这话，心想：“说的不是他们，那就是我了。”于是叹了口气，也走了。这个主人并没有别的意思，只是因为朋友没来而难过，但他思维混乱，说话没逻辑，以至于把客人一个个地都气走了。

63

吃饭时，每个人面前都是一碗饭和一盘菜，但胖和尚只有一碗饭。胖和尚非常不高兴，就问老和尚，为什么自己只有饭没有菜？这时，小和尚就用筷子把胖和尚的饭拨了一下，下面的菜就露出来了。连近在眼前的东西都不能看到，胖和尚的所谓的“千里眼”、“顺风耳”的谎言也就不攻自破了。

64

毋择说：“一路上我非常小心地看管着天鹅，我发现天鹅非常渴，于心不忍，就将它放出来喝水，谁知才一会儿工夫，它就飞上了天，再也没有回来，当时我非常难过。我想，世上的天鹅那么多，不如买一只相似的送给大王吧，但一想，这样岂不是欺骗大王吗？我又责怪自己，连送一只天鹅都送不到，不如自杀算了，但这样一来，传出去可能会让大家误解，说国君把鸟兽看得比人还重要。我想，我没有颜面见大王，不如干脆逃跑算了，但这样又会影响两国的关系。没有办法，我只好呈上一只空鸟笼给大王，请大王治罪吧！”听完毋择的话，齐侯被感动了，不但没有责怪毋择，反而重重地奖赏了他。

65

大火还未灭，裴员外就赶紧派人从长江沿岸便宜购买了大量的木材、砖瓦、石灰等建筑用材，并用大船运回来。火灾过后不久，朝廷就下令重建杭州城，凡经营销售建筑用材者一律免税。于是临安城内一时大兴土木，建筑用材供不应求，价格陡涨。裴员外趁机抛售建材，获得巨大的利润，其数额远远大于被大火烧掉的财产。

66

萧伯纳说：“要是你把我撞死了，你就可以名扬四海了。”萧伯纳的一句妙语，把他和小伙子从紧张的窘境中解放出来，使这个事故得到了友好的处理。

67

神秘的高尔丁死结，让无数英雄豪杰都无功而返。解开高尔丁死结，这看起来是一个根本无法完成的任务，它太复杂了！然而，让人想不到的是，这样一个复杂的问题，居然有一个非常简单的办法。气概非凡的亚历山大突破了前人的思路，挥剑劈开了高尔丁死结。

68

原来，这个办法就是，在核桃的外壳上钻一个小孔，灌入压缩空气，靠核桃内部的压力使核桃壳裂开。

在取核仁时，人们往往习惯性地想到要从外面去打开核桃壳，而不会想到从内部着手。这里的这个办法便是一种典型的打破常规思维的求异思维。

69

实际上，只要能够打破常规思维，这个想法是可以实现的：如下图所示，沿着纸上的线剪开再展开，即可让人钻进钻出。这实际上是一种把“面”变为“线”的做法。实际上，这些看似荒诞至极的想法，往往能够培养一个人大胆思考的习惯，将其思维充分拉开，具有非凡的创造性。另外，就本题而言，试想一下，在爱迪生的这个办法之外，你能不能找到其他的办法呢？

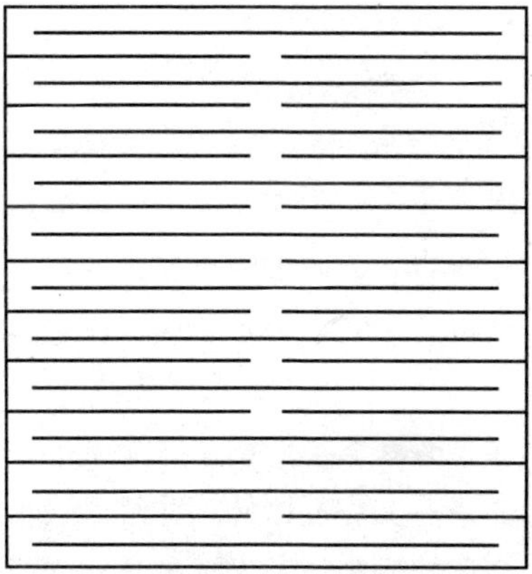

70

毛毛虫可以等自己变成蝴蝶后飞过去。

71

原来哈姆威看卖冰激凌的商贩没有盛装冰激凌的容器了，他便将自己的蛋卷卷成锥形，以用来盛放冰激凌。冰激凌商贩一看这个办法挺好，便买下了哈姆威的所有蛋卷，用来制造这种锥形冰激凌，以方便让顾客带走。而人们则发现，这种锥形冰激凌不仅携带方便，外观好看，而且冰激凌和外面的蛋卷一起吃，味道也很好，后来十分流行的蛋卷冰激凌就此诞生。不仅如此，这种蛋卷冰激凌还被人们评为那届世界博览会的真正明星。

72

纸条上写着：“我的图案设计是信封上的假邮票。”这个人不仅表现出了自己扎实的美术功底，而且也展示了自己的创意思维能力。

73

日本商人弄清的真相是：对面的那家店也是这个年轻人开的。

故事中，这个年轻人总是能够摆脱从众思维，看到别人所看不到的机会，继而通过自己出人意料的举动获得更大的收获。这其实就是一种打破惯性的求异思维。而这种思维在商业上是非常有价值的，所以日本丰田公司亚洲区的代表山田信一才会花百万年薪雇用他。

74

小路易斯将瓶盖盖上并拧住，然后把瓶子倒过来。这样，油就浮了上去，醋沉了下来，他再将瓶盖松开，醋就流了出来。

75

他拿起了第2只杯子，把里面的红色的水倒进了第7只杯子，又拿起第4只杯子，把里面的红色的水倒进了第9只杯子，结果，杯子就成交错排列的格局了。

76

那个人先取出5000元，再把不需要的2000元存进去，结果就得到了他想要的3000元钱。

俗话说：“规矩是人制定的。”营业员的做法就是不懂灵活处理规矩的表现。营业员只是按照规矩办事。如果那个人也和营业员一样，循规蹈矩，那么他只能去取款机前排队，说不定会误了他的事。所谓急中便生智，这个人在取钱和存钱之间进行了一种巧妙的转换，便巧妙地解决了问题。

77

这位乘客考虑到这座房子对于火车上处于极度无聊之中的旅客的吸引力，将这个房子买下来，用来给各家商家做户外广告。结果，因为其独特的位置，广告订单雪片般飞来，这个乘客于是就发了财。

按照正常人的思维习惯，房子位于火车的道旁，是致命的缺点，所以根本没有价值。但是，这位乘客却反过来看，认为房子位于火车道旁，恰恰是其优点，具有不可估量的价值。这是一种典型的逆向思维。

78

原来这位法官的判决是：要求这个少年返回学校读书，获得一张真正的高中毕业文凭来交给法庭（当然，只是其复印件）。最后，这个少年果然去读了高中，并在三年后给法庭交来了他的毕业文凭复印件。并且，这个少年接下来还考入了大学。据统计，后来，这个法官对于类似案件以及少年偷窃案等案件的罪犯都采用了这个判罚。在接下来的10年时间里，共有接近600个少年犯重新回到学校读书。

假冒文凭，就判处你去获得一张真文凭来，这的确是一种富有创意的判罚。其不仅需要一种善良，而且还需要一种思维上的灵感。

79

主考官的批复只有四个字：我不敢娶（取）。

80

原来，鬼谷子给弟子们派出这个任务，是想考考自己这两个弟子的才智，而不是比他们两个的体力。十天之后，鬼谷子先在洞中点燃了庞涓打来的干柴，这些干柴的火势虽旺，但浓烟滚滚。显然，数量和质量都没有达到老师的要求。而孙膑从山上回来之后，就把自己砍来的榆树枝放到一个平时烧炭的大肚子小门的窑洞里，开始烧起榆树木炭来。等烧好之后，孙膑又用那一根柏树枝做成的扁担，将榆木炭担回鬼谷洞，意为“柏担有榆”。等到鬼谷子点燃这些木炭的时候，没有一点烟，这便做到了“木柴无烟”。鬼谷子一看十分满意。

原来，孙膑在接到老师的任务后，便意识到，十天的时间砍一百担木材，凭自己的体力完全做不到，于是便用谐音巧妙地满足了鬼谷子的要求。而庞涓则遇事不知思考，仅凭着一股子蛮力，结果费力不讨好，自然要令鬼谷子感到失望。

81

在当时，美国法律只是禁止以高价位出售复印机，但是，却并不禁止威尔逊出租或提供复印服务。聪明的威尔逊只是稍稍动了一下脑筋，这个问题就解决了。他想到了通过这两种方式依旧可以赚钱，而且需求量会更大，因此他赚的钱也就更多。

82

原来法官是这么说的：鉴于父母离婚的最大受害者是孩子，为了保护儿童的权益，并考虑到父母双方的要求，本庭宣判如下：父母归两个孩子所有；原有的住宅的居住权也归两个孩子所有，而不判给母亲或父亲。离婚后的父母定期轮流到原来的住宅中居住并照顾孩子，直到孩子长大成人。

83

原来，狄多公主让随从们将公牛皮切成一条一条的细绳，然后再把它们连结成一根很长的绳子。她在海边把绳子弯成一个半圆，一边以海为界，圈出了一块面积相当大的土地。因为同样周长的平面图形中，圆的面积最大，以海为界，又省下了一半的周长。

84

原来，老医生的办法便是让农民每天往耳朵里倒一些清水。如此一来，麦粒便在耳朵里开始发芽，因为植物向阳的本性，麦芽自己便往耳朵外面长。结果几天之后，一根嫩芽从农民的耳朵眼里长出来了。农民让自己的妻子用手一拔，便将麦粒拔了出来，不仅没有一点痛苦，而且还省去了再去医院花钱。

85

原来，副厂长的主意便是将错就错，不对呢子做任何变动，而是将这批呢子称作是“雪花呢”，然后投放市场。因为当时市场上全都是纯色呢子，还没有这种杂色呢子，因此“雪花呢”一投入市场，便受到了人们的广泛欢迎。其后，便有许多呢子厂家开始主动生产这种上面有斑点的呢子，直到今天还受到人们的欢迎。

在这个故事里，如果人们始终按照常规的思路，将这批呢子当作一个“错误”来处理，可能永远也不会得到这样的好结果。这位副厂长也是利用了一种求异思维，使得事情出现了转机。

86

原来，小儿子点燃了一根蜡烛，马上，烛光便将整个房间都填满了。

在这个故事中，对于老人的问题，人们习惯性的思维都会去想用某种具体的东西去填空间，而这种东西应该是足够蓬松，以尽量大地占据空间。自然而言地，棉花、鹅毛这些东西会很容易被人想到。但是，小儿子却没有拘泥于常规思路，而是采用了一种创造性思维，很快找到了一种更为简单有效的方式。这便是一种典型的求异思维。

87

表面上看上去，这似乎是不可能做到的，但是如果能够充分发散自己的思维，便会找到解决问题的办法。因为10毫升正好是玻璃杯容积的一半，所以将玻璃杯倾斜45度角，其留在杯子里的溶液便正好是10毫升了。

许多人之所以想不到这个办法，是因为在他们的脑海里有一个固有的思路——量液体的容积时，必然是将容器水平放置，然后根据刻度来看液体的体积的。殊不知特殊问题（溶液体积正好是杯子容积的一半）是可以特殊对待的。总体而言，倾斜思维法属于一种求异思维，其关键仍旧是思考者要能够打破惯性思维的束缚。至少，在读了这个思维命题之后，我们应该知道，在思考问题时，物体不一定非要四平八稳地放在那儿，而是可以适当倾斜的，没准儿在倾斜的那一瞬间，答案就出现了。

88

工匠按照比尔巴所说的穿上盔甲后，站在那里一动不动地等待国王的卫士出场。但是，就在卫士拔出宝剑就要砍下来时，工匠却突然大叫一声扑了上去。士兵被工匠的举动吓呆了，他以为工匠要跟自己拼命，于是赶紧跳开了。旁边的国王一看，便恼怒地对工匠说："你想干什么，想要造反吗？"工匠于是说："陛下，是这样的，我的盔甲不是做给木偶人穿的。当有人拿剑砍下来时，穿盔甲的人必然不会站在原地等他来砍，而是会躲开，如此一来，盔甲就不会被轻易砍破了。"国王一听，觉得有理，便收下了工匠所做的盔甲。

这个故事中，比尔巴便是突破了检验盔甲硬度时盔甲一定会被砍到的常规思维，使盔甲的作用得到了更合理的理解。

89

高尔基先将九块蛋糕分装在三个盒子里，每盒三块，然后再把这三个盒子一齐装在一个大盒子里，用包装袋扎紧。

有个伙计一看便不服气了，质问道："你怎么能用不一样的盒子装呢？而且还有一个盒子没装蛋糕。"

高尔基反驳道："难道顾客限制了盒的大小，并规定不能套装了吗？"

那个人无言以对。

下午，那个挑剔的顾客来到了蛋糕店，他用挑剔的目光看了一下之后，也无话可说，提着蛋糕走了。从此，老板和伙计们都开始对聪明的高尔基刮目相看。

在这个故事里，老板和其他伙计们之所以想不出办法，是因为他们被惯性思维所束缚，以为四个盒子必须是一样大小，并且根本想不到还可以套装。而高尔基之所以能够想出办法，便是因为他不为常规思维所束缚，能够自由地发挥想象。

90

原来，秘密全在张作霖的那只朱砂笔中。那支笔看上去和普通的朱砂笔无异，其实藏有玄机，其是张作霖专为批钱特制的，在其笔尖中插了一段钢丝儿，用笔在纸上戳一下后，红点中间会有一个小洞，不仔细看看不出来。只有银行掌柜的和张作霖两个人知道这个秘密。这次，秘书虽然依葫芦画瓢用朱砂笔戳了一下，红点中间却没有小洞。掌柜的一看，心下便明白了，只是假装没有识破，然后去通报了。

91

第二天，韩信依时带着那块布来见刘邦，刘邦接过布一看，只见布上并没有士兵，只是画了一座城楼，城门口战马刚刚露出了头，一面“帅”字大旗斜斜地露了出来。

刘邦于是问道：“怎么一个士兵也没有？”韩信却回答说：“千军万马都尽在其后。”

在这个故事中，韩信便利用了一种求异思维。试想，如果按照常规思维来想，老老实实地画士兵，即使将士兵画得再小，几寸的小布最多也不过画几百个士兵而已，那显然不是韩信所满足的。而通过这样一种暗示的手法，就是千军万马了。

92

汉斯先生想出了一个点子。在博览会开幕几天后，会场中突然出现了一个新玩意儿，前来参观的人们常常会在地上捡到一个小铜牌，上面刻着一行字：“凭借这块铜牌，可以到阁楼上的汉斯食品公司换取一份纪念品。”前前后后，竟然有几千块铜牌出现在会场上。不用说，这是汉斯先生派人抛下的。

如此一来，那间本来几乎无人光顾的小阁楼，每天都被挤得水泄不通，以至于博览会举办方因为担心阁楼被压塌，请木匠加强了其支撑力。

93

原来莎士比亚叫人又提来了半桶酒，往桶内倒酒，等到桶里的酒满之后，硬币就浮了上来，并随着溢出的酒流了出来，莎士比亚伸手将硬币接在了手里。

94

这其实是一首“藏头诗”，每句开头第一个字连起来便是“黄彩笔内帐单速毁”八个字，最后，钦差果然在知府书房里的黄色笔筒里找到了赈灾款藏匿的清单。

95

清洁工说：“何不把电梯装在楼的外面，那样既保持了环境卫生，又能方便顾客。”

可能你不知道，在早期时候，电梯都是装在楼宇内部的，没有人想到电梯可以装在外面。也正是因为此，两个建筑师虽然面对代价昂贵、挤占酒店内部空间的弊端，也“执意”要将电梯安装在酒店内部，这正是受到惯性思维的束缚。而清洁工正因为并非专业人士，所以才不会受到惯性思维的束缚，想出了这个绝妙的主意。这体现的正是一种求异思维。并且，正是此件事情发生后，人们普遍开始将电梯装在楼宇外面，以节约内部空间了。

96

小儿子乌苏利亚没有用那支箭去射苹果，而是瞄准放苹果的盘子，一下子将盘子射翻，自然，盘子里的苹果全都落在了地上。在这里，两个哥哥都在射箭技艺上动脑筋，想要如何射得更准，而小儿子则没有沿着这个思路往下想，而是完全从新的思路更巧妙地解决了问题，这可说是一种求异思维。

97

贾风波用气针将篮球里的气给放掉，然后将篮球压成安全帽一样的凹陷状，这样，篮球就成了一个装鸡蛋的最好的容器。

98

思考问题的时候，我们要找到牵动问题的各个方面。解决这个问题的关键除了在威盛泰隆工厂之外，还可以在买家一方下功夫。买家主动提出的方案就是在去参观的路上拿布条蒙住自己的眼睛，这样看不见途中的绝密产品就解决问题了。

99

老板看到明明的身边坐着一位老太太，就对明明说：“你能不能坐在你妈妈的怀里，让她抱着你，这样显得更亲切。”显然，老板是在巧妙地夸老太太年轻，不过，这种夸法也实在有点夸张了，大家一听，纷纷忍不住笑了出来。摄影师于是趁机按下快门，拍出了一张大家都非常满意的照片。

一个是年幼的孩子，一个是老太太，一眼便能看出来，两人必定是祖母和孙子的关系。但是，老板却硬是故意将其说成是母子关系，从而逗笑大家，应该说，没有一种求异思维，还开不出这样的玩笑呢。

100

年轻人的选择是："我会把车交给医生，让他开车送病人去医院，然后我和我的爱人一起等车。"

思维如果受到禁锢，便会失去灵性。那些没被录取的应聘者，便是始终不能跳出惯性思维的窠臼，他们自始至终没有想到，在这种危急的情况下，自己其实完全没必要非要和自己的车"拴"在一起。而那个年轻人显然是具有创造性思维的人，被录取是理所当然的了。

101

他是这样回答的："这完全取决于客人的要求，如果客人先点鸡，就先有鸡；如果客人先点蛋，就先有蛋。"

对于先有鸡还是先有蛋的问题，估计没人能说得清楚。这是一个让哲学家争论的议题，至今也没有明确的答案。老总选择这个题目显然并不指望得到确切的答案，而是通过这个题目测出了他们不同的思维方式。前两个人思考问题太死板，不会变通，联想能力太差，只会就事论事。而第三个人能挣脱惯性思维框架的束缚，联系相关的问题，所以被老板看中。

102

这个农家小伙是扛着铁锹和凿子走入迷宫的，遇到不通的路，他就用自己手里的工具开辟出一条路来。

这个农家小伙的办法看似笨拙，实际却绝顶聪明，他没有受到惯性思维的束缚，而是采用了打破常规的方法，最终取得成功。

103

原来这个选手对守卫说："这个题目真没意思，我宣布放弃比赛！"

104

漆匠徒弟是这样做的：把新

的和旧的一起都重新刷一遍，这样就一模一样了。

老漆匠之所以会被财主愚弄，便是因为他以常规的思路考虑问题，只想着将没上漆的新桌子照着旧桌子的样子漆，这样无论怎么漆，都不可能将新桌子漆得和旧桌子一模一样。而徒弟则能够打破常规思维，将旧桌子也漆一边，这样，两个都是新漆的，自然一模一样了。他所采用的便是一种求异思维。

105

这个小男孩说：“只不过我放的是煮熟的豌豆而已。”

煮熟的豌豆放在鞋里，一踩便碎了，自然不会使脚难受了。第一个小男孩按照常理去思考，主观上认为老师让他放的豌豆就是生的。但是实际上，老师并没有规定，另一个小男孩却能够跳出思维定式，寻求更好的解决方式，可谓聪明。

许多时候，我们之所以会被问题所困扰，是因为我们被惯性思维所束缚，一旦跳出窠臼，问题便不成问题了。

106

纸商说道：“上次，洪水已经进屋，根本就无法拯救了，所以我才没有去徒费力气地抢救纸张。既然没法补救，何不把精力集中在下次，争取下次不让悲剧重演。我上次冒雨出去，走遍了全城，只发现了这一个地方没被水淹，于是就把店铺转到了这里。”

107

王冕的做法如下：

第一个月，他取走的是第三个银环；第二个月他用第三个银环换下一、二两个银环;到了第三个月，他再取走第三个银环；第四个月，他用一、二、三个银环换走了四、五、六、七这四个银环；第五、六、七个月的做法分别和第一、二、三个月相同。

王冕用自己的聪明智慧拿到了自己应该得到的工钱，有钱人的计策没有得逞，当然只好乖乖地把工钱付给王冕了。

108

芭蕾舞演员什么都看不见，因为你想啊，各个方向都铺上了镜子，并且镜片是没有缝隙的，这样就没有光线从外面射进来，芭蕾舞演员就站在了一个封闭的空间内，自然什么都看不到。

对于这个问题，许多人之所以想不出答案，便是因为受到前面的定势思维的束缚，而没能用一种全新而自由的思维去思考问题。

109

奥卡姆的回答是："先抢救距离博物馆出口最近的那幅画。"

成功的目标不是实现最有价值的那个，而是最有可能实现的那个。所以在发生火灾的时候，根本没有太多的时间考虑该抢救哪幅名画，而是要抢救那个离出口近的，因为那是最可行的办法，错过了时机，或许连一幅画都抢救不成功了。

从道理上讲，在人生中，我们要找到那个最有可能实现的目标一步步前进，而不是好高骛远地想那些不切实际的思想，脚踏实地好好实现现实中能实现的目标才是关键所在。而从思维上来讲的话，大家在看到这个题目之后都纷纷惯性地从画作的价值着眼，而奥卡姆则能够看到抢救画作的紧迫性，这可以说是一种犀利的求异思维。

110

拿破仑让纳西将军找来一个比桥面长的钢索，然后将这条钢索系在炮车与大炮之间。这样一来，炮车和大炮就能分段开过桥面，过桥的时候炮车与大炮不会同时压在桥上，桥身就不会超过载重量，这样便可以顺利地让炮车过桥。

拿破仑通过这样的办法分担了桥身本来应该承担的重量，把原本不可能通过的桥梁重量分担成了不同的部分，最后巧妙地完成了大炮过桥的任务，这办法看起来似乎很简单，但是纳西将军却愣是想不出来，原因就在于他为常规思维所束缚，不具备拿破仑那样的求异思维。

111

当我们现有的条件不能满足需要的时候，我们就需要借助外部的力量来满足自己的需要。翟光明选择的就是这种思路。

翟光明采用的办法是借助当地民工的力量帮助队员们穿过沙漠。他让每两个勘探员雇用当地的一个民工，每一个人带足8斤粮食和8斤水开始上路。等他们走了2天之后，就请当地的民工回去，并给他们2斤粮食和2斤水，够民工回去的路上吃喝。这个时候每两位勘探员那里还有6斤粮食和6斤水，民工携带的粮食和水还各剩下4斤。他们将民工剩下的粮食和水平分，如此一来，他们每个勘探员那里就有8斤粮食和8斤水了，而此时剩下的路程也只有8天了，所以正好能平安地走出这片沙漠。

如果按照常规思路来想，解决此类问题似乎只能是想办法去寻找骆驼了，或者用马匹来替代骆驼，而翟光明这样的办法似乎是只有极少数聪明人才能想到的。其实，只要具有一种求异思维，这办法并不难想到。

112

老板指着那些穿蓝衣服的工人说："他们都是我的手下，但是他们都喜欢穿着清一色的蓝衣服，所以到现在对于他们我一个都不认识。"然后他又指向那个穿着红衬衫的人说，"但是那个人却和他们不一样，虽然说他们的手艺差不多，但是我却能在这么多人中间一眼就看到他。所以我会更多地注意到他，我准备请他做我的助手。"

成功并不是你想的那么困难，当然也不是你想的那么简单。有时候需要你有异于他人的眼光与智慧，用独特的思想让你在众人中独树一帜。成功不仅仅需要自己的努力，有时还需要你具有与众不同，和众人区别开来的意识。

113

求职者的小牌子上面写着："额满，暂不雇用。"

这个刚毕业的大学生用自己的创意制作了这么一块别具一格的牌子，正是这样与众不同的创意思维让主编眼前一亮，进而为自己赢得了一个非常好的工作机会。

每个人都有独具一格的创意思维，假如你能在需要的时候用好，那么会在生活与工作中赢得更多的机遇，在遇到困境的时候，不要轻易放弃，一个与众不同的创意或许便能使你的处境顿时柳暗花明。

114

挑夫说："棒极了。看来，上帝也很照顾我，先生。如果你没有把我捆住的话，我已经成为他们的祭品了。"同一件事情，用正面思考的方法能够使你自信、乐观和拥有解决问题的高效率，而负面思考则正好相反。我们必须学会负面思考到正面思考的转换。

115

迪美普莱让管家在木牌上醒目地写着“如果在园中不幸被毒蛇咬伤，距此处最近的医院在15公里外，开车约半个小时可以到达。”

迪美普莱就是应用了视角转换的思维方法来解决问题的。开始时，他按照常规的思路，从自己的利益出发，和闯入花园的人站在对立面，“禁止”他们入内。这种警告不但起不到积极的作用，反而会激起人们的逆反心理。经过视角转换之后，她站在对方的角度来思考问题，如果花园中有对他们造成伤害的东西，不就可以阻止他们了吗？

116

既然这种纸的吸水性很强，就把这种纸作为一种专门用来吸干墨水的“吸墨水纸”不是很好吗？这位技师运用价值转换思考法，发现了废纸的价值，发明了纸的一个新品种，并获得了专利。这种吸墨水纸上市之后很受欢迎，给造纸厂带来很大的利润。技师不但没有被解雇，还受到了奖励。

117

裴明礼是想借助这种方法将臭水坑填平。事实果然如他预想的一样，很快臭水坑就被填平了。然后，裴明礼停止了悬赏投石的活动，把地面修复平整，并搭建了几个牛棚和羊圈供过往的商人使用。没过多久，那里就堆积了很多牛羊的粪便，这正是附近的农人种田所需要的。裴明礼把牛羊粪便卖给农人，没多久就赚了一大笔钱。然后，他把牛棚、羊圈拆掉，盖起了房屋并在周围种上花卉，建起了蜂房。几年之内他就成了富甲一方的商人。

118

何不把鞋子加工成艺术品销售呢？于是明尼克·波达尼夫收集来一些破旧的鞋子，并由此创业。他把鞋子制作成各种各样的脸谱，有顽童、有贵妇、有政客、有商人。这些艺术品有的朴素、有的唯美、有的搞笑、有的精致，很受欢迎。其中一些优秀作品还曾多次到世界各地展销，每个售价3000美元。

当你认为某件东西没用的时候，就更应该想想是不是在其他的领域还有用。一双不能再穿的废弃的鞋子不就变成了一件艺术品？

119

这个有头脑的人用这堆废铜烂铁，制造了许多个小小的自由女神铜像，当作纪念品出售。因为这批小铜像的材质是来自于原来的自由女神铜像，所以便具有了重要的纪念意义，游客们甚至是纽约当地的市民都纷纷乐于购买来收藏。所以，这批铜像的价格虽然卖得很高，也很快便销售一空。这个人凭借自己的这个点子赚了足足350万美元。

在别人眼中是烫手的山芋的废铜烂铁，却成了这个人发财的宝贝，区别便在于是否具有价值转换的慧眼，从司空见惯的事物中找到潜在的价值。

120

小男孩儿的答案是——把最胖的科学家丢出去。其实这是报纸利用人们的惯性思维设置的陷阱，诱使人们讲道理，摆事实，引用大量数据来分析哪个科学家对人类的贡献最大。获奖的小男孩根本不去理会科学家的价值，而是运用了问题转换的思考方法，从最简单的思路出发，把最胖的科学家扔出去，轻松地解决了问题。

121

他把土壤转换为水泥，把植物的根系转换为铁丝，把根系固定土壤转换为铁丝固定水泥。这样他建造了一个非常结实的花坛。很快，他的这项发明就在建筑界得到了普及，成为一种新型的建筑材料“钢筋混凝土”。

我们面对陌生的问题时，常常感到无从下手。如果我们把陌生的问题转换为自己熟悉的问题，就好办多了。

122

流浪汉数完数之后，军官用德语对他说了那句话，流浪汉松了一口气并露出笑容，显然他能听懂德语，暴露了他是德国间谍的真面目。军官就是在流浪汉毫无准备的情况下，转换原理，使流浪汉落入圈套中。

123

爷爷说：“我不懂化学，所以没有从化学的角度来思考这个问题，而是从心理学的角度来寻找答案。出题人为了迷惑答题的人，在设置答案的时候，就会把正确答案与一些看似正确，实际上不正确的答案混在一起。这就和罪犯作案后，故意破坏现场或伪造现场的道理一样。我利用出题人的心态，从备选答案中找到三个相似的答案：A、氯化亚铁D、氯化亚铜E、氯化亚汞，答案应该在这三者当中。究竟哪个是正确答案呢？同样的道理，我发现与铜相关的答案有两个，而与铁和汞相关的只有一个，所以我说正确答案是氯化亚铜。当然了，出题人在设置这道题的答案的时候留下的蛛丝马迹比较明显，所以我很容易就知道答案了。”

老侦察员就是通过把犯罪心理学的原理应用在做化学题上，取得了成功，虽然有一定的偶然性，但是也能给我们带来很多启发。

124

为了证明这个假设，斯潘塞做了一系列实验研究，终于得出结论。原来导致巧克力熔化的原因是微波可以引起食物内部分子的激烈运动，从而产生热量。随后，斯潘塞用这个微波加热的原理制造了世界上第一台微波炉。一个原理并不仅仅适用于某一个领域，我们可以把它转换到其他领域，也许就能发挥意想不到的作用。

125

看到围成栅栏的铁丝，约瑟夫又有了新的主意，把细铁丝做成带刺的蔷薇的样子，不也可以阻止羊群钻出去吗？于是，他找来很多细铁丝，剪成很多几厘米长的小段，然后把这些小段缠在围成栅栏的铁丝上，露出的尾端就像蔷薇的刺一样。做好之后，他假装读书，看羊群的动向。果然，当羊群像往常一样试图钻出栅栏的时候被刺痛了，没多久它们就放弃了钻出栅栏。约瑟夫终于可以放心地读书了。

126

其实这本来就是一件不可能做到的事情。不管用什么办法，别说是皇上，就是一般人也不会自己跳进湖里。这个时候主动权在回答问题的一方，因此不能按照常规的思路出牌。范西屏于是反其道而行之，将“下岸”和

“上岸”的顺序稍微做了一下变动，这样就轻而易举地解决了乾隆皇帝所出的难题。

他等乾隆帝跃马掉进浅湖里之后立落一子，然后大笑道：“大人，您刚才不是叫我落子间将您连马一起推进湖里吗？现在您已经是在湖里了。”

乾隆听后，立即明白是上当了，于是立即从水里跃马上岸，并对范西屏大叫：“这不算！这不算！”范西屏此时又举一子，不急不慢地对乾隆皇帝说道：“大人，我又让您牵着马从湖里上来了。”此时便完成了“落子推入湖”和“举子牵马归”。

范西屏正是借助了目标转换的思维方法来实现自己的目的。他假设了另一个目标，使乾隆对真正的目标不再提防，结果出乎意料地使问题得到了解决。目标转换是指当某一目标很难实现的时候，我们可以试着通过一个间接的目标来实现最终的目标，或者把目标转向另一个方向。

127

策划专家运用了目标转换的思考法，把住宅建筑商作为销售对象。住宅建筑商发现安装自动洗碗机的房子很快就卖出去了，销售速度平均比不按照自动洗碗机的房子快两个月，所以新建住房要求全部安装自动洗碗机。就这样，通用公司的自动洗碗机打开了销路。

128

霍夫曼发现实验反应之后的化学试剂呈现鲜艳的紫红色，他想道：这么鲜艳的颜色如果用作染料不是很漂亮吗？于是他进行了目标转换，由研制奎宁转为研制染料，很快他就制成了“苯胺紫”。为此他申请了专利并建立了历史上第一家合成染料厂。

129

老虎淡淡地答道：“在遇到我之前，你对狼不也是忠心耿耿吗？现在，狼已经不可能跑掉了，我不如先把你这个将来的背叛者给吃掉。”

130

其实，这正是松下人力资源管理的一大秘诀。他曾经这样说：犯小错误时，当事人多半并不在意，所以我才用严加斥责的方式来引起他们的注意，以免以后重复出现这样的事情。相反，犯下大错时，连傻子都知道自省，这时如果我再严厉批评，就会过犹不及，不利于工作和团结，所以还不如选择对其进行情感管理。下属犯小错误时，严厉斥责；犯大错误时，反而不再批评，这看似有些让人不可理解，其实却饱含深意。

131

其实收税官的主意非常简单，就像曹冲称象一样，收税官先是把河马放在运载河马过来的那艘华丽的船上，接着在船的外侧记下船的吃水线。然后他把河马从船上牵走，再把金币往船上放。当达到相同的吃水线时，船上金币的重量就相当于河马的重量了。

132

可以让兄弟俩交换坐骑，因为先后到达是以马而论的，这样一来，只要自己骑着对方的马赶在前面到达了指定地点，那么自己的马肯定就在后面抵达了。因此，比赛便变成了谁骑着马跑得快的性质了。

133

年轻人是这么说服父亲的：“演讲非但不是个两难职业，而且是个左右逢源的职业，因为如果我说的是真话，贫民就会歌颂我；我说的是假话，显贵们就会拥戴我，我不是说真话就是说假话，所以，我要么得到贫民的歌颂，要么就会得到显贵的拥戴。”

134

孩子对房东说：“这一次，是我要租房子，老爷爷，您放心，我没有孩子，只带来两个大人。这样行吗？”

135

第二个人的问法是：“神父，我在抽烟时可以做祈祷吗？”

按照第一个人的问法，在祈祷时还要抽烟，显然是不专心祈祷，乃是对上帝的亵渎；而按照第二个人的问法，则是在抽烟时都想着上帝的恩典，乃是一种对上帝的虔诚了。这个故事很有启发意义。许多时候，一个问题在正面走不通的情况下，以一种逆反思维，从相反的角度去思考，可能会瞬间柳暗花明。

136

墨西对弗西说：“当时上帝告诉我，我未来的妻子是一个驼子的时候，我向上帝恳求道：

‘伟大而仁慈的上帝呀，您怎么能让一位女子有那样的外貌呢？女孩子最看重的就是自己的相貌了，您这样做我未来的妻子自尊心一定会受到伤害的。我求求您施展神力，把美貌赐还给我未来的新娘吧，我宁愿自己做一个驼子来代替她。’就这样，我就成了一个驼子，而小姐你才会有今天沉鱼落雁般的美貌。”

137

喀秋莎对萧伯纳说：“回去告诉你妈妈，今天跟你一起玩的是苏联美丽的姑娘喀秋莎！”

138

“但是，”哲学家回答道，“当你非常珍惜它，把它当成稀世珍宝时，它便拥有了无上的价值。生命不也一样吗？”

这人一下子明白了。

139

要想除掉旷野里的杂草，最好的办法就是在上面种上庄稼。同样，要想让心灵不被世间的“杂草”所打扰，就必须在心中种满美德。

140

原来，燕妮惴惴不安地接过小匣子并打开之后，发现里面没有照片，而是只有一个小镜子，而所谓的“照片”即是她本人的映像。这时她才明白了马克思是在巧妙地向她表白，禁不住破涕为笑。

141

这个人看出了来此地的人这么多，如果开展交通运输，肯定能大赚一笔，于是就开起了营运的业务。

那些淘金者都忘记了通向发财的路不是只有淘金这一条，淘金只是一条比较直接、便捷的道路，还有很多方式可以发财。但是，那些人的思维却被惯性思维所堵塞，在脑子里把其他的方式排除在外了。

142

马克·吐温给霍金斯解释说：“您的笔迹很特别，敬重您的同行一眼便能认出来。但是当时您因为激动，所以那封信写得很潦草，除了最后的签名比较清晰之外，其余的字迹都不是很清晰。所以，我拿着这封信对其他人说，这是您给我写的推荐信，他们不好意思说看不懂您的字迹，于是就信以为真了。”

本来是一封解雇信，马

克·吐温却硬是使其“变成”了一封推荐信，变不利为有利，一般人还真想不出这么个奇妙的主意，马克·吐温的脑子的确与众不同。

143

触龙来到了赵太后面前，首先抱歉地说：“臣年纪大了，腿脚越来越不灵便了，所以很长时间没有来看望太后，太后您的身体还好吧？”太后双腿已经不能走路了，她说：“我只能用车子代步。”

触龙关切地说：“那您的饭量没有减少吧？每天坚持活动活动，吃一些自己爱吃的东西，这样对身体是有好处的。”赵太后听他说的都是生活上的事，态度慢慢好起来了。

触龙又说：“我有一个孩子叫舒琪，是我最小的一个孩子。我非常疼爱他，现在我年老了，不知道还能活多久，我希望把他送到宫廷侍卫队，做一名侍卫，这样以后他也能有个依靠。”赵太后答应了他的请求，笑着对他说：“原来你们男子汉也懂得疼爱自己的儿子啊。”

触龙回答说：“其实男人比女人更疼爱儿子，但是父母爱孩子，一定要为孩子的长远打算。比如当年，您把您的女儿燕后嫁给燕王作妻子的时候，拉着她的脚跟，为她哭泣，那情景够伤心的了。但是燕后走后，您不是不想念她，可是您总为她祝福：‘千万别让她回来’。您这样做是为她考虑长远利益、希望她能有子孙继承为燕王吧？”太后答道：“是的。”

触龙继续说：“五代以前，各国国王那些没有继承王位的儿子，大多数都被封为侯，现在他们的后代还有存在的吗?”太后想了想说：“没有。”

触龙沉痛地说：“难道国王的这些子孙们命中注定不能长久吗？这是因为他们没有功劳，甚至连苦劳也没有，却享受着荣华富贵。他们自己没有能力，一旦失去了靠山，就生存不下去了。现在您给长安君这么高的地位、这么广阔肥沃的土地，还有无数的金银珠宝，却不给他为国建功立业的机会，一旦您不在了，长安君凭什么在赵国生存呢?”

赵太后听了如梦初醒，点头说：“好吧，那就凭您怎么派遣吧！”于是，赵国把长安君送到了齐国当人质，齐国就出兵来帮助赵国了。

触龙成功的秘诀在于，他能从赵太后的角度去分析问题，指出了什么才是真正的爱，溺爱只能给孩子带来灾难性的后果。

144

曹冲首先叫人划过来一只大船，然后又叫人把大象赶到船上去，大象到船上以后，船就下沉了一些。曹冲说“齐水面在船帮上作个记号。”记号做好以后，曹冲又叫人把大象赶到岸上来。这时候船空了，便又浮上来了一些。官员们看着曹冲把大象赶上船又赶下来都感到莫名其妙，心想：“这孩子又在玩什么把戏呀？”

这时候曹冲又叫人往船上搬石头，船上的记号又慢慢地贴近了水面，曹冲看到船上的记号已经和水面一样齐了便叫道：“行了，行了，把石头搬下来吧”。这时候大多数人已经明白了曹冲的办法：如果两次搬上船的东西，船都下沉了一样的深度，就说明这两样东西是一样重的。刚才船上装大象和船上装石头，那船都下沉到了同一记号上，这说明石头和大象是一样重的，只要把每块石头的重量称出来，加在一起就是大象的重量了。

称一个东西的重量，常规的思维是用秤直接来称。但是，当这种方法遇到一个庞然大物的时候，比如故事中的大象，就束手无策了。故事中的那些大人们总是用常规的思维来想办法，这当然解决不了称大象这个非常规问题了。

小曹冲却能打破常规思维，运用一个生活常识，巧妙地把大象的重量转换成一堆石头的重量，称一堆石头的重量就容易多啦。这样，一个常规思维看来根本无法解决的问题，小曹冲稍微转变了一下思维就给解决了。小曹冲的聪明之处就是及时地转变了思考问题的方向。

145

原来犹太人想出去做一笔生意，但是随身携带这些票据很麻烦，保存在金库里，租金太昂贵了，可是，把这些票据当作抵押品，贷款一美元，一年则只需要付一美分的利息，这个价钱就便宜多了。

遇到问题，如果从正面去解

决，不能得到好的结果，何妨从它的反面去考虑呢，也许最理想的办法，就藏在那里。

把价值五十万美元的证券存放在金库里，租金太昂贵了。这个时候，如果犹太人继续按照原有的思维去考虑问题，他就会千方百计地去找一个租金最便宜的金库，那样，即使是找到了价格最低的金库，他仍要付出不菲的租金，因为，那毕竟是金库呀。

聪明的犹太人把思路来了个一百八十度的转变，由原先存钱的思路变成了借钱思路，把保存品变成了抵押品。同样达到了保管证券的目的，但是所付出的代价就少多了，这就是他从事情的反面进行思考，所带来的回报。

146

鸱夷子皮说道："我相貌平平衣衫褴褛，而你气宇不凡衣服也很华贵，如果我做你的仆人，这是很正常的事，人们丝毫不会感到奇怪。而如果我们的身份换一下，人们看到你这样一个了不起的人也只能给我做仆人，就会认为我的身份非常高贵。这样，我们就会收到意想不到的好处。只是，这样做就委屈你了。"

公子想了想说："你说得很有道理，那么我们调换一下身份吧，这次就便宜你了！"

主仆二人巧换身份后，果然受到了人们格外热情地欢迎。

主人一定比仆人强，从仆人的气度上，可以推断出主人的身份，这是人们公认的道理。鸱夷子皮让气宇轩昂、有贵族气质的公子变成仆人，而自己反而摇身一变就成了主人。人们看到"仆人"都这么高贵，推想到"主人"鸱夷子皮更加不同凡响，所以，城里的人们不敢怠慢，两位原本很平常的主仆，受到了人们格外热情的招待。

鸱夷子皮的智慧之处，就在于转换思维，去迎合人们的习惯思维，给人们造成一种假象，从而自己从中得到好处。

147

法律规定，奴隶是主人财产的一部分，主人可以拥有奴隶的一切。深谋远虑的父亲，为了稳住奸诈贪婪的奴隶，巧妙地利用这个规定，变相把所有的遗产都留给了儿子。而无知的奴隶显然没有留意这条规定，结果不过是竹篮打水——一场空罢了。

拉比也是这样给富翁的儿子解释的。但是，富翁的儿子还有疑问：“父亲为什么不直接在遗书上说明呢？”拉比说：“你父亲弥留之际，已经约束不了奴隶了，如果遗书上说明把所有的遗产都留给你，那么奴隶见了，会老实吗？也许他早就席卷你家的财产，逃跑了呢！”儿子听了恍然大悟，他终于明白了父亲的深意，流下了悲喜交集的泪水。

148

老师对小男孩说：“我教你的动作是柔道里面最为精妙的也是最为难练的动作，并且破解这个动作的唯一方法就是抓住你的左臂，你恰恰没有左臂，而他在抓你左臂的时候，恰恰把他自己的重要部位暴露了出来，所以，你能一击制胜。”

聪明而经验丰富的教练，针对小男孩的缺陷，数月如一日地训练一个动作，而这个动作却因为小男孩的缺陷而变得毫无破绽，成为无往而不胜的动作。小男孩的劣势转变成了巨大的优势，终于获得了成功。

149

原来，等双方将字据立好后，张齐贤说：“好了，现在我有个办法，可以让你们皆大欢喜。”接着，他宣布判决结果是，让两兄弟各自搬到对方家里，互换财产。两兄弟一听，都无话可说。第二天，张齐贤果真派了吏员前去监督双方搬家。双方府上的人都不许携带财物，净身来到对方府中。完毕后，张齐贤又让二人互换了财产文契。实际上，两兄弟也未必就真的觉得自己的财产分少了，但是如果不同意，不是自己打自己嘴吗，并且自己已经写了字据留在那里，也不敢反悔。于是，这件案子就这么了了。

对于这个案子的审理，一般的思路应该是派人分别核算两家的财产。但两家财产多少的问题，实际上很难严格计算，可能最后越算越糊涂。因此，张齐贤干脆来了个剑走偏锋，使得双方无论苦甜都无话可说，实在是个既简单又很难想到的奇招。

150

原来这个老板是在用斯托科夫斯基来招揽客户。那次听完老板的解释后，斯托科夫斯基非常感动，但是有一天，他突然发现饭馆橱窗里有一块牌子，上写：“欢迎来到这里和伟大的音乐家斯托科夫斯基一同就餐。”

151

原来，他的点子便是将牙膏管口的直径扩大一毫米。这扩大的一毫米对于使用者来说看上去并不起眼，但是因为人们每次挤牙膏时所挤出的长度往往是固定的，所以这样每个人每次其实都多用了一些牙膏，如此一来，反映在牙膏企业的销售量上，便是很大的增长。

在这个故事中，其他的人在想办法提高牙膏销量的时候，肯定都想的是如何在广告上、销售策略上下功夫，殊不知这些东西整天被专业人士琢磨来琢磨去，发挥想象的空间已经不大了。而这个年轻员工则避开通常的路子，从另一个别人忽略的角度提出了点子，这点子听上去十分笨拙，却又十分管用，堪称奇招。这就是转换思维的妙用。

152

原来，鲁国人带着自己的妻子到越国后，发现情况果然如朋友所说的那样，鲁国人既不喜欢穿鞋子，也不喜欢戴帽子。一开始，夫妻两人的生意的确都很清淡。但是鲁国人反过来一想，现在越国人都光着脚，不正是巨大的商机吗？越国人都没有帽子戴，自己的妻子不也正大有发挥的空间吗？于是，他们开始给越国人介绍穿鞋子和戴帽子的好处。这样，一开始，只有少数越国人接受，这些人感受到穿鞋子和戴帽子的好处后，便一传十，十传百。于是，越来越多的越国人来向鲁国夫妻购买鞋子和帽子。如此一来，鲁国人很快就发了财。

许多时候，劣势和优势都并不那么绝对，而要看你看问题的角度。如果善于运用逆向思维，劣势和优势之间往往是可以相互转换的。

153

那个青年说：“法官先生，控方刚才所说的话毫无意义，被告人是个十分诚实的人，关于这一点，我可以用我的人格担保。让我来告诉你们真实的情况，那就是，三兄弟的钱其实并没有取走，现在就在诚实的被告人的家里，一直保管得很好。无论何时，只要他们三兄弟能够按照当初的约定，一起到我邻居那里去取，那么被告将立刻如数交出他们的钱。”这样一来，老大老二自然再也找不到他们亲爱的弟弟了。

在这个故事中，农民的邻居青年便是典型地使用了转换思维，将本来赔偿的事情转变回了如约“取钱”的事，从而解救了诚实的农民。

154

原来对联变成了：福无双至今朝至，祸不单行昨夜行。

155

原来，老和尚带着小和尚下山，然后爬过对面的山，又下山。如此，这座山就真被“移”到了小和尚身后。由此小和尚也明白了，老和尚是在教给自己道理——一个人可以通过改变自己来改变环境。

这个故事也同样是在教育我们，在生活中，当不能改变周围的环境时，不妨换一个思路，通过改变自己的心态、眼光来获得平静和安宁。

156

实际上，约翰·冯·诺伊之所以能够快速得出这个看似复杂的问题的答案，是因为他巧妙地从另一个角度去解决这个问题。一般人往往试图分次计算蜜蜂往返的路程，最后好相加。而约翰·冯·诺伊则简单地将蜜蜂飞行的时间和速度进行相乘。因为蜜蜂在两人相遇之前的时间是很容易知道的，即1个小时，而蜜蜂的速度也是固定的。在这里，约翰·冯·诺伊正是使用了一种转换思维，使得看似复杂的问题简单化了。其实，现实中，我们所遇到的许多看似十分犯难的问题，如果你能试着变换一下思维，也许同样能找到简单的解决办法。

157

狄仁杰很平和对武则天说道：“自古立后嗣的目的，一是为国家将来有人继承大统，二是为先帝宗庙有人祭祀。您想一下，如果武氏兄弟立宗庙，是祭祀他的先祖、祖父母、父母，怎么会祭祀他的姑母呢？”武则天一听，立刻恍然大悟，是呀，这是个乡下的村姑都明白的道理呀，怎么饱读诗书的自己怎么就没想到呢？

狄仁杰看武则天已经被自己的话打动，便又继续道：“陛下您想，是自己的侄儿亲呢，还是自己的儿子亲呢？毕竟，儿子身上是流着母亲的血的啊！母子亲情，是任何别的感情都无法替代的。春秋时，郑庄公母亲为帮助小儿子谋反，被郑庄公囚禁了起来，这可是不可赦的大罪呀，但是最终母子二人还是和好如初了。可见亲情难间啊！”

武则天一听，便陷入了沉思，最终他还是决定宁愿放弃自己的武氏江山，自己只是重新以皇后的身份入庙。于是，她将被自己废为庐陵王的已经十四年没见面的儿子李显召回京师，立为太子。后来李显即位重新做了皇帝，是为唐中宗。

在这个故事里，狄仁杰便是巧妙地利用了一种转换思维，他将武则天所考虑的政治形势、江山社稷等复杂的问题统统绕开，而巧妙地从侄子亲还是儿子亲的角度进行了说服。而实际上，狄仁杰也的确是一下子抓住了问题的要害，这才能够令武则天豁然开朗。可见，许多时候，说服一个人时，雄辩的言辞固然重要，能够找到好的角度更为关键，这便需要一种转换思维了。

158

这种副产品便是被称作中国四大发明之一的火药。其初步为人们所认识到其性能，并掌握配置方法，是在晚唐时期（大约9世纪），至北宋年间比较成熟。由于这种副产品的颜色接近黑色，所以当时人们称其为“黑火药”。火药发明后，立即得到了广泛的应用，在北宋晚期，其被人们用来制造烟花爆竹，供娱乐之用。到南宋时期，则开始被应用于军事。只是可惜之后便止步了。

火药的发明，便体现出了一种转换思维。显然，硫黄、硝石、木炭这三种东西的混合物具有燃烧乃至爆炸现象是一直存在的，但直到晚唐时期才有人去总结这种现象，并进一步发明了火药。可以想象，有许多炼丹术士因为只想着如何去发明长生之药，对于其他的现象并不关心，直到后来有人能够转换思维，愿意在炼制丹药之外尝试去发明一些其他的东西，才最终发明了火药。这里便提醒我们，考虑事情时不要过于死板，而要善于转换思维。

159

其实，如果换一个思路，问题便迎刃而解了——全国的地面虽然铺不过来，何不让每个人在自己的脚上包一块兽皮，那么每个人不就无论走到哪里都踩在舒服的兽皮上了吗？后来，有大臣也的确想到了这个办法，国王也感到很满意，于是，鞋子诞生了！

160

失帽第三天，正当知府在府中刚刚训斥完知县、衙役等人，并强调如果第二天早上还没有将帽子找到就将革职查办时，突然有人来报："大人，帽子回来了！"原来门外一名武官拿着知府的帽子求见。来人进府见到知府后，跪下回禀："卑职是太仓县营防千总，听说大人帽子被贼人骗走，于是全营出动，捉得贼人，守备大人命卑职将帽子送来，请大人查验。"知府接过帽子一看，果然是自己帽子，非常高兴。这时武官又禀道："现在骗子还被押在营中，请问大人是否将他押来府中？"

"立刻押来，我要仔细审问！"知府沉着脸说道。

"卑职遵命，这就将消息带给守备大人，并押骗子来府。不过请大人赐给卑职一个收到帽子的文书，卑职好回去交差。"

知府便命人拿来一张纸，亲自写了个证明，交给千总。

结果这位千总并没有回营房，而是直接去找郑书生了，原来他是黄书生扮的。

两位书生见对方果然有胆有略，都很佩服对方，从此两人成了很好的朋友。

在这个故事中，两个书生之所以能够将看似很不可能的事情很简单地便做成了，便是因为两者都善于运用转换思维，避开困难，从另外一个思路去解决问题。

161

原来，卖黄历的媳妇暗地里也想争口气，于是便每天也将丈夫要拿出去卖的黄历偷偷藏起一本。到了年底，她神秘地将丈夫叫到跟前，然后拿出了一大沓黄历，也要丈夫拿出去卖了好过年。面对这一大堆过时的黄历，卖皇历的自然是哭笑不得。

在这个故事中，卖黄历的媳妇便是犯了一个不知变通的错误，油和黄历的性质是有所不同的，她却不懂得转换自己的思维，结果闹了笑话。这个故事告诉我们的便是凡事要学会变通，不可一根筋。

162

穷人说：“如果那样，我是富人，你是穷人，该你来奉承我才对！”

163

爱迪生将水倒进了玻璃泡，等倒满后，又将玻璃泡中的水倒进量杯中，通过量杯上的刻度很容易便得出了玻璃泡的容积。

阿普顿看到爱迪生的测量方法后，茅塞顿开，对于爱迪生顿时感到十分佩服。从此，他对爱迪生再也不敢心存藐视了，而是恭恭敬敬、认认真真地给爱迪生当起了助手。

其实，仔细想来，爱迪生的办法也并非有多高明，可能一经他说出，许多人都感到恍然大悟，觉得这十分简单，自己也能想得到。但是，在真正遇到事情的时候，能够懂得转换思维的人恐怕并不多。转换的关键在于“变通”。《易经》中说“穷则变，变则通，通则久”，当你沿着常规的、传统的道路走不通的时候，就应该换一个思考问题的角度，或者从另一个领域寻找解决问题的办法。

164

蜜蜂之所以飞不出玻璃瓶，是因为它生性对光线的喜爱。因为瓶底朝向光线明亮的窗户，并且从视觉上看，瓶底一方也的确没有什么任何障碍物，所以蜜蜂便以为出口必然就在瓶底方向。但是，令它们感到纳闷的是，它们却无法穿过这层奇怪的“大气层”。于是，它们在这层“大气层”上不断变换着方向，因为按照自己的智慧和逻辑，这是唯一正确的道路。但是，它们也正是死于自己的逻辑和智慧。

而苍蝇则不同，它对于光线没有特别的喜好，同时在生物等级上要比蜜蜂低许多，在智力上也比蜜蜂要愚蠢许多。但是，正是它的愚蠢使得它没有什么逻辑判断，只是蒙头蒙脑地四处乱撞，结果却通过误打误撞很快地找到了出口。

当然，这个故事所给我们的

启发绝不是聪明是不好的，而是提醒我们聪明的同时不要过分相信自己的聪明，进而钻牛角尖，而是要学会变通。许多时候，一个看似无懈可击的思路无法解决问题的时候，不妨换一个角度试一下。

165

因为干净发廊理发师的头发肯定是那位脏发廊理发师理的。

166

苏小妹说道："好吧，回去吧，我也看够了！"原来，她出对联是在拖延时间。

许多时候，当一件事不能直接达到目的的时候，转换一个思路，也是一个不错的方法，假装让步，实际上是在拖延时间便是一个常用的转换思维。

167

第三个人讲道："我也去了一座名山的古寺，这里的香火非常旺，一路上我看到了许多善男信女，他们都十分虔诚。同时，我一路上也遇到了许多返程的香客，他们有很多是从千里之外的地方慕名而来，只在这里烧一炷香便回去了。于是，我想，这些人从这么老远赶来，又费了这么大的劲爬山，然后就这么回去了。如果寺庙里能够回赠给他们一些东西，作为这次拜佛的纪念，他们回去后，也会因为这个东西而想起自己的这次拜佛经历，从而受到激励，更加虔诚，他们心里不是会很高兴吗？于是我对寺庙住持说，您的书法非常好，您可以在梳子上写上'积善行德'四个字，然后送给那些香客，香客高兴，又宣扬了佛法，同时，这样一传十，十传百，前来拜佛的香客也会越来越多，寺庙的香火也会更旺。住持听了我的话后，觉得有道理，便买下了我500把梳子。"

公司经理一听，当即决定让第三个人进入销售策划部门担任重要职务。而对于前两个人，则只是让他们当上了普通的推销员。

这个故事所体现出的便是一种典型的转换思维。试想，向和尚推销梳子，乍一看，这似乎是一个不可能完成的任务。之所以会这样，那是因为你被惯性思维所束缚，认为梳子卖给谁，就必然是被谁用来梳头的。第一个推销员和那些一把梳子也没有推销出去的推销员们便是因为被这个思维所束缚，所以才导致推销失败。而如果将思维转换一下，将眼光放开，会发现梳子卖给和尚，不一定便非要是和尚用来给自己梳头的，他们可以买来这些梳子供香客们梳头呀！第二个推销员之所以能够推销出去10把梳子，便在于它将思维做了转换。而第三个推销员的思维转换得则更彻底，不仅卖给和尚的梳子不一定被和尚用来梳头，甚至梳子本身都不一定是用来梳头的，而是可以具有另外的功能——即作为回赠香客的纪念品。正是因为第三个推销员的思维转换得更为彻底，所以他才推销出了更多的梳子。可以想象，他如果再到其他寺庙中，以同样的方法推销，他还可以卖掉更多的梳子。因此，可以说，对于第三个人来说，向和尚卖梳子已经完全不再是难题。这就是转换思维的神奇之处。

168

苏代见到魏王后，直接说道："我来的路上，曾经遇到楚国的昭鱼，他看上去很忧虑。我问他为何事忧虑，他说他担心田需死后，张仪、薛公、公孙衍三人中有一人会做魏国的宰相。我就告诉他，魏王是个贤明君主，肯定不会这样做的。"魏王于是问原因何在，苏代便解释道："因为您肯定十分清楚，如果张仪做了魏国宰相，他肯定将秦国的利益放在前面，而将魏国的利益放在后面；而如果薛公做了魏国宰相，他肯定将齐国的利益放在前，魏国的利益则放在后；而公孙衍做了魏国宰相后，则又必然将韩国放在前，将魏国放在后。所以您肯定不会让他们三人中的任何人担任宰相。"

"依你看来，谁出任宰相合适？"魏王好奇地问。

"我觉得不如让太子做宰相。这样一来，这三个人都肯定认为太子做宰相只是暂时情况，不会长久。如此，他们都必然会尽力拉拢自己的国家和魏国亲近，好讨好您，以在有一天能够代替太子充任宰相。如此一来，魏国本来就是大国，与这三个国家万乘之国关系亲密，必然可以长期安全稳固。"

魏王一听，果然让太子做了宰相。

在这里，苏代劝谏魏王的手法便是典型地使用了一种转换思维。本来是他自己想要劝说魏王不要立张仪、薛公、公孙衍为相，而立太子为相，结果他没有直接从自己的角度进行分析，而是站在魏王的立场上分析问题，结果使得魏王自然而然地接受了自己的建议。

169

经理对一个店员说："你过来一下，做个倒立给这位先生看看！"我们都知道，根本不存在"肚脐眼长在脚下面的人"，但是如果转换一下思考的角度，让思维转个弯，就可能轻松地化解困境，让对手有口难言了。

170

农民告诉法官说，他的天平砝码就是从面包师那里买回的面包。

农民每次从面包师那里买回多少面包就用来作为给面包师称黄油的砝码。所以，假如这个砝码不准确，那么就只能说明是面包师的面包分量不足，这就不再是农民的错误了。

称东西时，不用砝码，而用和对方交换的物品，这的确是个绝好的办法。许多时候，转换一下思路，事情往往能够做得更好。

171

商人想既然是客户故意刁难他，那么回去肯定也得不到结果，还不如想办法先把能取的钱取走。他首先把自己身上的2500块钱存进了支票上的账户，补足8万元金额之后，顺利地将钱取了出来。

因为存款不够，无法取钱，那么换个思路，先将钱存进去，补足金额，再取出来不就行了！虽然比预定的少了2500元，但至少要回了一大部分货款。商人的做法体现出了一种灵活的转换思维。

172

馆长报纸上的广告是这样写的："为了鼓励大家的阅读热情，本馆将在一周之内对借阅时间最久的一本书的读者颁发大奖！"看到广告后，那些逾期未还的借阅者纷纷前来归还图书。结果，有一本1927年借书的那位读者获得了奖品。

馆长的这个办法其实是换了一种思路来处理事情，为了催书而选择奖励的办法，独具一格，抓住了读者的心理同时也达到了效果。

173

农夫对古玩商说：“对不起，这个我不能送你，因为我还得用它来卖猫呢，因为这个碟子，我已经卖掉了一百多只高价猫了。”

商人可谓狡猾，试图用一种迂回的方法通过买猫来骗到农民的古董，只是没想到农民也不笨，同样是在迂回地借助古董来卖猫。总之，这个故事典型地体现出了一种迂回思维。

174

原来是珍妮太太自己家的窗户脏了，所以才会老觉得史密斯太太洗的衣服是不干净的。

许多时候，对于一个百思不得其解的问题，转换一下思路，往往会恍然大悟。同时，这个故事也提醒我们，在我们指责别人的缺点的时候，要学会先检查一下自身，或许问题出在我们自己的身上。

175

这其实是一首“藏头诗”，四句诗中的每一句首字合起来念就是“卢俊义反”四个字。狡诈的吴用正是用这个计谋将卢俊义逼上了梁山。

藏头诗其实在古代是一种常见的杂体诗，例如在电影《唐伯虎点秋香》中也用到了，唐伯虎用一首诗说明了自己去华府的目的：“我画蓝江水悠悠,爱晚亭上枫叶愁。秋月溶溶照佛寺,香烟袅袅绕经楼。”其中每句的第一个字缀连起来是：“我爱秋香”。从思维上讲，藏头诗所体现的便是一种转换思维，即换个角度看，能够得出另一个意思。

176

原来张老板让他们三个人各自从事自己比较感兴趣的工作：小崔负责检验产品，小刘负责车间的安全生产，小赵则去了销售部负责产品销售。张老板根据三个人不同的性格给他们安排了不同的工作后，他们都干得很出色。

故事中，马老板不懂得运用转换思维，所以才会一味抱怨自己遇到了三名“坏员工”；张老板善于运用转换思维，得到了三名好员工。许多时候，对于一个人的缺点，换一个角度来看，就是优点。

177

教练在那条线旁边画了一条更长的线。教练进一步解释道：“提高你自己的能力，这是战胜对手的最有效的办法。”

许多时候，对于外界的情况，我们无力改变，但是我们并非便完全无能为力，转换一个思路，改变我们自己，问题便迎刃而解。

178

第二个商人说：“假如这座山再高一点，很多人就会和你一样因为怕热怕累而不去那面做生意了，这样一来，我就会有更多的机会，岂不是能挣更多的钱了？”

第二个商人显然是个智者。许多时候，对于不利的因素，如果能够换个角度来看，往往会成为有利的因素。

179

父亲笑了笑对商人说：“假如是那样的话，你现在就不会在这里用餐了！”

失去一些东西的同时我们往往也会得到另一些东西，凡事都没有绝对的对错，要学会转换思路来看。

180

第二个大臣说：“尊敬的国王陛下，我很高兴地告诉您，这是一个非常吉祥的梦，它意味着您将会比您的亲人更长寿！”同样的话，从不同的角度来表述，便会有截然不同的效果。

181

这个小官吏说：“儿子只要成器，再多也不会发愁!”

182

阿拉贡在那张纸上写的一句话是：“今天是美好的一天，而我却看不到它！”

如此能打动人的一句话自然会引起更多人的注意，更能触动人心，因此才会纷纷给可怜的小男孩投钱。的确，同样一个意思，不同的表达方法，便有不同的效果。

183

英国政府最后制定的新办法是：他们规定，以后按照最后到达澳洲活着下船的犯人人头数向船长付费。这样一来，私营船主们便绞尽脑汁让尽量多的犯人能够活着下船。这样一来，后期运往澳洲的犯人的死亡率越来越低了，从最初的94%降到了1%。

故事中，英国政府没有改变其他的措施，而只是将按照上船犯人人数付运费变成了按照活着下船的犯人人数付运费，便轻松地解决了问题。

184

出版商这次打的广告是；“本店现有令总统难以下结论的书出售，欲购从速！”

对于总统三次不同的态度，经销商之所以都能巧妙地加以利用，达到自己的目的，便在于他善于运用一种转换思维。

185

第三个人其实是与象棋冠军玩了网球，和网球冠军则是玩象棋，所以最后赢了两个冠军是很正常的事情。

有时候，我们需要摆脱一下定势思维，换个角度想一下，有些原本不可能的事情就会变得可能，不要让思维总是停留在本来的定势思维上面。

186

在无法过河的情况下，小和尚发现了河岸边有一棵苹果树，上面长满了沉甸甸的果实，于是，就摘了几个苹果给住持拿回去了。

那些中途放弃的弟子们在潜意识中，一直有这样一个逻辑：要想当住持，就必须到南山砍柴，既然无法到达南山，也就失去了做住持的机会。其实，他们的思路太死板了，出家人最忌讳的就是过分偏执。小和尚在不能去南山的情况下，想到了可以带些苹果回去，总比白来一回好啊。他的思维就从去南山转移到了摘苹果。住持正是看出了小和尚遇事能够随性而定，没那么偏执，才把这个位置传给他的。从思维的角度来讲，小和尚体现出的则是一种转换思维。

187

宋太祖让人找到十个魁梧英俊，但又不识字的侍卫，把他们的名字呈交上来。然后，宋太祖找到一个比较文雅的名字，说：“此人堪当此重任。”大臣们很吃惊，但是没人敢提出异议，只好让大字不识的侍卫前去接待徐铉。

徐铉见了侍卫先寒暄了一阵，然后滔滔不绝地讲起来。但是不管他说什么，侍卫只是频频点头，并不说话。徐铉想“大国的官员果然深不可测”，只好硬着头皮讲。可是一连几天，侍卫还是不说话，等到宋太祖召见徐铉时，他已经无话可说了。

宋太祖就是利用逆向思维来应对南唐的进贡官员。按照正常的逻辑思维，对付能言善辩的人应该找一个更加善辩的人，但是宋太祖却找了一个不认识字的人，效果居然不错。因为徐铉也是按照常规的思维方法来想问题的，他认为宋朝一定会派一个数一数二的学者来接待自己。面对不说话的侍卫，他猜不透，但又不敢放肆，结果变得很被动。

188

公仪休解释道：“你想想看，倘若我收了别人送我的鱼，是不是要替别人办事？这样一来，我便会背上受贿与滥用职权的罪名，而这足可以使我失去相国的职务。到那时，我再喜欢吃鱼，也不会有人给我送了，而且我自己也会再没有钱天天买鱼吃。但是如果我一直廉洁奉公的话，鲁国宰相的位置我便可以坐得长久，只要还在这个位置上，我的俸禄便会足够我天天吃鱼的。”

189

心理学家告诉他：“人们因为害怕地震而不敢在你那里住宿，你何不倒转一下思路，建造一个岌岌可危的房子，既能提醒人们时刻防震，又可以满足游客的好奇心。”

根据心理学家的建议，大石设计了“倒悬之屋”——屋顶在下，屋基在上。不仅倒悬，而且倾斜，外表看其来给人一种摇摇欲坠的感觉，走进房间，你会感到天旋地转，仿佛置身于颠簸的船舱之中。屋子的室内装潢也给人不稳定的感觉：房间内安放着锯断腿脚的桌凳，倾斜地固定在“天花板”上。种植着各式花卉盆景的陶瓷罐也被固定在“天花板”上。坐在椅子上抬头望去，地板倒置在屋顶。更让人叹为观止的是，旅馆的服务员都训练有素，她们能够在“天花板”上自由穿行，轻盈地为顾客端茶上菜。

这间奇异的“倒悬之屋”果然为大石招来了不少顾客。如今，这家旅馆已经闻名世界了，慕名而来的世界各地的游客络绎不绝。

190

他想到很多公司为防止文件被盗印而发愁，这种液体正好可以解决这个问题，既不损坏原文件，又可以避免复印。由此，他发明了一种可以手写和打印，但是不能复印的防影印纸。随后，他创立了加拿大无拷贝国际公司生产防影印纸，产品供不应求。

看来，倒转思考还可以化废为宝呢，任何不利因素都可能从反方向给我们带来价值，比如防影印纸的发明就是一个很好的例子。

191

他把脸捂了起来——因为他知道，她们只能从他的脸辨认出他是教授。

这位教授运用倒转思考法避免了尴尬。一般人遇到这种情况会考虑该露哪里，而他考虑得更加彻底，即让对方根本看不出自己是谁，这样才能彻底地避免尴尬。即使他像大多数人选择的那样，用毛巾遮住自己的关键部位，但是事实上，那些女学生已经看到了，而且，她们知道这是教授的一丝不挂的身体——而不是一个陌生人的。

192

既然穷的只剩下贫穷了，为什么不出售贫穷呢？专家建议村民穿树叶和兽皮做的衣服，在树上搭建房子，回到几千年前原始社会的生活状况，以此来吸引旅游者，通过发展旅游业脱贫致富。

村民们听从了这位专家的建议，离开自己的房子过起了原始生活。经过一番宣传之后，这个“原始部落”吸引了很多旅游者观光，很快丹波村就富裕起来了，甚至比别的地方还富有。

193

如果用吸管吸吮不就可以把手解放出来操纵方向盘了吗？于是雷少云发明了司机用来喝水的方便杯，在水杯里插上一根软管固定在司机的上方，司机想喝水的时候，就用一只手把吸管拉入嘴里吸吮就可以了，不喝时吸管会自动弹回，不会对行车造成影响。这种杯子价格低廉，使用方便，保证司机在任何时候都能喝到水，免去了长途汽车司机忍受口渴的痛苦。

194

警察局长运用倒转思考法想

到，为什么不把他的偷车技术用在正当的防盗技术上呢？如果再把他投入监狱，出狱之后肯定还会走偷车这条路。

就这样，“汽车大盗”成了“汽车防盗技术指导”，帮助科研小组研制汽车防盗技术。可想而知，在“大盗”的指导之下研制出的汽车防盗设备质量特别高。

195

原来氢氟酸的腐蚀作用也有可取之处，比如在玻璃上钻孔，或者在玻璃上刻花。玻璃的质地很硬，只有用金刚石才能把它切割开，要想在玻璃上钻孔或刻花就更难了。而氢氟酸的腐蚀性恰恰满足了这一需要。玻璃工匠先将玻璃器皿在熔化石蜡中浸泡一下，沾上一层蜡水。等蜡水凝固之后，用刻刀在蜡层上刻上所需要的花纹，刻透蜡层，然后在纹路中涂上适量氢氟酸。等到氢氟酸的作用发挥完毕之后，刮去蜡层就可以在玻璃上看到美丽的花纹了。

196

上司回答：“作为服务业者，你首先要学会真诚地道歉。你应该从顾客的角度着想，就算顾客的要求你认为不合理，也应该尽量满足。如果她买了烧卖是给狗吃的，那你就应该想办法做出狗吃了也不会坏肚子的烧卖。”上司在这里用的是倒转人物的逆向思维方法。

197

40多年后，以色列科学家朱迪和萨马里亚学院科学家尼尔·希瓦布博士以及以色列科技协会科学家奥戴德·萨罗门共同发明了一种可以在血管中穿行的微型“潜水艇”机器人。这种机器人的直径仅1毫米，它们可以被注射进病人血管中，并在血管内穿行，为病人进行治疗。这种微型机器人具有独特的本领，可以执行复杂的医学治疗任务。它还具有导航能力，既可以在血管中顺流前进爬行，也可以逆着血流的方向，在人体静脉或动脉中穿行。它外面还有一些“手臂”，可以在血管中旅行时抓住一些东西。

198

江崎博士真的让黑田小姐试着往锗里掺杂。当黑田把杂质增加到1000倍的时候，测定仪出现了异常的反应，她以为仪器出现了故障，赶紧报告江崎博士。江崎经过多次掺杂实验之后，终于发现了电晶体现象，并由此发明了震动电子技术领域的电子新元件。这种电子新元件使电子计算机缩小到原来的1/10，运算速度提高了十几倍。由于这项发明，江崎博士获得了诺贝尔物理学奖。

在日常生活和工作中很多事都是约定俗成的，具有特定的做事方法和准则。人们习惯于按照常规的方法处理问题，比如，既然我们的目的是提纯，那么就要想办法把杂质分离出来。如果往锗里添加杂质，那不是南辕北辙吗？但是，荒谬的、不合常理的做法却往往能产生意想不到的效果。江崎博士正是运用了逆向思维法取得了成功。

199

用热提取办法得不到有效药物成分，很可能是因为高温水煎的过程中破坏了药效。如果改用乙醇冷浸法这种新的提取工艺，说不定可以成功。研究人员倒转了提取方式之后，真的得到了青蒿素这种具有世界意义的抗疟新药。

无论是在自然界还是在人类社会，任何事物都是一个矛盾统一体。有时人们所熟悉的只是其中的一个方面，事实上在对立面也许潜藏着没有被挖掘到的宝藏。运用倒转思考法就可以使对立面的价值显现出来。事物起作用的方式与事物自身的性质、特点、作用有着密切的联系，使事物起作用的方式倒转过来，就有可能引起事物在性质、特点、作用等方面朝着人们需要的方向改变。

200

他并没有停留在设想阶段。回家之后，他用手帕蒙住口鼻，趴在地上对这灰尘猛吸，果然地上的灰尘被吸到手帕上了。

他发现用吸的方法比用吹的方法更有效，于是发明了利用真空负压原理制成的吸尘器。

不同的方式会对事物产生不同作用，如果用正常处理问题的方式不能解决问题，那么我们就要运用方式逆向思维法，考虑一下用相反的方式处理问题会发生什么。对事物起作用的方式改变之后，事物的结构就会发生相应的变化，也许让我们一筹莫展的问题就会迎刃而解。

201

郑渊洁运用方式倒转思考法，教完之后让学生出题，老师做题。郑亚旗每次出题都想把父亲考得不及格，因为教材是郑渊洁编的，要想出好题就必须先学会书里的东西。如果把父亲考得不及格，那么就说明他学好了。如果父亲每次都考七八十分，则说明他没有学好。

我们总是对一些问题的惯常处理方式习以为常，进而认为不可以改变。其实，如果把处理问题的方式倒转过来，也许能产生更有效的结果。

202

小八路在黄昏时悄悄来到小桥旁的芦苇地藏了起来。在夜色的掩护下，他认真地观察小桥上的动静。不一会儿，有几个人从村外走来，他注意到守桥的伪军呵斥道："回去！回去！村里不让进！"看到这种情况，小八路心里有了主意。他又等了一会儿，敌人开始打盹了。这时，小八路钻出了芦苇地，悄悄上了小桥，接近敌人的时候他突然转身向村里的方向走去，并且故意把脚步声弄得挺大。敌人听到后，大喊："回去！村里不让进！"跳起来追上小八路，连打带推地把他赶出了村庄。就这样小八路顺利地把消息带到了村外，为部队打胜仗立下了汗马功劳。

既然想离开村子的人被赶回村子，想进入村子的人被赶出村子，如果你想走出村子，只要假装进入村子不就行了？小八路就是通过颠倒行走过程的办法蒙混过关的。

203

人们告诉他，山真的没有过来。大师听罢向山那边走了几步，然后回过头来对人们说："山不过来，怎么办？那我只好过去了。山不过来，我就过去。这就是我修得的移山大法。"

我们的目的是到达山的那边，如果山不过来，那我们过去不也能达到同样的目的吗？

204

第二天，财主胸有成竹地检查每个人的木棍，当看到李管家的木棍的时候，他的眼睛一亮，问道："李管家，真是奇怪，你的木棍怎么变短了一寸？”李管家瞠目结舌。财主笑道：“老实说了吧，把夜明珠藏到哪儿了？”

你知道事情的原委了吗？事实上，什么大师啊、法术啊，都是故弄玄虚，财主只是用这个办法让小偷露出马脚。在这个案例中，体现了结果倒转的思维方法，即通过设计某一种结果，间接地得到自己真正想要的结果。财主知道“聪明”的小偷一定会想办法隐藏自己的罪行，既然法术会让木棍变长，他就会人为地让木棍变短。可惜聪明反被聪明误，木棍变短了，恰恰说明他做贼心虚。

205

这时晋文公的舅舅子犯献策说：“诚信是对待君子的礼仪，如今是你死我活的战争，不妨用欺骗的手段。”晋文公听从了子犯的建议，继续假装撤退，引诱楚军追赶，然后留下伏兵夹击，结果晋国以弱胜强，大败楚军。

既然当初有了约定，楚国就不做任何防范，以为晋国真的会撤退九十里。但是晋文公运用结果逆向思维法，在战场上没有遵守君子之间的约定。这给我们的启示是任何事物的发展都充满了变数，我们既可以根据自己的意愿使结果向我们期望的方向改变，也要提防敌人突然改变策略，导致我们预想中的结果发生变化。

206

他运用了结果倒转的思考方法，磨坊本来在东，他先把驴子转了个身，让它面朝西。然后，使劲赶，驴子和刚才一样，越是赶越是往后退，很快就退到了磨坊。后来，阿凡提觉得总是这样也不是办法，他又想到了一个绝妙的办法。他在鞭子上拴了一个胡萝卜，伸到驴子的前面，驴子想吃萝卜就不停地向前走。直到走到目的地，才把萝卜给它吃。

有时候，我们要想得到一个结果，用直来直去的办法很难达到目的。这时，我们就要运用结果倒转思考法，通过另外一种结果来实现我们的最终目的。就像阿凡提一样让驴子倒退到磨坊，把吃胡萝卜和到达目的地做一个等价交换。

207

广东农民陈建平用观点逆向

法摘掉了飞机的翅膀。他在用手推车推着重物下坡的时候，发现车子很容易失控，而如果换作在前面拉着车子走，只要人跑的速度比车子稍微快一些，很容易使车子保持平衡并快速前进。由此他想到，车子的平衡和飞机的平衡是类似的，如果在飞机的前边加上一个螺旋桨，是不是不用翅膀也可以平稳飞翔呢？经过不断研究和多方求证，他终于设想出了一种前导式无翼飞机。

飞机有翅膀是正常的，合理的，那么飞机如果没翅膀就一定是不可能的吗？观点逆向就是对那些常规的观点进行反方向思考，从而得到解决问题的新方法。

208

第二天，甘罗去拜见秦王。秦王问他是谁，他恭敬地说："我是甘茂的孙子，名叫甘罗。"秦王又问他："你的祖父怎么不来？"甘罗回答："爷爷在家里生孩子。"秦王听后，勃然大怒说："你胡说！男人怎么会生孩子？"这时候，甘罗不慌不忙地回答："男人不会生孩子，公鸡又怎么会生蛋？"

秦王哈哈大笑起来，他觉得甘罗小小年纪不但聪明过人，而且胆量也大，就不再为难他的祖父了。

甘罗运用了属性对立思考法，以其人之道还治其人之身。既然荒唐的秦王认为公鸡会下蛋，那么以此类推，男人也应该能生孩子。属性对立就是要我们对事物的属性进行反向思考，从而得出解决问题的新方法和新创意。

209

明帝这次却回答说："太阳比较近。"元帝脸色一变，说："你为什么跟昨天所说的不一样？"明帝回答道："抬头就可以看到太阳，却看不到长安。"

晋明帝的两次回答似乎都有道理，可见从不同的角度观察事物的属性就会得出不同的结论。因为事物是有多面性的，有些方面的属性是我们平时看不到的，而且在一定条件下，不同的方面还有可能发生改变。

210

那人说："因为我给法官送了礼。"

律师万分惊讶："您说什

么？”

那人说：“的确送了礼，不过我在邮寄单上写的是对方的名字。”

当事人那么做确实不道德，但是我们不得不佩服他的逆向思维方式。既然律师说送礼的人必败无疑，如果对方送了礼，自己不就赢了吗？

211

他把照相机随手一扔，拿来一个新的照相机，然后装上刚才取下来的电池。在拍照的时候闪光灯又开始不断闪动了。这时观众才明白原来出问题的不是电池而是照相机。把照相机用坏了，电池却还有电，可见电池的电量之足。

这种推因及果，由果溯因的思维方式在文学艺术等领域同样非常重要，可以营造一种出乎意料，又在情理之中的悬念。

212

头脑风暴法的创立者奥斯本曾经说过：“对于一个表面的结果，我们应该思考，也许它正是原因吧。而对于一个所谓的原因，我们就要考虑，也许这个原因就是结果吧。我们将因果颠倒一下会怎么样呢？这样的次序问题可能会成为创意的源泉。”法拉第发明发电机的过程就是对这种思维的应用。

213

琴纳想到：得过一次天花，人体就产生免疫力了。

琴纳开始研究用牛痘来预防天花，终于想出了一种方法，从牛身上获取牛痘脓浆，接种到人身上，使之像挤奶女工那样也得轻微的天花。他做了一个危险的试验，从一位挤奶姑娘的手上取出微量牛痘疫苗，接种到一个8岁男孩的胳臂上。等男孩长出痘疱并结痂脱落之后，又在他的胳膊上接种人类的天花痘浆，结果没有出现任何病症，可见男孩具有了抵抗天花的免疫力。为了确定男孩是不是真的不会再得天花，他又把天花病人的脓液移植到他肩膀上，事实证明牛痘真的是抵御天花的有效武器。

按照常理，得了一种病，肯定要把致病的克星作为解药。但是，运用因果逆向思考之后，我们会发现有时候，因即是果，果即是因，致病之因就是治病之药。

214

徐文长把竹竿举起来，走到一口水井旁边，顺着井口，把竹竿慢慢放下去，等到自己能够到竹竿顶端的礼物的时候，顺手把礼物接了下来。

从高高竖起的竹竿上解下包裹，最直接的办法就是去“够”，但是大伯的条件把这个办法给否决了。徐文长没有被问题难住，而是从“够”的反面去想办法，在不放倒竹竿的前提下，让竹竿自己矮下来，这样问题就顺利解决了。徐文长的智慧之处就在于他运用了逆向思维——背逆着常规的思路去考虑问题。

215

原来，这位曾经当过煤矿工人的士兵通过自己的切身体会知道，身在地下，最害怕的就是找不到出口或者出口被封。再进一步考虑到日本人的这些地堡出口很少，又非常狭小，攻不进去又炸不掉，何不干脆想办法从外面将这些出口封起来。于是，美国军队将思维颠倒过来，不再去想打开这些地堡，而是出动了许多由坦克改装成的推土机，将快速凝结的水泥点在了地堡群的各个出口处。如此，地堡便一下子成了日本人的“活棺材”，他们被封死在内，半天工夫便全都窒息而死。

216

这位医生同样是仔细观察了这个人的举止后，也打了一把伞，到路边蹲在这个人旁边，像他一样一动不动。这个病人一看这情况，便问医生是谁，医生便称自己也是一个蘑菇，这个人一听也不再说什么。就这样两个人一起蹲了半天之后，这个医生突然站起来走动起来，这个病人一看便不理解地问：“你是蘑菇，怎么还会动？”医生便回答他：“这不就动了吗？”病人一听，也开始走动了，这样一段时间后，这个病人便恢复正常了。

显然，在上面的两个故事中，按照正常的思路，治疗这两个病人的方式是应该指出他们的想法的荒谬。但是，这种正常的思路显然没有用，两个医生于是便采用了一种逆向思维，通过疏通的方式治好了他们的病。

217

优旃故意表现得很高兴地对

秦二世说："陛下，关于您的漆城的主意，非常棒。其实早在您还没有发下话来时，我就想请求您干这件事。虽然漆城会耗费不少钱财，并且还十分折腾百姓，但它确实是件大好事。因为城漆好以后，表面就十分光滑了，一旦有敌人来攻城，就爬不上来了；别说爬了，就是有人想靠在城墙上，因为涂了漆，谁也不敢往上靠了。"

二世一听，便听出了自己的举动的荒谬，于是就笑着一挥手说："算了！算了！不漆了。"

218

小男孩先是射出箭，然后用笔围着扎在树干上的箭一圈一圈地画了靶心。

219

魔术师表演的魔术是：球不动，人消失。

按照一般的魔术表演所带给我们的惯性思维，我们肯定会觉得魔术师的表演是要在四个球上做文章。要想猜出这个答案，便要用一种打破常规的逆向思维。

220

原来，孙膑用计将齐威王骗到了山顶。对于齐威王的问题，孙膑故作从容地微笑着说："大王，我实在想不出办法让您自己上山，不过，如果您现在已经在山顶上了，我倒是有办法让您自己走下来。"齐威王一听，很不服气，心想我倒要看看你有什么办法让我下山。于是，他就在随从们的簇拥下来到了山顶。到了山顶上后，齐威王正想问孙膑如何才能使自己走下山，孙膑这时却说："大王，我已经使您走到山顶上来了。"齐威王和大臣们这才恍然大悟。的确，孙膑没费一兵一卒，便使齐威王自动走上了山顶。其实，孙膑对于齐威王的这次考验并不陌生，因为他早在鬼谷子门下做学生的时候就已经经受过类似的考验了。当时，鬼谷子给他的两个弟子孙膑和庞涓出了这样一个难题："我现在就站在房子里，你们可以想一个好办法让我主动走出去吗？"庞涓说："老师，您是取笑学生的吧！这有什么难的，我把您使劲从屋子里拉出来不就可以了吗？"鬼谷子微笑着说："这样不行，不能强拉，你必须让我自己主动走出来才可以。"孙膑却不慌不忙地对老师说："老师，学生没有办法请您自己主动走出去，可是学生有办法让您自己从房子外面主动走进来。您相信学生吗？”鬼谷子一听，就说：“好吧，我倒要看看你是如何让我自己走进去的。”说着，鬼谷子出了房子，快步来到了院子里。孙膑一看老师走出房子，便说：“老师，您现在不是已经从房子里走出来了吗？”这时，鬼谷子方知自己受了学生的骗了。

221

原来，儿子想，既然鱼听到动静后就会躲到深水中，那么何不事先在池塘里挖一个深水坑，然后往池塘四周扔石子。这样一来，鱼就会躲到事先挖好的深水坑中，然后，父亲再到深水坑中用网捉鱼，便能一下子捉到很多鱼。

222

这位官员想：“既然可以用瓷器来捉章鱼，那么为什么不用章鱼来‘捉’瓷器呢？”于是，他就吩咐渔民们多捉些章鱼，然后把它们带到沉船地点，在章鱼身上拴上长绳子后将其放入深水中。这些章鱼到了海底后，都纷纷钻入海底的贵重瓷器中。人们再将这些章鱼拉起来。就这样，那些瓷器就被章鱼“钓”上来了。

223

王子的理由是：“白雪皑皑的天气里，没有别人的足迹，那么我们就很容易排除其他人作案的可能，因此具备作案条件的便只能是作家了。”

虽然无法直接推测出凶手是谁，但是凶手既然是在雪后杀死了寡妇后离去了，便必然会在雪地上留下脚印。现在，既然看不到其他人的脚印，那么便可以排除其他人，唯一具有嫌疑的便是画家了。王子用排除法找到凶手的方法，体现了一种转换思维。

224

一般而言，一个人是先有名气，然后才会有人去打探他的作品。毕加索则反向思维，先是想办法抬高了自己的名气，然后再去卖出自己的画。

225

柏拉图想：既然镇上只有两家理发店，那么两个理发师的头发都肯定是对方为自己理的。从两个理发师的头发状况，便能够看出两个理发师的手艺高下了。

按照一般人的思路，肯定会选择找那个干净整洁的理发师理发，而柏拉图则逆向思考，其实仔细想一下，柏拉图的选择是对的。

226

巴斯德对于他放置起来的葡萄酒没有变质的原因进行了研究，最终，他发现，把葡萄酒加热到55℃左右，这样就可以杀菌同时又可以保鲜。不同种类，不同度数的葡萄酒加热程度只要进行研究就能达到精确的标准。巴斯德的这种葡萄酒保鲜技术，一直延续至今，并且，他的这种技术还被应用到其他饮料。

巴斯德开始想要找到保鲜的方法，但是都没能成功，后来由“果”到“因”地逆向思维，便找到了办法。

227

动物园园长想到的办法是：为所有的动物们建立了一个天然的动物园，让老虎和其他的动物在天然的环境中生活。这个时候，假如参观者想去参观，那么就会进入一个活动的笼子里面。那个笼子是一个特别制作的密封汽车。

此举即为：“将笼子的外部变为内部，而将内部变为了外部。”园长一反以前的将动物关在笼子里供游客观看的思路，而是让动物自由自在，而将游客关进“笼子”里，这一逆向思维给广大游客带来了不一样的感受，所以获得了很好的效果。

228

摄影师一改以前的思路，每次拍照的时候，都先让所有的到会者都先闭上眼睛，然后集体听他的口令，等他开始数“一，二，三”，等到他数到“三”的时候，所有的人一起睁开眼睛，这样一来，就不会再有闭上眼睛的人出现在照片中了。在这里，摄影师所运用的便是一种逆向思维。

229

巴蒙蒂埃专门种了一块马铃薯地，还请了一队卫兵专门看管他的马铃薯园地，声明不许任何人去偷。可是，百姓们很好奇，于是就纷纷跑去偷。百姓把偷到的马铃薯做着吃，觉得味道很好，于是，很多百姓就偷着种马铃薯。几年的时间，马铃薯就在法国被普遍种植了。

230

凯文开了一个“死花商店”。这个花店不同于售卖寄托美好爱情、祝福的一般花店，而是专门售卖各种枯花、死花。这些花专门用来寄给那些欺骗感情的轻薄年轻人、背叛友谊者、卑鄙的生意合伙人等。这项服务一经推出，便受到了许多人的欢迎。后来，由于“死花商店”在平复人们的负面心情方面所做出的贡献，智利政府还专门对凯文的花店提出了赞扬。

花朵，本来是用来象征、寄托美好情感的，但是，这个智利小伙子却用花朵来象征、寄托痛苦、失望、仇恨的情绪，并取得了成功。

231

当各地都在降低米价的时候，米商自然会把米运到可以自由抬高米价的地方去，这样一来，越州的米就越来越多。但是，越州的老百姓却没有增加，按照市场经济的原理，米价虽然刚开始会有所上涨，但因为市场上米的增多，早晚会回落。而商人好不容易把米运来了，考虑到运费，即使米价下降了，他们也不会再把米运回去了，只能根据市场情况降价销售。

要降低米价，一般来说，最直接的办法自然是直接打压米价了。但是，赵汴却反其道而行之，看上去似乎是在有意抬高米价，其实却起到了降低米价的结果。

232

考基亚回到睡觉的地方，对还在酣睡的朋友们大喊：“伙计们，你们谁把马丢了，少了一匹马！”这样，这些人就赶紧纷纷起床去牵自己的马，最后剩下的，自然就是考基亚的马了。

考基亚自己找不出马，但是他转念一想，他的朋友们可以认出他们自己的马啊。如果朋友们把自己的马都牵走了，那么剩的就一定是自己的马了。

233

小男孩说：“这个我当然知道，只是我如果捡起1角的，那么以后就没有人再跟我做这个游戏了。”

按照常规的人的思路，一张大钱，一张小钱，自然要捡大钱了。小男孩却偏偏与众不同，偏捡小钱，结果却赢得了更多的钱。这个小男孩所体现出的便是一种逆向思维。

234

杰米又找到了猎头公司，这次他不是为自己找工作，而是为上司找工作。结果猎头公司就给他的上司找到了一份满意的工作，正好上司也厌倦了目前的工作，考虑之后接受了新工作。这样，上司走后，他岗位也空缺了出来，杰米向公司申请这个职位，由于杰米一贯的良好表现，公司接受了杰米的申请。

按照正常的思路，自己不能忍受上司，自然只能是自己走人了。但是，杰米却大胆地采用了一种逆向思维，不是自己走人，而是让上司“走人”，最后自己不仅保住了喜欢的工作，又不用再忍受讨厌的上司，而且自己还升了职，一石三鸟，可谓高明。许多时候，逆向思考问题，往往会带来意想不到的惊喜。

235

带着这些疑问，伽利略回到了他在学校的住所，开始在家中做实验。他找来了许多丝线、细绳和大大小小的铁球、石块等。他分别将这些不同的球块用丝绳吊起来，丝绳有长有短，球块有重有轻，然后他分别让这些球块摆动起来，再用他唯一的测时器——自己的脉搏跳动来测量摆动的时间。虽然这样的方法并不精确，但可以肯定的是，他的这个思路是正确的。经过反复的实验，伽利略发现，球块摆动的快慢与他们自身的重量无关，当摆长比较长时摆动得慢些，当摆长比较短时摆动得快些。而只要摆长不变，所有的球块，无论它是轻是重、是大是小，也不管它摆动的幅度如何，完成一次摆动的时间都是相同的。这就是摆的等时性原理。

伽利略是一位擅长形象思考的科学家，可以说他就是凭借着形象思考使科学实现了革命性的突破。他在用数学方法分析科学问题的同时，还用图像和图表使自己的思想形象化。和所有取得大成就的科学家一样，他也擅长类似白日梦的幻想和想象，并通过这种方式取得了很大的成就。

236

经过不断努力，丁德山实现了他的设想。他买了几百亩地作为牧场，专门放养味道鲜美的内蒙古集宁地区的优质羊。到了卖涮羊肉的季节，“东来顺”就有了最优质的羊肉来满足顾客的需要。羊身上适合涮着吃的那部分，总共不过占一只羊的1/3 左右，剩下的就卖给羊肉铺。丁德山还开办了天义顺和永昌顺两家酱园，自己精心调制芝麻酱、辣椒油、卤虾油、黄酒、腐乳汁等各种调味料。他在特制的酱油里加入甘草和白糖，咸鲜中又略带甜味，这是“东来顺”特有的风味。后来，他干脆连大麦、大豆、小米、芝麻和蔬菜都在自己的土地上生产。他还开办了一家“长兴铜铺”，为“东来顺”制造独特的涮羊肉火锅。这种火锅中间放炭火的炉筒比一般的火锅长而且大，因而火力特别旺，羊肉容易涮熟，这样才能保持羊肉的鲜嫩。

丁德山在20世纪初就办起来了农工商牧一条龙的产业，确实是民族商号的骄傲，也难怪它能够在这近一百年的时间里享有盛名，经久不衰。即使在现在，这种把生产的各个环节组合在一起的经营模式也是有现实意义的。

丁德山的这个设想恰恰体现了组合想象的思维方法。他是涮羊肉的行家，对羊肉、调味料、火锅了如指掌，知道什么样的材料能涮出最好的羊肉。要想给顾客提供最好吃的涮羊肉，就需要把各个环节组合在一起，都收在自己的掌控之下。

237

她把小号、中号、大号、特大号，分别用玛丽号、玛格丽号、伊丽莎白号和格丽丝号代替，巧妙地消除了消费者的顾虑，大大促进了服装的销售。

没有人愿意被别人提及自己的缺陷，这也是为什么有些人讳疾忌医的原因。比如患有狐臭的人都忌讳听到别人说起“狐臭”二字。有一家药厂考虑到患者的心理负担，给自己的产品起了一个优雅的名字“西施兰夏露”，并用了一句很有人情味的广告语：“你的秘密只有‘西施兰夏露’和你本人知道。”善解人意的厂家自然得到了丰厚的回报。

238

她把手靠近小牛犊的嘴，她刚才在厨房做饭，手上沾有盐味。小牛犊闻了闻，然后兴高采烈地舔她的手。女佣后退到牛栏里，小牛也甩着尾巴跟着她走去了。

女佣之所以能想到这个简单的方法，是因为她更懂得牛的习性，通过满足牛的需要来达到自己的目的。

239

一位女士得了一种怪病，遍访名医也没有治愈。一位非常有名的医生来到女士所在的城市，她慕名前去看病。名医查明病情之后，给她开了药，并告诉她："这药是从美国带回来的，专门治你这种病。"女士高兴地买了药，经过几个疗程之后，真的康复了。其实，医生给她的药只是普通的维生素C，她的病需要的只是良性的暗示和积极的想象。

医学试验表明安慰剂能够达到真正药剂的60%～70%的作用，当医生和病人都相信安慰剂有效时，效果更加明显。这其实是形象思维的一种——引导想象。引导想象是指通过在头脑中具体细致地想象出自己想要实现的目标，实现目标的过程，以及实现之后的喜悦心情。这种想象可以在你的头脑中留下深刻的印象，并调动全身的潜能，促使你向着目标努力。引导想象也可以说是一种心理暗示法，当那位患有怪病的女士拿到"从美国带回来的药"的时候，她就在自己的大脑中描绘了这样一个图景：把这些药吃完之后，我就能恢复健康了。这种暗示可以促使人们在精神和肉体上做出调整，达成我们的愿望。

240

安东尼·罗宾二十三岁的时候，向女友求婚许诺美好的未来，但是遭到了拒绝。随后他跑到俄罗斯学习潜能开发。到了俄罗斯，他开始在一张俄罗斯地图的背面设立目标：第一个，在二十四岁，也就是一年之后，他的年收入要超过二十五万美金——当时他连两万美金都赚不到；第二个，他要住在城堡里，城堡上面是圆柱形的，站在上面可以遥望整个太平洋；第三个，他一年之后要结婚，他甚至把未来太太的发型、眼睛、个性都画出来了，结婚之后他打算拥有四个孩子。然后他把自己的目标贴在床头，每天早上起床之后第一件事就是重温一下他的目标，晚上睡觉之前，最后一件事也是看看他的目标。

结果，一年之后，安东尼·罗宾远不是赚到了25万美金，而是赚了100万美金。那一年，他也结婚了，他结婚当天晚上把他太太和想象中的太太对比，这个图片几乎跟他太太长得一模一样。几年之后，他真的有了四个孩子。

241

欧雷里把选手们的球棒借走，并叮嘱他们在他回来之前不要离开宿舍。过了一个小时，欧雷里满面春风地回来了，告诉选手们牧师已经对球棒赐福了，每个球棒都有了无敌的威力。选手们受到了极大的鼓舞，对获胜充满了信心。第二天，比赛果然打败了对方，在以后的比赛中也是所向披靡。

当我们不自信的时候，可以通过想象模拟成功，或者具体细致地回想自己有过的成功经历，还可以想象自己在性格、作风、能力等方面具有的优势。这种想象可以激发潜能，让我们在实现目标的过程中充满激情和信心。

242

厂长想到,既然政府放宽了限制，各地的舞厅肯定会像雨后春笋一样冒出来。这时肯定需要大量的舞厅灯具，如果能够抢占这部分市场，肯定能赚大钱。他马上召集了领导班子会议，说了自己的想法，大家都认为这是一个不错的主意。没多久，这个厂子就生产出旋转彩灯、声控彩灯、香雾射灯等不同类型的舞厅灯具，很快就打开了市场。

243

贝尔在助手帮助下进行试验，但是由于线圈产生的电流太小，试验失败了。贝尔没有放弃，他做了一些改进。用薄铁片代替金属簧片，用磁棒代替铁芯，以加大电流。这次他获得了成功，人在薄铁片前说话，声波的节奏变化导致铁片的振动，进而引起线圈中产生相应的电流，通过导线，传递到另一只线圈中，引起线圈前的薄铁片发生振动并发出清晰的讲话声音。1876年3月贝尔通过联想，实现了通过把电流变成声音进行远距离通话的梦想，发明了世界上第一部电话装置。他的发明获得了美国的专利，随后他建立了世界上第一家生产电话的工厂。

贝尔就是运用形象思维把一事物的特定功能或原理应用在另一件事物上发明的电话。

244

最初的自行车轮胎是实心的，在卵石路上骑车颠簸得非常厉害。有一天，外科医生邓禄普在院子里浇花的时候，感到手里的橡胶水管很有弹性，由此联想到如果发明一种充气的自行车轮胎，应该能够减轻震动。于是，他用橡胶水管制出了第一个充气轮胎。

245

为了证明这个设想，利伯进行了一系列调查研究，发现月球确实对人的生理和精神有一定的影响。人的身体也像大海一样有“潮汐”，每当月圆的时候心脏病的发病率会增加，肺病患者的咯血现象会增多，胃肠出血的病人病情也会加重，病人的死亡率会比平时上涨。

利伯发现了大海潮汐与人体病变的相似之处——都在月圆之夜有激烈的变化，进而推断精神病人的病情也受月球引力的影响。

246

当然不是。下一个镜头，只见那个男人缓缓地撑起身子，用薯条沾着番茄酱吃。真相大白了，原来他胸前的那片殷红不是血，而是不小心滴落的番茄酱。

创意人员正是运用了相似联想，借助番茄酱和血之间的相似点——红色黏稠的液体，耍了一个噱头，给观众留下深刻的印象。

247

费米由此联想到铀的裂变有可能形成一种链式反应而自行维持下去，并可能形成巨大的能量。1941年3月费米用加速器加速中子照射硫酸铀酰，第一次制得了千分之五克的钚-239——另一种易裂变材料。1941年7月，费米在中子源的帮助下，测定了各种材料的核物理性能，研究了实现裂变链式反应并控制这种反应规模的条件。为了逃避法西斯政权的统治，费米流亡到美国。随后，他在美国芝加哥大学建造的世界上第一座石墨块反应堆，于1942年12月2日下午3点25分，使反应堆里的中子引起核裂变，首次实现了人类自己制造并加以控制的裂变链式反应，也表明了人类已经掌握了一种崭新的能源——核能。

费米由铀原子核裂变现象联想到如果能恰当地控制核裂变就能带来巨大的能量。核能研发过程体现了由已知到未知，由局部到整体的相关联想。

248

政府联想到之前的状况，发现因为羊群没有了天敌，在安逸的生活中失去了活力，变得萎靡不振。再加上羊群的数量太大使草原上的草遭到破坏，羊群没有充足的食物，体质自然会下降。牧民们发现失去天敌之后，羊的繁殖基因也退化了，于是， 就又把狼群引进了草原，狼群重又给羊群带来了危险。在危险的环境中羊群又变得健康、活泼了，羊群的数量也有所增加。

狼是草原生物链中不可缺少的一个环节，把狼灭绝之后，就会破坏生态平衡。狼与羊群并不仅仅是敌对关系，狼还能限制羊群的过剩繁殖，迫使羊群提高警惕，保持活力。事物之间的联系是复杂的，开始时，牧民只看到了狼对牧场的破坏作用，就要把狼赶尽杀绝，当他们看到失去天敌之后，羊群并不能长期地健康成长，这时才全面地认识到狼与羊群的关系。

249

蔡伦仔细看了看手中的东西，不由得喜上心头。他叫上小太监们急忙赶回皇宫，马上开始了紧张的试验和制作。他找来大量的树皮、麻头、破布、旧渔网等材料，让工匠们把它们剪断切碎，放在一个大水池中浸泡。过了一段时间，其中的杂物烂掉了，而纤维不易腐烂，就保留了下来。蔡伦又让工匠们把浸泡过的原料捞出来放入石臼中，不停地搅拌。当搅拌成糨糊状的纸浆时，再用竹片把这些黏糊糊的纸浆挑起来放到太阳底下晾晒，等干燥后揭下来就变成了纸。

250

画着画着，毕达哥拉斯突然发现：如果一个等腰直角三角边的直角边长分别为a、b，那么，以a为边的正方形，它的面积就等于这一等腰直角三角形面积的2倍；以b为边的正方形面积也等于这一等腰直角三角形面积的2倍；而以斜边为边长（c）构成一个正方形，它的面积等于这一等腰直角三角形面积的4倍。

“那么，进一步就可以推出a2+b2=c2，也就是两直角边的平方和等于斜边的平方。”毕达哥拉斯穷追不放，进一步想到：“古人曾提出边长为3、4、5和5、12、13的三角形为直角三角形，那么，它们是否也合乎这个规律呢?”

于是，他赶紧在地上画了起来。不错，确实是这样的。

毕达哥拉斯并没有满足，他又产生了新的疑问：“这个法则是不是永远正确呢?各边都合乎这个规律的三角形是不是一定是直角三角形呢?”

想到这，他猛地抬起头来看看客厅，发现客人不知什么时候都走光了，只有主人站在那儿不解地看着他。他感到非常不好意思，也赶紧跟主人告别，一溜烟跑回了家。回到家里，毕达哥拉斯又搜集了许许多多的例子，结果都证明了他的那两个猜测是正确的。但是，他仍然不满足，决心用更大的精力和更有说服力的证明，来说明这一结论是永远正确的。功夫不负有心人，他终于证明成功了。

后来，西方为了纪念毕达哥拉斯这一伟大的发现，把这一定理称为毕达哥拉斯定理。

251

瓦特发现水被烧开后变成了水蒸气，是水蒸气在推动壶盖跳动！这个发现在瓦特心中留下了深刻的印象。瓦特由此想到：这蒸气的力量好大啊！如果能制造一个更大的炉子，再用大锅炉烧开水，那产生的水蒸气肯定会比这个大几十倍、几百倍。用它来做各种机械的动力，不是可以代替许多人力吗？后来，瓦特按照这个思路，经过反复研究，对前人的蒸汽机进行了合理改造。他把水蒸气的力量很好地利用起来，终于发明了改良蒸汽机，使人类社会开始进入了工业时代。

252

哈格里夫斯说：“如果把几个纱锭都竖着排列，用一个纺轮带动，不就可以一下子纺出更多的纱了吗？”说干就干，哈格里夫斯马上开始试制新型纺纱机。经过反复研制，他终于在1765年设计并制造出一架用1个纺轮同时带动8个竖直纱锭的新纺纱机，工作效率一下子提高了8倍。为了纪念自己的妻子，他把这台新型纺纱机取名为“珍妮纺纱机”。

253

一开始法布尔认为蜘蛛是用眼睛看到网上的猎物的。为了证明这一点，他把一只死蝗虫轻轻地放到有好几只蜘蛛的网上，并且放在它们看得见的地方。可是，不管是在网中待着的蜘蛛，还是躲在隐蔽处的蜘蛛，它们好像都不知道网上有了猎物。后来，法布尔又把蝗虫放到了蜘蛛的面前，它们还是好像什么也没看见似的，一动不动。看来，蜘蛛不是靠眼睛来发现猎物的。

接着，法布尔用一根长草轻轻地拨动那只死蝗虫，蛛网振动起来。这时，只见停在网中的蜘蛛和隐藏在树叶里的蜘蛛都飞快地赶了过来。

通过这个实验，法布尔断定，蜘蛛什么时候出来攻击猎物，完全要看蛛网什么时候振动。它们是靠一种振动来接受外界信息的。如果真是这样的话，那蜘蛛一定有一种接受振动的装置。这种装置是什么呢？

法布尔对蛛网进行了仔细观察，最后终于发现：在蛛网中心有一根蛛丝一直通到蜘蛛躲藏的地方，被蜘蛛的一只脚紧紧地握住。因为这根蛛丝是从网的中心引出来的，因此不论蛛网的哪个部分产生了振动，都能把振动直接传导到中心这根蛛丝上，然后再把振动立即传给躲在远处角落里的蜘蛛。可以说，这根蛛丝是一种信号工具，是一根电报线。同时他还是一座空中桥梁，沿着这根蛛丝，蜘蛛才能以最快的速度从躲藏的地方奔向猎物。等到网中的工作结束后，又沿着它返回原处。

还有使法布尔感到不解的一点：当有风吹过来时，蛛网也会产生振动。那么，蜘蛛是如何分辨哪些是风吹过时产生的振动，哪些是猎物挣扎时产生的振动的呢？

法布尔认为，蜘蛛握住的那根电报线不是简单地传递各种振动，它还能够传递各种不同的声波。蜘蛛握着电报线的脚有很灵敏的听觉分辨力，能分辨出猎物挣扎的信号和风吹动所发出的假信号。

现在，科学家的进一步研究发现，蜘蛛的脚上有一条小裂缝，能够感知到每秒钟20～25次的振动。人们正在设法揭开这种构造的秘密，并模拟这种构造制造出可以供人类使用的音响探测器。

254

“两排饭勺既然可以紧紧地咬合在一起，如果用这种方法，不就可以把衣服和鞋子扣紧了吗？”想到这，贾德森兴奋起来，他顾不上买饭勺，扭头就往家里跑去。

一到家，贾德森就开始忙活起来。他把一个个很小的颗粒状元件作为扣子，彼此交错着镶嵌在两条布带子的边缘上，然后通过一个滑片由下往上一拉，两边的扣子就一个个依次扣紧。这就是现在拉链的最初形式，贾德森把这种新玩意儿叫做“可移动的扣子”，并申请了专利。

这个设计非常出色，但遗憾的是，这种“可移动的扣子”并不好用。早期的扣件经常卡住，安在服装、靴子上，穿着它在大街上走动时经常会突然自动爆开，闹了不少笑话。

“怎样才能不让扣子爆开呢？”贾德森在心里不停地琢磨着。

不久以后，贾德森与沃尔特一起组建了拉链制造公司，不断地对这种扣件加以改进，并且发明了制造扣件的机器。但效果始终不能让人满意，制造出来的扣件还是不够可靠，很长时间都没有人大量购买。

1908年，瑞典工程师桑德贝克来到贾德森的公司工作。于是，沃尔特就请他对贾德森的发明进行改进。桑德贝克重新设计了扣件的链节，经过多次反复试验，最后终于设计出一个理想的方案：将扣子改成凹凸形的，使它们一个紧套一个。这样，金属牙就不会自己分开了，扣起来也非常方便。这非常类似于今天的拉链。经过改进后的扣件果然得到了人们的欢迎，很快就卖出了几千个。1923年，贾德森和桑德贝克设计的这种扣件终于以“拉链”的形式闻名于世。

255

祖冲之想，刘徽在书里不是明明写着割圆术吗？只要将圆不断地割下去，在圆内接上正多边形，只要能求出多边形的周长，不就能算出圆周率了吗？

祖冲之先是在书房的地上画一个直径为1丈的大圆，紧接着又照刘徽所用的割圆方法，在圆内作一个内接正六边形。每条边都与半径一样为5尺长。后来，祖冲之再把6条边所对应的6个弧平分，作出一个正十二边形。用尺一量，每条边长2尺6寸多。

“到底是多多少呢？”祖冲之想，“用尺量只是一个大概，要求出精确的数值，必须用数学计算才行。”于是，他让儿子祖暅用算筹帮助计算。儿子不停地做着加、减、乘、除运算，忙得不亦乐乎，每个数字都算得长长的一大串。每算完一步，祖暅便在一旁用笔记录下结果。父子俩算了半夜，才算到十二边形的边长和12条边的总长。第二天晚上，他们又算出二十四边形一边的长度。

经过几年的艰苦努力，父子俩把地上那个大圆一直割到24576份，终于算出了圆周率的数值介于3.1415926与3.1415927之间，并用22/7和355/113作为圆周率的疏率和密率。

祖冲之计算出小数点后面六位准确数字的圆周率，在当时世界上是独一无二的，他提出的密率值355/113要比欧洲早1000多年。所以，国际上许多数学家都主张把355/113称为“祖率”。

256

他先与古比雪夫飞机制造厂进行协商，最后签订了易货贸易合同，用食品和服装等轻工业产品换购四架飞机。随后，他把飞机卖给四川航空公司，允许航空公司以运营收入支付飞机款，然后以飞机做抵押向银行申请了一笔不小的贷款。他用这笔钱分别与万县食品厂等300多家轻工业厂家进行交易，然后把货物运往莫斯科。经过一番策划，这位企业家大赚了一笔，同时还搞活了食品厂、飞机制造厂、航空公司三家的市场，可谓皆大欢喜。

可见，相关联想可以让思考者从宏观上把握事物之间的相互关系，从而做出对自己有利的决策。

257

这些“陪衬人”实际上都是廉价招募来的相貌丑陋的女佣人，杜朗多根据各人的特点对她们进行分类，然后定价出租。她们的服务内容主要是陪伴主顾以便衬托其美貌。不难想象，女士们为了满足虚荣心和炫耀的欲望纷纷前来租用“陪衬人”，一时间“代办所”门庭若市，生意兴隆，杜朗多很快就成了百万富翁。

虽然杜朗多不懂美学，但是他清楚美丑是相对的概念，一个长得丑的小姐，在比她更丑的人衬托下也会显得漂亮，“陪衬人”自然会大为抢手。利用相对联想，杜朗多在金融交易场中发了大财。相对联想就是让我们把正反两方面的事物放在一起进行考虑，一正一反，对比鲜明，可以是属性相反、结构相反或功能相反。通过对比，可以使事物的特征更加明显，往往能引起人们的注意。比如日本一家玩具厂生产的黑色“抱娃”不受欢迎，厂长运用相对联想，想到了一个主意：把黑色“抱娃”放在模特雪白的手腕上。这样一来果然非常醒目，很快就打开了市场。

258

首先，他想到可以把长方体的冰块做成管子。在南极找到适合做管子的冰块并不难，但是如何才能穿透一个很长的冰块又不至于使它破裂呢？西崛荣三郎继续发挥联想，把医疗用的绷带缠在铁管子上，然后在绷带上浇水，等水结成冰之后，再把铁管抽出来，这样就可以做成一个冰管子了。

西崛荣三郎发挥了丰富的想象力，借助南极的冰，把绷带和输油管联系了起来，解决了一大难题。

259

他联想到画中的气氛可能与某种矿物质有关，但是沉思良久也想不出所以然来。他想找那幅画的作者帮他解开谜团，不幸的是那位画家在不久前去世了。几经周折，他找到了画家的遗孀，从她那里借到了画家的创作日记。根据日记中的描述，他找到了那幅画反映的实际地点，那是西伯利亚的一个人迹罕至的地方。在寸草不生的山边，他发现了一个奇特的小湖，湖水发出银色的光芒。走近一看，那根本不是湖，而是一个天然水银矿，静止的“湖水”全都是水银。他恍然大悟，原来画面中的荒凉神秘气氛是由水银造成的，有这么多的水银，草木根本无法生长。

普法利竟然从一幅画中发现了一个水银矿。为什么他能够看到那幅画的与众不同之处呢？因为他有地质工程方面的专业知识。这个案例告诉我们，要想具有出色的联想能力，必须丰富自己的知识。只有具备足够多的知识，我们的思维才能四通八达地展开自由联想。

260

原来，乔丽娜灵机一动，想到9时其实代表了两个时间点，一个上午9时，一个则是晚上21时。如果将9换成21，便凑够了保险柜的密码。而情况也正如她所料，保险柜的密码正是212519

创造力与想象力密不可分，超凡的想象力往往能开创出一片新的天地。运用联想思维，我们可以通过一些看似与我们无关的现象，了解到与我们密切相关的事实真相。乔丽娜就是这样找到密码的。

261

柚子的外形引起了伊罗·萨里的兴趣，他拿起柚子左看右看，柚子的形状真的很美，做一个这样的建筑怎么样呢？想到这里，他连饭都顾不上吃，拿着柚子走进了设计室，尽情发挥想象，把他在柚子上看到的美体现在建筑上。当这座建筑竣工的时候，他赢得了广泛的赞誉。那是一座完全流体的式样，让人想到鸟的飞翔。

262

原来，地图的背面是一张人脸画，只要把人脸拼起来就行了。

263

第二天，阿基米德兴冲冲地来到皇宫，他还带来了做试验用的工具。阿基米德首先把两个容器装满水，分别放在两个盆子里。然后找来和王冠一样重的一块纯金，他分别把王冠和纯金放在两个容器里，于是两个容器都溢出了一部分水到各自的盆子里。然后，阿基米德分别量了一下两个盆子里的水，结果两个盆子里的水不一样多！

国王和围观的大臣们，还是一头雾水，不明白这个结果说明了什么问题。阿基米德大声向他们宣布：“王冠不是纯金的，如果王冠是纯金的，那么它和这个金块体积是一样的，也就是说两个盘子里的水应该一样多。但是现在的结果是，盘子里的水不一样多，这就充分说明，王冠里掺了别的金属。”国王和大臣们听了，恍然大悟，纷纷称赞阿基米德：“不愧是最有才华的科学家啊！”

国王找来了狡猾的金匠，在事实面前，金匠只好承认了自己在王冠里掺杂其他金属的罪行。

王冠的重量和作为原料的黄金的重量是一样的，要检查王冠里是否掺杂了其他的金属，还不能损坏了王冠，怎么检查呢？这真是一个棘手的问题。聪明的阿基米德在洗澡时注意到了一个现象，当把物体放进装满水的容器里时，容器会溢出和物体的体积一样多的水。通过这个现象，阿基米德联想到纯金的王冠和非纯金的王冠，二者的体积一定是不同的，因为它们所用材料不同。就像相同重量的木头和铁块，体积相差很远一样。这样，通过一个简单的实验，就轻松解决这个问题了。

264

那位师长的“笨”办法便是在进攻的坦克上安上两把坚硬的钢刀，这刀就像是两把镰刀一样，其刀刃向外，水平张开，借助坦克的强大推动力，切断灌木树篱，铲平地埂。这位“农民”师长也是受到收割庄稼的镰刀的启发，才想到了这个办法。这办法看上去很笨，却的确非常有效，不仅使得机械部队顺利前行，也为后面的步兵扫清了道路。

这位师长所体现出来的便是一种形象思维和联想思维，他由镰刀的形象，进而想到将镰刀变大，从而解决了这个难题。

265

鲁班心想，能不能将这种草的齿变大变坚硬一些，用来划木头呢？于是，鲁班就请铁匠师傅打造了几十根边缘上带有锋利的小齿的铁条。鲁班和徒弟试着各拉这种铁条的一端，在木头上来来回回地锯了起来，结果，树木很快就被锯断了。鲁班将这种工具称作“锯”。后来，鲁班还为这种工具的两端各装上了一个木柄，用起来就更方便了。他也因此按时建成了宫殿。

在这个故事中，鲁班之所以

能够发明锯，是因为他能够具有一种形象思维，能够根据物体的造型，联想到其更大的用途。实际上，人类的许多发明都是凭借的这种形象思维，比如飞机的发明来自于人们受鸟的启发，潜艇的发明则得益于鱼的启发。

266

参谋长肩章上的积雪融化后显示出肩章的轮廓，炮兵司令受其启发，想到随着气温的升高，德军掩体内的积雪也肯定会融化。为了防止掩体内的泥泞，德军必然会将掩体内的积雪提前清理到洞口。因此，通过判断对方地上的积雪堆积情况，便可知道对方兵力部署。于是，炮兵司令命令侦察兵对德军阵地进行了大量的侦查和航空摄像，只花了3个小时便搞清楚了对方的兵力部署。

267

劳拉经过仔细地研究发现，划痕上面的几个字可以组合成为“如要你女儿珍妮的性命，速备50万。”这是绑架者给女孩家长发出的通牒。

表面上看，劳拉所发现的一行字完全是一组毫无意义的“乱码”，正是由于劳拉能够充分地展开联想，才解出了其中所包含的秘密，进而在无意中帮助警察破获了一起绑架案。许多时候，发散思维都能够给我们带来意想不到的收获。

268

摩根的手又粗又大，蛋在他手里自然看起来小些。可是他妻子的手却又细又小，鸡蛋在她手里就显得大了。这里，摩根没有从常规思路去想，而是运用了一种求异思维。

269

地球上最大的影子是黑夜。

提到影子，按照常规思路，我们肯定会去想象地球上尽可能大的物体。这其实便受到了惯性思维的限制，要知道，黑夜，其实便是地球本身的影子，自然比我们所看到的地球上的任何物体的影子都要大。而要想到这一点，是需要一种打破惯性思维的求异思维的。

270

这个问题如果不能摆脱平面思维，便无法解决，而如果能够采用一种立体思维，将三根棒子相交于一点，并相互垂直，其中的每两根之间都会形成四个直角，总共便会有12个直角。从平面转向立体思维，这是需要想象思维的。

271

这幅画的作者独具匠心，他没有生硬地将诗句中的字词一一展现，而是在全面体会诗句含义的基础上，着重表现诗句末尾的“香”字。他的画面是：在一个夏天的落日近黄昏时刻，一个游玩了一天的器宇轩昂的年轻人骑着马回归乡里。马儿疾驰，马蹄高举，几只蝴蝶追逐着马蹄蹁跹飞舞。这就真正表现了“踏花归来马蹄香”的含义。在这句诗题里，“踏花”、“归来”、“马蹄”都是比较具体的事物，容易体现出来；而“香”字则是一个抽象的事物，用鼻子闻得到可用眼睛却看不见，而绘画是用眼睛看的，所以难于表现。没有选中的那些画，恰恰都没有体现出这个“香”字来：而被选中的这一幅，蝴蝶追逐马蹄，使人一下子就想到那是因为马蹄踏花泛起一股香味的缘故，所以这幅画是非常成功的。

其实，还有一则和此故事非常相似的故事，说的也是一次有关画家画工的考试，主考官也是出了一句诗为画题，这句诗是“竹锁桥边卖酒家”。结果最终胜出的是一位没有画出酒馆的画家。他画上的内容是：小桥流水潺潺、竹林繁茂青青，在绿叶掩映的林梢远处，露出古时候的一个常用酒帘子，上面写着一个大大的“酒”字。在这幅画中，画面上不见酒店，却使你似乎看到了竹林后面却有酒店，形象地体现出一个“锁”字来，同样达到了“无形胜有形”的效果。

272

布鲁内尔发现至木虫先用嘴挖出树屑，然后立即将自身的硬壳挺进去再继续深挖前进。他突然想到，这和挖隧道不是一样的道理吗？如果先将一个空心钢柱体打入松软岩层中，然后在这个“构盾”的保护下进行施工，不就安全多了吗？他把这个设想付诸实践，于是就有了世界上著名的“构盾施工法”。

273

他想到前些天在街上看到的一件事：几个孩子在木料堆上玩，一个孩子用铁片敲打木料的一端，让另一个孩子在另一端听有趣的声音，雷内克一时兴起，也听了听。想到这里他灵机一动，马上找来一张厚纸，将纸紧紧地卷成一个圆筒，一头按在小姐心脏的部位，另一头贴在自己的耳朵上。果然，小姐心脏跳动的声音连其中轻微的杂音都被他听得一清二楚。他高兴极了，告诉小姐的病情已经确诊，并且一会儿可以开好药方。

随后，他请人制作了一个中空的木管，长30厘米，口径0.5厘米，这就是世界上第一个听诊器。

274

鸡蛋以最少的材料营造出最大的空间，而且能承受强大的外界冲击力。建筑学上把这种具有曲线的外形，厚度很小，又能承受很大的外界压力的结构叫薄壳结构。建筑师把这种结构应用在建筑上，现在像鸡蛋那样的建筑已经很普遍了。

在文艺复兴末期，意大利罗马建成了圣彼得大教堂，圆圆的顶部很像竖放的鸡蛋，圆顶直径为41.9米，内部高123.4米，但厚度竟达1～3米，厚度与跨度之比为1：40。那时人们并不敢把屋顶建得太薄。直到1924年，德国的半圆球形的蔡斯工厂天文馆才真正采用了薄壳结构。1925年德国耶拿斯切夫玻璃厂厂房采用了球形薄壳，直径为40米，壳厚只有60毫米，采用钢筋混凝土为建筑材料，厚度与跨度之比为1：667。

275

平流层气球的原理很简单，在气球中充满比空气轻的气体，利用气球的浮力使吊在下面的载人舱升上高空。皮卡尔想到，如果在深潜器上加一个浮筒，不就可以像气球一样自行上浮了吗？他设计了一个船形的浮筒，里面充满密度比海水轻的汽油，为深潜器提供浮力。同时他还设计了一个钢制潜水球，在里面放入铁砂作为压舱物，使深潜器沉入海底。这样就不需要借助钢缆了，潜水器可以在任何深度的海洋中自由行动。后来，他设计了一艘“理雅斯特号”潜水器，能够潜到世界上最深的洋底。

276

企业管理的成败主要取决于责任、权限和利益三者是否平衡。管理的过程就是透过责任人驾驭生产力要素来实现预定的生产目标。当我们准备把一项任务交给某人做的时候，首先要考虑他是否能够承担相应的责任，这个责任类似于杠杆的支点，责任越重大，支点离施力点越远，就越不容易撬起来。其次要考虑利益与权力的匹配关系，假定权力不变，就保证了支点到受力点的距离不变，那么利益越大，撬起来越容易。因此在一般情况下，企业中薪水越高的人承担的责任越大，他们的办事效率也是较高的。

277

他想："把电线按照虎皮花纹那样排列成一个线圈，而电流通过线圈要产生磁场，磁场又能转化成电能，那么对于强如闪电般的瞬间电流，岂不可产生强大的电阻吗？"在这个想法的引导下，经过不断研究，他终于发明了变电器。这位物理学家正是运用了联想思维找到了解决问题的突破口。

278

19世纪末的天文学家猜测，在海王星的轨道范围之外，还应该有一个比海王星还远的行星，它的引力干扰着天王星的运动，于是人们开始寻找这个未知行星，到1930年，这颗新行星终于被劳威尔天文台的唐包夫（C.Tomaugh）所发现了，命名为冥王星，从而成为太阳系第九大行星。

天文学家之所以预测到还有一颗未知行星在影响天王星的运行轨道，是因为他们掌握了已知的行星运行规律，按理说应该能够准确地预测行星轨道，既然实际轨道出现了偏差，可能的原因就是受到未知天体的影响。他们把这种因果关系套用在天王星身上，推测出它可能受到另外一颗行星引力的作用，所以运行轨道会出现偏差。

279

如果把"插片法"应用在牛身上，是不是也能产生牛黄呢？该公司马上进行立项研究，选择失去医用价值的残菜牛做试验，在牛胆囊中埋入异物。经过一段时间之后，果然培育出了胆结石。这种人工牛黄跟天然牛黄的医疗效果一模一样。

在这个案例中，医疗专家就是运用联想思维，把胆结石的形成过程与珍珠的形成过程联系起来的——既然用插片法可以培植珍珠，那么也应该能够培植牛黄。

280

制成了由上千块小透镜组成的“蝇眼透镜”。蝇眼透镜作为一种新型的光学元件，在很多领域都有价值。比如用“蝇眼透镜”作镜头可以制成“蝇眼照相机”，一次就能照出千百张相同的相片。这种照相机已经用于印刷制版和大量复制电子计算机的微小电路，大大提高了工作效率和质量。

281

科学家研究发现，萤火虫的发光器位于腹部，由发光层、透明层和反射层三部分组成。发光层拥有几千个发光细胞，细胞中含有荧光素和荧光酶两种物质。在荧光酶的作用下，荧光素与细胞内的水分和氧气化合便发出荧光。萤火虫之所以能发光，实质上是它把化学能转变成了光能。随后，人们根据对萤火虫的研究发明了日光灯，其发光原理是：通电后灯丝发热，使灯管中的水银蒸发成气体释放出大量电子，电子的高速撞击产生紫外线，紫外线作用于灯管内壁的荧光粉则会发出自然而柔和的灯光。

近年来，科学家已经从萤火虫的发光器中提取出了纯荧光素和荧光酶，并采用化学方法人工合成了荧光素。由荧光素、荧光酶、ATP(三磷腺苷)和水混合而成的生物光源，这种光源不依赖电源，不会产生磁场，适合在充满爆炸性瓦斯的矿井中当照明灯，或者在做清除磁性水雷等危险工作的时候使用。

282

贤人解释说：“之所以一个人要见国君时会梦见太阳，是因为太阳普照大地，任何一个东西都无法遮挡他的光芒，而国君也正像是太阳一样施与国人以恩泽。而灶，其光芒一个人就足以遮挡住了，其他人便再也看不到它的光芒了。我将要见到您，却梦见了灶，我想或许是有某一个人遮挡住了您的光芒吧？”

在这个故事里，贤人之所以能够讽谏成功，便是因为他善于使用一种形象思维。

283

门客对田婴解释道：“您有没有听说过海中大鱼的故事？它在大海中自由自在地遨游，渔民的网捕不住它，渔民的钩勾不住它。但是，如果它脱离了海水，那么就连蝼蛄和蚂蚁都能够欺侮它。现今的齐国，就是您的海水，只要齐国在，您便是安全的；而如果齐国不在了，您就算将城墙筑得同天一般高，也是没有用的。”

在这个故事中，田婴对于众多门客的劝阻感到厌烦，而对于这个门客的讽谏却轻易地接受了，就是因为他采用比喻的手段，使得道理听上去生动易懂，这就是形象思维的奇妙作用。

284

邹忌对于发火的齐威王，从容地回答道：“大王看我拿着琴却一直不肯弹奏有些不高兴吧！可是，齐国人眼看着大王拿着齐国这把大琴，九年来没有弹奏过一次，又该怎么想呢？”

齐威王一听，感到十分震动，忙站起来对邹忌说：“原来先生是在用琴来劝寡人，寡人明白了。”之后，齐威王便和邹忌促膝长谈，相见恨晚。三个月后，齐威王又拜邹忌为相，加紧整顿朝政，改革政治，很快使得齐国摆脱了困境，诸侯震恐，纷纷归还抢走的齐国土地。

在这个故事中，邹忌之所以能够讽谏齐威王成功，与其高明的讽谏艺术是分不开的。其先是用自己拿着琴却不肯弹奏的事情比喻齐威王身居要位却无所作为的事情，激怒齐威王，然后再突然点破，使得齐威王对自己的过失认识得更加清晰。这里，邹忌便是利用了一种形象思维的艺术。

285

荀息听晋灵公说“危险”，便一边仍旧摆放鸡蛋，一边慢条斯理地说：“这并没有什么了不起的，还有比这更危险的呢！”晋灵公一听，更感兴趣了，说道：“好，寡人非常想看一下，你快表演！”此时荀息却并没有做什么更危险的表演，而是突然立定身子，无限沉痛地说：“启禀大王，请容我说几句话，臣死而无悔。您下令建造九层高台，劳民伤财，长达三年还未成功。现在，国内已经没有男人耕地、女人织布了；国家的仓库也已经空虚，如此一来，一旦邻国来侵犯，我们没有足够的物资来打赢战争。这样下去，国家迟早要灭亡。现在我们的国家，就正如眼前的累卵一样危险啊，请大王三思而行！”说完泪洒衣襟。

经荀息这么一比喻，晋灵公也马上意识到了自己的错误，再看荀息如此恳切的态度，便叹口气说：“原来我的过失竟然严重到这步田地啊！”于是，便停止了高台的建造。

在这个故事里，荀息之所以能够让晋灵公从执迷中清醒过来，便是因为他借用了一种形象思维，借累卵来比喻晋国形势，使得晋灵公对建造高台的危害理解得更加透彻，而这也正是形象思维的妙处所在。

286

丘吉尔说：“我也能！”

在这个故事里，丘吉尔便是使用了迂回思维方式。他用这样一种方式告诉对方，如果自己因为他的保证而告诉了他这个秘密，那么遇到同样的情况，即别人同样向他做出严肃的保证时，他不是会同样将秘密告诉下一个人吗？在这里，丘吉尔正是使用形象化的手段，先是站在了对方的立场上进行思考，并使对方也站在了自己的立场上进行思考，其高明之处便在于通过将枯燥的说教给情景化的方式，巧妙地将自己的逻辑展示给了对方，由此让对方对事情的本质一目了然。这正是形象思维的妙处。

287

木马进城的那天晚上，有个黑影趁人们都睡着了的时候，瞧瞧爬上城墙，向海面上发出信号光，然后他又跳下城墙，跑到木马前，敲了敲木马的腿。那个人就是赛农。接着，20多名全副武装的希腊士兵从木马里爬出来，快速跑向城门，并把城门打开，城外黑压压的希腊士兵一拥而入。这就是奥德修斯的那条计策——迂回取胜。

288

宋通判采用的就是死而后生之计，他给小娇喝的不是毒药，而只是一种麻醉药。小娇的死是他故意安排的，为的是考验三个男人的诚心。从思维上讲，宋通判用的是一种迂回思维。

289

曹冲先用剪刀在自己漂亮的衣服上剪了几个窟窿，装成被老鼠咬破的样子。然后带着库吏来到曹操门前，他让库吏在门外等着，听到他的信号再进屋。“父亲，你看看都怪我不好，这么漂亮的衣服，被老鼠咬了几个大洞。以后，再也不能穿了，我真是犯了大错了呀。”曹冲带着哭腔对曹操说。曹操听了，哈哈大笑，摸着儿子的脑袋说：“是老鼠咬破了衣服，该怪老鼠呀，怎么能怪你呢？好了，别难过了，过一会儿我叫人再给你做一件衣服。”曹冲笑着说：“对，都怪老鼠不好。我一定要抓住老鼠，好好教训教训它。”说着，曹冲使劲咳嗽了几声。库吏听到曹冲的暗号，赶紧把自己绑了，来见曹操，他哭丧着脸说：“对不起，丞相，是我工作失职，您心爱的马鞍被老鼠咬破了，所以我来请求您惩罚我。”曹操听了，顿时心疼起来，他沉下脸刚要发火。曹冲赶紧说：“父亲，最近老鼠真是太猖獗了，得想办法捕灭老鼠才行呀。”曹操醒悟过来，明白这事不能怪库吏，就摆摆手说：“好了，我知道了，去想办法捕灭老鼠吧。”库吏跪谢了曹操，又过来找曹冲，千恩万谢了一番。

曹操出于对儿子的疼爱，才安慰曹冲，让曹冲不要在意被老鼠咬坏了东西。没想到，这个正是曹冲的一个小圈套，曹操无意说出的话，其实成为一个标准，处理同一类的事情，当然都要按照这样的标准来执行了，所以，当库吏过来请罪的时候，曹操也只好免去了他的罪过。

290

先生的题目是够刁钻的，怎样才能得到先生的允许出了庄门呢？学生们各显神通，但是都是先生预料之中的答案，这些当然不能让先生满意了，要想顺利毕业，只能突破常规的思维，给先生来个出其不意——

诸葛亮跑进屋里大声质问先生：“你这个刻薄的先生，想出这样的刁钻题目来故意难为我们，三年以来，我们光阴虚度，现在你还不让我们出师，还想再浪费我们的时间呀？我不认你这个师父了，还我三年学费！”先生听到诸葛亮说出这样绝情的话，再看他一脸愤怒的样子，没有作假的痕迹，顿时气得浑身发抖，立即叫学生把他赶出水镜庄。诸葛亮依然不依不饶，连声讨要学费，好歹被学生们拉出了水镜庄。来到庄外，诸葛亮立即从路边捡起一根荆棘，背在身上，又跑回庄内，跪倒在先生面前，赔罪说："先生，弟子为了考试，无奈冒犯恩师，实在是大逆不道，弟子甘愿受罚！"说着，从后背解下荆棘送给水镜先生。先生立刻明白了，他非但没有生诸葛亮的气，还高兴地拉起诸葛亮，对他说："你的能力已经胜过了为师，可以出师了。"

诸葛亮没有编造理由出庄，而是怒斥题目的刁钻，继而冤枉先生浪费了自己三年的光阴，把一场假戏演得像真的一样。满腹委屈的先生，顾不得自己的题目了，愤怒地把诸葛亮赶出了庄园。

291

当然了。

夫妻俩把宋湘的对联贴到了小店的门上，顿时蓬荜生辉，非常引人注目。附近的秀才见了，就过来鉴赏，可是，却发现"心"字少了一点，就问是谁写的。夫妻俩据实相告。"想不到著名才子宋湘，居然连'心'都不会写，实在是奇闻啊！"秀才大笑出门去，把这件事四处宣扬。一传十，十传百，听到这个消息的各式各样的人，都过来观赏，顿时小店门前热闹起来，小店的生意也红火起来了，本来大家是来看宋湘笑话的，却忍不住赞美起小店的点心来，都说："果然是上等点心！"如此一来，"上等点心"的名声越来越大，小店的生意也越来越红火，没过多久就重新翻盖了一栋气派的酒店。过了很久，夫妻俩才明白宋湘的一片苦心，宋湘少了一个点的"心"字，正是他独具匠心之处啊。宋湘其实是利用自己的名声，给小店做了一个广告。

292

费尽心血完成的著作，却没有人理会，其实只要人们能稍微留意，就会发现这确实是一部意义深刻的好书。但是，令人沮丧的是，忙忙碌碌的人们，根本不会注意到那本默默无闻的好书，所以，当前最重要的任务就是让人们注意到它——

第二天，各大报纸都在醒目的位置刊登了一条征婚广告："本人喜欢音乐和运动，是个年轻又有教养的百万富翁。希望能和毛姆小说中主角完全一样的女性结婚。"未婚的女士读者们，甚至来不及看第二遍广告，就冲进书店，四处搜索毛姆的小说。她们想立即知道，自己是不是年轻富豪所要找的目标。而男士朋友们也不甘落后，想了解一下令富豪痴迷的完美女士，到底是什么样的。三天以后，毛姆的小说销售殆尽，而购书的读者依然数量不减，书店的工作人员只好抱歉地说："书已经脱销三次了！现在正在向出版社增订呢。"

毛姆利用少女们渴望美满爱情的心理，和男士们好奇的心理，成功地实现了自己的目的。

293

孔子仔细想了想那位妇女有些神秘的话：密尔思之，思之密尔，'密'难道是蜂蜜的蜜？哦，孔子恍然大悟，终于明白了那位妇女的意思。孔子回头抓了一只蚂蚁，在蚂蚁的身上系上一根细线，把蚂蚁放在珠孔的一端，在珠孔的另一端涂上蜂蜜引诱蚂蚁，果然蚂蚁禁不住诱惑，带着细线，穿过了珠孔。这样就顺利地给珍珠串上线了。孔子把串上线的珍珠扔给流氓们，然后扬长而去了。流氓们拿着珍珠目瞪口呆，怎么也想不到小小的蚂蚁居然帮了孔子一个大忙。

294

次日一早，萨克斯如约来到白宫。刚在餐厅前坐定，还没等他开口，罗斯福便抢先说道："今天不谈爱因斯坦的信，一句也不提，明白吗？"

萨克斯对此已经有所准备，他只是微微一笑，并点了点头，然后他装作漫不经心地对罗斯福说道："好的，我一句也不谈。不过，我想您不会介意我谈一谈历史吧！众所周知，当年拿破仑的军队横扫欧洲大陆，无人能抵挡，但是，他虽然很想，却唯独没有征服英伦三岛，你知道这是为什么吗？"

罗斯福作为一个政治家，对于这个问题自然是十分感兴趣的，不禁两眼聚精会神地盯着萨克斯，等待他接下来的解说。

萨克斯于是清了下嗓子，便

继续道：“当年英法战争期间，拿破仑的军队虽然在陆地上所向披靡，但是在海上与英军作战时却是屡战屡败。鉴于此，当年美国发明蒸汽机船的科学家富尔顿曾经前来专程拜见过拿破仑，他建议拿破仑砍掉桅杆，撤去风帆，用钢板代替木板，然后装上蒸汽机，这样就可以大大提高船速和船的战斗力。当然从我们今天的眼光看来，拿破仑如果采用了这种蒸汽机船，英国海军也就不堪一击了。但是，在当时的拿破仑看来，这完全是个笑话，他训斥富尔顿道：没有帆的船怎么能航行，把木板换成钢板，船还不沉到海底去，这不是天大的笑话吗！最后把富尔顿当作一个来自美国的大骗子给赶了出去。

“总统先生，请您想一下，如果拿破仑当初肯冷静下来认真考虑一下富尔顿的建议，结果会如何？19世纪的历史必将重写！”萨克斯停顿了一下后严肃地看着罗斯福说道。

罗斯福听到这里，便陷入了沉默，几分钟后，他拿出一瓶法国白兰地，给萨克斯和自己斟上一杯，然后举杯说道：“你胜利了，我不会犯拿破仑的错误！”

295

阿南·拉西勒斯见到乔治六世后，没有直接对其陈述利害，而是从另一个角度说道：“国王陛下，我听说您明天要和首相一起前去观看诺曼底登陆，这的确是件令人兴奋的事情。不过，作为您的秘书，我有必要提醒您，在您临走之前，您是不是应该对伊丽莎白公主交代一些事情。因为万一您和首相同时遭遇不测，王位由谁来继承？首相的人选是谁？”

听到阿南·拉西勒斯的话，正在兴头上的乔治六世像是被兜头泼了一盆凉水。他立刻清醒地意识到自己和首相的想法都实在是过于不负责任了，只考虑了个人的浪漫和荣誉，而完全忘记了自己对于国家所负的责任。于是，他立刻给首相丘吉尔写信，他解释说自己虽然很想像古代国王那样，亲自率领英军作战。但是从目前的情况来看，这样做不仅对国家无益，反而是极不负责任的做法。因此宣称自己收回成命。并且，他也劝首相不要这样做。丘吉尔最终也接受了他的劝告。

296

郑板桥将财主打发走后，便将穷公子找来，问道："你愿意解除婚约吗？"穷公子流着泪说道："学生自然不愿，这是家父当初为学生定下的婚姻。俗话说，父母之命，媒妁之言。我也并非贪图他家钱财，只是觉得这是父母当初定下的婚姻，想要给九泉之下的父母一个交代罢了!"郑板桥听这年轻人说得有礼有节，条理清晰，便更加欣赏他了，于是对他说道："现在你的岳父之所赖账，是因为你无钱无势。现在我将他送给我的一千两银子转送给你，你就不穷了；我认了他的女儿为干女儿，你们成亲后，以后你就是我的干女婿了，你也就有势了。他也就没有理由解除婚约了。不过，我之所以这么帮你，也是因为看你人品不错，又有才学，将来肯定不会久居人下。你可不要辜负我和我的干女儿啊！"穷公子一听，又喜又感激，立刻给郑板桥口头谢恩，并保证一定努力上进，不辜负郑板桥和他的干女儿。

接下来，郑板桥又将财主以及他的女儿找来，对财主女儿说："好了，你现在是我的干女儿，可要听从我的安排啊！"

财主女儿点点头。财主更是在一旁奉承："那是当然，那是当然！"

然后，郑板桥便叫来了穷公子，对财主说："现在，你这个女婿有了一千两银子，也不算很穷了。与小姐成婚后，就是我的干女婿，也算是有势了。这下你没有理由解除婚约了吧。况且，几个月后就是秋闱了，到时他一旦考中，更少不了高官厚禄，你这个岳父还有什么不满意的呢！"

财主这才知道，自己完全上了郑板桥的当了，这等于是自己搭了一千两银子嫁女儿。不过想想郑板桥的话也不无道理，这个女婿眼下虽然穷，倒也的确有些才学，是个上进之人。于是，财主便答应了这门亲事。

最后，郑板桥因怕财主反悔，便说道："俗话说，择日不如撞日，我看就在今天我亲自为你们主持婚礼！"

财主也答应了。巧的是，

这年秋闱，这个穷公子还真考中了，于是财主以及小夫妻三人对郑板桥都十分感激。

297

这个记者故意自言自语地说："想不到这里如今还在用锄头开垦土地呢！"

"胡说！"坐在一旁的胡佛一听，对于这位对美国农业"毫不了解"的记者感到十分愤怒，"这里早就用现代化的方法来进行垦伐了！"接着他便大谈特谈起美国的垦殖问题来了。就这样，这位记者达到了自己的目的。不久，一篇内容详尽的《胡佛谈美国农业垦殖问题》的新闻报道就见了报。

298

原来，甘茂听说了这一消息后，立刻前去拜见秦武王，祝贺秦武王得到了新的宰相。

秦武王一听，吃了一惊，这件事自己只和公孙衍提过，于是问甘茂是从何处得知这一消息的。甘茂便称是公孙衍说的。秦武王一听，感到十分恼火，觉得公孙衍这人沉不住气，不可靠，便将他流放了，并重新倚重于甘茂。

299

东方朔和方士一起来到了宫里后，声称自己已经上过天了，有方士作证，说罢示意方士证明。方士深恐别人指责他没有道术，于是便绘声绘色地向汉武帝描述了自己和东方朔一起在"天上腾云驾雾"的经历。不仅如此，为了证明自己的道术高明，他还添油加醋，说得神乎其神，还将与天神见面的场面说得十分真切。

没想到等方士说完，东方朔又反过来将老底兜了出来，对汉武帝从头到尾地讲述了事情的真实情况。最后告诉汉武帝："这下您明白这些方士是些什么人了吧？"汉武帝一听，便不再信任这帮方士了，也明白了根本不存在什么不死之药。

在这个故事里，东方朔从一开始便抱定了"项庄舞剑，意在沛公"的心思。他从拆穿方士骗人嘴脸的角度，使得汉武帝不再信任那帮方士，进而也就不再相信不死之药这回事，这是一种巧妙的迂回思维。

300

诸葛亮到达东吴后，首先便

是前来拜访周瑜。寒暄之后，周瑜问诸葛亮有何办法抵抗曹操。“曹操来势汹汹，兵多将广，其本人又善于用兵，硬拼恐怕难以抵挡。”诸葛亮假意沉思说道，“不过，愚倒有一计：只需派遣一名使者，送两个人给曹操，曹操得到这两个人后，定会引领百万大军北还。”

周瑜一听，很是好奇，问道：“哪两个人，有如此大的作用？”

诸葛亮于是捋着胡须煞有介事地说道：“我尚在南阳隆中居住的时候，听说曹操曾在漳河之上建造了一座铜雀台，很是雄伟宏壮。曹操自称要搜集天下美女，置于台上，以供自己晚年享乐。那曹操一向是个好色之徒，他听说江东乔公有两个女儿，大女儿名叫大乔，小女儿名叫小乔，两人均有沉鱼落雁之容。因此，曹操曾经当众对文武大臣说过，他此生有两个愿望，一个便是荡平天下，统一海内；第二个便是得到江东二乔，将其安置于铜雀台上，此生死而无憾了。如今曹操雄兵百万，陈列江东，表面上是虎视江南，实则只是想得到二乔而已。因此，将军何不派人前去找到乔公，花重金买得此二女，送与曹操。岂不是简单！”

周瑜听罢，隐忍发问道：“你说曹操想要得到二乔，可有什么凭证？”

诸葛亮假意一本正经地说：“如果是子虚乌有，我也不敢到将军面前献此计。曹操的儿子曹植素有才华，当初铜雀台落成之际，他便曾奉父命作了一赋，名曰《铜雀台赋》。在该赋中，便表露他曹家要当天子，同时又想得到二乔的愿望。”

“先生可还记得此赋内容？”周瑜阴着脸问道。

“我因喜爱此赋文辞，曾熟读此赋，因此已能背下。”诸葛亮说罢，便背诵其该赋来。当背诵到“立双台于左右兮，有玉龙与金凤。连二桥于东西兮，若长空之蝃蝀”几句时，诸葛亮舌头一转，将其改成了“立双台于左右兮，有玉龙与金凤。揽二乔于东南兮，乐朝夕之与共”。

周瑜一听到此句，勃然大怒，站起来指着北方大骂道：

“老贼欺我太甚！”

诸葛亮假意问道：“从前匈奴人侵犯我汉朝边境，汉天子曾将自己的公主送与对方和亲，将军又何惜两个民间女子呢？”

周瑜于是说道：“先生有所不知，这大乔是先主孙策将军的主妇，小乔则是我周瑜的妻子。”

诸葛亮此时立刻装出一副惶恐的样子，连连谢罪：“我实在不知，刚刚失口胡言，实在是死罪！死罪！”

周瑜此时怒气还未消，仍旧说道：“我周瑜一向就有心北伐，如今曹操公然南下犯我，我定然与老贼拼个鱼死网破。望先生能助我一臂之力，攻破曹贼！”

“如蒙将军不弃，愚愿效犬马之劳，早晚听从将军差遣！”

于是，在周瑜和诸葛亮对孙权的共同说服下，孙权同意与刘备结盟，共破曹操。

301

启疆接着上面的话说道：“……只是我们大王觉得给了这个，那个不高兴，容易引起大国之间的仇怨，所以才谁也没给。没想到这张弓最终让您得到了，所以我才对您表示恭贺。现在您既然得到了这张宝弓，可一定要保护好啊，千万别让那三个大国知道了。否则他们可能会以索要大屈弓为名，讨伐鲁国。”鲁昭公一听，害怕因此弓招致三个大国的嫉恨，遭到进攻，便将弓还给了楚王。

在故事中，启疆是用了一种迂回思维，要回了大屈弓。不过，启疆的迂回思维用得并不高明，因为后来，鲁昭公也明白了楚王只是因为小家子气才讨回了弓，十分生气，临走时将楚王送给他的东西都丢进了水里。这是后话了。

302

张大爷说道：“哎呀，我终于找到你的声音啦！”

303

原来，老宰相正是想借此试探属下的忠奸。从此以后，老宰相便有意地疏远起那些附和他的人了。

304

新知府呵斥盗贼道：“别人都说你狡诈，果然是不错。这三天来，我故意重复问你同一个问题，可是每天你的回答都不一样。对于这些家常小事，你尚且撒谎，在你犯罪这样重大问题上，你如何让人信你的话！现在你撒谎的记录已经明确记录在案，对于你这样的狠毒狡诈之徒，我现在就是将你当堂打死，到时也可用这个记录交代上级，得到理解，而不会受到责怪。现在你如不老实招供，我立刻就用大刑伺候你！”说罢，便喝令衙役用刑。强盗一看，顿时服软，表示愿意交代，并在书面上保证永不再翻供。

新知府之所以能够令强盗服软，便是他先迂回地证明了强盗狡诈、没有信用的本性，使得强盗心服口服，心理防线崩溃，进而老实交代了罪行。

305

魏敬接下来问魏王的问题是:“假如秦国这次派遣许绾前来的目的是索要黄河以北的土地，那么您会给秦国吗？”魏王回答：“不会给。”魏敬说道：“魏国黄河以北地区在三者中最不重要，您自身在三者中最为重要。秦国索要最最不重要的，您不给，索要最重要的，您却答应了。我对此很不理解！”

306

这天，光武帝在招待群臣的宴席上，又叫桓谭弹琴助兴。这时宋弘离开座席，脱掉官帽，对光武帝谢罪道：“臣向陛下请罪！”光武帝一愣，问他何罪，宋弘说道：“我举荐桓谭的目的，是希望他用忠正之道辅佐君主，治理天下。而他却使您爱上了凡俗的音乐，这都是我的罪过！”光武帝一听，就认识到了自己的错误，给了桓谭正式的官职。

在这里，宋弘本来意在指责光武帝的错误，在表面上却变成了责备自己，最终巧妙地使光武帝认识到了自己的错误，这是一种典型的迂回思维。

307

魏征说：“臣以为陛下是在观献陵（唐高祖李渊的陵墓）呢！原来是昭陵，那臣早就看见它了！”

308

长孙皇后对唐太宗说：“陛下，我之所以给您道喜，是因为我听说‘主明臣直’。只有皇帝英明了，大臣才敢直言诤谏；如果皇帝昏聩，周围的人便会是一些阿谀奉承之徒。如今我看到魏征敢于当面提出您的缺点，甚至惹得您发怒，这正说明我们大唐有英明的皇帝，同时又有魏征这样的刚直之臣，实乃我大唐之福，我如何能不祝贺呢！”

实际上，长孙皇后的这番话便是在拐弯抹角地为魏征求情，同时也是在拐弯抹角地奉劝唐太宗要像以前那样虚心纳谏。通过这样一种方式迂回地说出来，显然令唐太宗更容易接受。

309

赵普反问宋太祖道：“周世宗待陛下如何？您为何会背负他呢？”

通过历史我们知道，赵匡胤当年就为周世宗所器重，但他还是借周世宗之子柴宗年幼之机，夺了后周天下。赵普以此提醒赵匡胤，虽说绕了弯子，却自然更令他信服。

310

“老师您想一下，”王揖唐解释道，“袁世凯如果真要杀您，他早就动手了，何必将您幽禁这么长时间？其实，他也不是不想杀您，但是，他是不敢啊！袁世凯这个人我是十分了解，其狡诈正像曹操一样，他是不想留下杀士的千秋万代骂名啊！而如果您自己绝食而死，则他既解决了心头之患，又不用落下骂名。因此老师您是用自己的性命成全了袁世凯啊！”

章炳麟一听，便立刻开始进餐了。

311

林肯说道：“证人一口咬定是在10月18日的晚上11点清楚地看到了被告的脸。我请大家想一想，10月18日那天正是上弦月，晚上11时月亮已经落下去了，哪里还有月光？即使退一步说，证人所记的时间不够准确，就算将他时间提前一些。请诸位想象一下，当时的月光是从西往东照，草垛在大树的东边，如果被告的脸正对着草堆，他脸上显然是不可能有月光的，证人又是如何凭借月光看清被告的脸的？”

在故事中，林肯面对对方的谎言，没有直接进行驳斥，而是先逗引着对方将话说完，将自己的错误完整地暴露出来，以免其在后来抵赖。最后，林肯再运用严密的逻辑使得对方哑口无言。这里，林肯所用的也是一种迂回思维。

312

图书管理员让两位争执的读者坐下，然后快步走到走廊，把走廊里的窗户打开了一扇，这样，一个看似无法解决的矛盾便迎刃而解了。

其实，许多事情都是如此，正面看似无法解决，绕一个小弯，便十分轻松地解决了。

313

孙宝充命人到街上其他货郎那里买来一枚油炸馓子，当众称出重量，然后再叫人将王二的碎掉的馓子捧起来称出重量。然后，再将两者进行相除，即得出了王二的馓子数量。原来，总共只有120枚而已，王二脸红着接过青年赔的钱，向孙宝充道谢后离去。

这里，从正面看，馓子碎了，要想数出其个数，似乎是根本不可能的事情。但是，如果能绕着弯子想一下，办法是如此简单。孙宝充之所以能解决这个问题，便是因为他利用了一种迂回思维。

314

神甫在盒子里放了一只老鼠。两人打开盒子，看到老鼠后，认为这就是神甫的答案，于是都迫不及待地扑上去想捉住神甫的“答案”。但老鼠一下子钻进洞里不见了。两个傻瓜一看自己让神甫的“答案”跑掉了，便不得不承认自己是真的傻瓜。

315

智者这次对妇女说：“好了，现在你回家去，不要让母牛再住在里面了，一个星期后来找我。”妇女于是回去了。一个星期后，她来到智者家里告诉智者：“我按照你的办法做了之后，现在情况好多了！”然后，智者又告诉她：“嗯，很好，现在你回去，也不要再让那些鸭子住在屋里了，一个星期后再来找我。”于是妇女回去了。一个星期后，她很高兴地告诉智者：“现在，我和丈夫、孩子以及公婆都十分安乐地生活起来了。”

316

过了一星期，富翁的儿子回来了。其实，他自己攒了一些私房钱，他出去的这一星期，不过是到城镇里租了个旅馆住下来，然后白天在城镇里游玩，晚上回旅馆睡觉而已。一星期后，他玩腻了，便带着一块钱的硬币回到了家里。他将这一块钱递给了父亲，谎称这是他在伐木场伐木挣来的。但是，没想到父亲只是看了他一眼，便将这一块钱扔进了壁炉里，然后说："这钱不是你挣的。"儿子也不明白父亲为什么只看了一眼自己的钱就识破了自己的诡计。也不敢多问，他又出门了。

这次富翁的儿子同样是老办法，又是到城镇里玩了一星期，将自己的钱都玩没了，最后他只留下了一块钱的硬币，又带着回家了。路上，他心想，父亲之所以一眼看出来钱不是自己挣的，可能是因为自己身上太干净了，又没有一点疲惫的样子。所以，这次，他回家没有像上次那样坐车，而是徒步回家，并且还故意绕了远路，又故意将自己饿了一顿，使得自己看上去又累又疲惫。回到家后，他又将自己这最后的一块钱交给了父亲，谎称这是自己在农场给人干活挣来的。但是，没想到的是，父亲仍是看了一眼自己，然后便又将钱扔进了壁炉，并同样说道："这钱不是你挣的。"儿子一听，感到奇怪的同时又感到很沮丧。看来，是骗不了父亲了，他又出门了。

不过，这次他决定自己真的去挣一块钱交给父亲，况且，他的私房钱已经花光了，要想吃饭，他也不得不去自己挣钱。最后，他来到了一户农家，帮人家干家务，劈柴、挑水、割草，整整干了两天，累得身体快散了架，才赚到了一点零钱。第二天，他又来到了一个铁匠铺，帮铁匠拉了两天风箱，两只胳膊痛得快掉下来似的，又赚了一点零钱。因为他只是个少年，挣的钱本来就不多，再加上自己的吃饭用度，几天下来，他剩下的钱还是不够一块。于是，他牙一咬，还真的到一个伐木场，伐了两天木材。这样，他才最终凑够了一块钱的零钱，并将它们换成了一个硬币，带着它高兴地回家了。

这次，他是充满骄傲地将一块钱递给了父亲。没想到父亲又是同样的举动，看了一眼自己后再次将钱扔进了壁炉，并说这钱不是儿子挣的。这下，儿子急了，立刻打开壁炉，用铲子将里面的灰烬都挖出来，然后从中艰难地找到那个硬币，小心翼翼地将它吹干净。看着父亲说道："爸爸，这次这一块钱真的是我挣的！"

这时，富翁笑了，对儿子说道："这次我信了！"接下来父亲又解释道，"只有你自己用汗水挣来的钱你才会珍惜啊！上两次我其实并不知道那钱不是你挣的，只是我将钱扔进壁炉后，你没反应，我才知道那钱不是你挣的。而这次，从你对这一块钱的爱惜中，我相信了这一块钱是你挣的了。现在，你该知道挣钱的艰辛了吧！"儿子信服地点了点头。

317

原来，徐县令提前在面条里放了呕吐药。两人刚吃完面条，便感到腹中一阵难受，当场将胃里的东西吐了出来。徐县令命衙役上前查看两人各自吐出的都是什么，衙役回禀，婆婆吐的都是面条和鱼肉，而媳妇吐的都是面条和青菜萝卜。这时，徐县令将惊堂木一拍呵斥道："大胆刁老太太，分明是你自己虐待媳妇，却反过来倒打一耙，诬告媳妇。本官若不看你上了年纪，今天又是生日，决不饶你！回去后好生对待你的媳妇，若再有刻毒行径，本官定然连这次的账和你一起算。"老太太一听，便羞红着脸，灰溜溜地和媳妇一起回去了。

318

钱学森的办法就是，在他做报告时，故意将话讲错，并且错得非常明显，是一些常识性的错误。几次之后，有个同事终于忍不住了，主动站起来说道："钱所长，您这样讲恐怕不对吧？"钱学森听到后，高兴地说;"好极了，终于有人肯反驳我了！"

这时，大家也都明白了钱学森的意思，从此，都敢于和钱学森争论问题了。

319

原来，读书人进了县衙后对县令说："大人，您新到任，对这里的情况恐怕不熟悉。这里的盗贼很多，因此我想请您下令，让家家户户都养狗。这样，盗贼一来，狗就会叫唤，久而久之，盗贼也就不敢来了！"

县令一听，点了点头说道：

"如果真是这样，你说的有道理。这么说我的府里也得养几条狗了，可是，一时之间这狗还不好找呢！"

读书人便回道："这个简单，我家里便养了一群狗，如果大人需要，我改天送几条到您府上便是！我家的狗还比较特别呢，它们的叫声和其他的狗还不太一样！"

县令好奇地问："怎么个叫法呢？"

读书人回道："是恸恸、恸恸地叫！"

县令便说："这样看来，你家的狗并非是什么好狗，恸恸叫的狗不好，好狗的叫声是汪汪、汪汪的！"边说县令边学起狗叫来了。

320

植物学家让布兰科把自己罕见的花卉种子无偿地送给了邻居们，大家一起来种这种名贵的花卉，从而就避免了被本地花粉所"污染"。其实这也就是所谓的"资源共享"。

许多时候，自己想得到好处，首先要让别人得到好处，然后好处才会"回过头来"眷顾自己，这是一种迂回思维。

321

"芭比策略"的实质其实是"诱敌术"，也就是变着法子掏消费者的钱。在现代的经销概念里面，经营者为消费者设置了环环相扣的营销计划。经营者先用很低廉的价格与漂亮的娃娃抓住了父母的眼睛。当他们把这个礼物送给孩子的时候其实正在一步步走进他们设置的圈套。从思维上来讲，"芭比策略"所体现的乃是一种迂回思维。

322

图德拉首先来到西班牙，那里的造船厂因为没有订货任务而在发愁。在这个时候，图德拉告诉他们："假如你们能够向我订购2亿美元的牛肉，我就可以向你们订购建造一艘2亿美元超级游艇的任务。"

这样的一个条件，西班牙人当然乐意接受了。就这样，他成功地将阿根廷过剩的牛肉卖给了西班牙人，并且从西班牙订购了一艘2亿美元的超级游艇。

回到自己的国家之后，图德拉立即找到了一家石油公司，用购买2亿美元丁烷作为交换条件，让石油公司租用他从西班牙订购的那艘超级游艇。

通过以上一系列的活动，图德拉精心设计了一个连环计，通过这一计，他成功地将两条风马牛不相及的事情联系到了一起，并且自己还从中获得了丰厚的利润。这里，图德拉体现出了一种巧妙的迂回思维。

323

明成祖到工地以后，他先叫人从别处运来土把龟埋起来，然后顺着土坡将碑拉上去，等到碑建好了之后，再将土去掉。这样就成功地把那座石碑弄到了龟的背上。

其实这就是古时候建筑上经常会使用的一种方法"推土法"。这个办法运用的就是一种"迂回思维"。这种思维办法就是借助另外的一种力量去解决问题，看似无法解决的问题，通过第三方的力量就会变得容易多了。迂回思维就是利用、改变或者自己创造适合的条件，间接地作用于事物上面，从而达到顺利解决问题的目的。这种办法在平时的生活工作中也偶尔会有遇到，我们应该学着利用这种思维方法去处理一些生活中遇到的难题。

324

格林想到的办法是改变一下妻子对于钓鱼的态度：

广告刊登出去的第一周，路易斯收到了来自不同地方的5位不同笔迹女性的来信，她们都说平时特别喜欢吃鱼，她们愿意出2倍的价钱从路易斯那里买下约翰先生。

第二周，先后又有不同地方不同姓名不同口音的10位寡妇打来电话说她们居室非常小，只放得下一张双人床，所以正想找一个不喜欢回家的丈夫，她们愿意出3倍的价格买下约翰先生。

第三周，又有15位"狩猎爱好俱乐部"的会员美女表示：因为和约翰有着相同的爱好，所以愿意出10倍的价钱买下约翰先生。她们说能和志同道合的人一起每天去钓鱼，那么将是这辈子最幸福的事情。

第四周，路易斯在家门口捡到了一张约翰和一位年轻貌美的女子的合影。照片上的他们依偎在河边钓鱼感觉非常甜蜜。

路易斯此时感觉到了事情的

严重性，于是赶紧去撤销了“出售丈夫”的广告。接着她特意去买了一些关于钓鱼和狩猎方面的书，然后跟随丈夫约翰先生一起去钓鱼狩猎，寸步不离丈夫。一场濒临破亡的婚姻就这么被挽救回来了。

325

薛礼先放出了第一批麻雀，它们爪子上面带的是硫黄和火药；紧接着，他又命令把第二批爪子上拴着点燃的香头的麻雀也放了出来。这些麻雀一样飞到了城里的草垛上面觅食，不一会儿，它们带来的香头就把装着硫黄和火药的小袋子点燃了。

很快城里的草垛就这样燃起了熊熊大火，而敌军此时根本就不知道什么原因让草垛着了起来。薛礼抓住了这个好的时机，带领士兵一举攻进了城里，结果大获全胜。

326

这位服务员非常亲切地拿着那个精致的小匣子走到了外宾身边，很有礼貌地用英文对外宾说：“先生，你好！非常感谢您选择了我们饭店用餐。我们发现你在用餐的时候对我们的景泰蓝筷子非常感兴趣。景泰蓝筷子是我国精美工艺品之一，非常感谢您对它的赏识。为了表达我们的感激之情，经我们值班经理的批准，我代表我们酒店将一双制作精美、做工精细，并且经过严格消毒的景泰蓝筷子赠送与您，这是特意盛放筷子的小匣子，请您收下！”

服务员边说边递上那个精美的小匣子，然后接着对外宾说：“按照我们酒店的规定，我们将以最‘优惠价格’记在您的账上，您看这样可以吗？”

外宾听了服务员这么有礼貌的话之后，立即明白话外之音，于是首先和服务员表达了自己的感激之情，然后很不好意思地对服务员说：“真是不好意思，刚才多喝了几杯酒，有点晕了，居然将筷子放到了包里。”这样外宾就找到了一个台阶下。接着就赶紧从包里把那双筷子放到餐桌上面，然后大家同时笑了起来，事情就这样在一种和谐的氛围下被解决。

327

帅克知道与警察打的那个赌，无论是谁都不会赢，因为人不会在一夜之间长出一只尾巴。所以当他和警察打完赌之后，就跑到了警察的父亲、舅舅、叔叔面前和他们打赌说警察会愿意让帅克摸屁股，他们当然不会相信，于是每个人都赌了100元钱。

当警察让帅克摸了屁股之后，帅克就一下子赢了300元钱，虽然最后输给了警察100元，但是最后自己依旧是赢家，而且他还让警察在亲人面前丢了脸。由此，我们也明白了，帅克之所以打赌老是赢，并不是因为他运气好，而是因为他善于动脑筋。

328

查尔斯是这样说的：“一般情况下，我是不会轻易向别人道歉的。但这一次，确实是我错了。我原以为艾尔弗雷特的诗是从书上偷来的，但是，当我找到那本书的时候，我发现，那首诗依然在那里，他并没有被偷走，所以，我就决定向你道歉了！”

很明显，查尔斯的道歉不是真的道歉，而是在讽刺艾尔弗雷特。对于这种厚颜无耻的人，讽刺才是最好、最有利的反击。

329

学者拿着A国货币的100元在A国购买了10元的东西，在找钱的时候，他说自己要去B国，要求商家找给他B国的货币。因为A国的90元等于B国的100元，所以找给他的应该是B国的100元，这样他就有了200元B国的货币。在B国用同样的办法去买东西，如此往复，他自然就会发大财了。

330

管仲这样做，是为了让楚人全都进山捕鹿，以至楚国的田地荒芜，无人耕种，到那时候，楚国就会出现大饥荒，然后大兵压境，还怕楚国不降吗？果然，管仲的策略起到了效果，两年之后，楚国果真出现了粮荒，面对齐国的进攻，楚王只好示好称臣。

管仲通过看起来毫不相干的买鹿行为，达到了迫使楚国称臣的目的，这是一种典型的迂回思维。

331

好友按大臣的吩咐把信交给了太守。太守一看是罪臣的信，当然不敢私自交给他的家人，于是就转呈给了皇帝，皇帝打开信一看，信的大意是劝说家人要忠心于皇帝，自己虽被流放，却没有一丝怨恨，而对皇帝往日的恩情一直念念不忘。皇帝看到这封信，自然很感动，就把他又召了回来。

332

和尚对农民说：“看到你们早上同出，晚上同归，一块吃饭，一起干活，有说有笑，恩恩爱爱，我羡慕得都准备还俗了，你怎么反过来想做和尚呀？”

原来，这一切都是农民妻子预料好的，她看自己的丈夫想要出家，心想如果直接阻拦，丈夫可能态度更加坚决。同时他知道，丈夫要拜在和尚庙里出家，首先要经过和尚的同意。于是，她便故意表现得和丈夫很恩爱，以让和尚看到。果然如她所料，和尚羡慕起了他们，劝阻了她的丈夫。另外，她知道，即使和尚不羡慕他们，在看到他们的恩爱情形后，出于出家人的慈悲，也一定会尽力劝阻丈夫出家的。

333

主管说：“最近，我发现年轻的女职工中有人说话有点随便，有损公司的形象，请你代我转告一下好吗？”

主管充分尊重了职工的自尊心，只是让女职员转告其他女职员，但是，女职员肯定也知道主管也是在委婉地说自己。这样一来，既保留了和气，也收到了效果，一举两得。

334

原来商人在店前登了一个告示，上面写了一些欠款人的名字以及所欠的数额。其实，这些人名都是虚构的，那些真正欠钱的人一个都没有登上。这样一来，每一个欠商人钱的人都觉得商人因为跟自己的关系铁，故意给自己留了面子，于是都很感谢商人，并把借的钱还了。

催债确实是个麻烦事，如果硬催，很有可能会伤了感情，断了情谊；但有时又不能不催。那么，就迂回一下，看似麻烦的问题便瞬间解决了。

335

厂商们面对一扇紧闭的“大门”，没有直接去推销自己的产品，而是顺应学校方面希望学生积极学习的心理，采用奖励成绩好的学生的方法，得到了学校的同意，打开突破口。然后，又一步步地扩大战果，自然而然地将这学校的禁令给化解掉了。

336

约瑟夫的花生米里面放了盐，人们吃完花生米之后，不一会儿就会感觉到口渴，这个时候约瑟夫就把自己早就准备好的柠檬水拿出来了，转眼之间，约瑟夫的柠檬水就卖光了。

这样下来，约瑟夫一个晚上就挣了不少钱，而杂技团的票全部卖出，也赚了不少钱。

约瑟夫赠送花生米的行为，是为他后来的柠檬水的销售做铺垫，正是用这样一种迂回思维，约瑟夫挣到了钱。

337

老者笑道：“在您第一次来时我就知道您是左公，并且不久将出征新疆，所以有意让您赢，以便增添您的信心。可如今您已经胜利归来，我自然就没有理由再让着您了。”

338

“哦，我只是想知道劳伦太太对我做的活儿是否满意。”男孩说道。

339

林肯对老妇人说：“尊敬的夫人，听完您的话我很感动。您一家三代为国家服务，我代表政府深表敬意。您的家族为国家所做的贡献已经够多了，我又怎么忍心让您的儿子再去从军冒险呢？另外，您也应该给别人一个为国家效力的机会，您说呢？”

老妇人来为儿子要上校头衔的理由很充分，林肯无法正面回她。然而，林肯知道怎样从对方的心理出发去考虑问题。他站在老妇人的立场，给出了体面而又恰当的拒绝理由。

340

商人的广告是这样写的：“上星期日傍晚，有人曾见某君从教堂取走雨伞一把，取伞者如不愿招惹麻烦，还是将伞迅速送回布罗德街10 号为好。此君为谁，尽人皆知。”取伞者因为怕惹麻烦，所以把伞送来了。其实，这则广告还是有漏洞:既然知道是谁取伞了，那何必再登报呢？所以，商人说还伞的人还是老实的。

341

原来李德裕几天后又升堂

时，将上次前来作证的前几任主事都传了来，并将他们单独分开，然后叫他们每个人都画出那块金子的形状。自然，那块金子根本就不存在，他们自然无法画出其形状，即使勉强胡乱画一个，彼此间的形状也不一样。最后，他们便只好认罪了。

342

显然，最好的办法是暗示对方，让其自己乖乖地将烟灰缸掏出来放回去。这样便大家都体面了。于是，丘吉尔便当着大家的面，将另一只银质的烟灰缸放进了自己的口袋里，同时故意让那个人看到，以给其暗示。

如果是一个知趣的人，应该明白丘吉尔的意思了。但是，偏偏这位老兄却并不知趣，依旧不肯将烟灰缸掏出来。如此一来，在宴会结束的时候，丘吉尔只好走到这位先生身边，悄悄对他说："亲爱的，我们被别人发现了。我想我们最好还是将那东西放回去吧，您说呢？"这时这个家伙才不得不难为情地将烟灰缸掏了出来。

343

既然吴道子画的画栩栩如生，那么他可以画一些麻雀的天敌——比如鹰的画放在大殿内，将这些麻雀赶走。这样，既解决了难题，又没有杀生，可谓两全其美。

344

原来，城里老的师送给小姑娘一件美丽的裙子。小姑娘穿上裙子后，变得更加招人喜爱了。疼爱她的父亲看女儿脏兮兮的手和乱蓬蓬的头发跟漂亮的裙子不搭配，于是便给她好好洗了个澡，并将她的头发给梳了起来，扎了个辫子。如此一来，小姑娘就彻底焕然一新，十分漂亮了。但是，这位父亲发现干净的女儿在脏兮兮的家里呆上半天后，便又变脏了。于是，他便带着家里人将家里上上下下地好好打扫了一番，家里就变得洁净亮堂了。接着，这位父亲在享受了家里的干净环境后，一出门看到门口脏兮兮的，便感到十分不顺眼，于是又带领家人将自己门口给整理打扫了一番，并开始注意保持，不再乱倒垃圾了。同时，生活在这样干净的环境中，再加上小姑娘的感染，整个一家人都变得讲究个人卫生了。而村子里的人见这家人的家里家外如此干净，他们一家人也都看上去那么干净，令人愿意亲近，便都学习这家人将家里家外都打扫了一遍，同时也开始注意个人卫生了。

345

原来，任伯年拿出一张纸，根据来访客人的主要特征迅速给勾画出了一张简笔肖像画。父亲一看，立刻认出了来访者是谁。由此也可见任伯年小时候便具有了画画的天赋。

346

其实，石碑上由蚂蚁组成的“楚霸王乌江自刎”这几个字并不是上天的意思，而是刘邦的谋士张良事先预测到项羽可能会逃到乌江边上，因此提前给他设置下了陷阱——他知道项羽有些迷信，因此利用了蚂蚁喜欢吃糖的习性，叫人把糖熬成了糖浆，然后用糖浆在乌江边的那座石碑上写了“楚霸王乌江自刎”这几个大字。蚂蚁闻到糖浆的气味，就沿着被涂了糖浆的这几个字吸食起来。生性鲁莽的楚霸王当时在紧急的情况下，便不辨真伪，没有仔细琢磨其中的奥妙，草率地作出了错误的判断，可怜他一世英雄就此殒命。

347

原来凶手为了摆脱嫌疑，故意制造出了一种自己不具备作案时间的假象。他在上午将卡尔雷诺绑在树上，用生牛皮在他脖子上密密地绕了三圈，但这些牛皮没有紧到会令人马上窒息的程度，然后凶手就离开了现场。生牛皮在烈日的照射下会渐渐干燥，慢慢地紧缩。由于中午和午后的阳光逐渐强烈，生牛皮在卡尔雷诺的脖子上也就越勒越紧，当生牛皮紧到会让人窒息的时候，卡尔雷诺呼吸也越来越难，终于在下午三点左右死去。而此时的凶手则故意找到一个别人能看到他的地方，以证明自己不在死亡现场。

348

原来，沈周见徒弟唐寅自满，便在小屋的墙上画了两个惟妙惟肖的窗子。唐寅遵命在推开屋子准备凉快的时候，就把师父画的窗子误认为是真窗子了。只见唐寅应了一声后，起身走到窗前，他推了推西窗推不开，又转身推了推北窗，也未推开。再仔细一看，唐寅才知道自己推的是两扇画出来的窗子，这时唐寅才知道自己的画技和师父相差还很远呢，故要求留下继续学习。

349

玛丽尼在雪地里机中生智，她用一块岩石片割裂了自己的动脉血管，然后在雪地里爬行了十几米的距离。正是雪地上那道用血染成的红线，引起了救援人员的注意，他们立即赶到，救回了卡莎林，而玛丽尼由于失血过多，已经没有了气息。

350

看看太阳快落山了，吃饱喝足的狮子从洞里走了出来，它抚摸着兔子的脑袋说："合作愉快，别忘了，明天接着在这里证明你的论文。"

351

这位佳丽是这样说的："我之所以选择希特勒，是因为我想感化他，如果可以的话，那么第二次世界大战就不会爆发了，也不会有那么多的人丧命了。"

既然是选拔性的比赛，必然要拉开差距，选择"肖邦"这个答案，自然比较稳妥，但是，其却很难使选手与他人拉开差距，脱颖而出。因此，这个佳丽一反常规思维，先是给出了令人惊讶的答案，然后又自圆其说，自然能够获得大家的赞叹。

352

当手表从飞机上抛到地面后，依旧完好无损，丝毫没有破裂的痕迹。这就让人们相信了西铁城手表的质量。对于这种稀奇的事情，媒体自然不会袖手旁观，因此，西铁城手表很快就以高质量的形象在澳大利亚广为人知了。

353

珠宝店老板的解释是："新闻报道中并没有说那人就是戴安娜王妃，只是周围的观众把她错误地看成了戴安娜王妃而已。"

354

范西屏把小毛驴给店主之后，就一个人过江去省亲了。

一个月过后，范西屏如约而至，店老板见是他，很高兴地摆下棋盘准备继续与他下棋，好再赢他点什么。但是让布店老板想不到的是，这次下棋，情况截然不同，从一开始，范西屏就占据着主动地位，并且很快就胜利了。败下阵来的店老板没办法，只好把小毛驴还给了范西屏。这样一来，自己就白白地替范西屏喂了一个月的驴。

355

原来，这个商人是个新式胶水的生产商，他正是通过这个办法来推销自己的胶水。在看到众人都无法揭下金币之后，他就借机站出来解释道，金币之所以被粘得如此牢固，就是因为使用了他所生产的胶水。自然，有事实佐证，他的胶水自然得到了大家的认可。并且，更为重要的是，因为这件事十分有趣，远近的人们都很快得知了这一事情，商人的胶水便迅速成为知名的产品，商人发财自然是顺理成章的了。

有时候，在报纸上登广告未必能够取得好的宣传效果，而一个好的点子则能够使得产品瞬间为大家所知并接受。

356

韩雍是这么做的：他先找了一个很好的借口盛情宴请这位太监。正当他们吃饭的时候，他事先安排好的邮卒将那封假的诏书送到了韩雍手里。韩雍二话没说，把诏书当众拆开了，假装只读了两句之后，就吃惊地说："这不是我的，你送错了吧？"然后命令邮卒赶紧把诏书送给太监。在这个过程中，韩雍已经快速地将假的诏书换成了他怀里的真诏书。然后，他一边不停地向太监谢罪，一边责怪邮卒粗心送错了诏书，生气地要杖打那个邮卒。太监亲眼看到了这一切，没有丝毫怀疑这件事，反而为邮卒说情，于是一场风波就这么被韩雍的办法化解了，杨燎自然也不用担心杀身之祸了。

357

后来那个母亲便一户一户地打听没有举办过葬礼的人家，但是每一家都回答说他家曾经举办过葬礼。最后，这个母亲只好空手来见释迦牟尼。释迦牟尼于是对她说："现在你明白了吧，任何一个家，都有失去亲人的遭遇，但是人不能永远沉湎于悲伤中。"这个母亲本来在寻找香火的过程中看到别人家都曾经失去过亲人，对比之下，已经觉得自己的悲伤不再那么强烈了。现在，他听了释迦牟尼的开导，更加明白了，此后，她便逐渐摆脱了悲伤。

358

原来，刘颇吩咐仆人取

来自己车上所载的粗帛，按照这个价钱付给了车的主人，然后，他命人解开瓮车上捆货的缆绳，将车上的瓮全部推落到路边的悬崖里。瓮车卸去货物之后很容易便出了泥坑，道路也就立刻通畅了。

刘颇在这件事上当机立断，以七八千钱而结了众人的困厄，显示出了一种令人佩服的眼界和气魄。诗人元稹便在《刘颇诗》中言："一言感激士，三世义忠臣。破瓮嫌妨路，烧庄耻属大。迴分辽海气，闲踏洛阳尘。傥使权由我，还君白马津。"其中的"破瓮嫌妨路"一句，说的就是这个典故。

359

原来，盗贼的妻子一听衙役所喊的话，再听衣服特征，立刻便认定死者正是自己的丈夫，主动前来县衙认尸，结果便暴露了强盗的身份。然后县官守株待兔，很快抓到了强盗。

360

老头对总裁说："我的儿子是洛克菲勒的女婿。"

361

李忠臣说道："辛京杲的父亲和众兄弟都已经在沙场上战死了，唯独辛京杲一人至今还活着，所以臣以为他早就应该死了。"皇上一听，立刻想到了辛京杲一家在战场上的功劳，并动了恻隐之心，于是只对辛京杲改判降职。

362

第二天，弦高装扮成郑国使臣的模样赶着十二头肥牛来到秦军驻地，要求见秦国的大将孟明视。孟明视接见了他，弦高对孟明视说："我是郑国的使臣，我们早就听说了将军要到郑国去，特地派我来这里迎接，并奉上十二头肥牛来慰劳将军和诸位将士，略表心意"。孟明视听了，大吃一惊，赶紧对弦高说："让你们费心了，我们不是到贵国去的，你们礼物我们领了，以后再登门拜谢吧。"于是收下了十二头肥牛，送走了弦高。

送走了弦高以后，孟明视对他的手下们说："看来这郑国早就得到消息了啊，现在一定做好了迎战的准备了，他们以逸待劳，我们恐怕不是他们的对手，还是先回国，再做打算吧。"于是秦军没有去郑国，就打道回府了。

这时候郑国的大王也接到了弦高的信，知道秦国的三个将军出卖了郑国，就毫不客气地把他们赶走了，秦国的算盘彻底落空了。

363

不小心听到了一个惊天大阴谋，阴谋制造者之一王敦将军开始怀疑王羲之知道了谈话内容，意欲杀了小王羲之，情况十分紧急！王羲之没有选择逃跑或者是躲藏起来，那样不正是“此地无银三百两”，承认听到了谈话内容了嘛——王羲之赶紧吐了一口口水涂在自己脸上，然后往床上一躺，胡乱盖上被子，装作没睡醒的样子。王敦来到卧室，见王羲之仍然“沉睡不醒”，长舒了一口气，稍稍放松了一下。但是，还不太放心，于是趴在王羲之耳边小声喊道：“羲之，羲之。”王羲之装作没听到，仍然紧闭双眼，呼呼大睡。这下王敦才放下心来，走出卧室对那个人说：“没事，那小子睡得像头死猪。”天一亮，王敦就把王羲之给送回家了。这样，聪明的王羲之临危不乱，机智地躲过了一场大祸。

364

尔朱敞拿出一块白玉，对小乞丐们说：“看，这是上好的白玉，很值钱，谁能追到我，我就把白玉给谁。”说完，尔朱敞撒腿就跑，小乞丐们紧紧地跟在后面。跑到一个人少的地方，尔朱敞故意停下了脚步。他把白玉扔给那群乞丐，让他们去争抢。一个和尔朱敞身材差不多的小乞丐没抢到白玉，站在旁边暗自生气。尔朱敞走过来说：“没关系，别生气了，要不，我把这身衣服换给你怎么样？”小乞丐看看尔朱敞漂亮的衣服，就高兴地和他换了衣服。

尔朱敞穿上乞丐的破衣裳，又弄来一些泥巴抹在脸上，完全不像一个富家公子了，和那群小乞丐已经没有区别了。他大摇大摆地来到城门，守城的官兵看了，以为他是个小乞丐，没有盘问就把他放出城了。这样，聪明又勇敢的小尔朱敞就躲过了一场杀身之祸。

365

楚庄王想了想，高声喊道：“先别点蜡，今天我和大家畅饮，非常痛快，大家就不要拘于礼节、正襟危坐了，统统把帽子摘下来吧，咱们继续喝酒！”大家莫名其妙地摘掉帽子以后，楚庄王才命人点上蜡烛。这样，帽子都放在了桌子下面，连楚庄王和许姬也不知道刚才那位大胆的将军是谁。

散席后，许姬问楚庄王为什么不当场抓住那个人。楚庄王笑着说：“今天这是庆功宴，大家都很高兴，喝多了之后，一时忘形也可以原谅。如果我真的追究起来，是能说明你的贞节，但是，弄得不欢而散，将士们会认为我太小气了，以后就不会为我出生入死了。所以，这次就委屈你了。”许姬听了，非常佩服。

后来，楚国和郑国打仗的时候，唐狡将军自告奋勇率领百余人充当先锋，为大军开路。他打起仗来非常勇敢，就像拼命一样，战无不胜，攻无不克，立下了赫赫战功。楚庄王见了，就要重重地奖赏他。唐狡却惭愧地说：“大王不必重赏我，只要不治我的罪，我已经心满意足了。”楚庄王很奇怪，就问为什么。唐狡说：“上次我喝醉了酒，一时冲动拉了许姬袖子，大王非但没有惩罚我，还替我隐瞒了过去，我感激不尽，所以，现在才舍命杀敌，来报答大王的恩德呀。”楚庄王听了，非常高兴，还是重重赏了他。

366

拿破仑举起手中的猎枪，瞄准落水的士兵，“你抓紧向岸边游过来，不要再瞎扑腾了，听到了没有，否则，我一枪杀了你！”拿破仑向士兵身边“叭！叭！”打了两枪，落水的士兵顿时惊出一身冷汗，拼命向岸边游过来，他的姿势不是很优美，但是看得出来，他会游泳。

落水的士兵爬到岸上，还没看清拿破仑的脸，就大声咆哮着：“你这人是怎么回事，不想救我就算了，难道你还想杀了我吗？”拿破仑笑着说：“傻瓜，这条文静的小溪，根本不会为难你的，是你自己太慌张，以至于忘了自己还会游泳。我知道你能行，所以鸣枪提示你。”

士兵看清了，站在自己面前的是皇帝！赶紧拜谢：“我不小心掉进水里，吓得失魂落魄，根本就不知道该怎么划水了，要不是陛下出手相救，说不定现在就淹死了，而我刚才却对陛下无礼，请陛下原谅！”

拿破仑说：“没关系，现在你要知道，你自己是能行的。”说着，拿破仑又兴高采烈地去打猎了。

367

老太太坚决地走进屋子，用力地推翻了火炉，炉火瞬间燃着了木制的家具，燃着了床单被褥，燃着了小屋里所有的东西。老太太吃力地爬出房子，看着自己住了几十年的心爱的小屋，燃起了熊熊大火，滚滚浓烟冲上天空，像狼烟一样向人们发出警告。

“不好了，着火了，着火了，大家快去救火呀！”庆典上响起了喊叫声，疯狂的人们，从狂欢中挣脱出来，来不及收拾东西，都快速地涌向老太太的房屋。

西北风呼呼地刮起来，滚滚浪涛立即把庆典现场变成了一片汪洋。

扑灭了火，人们站在镇子里，远望着海面上肆虐的台风，仍然心有余悸：“幸亏老太太点燃了房子，否则现在我们都去喂鲨鱼了！”老太太没有了房子，镇子里的人们纷纷邀请她到自己家里去住。老太太成为小镇子里的大英雄。

368

面对凶恶强大的强盗，而自己无力与他争斗，如果激起他的恶性，后果将是不堪设想的。瘦弱的周老师没有选择和强盗对抗，也没有选择转身逃跑，而是用另外一种思路来考虑问题，选择了第三种办法，利用强盗不认识自己这个条件，改变自己的身份，把自己变成了一个“问路人”，从而在表面上和强盗没有了矛盾，使强盗放松下来，为自己赢得了去找救兵的时间。

接下来的故事是这样的：

周老师微笑着问那个强盗：“对不起，我不知道您在搬家，打搅了，我想问一下幼儿园的周老师是不是住这里？”听到“搬家”，强盗紧握着刀柄的手慢慢放松下来，顺水推舟地说道：“是……是在搬家，不知道你是？”“噢，我是幼儿园学生的家长，来找周老师有点事。”周老师镇定地回答。“她不住在这里，你找错地方了，再去找找吧。”强盗没好气地说道，他只知道抢劫，根本不知道这家主人是谁。

“原来是这样，看来是我走错门了，好吧，那我再去找找。”周老师找了一个借口，转身就出了屋子。强盗长舒了一口气，以为不过是虚惊一场，突然他想起了一个细节，“那个女人手里拿着菜，哪有人去拜访老师的时候，手里会提着菜呢？”强盗觉得有点不对劲，他赶紧窜出房门，想去抓回周老师。

这个时候，周老师已经喊出了四周的邻居，把强盗团团围住了。强盗看到这种阵势，顿时吓倒在地上，当场被大家擒住了。

369

原来，易卜生急中生智，把所有的秘密文件全都随意扔在床上，而把那些书稿和书籍则整齐地码放在柜子里和箱子里。那些愚蠢的警察把所有的秘密地方都搜遍了，反而忘记了翻一翻眼皮底下东西，结果，易卜生惊险地逃过一劫。

正应了那句老话：“最危险的地方，恰恰是最安全的地方。”一群傻乎乎的警察搜遍了所有的角落，甚至连老鼠洞都没有放过，但是，偏偏对眼皮底下的东西懒得一翻，结果当然是一无所获了。

370

盟军飞行员心一横，果断地走出来，大摇大摆地朝机场大楼走去。一路上，他也遇到了好几拨德军士兵，但是因为盟军飞行服和德军有些相像，尤其在夜里很难区分，加上敌人做梦也想不到盟军飞行员竟敢大摇大摆地与他们迎面走过，所以他们都认为盟军飞行员是机场工作人员。最后，盟军飞行员故作镇定地登上了正在等待起飞的德国客机的驾驶室，冷静地启动了飞机。到了空中之后，他悄悄改变了航向，带着一架德军飞机和一群俘虏回到了自己的阵地。

371

曹操灵机一动，表情镇定地双手举刀跪下说：“近日得到宝刀一口，特意带来献给恩相。”董卓于是接过刀来，一看，此刀七宝嵌饰，锋利无比，果然是把宝刀，便将宝刀收下递给吕布。

而曹操也慌忙解下刀鞘交给吕布。然后，董卓带着曹操到屋外看马，曹操假意对马十分喜欢，并请求骑上试一圈。董卓便命属下备好鞍辔，令曹操试骑。曹操牵马走出相府，直接骑上朝东南城门奔去了。

曹操离开后，吕布对董卓说："刚才看曹操似乎想要行刺您，只因被发现了，才假托献刀。"董卓一听，也觉得曹操刚才的举动很可疑。正说着，董卓的女婿李儒来了，他了解刚才的情况后，便说："曹操家人都不在京城，只一个人住在寓所。现在就去差人请他来，如果他来了，便是献刀；如不肯来，便是行刺，应该立刻抓起来。"董卓于是差兵士前去传唤曹操。过了一会儿，兵士回报："曹操没有回寓所，而是对守城士兵说丞相差遣他去办紧急公事，纵马从东门出去了。"这时，董卓才恍然大悟，立刻下令遍行文告，画影绘形，悬赏通缉曹操。当然，我们知道，曹操也并没有被捉到，这是后话了。

372

他朝导火线上撒了一泡尿，将导火线给浇灭了。

后来人们为了纪念这个小英雄，便请全国最杰出的雕塑家为他塑了一尊铜像，放在首都的一条街上。现在你在布鲁塞尔还能看到一尊铜像，一个光屁股小男孩正在撒尿，这就是小英雄于连。并且，这尊铜像还被命名为"布鲁塞尔第一公民"像。

373

原来，丽莎保护项链是假，保护耳环是真。她刚才的表演正是为了将强盗的注意力从耳环上转移开而已。因为他的钻石耳环价值530英镑，而那个项链，则仅是花不到十英镑在地摊上买的而已。她在一则侦探故事中看过一个类似的故事，没想到今天真的用在了自己身上。

374

原来，罗伯特警官和伊丽莎白平时很熟悉，他知道伊丽莎白还根本没有结婚，哪来的丈夫？因此，他推断，肯定是伊丽莎白在以此向自己做暗示。于是，他假装离开，实际上则悄悄地叫了同伴，悄悄折回。

375

这名盟军坦克兵将自己的主

意告诉另外两名同伴后，先是将坦克门从里面锁死，然后啪啪啪地开了三枪，同时每个人都假装发出一声惨叫。在外面的德军士兵听到坦克里枪响和惨叫，又试探着对坦克里的人进行了叫喊，结果只是一片沉寂。然后，德国士兵试图打开坦克门一看究竟，但发现坦克门已经从里面反扣死了，怎么也打不开。

“干脆，把坦克拖回去再说。”德国士兵商量道。于是，德国士兵开来自己的坦克，试图将盟军坦克拉出来。但是，因为这是一辆重型坦克，一辆德国坦克拉不动。于是，德军又开来一辆坦克，凭借两辆坦克的拉力才将盟军坦克拉出了水坑。可是，德国士兵做梦也没想到，盟军坦克被拉出水坑后，突然又发动起来了，不仅开始向自己的阵地逃去，而且凭借巨大的拉力硬是将两辆德国坦克拉到了盟军阵地上。

376

吕叔湘把来信上的签名剪下来，贴在回信的信封上，然后根据来信人的地址把信寄出去。

377

丹尼躲进邮局，把四张机密手稿装进信封里，寄往一个反抗法西斯地下组织者的家里。

378

曹玮说：“不要大惊小怪，是我派他们去的。”这样一来，西夏人以为这些叛逃的宋营士兵是奸细，气愤地将他们全部杀死了，而且还将他们的头颅抛回宋朝边境这边。

379

林肯回答说：“我要到国会去。”

380

原来，化妆师前几天在电视上曾经看到过另一个被通缉的杀人犯的面孔，他于是凭记忆将这个逃犯的面孔化装成了另一个通缉犯的样子。这样，在检票时，实际上两个便衣警察是将逃犯当成了另外一个通缉犯给抓捕的。

381

仆人回答说：“因为我是您的仆人，不是茄子的仆人呀！所以在我眼里只有茄子的不对，绝对没有主人的不对。”

“不是茄子的仆人”后来就成了一个成语，比喻那些见风使舵，机智圆滑的人。不过，这种随风倒的作风，当今社会似乎已经不再把它当作贬义来看待，而是当作一种巧妙的应变能力了。

382

菲利普重返舞台之后，观众注意到他依旧是脸黑手白的上场的时候，不禁发出了一阵阵的起哄声。菲利普没有理会台下观众的起哄，而是很自然的说起了台词："真急死人了，戴斯特梦娜怎么还不来呢？外面起风了，会不会风将这位美人的船留在了海上？"他一边说着，一边摘下了白手套，露出了一双黑手。

下面的观众顿时停止了起哄，而菲利普偷偷地露出了笑容。

原来，菲利普这样的做法，不仅自己的白手变成了黑手，而且还巧妙地掩饰了之前的那双手之所以是白色的错误。

383

丘吉尔说："我们大不列颠的首相对美国总统是没有什么需要隐瞒的！"

这个场面的确是有些尴尬，而机智幽默的丘吉尔却巧妙地利用形象思维，由赤身裸体联想到坦诚相待，不仅成功化解了尴尬，而且增进了英美两国的友谊。

384

窗外根本没有阳台，一开始，约翰逊便是在误导罗伯特。罗伯特已经摔死了。

385

李茜灵机一动，迅速想到了一个办法，她用他同学王小毛的手机拨打了自己的手机号码。只听到一名身穿红色T恤的男青年口袋里响起了一阵和弦音乐声。李茜一听，正是自己的手机铃声，于是，她马上指出来："就是他偷了我的手机！"警察当即按住了那个青年，果然从他身上搜出了李茜的手机。

386

李小璐赶紧拍了身旁的另一个空被筒，大声说道："老公，老公，你看这是谁来了？"那个小偷本来就心虚，一听这话，来不及多想，赶紧转身便逃走了。

387

"关羽"说道："咳，小小年纪，要你无用，赶紧下去，唤你爹爹前来!"

那花脸赶紧回了句："领法旨！"然后便下场去，戴好了胡子，又上台来了。

388

李贞假装拿起桌子上的到暖水瓶边倒水，虽然暖水瓶提起来感觉沉甸甸的，里面显然有水。但是，李贞却假装暖水瓶是空的，提了提又失望地放下了，扭头瞪了眼睡在床上的丈夫，突然啪的一声将暖水瓶摔在了地上，然后大声说道："整天懒得跟猪似的，下班早了连壶水也不烧！"

正在熟睡的丈夫被李贞摔杯子的声音一下子给惊醒了，一听李贞如此说，莫名其妙地辩解道："不是有水吗？"

但是李贞却不理会丈夫的辩解，故意大声说："有个屁，你自己来看！"说完竟然呜呜地哭起来，边哭便述说丈夫抽烟、懒惰等种种劣迹。

丈夫本来对于妻子的"无理取闹"不想理会，这会儿看妻子竟然哭了起来，便只好从床上起来，走到妻子身边试图安慰下妻子。没想到，这一安慰，妻子反而越加伤心，干脆挣脱了丈夫的手往门口跑去，边跑边说："我不和你过了！"丈夫这下子着急了，赶紧追到门口。

没想到刚到门口，李贞一把将丈夫从门里拉到了门外，又迅速将门从外面反锁上。然后，李贞才告诉丈夫说："屋里有贼，赶紧叫邻居！"丈夫才恍然大悟。这时，贼也感到自己上当了，但为时已晚，最终被男主人和邻居们一起来了个瓮中捉鳖。

389

相士这么说的目的只是虚晃一枪而已。大家听他这么一说，都很惊奇，条件反射性地朝其中的一个女子头上望去，那正是李德诚夫人。而李德诚的夫人本人也一下有些羞涩起来，脸上还泛起了红晕。相士于是走上前去指着这个女子说："这就是千岁夫人。"

390

村姑的计策正是借用鞋子虚张声势，在心理上战胜对方，对于流窜犯的问题，她故意装作很随便地回答道："这几双鞋子是给在山南面的坡上干活的几个亲戚用的，现在种庄稼不挣钱，因此我当家的准备种植一些果树，因为人手不够，这几天我两个哥哥和两个妹夫一起过来帮忙。现在太阳已经快落山了，他们也马上要回来了，所以给他们准备好鞋子和洗脚水。今天晚上嘛，就只能委屈你跟他们一起打个通铺凑合一宿了，你不介意吧？”村姑故意礼貌地问道。“哦，不介意，不介意！”流窜犯机械地回答道。同时，他心里盘算着，如果真有这么多人，到时我一旦被识破，那可就麻烦了。他看村姑又回身去拿了足够五六个人吃的蔬菜到厨房去做饭，心里更是感到这里不可久留，于是趁村妇在厨房里，悄悄地溜走了。

391

小偷说：“那么就请您让我老死吧！”

392

原来，汤姆逊用可怜兮兮的声音对壮汉说：“先生发发慈悲，给我几个钱吧！我饿得快发昏了。”

壮汉一听，骂了一句脏话，便离开了。

393

莎士比亚非常自然地将女王丢在地上的手套捡起来，然后面对着观众说：“纵然朕有要事需要处理，也得为皇妹捡起手套。”说完，她很自然地将手套递给了女王。这个情景看上去丝毫不显得突兀，仿佛就像是戏里本来有的情节，观众不禁拍手叫好。

394

对于查理二世的问题，布勒特回答道：“陛下，自从您对我下达通缉令之后，我没有一个地方可以安身。所以就在去年，我曾在家乡搞了一次假出殡，以使警方认为我已经死亡，进而不再追捕我。显然，这不是一个勇士的行为。因此，尽管我在旁人面前是勇士，但在尊崇的陛下您的面前，我只是一个懦夫。”

395

威廉二世趁坐在地上的一瞬间，双手捧起了一捧泥土站了起来，然后非常激动地对着天空喊道：“感谢上帝赐予我王国，英格兰的国土我已经抓在手中了。”

396

小孩辩解说：“不是我改口，是因为鬼靠在树木上，正好是一个‘槐’字。”

397

克洛普弗说道：“我可是很

久没有听到她的消息了。”

398

只见这个主持人耸耸肩膀，然后看着电视镜头说：“看来发明这种玻璃杯的人没有考虑到我的力气和摔的技巧。”

399

老将军说：“老弟，你以为这种治疗有效吗？”

400

李穆见东魏兵来，便举起鞭子鞭打起掉落在地上的宇文泰来，边打他还边大声呵斥：“你这个蠢东西，你的主人到哪儿去了，你却一个人待在这个地方！”东魏兵一看这情景，心想这地上挨打的人看来不是什么有身份的人，捉了也得不到奖赏，便舍弃他而去追其他人去了。然后，李穆则掩护宇文泰悄悄回到了大营。

401

陶行知将“大孩自动教小孩”改成了“小孩自动教小孩”。

402

聪明的司机故作轻松地一笑，然后一边指着坐在台下的爱因斯坦一边说道：“这个问题我回答得次数太多了，连我的司机都知道答案了，您不介意的话，就让他替我回答吧！”

403

面对强盗，卓别林装出了一副可怜相，对强盗说：“我只是一个帮主人取钱的仆人，我可以将钱给您，不过您能不能帮我一个忙，在我的帽子上打两枪，我好向主人交代，不然，主人会以为是我私吞了钱。”强盗看他一副可怜的样子，便摘下卓别林的帽子在上面打了两枪。然后，卓别林感激地说：“谢谢，不过，为了看上去更逼真一些，您能不能在我的衣襟上再打两个洞？”强盗又照办了。最后，卓别林又说道：“太感谢您了，不过，如果能在我的裤脚再打几枪，就由不得主人不信啦！”强盗于是有些不耐烦地又连续在卓别林的裤脚上连扣了几下，却不见枪响，原来子弹打完了。卓别林要的正是这个效果，赶紧拿上钱跳上车子跑了。

404

冯诚修接下来的两句是：“只因觅食归来晚，误落羲之洗砚池。”这两句诗不仅照应了前面的两句，又巧妙地借用典故将白鹤变成了黑鹤。乾隆见他巧借典故，将诗意补得天衣无缝，妙趣横生，便拍掌称赞说：“冯才子真是诗中的状元啊！妙！妙！”

405

工程师毫不犹豫地跳进了海里。现在，有一个船客落入了海中，船长自然不得不停船了。于是，工程师和小狗都被救了起来。

406

原来，这位聪明的工人迅速提起一桶油漆，跑到画作前装作要胡乱涂抹。画家一看，赶紧朝前奔到工人身边，要制止工人的举动。就这样，画家得救了。

407

原来，约翰警长根据老太太电话未挂断这个条件和留下的自己住在市区的一条马路边的信息，果断决定，将十几辆警车全部派出，拉响警报在全市各区沿街奔驰。一旦有等某辆警车正好经过老太太邻近的那条马路时，便会从警察局的听筒里听到警车的声音。然后再确认出经过老太太住宅的那辆警车。然后让警车上的警察在附近询问查找单独居住的老太太。就这样，半个小时后，警察找到了老太太家中，并迅速将其送往医院，将老太太从死神手里夺了回来。

408

陈平假装不经意地脱下了上衣，然后光着膀子帮船夫撑船，船夫见他身上并无财宝，自然也就打消了杀他的念头。

409

农夫对国王说：“陛下，一只公鸡献给您和王后，另一只献给两位王子，第三只献给两位公主。剩下的两只属于我——我从这么大老远赶来帮您分鸡，想必您不会介意赏赐我两只公鸡吧。好了，现在就很公平合理了，因为陛下、王后和一只公鸡加起来等于三；两位王子和一只公鸡加起来也等于三；两位公主和一只公鸡加起来又是三；而我和分到的两只公鸡加起来同样是三。”

410

原来，丘吉尔微笑着回答：“如果你是我太太，我一定将此咖啡一饮而尽。”

显然，丘吉尔的这句话，不仅给自己解了围，还照顾到了女士的面子，并且还体现出了自己宽阔的胸怀，可谓一石三鸟，这的确是一种了不起的机智和胸怀。

411

卓别林在片名前加了个“大”字，使电影名字变为《大独裁者》。他幽默地对派拉蒙电影公司的人说：“你们写的是一般的独裁者，而我所描写的则是一个超级大独裁者，这两者之间可不一样。”说完扬长而去。派拉蒙电影公司的人一个个目瞪口呆，垂头丧气，懊悔自己起初应该将价格开得低一点以多少得到些钱。事后，卓别林跟朋友提起这件事时，幽默地说：“我只用一个‘大’字，就省下了②5万美元，真是一字值万金！”

412

原来，丁斐打开了寨门，将所有的牛马驱赶出来。一时间，满山遍野到处是牛马，西凉兵大多是由蛮族组成，素来纪律松散。见到这些牛马后，都纷纷回过头来争抢牛马，不再追赶曹操。许褚和曹操本来心想自己可能要丧命在这里了，突然感觉飞过来的箭矢变少了，于是赶紧更用力地划船，最终脱险。

413

浴室的水既然流不到外面去，杰克便将水一直放，等水升高至天花板的高度，他便从换气窗逃出去了。

414

第三个侍者回答：“对不起，先生，我不是故意的。”明知对方是女士，却称其为先生，这样才会使对方真的相信侍者什么也没看到。这显然是一种十分机智的办法。而一个领班显然是需要有非常强的应变能力的，所以经理选择了第三个侍者。

415

101×5=505，而505在计算器的显示屏上看起来和国际通用的呼救信号“SOS”十分相似。这道算式显然是爱德华教授在巧妙地给汤姆森留下求救信号。

416

原来杰克在打电话时，一讲到无关的话时，他就用手掌握紧话筒，警局那边就听不到了；而讲到关键之处时，他再把手松开，所以，警方从电话中听到的是这样的间歇性的信息：我是杰克……现在……金星大酒店……和目标……在一起……请你……

尽快赶到……”。杰克正是通过自己的机智，巧妙地将信息传达到了警局。

417

鲍洛奇打开罐子之后，迅速拿起勺子把那片卷着小蚂蚱的菜叶闪电般地吃了下去，并且这个时候故作轻松地对在场的专家说：“这么美味的菜，打开了就忍不住先尝一口。”

418

鲍威尔站起来笑着说：“作为男人的我们，在被妻子骂的时候，即便是忍无可忍，但是最后还要忍住。”这样风趣幽默的回答一下子缓解了现场紧张的气氛。

419

阿尔德林笑着对那位记者说：“各位，请别忘记了，我们回到地球的时候，是我先出太空舱的，所以也可以说我是由外星来到地球的第一个人呢！”

阿尔德林这么得体自然的回答，既没有伤到同伴又没有贬低自己，这是阿尔德林幽默中的智慧。

420

诸葛恪在那三个字上面加上了“之驴”两个字，这样一来，那几个字就变成了“诸葛瑾之驴”。诸葛恪用自己的聪明机敏让诸葛瑾摆脱了尴尬。

421

女演员是这样说的：“今天我能走到这个位置，实现我的梦想，确实不容易。这一路上，我跌倒了又爬起来，很是艰辛坎坷。”

将自己刚才的跌倒巧妙地嫁接到自己追求梦想的过程中，这样一来，自己刚刚的跌倒似乎正形象地为自己演艺生涯的坎坷做了注解。显得机智而幽默，自然能够赢得观众的微笑和赞许，尴尬也就烟消云散了。在那样一个隆重的场合，能够有如此急智，是非常不易的。

422

张作霖是这样对日本人说的：“你们还真是狗眼看人低啊，我还不知道“墨”字怎么写吗？我是故意这么写的，对付你们日本人就必须要黑，要‘寸土不让’”。

张作霖的这个解释可谓机智之极了。虽然没有读过几年书，但是张作霖的圆滑、机智的确是令人刮目相看。事实上，在那个多方势力角力的乱世，张作霖能够左右周旋，既不逢迎日本人，也不得罪中国人，这种应对的能力不是一般人所具备的。

423

他是这样说的："江山只有一统（桶），何来两统（桶）呢？"

显然，王世则的机智程度要胜谢文魁一筹，难怪他最终赢得状元称号了。

424

马固然不能飞，但是用这个承诺就可以为他争取缓刑一年的时间。这一年中，可能会发生各种变故，有可能皇帝驾崩，有可能国家被外敌侵占，也有可能天下大乱，皇帝改姓等。这些事情都可能给犯人带来转机。另外即使这些情况都没发生，犯人也可以多活一年。所以说，犯人的主意是包赚不赔的。而能在那么紧急的关头想出这个主意，也充分说明了犯人思维的灵活。

425

史都华把刺客使用过的酒杯连同保险柜的钥匙一同锁进了保险柜，这样便谁都无法拿出来。而那酒杯上留有刺客喝威士忌的指纹和唾液。史都华所说的"决定性的证据"，就是指刺客的指纹和唾液。

426

二等兵听将军说完，二话不说，飞一般地跑掉了。

427

这位科学家并没有向权威低头，他用一个比较低能的加速器来做这个实验，花费两年的时间终于发现了一种新的夸克，推翻了只有3种夸克的论断。他就是1976年诺贝尔物理学奖获得者丁肇中。在谈到他的科学研究体会时，丁肇中说："有了第四种，就有可能有第五种、第六种，把以往的观念改变了。"

在这个故事中，费米国家实验室和西欧核子中心在玩权威牌，但是丁肇中并没有向权威妥协，而是坚持自己的观点，寻找解决方案，终于推翻了权威的说法，并指出没有什么权威，一切都是在发展中的。

428

佛印笑呵呵地说："八风吹不动，一屁过江来。"佛印用"人身攻击"控制了苏东坡的情绪，苏东坡为了自己的尊严找佛印理论，看似合情合理，实际上已经输掉了这次辩论。虽然这种手段有点卑鄙，但是很有用，它能使对方情绪化，忘记自己的目标。

429

“你的家具在哪里？我们帮你送。”

原来“送”不是“赠送”，却是“运送”，房产商抓住了人们贪便宜的心理，跟消费者玩了一个文字游戏。

430

原来窃贼得知这个消息后，便认为是有人私吞了那个价值连城的手镯，结果发生内讧，很快被警察抓到了。

431

斯坦因门茨提笔在付款单上作了说明：“用粉笔画一条线，值1美元；判断在什么地方画，值9999美元。”

432

华盛顿蒙上马的两只眼睛，然后问偷马人：“既然你口口声声说，这匹马是你从小养大的，那么，对于它的情况你一定非常熟悉吧。”偷马人不知道华盛顿葫芦里卖的是什么药，犹豫地说：“这个当然。”

“好，那么你能告诉我，这匹不幸的马，哪只眼睛失明了吗？”华盛顿问道。“嗯，这个，应该是右眼。”偷马人抱着侥幸心理猜道。

华盛顿松开自己的右手，马的右眼不是很明亮，但是显然那是一只好眼，并没瞎。“哦，对了，你瞧我这脑子，是它的左眼瞎了，怎么我刚才说是右眼了吗？哦，那可能是我的口误，对，只是口误而已，华盛顿先生。”偷马人打算抵赖到底。

华盛顿又松开了左手，马的左眼很明亮，看起来视力应该不错。偷马人冷汗直冒，他继续抵赖：“是的，这是匹好马，它没有残疾，眼是好的，华盛顿先生你怎么说它的眼睛是瞎的呢？是的，我错了，刚才是我……”可是，警察已经没有耐性听他解释了，他对偷马人说：“没错，小偷先生，是你错了，我看我们还是上警察局里去说吧！”

运用你的聪明和智慧，把狡猾的对手，引到错误的地方去，因为他的错误，就是你的胜利!

433

蔺相如说："大王，和氏璧上有一个小毛病，请让我指点给大王看。"

秦王信以为真，就把和氏璧交给了他。蔺相如拿到和氏璧，后退到柱子旁，他高举着和氏璧，大声说道："当初，大王派使者到赵国来，说愿意拿15座城池来换和氏璧。赵王诚心诚意地派我把璧送来。大王却在离宫别馆接待我，态度非常傲慢，而且拿了璧又传给美人看，故意来戏弄我。我看大王没有诚意割让城池，就设计把璧又拿了回来。大王如果逼急了，我宁可把脑袋同和氏璧一起撞碎在柱子上。"说完，就要把和氏璧往柱子上摔。

秦王怕他砸坏玉，赶紧说："先生误会了，我怎么会言而无信呢。"说着叫人拿来一张地图，随手指着地图上的城市说："这些城市都是要给赵国的。"

蔺相如知道秦王不过是在撒谎，就郑重地说道："和氏璧是天下难得的宝贝，赵王派我送和氏璧之前，虔诚地斋戒了5天，大王您果真有诚意，就请您也斋戒5天，在正殿上设九宾大典，我才能把和氏璧交给您。"秦王想：反正你也跑不了。就答应了蔺相如。

蔺相如回到住处，立即叫人装扮成商人的模样，带着和氏璧从小道偷偷地回到了赵国。

五天过去了，秦王按照蔺相如的要求在朝廷中设下了九宫大典，叫蔺相如上朝。蔺相如不慌不忙地来到大殿，向秦王行个礼，说道："我不相信大王，怕上当受骗丢了和氏璧，对不起赵王，就派人把和氏璧送回赵国了。"

秦王听了勃然大怒："你居然敢骗我，我要你重重地惩罚你！"

蔺相如说："大王请息怒，天下人都知道，秦国强，赵国弱，如果大王先割让城池，赵国怎么敢因为一块璧而得罪大王呢？蔺相如欺骗了大王，理应受到大王的惩罚，请大王治罪！"

秦王心想：就算杀了蔺相如也拿不到和氏璧了，反而和赵国结下了大仇，还让天下人笑我仗势欺人，实在是得不偿失。就假惺惺地说："不过是一块璧嘛，何必让它影响了两国的关系呢。”于是就叫人把蔺相如放了。

蔺相如完璧归赵用的就是博弈思维，在博弈过程中，蔺相如始终占着一个“理”字，使赵国站在道义的一方，而使秦国陷入理亏的一边——秦国派使者来，说要交换和氏璧，蔺相如答应了要求，使赵国不理亏；秦王请周围的美女和大臣把玩和氏璧，故意不理睬堂下的蔺相如，蔺相如立即就指出了秦王的无理；见到秦王无意交出城池，蔺相如当即派人把和氏璧送回了赵国，要求秦王先交出城池，赵国才能送上和氏璧，理由是“秦强，赵弱，赵国不敢对秦国抵赖。”同样也符合道理。正所谓有理走遍天下，无理寸步难行。博弈过程中，只要占有“理”字，再强大的对手也可能会无可奈何。

434

谁也不会承认自己是小偷，如果没有证据，只是用大话来威吓的话，那么狡猾的小偷是不会轻易上当的。比如前一个县官，审了那么长时间，最后不是无功而返了吗？所以这种情况正面进攻是根本不可取的。陈述古先创设了一个虚假的情景，凭空捏造了一个神钟，让小偷疑神疑鬼，不敢轻易去碰，结果就露出了狐狸尾巴——

又过了一段时间，陈述古终于开始升堂审理案子了，县衙门外围了很多人看热闹。陈述古把那几个嫌疑人叫到大堂上来，对他们说：“既然你们不肯承认，那么我只有让神钟来辨别谁是小偷了。你们每个人都进去摸一下神钟，到时候谁是小偷就一目了然了。”

神钟放在衙门后院里，用幔布给围了起来。捕头把几个嫌疑人带到幔帐里面，让他们每人摸一下神钟。但是，直到最后一个人摸完，神钟还是没响，外面的百姓开始议论纷纷：“看来神钟也不怎么灵啊。”陈述古听了，神秘地笑了笑。

所有人都摸过神钟以后，捕头又把嫌疑人带到了大堂。陈述古说：“好，现在把你们的手举起来。”几个嫌疑人都把手给举了起来，结果大家看到所有人的手都染上了黑黑的墨迹，只有一个人的手上什么也没有。陈述古大声对那个人说：“大胆刁民，还不快快招来。”

原来，陈述古叫人在钟上涂上了墨水，只要去摸钟，手上就会沾上墨迹。如果谁的手上没有墨迹，那么他肯定是做贼心虚不敢去摸钟，也就是说，他就是那个小偷。

小偷听了陈述古的话，顿时瘫软在地上，一五一十地交代了他盗窃的经过。

再狡猾的狐狸也斗不过好的猎手，如果正面进攻不能成功的话，那么侧面的迂回进攻说不定就会让它露出狐狸的尾巴来，总有一个方法能解决问题，毕竟，贼总是心虚的。

435

当无端受到他人不怀好意的侮辱的时候，特别是侮辱还涉及国家尊严的时候，就要抓住对方语言中的漏洞，予以坚决反击——晏子站起来，离开酒席，郑重地对楚王说：“我听说把橘树种植在淮河以南，就能长出又大又甜的橘子来，如果把橘树移植到淮河以北，那么结出的只是又小又苦的枳。这就是淮河以南和淮河以北水土不同的原因呀。而刚才过去的那个犯人，在齐国的时候，不会盗窃，是一个诚实善良的人。但是一到楚国就变成了一个盗窃犯，这恐怕也是受到楚国水土的影响了吧。”楚王听了，哭笑不得，只好尴尬地笑笑。

面对楚王的挑衅，晏子选择了不卑不亢的针锋相对，利用自己过人的聪明才智，反唇相讥，使楚王不仅没有达到目的，自己反受其辱。反唇相讥就是指受到别人无理侮辱的时候，接过对方的话柄，反过来责问对方。楚王三次处心积虑的侮辱，都被晏子抓住话柄，巧妙地予以反击，是典型的反唇相讥的例子。

436

郑板桥叫人拿来一块草席，在席上挖了几个洞，做成了一个伽子的样子。他又拿来几张纸，刷刷刷，在纸上画了青翠的竹子，写上了苍劲有力的字。写完后，把纸贴到“伽子”上，把伽子戴在私盐贩子的头上。这个“伽子”轻飘飘的，戴在身上一点也不感到难受。最后，郑板桥叫人把盐贩子带到王冉干的店铺门口示众。

郑板桥画的竹子临风摇曳，多彩多姿，件件都是上乘之作。大家见了，纷纷过来围观，一下子就把王冉干的店铺围了个水泄不通，大家一边欣赏一边议论，整整一天都闹闹哄哄的，根本没有办法做生意。王冉干终于明白了郑板桥的意图，他怀恨在心，但是没有办法，如果再过两天不做生意的话，那就赔大了。于是，他只好硬着头皮来找郑板桥。“郑大人，我看那个私盐贩子实在是太可怜了，就让他提前回家去吧，省得家里人担心。”王冉干假仁假义地说。郑板桥听了，笑着讽刺他说：“怎么，王员外你也有于心不忍的时候呀，你难得大发慈悲，本官就答应你的请求。”王冉干苦笑着说：“那就谢谢郑大人了。”说完，就灰溜溜地回去了。

郑板桥释放了私盐贩子，还把那几幅字画卖了几十两银子送给他。私盐贩子用这笔钱做起了小生意，再也不用贩卖私盐了。潍县的百姓听说这件事，纷纷称赞郑板桥是一个爱民如子的好官。

437

原来，县令给两个盗贼的竹竿中间是通的，里面装满了石灰，两个强盗拄着它，在地上留下了一长串白斑点，县令就顺着白点找到了贼窝——聪明的县令通过一个不起眼的竹竿，就让盗贼自己留下了线索，从而一举端掉了“死不怕”的老窝。

我们来看看县令的思路，首先，县令没有满足于暂时的小收获——两个盗贼，而是把目光放得更远，想要端掉贼窝。然后县令通过一桌酒席，麻痹盗贼，等到时机成熟的时候，理所当然地送上“追踪器”——装满石灰的空心竹竿。最后，在第二日清晨，顺藤摸瓜，通过石灰点，找到了盗贼的老窝，从而达到了目的。

这样一个简单的小故事里面，还蕴藏着这么多的智慧点。其中最关键的一点就在于，县令巧妙地给两个盗贼安装上了“追踪器”，有了这个追踪器，他想逃也逃不了了。

438

在博弈过程中。如果能使对

方知难而退，从而避免一场不必要的争斗，那么对于这件事情来说，无疑是最圆满的结局了。墨子就是这样做的——

公输般用云梯攻城，墨子就用火箭烧云梯；公输般用撞车撞城门，墨子就用滚木礌石砸撞车；公输般挖地道攻城，墨子就往地道里放烟熏……公输般一共用了九种方法攻城，把他知道的攻城方法都用完了，墨子都有应对的办法，而且他还有别的高招没有使用出来。公输般惊呆了，他恶狠狠地对墨子说："我还有一个办法来对付你，但是我不说出来。"墨子笑道："我知道你用什么方法来对付我，我已经有破解的办法了。"

楚惠王被他俩人的话给弄糊涂了，他不解地问道："你们俩人在说什么呀，我怎么听不懂呢？"墨子说："公输般是要把我杀了，他以为只要我死了，就没有人为宋国守城了。但是他不知道，我早就把我的三百个徒弟送到了宋国，他们每个人都会我守城的方法，所以就算我被公输般杀了，楚国也别想轻易地攻下宋国。"楚惠王听了墨子的话，看到墨子的本领，觉得攻打宋国确实非常困难，于是他就对墨子说："先生说得很有道理，我决定不攻打宋国了。"

墨子凭借他的聪明才智，阻止了一场战争的发生。

439

原来西门豹是要好好整治整治巫婆和官绅。只听西门豹对巫婆说："你下去求见河伯，就说我们要重选一个漂亮的姑娘，过两天给河伯送去。"然后，不等巫婆说话，就叫卫士把巫婆扔到河里，巫婆马上就沉下去了。等了一会儿，西门豹说："巫婆怎么还不回来，让她的徒弟下去催一催。"卫士又把巫婆的一个徒弟扔到了河里，过了一会儿，西门豹又扔了一个徒弟下去。又过了一会儿，西门豹说："看来，女人干不了事，麻烦一个官绅下去给河伯解释一下。"说着，让卫士把带头的一个官绅扔到了水里。这时候官绅和巫婆们都害怕起来，他们战战兢兢地跪在地上，不停地给西门豹磕头。西门豹看看河里还没有动静，就说："看来，河神好客，把他们留下了，我们别等了，都回去吧。"

官绅和巫婆们等西门豹走远了，才站起来，从此再也不敢提给河伯娶妻的事了。

440

做荒谬的事情，总有一个荒谬的理由，从根本上驳斥倒荒谬的理由，就能阻止荒谬的事情发生——徐童大声对老先生说："院子造得四方方，四四方方口字状，院子里面如住人，人在口中不吉祥，郭伯伯，口中一个人，是什么字？"老先生说："是囚字。"徐童说："是囚禁、囚犯的'囚'，郭伯伯，你把树砍了，困字就变成了囚字，这个字比困字更不吉利呢，你是不是也要从院子里面搬出去了呢？"老先生听了，仔细想了想，然后笑着说："你这孩子，真是个机灵鬼，不过，确实是我错了。"说着，老先生向那群人摆摆手，让他们回去了，树就保存下来了。

441

长老说罐子里面的是药，不是糖，小孩子吃了会中毒的。这显然是个谎言，怎样揭穿这个谎言呢？小一休来了个将计就计，好吧，既然是药，那么我犯了大错误，就吃这药来惩罚自己吧！长老被一休弄得哭笑不得，只好承认了自己所说的是谎言。

接下来的故事是这样的：

第二天清晨，一休一个人在走廊里抱着空罐子哭泣，长老见了就问到："发生什么事了，一休？"一休止住哭声，抽噎着说："我本来想给长老洗洗砚台，一不小心，砚台从桌子上掉了下来，摔碎了。"砚台是长老的心爱之物，平时自己都是小心翼翼地用，听到砚台被一休打碎了，长老顿时脸色铁青，气得说不出话来。一休见了赶紧说："我知道自己犯了大错，长老一定不会放过我，还不如自杀了呢。"说着一休又伤心地哭起来："所以，我把长老的药都吃了，这会儿药性还没上来，可能我一会儿就七窍流血死了，只希望长老能原谅我的过错。"

长老见一休这么可怜，忍不住心疼起来，他惭愧地说："师父是骗你的，那罐子里装的是糖，没事了，你回去吧，我原谅你了。"一休见长老承认了，自己也立即承认："我也是骗你的，砚台没摔碎，我给洗好了，现在正放在你的桌子上呢。不过……不过……糖都被我吃了。”长老听了笑着说：“真是个淘气的孩子。”

小一休的这一招，利用对方谎言中的观点，来反击对方，从而使对方无话可说，这是一个巧妙的揭穿对方谎言的智慧。

442

阿凡提给财主剃了一个锃亮的光头，剃完头发后，阿凡提笑着问财主：“请问尊敬的大老爷，您的眉毛要吗？”

财主不假思索地回答：“当然要了。”

“好，您要我就给您。”说着，阿凡提“唰唰唰”手起刀落，把财主的两条眉毛剃了下来，递到财主的手里。

财主看到镜子里自己的模样，顿时大怒起来，他大声嚷着：“你……你……”

阿凡提不等财主说完，就一把把他按住，问道：“尊敬的老爷，您的胡子要不要？”

财主有一把漂亮的大胡子，每天他都把大胡子梳理得整整齐齐的，经常在人们面前炫耀。听到阿凡提问他，就赶紧说：“不要……不要……”

“好，您不要，我就把它扔了。”说着，阿凡提“唰唰唰”又把财主的胡子统统刮了下来，甩在地上。“好了，尊敬的老爷，我给您理完了。”

财主站起来，欲哭无泪地看着镜子里的怪模样：哎呀，自己的脸蛋和下巴都光秃秃的，这哪里还像一个人脸，简直就是一个青皮大鸭蛋呀。财主恶狠狠地对着阿凡提喊道：“好呀，你这个阿凡提，你竟然敢这样侮辱我！”

阿凡提装出一副无辜的样子说：“啊？我都是按照您吩咐的去做的呀，您要眉毛我就给您眉毛，你不要胡子，我就把它扔了。其实，要不是您这样要求，我才不愿这么麻烦地给您剃头呢！”

利用模糊的语言，戏弄坏蛋，常能使坏蛋有苦说不出，有火也没地方发。

阿凡提问财主要不要眉毛，这句话其实有两种理解，一种是财主要不要留住眉毛;一种是财主要不要刮下眉毛。一般人都会按照第一种意思理解，财主也是这样理解的。但是，聪明的阿凡提偏偏用第二种意思去理解，这也没有错呀，要怪也只能怪财主自己没有说清楚。同样的道理，阿凡提又刮掉了财主心爱的胡子，使财主欲哭无泪。

聪明的阿凡提使用的就是模糊语言的计策，这种语言有两种甚至更多种意思，怎么理解都没错，使财主顾此失彼，绕来绕去，还是绕不出阿凡提的圈套。

443

晏子并没有直接指出齐景公的不对，那样恐怕是火上浇油，后果更不好收拾。所以，晏子借口向邹烛申明罪状，实际上是把齐景公这种“因鸟杀士”的做法将会引起的后果说了出来，使齐景公意识到问题的严重性，从而悬崖勒马——

晏子走到邹烛面前，指着他的鼻子说道：“邹烛你犯了三条重罪，罪不可恕。第一条，大王让你养鸟，你却把鸟养飞了，让大王少了一个娱乐的东西，论罪该杀；第二条，大王为了一只鸟而杀人，落个暴虐的名声，也是由你引起的，论罪更该杀；第三条罪状，天下诸侯得知你因一只鸟被大王杀掉，就会嘲笑大王重鸟不重人才，使大王抬不起头来，简直罪大恶极。这就是你的三条罪状，它不仅使你丢了性命，还给大王带来了重大损失。你明白了吗？”说完，晏子对齐景公说：“大王，三条罪状已申明完毕，请您处死他吧。”

齐景公听完大笑着说：“不杀了，我已经明白了你的意思，我可不想做个被人耻笑的国君，就把邹烛放了吧。”

从事情的结果出发，进行合乎逻辑的推理，揭示出它将引起的不良后果，使当事人意识到自己的错误，从而达到避免错误发生的目的。

444

“擒贼先擒王”，只有射杀敌军的首领尹子奇，才能解了睢阳城的重重围困。但是，根本没有人认识尹子奇，更别提射杀他了，这个神秘的家伙，就是一个躲在阴影里的魔头。张巡想到了一个计谋：

张巡指挥士兵向敌人射箭，但是那箭射出去都轻飘飘的，根本不能伤人。原来，那些根本不是铁箭，是用木蒿削成的木箭。

叛军们捡到木箭纷纷来向尹子奇报告，尹子奇拿着木箭正高兴着说：“原来睢阳城里已经没有箭了，用这个木箭来吓唬人呀。”这时候，南霁云已经根据叛军们的举动认出了尹子奇，只见他弯弓搭上真正的箭，“嗖”的一声向尹子奇射去，箭正射在尹子奇的胸口，他应声倒下。叛军见主将被射到，都乱作一团，张巡率兵又杀了一阵，退回城里。尹子奇受了重伤，没法再指挥战斗，只好下令撤退了。

445

面对强敌的进攻，利用对方对己方情况的不了解，制造一个逼真的假象，迷惑对方，使敌人不敢轻举妄动，从而达到保护自己的目的。接下来的故事是这样的：

当天晚上，宋军的营地上燃起了无数火把，檀道济亲自指挥士兵们往口袋里装沙子。一边装着，还一边喊着：“一斗、两斗、三斗……”，另有一群士兵来来往往的搬运沙袋，在外面看来，宋军就像是在分粮食一样。忙活了大半夜，天明前，檀道济叫士兵把沙袋都堆放在显眼的地方，沙袋口故意敞开着，上面覆盖着少量的大米。

北魏的探子赶紧跑来向主帅报告：“不好了，将军，宋军还有很多粮食，昨晚他们还分了一夜的粮食呢！”

魏军的主帅听了，大惊失色，又派了几个心腹到宋营里打探清楚。这几个魏兵装成老百姓的模样，偷偷地来到宋营里面，看到宋兵都从沙袋里挖米做饭吃，就赶紧跑回来报告：“将军，宋军果然还有很多粮食，就是吃一年也吃不完呀。”

主帅听了，心想：檀道济向来诡计多端，这次，一定是他叫几个人来诈降，谎报军粮已绝，让我紧紧追来，实际上他早就在前面埋伏好了，就等我钻进去了。想到这里，主帅已经是满头冷汗了，暗暗庆幸自己发现得早，就立即下令：“把那几个诈降的宋兵杀了，不要再追宋军了。”檀道济趁魏军不再追赶的机会，赶紧指挥部队全速撤退，安全地回到了大本营。

446

成功地解决问题，除了需要发挥自己的聪明才智，还需要恰到好处地利用外部条件。这一点诸葛亮做得非常好：

诸葛亮吩咐士兵朝北岸划船，这时候，江面上大雾弥漫，一船之内，只闻人声，不见人影。船靠近北岸曹营，天还没亮，诸葛亮下令士兵擂鼓呐喊。鲁肃又惊又怕，颤声说道："先生这样做，不是送羊入虎口吗？如果曹军出来，我们都跑不了了。"

诸葛亮胸有成竹地说："曹操生性多疑，雾这么大，他肯定不会出兵的。"果然不出诸葛亮的预料，曹操听到鼓声，就命令士兵："江上雾大，我们看不清虚实，不要轻易出击，只管放箭，让敌军不能前进。"他派人调来所有弓弩手，一齐向江中放箭，顿时箭像下雨一样射过来。射满了一边的草人，诸葛亮就叫人调转船头，用另一边的稻草人去受箭，仍旧擂鼓呐喊。

天渐渐亮了，江面上的雾还没有散去，船两边的草人身上都插满了箭。诸葛亮令士兵齐声高喊："谢谢丞相的箭！"接着叫人把船驶回南岸。曹操明白上当了，但是诸葛亮的船顺风顺水，转眼就驶出了二十里，要追也来不及了。

诸葛亮的船靠南岸的时候，正好周瑜派来搬箭的士兵也来到了，诸葛亮就叫他们上船取箭，每只船上有五六千只箭，二十只船总共十万余只箭。

利用鲁肃的忠厚善良，诸葛亮借来了二十只草船；利用清晨漫天的大雾，诸葛亮让曹军摸不清虚实；利用曹操多疑的性格，诸葛亮骗来了十万支箭。

鲁肃的忠厚善良，曹操的谨慎多疑，以及第三天清晨漫天的大雾，这些外部条件，都被诸葛亮很好地加以利用，从而按期完成了周瑜的难题。

447

都昌城弹尽粮绝，急需救援。但是面对城外铁桶一样的层层敌军，贸然出城求援，就好像是羊入虎群，拿鸡蛋撞击石头一样，后果一定不堪设想！怎么办呢？唯一的办法只能是先麻痹对人，然后趁其不备，突出重围——

天刚放亮，太史慈就带着两个人出了城门。黄巾军的将士见了，立即警惕起来，一面派人报告主帅管亥，一面密切观察太史慈的举动。太史慈叫那两个人把箭靶插到远处，自己弯弓搭箭向箭靶射去。原来他们在练箭呀，黄巾军松了一口气，但仍然不敢放松警惕。太史慈练了很长时间，才回到城里。

第二天一早，太史慈又带着两个人出来练箭。黄巾军官兵见了，有人稍稍起身议论太史慈的箭法，大多数人懒得动，根本就不看太史慈。太史慈一直练到太阳落山才回城。

第三天早晨，太史慈又带着两个人出城，黄巾军官兵见了，都各忙各的，不再理会太史慈。太史慈趁机冲出了包围圈，等黄巾军官兵醒悟过来的时候，太史慈已经跑远了。太史慈突出重围，来到平原相刘备处，借来3000救兵，解了都昌城之围。

太史慈连续两天出城练箭，每天都练到太阳落山，就是想麻痹敌人。果然，敌人中计了，刚刚两天就对太史慈练箭习以为常了，等到太史慈第三天出来的时候，根本没有人提防他了，愚蠢的敌人为自己的麻痹大意付出了代价。

448

哥伦布当即拿起鸡蛋，他把鸡蛋往桌子上轻轻一磕，磕破鸡蛋的尖头，鸡蛋就竖在了桌面上。

贵族们像上当受骗了似的，纷纷说道：“你没说可以磕破鸡蛋，如果这样的话，谁都能办到，它非常简单。”哥伦布笑着说：“是的，这是一件非常简单的事，但是如果我不说，你们谁也想不到。所以，即便是最简单的事，也需要你去证实，去发现。在后面夸夸其谈，那是没用的。关键的是你第一个发现了它。”说完，哥伦布昂首走出了宴会大厅。

把鸡蛋立在桌子上，鸡蛋是椭圆的，这根本不可能做到嘛！大臣们在考虑这个问题的时候都给自己设定了一个条件，就是“必须保证鸡蛋完好无损”，他们认为这是毫无疑问的。但是，事实上题目中并没有这个条件，哥伦布只是磕破了鸡蛋的尖头就解决了这个问题，这确实是很简单的问题，但是自以为是的贵族们却办不到。

449

第二个木匠笑着说："大王，其实很简单，我只是用鱼骨雕刻老鼠罢了，猫在乎的是腥味，它才不管像不像老鼠呢。"

由猫来当评委，第一个工匠注定是要落选的，因为无论把作品外表雕刻的多么惟妙惟肖，也改变不了它的本质——一块木头，就算是上好的檀香木，它散发出的幽香也不足以抵挡鱼骨的腥臭。这是猫的本性，是谁也改变不了的自然定律，人要按照自然规律办事，否则只能是一败涂地。

450

遇到难以对付的强大对手，不妨先给他送上一顶高帽子，让他顾及身份，放弃对自己不利的做法，从而达到正义的目的。海瑞就是这么做的：

海瑞听了胡公子的话，笑着摇摇头说："胡总督我是知道的，人人都夸奖他是个廉洁奉公的清官。他是我们学习的榜样呀！"

胡公子以为海瑞是在溜须拍马，就轻蔑地说："知道就好，还不抓紧把我放了。"

海瑞突然沉下脸，厉声说道："大胆蟊贼，竟然敢冒充胡公子，虎父无犬子，胡大人那样的清官，怎么会有你这样的混账儿子。你在这里招摇撞骗，败坏胡大人的名声，实在是罪不可恕。来人，把这个冒牌货给我重打40大板。"

胡公子的一个爪牙听了，大惊失色，赶紧跪在地上说："大人，我们不是冒充的，这里有胡大人的亲笔信，请您过目。"

海瑞一拍惊堂木说道："好啊，还伪造了胡大人的亲笔信，罪加一等，再打60大板。"

胡公子吓得魂不附体，赶紧趴在地上连连求饶。

重打40大板后，海瑞又命衙役把胡公子一帮人关押到牢房里。

海瑞叫人给胡宗宪写了一封信，说抓到了一帮冒充胡公子的小毛贼，到处败坏胡大人的名声，现在把这帮混账小子交给胡大人，请他重重发落。接着就派人把胡公子送到了总督府。

胡宗宪接到海瑞的信，气得七窍生烟。但是，总不能承认那个浑小子就是自己调教出来的儿子吧！真是哑巴吃黄连，有苦说不出，丝毫奈何不了海瑞。

451

第二天，巡抚的衙门上挂了一块写着“巡抚有病，暂停办公”的牌子，巡抚大人只说是身体欠佳，不能办公，对于金印的事只字不提。

这样又过了两天，到了第三天夜里，巡抚大人的卧室突然失火，烈焰冲天，巡抚手下的官吏、士兵们纷纷跑来救火，那位副将也来了。忽然，巡抚一把抓住副将，把手里的印箱交给他，当着众人的面，大声喊道：“你带着大印回家，一定要妥善保管好大印。”说完，就打发副官回去了。

副将心里有数，知道印箱里根本没有大印，但是他又不敢表现出来，只得把空空的大印箱抱回了家。副将心想：好啊，现在大家都看到巡抚把大印交给了我，到时候，如果我交不出大印，他一定会趁机治我的罪，好厉害的计谋啊。副将思来想去，没有别的办法，只好把偷来的大印放进印箱里。

第二天，巡抚大人来讨要印箱，副将只好乖乖地把大印装在箱子里交给了巡抚。

巡抚大人的难题，被夫人一脚踢给了副将，让副将去面对两难的境地，最后终于得到了理想的结果。

452

徐文长拿着100文钱买来的那个桃站在店铺前不走了，凡是有人来问桃子的价格，徐文长就走过去说：“桃子是不上秤的，一只一百文。”

顾客听了，都吐吐舌头说：“这桃子是金子做的吗？卖这么贵，不是坑人吗。”大家议论纷纷，没有一个人买桃子。整整一天过去了，水果店连一笔买卖也没做成。

第二天，徐文长就早早地来到水果店，手里拿着昨天买的桃子，只要有人来问桃子价格，他就高举着桃子，叫道：“桃子是不上秤的，一百文一只。”顾客就都被这昂贵的价格吓跑了。

结果，奸诈的老板，第二天也没做成一笔生意。

第三天，徐文长又早早地来到水果店门口，老板见了，赶紧厚着脸皮过来哀求说：“徐先生，您行行好，放过我吧。以前是我不对，我把一百文还给你，再倒贴你一百文，还有一筐桃子，行吗？”

徐文长冷笑着说：“你做生意不能太奸诈，这次只是教训教训你，以后如果还不悔改，我就不能再饶恕你了。”徐文长收下自己的一百文钱，没要老板倒贴的钱，把桃子还给老板，就扬长而去了。

荒谬的事情从来都见不得阳光，它只能生存在黑暗的角落里。把荒谬拿出来，把它扩大化，让更多的人来评判，谎言会不堪重负而破掉，而荒谬的事情终究会可耻地灭亡。

453

客人们又一次来到富人家里，富人赶紧叫厨师上菜。这回厨师上的第一道菜还是舌头，客人们见了都皱起了眉头，第二道菜还是舌头，这次富人愤怒起来，他不顾体面和身份，大声斥责厨师：“怎么又是舌头？你太过分了，我要把你解雇，一分钱的工资都不付给你！”

厨师无辜地说：“舌头就是最坏的东西呀，人们用它搬弄是非，造谣撞骗，它造就了多少人间悲剧，害死了多少善良的人们，如果遇到糊涂的领袖，它甚至能挑起一场战争。它罪大恶极，难道世界上还有比它更坏的东西吗？”富人哑口无言，欲哭无泪。

最好的东西是舌头，最坏的东西还是舌头，聪明的厨师一连做了两天的舌头菜，而且道理说得头头是道，让狡猾的富人哑巴吃黄连——有苦说不出。

454

是和邻居做朋友，还是和邻居做敌人？牧场主遇到了艰难的抉择，而法官的一个主意使牧场主摆脱了困境——使对手和自己拥有共同的利益，就好像两人同在一条船上，谁也不会故意使船沉掉一样。

从镇上回来以后，牧场主立即挑了3只雪白可爱的小羊羔，分别送给猎人的3个儿子。看到可爱的小羊羔，3个调皮的小家伙如获至宝，一有空就带着羊羔在院子里玩耍。猎人怕猎狗伤害了小羊羔，就造了一个大铁笼子，把猎狗全关了起来。

为了感谢牧场主的好意，猎人经常给他送来一些野味，牧场主也经常把羊肉、奶酪之类的东西回赠给猎人，久而久之，原来的一对冤家对头就变成了推心置腹的好朋友了。

455

虚虚实实、真真假假，对方怎会识破其中的玄机呢！也许当对方最自以为是的时候，就是他倒大霉的时候——

第二天，养鱼人趁池塘里没有鱼鹰的时候，偷偷地把稻草人撤了下来。而自己戴上斗笠，穿上蓑衣，拿起长竹竿，装成稻草人的样子，一动不动地站在池塘里。

鱼鹰们吃饱了后，又像往常一样站在稻草人的斗笠和肩膀上休息，养鱼人趁鱼鹰不注意，一伸手抓住了两只鱼鹰，其他鱼鹰惊恐地“嘎嘎”叫着，好像在说：“不好了，假人变成了真人。”养鱼人拿着两只鱼鹰，笑开了怀：“哈哈，开始是假的，现在是真的了，真真假假看你们还敢来吗？”此后，鱼鹰见到稻草人，就不敢再轻易去偷鱼了。

456

没有什么爱，比母亲对自己的孩子的爱更为刻骨铭心的。真正的母亲，绝不能容忍自己的孩子受到一点点伤害，为了挽回孩子的生命，母亲愿意付出任何代价。这是人的天性。所罗门王就是利用母亲的这一天性断的案：

一听所罗门王说要把孩子分成两半，两个年轻妈妈中的一位顿时哭倒在地。她嘶哑着说道：“不要大王！我承认孩子不是我的，你判给她吧，请您一定保全孩子的性命。”

而另一个母亲则无动于衷，她甚至有点幸灾乐祸：我的孩子死了，你的孩子也死了，谁都别想要孩子，这样我们才是公平的。她镇定地对所罗门王说：“大王判得非常公平。”

看到两个母亲截然不同的反应，所罗门王已经知道了谁是孩子的母亲，他指着替孩子求情的母亲说：“把孩子给她，她才是这孩子的母亲。”然后对另一个母亲说：“你胆大包天，想偷走别人的孩子，还拿谎话来骗我，如果不是考虑到你刚刚失去儿子，我定要狠狠地惩罚你，现在姑且饶了你，快回去吧。”

真正的母亲抱着自己的孩子，高兴地回家了。

457

遭到荒谬的刁难，就要想办法将计就计把难题踢给对方，让他陷入自己设计的陷阱。长工媳妇就是从这个角度思考问题并想出制服地主的方法的——

第二天，长工按照媳妇交代的方法，不慌不忙地来到地主家，他对地主说：“我可以给你买像山一样重的牛，但是你得先告诉我山有多重，这样我才能按照你的要求去买呀。”

地主听了顿时哑口无言，他怎么能知道山的重量呀，总不能拿着秤一点一点去称吧。地主只好摇摇头说：“好，这件事就不让你办了，还有两件事呢？”

长工旗开得胜，更加镇定地说：“你要告诉我天有多大，我才能去买那么大的布呀。”

地主望了望高远的蓝天，比画了一下，显然他无能去丈量长天，但是地主还是不死心地说：“那么还有第三件事呢？”

长工拿过一个酒壶递给地主，说：“你先去量量河里的水有多少壶吧！”

地主一屁股坐在地上，好像源源不断的河水向他冲过来，那怎么能装得完呢！地主有气无力地说：“好了，三件事你都不要做了，就算你通过了。”说完，地主像割掉心头肉一样，把双倍的工钱付给了长工。

458

出其不意地发难，往往能使心里有鬼的人，下意识地做出不正常的举动。犹太人出其不意地一声大喊，使得做贼心虚的小偷一下就从人群中暴露出来了：

犹太人突然大喊：“哎呀，不好了，着火了！那顶偷来的帽子着火了……”然后，他发现一个人慌忙摘下帽子察看。

“那就是我的帽子，好啊，我终于抓到你了。”犹太人立即跑过去，把帽子抢了回来，大声呵斥：“可恶的家伙，偷来的帽子着火了没有呀！我看是你的良心着了小偷的火！还是抓紧扑灭吧！”犹太人把小偷交给了机场里的警察。

459

老太太一脸慈祥地走过来，

和蔼地对孩子们说："我住在这里，原来还害怕冷清呢，幸亏有你们这群可爱的孩子，每天在这里玩耍，把这个地方弄得热热闹闹的，一点也不冷清。为了感谢你们，以后只要你们过来玩耍，我每天给你们每人一元钱。"

孩子们听了，高兴极了，没想到玩耍还能赚到钱，于是每天更加起劲地吵闹了。

过了几天，老奶奶愁眉苦脸地对孩子们说："不知道怎么回事，我这个月的养老金还没有发，身上钱不多了，以后每天我只能给你们五角钱了，真是对不起了。"

孩子们听了，虽然心里不高兴，但是觉得五角钱还可以接受，仍然每天过来玩耍，只不过没有以前那么起劲了。

又过了几天，老奶奶显得非常愧疚地对他们说："孩子们，现在物价上涨，我不得不重新制定开支计划，实在是抱歉，以后我只能给你们一毛钱了。"

孩子们听了，觉得一毛钱根本不能接受，他们吵吵嚷嚷地说："一毛钱太少了，我们才不会为了一毛钱在这里浪费时间呢，除非你把钱提高到一元钱，否则我们再也不来了。"说完，孩子们都跑走了。

老奶奶当然不会给他们涨"工资"的，所以，从此以后，那群孩子再也没有来过。这对老夫妻终于过上了清静的生活。

老太太成功地转变了孩子们玩耍的动机，然后削弱了动机，从而达到阻止孩子吵闹的目的。

460

为了讨好姑娘，可怜的小伙子使出了看家本领，甚至主动制定了对自己明显不公平的游戏规则，聪明的姑娘利用这个不公平的规则，很快为自己赢得了有利地位。姑娘问了一个根本没有答案的问题，小伙子当然回答不出来，当他反问的时候，姑娘也不过是笑着摇摇头，一个回合下来，姑娘赢了95块——

姑娘问："4只眼睛、8个鼻子，还有9个尾巴的是什么动物？"

小伙子想了半天也没想到答案，就从兜里掏出100块钱递给姑娘，然后疑惑不解地问："你说的是什么动物呀？"

姑娘笑着掏出5元钱给小伙

子，然后继续看她的杂志。

小伙子又问："太阳距离地球有多远？"

姑娘连想都没想，立即掏出5块钱递给小伙子。

小伙子呆呆地望着姑娘，彻底明白了姑娘的态度，只好悻悻地离开了。

得了95块钱，根据游戏规则，姑娘至少可以19次不理睬小伙子的提问。试想，游戏继续下去，小伙子只能是越来越无趣。

461

国王的规则看起来滴水不漏，似乎无论囚犯说什么话，都难逃一死。而一个聪明的囚犯却从中找到了漏洞，一句"你们要砍我的头！"顿时让国王陷入了两难的境地，用绞刑也不是，砍头也不是，最后不得已，只好把他释放了。

接下来的故事是这样：

忽然有一个囚犯大声说道："你们要砍我的头！"

国王听了，不觉一怔，这算什么话呢？如果真砍他的头吧，那么这句话就是真话，按照规则，说真话是要用绞刑的；如果给他用绞刑，那么他说的那句话就成了假话，按照规则，说假话是要砍头的。这句话既不是真话，又不是假话，无论是用绞刑还是砍头，都不符合规则。怎么办呢？国王想了半天，也没有头绪。大臣们也都连连摇头。

无奈，国王只好挥挥手，说："算了，放了他吧。"

国王立即宣告废除自己别出心裁的规则，一切程序还按照以前的规矩进行。这样，只有这个聪明的囚犯逃脱了惩罚。

462

原来，伍子胥对那个斥候说："的确，我是在被楚王全国通缉，不过，你知道楚王为什么要抓我吗?是因为有人告诉楚王，说我有一颗稀世罕见的宝珠。楚王想得到我的宝珠，但我的宝珠已经丢失了。楚王却不肯相信，以为我在欺骗他，要杀死我。我别无他法，才只好逃跑。现在既然你抓住了我，还要把我交给楚王，那我就会在楚王面前说是你夺去了我的宝珠，并吞到肚子里去了。到时，你猜楚王是先杀你还是先杀我？不仅你会先被杀，而且还会被剖开肚子，被人扯出肠子，并一寸一寸地剪断以寻找宝珠。这样一来，虽然我活不成，你也会死得更惨。”斥候一听，信以为真，感到十分恐惧，赶紧把伍子胥放了。伍子胥于是逃出了楚国。

这里，伍子胥便是将一种博弈思维用得炉火纯青了，硬是在子虚乌有的情况下使自己摆脱了劣势，占据了主动。其实那个斥候也未必就完全相信伍子胥的话，但是伍子胥的谎言的厉害之处就在于，如果你不相信他说的前提（即他出逃的原因是因为宝珠的事）也就算了，一旦你相信，其后面的逻辑便布置得严丝合缝，十分具有说服力，因此威慑性就很强。之所以能够如此，是得力于伍子胥准确揣摩透了双方的心理和态势。那个斥候即使是不太相信伍子胥的话，也不愿拿自己的命去冒险，抱着宁可信其有不可信其无的态度，最后白白放走了伍子胥。

463

这个机灵鬼大声说：“先生您一出门，泥人就骂先生，说您拿钱不干事，却让自己白白替您干活。话很难听，我为了爱护先生，就把它摔了。”

这个故事中，机灵鬼的叔叔就是利用了一种常见的博弈思维，对于对方的荒谬，不直接指出，而是同样利用这种荒谬的思维来反驳对方，使其搬起石头砸自己的脚。

464

狄更斯说：“上次你马马虎虎给我剃头，我也马马虎虎付钱；这次你认真给我剃头，我也认真付钱。”

465

这个人在电话里所说的是：“夫人，我刚才忘了告诉您了，我家里没有养狗。另外，顺便说一句，我也不喜欢那种满身异味的东西，我们在这一点是一致的。”

在这个故事里，那个女邻居的错误并不在于找错了狗的主人，而是在于她不该在半夜打别人电话跟别人谈这个并不紧急的事情。而这个被骚扰的人自然也不该在凌晨时间给别人打电话去说一件无关紧要的事情，尽管他表现得彬彬有礼，其实都是无礼的。当然，这是他的有意报复。而他的这种报复手段便是博弈论中常见的以其人之道还治其人之身。那个女邻居之所以哑口无言，就是因为是她首先对别人采取了这样的无礼之举。

466

赫鲁晓夫打定主意之后，便很从容地拿起纸条，并大声念出了上面的内容。然后，他抬起头向台下喊道："写这张纸条的人，请你马上从座位上站起来，并走到台上。"台下顿时鸦雀无声。赫鲁晓夫于是又喊了一遍同样的话，但台下仍然是一片死寂，没有人敢动弹一下。赫鲁晓夫这时才淡淡地说："好了，那么就让我告诉你，当时，我就坐在你现在所坐的那个位置上。"

赫鲁晓夫的举动妙就秒在，他使自己本来用语言解释的理由情景化了，将对方置于与自己当时相同的处境中，使其切身体会，感同身受，自然无须多言，别人也都理解了赫鲁晓夫。实际上，在与人博弈的过程中，这种思路也是常见的，其要点便在于用事实说话，自己不做解释，最后却是达到"此时无声胜有声"的效果。

467

如果仅从眼前来看的话，孙叔敖的遗命看起来有些不可理解，但是从长远来看，你就看出孙叔敖的遗命的高明之处了。按楚国规定，封地延续两代，如有其他功臣想要，就改封其他功臣。并且，后来楚国连续几代政治动乱，许多好的封邑都被抢来抢去，主人遭到杀戮，只有寝丘因为土地贫瘠且地名不祥，无人理会，孙叔敖的子孙因此得以安然无恙，守此封邑一直到汉代，长达十代之久。

其实，孙叔敖在此所体现出来的便是一种高明的博弈思维。博弈思维的关键就在于能够通过预测别人的举动，进而决定自己的举动，以使自己最大限度地趋利避害。这里，孙叔敖的博弈思维体现在了更长的时间里，也就更显得高明。

468

曹操分析道："公孙康一向对袁尚等人心存疑惧，一旦我们攻打辽东，他们就会联合起来对付我们；如果我们暂时不去进攻，他们就会自相残杀起来，二袁被杀也就势在必行了。" 事实确如曹操所分析的那样，当袁氏兄弟刚逃到辽东时，公孙康担心曹操来攻，想借助二人力量抵御曹操，就暂时接纳了二人。后见曹操并不来攻，而是班师回去了，便感到袁氏兄弟成了自己最大的威胁了。他担心袁氏兄弟夺走自己的地盘，便为袁氏兄弟设下了“鸿门宴”，将其捉起来杀死了。而回过头来，曹操将袁谭也给杀死了。

在除掉袁氏兄弟的过程中，曹操利用了一种典型的多方博弈的思维。在面对不止一个敌人的时候，进攻便不可操之过急，否则便会造成他们联合起来对付你。而如果能够以静制动，等待敌人之间矛盾激化后再出手，便可坐收渔翁之利。在博弈论中，有一个专门的模型来描述这种情况，叫作枪手博弈模型。

469

事实上，两家杂志最终都会选择做“司法部长丑闻”的选题作为封面专题。因为从《新闻周刊》的角度来讲的话，他有两个方案，第一个方案是自己选择“司法部长丑闻”的选题。在这个方案里，如果《时代》选择了“美日贸易摩擦”，自己可以得到70%的客户；如果《时代》也选择了“司法部长丑闻”的选题，那么自己可以得到35%的客户。第二个方案是选择“美日贸易摩擦”的选题。在这个方案里，如果《时代》选择了“司法部长丑闻”，自己可以得30%的客户。如果《时代》同样选择了“美日贸易摩擦”的选题的话，自己则只能得到15%的客户了。可以看出，不管《时代》选择什么，《新闻周刊》选择“司法部长丑闻”选题所得到的客户都会多于选择“美日贸易摩擦”选题时的客户，即其第一方案是一个优势方案，无论对方将来选择了什么，自己选择这个方案都会具有更好的结果。而反过来，从《时代》的角度来讲的话，也同样是如此。这就是为何两者最终都会选择“司法部长丑闻”的选题作为封面专题。

实际上，博弈思维的精髓就在于参与各方的策略相互影响、相互依存。而博弈论研究的主题，便是找到那种无论对方如何做自己都能得到更好的效果的最优策略。

470

徐盛的计策之所以能够成功，并非计策本身多么无懈可击，可以想象，一旦曹丕派一小路先头部队渡江察看，那么徐盛的计谋瞬间便会被拆穿。实际上，徐盛的计策成功的关键在于巧妙地利用了当时的大形势和曹丕的心理。徐盛知道，曹丕心里十分清楚，比自己高明许多的父亲曹操尚且遭遇了赤壁之辱，自己便更没有把握灭掉东吴，之所以出兵东吴，更多的是表示一种示威的姿态罢了。况且，根据当时魏蜀吴三国相互牵制的大形势，魏军一旦进攻东吴，蜀军必然会从汉中骚扰魏国后方，令其后院起火。曹丕显然也是深知这一点的，所以他必定不会贸然对东吴死拼。正是基于对这种对大形势和曹丕心理的精确把握，徐盛才敢于行此冒险的计策，吓退曹丕。

通过这个故事我们可以知道，在博弈的过程中，谋略并不在于高明，而在于能够建立在准确把握对方心理的基础上。

471

事实上，《每日新闻》马上便将自己的零售价也提升至了50美分。

实际上，这件事的结果，基本上没有更多的可能性，《每日新闻》只能老老实实地提高零售价。因为它能够预期，如果自己坚持原来的价格，那么《纽约邮报》必定将价格回调，甚至调得更低，到时双方谁也没好处。事实上，就在1993年9月，就发生过一起这样事件，当时，《时代》从45美分降到了30美分，迫使《每日电讯》也降价，结果两者的利润都大幅下降。而《每日新闻》如果将零售价提至50美分，自己和《纽约邮报》的利润都会有所提高。

这便是一种典型的博弈思维，双方都能准确地预测出对方的行动，同时也知道对方能够准确地预测自己的行动，并以此决定自己的行动，最终两者通过一种妥协达到一种使双方利益最大化的优势策略。

472

卢循之所以会失败，便是因为他没有选择自己的最优策略。从当时的局势来看，他的部队一路势如破竹，士气正盛，因此他最好的策略便是充分利用自己的这一优势一鼓作气渡过长江，攻下建康。实际上，作为进攻一方的叛军来说，刚开始的气势正是其关键所在，一旦不能一鼓作气，失去了这股气势，便很容易被官军所击溃。因此，卢循不应该根据敌方的状态来决定自己的策略，而是无论对方状态如何，他都应该渡过长江，以保证自己的锐气不被挫伤。

实际上，通过这个故事，我们还可以总结出一个重要的博弈法则，即：假如你有一个优势策略，就不要管对方如何决策，果断地选择它；假如你没有一个优势策略，而你的对手有，那么就假定他会采用这个优势策略，相应选择你自己最好的策略。

473

事实上，迫使当时陆逊放弃了灭蜀机会，班师回兵的真正原因乃是魏文帝曹丕。我们知道，当时的大形势是魏、蜀、吴三国鼎立。而三国之间的局面，在常态下，乃是吴国和蜀国两个相对弱小的国家共同对抗当时强大的魏国，从而保持一种平衡。但这绝非是唯一的局面，一旦形势有变，三国之间实际上还存在着一些其他的可能性。比如在当时的情况下，蜀国因为在夷陵之战中惨遭失败，面临着被吴国灭国的危险。这时，一直被视作敌人的魏国在客观上便成为蜀国的朋友。吴国之所以不敢一举灭亡蜀国，非其不想，更非因诸葛亮，而是因为吴国一旦大举进入蜀国腹地灭蜀，便必然要从北部与曹魏接壤的边境抽调兵力。如此一来，魏文帝曹丕必然不会坐视吴国吞并蜀国，变成一个更强有力的对手。其次吴国一旦兵力空虚，他绝对不会放过偷袭这样一个曾经在赤壁之战中大败其父亲的敌人的机会。深有谋略的陆逊正是考虑到魏国的后顾之忧，才不得不忍痛放弃了灭掉蜀国的机会。而事实上，也正如陆逊所预料的那样，在其回兵的途中，他便接到线报，称魏文帝曹丕已经派遣了三路大军南下攻吴。而这也是为什么吴国在夷陵之战中大获全胜的情况下却遣使向刘备求和的原因。

474

实际上，在面对多个敌人的时候，确定对付敌人的先后顺序是十分有讲究的。而故事中，李宗仁所确定的“先陆后沈”的决策其实也是一种最常见的策略，在面对多个敌人的时候，一般而言，弱小者都会选择这种“联弱抗强”的策略。比如三国时期的蜀国和东吴联合抗击强大的魏国；另外，元末农民起义中，朱元璋面对长江上游的张士诚、东南邻方国珍和南邻陈友谅，也同样是选择了先进攻实力最强的陈友谅，然后再对付其他相对弱小的势力。当然，也有例外，比如宋太祖赵匡胤在统一全国的过程中，出于稳妥起见，首先歼灭了相对实力弱小的南唐、吴越两国，然后才谋取北边相对强大的北汉。总之，在对付多个敌人的时候，在对于进攻敌人的先后顺序方面，在具体问题要具体分析的前提下，是充满了博弈论的安排的。

475

韩、赵两国实力相当，谁也无法单独击败对方。在这种情况下，魏国帮助哪一方，哪一方便会取得胜利。但是，魏国如果无缘无故地帮助一方战胜了另一方，师出无名，首先在道义上处于劣势，使得自己的威信遭受损失；其次，其所帮助的一方必然会因为战胜对手而变得强大起来，如此一来，魏国便为自己树立了一个强有力的对手。因此，魏文侯才没有出兵帮助任何一方。魏文侯不帮助其中任何一方，而是帮助两国调停，这样一来，首先在道义上得到了两国的感激，提高了自己的威望；其次，韩、赵两国即使暂时停战，但已经结下仇怨，随时都在防范对方，如此一来，两国必然都会想办法亲近魏国，以防止魏国倒向自己的对手。如此一来，魏国便可以凭借自己模棱两可的态度时时让韩、赵两国感受到威胁，不敢违背它的意愿。最终的结果是，魏国便无论在道义上还是战略形势上都处于一种有利的地位。

476

美国队的丹尼斯·康纳船长的策略表面上看起来无可厚非，实际上是错误的。因为作为领先者，其要做的便应该是模仿对方的策略，以和对方保持在同等客观条件之下，如此，自己只要维持住自己的领先优势即可获得胜利。而如果不模仿对方策略，一旦对方的策略产生了效果，自己的领先优势便很容易被超过。而澳大利亚队的约翰·伯特兰的策略显然是高明的。因为在当时自己明显落后又追上无望的形势下，如果自己的策略不改变，那么即使自己通过奋力拼搏缩小了被领先的距离，也正是量变而非质变，并不能赢得比赛，并无意义。因此，索性不如冒险赌一把，失败了，只是落后得更多一些而已;而万一赌赢了，则可以一举扭转败局，产生的就是有意义的质变了。

477

原来，隋何趁九江王正在接待项羽的使者时，突然闯入现场，并直接坐到项羽使者的上首，并对使者说："九江王已经归附汉王，楚王凭什么让他发兵？"在座的九江王十分愕然，而楚国使者也是大吃一惊，起身准备离开。隋何这时拔剑上前，刺死了他，然后回头对九江王说："现在项王使者死在了您这里，您已经没有退路，请尽快与汉王联手！"这下，本来犹豫不决的九江王看到木已成舟，便只好宣布叛楚联汉。

在这个故事里，隋何便是很好地利用了一种博弈思维。他明白，如果仅凭口舌之辩，最多只能暂时稳住英布，与楚使者打一个平手。而如果冒着触怒英布的危险，杀掉楚国使者，到时九江王在项羽那儿便再也说不清楚，没有了退路可走，那时他便只好放弃摇摆的态度，明确地叛楚联汉。可以说，这正是一次摸透了对方心理之后然后出牌的博弈思维的运用。

478

叛军因为张巡每天夜里用草人假扮士兵，便产生了麻痹心理，对其不再理睬，这显然是不智的。因为虽然张巡每天夜里都坠下草人，但一旦其在某一天夜里突然坠下真的士兵，便会对叛军构成致命威胁。因此，尽管就某一次而言，张巡坠下的很可能又是草人，但也应该射上一些箭，以确认这是些草人，从而避免遭到其偷袭。这样的话，只是损失一些箭，却可以保证营垒的安全，显然是值得的。而为了省一些箭，拿营垒冒险，是得不偿失的。

这个故事便体现出了一种典型的博弈思维。博弈的特点就是相互猜测，你对对手的策略进行猜测，对手也在对你的策略进行猜测，取胜的基本思路是要考虑对手的思路。张巡之所以能取胜，便是因为他故意在叛军面前暴露出自己的行动规律，然后突然打破规律，使得对方措手不及。

479

司马懿退兵后，众官对诸葛亮很是佩服的同时，也感到迷惑不解，问诸葛亮道："司马懿是魏国名将，如今带领十五万大军来到城下，为何就这么退去了呢?"诸葛亮解释说:"司马懿知道我一生谨慎，不肯冒险；他听我琴声悠扬，丝毫不乱，便以为我必然是胸有成竹；再加上我故意设立的一些令其生疑之处，最后，他便以为我城中必然埋伏有重兵，所以才退兵离去。其实，这次我也是逼不得已才冒了一次险，因为我军这点人数，如果弃城而去，又没有断后，肯定很快就会被魏军追上。"

实际上，诸葛亮之所以能够成功，便是他对于博弈思维进行了一次成功的运用。通过司马懿和诸葛亮各自的解释，可以看出，诸葛亮是紧紧地扣住了司马懿的心理，进而采取了相应的对策，从而取得了这场心理战的胜利。所谓博弈思维，实质上就是一种心理战。

480

普特南站起来说:"桶里装的是洋葱，不是炸药。"而英国少将佩服的正是普特南的智慧。

在这个故事里，普特南之所以能够赢得胜利，便是因为他心里有底，他拿准了对方必定不会拿性命来换取决斗的胜利，所以自己只需要悠闲地坐在那里等对方跑开就是。这正体现了博弈思维中制胜的关键，即准确把握住对方的心理。

481

哲学家说道："好吧，现在事情很明显了，我的邻居只不过骂我得了神经病，最高神宙斯就派老鹰对他作了严厉的惩罚。那么，现在您如果判我有罪，不知道宙斯会对您做出什么样的惩罚呢?"

笃信神灵的老法官一听，吓得赶紧用手摸了摸自己的头，对哲学家说："您是受到宙斯庇佑的人，会为我们的城邦带来福祉，现在我宣布您无罪！"

哲学家因此被无罪释放了。后来，有人问他："您不是只信仰科学吗，怎么又声称您受到宙斯的庇佑呢？"

哲学家回答："对于相信真理的人，才可以和他谈真理。而对于那些昏聩的笃信神灵的人，跟他们谈真理是没有用的。"

在这个故事中，哲学家最后说的话是十分有道理的，在与人博弈的过程中，准确把握对方的特点，然后对症下药是十分关键的。

482

几天之后，这家眼饰公司同样收到了海明威邮来的一个包裹，打开一看，是署名海明威的一本小说。另附有信一封，信中写道："鄙人小说深受读者欢迎，现奉上一册，请你们一读。此书定价三元五角，请你们寄还欠我的五角。"面对别人的无赖逻辑，与其费劲拆穿其逻辑，不如直接应用到其身上，让他自己感受到这种逻辑的荒谬性，他自然就无话可说了。

483

在蒙恬规劝之后，王翦屏蔽别人后悄悄对蒙恬说："你不知道我的用意啊，秦王生性强硬而且多疑，现在将六十万军队交给我指挥，这是将整个秦国托付给我了啊！如果我不多多讨要封赏为子孙打算，以表示我并无野心，大王肯定会在家里坐卧不安而怀疑我。"

结果，秦王不但不厌烦王翦的请赏，反而感到高兴，并对王翦不再怀疑，放心地放手让他全权指挥，最终灭掉了楚国。

可以看出，王翦此举，乃是考虑到秦王多疑，他故意自污，显得自己贪婪而目光短浅。而实际上，他是一个非常忠诚廉洁的将领。

484

苏联克格勃这样署名，乃是一种有意为之的"模糊"策略。因为按照人们的一般心理，"神秘"与"真实"往往是一对孪生兄弟，越是神秘，人们才越容易相信。另外，如果直接指名道姓，对方便很容易通过查证，进而否定掉。而这种模糊的做法，则可以将水搅浑，使其越查越模糊，既然查不清，当然就排除不了。显然，克格勃的“模糊”策略达到了他们想要的效果。

485

夏完淳装作不知道审问他的就是洪承畴，对于他刚才的诱降，故意高声回道：“你才是个叛乱的贼人！我是堂堂大明忠臣，如何说我是叛乱？我常听人说起我大明朝的‘忠臣’洪承畴先生的故事，他率军在关外与清军血战，被俘后宁死不屈，慷慨就义，先皇帝（崇祯帝）闻之震悼，亲自作诗褒念，并亲自为他设立祭坛，百姓也都纷纷宣扬他的事迹，名载史册！我虽然年幼无知，说到杀身报国，也愿意以他老人家为楷模！”

洪承畴听后，登时哑口无言，脸色变红，手足无措。下面的衙役还以为夏完淳真的不认识洪承畴，赶忙悄悄地告诉他：“上面坐的就是洪大人！”

没想到夏完淳立刻大声反驳：“胡说，洪大人在嵩山、杏山与北虏（清政府）勇战，血溅章渠，天下谁人不知？我正是仰慕洪先生的忠烈，才欲杀身报国，你们休要骗我！”洪承畴听后，更是面如土灰，就连他的幕僚们也都感到十分窘迫。

“上面坐的正是洪承畴大人！”一个衙役厉声呵斥道。

夏完淳依旧装傻卖乖，不予理睬，继续说道：“你们不要再骗我了！洪先生已经死于大明国事已久，你们是什么逆贼丑类，竟敢假托忠烈先生大名，玷污他的‘忠魂’，真是一帮狗贼！”洪承畴此时汗下如雨，嘴唇哆嗦，夏完淳的话可以说字字戳到他的痛处。一个食禄数代之大明重臣，反而不如江南一身世卑微的十六岁少年，真让人惭愧得无地自容。他沉默了许久，挥挥手，令人将夏完淳押回了牢房。

486

“那太简单了，只要我们两个改天一起到小岛上去一趟，就可以弥补这个缺陷了。”海涅说道。

487

原来，坐在轿子里的“新娘”是个穿着花衣裳的泥胎女菩萨。对于县令的指责，庞振坤说道：“你看，她不是完全符合你的‘樱桃小口杏核眼，月牙眉毛天仙脸，不讲吃喝不讲穿，四门不出少闲言'的标准吗？"县令一听，哑口无言。

488

原来，郭忠恕在绢头上画了一个小孩，在绢尾上画了一个风筝，然后，又画出一根线将两者连接了起来，就这样很快将一匹绢画完了。

489

张松是这样回答的："我早就听说您祖上世代都是在朝廷任重要官职的，乃是朝廷的股肱之臣，您却为何不在朝廷任职，辅佐天子，而甘愿在丞相府做一名吏员呢？"

490

只听知县说道："大胆刁徒，你是如何偷了别人的猪还不从实招来！"对于马小四的抵赖，县官说道："这一万贯钱，恐怕不止有一百斤重吧，你这么轻松地扛起来就走，如何要说自己扛不动那头猪？说了谎言，必是做贼心虚，还不从实招来！"马小四一听，哑口无言，只好招认了自己的偷猪的罪行。

原来，县令打量马小四时，发现这个人虽然外表看上去很瘦，却是一种精瘦，不一定没有气力，于是便故意设计引他上钩。这在博弈思维中可算一种将计就计。

491

刺史大人当然没疯。他知道判断是非最重要的是要找到证据，无论采用什么方法，只要能得到确凿的证据，就能做出正确的判断，所以，他才拷打羊皮。是不是还不明白？那就看接下来的故事吧：

两边的衙役不知道老爷今天演的是哪出戏，也不敢问，只得用力地拷打羊皮。不一会儿，三十大板就打完了。只见，羊皮上掉下来薄薄的一层盐粒。大家顿时明白了老爷的用意：如果这张羊皮是贩盐人的，因为贩盐人长年累月地用羊皮垫背，那么羊皮里一定有很多细小的盐粒。如果羊皮是樵夫的，那么羊皮里就不会有盐粒。如此看来，这张羊皮是贩盐人的，樵夫是撒谎的。樵夫看到地上的盐粒，一下子瘫倒在地上，没有话说了。贩盐人高兴地拿着羊皮走了。

492

孙亮检查了一下老鼠屎，然后笑着对大臣们说："如果老鼠屎在密封之前就浸在蜂蜜里，它里外都应该是湿的，那就是小官员的罪过；如果老鼠屎外面是湿的，而里面是干的，就说明它是刚刚被放到蜂蜜里的，那么就是太监做的手脚。现在，大家看看，老鼠屎里面是干的，一定是这个太监为报私仇陷害小官员。”太监听了，慌忙跪在地上，拼命地磕头，请求孙亮从轻发落。

493

听见孔子发问，大嫂笑着说：“你不说要借‘东西’的吗。‘东’为甲乙，属木；‘西’为庚辛，属金。我见你马车坏了，要借的当然是斧头和木材了，怎么不对吗？”

孔子连连点头，说：“对的，对的，多谢大嫂。”

孔子修好马车后，把东西还给了大嫂，就让车夫往回走。

车夫很奇怪，就问孔子：“先生不过河了吗？”

孔子感叹道：“楚国人才济济，连普通的妇女都这么有学问，我还到楚国干吗？还是到别的国家授课吧。”

后来，人们就把那条楚国的小河称为“夫子河”。

洗衣服的大嫂，怎么知道孔子所需要的东西的呢？难道真的是因为孔子所说的“东西”这两个字吗？当然不是这样了，什么东属木、西属金，这根本就是不合理的联系，大嫂不过是在和孔子开玩笑罢了。之所以能够知道孔子所需要的东西，完全是因为大嫂善于观察和推理，看到孔子车子坏了，需要的当然是修车的工具了。

494

张举来到死者身前，检查了一下死者的身体，没有什么可疑之处，又撬开死者的嘴看看，看到嘴里什么都没有。被火烧的时候，活人必然大喊大叫，嘴里应该吸入很多灰尘才对。而死者嘴里什么都没有，说明着火之前，他已经死了。想到这里，张举冷眼看看刘氏，刘氏忽闪着眼睛，似乎是在躲闪什么。张举决定做个实验让刘氏心服口服。

张举叫人找来两头大肥猪，一头立即宰杀了放在火上烤，一头直接扔在火里烧。那头活猪在火里不停地喊叫、挣扎，过了好一会儿才死去。张举叫大家过来看，那只活活烧死的猪嘴里满是灰尘，而那只死猪嘴里什么都没有。张举厉声问刘氏：“你丈夫嘴里什么都没有，正说明在着火之前就已经被人害死了，刘氏你还有什么话说！”

刘氏顿时瘫软在地上，不得不招认了自己伙同奸夫谋杀亲夫的罪行。

495

到哪里去打捞铁牛呢？人们想当然地认为，要到下游去打捞，因为大家都有这样的生活经验，一段木头掉进河里，马上就会被河水带走，从没见过什么东西还能逆流而上的，大家认为铁牛和那些轻飘飘的东西是一样的，一定是被河水冲到下游去了。可事实上，笨重的铁牛却是与众不同的，它就能够逆流而上。所以，当知府听了和尚的话才会大感出乎意料：“大师不是说笑吧，黄河发水冲走铁牛，当然是冲到下游去了，怎么反到上游去找？”

怀丙回答：“大人有所不知，这铁牛不同于别的东西，它重过千斤，掉在河里，洪水并不能冲走它，只能把它前面的淤泥冲走，渐渐铁牛前面就被冲出一个大坑来，铁牛就翻到坑里，洪水接着再冲一个坑，铁牛就再往前翻一个坑，这样翻着翻着，铁牛就翻到上游去了。所以，大人在下游找不到。”

知府觉得怀丙说得有理，就请他抓紧去打捞铁牛。按照怀丙的指点，果然在上游摸清了铁牛的位置。但是，现在还需要解决一个问题，就是怎么能把重达千斤的铁牛，从淤泥里拔出来。知府忧心忡忡地看着怀丙，怀丙不慌不忙地说：“大人，请放心，是水把铁牛冲走的，我就让水把铁牛送上来。”知府听了，半信半疑。

怀丙叫知府找来两条大船，在船上装满泥沙、石块，一直装到船沿贴近水面才停止。慢慢划到铁牛旁边，把船停稳，两只船保持适当距离，把事先做好的打捞架安放在两只船之间，命令一伙会水的年轻人，潜到水里把打捞架上的绳索牢牢地绑到铁牛身上。然后，收紧打捞绳，把船上的泥沙慢慢往黄河里铲，船慢慢浮升起来，那绳索也越绷越紧，铁牛也慢慢拔出污泥，等到铲尽船上的泥沙的时候，铁牛已经完全脱离淤泥了。怀丙叫大家奋力向岸边划去，终于把铁牛拖上了岸。按照同样的办法，怀丙又把其他七只铁牛捞了上来。

496

路边有一颗挂满李子的李树，鲜红的李子，让人垂涎三尺。但是王戎却很快判断出了李子是苦的。他是怎样得出这个结论的呢？

细心的王戎发现了一个奇怪的地方，李子就长在路边，伸手就可以摘到，怎么来来往往的行人没有去摘呢？根据这个奇怪的现象，王戎进行了简单的推理，如果李子是甜的，那么一定被路人摘光了，而事实是树上的李子根本没人动，所以假设是错误的，李子是苦的。

496

他们指定一个人分粥，规定分粥人只能要其他六个人挑剩下的那一碗粥。显然，谁都会挑粥最多那一碗，最后剩下的只能是粥最少的那一碗。所以，为了能多分到一点粥，分粥人只能把粥平均分到七个碗里，这样每碗粥都是一样多的，就是最后挑也没关系了。有了最后一个办法，再也没有出现过分粥不公平的现象。

498

如果这些战俘能够正确地站成一列，所有人都能被释放。

第1个战俘站在这一列的最前面，其他的人依次插入，站到他们所能看到的最后一个戴红色帽子的人后面，或者他们所能看到的第一个戴黑色帽子的人前面。这样一来，这一列前一部分的人全部都戴着红色帽子，后一部分的人全部都戴着黑色帽子。每一个新插进来的人总是插到中间（红色和黑色中间），当下一个人插进来的时候他就会知道自己头上帽子的颜色了。如果下一个人插在自己前面，那么就能判定自己头上戴的是黑色帽子。这样能使99个人获救。当最后一个人插到队里时，他前面的一个人站出来，再次按照规则插到红色帽子与黑色帽子中间。这样这100个战俘就都获救了。

499

原来，查尔发现朱利安的书房里都是北极的东西，只有那只企鹅是南极的动物，而朱利安从没到过南极，企鹅标本肯定是别人送的。而且他还发现罩着标本的玻璃罩开了一条缝，显然有人动过它。这只是一个无关紧要的细节，大多数人都是这么认为的，然而就是这样一个细节，暴露了小偷的蛛丝马迹——小刀藏在身上简直就是不打自招，而藏在标本里就安全多了，然后再以赠送人的身份要回标本，这样偷到小刀，就是神不知鬼不觉了。

秘密就隐藏在一个毫不起眼的事物后面，只有善于发现和推理的人，才能根据这个不起眼的发现，寻找到事情的真相。

500

伽利略是这样对女儿说的：“望远镜是索菲娅的弟弟送给她的，里面装有毒针。那天晚上，索菲娅趁你们睡着了，偷偷地登上凉台，想用这架望远镜观测星星。她把眼睛紧贴镜筒，当她调节焦距的时候，一只毒针‘嗖’的一声，射进她的眼中，索菲娅猛地一惊，失手把望远镜掉进河里，她忍着剧痛把毒针拔了出来，慢慢地毒液蔓延开来…”

伽利略的女儿问：“她为什么不大声呼救呢？”

伽利略说：“她是看了我那本《天文学对话》后，为了证实一下，才用望远镜来观测的，这事当然不能让院长知道，所以她选择了自己治疗，但是很快就毒性就发作了，她支持不住了。”

后来，索菲娅的弟弟供认了自己的罪行，证明伽利略的推理是完全正确的。

501

老二笑着对老大说：“我当然不是瞎猜的，我是没有把所有花生都剥完，但是我把花生进行了分类，大的、小的、饱满的、干瘪的、好的、虫蛀的等等，每一个类别我都选出了几个花生剥开看，结果发现花生仁都是红皮包裹着的。所以我断定，所有的花生都是由红皮包着的。怎么样，哥哥，你也是同样的结果吧。”

老大听了，还想争吵。老爷摆摆手制止了，他说：“老二的方法是对的，老大虽然你也得出了正确的结果，但是你花费了太多的精力和时间。以后处理家里千头万绪的杂事，如果你事事都要做完后才能得出结果，根本忙不过来。所以，这个家还是由老二来当吧。”

老大听了父亲的话，也明白了自己的不足之处，同意了父亲的决定。

502

大卫把大羊圈分成了三个部分，一部分关着老羊，一部分关着小羊，一部分关着大羊。到了早上，羊们该吃“早点”的时候，大卫首先放出了小羊，小羊“咩咩咩”地欢叫着，跑到草原上，专拣最嫩的草吃。等小羊们吃得差不多了，大卫又把老羊放了出来，没有年轻体壮的大羊的干扰，老羊们可以安心地吃起好草来了，它们也“咩咩”地感谢着大卫。等到最后，大卫才把大羊放了出来，大羊们饿坏了，它们来不及向大卫“咩咩”地表示抗议，就赶紧跑过去吃草了，草原上已经没有多少好草了，大羊们只好用力地咀嚼着那些又老又硬的草了，幸好，大羊的身体和牙齿都很强壮，它们也能吃饱。

上帝看到小大卫这么聪慧，觉得他长大以后一定能把一个国家治理好，就喃喃地说：“好吧，以后以色列人民就由他来治理吧。”后来，大卫长大后成为以色列的王，他是以色列历史上最伟大的国王。

503

用右勾拳击打对面的人时，只会击中对方的左下巴，而死者的下巴右侧有一块瘀青，显然是这个目击者在撒谎。

504

崔闪戴的是黄颜色的帽子。下面是崔闪的推理过程：

如果小明和王志中的任何一人看到两顶蓝帽，那么就会马上知道自己戴的是黄帽。既然他们都无法推测自己的帽子的颜色，便说明他们都没有看到2顶蓝帽。因此至少有两个黄帽，至多1个蓝帽。

而如果小明和王志中有人看到1顶蓝帽，那么他就知道自己头上是黄帽，但是仍然没有人能猜出自己帽子的颜色，说明没有人戴蓝帽，因此崔闪可以肯定自己一定带着黄帽。

505

今天是星期四。

小木偶是通过逻辑推理的方式推算出来的，其步骤大致可分为两步：

小木偶先针对长颈鹿的话进行推测。

假设今天是星期一，那么长颈鹿今天说谎，而昨天说真话，那么正好，长颈鹿对小木偶的问题会回答："昨天是我说谎话的日子。"所以今天可能是星期一；

假设今天是星期二，那么长颈鹿今天说谎，昨天也说谎，因此其回答应该是"昨天是我说真话的日子"，而不是"昨天是我说谎话的日子"。由此推测，今天不是星期二。同理，可以推断出今天不是星期三；

假如今天是星期四，那么长颈鹿今天说真话，昨天说假话，所以，对于小木偶的问题，它会回答"昨天是我说谎话的日子"。所以今天可能是星期四；

假设今天是星期五，那么长颈鹿今天说真话，昨天也说真话，所以，长颈鹿对小木偶的回答应该是"昨天是我说真话的日子"，而不是"昨天是我说谎话的日子"。由此推测，今天不是星期五。同理，可以推出今天不是星期六和星期天。

因此，根据长颈鹿的回答，可以推出今天是星期一或星期四。而用同样的方法对斑马的话进行分析，可以推出今天是星期四或星期天。

进一步，对于小木偶的问题，长颈鹿和斑马都回答"昨天是我说谎话的日子"的时间，只能是星期四。所以，聪明的小木偶断定，今天是星期四。

506

托雷于是答道："其实这只需要对前面的条件进行推理就可以了。既然父汗已经告诉我们满楚古得将军的说法是对的，而满楚古得将军说的或是帖良古惕将军或是兀良哈将军。那么，我们先假设是兀良哈将军射中的，那么，这五位将军中的孛尔只斤将军、汪古惕将军、兀良哈将军、帖良古惕将军便都错了，只有满楚古得将军说对。如此一来，四错一对，便不符合我父所说的条件，因此这个假设是错的，也就可以得出结论，不是兀良哈将军射中的。既然兀良哈将军、帖良古惕将军二人中有一人射中，兀良哈将军已排除，当然非帖良古惕将军莫属了。"众人一听，都心服口服，成吉思汗也因此更加喜欢小儿子托雷了。

507

我们来推演一下：第一人当然是说谎族的，因为如果4人全是说谎族，他说的就是真话了，这和他说的话本身都矛盾。

第二人如果说的是对的，那么已经知道第一人是说谎族，于是此外3人都是诚实族的，这不可能。因为第三人说有2人说谎，这话就不真了。所以第二人是说谎族。

第三人说有2人说谎，我们已经知道头2人说谎了，这话可能属实，但是还要以第四人说话为真，才能断定他这话为真。

第四人说他是诚实族，与第三人的话相符。这表明他和第三人说的都是真话，所以他2人是诚实族。

508

盗窃犯是乙。因为尽管听不懂法语，但是警官也可以推测，无论丙是不是真正的盗窃犯，丙都肯定不会承认自己是盗窃犯。因此，甲的翻译应该是正确的。而乙的翻译则肯定是在故意诬赖丙，或者是自己根本不懂法语，谎称自己懂。无论何种动机，乙肯定是在撒谎。既然撒谎，便是在掩饰什么，而只有犯罪的人才有必要掩饰。所以，乙是真正的盗窃犯。至于丙本人是不是乙的同伙，则目前不能肯定。

509

可以通过排除法进行推测。

首先分析戊的话，他说5个人都在撒谎。如果他说的是真的，那么可以推出他撒的谎是真的这样的悖论。因此他的话不能成立，是谎话。那么，由此可以进一步推出，5个人中至少有1人说的是真话。

接下来我们来分析甲的话。甲说5个人中有1人在撒谎。假定甲说的是真话，那么乙、丙、丁所说的都是谎话了。这便与甲说的只有1人说谎相矛盾，所以可以得知，甲说的也是谎话。

再看乙。乙说5个人中有2人在撒谎。通过前面的推理我们已经得知甲、戊在说谎了。而如果乙说的话是真的，则丙、丁的话又是在撒谎了。如此一来，便可推出有4人在撒谎，这与乙所说的有2人在撒谎相矛盾。因此，乙所说的话不能成立，它也是在撒谎。

同理，丙如果说的是真话，则丁说的便是谎话了，这样一来，丁加上上面已经证实是在说谎的戊、甲、乙就是4个人在说谎了，这又与丙所说的3个人在说谎相矛盾，所以丙也是在说谎。

一开始通过对戊的分析已经得出结论，5个人中至少有一个人在说谎，现在甲乙丙戊都在说谎，则只能是丁说了真话了。同时，丁所说的5个人中有4个在撒谎也正好与事实相符，没有引起矛盾。所以丁说的是真话。

510

庸芮接着秦宣太后的话头说："太后圣明，那么既然您明知道人死后不会有知觉了，为何还要平白无故地将自己所爱的人置于死地呢？而反过来，如果人死后还有知觉的话，那么先王(秦惠文王)这几十年来，在地下都不知积累了多少怒气了。太后您到了阴间，在先王面前补过还来不及，哪还有机会跟魏丑夫在一起。万一先王看到了魏丑夫，这岂不是您的大麻烦吗？"

511

皮埃尔·居里所提的问题有两个，第一个是："你愿意嫁给我吗？"第二个则是："你对于这个问题的回答，和对第一个问题的回答是一样的吗？"思维敏捷的玛莉一下子陷入了窘迫。因为对于第一个问题，她可以回答"不"。但是，接下来对于第二个问题，不论她回答"是"还是"不"，都会陷入逻辑悖论。所以，她只好认输，嫁给难住了自己的皮埃尔·居里。

512

一、"来信早已收到，为免你久等，我当即就给你写了这封回信"。既然来信早已收到，已经让对方久等了，便不能说是"当即"写了回信了；

二、"我知道你读的速度不快，因此，我也写得尽量慢一些"。她写信速度的快慢对儿子读信的速度快慢并无影响。

三、"你一定急于知道我们新家的地址，不过，很遗憾地告诉你，我暂时还无法告诉你。因为先前住在这里的那户人家，不想改变他们的地址，把门牌拿走了。"即使门牌号被拿走了，但是史密斯新家的地址并不会改变，是可以告诉儿子新家的地址的。另外，拿走门牌号的那户人家，显然也有些糊涂，他们将老的门牌号拿走，他们新家的地址也仍旧是要改变的。

四、“我还不知道这是个男婴还是女婴，所以你究竟是当了舅舅还是姑父我现在还无法告诉你”。无论史密斯的姐姐生了男孩还是女孩，史密斯都是孩子的舅舅，而不会是姑父。

五、“上周就下了两场，第一场从周一下到周五，第二场又从周五下到星期天”。“第一场雨”和“第二场雨”之间没有间隔，那么这便是一场雨了，而非两场雨。

六、“附言：我本来还想告诉你关于新邻居的事情，但我已经将信封上了”。既然已经将信封上，怎么还会写上“附言”？

513

罗宾逊的说法显然是站不住脚的。罗宾逊显然是机械地理解了统计资料。实际上，统计资料并不能准确地反应事情的因果关系。打个比方，根据统计资料，每年绝大部分的交通事故都是出在时速在150公里以下的中速行驶过程中，而很少有交通事故出在时速大于150公里的高速行驶中。那么，是否可以由此推出高速行驶比中速行驶更安全？显然不能！而罗宾逊所说的情况与此类似，之所以过去10年间每年很少有人死在90岁或90岁以上的年龄，是因为大部分人都根本活不到这个年龄。事实上，在90岁或90岁以上的老人死亡的概率肯定是要低于这个年龄的人的。因此，罗宾逊向这些人推销人寿保险，恐怕公司只会赔钱。

514

杰克先生的谬误属于对概率的一种错误理解。其实，在现实生活中，犯杰克先生这样错误的人固然几乎是没有，但是这种类似的心理还是普遍存在的。比如在农村的一些重男轻女的夫妇，他们在前面一连生了几个女婴之后，总以为接下来产生的孩子是男婴的概率要大一些。而实际上，生男孩子的概率仍旧只是50%，不会有任何改变。还有，当一个人在地上掷钱币时，如果一连几次都掷的是同一面，那么他便总以为接下来再掷出同一面不大可能，而掷出相反一面的概率则大大增强。这也仅仅是一种心理错觉，事实上，他接下来掷出的两个面的概率同样是各占50%，而不会受到前面的投掷结果的影响。

为进一步解释这种现象，让我们引入概率论中的两个基本概念：互不相容事件与相互独立事件。如果一件事和另一件事之间存在互斥关系，即不能同时发生，那么才会彼此产生影响，这种事件称作互不相容事件（或称互斥事件），这样的两件事会影响到彼此发生的概率。而如果两件事彼此是独立的，互不影响，便不会对彼此的概率产生影响。就比如你明天是去郊外度假还是待在家里，便是两件互不相容事件，会彼此影响对方发生的概率。而你明天穿什么颜色的衣服和明天伦敦的天气如何之间便是彼此独立的事件，不会相互影响彼此的发生的概率。显然，杰克带不带炸弹和与他同机的其他旅客是否会带炸弹便是属于互相独立事件。因此，杰克带炸弹并不会影响别的旅客带炸弹的概率。

515

这位母亲想了一下之后，回答说："我想，鳄鱼先生您肯定会吃掉我那可怜的孩子的！"

"哈哈，算你聪明，竟然猜到我会吃掉你的孩子！哈哈，你以为我真的会无缘无故地放弃一顿美餐吗？我只不过是在逗你玩罢了。"

说完，鳄鱼便要张开血盆大口吞下孩子。

没想到就在这时，母亲制止鳄鱼道："鳄鱼先生，根据我们的约定，只有我回答错了时，你才能吃掉我的孩子。现在，如果你吃了我的孩子，不就证明我的猜测是正确的吗，你不就失信了吗！"

鳄鱼一听，顿时愣住了，它转了转自己的大眼睛，心想：这女人说得不错啊，我如果将孩子吃了，那她不就是猜对了吗？我就失信了。于是，它心有不甘地准备将孩子放回岸上。

但是，就在孩子快要被放到岸上时，鳄鱼转念一想，如果我把孩子放了，不就又证明她猜错了吗？那我不就可以名正言顺地吃掉孩子了吗？于是，鳄鱼又将要将孩子吃掉。但是，这样一来，孩子母亲的猜测就又是正确的了，还是吃不了。鳄鱼一下子懵了。就在这时，孩子的母亲趁机将自己的孩子从鳄鱼嘴中夺了出来，孩子得救了。

在故事里，这位母亲凭借自己的聪明，给鳄鱼编造了一个逻辑学上的陷阱，使得鳄鱼无论判定她的回答是“对”还是“错”，都无法吃掉自己的孩子，从而救下了自己的孩子。于是，直到今天，那条鳄鱼一有空时还在琢磨着这个问题：为何那个女人的回答使得我无法吃掉那孩子呢？当然，它永远都琢磨不明白了。因为这个问题是个悖论，即使是进入了21世纪的人类，目前也没有答案破解。

516

原来，只要附近有直升机的干扰，电视图像一定会出现紊或者是“雪花”。但是卡斯特声称电视没有出现一点紊乱。因此，在刚才电视受直升机干扰期间，他肯定是出了自己的房间，所以才没有看到电视受干扰的情况。而他却称自己没有出房间。既然撒谎，便肯定有动机，因此他就是小偷。

517

实际上，约翰在这里便是犯了一个辩论中常见的偷换概念的错误。偷换概念是违反逻辑同一律的规则而产生的逻辑错误。同一律指的是在同一思维过程中，要保持论述的同一性，即概念必须保持同一，不能任意变换。而许多诡辩产生的共同原因便是在论述的过程中，概念没有保持前后统一。比如在这个故事是，约翰的错误便在于没有保持“知道东西在什么地方”的意思的统一。在这个语境当中，约翰在“我想问您的是，如果您知道一个东西在什么地方，那能说这件东西丢了吗”这句话中，“知道一个东西在什么地方”，指的是知道东西在什么地方并且能够拿回来。而接下来他所说的“知道茶具在大海里”所包含的意思是这套茶具已经不能再拿回来了。概念不同一，所以约翰的说法是不能成立的，事实上，船长的茶具已经丢了。

其实，在古希腊还有一个类似的经典的论辩题，叫作

“有角的人”。其内容便是：你没有丢的东西就是你还有的东西，因为你没有丢掉你的角，所以你是有角的人。显然，这个论题与事实违背，是不能成立的。但其逻辑上的问题在哪儿呢？就在于“你没有丢掉的东西”这个概念的含义，可以表示“你本来就没有的东西”，也可以表示“你本来是有的而以后还有”。“有角的人”的论题却在推论的小前提中使用后一种含义，而在大前提中则使用前一种含义。经过这个偷换概念的过程，“你是有角的人”的荒唐结论便出来了。

518

吉米的反驳显然是错误的。事实上在逻辑学上常见这种谬误，人们称之为“机械类比”。

“机械类比”实质上就是将实质上不同而外表相似乃至完全没有可比之处的两类事物进行类比，进而得出牵强附会的结论。在这个故事中，吉米的祖父和父亲都因为当警察而死，约翰从中得出“警察是个危险的职业”的结论显然是合情理的。但是，吉米却因为约翰的祖父和父亲都死在家里而得出“待在家里很危险”的结论，却是荒谬的。因为约翰的祖父和父亲之所以死在家里并非是因为他们待在家里，而是因为他们发病或年老的缘故。这与吉米的祖父和父亲死亡的直接原因——即当警察——是不能简单类比的。所以说，杰米的反驳是没有说服力的。

519

事实上，这位汽车经理所说的反驳是站不住脚的。他所犯的便是逻辑辩论中常见的“机械类比”的错误。备用轮胎是汽车的附属物，按道理，它可以包含在正车内出售，也可以额外收费。而既然在广告上出现了备用轮胎，又没有就备用轮胎问题说清楚，所以商人这样反问汽车经理显然是合情理的。而“美女”并非是汽车的附属物，出售汽车时并不包含一个“美女”显然也是不言而喻的。因此“美女”和备用轮胎是不具有可比性的，但汽车经理却因为两者都出现在广告中而将二者进行类比，这便犯了一种机械类比的错误。总之，在进行类比推理时，一定要分析清楚类比的对象与属性。一般而言，如果把某对象的特有属性或偶有属性类推到其他对象上，就会犯“机械类比”的错误。因此，面对问题时，一定要进行具体分析，避免出现类似的错误。

520

卡斯特因为钥匙上留下的死者拇指和食指的指纹而判断死者是自己锁上了门，所以判定他是自杀。但是，你可以想象一下自己用钥匙来开门或锁门时的情景，我们虽然都会使用食指和拇指，但是所使用食指的部分并非是指尖部分，而是关节旁边部分，这样才能发上力。因此如果真是死者自己锁的门，那么钥匙上只会留下他拇指的指纹，而不会留下食指的指纹。

现在，钥匙上留下了拇指和食指的指纹，只能说明是有人故意（很可能是在死者死后）将钥匙放在死者手中捏了捏，使得钥匙上留下死者的指纹，以制造死者自杀的假象。所以说，助手卡斯特的判断是轻率的，死者死于他杀。

521

从逻辑学上讲，“美国国会中的有些议员是婊子养的”是一个“有些S是P”结构的特称肯定判断。而马克·吐温后来在道歉声明中所更正的“美国国会中的有些议员不是婊子养的”则是一个“有些S不是P”的特称否定判断。事实上，“有些S是P”和“有些S不是P”这两种结构是可以等同的，具有同样的意思。所以说，议员们是搬起石头砸自己的脚，被马克·吐温骂了两次。

522

怀特警探分析道：“一个人的职业往往对于一个人的思维习惯有着决定性的作用，死者是一名高中数学老师，你们想，牌又可以称为圆周率Π，代表314，因此，凶手很可能就是住在314房间的贝克汉姆。”

523

斯诺之所以断定是上午8点的那辆车劫持了女画家，是因为牵牛花是一种早上才开的花种。一过上午9点，就开始萎缩。女画家既然画了盛开的牵牛花，而又没有画完，因此她肯定是在牵牛花盛开的时段里被劫持的，所以劫持她的车应该是上午8点的那辆。

524

托马斯教授之所以断定是这个姑娘杀了罗杰斯，是因为她说开枪者从背后射击了罗杰斯。而按照正常的情理，一个人在看到罗杰斯胸前的大片血迹时，应该习惯性地认为他是前胸中弹的。姑娘准确判断出罗杰斯背后中枪，只能说明他提前知道罗杰斯被袭击时的情景，最有可能开枪者就是她。

525

杰拉德声称自己不知道韦斯特的住址，这是第一次来。但是，麦克和他一起进屋时没有看到房子有后门，但是在看到前门没人敲门时，杰拉德却径直到后门去开门。麦克由此断定杰拉德称自己以前没有到过这里是在撒谎，而撒谎肯定是有动机的，因此，极有可能杰拉德杀死了韦斯特。

526

根据美丽的收银小姐给排在福克纳前面的五个顾客所报的商品名称和总价，可以列出总共有五个未知数的五元一次方程组。然后利用代入法即可算出五种食品的价格分别是：一瓶水果沙拉价格是10.5美元，一包香肠价格是1⑥5美元，一罐蚕豆价值5美元，一包泡泡脆9美元，一瓶酱油19美元。福克纳总共付了24美元，因此，他必然是买了一瓶酱油和一罐蚕豆。

527

爱因斯坦的老号码是2178，新号码则是8712。

528

罪犯是杰森。台历上的数字“7891011”，可以换算成月份：7月8月9月10月11月。这些月份的英文写法就是：July、August、September、October、November，每个单词取首个字母，就是JASON——杰森。显然，是西蒙在知道对方将要绑架自己时，想要留下一些信息，但如果直接写下对方名字的话，对方肯定会将其毁去。于是他才留下来这个略微有些隐晦的信息，以麻痹对方。所幸，这个信号还是被史莱特警探破译了。

529

杰瑞的根据乃是植物学的知识，他指出，一棵树的生长是从顶端不断向上生长，而非从根部往上长。因此，爱德华当年留下的记号不会随着树的生长而升高，而应该还是在原来的高度。所以大家在树干十几米高度看到的记号肯定不是爱德华留下的记号，而是约翰逊自己刻上去以骗大家的钱的。

530

火灾的原因是：当时牛顿没有擦脸便去改稿子，水珠掉在了稿子上的同时，也落在了那块用来压稿子的玻璃板上。由于表面张力的缘故，水在玻璃上成了半圆形，这便形成了一个简易凸透镜，阳光透过水滴形成焦点，使稿纸着了火。

531

罗斯特自称自己在沙滩上晒了三个小时日光浴后，戴在手腕上的手表才被抢走，因此他的手腕上应该留下一道白色印痕才对。但是，卡维诺发现他手臂通体黝黑，所以向警官指出他在撒谎。

532

罗宾逊警官将正在转动的风扇关掉，便找到了邮票。原来，邮票被哈里斯用胶水粘在了风扇的叶轮上。风扇转动起来后，便看不到邮票了。罗宾逊正是在反复看了转动的风扇和放在桌子上的胶水之后，突然顿悟。电扇一停下来，邮票便出现了。

533

银行职员用玉米棒子做了凶器，他先将玉米棒子冰冻起来，使其变成了坚硬的凶器。到早上时，他又将玉米煮熟吃掉，这样警察便会因为他没有作案凶器而将其排除。

534

商人是这样推理的：既然卖唱的盲人多，那么这里的胡琴需求量应该比较大；胡琴需求量大，做胡琴的猫皮需求量便大；猫皮需求量大，这里的猫便会大量被杀；猫被杀的多，老鼠便会猖獗；老鼠猖獗，被老鼠咬坏的木箱就会多，因此这里的人肯定经常需要买新的木箱，所以木箱在这里肯定好卖。事实果然如此，所以商人很快赚到了钱。

实际上，商人在这里运用的便是一种演绎逻辑。演绎逻辑即通过一环扣一环的因果逻辑不断推理，最终得出结论。这种逻辑的关键便是要保证因果关系的严密性，一旦其中一个环节不够严密，其结果便会出现谬误。

535

店主一共损失了100元，即给那位顾客的38元的商品钱和找给他的62元钱。

536

这个人是史密斯小姐。因为只有她穿着没有声响的球鞋，所以录音机里刚开始时才会是一片寂静。

537

杰瑞是个生物学家，很懂得训练动物，他趁爱德华不在家的这段时间里，训练狗一听到电话铃响，就立刻袭击人，越凶狠，赏赐越丰厚。

星期四的早晨，杰瑞将狗交还给了爱德华，然后假装像往常一样到实验室做实验。到中午时，他打电话给好友爱德华，狗一听到电话铃响，就条件反射性地袭击了爱德华。而警官之所以开始怀疑杰瑞，便是因为他查出和爱德华临死前通话的正是杰瑞。

538

“公元”是近代才产生的概念，汉代根本没有这种说法，因此这碗明显是个没文化的人假造的。

539

原来，破绽正是从医书上暴露出来的，上面称马婆婆为婆婆，称财主为翁。而在二十年前，马氏才34岁，怎会称婆，李财主才38岁，怎会称翁？因此肯定是最近写下来的，留下了漏洞。

540

这个犯人是押解京城审问的要犯，因此段光清对其便格外注意。在其从北京押回时，段光清便仔细审阅了有关他的全部案卷，又亲自提审了他。段光清发现，这个罪犯在浙江和京城之间，已经来回押解两次，羁押了4年之久，其家产早已耗尽。但是此人依旧面色红润，衣服干净整洁，如同刚刚入狱。因此他断定此罪犯在附近必定有亲戚朋友给予其资助。经过审问，果然如此，罪犯交代，其原籍正是余杭。其岳父即住在省城（即仁和县）东边的某村。其岳父家颇为富裕，罪犯的衣服正是其岳父所送，并且还帮其打点了狱吏，使其免受许多苦楚。后来，按照仁和县令所说，逃犯是在下午5时逃跑的。段光清分析：逃犯如果不换衣服不剃头，白天一眼便会被人认出，很难逃远，因此其必定会连夜逃到其岳父家，换衣服剃头后，再远逃他处。所以他才让县令抓紧时间赶去，最终抓到了逃犯。

541

第三个弟子将那田埂大致均匀地分成了三段，第一段里，他将他看到的麦穗全都大致分成大、中、小三类；第二段里，他对前面所进行的分类进行了一番验证和纠正;在最后一段里，他根据前面所总结的经验从大类中挑选出了一穗美丽的麦穗。当然，这不一定就是属于最大最美的麦穗，但是这个人对此是感到满意的。事实上，老哲学家就是以此来回答了弟子们向他所提出的问题。

542

火海使其上空的温度升高，空气因受热而迅速上升，变得稀薄，而火海周围没有烧起的地方的空气较冷，密度较大，如此，便形成了气压，使得冷空气朝着火海那边流过去。如此一来，便形成了一股与风向相反的气流，将老猎人放的火吹向火海方向。

543

马知县问崔员外道："那好，我来问你，你这两张借据分别是何时所写？"

崔员外回答道："自然都是写于借钱之时，一张写于嘉庆二年十一月，一张写于嘉庆三年八月。"

"胡说，这两张借据明明是同时写的！"马知县呵斥道。说完，马知县便点燃一支蜡烛，放在公案上，然后把两张借据对边并在一起对着烛光，说："你看这两张纸上弯弯曲曲的纸纹，完全照应相连，丝毫不差，构成一幅小河流水的图案。这说明这两张纸是同一张纸裁开的。你说两张借据都是写于借钱之时，我来问你，难道你一张纸先撕下其一半写借据，隔大半年后，又专门找出另一半来写借据吗？"

崔员外一听，哑口无言。最后，马知县当堂责打崔员外20大板，罚银20两。刘小四无罪释放，赏银20两。

544

实际上，按照芝诺的说法，不仅仅是阿基里斯追不上乌龟，任何慢跑者只要在快跑者前一段，则快跑者就永远赶不上慢跑者，因为追赶者必须首先跑到被追者的出发点，而当他到达被追者的出发点，慢跑者又向前了一段，又有新的出发点在等着它，有无限个这样的出发点。另外，芝诺还曾提出过类似的“飞天不动”，“运动场”等一系列悖论，进而得出了“运动是不存在的”的结论。

其实，芝诺悖论的逻辑本身并不错，其之所以会得出与实际情况相违背的结论，是因为他采用了与我们通常情况下不同的时间系统。归根结底，这是一个时间的问题。通常情况下，人们都将运动看做时间的连续函数，而芝诺的解释则采用了离散的时间系统。按照通常的时间系统来算的话，假设阿基里斯每秒的速度是10米，乌龟是一米，那么在100/9秒之后，阿基里斯便会追上乌龟；但是按照离散的时间系统来算的话，这100/9秒可以无限细分，似乎永远都过不完。比如如果我们要过完1秒的时间，先要过一半即1/2秒，再过一半即1/4秒，再过一半即1/8秒，这样下去我们可以无限细分下去，似乎永远都过不完这1秒。但实际上我们真的就永远也过不完这1秒了吗？显然不是。因为时间的流动是匀速的，1/2、1/4、1/8秒……这些看上去无穷无尽的时间段，加起来总归是个常数而已，也就是1秒。所以说，芝诺悖论的基础，即时间的离散系统是不存在的，所以说芝诺悖论是不存在的。

545

当汽车灯光从后面射过来的时候，坐在前面的人是无法逆着灯光看清后面车里的人的。而哈里斯声称自己看到了大胡子罗伯特，这显然是在别有用心地撒谎。

546

理由很简单，那个人之前说自己被绊倒，而且跌进了河里。这样一来，他口袋里的火柴自然是湿的，肯定打不着，所以从这里看出来他是在说谎。说谎者最大的麻烦就是要不停地为自己圆谎，而且无休无止，有一点点前后矛盾，那么你就被识破了。这个报案人就是一个鲜明的例子，表面上这个人说的话无懈可击，实则一推敲，就露了马脚。

547

很简单，如果如小伙子所说，他是无意中错拿了包，那么他得知这一情况后，肯定应该很着急地回头去寻找自己的包才对。然而，他却不急于找自己的包，反而想径直离开，可见他是个小偷。民警正是按照正常人的行事逻辑判断来推理，判断出这个人是个小偷。

548

洛克菲勒说有两个人来翻过屋子，并曾乱翻过屋子，那么屋子应该很乱才对，可是屋子却很整齐，这是一个疑点；电视机在一个小时前就关了，那么现在已经散热结束了，应该不热了，此是第二个疑点。托马斯根据这两点，判断洛克菲勒一定在说谎。

549

宋慈根据多年的经验和现场调查的结果，得出的最后结论，原因如下：

当他发现死者的口、鼻、咽部位没有一点灰尘的时候，当即就做出了第一个判断就是：死者不是被大火烧死的。假如活人被火烧，那么他一定会大叫，口、鼻、咽部位便会进入灰尘，但是焦尸的上述部位没有一点灰尘，由此可以推断是死后焚尸。

根据死者的倒向宋慈又做出了这样的推断：如果活人被火烧，那么肯定要向外奔跑，那么肯定是头向外，脚朝内。但是这具死尸的位置却是刚好相反，这样便再次推断出来死者是被人故意杀害以后又推入火中的。

550

现在A、B、C、D、E和F 6个人一起在玩这个游戏。现在由A向B进行提问。

A向B先提问第一个问题："请问，你心里所想的人是B、E、D三个人中的其中一个吗？"

因为B心中所想的人仅限于6人之中一个，所以他的回答只有"是"和"不是"两种。

假如他回答"不是"，A由此得出B所想的人一定是A、C、F中的任意一个。于是，A就继续问第二个问题："假如在某天的同一时刻，A、C、F都说了一句话，现在可以知道A说的是真话，C说的是假话，F则说'某某说的是假话'，其实F所说的某某就是你心里所想的那个人，请问，F说的前一句话是不是真话？”

假如B回答“是”，那么就说明他心里想的那个人是C；如果B回答“不是”，那么说明他心里想的人是A；如果他无法回答，那么说明他心里想的是F。

原因如下：

如果F说的是真话，那么，F说的“某某说的是假话”这句话是真话，根据题目给出来的条件，这个某某人就是C，那么按照F的话，B心中所想的人应该是C。但是B心中所想的人不是C，而是F，因此，B无法回答。

反过来，如果F说的是假话，那么根据题目中的条件，F所说的某某人并没有说假话，而是说真话，可见，F所说的某某就应该是A。根据F的后一句，B心中所想的那个人应该是A，事实上，B心中所想的人是F，所以B也是无法回答，综合B的上述反应，可以很快得出B心中所想的人是谁。

假如开始的第一个问题，B对A的回答为“是”，则用同样的办法可以推测出来B心中所想的那个人是D、E、B三个人中的一个，下面依旧可以通过巧妙地回答第二个问题，得知B心中所想的那个人是谁。

551

会议在坐的人都说自己左边是说谎族的，所以在坐的人数必定为偶数，这样一来，说到会31人的那个主持就是说谎族的了，与他相邻的副主持是诚实族的，因为两个人是交替着坐的，所以48人的这个答案是正确的。

552

应该释放2号牢房的武士。

553

第976个位置是安全位置。

554

案发当晚天气是大雪。女子屋子里面瓦斯炉烧得通红，这个时候按照常理，屋子里面温度很高，这个时候窗户上面会蒙上一层雾气，所以在外面的人透过窗子是看不清楚屋子里面的人长得什么样子的，即便是窗口开了一半，但是也看不清楚人的脸，更别说是银发和蓄胡须这样的细节了。所以很明显，那个提供证据的年轻人是在说谎。

555

梅尔两次跳过台阶，并且不去敲窗框而是先敲玻璃，更为暴露的一点是当门铃没有人应答时，他没去敲门板，而是直接去敲了玻璃，这一连串的动作都说明他早已经知道门板、窗框、台阶都是刚刚刷过油漆的。这便与他最近一次来过是在两天前相矛盾了，他在撒谎。

556

根据题意给出的条件，最后可以算出，巴河姆最后一共走了39.7公里的路，他这一天所走的路围成的土地面积为76.2平方公里。

557

拿破仑一共叫来了301个士兵操练，聪明的团长把所有的人员排成了7路纵队，每个队43人，一共是43×7=301个人士兵，正好一个不多。

558

两种不同品种的橘子单价分别为：个头大的橘子每只1/2便士，个头较小的橘子每只1/3便士。两种橘子混合之后的价格则是5/6×1/2 =5/12=25/60便士，假如5个橘子卖2便士，那么1个橘子的价格就是2/5=24/60便士，这样一计算，每卖掉1只橘子，就会损失1/60便士。

因为题目中已经告诉我们结果是少了7个便士，所以可以得出橘子的总数量为60×7=420个，也就是说当初两个人各有210个橘子等待出售。琼斯夫人的210个橘子按照她原来的价格应该卖的价钱为105便士。史密斯夫人的210个橘子按照原来的价格应该得到的总价为70个便士。

混合之后两种橘子的总收入为2/5×420=168个便士，二人平分之后每个人得到的是168/2=84个便士。所以琼斯夫人损失为105-84=21个便士，而史密斯夫人的应得收入应该是70个便士，最后实际收入是84个便士，多得了14个便士。

559

珍妮当时对警察说从后面看到了抢劫的人，但是却明确地说出了那个人穿的是开襟衬衫，其实衬衫从后面看的话是没有办法确认是套头的还是开襟的。所以珍妮是在对警察说谎，这一切都是她自己导演的一出戏，目的是想让珠宝店的单据落到自己的手里。

560

郁金香有个特点，每到了晚上的时候，花瓣就会自然闭合起来，但是等灯光照射了十几分钟之后，花瓣就会自然地张开。

侦探刚进门的时候，看到郁金香的花瓣当时是闭着的，但是过了一会儿竟然张开了。这些能充分地说明在侦探进来之前屋子里面一直都是没有灯光的，瑞恩说自己一直在屋子里面读书明显是在说谎，他是不可能在黑暗中读书的，所以他是在说谎。

561

欧布里德斯的诡辩在于他偷换了“失去”的概念。前一个“失去”指的是已经拥有的东西失去了，而后一个“失去”则指的是从来不曾拥有的东西。

562

这位白吃者偷换了一个“所有权”的概念。

他说“饺子是用米线换的”，其实是为自己做的掩护，他偷换了米线的所有权的概念。虽然他最后并没有吃米线，但是由于开始就没有付款，所以米线的所有权依然在店主手里。他虽然没吃米线，但是他要用米线来换饺子，就必须先将米线的所有权买过来，所以他应该付钱。

563

小李和小刘的观点属于诡辩。

“半空的可乐瓶”和“半满的可乐瓶”之间其实是相互蕴含的关系，也就是说他们之间是一种相互可推出的关系：从“半个空可乐瓶”可推出“这是半满的可乐瓶”。小李用“等于”的概念替换了“可推出”，得出的结果其实就错了，他忽略了“半空”不等同于“半满”这两个关键的词语。

小刘开始说小李的话不对，是正确的。但是接下来他的陈述也犯了偷换概念的错误。他认为“两个半空瓶子就是一个空瓶”和“两个半满的瓶子就是一个满的瓶子”其实是不对的。因为“两个半空的瓶子”和“两个半满的瓶子”分别说的是两个瓶子，但是小刘却把“两个半空的瓶子”偷换成了“一个空瓶”，也把“两个半满的瓶子”偷换成了“一个满瓶”；这里，说他是诡辩是因为他错把“两个半满可乐瓶”偷换成了“一个可乐瓶”。

564

可以将理乔特大叔实际所买帽子的钱设为X，衣服的价钱设为Y，那么艾斯特大婶所买帽子的钱也是Y，而艾斯特大婶的衣服的价钱则是X-10。我们知道，X+Y=150美元，所以，如果将他们所花费的150美元分作两份，而其中一份是另一份的一倍半的话，则这两份便分别是90美元和60美元。利用这些数据关系即可列出下列方程：

$$90+X-10=60+150-X$$

$$2X=130$$

$$X=65$$

X为65美元，即理乔特大叔的帽子的价钱是65美元。进而可知理乔特大叔买立领西服花的钱数为85美元。于是得知：艾斯特大婶买帽子用去85美元，买衣服用钱55美元，全部消费金额为290美元。

565

希尔德·史密斯卖了256张报纸，比利·琼斯卖了192张，内德·史密斯卖了144张，查理·琼斯卖了108张，吉米·琼斯卖了320张报纸。琼斯家的三个孩子比史密斯家的孩子多卖出220张报纸。

566

希尔德埃尔说那个企图抢劫自己的人从背后过来的时候，他从水面上看到了他的影子，还描述得这么栩栩如生。但实际上这根本不可能，因为根据物理原理，河水的水面是水平的，假如希尔德埃尔在钓鱼，那么水面所反射到的东西能被希尔德埃尔看到的，只能是对面的人和物，而不可能是希尔德埃尔后面的事物，因此，水面根本不可能映出身后的人影。我们不要忘记在文中我们已经提过，薇尼安也是一个钓鱼爱好者，她怎么可能连这点常识都没有呢？

567

陈明远看到那段燃烧着的蜡烛后产生了怀疑。假如陈晓东是在自己的卧室里被杀，过了近一天的时间，蜡烛应该早已经燃尽了。因此蜡烛肯定不是死者死之前点燃的，而是在死者死后另有人点燃了蜡烛。这个人为何要点蜡烛呢？考虑到停电的缘故，最符合逻辑可能性即是有人在夜里将尸体从其他地方弄到了这里，走时忘记了灭掉蜡烛。

568

因为法医说这个死者是在周六晚上九点钟左右死亡的，酒店服务员是星期日发现死者尸体并将尸体搬到公园里的，而警察接到报案是在星期一。在制造伪造现场的过程中，酒店主管和服务员顺手将一张报纸垫在了死者身下，这张报纸星期天的。星期六死的人又怎么会躺在星期日的报纸上呢？那个时候报纸还没有发行呢。所以，探长知道尸体是被迁移到这儿来的。

569

是炉子上沸腾的水让陈富贵发现了这个把戏。李艳花说她昨晚上十点左右就被闯进来的蒙面歹徒绑起来了。可是，今天陈富贵来的时候是中午，就是说炉子上的开水已经沸腾了大约十四个小时。如果她说的是真的，那炉子上的水壶早就烧干了，怎么可能还会沸腾呢？

570

在圣诞节那天，根本无法利用太阳在北极圈内生火，因为从当年的10月份到第二年的3月份，北极圈里根本没有太阳。所以，科拉小姐和康斯坦丝凭此足以判断布伦达在吹牛皮。

571

我们已经知道，多洛雷斯的右手臂一个月来都打了石膏，他的常用物品如手绢、打火机之类的，不应该放在右裤袋里。

572

麦克从他叔叔的尸体上找到金币的事实就正好暴露了麦克的嫌疑。按照一般人的思路，当听到杰拉尔丁探长所说的“它就藏在叶子下面”这句话时，必定会理解为古币是在自己手中所拿的茶叶下面，而不会立刻将“叶子”同死者身上的三叶形的徽章联系起来。麦克这样敏捷的反应正说明他肯定已经仔细地翻过死者身上，所以很可能就是他杀死了叔叔。

573

犯人其实是那名接时髦女子的计程车司机。那名女子事实上和绑票并没有任何关系，她只是受绑架者之托，从公园把皮箱拿走而已。计程车司机把里面的钱拿出来之后，又把空的皮箱交给那名女子，拜托她放在地铁站的保管箱里。当然他也给了那名女子一些钱作为酬劳。这个狡猾的罪犯和警察玩了一出调虎离山之计。

574

艾尔说道："我是这么想的，既然这只猫的眼睛都是由珍贵的珍珠做成的，那么猫的全身怎么会用一文不值的铁铸成呢？因此，我想这里面定有文章。"

身为逻辑学家的艾尔正是通过一种逻辑推理发了大财，真可谓靠山吃山了。

575

尹家明对这个跑得慢的人说道："如果你能跑得快的话，怎么可能被过路的行人追上捉住呢！"显然，贼被人追上捉住，必然是因为自己没有对方跑得快，尹家明运用常识即可判断出事情的真相。

576

杨大海十分了解杨永三的习性，他知道杨永三十分爱鸟，假如杨永三要自杀，他肯定会把自己天天养着的这些鸟儿先放走或者赠送给别人，而不可能不顾鸟儿的死活，自己自杀先死，这根本不符合逻辑，所以杨大海肯定杨永三是他杀而不是自杀。

577

因为按照常理判断，旁人看到手枪的第一反应应该是被杀者是被枪杀的，但是哈琳达的丈夫在没有看到妻子尸体的情况下，一看到这把手枪，竟然说"如果你们能抓到那个敲死我妻子的凶手"，这说明他知道自己的妻子是被敲死而不是被枪杀的。所以奇奥特就做出了判断，认为必定是这位丈夫杀死了自己的妻子，才会如此未卜先知。

Q U O T H
L J T S R
R P U A M
I E N R E
T V Y U C